雄师东进战沂蒙

——八路军第一一五师沂蒙抗战史料集粹

中 共 平 邑 县 委 组 织 部
平邑县委党性教育工作办公室 编

山东城市出版传媒集团 · 济南出版社

图书在版编目（CIP）数据

雄师东进战沂蒙：八路军第一一五师沂蒙抗战史料集粹 / 中共平邑县委组织部，平邑县委党性教育工作办公室编. -- 济南：济南出版社，2019.8（2021.7重印）
ISBN 978-7-5488-3834-0

Ⅰ. ①雄… Ⅱ. ①中… ②平… Ⅲ. ①八路军一一五师—抗日战争—史料 Ⅳ. ① E297.31 ② K265.106

中国版本图书馆 CIP 数据核字（2019）第 192562 号

雄师东进战沂蒙——八路军第一一五师沂蒙抗战史料集粹

责任编辑 张智慧
装帧设计 焦萍萍
出版发行 济南出版社
地　　址 山东省济南市二环南路 1 号（250002）
印　　刷 阳信龙跃印务有限公司
版　　次 2019 年 9 月第 1 版
印　　次 2021 年 7 月第 2 次印刷
成品尺寸 185mm × 260mm 16 开
印　　张 34.5
字　　数 630 千
印　　数 1—1000 册
定　　价 128.00 元

（济南版图书，如有印装错误，请与出版社联系调换。联系电话：0531-86131736）

《雄师东进战沂蒙》编审委员会

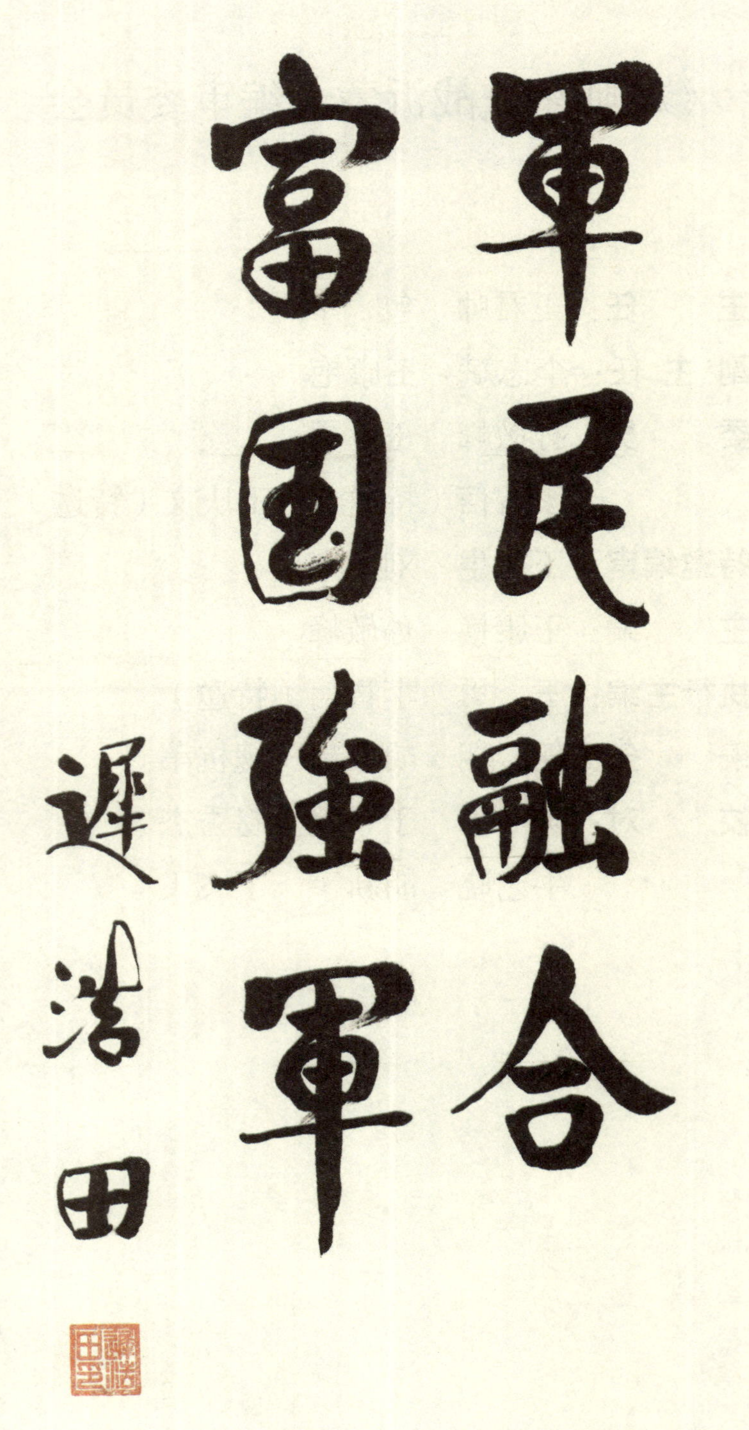

中共中央原军委副主席、国务委员兼国防部长迟浩田上将题词

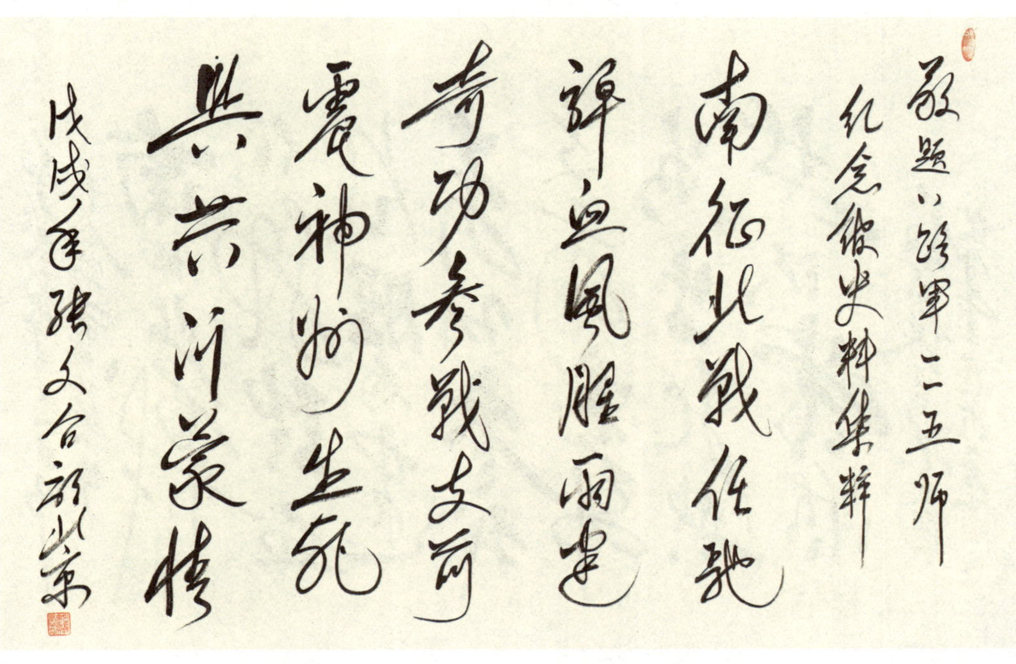

济南军区原政委、总后勤部原政委张文台上将题词

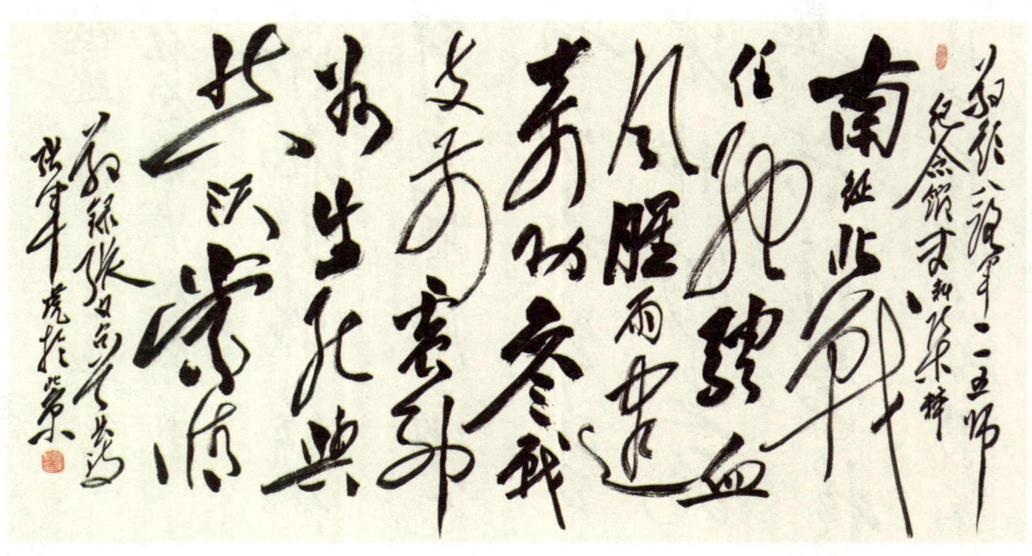

中国毛泽东书法研究院院长张军虎题词

八路军第一一五师在沂蒙纪念馆（平邑县）

平邑县苏家崮烈士陵园

序 言

《雄师东进战沂蒙——八路军第一一五师沂蒙抗战史料集粹》这部专辑，是平邑县委党性教育工作办公室在先后建成“九间棚展览馆”“八路军一一五师在沂蒙纪念馆”和“八路军一一五师桃峪高干会议陈列馆”之后的又一配套的红色文化工程。它以翔实、客观、全面的史料丰富了“八路军一一五师在沂蒙纪念馆”“八路军一一五师桃峪高干会议陈列馆”的陈展内容，为加强革命传统教育和爱国主义教育、提高民族自尊心和自信心提供了一部生动的教材，必将极大地增强和提升纪念馆的教化功能。这也正是我们编辑此书所希冀的。

八路军第一一五师，由红一方面军第一、第十五军团及陕南红军第七十四师等部整编而成，在井冈山斗争、红军长征途中历经艰难、久经沙场、战功卓著，是具有光荣革命传统的英雄部队。全面抗战爆发，首战大捷平型关，威名远扬四海赞。继而在山西、察哈尔、河北、河南等广大地区纵横驰骋、威震敌胆。日军南侵山东，国民党山东省政府主席韩复榘率10万大军不战而逃。面对如此危急的局面，中共山东省委力挽狂澜，率领各级党组织燃起了武装起义的烽火，抗日武装起义遍及全省，在没有主力部队参加的情况下，独立自主地创建了全国为数不多的大片抗日根据地。在此山东抗战的关键时期，一一五师奉命于1938年先后派出部分部队分别挺进冀鲁边和湖西。1939年3月1日，罗荣桓、陈光率师部及六八六团等2000多人挺进山东。雄师东进、威震齐鲁，一一五师在先后取得樊坝战斗、陆房突围和梁山战斗的胜利后，于1939年5月27日越过津浦线，到达了沂蒙山区第一站——平邑县马家峪村。一一五师在沂蒙山区驻扎6年多的艰辛的战斗岁月里，进鲁南、转鲁中、去滨海，南征北战、东征西讨、披荆斩棘、所向披靡。沂蒙大地留下了英雄健儿战斗的足迹，连绵起伏的山峦成了杀敌的战场，动人心魄的抗战事迹在这里传颂，蒙山巍巍犹如为英雄部队立下的丰碑。

抗战时期，沂蒙山区是山东抗日根据地的中心，是中共山东党政军机关所在地，罗荣桓、徐向前、朱瑞、郭洪涛、黎玉、陈光、萧华、谷牧、陈士榘等老一辈无产阶级革命家在这里战斗、工作。这里被称为山东的“小延安”。一一五师的到来，对坚持和发展山东抗日游击战争的山东纵队和地方武装给予及时指导，积极支持地方武装的党政建设，为山东纵队及地方武装输送了大批军政干部；对建设山东抗日根据地给予极大帮助和支持，派出优秀干部参加地方党政军领导班子，有力加强了根据地建设；对地方武装进行整编组合，强有力推动了地方人民武装发展。随着省战工会、省参议会及省各类群众组织的建立，山东抗日根据地进入鼎盛时期。

沂蒙山区抗日根据地展现出极其重要的战略地位和作用，引起日军极大恐慌。日军对这一地区不断组织起频繁和大规模的“扫荡”，企图捕捉我党政军机关领导、消灭我军事力量、摧毁我抗日根据地。在如此残酷的困难局面下，勇于历史担当、激流勇进的一一五师，围绕着部队自身政治信仰的坚定、宁死不屈民族气节的培养、血战到底的英雄气概的高扬、对敌斗争方针的制定、抗日根据地的巩固和发展等一系列问题，把支队长以上的将领们齐聚在平邑县桃峪村，召开了一一五师高干会议。大家济济一堂，献计献策、运筹帷幄，制定和部署了“建设铁的模范党军”“营连党组织的规定”“模范党军支部工作”、对敌斗争的“六字”方针等一系列政治建军、思想建党的重大举措方针和活动。一一五师全面继承和发扬了“古田”会议的精神，使“古田”会议精神的旗帜在抗战时期的沂蒙山区抗日根据地高高飘扬。罗荣桓等与会将领们以忠诚的信念、奉献的精神和必胜的追求，带头履行桃峪高干会议的精神，带领广大指战员在血与火的对敌斗争中，把一一五师淬炼成“铁的模范党军”，为沂蒙的抗战大业做出卓越贡献。在后来解放军序列里，罗荣桓、萧华、陈士榘、杨勇、苏振华、梁必业、刘兴元、彭嘉庆、梁兴初、曾思玉、张国华、曾国华、张仁初、刘西元、苏静、王秉璋、邝任农、彭明治、潘振武、彭显伦、谷广善、张雄、王叙坤、杨尚儒、杨永松等 25 人晋升为少将以上高级将领，这些曾在桃峪这个小山村与会的决策者们，给山东的八路军和抗日根据地建设带来智慧，将军的勋章镌刻着战火硝烟的记忆，也深深铭刻在沂蒙大地的史册上，它既是英雄部队的光荣，也是沂蒙山区的荣耀，更是平邑县桃峪山区人民的骄傲。

一一五师“铁的模范党军”活动，使其一个个连队成了坚不可摧的战斗堡垒，广大指战员听党指挥，为国家、为民族、为人民而战，敢于亮剑，勇于拼搏，用生命和鲜血创造了一个个辉煌的战绩，表现了有我无敌、舍身报国的英雄气概，杀出了英雄健儿的凛然正气、赫赫威风，涌现了无数的战斗英雄和战斗集体。在敌强我弱的斗争形势下，与日军斗智斗勇，罗荣桓同志总结出了“敌人打到我这里来，我就打到敌人那里去”的“翻边战术”理论，有力地打破了日军的“扫荡”。在抗战最困难阶段，建立了主力部队、地方武装和民众三结合的全民抗战武装体系。沂蒙军民深怀民族的义愤，以高度的爱国主义情怀，在八百里沂蒙大地上，以简陋的武器装备，运用山地游击战术，勠力同心，同装备精良的侵略者进行了浴血奋战，谱写了中国抗战史上的壮丽诗篇。

铁血奋战杀敌寇，似水的柔情给亲人。一一五师牢记党的宗旨，广泛团结社会各阶层人士，以自己的模范行动影响、带动广大民众共御外侮。他们所到之处，亲民、爱民、尊民、敬民，视人民为父母，把人民的利益看得高于一切。受到感化和激励的广大人民群众表现出空前的抗战热忱，他们“有钱的出钱，有粮的出粮，有力的出力，有人的出人”，积极参军参战，拥军支前，坚定不移地跟着共产党走。八路军和沂蒙人民患难与共、唇齿相依，在与日伪军的殊死搏斗中形成了“水乳交融、生死与共”的沂蒙精神。沂蒙大地的每座山头，都燃烧过抗日战争的烈火，每寸土地都浸透了抗战军民的鲜血。沂蒙军民以血肉之躯筑起保家卫国的钢铁长城。

一一五师与中共山东分局、山东军区机关合并后，罗荣桓同志出任山东党、军的主要负责人。在党的一元化带领下，以沂蒙山区为中心的山东抗日根据地被打造得坚不可摧，它与晋察冀、晋冀鲁豫抗日根据地呈鼎足之势，共同撑起了华北敌后抗战的局面，有力地支援了华中和华北其他根据地的抗日斗争，山东成为共产党领导下建立了省政府的最为完整的战略基地，为全国抗日战争的胜利做出重要贡献。1945 年 10 月，罗荣桓率山东军区八路军主力和部分地方干部，计 6 万余人先后奔赴东北，为中国的解放战争再立新功。

《雄师东进战沂蒙——八路军第一一五师沂蒙抗战史料集粹》一书以翔实的资料忠实地记录下了这支英雄部队在民族危亡时刻，奋勇争先、抗击日寇的光辉业绩，既可告慰先烈，又可启迪后人。回望来时的每一步，展望眼前的康庄路，我们就是要在党的十九大路线的指引下，高举习近平新时代中国特色社会主义思想的伟大旗帜，“不忘初心、牢记使命”，继承和发扬党的优良传统，弘扬立党为公、忠诚为民的伟大精神，挺起共产党人的精神脊梁，勇于历史担当，为实现“两个一百年”奋斗目标和中华民族伟大复兴而继续砥砺前行！

中共平邑县委书记 王君师

编辑说明

一、本书按照《八路军第一一五师在沂蒙纪念馆（以下简称“纪念馆”）陈展大纲》纲目为序，“章”内先编排了纪念馆陈展大纲中相关内容，然后编排与其相应的各类文章的详细史料，即“章”内分“一、纪念馆展板内容”和“二、史料文章”两部分，其第二部分的“史料文章”征编的文章是对第一部分“纪念馆展板内容”的丰富和诠释。全书分 5 部分，纪念馆的全部内容分别和其相关的 106 篇史料文章结合成书，较为详细地收录了第一一五师进入山东近 7 年的足迹和主要英雄事迹，以在鲁中、鲁南、滨海为主，亦兼及相关联地区。有些相关内容为保持发展过程的完整性，也有适当上溯或下延。

二、本书收录的各类文章均源自各级政府、史志部门、军事部门、群众团体与社会团体出版的各类丛书及刊物。这些文章分属五种类别：一是老前辈撰写的回忆文章；二是史志工作者等调查采访整理的文章；三是历史文献；四是各级党史、史志部门书刊中的有关资料；五是学术论文。

三、本书收录的各类文章和史料，既按纪念馆大纲的目录征编，又不完全拘泥于按展板内容的一一对照（事实上很难收集到和展板内容完全一致的专题文章），而是采取灵活的收录方法：一是对能反映本书内容的整体、宏观、大局层面的重要史料，为便于对展板具体内容加深理解，予以适当收录；二是文章史料内容较多，采取节选方式，收录相关史料，以便和展板内容形成对照；三是一篇文章反映多块展板内容，为保持文章的完整性，也整篇收录，不再单纯一一对照展板内容而节选；四是对个别展板内容比较单纯、直白、明了的未收录其专题文章。总之，由于受史料和展板表现形式的限制，既采取内容和形式的统一，又采取内容重于形式的处理方法。

四、对历史上的有重要意义的事件和战斗，在收录了详细史料文章外，还分别采取收录历史文献、图片等综合表达方式，力求史料的全面丰富、重点突出。

五、从文章中节选的无标题也无标序的史料，为便于读者阅读和了解，编者加了“题目”并标注；对文章中编者加的话，有专门标注，切实保证节选的原文、原意不变，原文和加注能分得清清楚楚。

六、由于历史久远和作者当时所处的处境和角度不同，对同一战斗或事件记述有差异，我们挑选两种或两种以上记载的内容完全相同者，择一而从；记载有详略之分者，择其较详的一种收录。由于史料甚众，考虑到篇幅的限制，有一些史料只能忍痛割爱舍弃未用。

七、为了突出重点，压缩篇幅，本书采用了较多的节选文章，除在目录中注明了“节选”字样外，还对每篇节选的文章根据节选方式的不同，采取了各不相同的节选注释：一是载用原文文章标题，而节选其部分内容，采用“内容系节选”；二是载用了原文中的有小标题的一节，采用“载自《（原文标题名）》”；三是对史、志等集体编纂的文章（无个人署名），采取“载自《（书籍名）》”。

八、对亲历者的回忆文章的署名，落在文章题目的正下方位置，对史志工作者等后人采访整理的文章的署名，落在文章末尾，以示区别。

九、在附录中，收录有关反映沂蒙山区抗日根据地建设及对敌斗争的部分诗文，以便使本书内容更加丰富、生动。

编者

2018 年 5 月

目录

铁流东进　威震齐鲁

挥戈鲁南　开基创业

从严治军　碧血丹心

南征北战　纵横驰骋

水乳交融　生死与共

铁流东进 威震齐鲁

全面抗日战争爆发后，国民党山东省政府主席兼第三集团军总司令韩复榘率十万大军不战而逃。中共山东各级党组织毅然担负起领导山东人民抗战的重任，发动群众，组建武装，掀起了轰轰烈烈的抗日救国运动。为建立巩固的山东抗日根据地，中共中央陆续派干部到山东工作。1938 年 10 月，在中共六届六中全会上，毛泽东决定“派兵去山东”。1939 年 3 月，一一五师师部和部分主力在罗荣桓、陈光率领下挺进山东，为创建以沂蒙山区为中心的山东抗日根据地做出了卓越的贡献。

第一章　先声夺人　打开局面

第一一五师是八路军三大主力之一，它是由中国工农红军第一、第十五军团及陕南第七十四师等部于1937年8月25日组建的。师长林彪，副师长聂荣臻，参谋长周昆，政训处主任（不久改为政治委员）罗荣桓，副主任萧华，全师15000人。1938年3月林彪被误伤后，由第一一五师第三四三旅旅长陈光任代师长、罗荣桓任政委。全师指战员能征善战，一到山东便迅速打开了局面。

一、纪念馆展板内容

1. **毛泽东挥手讲话**　1938年4月，中共山东省委书记黎玉到延安向中共中央汇报工作时，请求派一个主力团到山东支持抗战，毛泽东高瞻远瞩地说："看来还要多去一些。"1938年9月至11月，中共六届六中全会在延安召开。会上，毛泽东同志做出"派兵去山东"的战略部署。

2. **朱德与第一一五师干部合影**　1939年1月，朱德亲临晋东南八路军总部驻地屯留县常村镇，对在该地整训即将挺进山东的第一一五师师部和六八六团的干部战士明确指示：第一一五师东进的任务是开展敌后游击战争，巩固和扩大山东抗日根据地。

3. 第一一五师序列表（1938年12月）

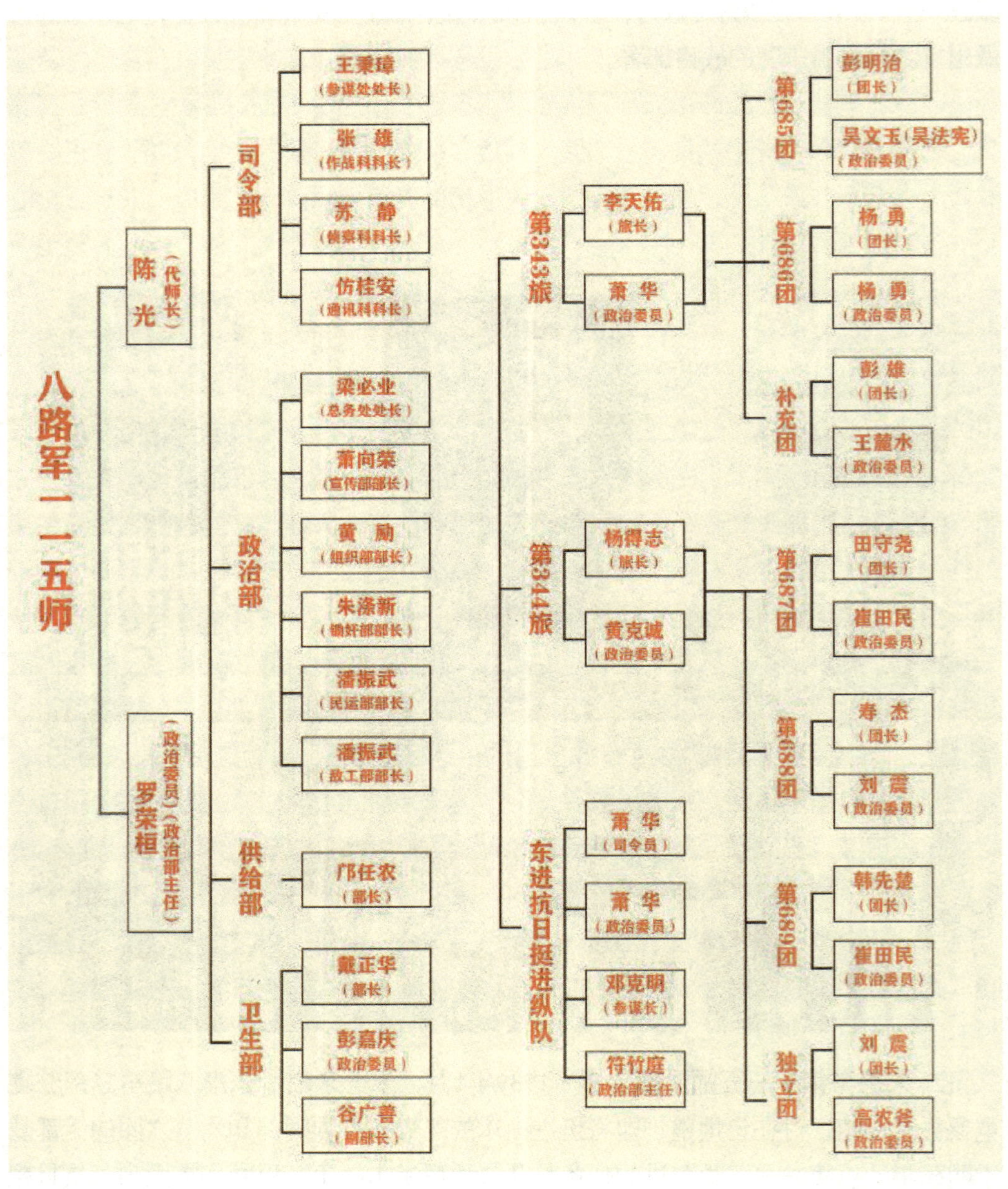

4. **罗荣桓（1902—1963）** 湖南省衡山县人。1927年4月加入中国共产党。参加毛泽东领导的秋收起义，历任中国工农红军第四军连、营、纵队党代表，第一军团政治部主任，参加了长征。抗日战争初期任第一一五师政治部主任、师政治委员。1939年3月初与陈光率第一一五师师部和主力一部进入山东。1941年8月任山东军政委员会书记。1943年任山东军区司令员兼政治委员，第一一五师政治委员、代师长，1943年9月兼任中共山东分局书记。解放战争时期任第四野战军政治委员。新中国成立后任最高人民检察署检察长，解放军总政治部主任、人民革命军事委员会副主席、国防委员会副主席、人大常委会副委员长。1955年被授予元帅军衔。

5. **陈光（1905—1954）** 湖南省宜章县人。1927年加入中国共产党。1928年参加湘南起义，后随朱德、陈毅到井冈山。历任红四军团长、师长，红一军团代理军团长，参加了长征。抗日战争爆发后，任第一一五师三四三旅旅长，1938年3月任第一一五师代师长。1939年3月与罗荣桓率师部和主力一部挺进山东。解放战争时期任东北野战军第六纵队司令员、第四野战军副参谋长。新中国成立后任广东军区副司令员兼广州警备区司令员。

6. **萧华（1916—1985）** 江西省兴国县人。1930年3月参加中国工农红军，同年7月加入中国共产党。历任红军总政治部青年部长，少共国际师政委等职。抗日战争爆发后，任第一一五师政治部副主任、三四三旅政委、东进抗日挺进纵队司令员兼政治委员。1939年起先后任鲁西军区政委、第一一五师政治部主任兼山东军区政治部主任。解放战争时期任辽东军区司令员兼政治委员、辽东省委书记、第四野战军特种兵司令员。新中国成立后任空军政治委员、总政治部主任、中央军委副秘书长、兰州军区第一政委、全国政协副主席等职。1955年被授予上将军衔。

7. **第一一五师一部在挺进山东途中** 1938年9月，萧华率第一一五师三四三旅干部100余名，由山西省兑九峪抵达山东省乐陵城。1938年12月第一一五师第六八五团（改用苏鲁豫支队的番号）到达苏鲁皖边区微山湖以西地区。1939年3月1日，

陈光、罗荣桓率第一一五师师部、六八六团和部分主力，以东进支队的名义进入山东省。

8. **樊坝战斗**　1939年3月3日晚，六八六团冒雨袭入郓城后樊坝，全歼伪军一个连。尔后迅速包围前樊坝，突入村内，歼伪军500余人，俘虏伪军团长刘玉胜。第一一五师挺进山东，旗开得胜，声威大震。“老八路来了”的喜讯迅速传遍齐鲁大地，人民群众的抗日热情空前高涨。

樊坝战斗旧址

二、史料文章

忆荣桓在山东

林月琴

（一）

荣桓和陈光同志率一一五师主力进军山东是在1939年初。当时，我们住在山西屯留附近。2月14日，正是农历腊月二十六，我生了一个男孩。部队已经出发了，荣桓同志也要走。我让他给孩子起个名字。他想了想说：“现在部队正在东进，就叫他东进吧。”说完，他就匆匆赶部队去了。不久，传来了胜利捷报：正月十五这一天，一一五师在樊坝歼灭了伪军一个团，打开了当地抗战的新局面。

我再见到荣桓同志，是在4个月后的五、六月间。我带着刚刚过了“百天”的东进，随师卫生部到鲁西地区同他会合。我们来到之前，一一五师师部在陆房被日军合围，经一夜激烈战斗部队突出了重围，歼灭日伪军1000余人。随后，部队便经常处于反“扫荡”的环境中。有一次，荣桓同志正在我们住的一间屋子里开会布置反“扫荡”，在炕上的东进“哇”的一声哭了，我怎么哄也不行。开会的人都把目光转向孩子，影响会议的进程。荣桓同志不禁皱起眉头，让我把东进抱出屋。会后，他对我说：“我看以后还是把孩子交给老乡养活吧。”当时我想，带着个不足周岁的孩子，怎么反“扫荡”？夜间行动，孩子一哭就暴露了目标。可送给老乡养活我又有些犹豫，因为我们在陕北生的第一个孩子，就是放在老乡家里不久夭折的。但不送也没有办法。于是，在一个细雨蒙蒙的早晨，由师部事务股长樊文烈和地方上一位同志同我一道骑着马，冒雨走了19里山路，把孩子送到一个小山村，交给一户农民抚养，直到一年后，才回到我们身边。

不久，我随师卫生部转移到津浦路东，驻在苍山县的大炉。荣桓和陈光同志带了几个连仍然在鲁西坚持斗争。8月1日，他和陈光用师直4个连的兵力，在梁山设伏，创造了在山东一次歼灭日军一个大队的新纪录，打击了山东日军的嚣张气焰，大大鼓舞了鲁西军民的抗日热情。

1939年10月的一天，荣桓同志来到大炉。他一见到我便说："明天我要到湖西去。"我说："你刚从鲁西来，在路上已经走了十几天，到家了，怎么不歇几天？"他说："不行。湖西发生了严重的事件，我必须赶快去处理，明天一早我就走。"后来我才知道，他是去处理湖西"肃托"事件，将几百名被打成"托派"的干部解救了出来。处理完湖西"肃托"事件，荣桓同志回到大炉，开始创建鲁南抗日根据地的工作。

一一五师进入鲁南之前，鲁南虽然有一支由共产党领导的武装力量，但力量小，只能使用国民党临沂专员张里元的番号，在车辋、大炉等狭小地区活动。那时，鲁南的绝大部分村寨控制在地主武装手中。他们中除少数开明士绅外，或因不了解我军政策，或因立场反动而对八路军采取敌视态度，八路军去时，他们便紧闭寨门，不让我们进村，不让老百姓同我们来往，甚至殴打、抢劫或枪杀八路军工作人员。

鲁南是山东最贫困的地区之一。土地贫瘠，粮食产量很低，人民常年吃用地瓜面、高粱面和䅟子面做的煎饼。为了便于下咽，就在里面掺一点柿子皮或黄梨。我们进入鲁南以后，也是吃这种煎饼。有时粮食供应不上，就吃豆饼、地瓜叶子。没有蔬菜，春夏之间能搞点野菜吃就很不错了。冬天来了，需做棉衣，可没有棉花。当地未加工的羊毛比较便宜，我们就将这种沾了许多羊屎的羊毛漂洗后，絮在衣服里当棉花。羊毛很硬也很重，穿不了多长时间就坠下去，还向外钻毛，棉衣成了夹袄。

在鲁南这一艰难困苦的环境中，为了打开抗日的局面，荣桓同志工作异常繁忙。

要抗日，首先要有根据地，要创造根据地，首先就必须不停地战斗。一一五师到鲁南后，就南下郯城马头，在苏鲁边区这块比较富庶的地方发动抗日斗争，组织各群众抗日团体。就在一一五师南下的时候，我的女儿出世了，荣桓同志即给她起名叫南下。

1940年初，为打通鲁南和鲁中地区的联系，刚过完春节，荣桓同志和陈光同志即率部队北上，同日军进行了3次共14昼夜的白彦争夺战。随后，进行鲁南反"扫荡"，我们随师部辗转在峄县、费县、临沂边界几块狭小的山区，同日军周旋，曾驻过曾光峪、聂家庄、桃峪等地。这样频繁的战斗和转移，我带个不满半岁的南下实在有困难，也只好托当地老乡喂养。

荣桓同志除了与陈光同志一道指挥作战外，还要用很大精力做根据地建设和统一战线工作。为了创建鲁南根据地，他充分发挥苏鲁豫皖边区特委书记郭子化、委员张光中、曾参加过广州起义的老党员朱道南、鲁南特委书记宋子成等同志的作用。同时，他还与鲁南的各界抗日进步人士频繁交往。在大炉，我们住在万春圃家。万春圃人称万三爷，就是当地的开明士绅。荣桓同志还与曾在福建当过镇守使的孔昭同、山东著名的教育家彭畏三等结为朋友。他们中除了孔不幸于1940年11月因病逝世外，其他人都成为鲁南、山东革命政权中的重要干部。1940年6月，在费县臼子峪召开了鲁南抗日人民代表大会，荣桓同志做了《关于鲁南抗日形势和任务》的报告，并倾听了各界代表的意见。会议期间会了一次餐，尽管有点肉，但主食仍然是高粱面煎饼。

为执行党中央的指示，和山东纵队靠拢，以逐步统一山东党、政、军领导，从1940年下半年起，荣桓同志和陈光同志率师部向北、向东转移。1940年9月杨勇同志从泰西到师部开会，将离开我们已经一年多的东进带了回来。随后，我们随师部在费县、蒙阴、沂南之间同日军周旋。这一带群众的生活同抱犊崮山区一样艰苦，而日伪军“扫荡”则更加频繁。东进、南下还有我的第二个女孩罗林，都经常寄养在老乡家里。荣桓同志常说：“我们的孩子都是山东老乡用地瓜干和煎饼喂养大的。”那时，日军一“扫荡”，老乡或部队的保育员，便带着孩子上山躲避，有时一夜要换好几个藏身的地方。我的第二个女儿，因为年龄太小，经受不了冻饿和疾病，活了不到一岁就夭折了。

（二）

经过1941年11月著名的沂蒙反“扫荡”之后，荣桓同志和陈光同志率一一五师师部转移到滨海地区。这一地区生活条件比较好。1942年春天，少奇同志来到山东，帮助分局做了山东抗战4年来的工作总结。由于领导思想趋向统一，荣桓同志的工作也比较顺手。但连续4年战争和敌后艰苦的斗争环境，他累病了。

1943年初的一天，刚下完大雪，荣桓出去解手，我帮他打着手电筒。他解完手要往回走，我突然发现雪地上一片红色。从前他有痔疮，曾便过血，但从未尿过血。我赶忙去请医生。医生拿来瓶子，让荣桓再留些尿，尿仍然是红色的，里面还有血块。卫生部长谷广善听到消息赶来了，和医生商量了一下，也没诊断出什么病，只是劝荣桓同志要卧床休息，不要再吃辣椒了。他们还给开了一种名叫“大健凰”的消炎药片。

当时，刚刚打完甲子山战役，荣桓同志正忙于领导机关、部队的战斗总结。他虽然能做到按时服药，不吃辣椒，但却无法卧床休息。他对我们说：“我就是腰有点痛，不要紧，过几天就会好的。”但是，过了一个多月，他仍然天天尿血，身体日见消瘦，脸色焦黄；行军作战时，体力不支，只好坐在担架上指挥。我心中虽然非常焦虑，但只能在生活上尽量细心照料，对他的病却一点办法也没有。

由于他的病越来越严重，朱瑞、陈光、萧华同志商量后，便向中共中央报告了荣桓的病情。然而，中央已经根据《关于统一抗日根据地党的领导及调整各组织间关系的决定》，打算调整山东的领导班子，决定将一一五师和山东军区合并，成立新的山东军区，任命荣桓同志为一一五师和山东军区政治委员兼军区司令员及一一五师代理师长。荣桓同志知道中央这一打算时，病情已经很重，他担心不能胜任，于3月11日致电中央，要求准许他休养半年。12日，毛泽东主席和朱德总司令复电："你的病如果还不是很严重，暂时很难休息。"电报同时宣布了山东领导人的任命，除荣桓同志外，任命黎玉同志为山东军区副政委。中央还决定调陈光同志回延安参加党的"七大"。陈光同志临行前曾经对身边的战友们说："几年来的实践证明，罗荣桓同志是正确的，希望你们今后在他领导下，搞好团结，好好工作。"

毛主席、朱总司令的电报来了后，荣桓同志不好再提休息的事了，便忍着病痛，挑起了重担。首先要做的事是实行精兵简政，合并一一五师与原山东军区机关，任命各军区的领导班子。在配备干部时，原各军区负责干部基本未变，他们是：胶东军区司令员许世友，区党委书记兼政委林浩；冀鲁边军区司令员黄骅，区党委书记兼政委王卓如；清河军区司令员杨国夫，区党委书记兼政委景晓村；鲁中军区司令员王建安，区党委书记兼政委罗舜初；鲁南军区司令员张光中，区党委书记兼政委王麓水；滨海军区司令员陈士榘，区党委书记兼政委符竹庭。

在合并机关时，荣桓同志非常重视使用原山东军区机关的干部，原山东军区的谢有法、朱则民、陈沂、刘汉、白备伍等同志都调入山东军区机关。在任用干部时，他有一个很重要的原则，就是搞五湖四海，一视同仁，不分亲疏。他曾经说："干革命，团结的人越多越好，不能搞一朝天子一朝臣。"在一次会议上，他透彻地谈到这个问题："对干部，如果因为个人熟悉不熟悉，决定使用与不使用，领导者就不会容纳大量的干部，只是在熟人的小集团中打圈子。领导者要变动工作，就想到把熟人也来一个搬家，必然会造成个人的干部政策倾向。"由于荣桓同志坚持党的干部政策，团结了一大批优秀干部，这些干部在各自的岗位上都发挥了积极作用。

配备好各级领导班子后，荣桓同志的病越来越严重了。新四军代军长陈毅知道荣桓有病，便拍电报给中共中央，建议让荣桓到新四军治疗。陈毅同志说：新四军中有一位奥地利泌尿科专家叫罗生特，医术很高明。经军委和集总批准，荣桓便准备去新四军找罗大夫看病。

早在1942年我就认识罗生特大夫。那年春天，刘少奇同志从苏北来山东，他谈到新四军里有位白求恩式的外国大夫，叫罗生特，是奥地利人，维也纳医科大学毕业的泌尿科和妇产科专家，医德高尚，医术精湛，深受军民欢迎。

当时，我们这些处在敌后艰险环境中的女同志最怕怀孕，那时没有避孕药，生下孩子来也很难养活。1942年，我的女孩夭折后，我又怀了孕。听说罗生特就住在陇海路以南的盐阜区，我便赶到那里，请他做了终止妊娠的手术。这次陈毅同志建议荣桓到新四军请罗大夫看病，我非常高兴。

1943年4月，正是春暖花开的时候，我和卫生部长谷广善陪荣桓同志从滨海出发，过陇海路，经过淮海区到达淮北区洪泽湖边的半城镇新四军四师师部驻地，受到彭雪枫师长的热烈欢迎。沿途还见到了黄克诚、王东保等同志，这都是多年未见面的战友。荣桓同志见到他们，十分高兴，常常忘记病痛，和他们一聊就是半夜。

我们到半城后，罗生特大夫立即从军部赶来，对荣桓同志进行了全面的身体检查。为了弄清楚出血的部位是膀胱还是肾脏，需要做一次膀胱镜检查。膀胱镜导管是金属的，从尿道插入，尿道内壁不可避免地要被擦伤；而用稀释的硝酸银溶液冲洗膀胱时，又会刺激伤口。当时又无麻药，做这样的检查，病人是十分痛苦的。因此，罗生特非常犹豫。荣桓鼓励他放手大胆地做。罗生特在做检查时，动作很轻，还用不熟练的中国话不断地安慰荣桓，尽量减少他的痛苦。检查的结果是膀胱并无病变。罗生特又给荣桓做了靛胭紫的静脉注射，以检查肾功能。结果查明，荣桓两侧的肾脏都有病变，但究竟是肾脏肿瘤还是多囊肾，由于没有X光机，无法进一步检查。罗生特无奈，一面要求派人到上海买X光机，一面对荣桓施以保守治疗。

5月间，我们在罗生特陪同下从半城出发，乘船过洪泽湖，于28日到达新四军军部驻地黄花塘。陈毅代军长闻讯后立即从前线赶回来，招待我们吃了一顿小笼包子。在军部，荣桓同志还见到了张爱萍、赖传珠等老战友。

为了让荣桓同志能安心静养，新四军的领导特意安排我们住在一处十分幽静的地方。但是，荣桓同志却无心静养，因为山东战局此时发生了极大的变化。蒋介石命令其嫡系将领李仙洲率九十二军入鲁，接替东北军的防务。李仙洲入鲁，必将引起敌伪、国民党和共产党三方面斗争形势的急剧变化。这种变化，可能会造成今后开展抗日斗争的困难，但搞好了也可能成为改善八路军处境的机遇。于是荣桓决定立即回山东。

6月20日，我们开始北上。在路上荣桓对我说："我要订个5年计划，争取再活5年，打败日寇，到那时我死也瞑目了。"我听后，心里很不好受，便安慰他说："你的计划一定能实现，将来打败了日寇，革命胜利了，就有条件把病治好了。"

荣桓同志回山东后，全身心地投入指挥山东的抗日斗争，礼送于学忠部出鲁。于部空出的阵地均为我军占领，制止了李仙洲入鲁的反共逆流，得到了毛泽东主席的赞扬。

山东抗日形势日益发展，而荣桓同志的健康却每况愈下。陈毅同志知道后便征求罗生特大夫的意见，问他愿意不愿意到山东工作。罗生特欣然同意。1943年秋天，他在李磊、夏汀、蔡和等同志陪同下来到山东。随后，陈毅同志又将协和医学院毕业的黄农派到山东，配合罗生特工作。

罗生特到山东后，又给荣桓做了全面、详细的检查。但由于没有必要设备，仍查不出是什么病。鉴于荣桓的病情仍在不断恶化，罗生特建议他去上海治病。党中央同意后，他便陪我们来到盐阜地区。这时，接到毛主席的电报，说荣桓身上有伤痕，去上海容易暴露。于是，我们又返回山东。荣桓任命罗生特为军区卫生部顾问。滨海地区的军民，不少人都接受过罗大夫的治疗，不少医务人员在训练班里听过他讲课，大家都对他非常尊重。

（三）

从山东实现一元化领导到抗日战争胜利近两年半的时间，山东抗日形势发展很快。经过减租减息，调动了农民群众的积极性，大批青年要求参加八路军，妇救会、识字班等群众组织如雨后春笋般发展起来。经过一连串攻势，山东5大块解放区连成一片，有1700万人口，20万正规军和50万民兵。经过整风学习，山东党、政、军各级干部的思想水平和领导能力都有了一个飞跃。经过大生产运动，在物质上也做到了自给自足。山东解放区发行的北海币对国民党法币和伪币的比价迅速提高，乃至将伪币、法币挤出解放区的市场。

这一段荣桓同志非常辛苦，可心情十分愉快。他的病虽未能治愈，但在罗生特大夫精心护理下，也没有迅速恶化。

1945年8月10日，我们住在莒南县的大店村。夜色很深了，荣桓同志正在看文件，机要科送来了一份加急电报。荣桓看了一遍，兴奋地对我说："好消息，日本政府发出照会，要求投降了。"他的语气中表现出少有的激动。

抗日战争打了8年，我们终于胜利了。这是我们早就盼望的一天，但这一天真的到来了，又像不是真的。我听他这样说，仿佛是在做梦。烛光下，看到他那既憔悴又高兴的面容，我心情也十分激动。

接着，他又对我说："现在看起来，我还可以再订一个5年计划，参加建设新中国。"我说："抗战胜利了，医疗条件好了，你的病会治好的，你还可以订好多个5年计划。"

从这一天起，荣桓便投入了更繁忙的工作。他根据中共中央和八路军总部的决定，命令驻山东的日伪军向八路军投降；同时对部队进行整编，将山东第一线部队编为8个师、12个警备旅、1个滨海支队和1个海军支队。为了发展壮大八路军的力量，又发动了参军运动，使山东八路军的人数增到27万人。

由于山东日伪军接受了蒋介石的命令，拒绝向八路军投降，山东分局和军区便下令，夺取大中城市、消灭拒降的日伪军。荣桓指挥新组建的5路大军，向大中城市和铁路沿线进攻。各路大军边动员、边行军、边扩大、边编组，昼夜兼程，浴血奋战。到8月下旬，已将日伪军压缩到青岛、济南、徐州、连云港等几个城市和胶济路沿线。在解放区内，唯有临沂没有打开。

在指挥大反攻的过程中，荣桓同志一天只能睡两三个小时，他的病情又加重了。6月间，中央曾来电报说要派林彪到山东接替荣桓的工作。8月18日，毛主席来电询问荣桓病况。8月20日，荣桓发电表示："在林彪来到前，我决不离开工作。"

此时，荣桓最放心不下的是临沂。临沂位于胶济路以南、陇海路以北抗日根据地的心脏地带。临沂不解放，我军发展将要受到限制，山东根据地也很难说是完整的根据地。加之，此时中共中央已要求万毅同志率滨海支队到东北去，荣桓已经意识到山东将成为进军东北的重要基地，还可能派更多的部队到东北去。如果临沂不解放，势必对全局带来不利影响。

8月17日，解放临沂的战斗打响了。山东军区组织了4个团攻打临沂，虽多次攻击，但都因为准备不够，配合不好，加上敌军工事坚固，而没有取胜，部队伤亡也比较重。

消息传来，荣桓同志急了。他吩咐警卫员："快去备马，到临沂去！"

警卫员一出门，我就把他拦住了。我想荣桓自从1943年得病后就没有骑过马，现在他身体这么虚弱，怎么经得住颠簸！于是我对警卫员说："首长现在不能骑马，你告诉他，就说找不到马夫。"随后，我又让马夫把马牵走了。

警卫员在外边转了一会，回来吞吞吐吐地报告荣桓说："找不到马夫。"荣桓有些生气地说："找不到马夫，你把牲口牵来。"警卫员说："牲口也找不到了。"

荣桓生气了："乱弹琴，你们这是搞的什么名堂，快把牲口找来！"

警卫员站着不动。荣桓两眼盯着他，眼看就要发火。我赶忙走过来说："不关警卫员的事，是我叫把马牵走的。"

荣桓压了压火，等警卫员出去后，十分严厉地责问我："你为什么自作主张？"

我告诉他："这是医生的嘱咐。罗大夫说你近来病情加重，要你绝对卧床休息。"

荣桓着急地说："休息、休息，临沂打不开，叫我怎么能安心休息！"

我也有点着急地对他说："你的病这么重，还要骑马到临沂去，你不要命了！"

荣桓两手抖抖索索地对我打着手势说："临沂打不开，就要增加滨海、鲁中、鲁南反攻的后顾之忧，这可不是小事。"他说着说着提高了嗓门："这么重要的时刻，你竟然不让我到前方去，你是不是共产党员？"

我和他结婚8年多了，还从来没见他发过脾气，也没听他说过这么重的话，心里感到十分委屈，便回了一句："我不是共产党员，难道是国民党员？"话一出口，我又后悔起来，他是个病人，不能让他生气。

荣桓确实不能去前线，我又劝不住他，怎么办呢？只好出去搬"救兵"了。这时东进、南下都在炕上，他们听到我们吵架，都趴在窗户上偷看，一见我出了门，哇哇地哭了起来。我也顾不上他们了，赶忙去找黎玉副政委。黎玉同志听说后赶忙过来劝阻，荣桓才打消了去临沂的念头。这时，恰好参谋处长李作鹏从临沂前线到大店，向荣桓汇报了临沂的战况。荣桓和他研究了下一步的作战方案，决定增派作战科副科长王德、参谋尹健一同到前线去，并要求他们抓紧坑道作业，争取早日打下临沂。9月10日，八路军再次对临沂发起总攻，11日临沂解放。

经过一个多月大反攻，日伪军遭到歼灭性打击。山东全境大部地区都已解放，津浦、胶济、陇海铁路被切断，青岛、济南、徐州、连云港等已成为被解放区包围的孤岛。山东5大解放区完全连成了一片，成为新四军的可靠后方、进军东北的出发基地。

9月19日，中央决定，调荣桓同志到东北，将山东分局改为华东局，陈毅、饶漱石到山东工作。10月上旬，陈毅同志由延安来到临沂。荣桓和他进行了几天长谈，介绍了山东形势和所留干部、部队的情况。10月11日，中央命令已到，山东的新四军和山东留下来的部队合编成一支大军，阻击沿津浦路北上的国民党军队，陈毅同志到前线去指挥，他动身时，荣桓派警卫员把自己用的一床虎皮褥子送给了陈毅同志。

10月24日，荣桓同志在指挥6万大军进入东北的同时，亲自带领军区机关踏上了北上的征途。11月5日，我们在龙口上船，离开了战斗7年之久的山东大地，开始了新的征程。

陈光同志在山东敌后

武清禄

陈光是湖南宜章人，曾于1926年参加农民协会，1927年底参加中国共产党，1928年1月参加湘南农民暴动，后随起义军一起，编入中国工农红军。在第二次国内革命战争时期，陈光历任排长、连长、大队长、支队副、营长、师参谋长、师长、一军团代理军团长。抗战开始，红军改编为八路军后，他任一一五师三四三旅旅长。1938年春，一一五师师长林彪在晋西被友军误伤回延安后，陈光奉命代理一一五师师长。1938年底，他与当时负责该师全面工作的罗荣桓（后不久被任命为一一五师政治委员），率领一一五师主力挺进山东敌后，与山东地方党开辟和创建山东抗日根据地。于1943年3月调回延安学习。在山东敌后四年多的战斗岁月里，他努力发展壮大我军力量，坚持山东抗战，创建、扩大和坚持山东抗日根据地，参与组织、指挥了多次战役、战斗，取得了反"扫荡"的胜利。他为人民革命事业、为争取抗日战争最后胜利做出了杰出的贡献，使当时并肩战斗的同志和山东人民深为怀念。

为创建鲁南根据地而斗争

鲁南是指山东省南部，包括津浦路以东、陇海路以北、滋临公路以南等广大地区。以抱犊崮山区为中心，包括泗（水）、滕（县）、曲（阜）、邹（县）、峄（县）、费（县）、临（沂）等县，人口约500万。它不仅是联结华北与华中的重要枢纽，而且直接威逼日本侵略者兖州、徐州、临沂、连云港等战略据点。这个地区封建割据十分严重，许多山村为地主把持。1938年8月，日军沿津浦路南下，占领滕县、峄县之后，鲁南地方党组织发动了抗日武装起义，组建了人民抗日义勇总队等武装。同时，许多地主、豪绅也拉起武装，有的接受国民党委任，有的自称司令，割据一方，且多为国民党特务所控制，暗地与日军相勾结，破坏抗战。也有一些地方武装，处于动摇状态。到1939年春，鲁南各种土顽武装共1万多人，占据着大部分山区，把我党组织的抗日义勇总队挤到了抱犊崮以东的大炉、车辋狭小地区。4月，东北军之一一二师又进入鲁南，这就形成了敌、我、顽三角斗争的复杂局面。

1939年6月21日，中央军委毛主席指示十八集团军总部：要乘敌人"扫荡"后鲁南局面混乱之际，将一一五师师部、六八六团开赴鲁南，以巩固鲁南根据地。早在5月，陈光、罗荣桓即部署师直属队及六八六团主力，越过津浦路，配合地方党组织和地方武装，宣传、组织群众，打击敌伪势力。在师参谋处长王秉璋、师政治部副主任黄励统一指挥下，以“东进支队”的名义，继续南下，于9月1日进入大炉为中心的鲁南抱犊崮山区，先后拔除了白山、下石河等日伪据点。10月3日，师直特务营一部与边联县自卫武装配合，攻克了大炉西南10余里的反共顽固堡垒——孔庄，消灭了勾结敌伪的反共土顽，击毙了首领杜若堂；同时，也争取了一些地主武装保持中立或向我靠拢，使鲁南的形势开始好转。

10月27日，师直属队在大炉召开党的活动分子会议，罗荣桓政委做《关于目前形势与任务》的报告。他指出：当前总的方针是贯彻党中央提出的“坚持抗战、反对妥协；坚持团结、反对分裂；坚持进步、反对倒退”的三大口号。陈光参加了会议，完全赞同罗荣桓的报告。会后，罗荣桓到湖西处理“肃托”错误，落实会议精神的任务，便由陈光执行。

陈光认为，以战斗消灭敌伪势力，站稳脚跟，打开新局面，是创建根据地的首要条件和关键。他了解、分析与处理各种复杂的敌情，组织指挥部队的战斗行动。11月，他部署师直特务营、六八六团所属部队及师直属队挥师南下，组织了郯（城）马（头）战役，解放了水陆交通要点——马头镇。之后，我军又一度攻克了郯城，给敌人以沉重打击，并组织了抗日民主政府，扩大了我党我军的影响。

12月下旬，罗荣桓政委回到鲁南，他和陈光一起住在大炉抗日民主人士万春圃的家里。我党我军坚决抗日的政治主张，以及首长们密切联系群众、艰苦朴素的作风，受到万春圃一家人的赞赏。他们便利用这个机会，亲自做万春圃的工作，使他更加靠近我党我军。

1940年1月，罗荣桓政委总结了一一五师入鲁以来的斗争经验，明确地提出了“创建以抱犊崮为中心的鲁南抗日根据地”的任务，并在师直干部大会上做了动员报告。陈光在讲话中也强调：“我们要有阵地，才能坚持抗战。”罗荣桓与陈光分析了当时鲁南敌我斗争形势后一致认为：解放为恶霸地主孙鹤龄盘踞的白彦，是扩大和巩固鲁南根据地的重要战略措施。于是，决定集中师直特务团、六八六团等部队发起白彦战役。2月11日，师直属队和作战部队，分别从驻地出发，迎着寒风，冒着雪花，隐蔽而迅速地向白彦进军。当部队兴致勃勃地行进在崎岖的山路上时，就见罗荣桓和陈光身披风衣，精神抖擞，乘马奔驰而过，士气更加旺盛。2月14日拂晓前，进攻白彦的部队已将敌四面包围，攻击部队已竖起云梯，冲破敌人的防守，攻入围寨，按照预定的作战部署，经过激烈的战斗，一举消灭了汉奸顽固武装，解放了白彦。尔后，又经过了三次反复，10多天的作战，共歼灭敌900余人，取得了白彦战斗的胜利。

白彦战斗后，我被分配到师司令部做机要秘书，来到陈光身边工作。一天早饭后，我跟着警卫员，带着紧张而又兴奋的心情走向陈光的住处。那是一个单独的小院，极普通的三间土坯房。我走到门口，喊了声："报告。"陈光一面回答"进来"，一面从凳子上站起。我向他敬礼后，紧接着说："首长，我来报到。"陈光同我握了手，并让我坐下。我虽然多次见过陈光，仍不免有些紧张。陈光打量了我一下，像长辈一样关怀地问："你读了几年书？"我回答说："上了10年学。"陈光微笑着说："那你可真算知识分子了。"接着，他又直截了当地说："你的历史、家庭和社会关系，组织已经考查了。今天，我们就谈谈机要秘书工作。机要秘书工作很多，如管理文件、材料，做会议、谈话记录等等，但现在最重要的是管理机要电报。你准备几个笔记本，今后，凡属党中央、中央军委、总部的电报指示、综合性敌情通报，要分类抄录在本子上，并很好保存，便于我们经常阅读，研究执行。对发出的重要电报，也要抄录在笔记本上，便于经常检查执行情况。这些，都属于绝密和机密，绝对不能遗失。工作要细致，不能粗枝大叶。"当他问我还有什么问题时，我说："没有经验，怕做不好，以后请首长随时指示。"陈光的谈话，给我留下了难忘的印象，他那清晰洪亮的声音，经常在我的耳边回响。

1940年3月，师政治部新闻台收到了毛泽东《新民主主义论》这篇光辉著作。未等印出来，罗荣桓政委就将抄稿看完了，还指示我交给陈光阅看。陈光一口气看完了这篇文章，连声说："很好，很好。"接着，他又有重点地看了一遍，当看到一些精辟论述时就大声读起来。看完后，他要我把要点摘抄在一个笔记本上，以便反复地学习研究。从3月中旬开始，他利用敌人尚未对我军"扫荡"的空隙，抓紧对党中央、中央军委、毛泽东等重要指示学习研究（这一时期，罗荣桓主要到驻地做调查研究），围绕对敌斗争、统一战线、发动群众、发展壮大我党我军力量、创建根据地等有决定意义的一些重大问题，一部分一部分地阅读。他阅读文件时精力很集中，对一些重要段落和论点，都是一边看一边读，以加深理解，直到弄通为止。陈光对在统一战线中坚持独立自主，对顽固派斗争要有理有利有节的原则十分赞赏，对于已经发生过的少数反共顽固派袭击我军、杀害我军政人员的罪行极为愤慨。有一次，他故意问我："你怎样理解统一战线中又联合又斗争的原则？"我看到陈光情绪很好，就说："我还得好好学习。"陈光高兴地说："党中央和毛主席制定的统一战线政策，就贯穿和体现着又联合又斗争的精神。结合山东，特别是鲁南地区具体情况，坚决执行，就是贯彻这一原则，也就一定能发展和巩固统一战线。"

陈光对党中央给予一一五师的任务，即：发动群众，发展壮大主力，创建鲁南根据地，十分重视。他联系当时肩负的重任，经常思考，必须粉碎敌人的"扫荡"，消灭敌人，保存自己。如果不能保存自己，则其他都是空谈。因此，他在阅读研究党中央指示时，经常关注敌人的动态，在他挂的地图上，敌人的据点、兵力部署、番号、人数及我军所处位置，都标得一清二楚。

对鲁南地区的许多地主武装，罗荣桓与陈光都做了妥善处置，对抗日爱国的分别争取，组编为地方抗日游击队，对反共投敌充当汉奸的则予以打击消灭。经过一段时间的工作，一些零散的地主武装已基本解决，只剩下东北军五十七军一一二师及国民党第十军团暂编第六师。当时，这两支部队都还抗日。罗荣桓与陈光积极对他们开展团结争取工作。师部确定由陈光出面，宴请暂编第六师师长孔昭同，谈判联合抗日事宜。孔昭同是孔子的后裔，在当地上层人物中有一定影响。为准备这次谈判，陈光口授了谈话要点，我记录后整理成一份提纲。那天早饭后，约10点多钟，孔昭同带领随从副官、马弁等十来人到了师司令部驻地哨里村边。我军接待人员陪同孔昭同来到陈光房前，陈光在门口迎接了客人。进入简陋的屋内后，众人围方桌坐下，又互相致意。陈光代师长说："欢迎孔将军前来共商抗日大事。现在抗战已进入相持阶段，只有坚决抗战到底才是生路，妥协投降只是死路一条。贵军愿与我军联合抗日，实为民族之大幸，人民之大幸。我本人并代表我军表示竭诚欢迎。"孔昭同首先赞扬了我军坚决抗战及取得的多次胜利，尔后，又就交换情报、日军进攻时互相援助等问题达成了协议。这次会谈起了极为重要的作用。孔昭同不仅和我党我军共同抗日，在病危中还嘱咐其儿子说："共产党、八路军不歧视、不兼并我们的部队，他们一定能胜利。你一定要听共产党的话，跟八路军走。"孔昭同病故后，儿子接替他的职务，一直同我党我军保持着友好关系，使邹（县）滕（县）边的工作得到顺利开展。以后，该部自愿编入我军。

1940年3月中旬，鲁南周围敌人各据点开始增兵，陈光判断可能是要向我根据地进攻，便指示所属部队加强战斗准备。3月19日拂晓，敌人分数路向我师直属队合击，向我警卫部队猛烈进攻。警卫部队立即还击，掩护师直属队向后转移。同时，六八六团在白彦附近也与敌人展开了激烈的战斗。枪声一响，陈光便带一名作战参谋和几名警卫员到了前沿阵地，指挥整个战斗。经过一天的阻击，我军杀伤了大量敌人，胜利完成了任务，于黄昏前集结，安全转移到了白彦以东12里路的刘庄。陈光回到师司令部已是深夜了，他不顾一天的劳累，直到询问清楚战斗情况后才休息。第二天吃早饭的时候，罗荣桓政委打来了电话，我立即拿了纸和笔，准备记录电话要点。只听罗荣桓政委说："从周围敌情的变化看，敌人不仅是进攻白彦，很可能要对鲁南根据地进行大规模'扫荡'。"陈光完全同意罗荣桓的分析和判断，并在电话里向他叙述了昨天战斗的情况，表示要立即在全师研究和部署反"扫荡"。两天后，罗荣桓回到了师政治部，陈、罗首长发出了反"扫荡"的作战指示，要求主力部队转移到敌人的后方活动，内线和外线紧密配合，粉碎敌人的"扫荡"。

4月下旬，敌人集中8000余人，开始对鲁南根据地大“扫荡”。针对敌人“分进合击”和“分区包围”的战术，我师直分了几个梯队活动：司令部及所属通信营、特务营为一个梯队，由陈光率领与指挥；政治部及附属单位、警卫连为一个梯队，由罗荣桓率领与指挥；供给部、卫生部为一个梯队，单独活动。师主力部队分别转移到根据地外围机动位置，与地方武装紧密配合，伺机向敌伪据点和交通线进行破袭，配合内线，打破敌人的“扫荡”。到边缘区作战，我军遇到了一些问题和困难，特别是给养的筹措，既要保证部队的吃饭，又要执行政策和群众纪律。有一次，为冲破敌人对师司令部及直属单位的合围，我部转移到了根据地外围东北军一一二师驻区。因供给困难，陈光便指示我带两名警卫员到附近区政府筹集粮食。我到后，恰遇一一二师两名军需人员也在区政府商讨筹粮事宜。我说明来意后，一一二师一名军需稍加思考，便表示愿协助我们共同解决。经过协商，区政府下了通知，几个村的群众很快把粮食送到了我部。我回来，向陈光汇报了这一情况，他高兴地说：“罗荣桓同志确定我们对一一二师以友军相待，并做了许多争取、团结工作，现在证明，都是完全必要和非常正确的。”

在我内线与外线密切配合下，经过七天的周旋和战斗，粉碎了敌人对抱犊崮山区的合围。26日，大部分敌人分路向各据点撤退。这时，师司令部转移到了费县西北部的常庄。陈光分析了敌情后，决定趁敌人撤退之际，歼灭其一路，以扩大反“扫荡”的胜利。这时，驻常庄东南松林的一股敌人，似要向平邑撤退，正是歼灭它的好机会。为此，陈光进行了具体部署：由特务团、六八六团、苏鲁支队分别从西、南、北三方面堵截敌人，并命令司令部的一名科长带一个连队进占常庄与松林间的要点，监视敌人行动。谁知，监视敌人的那个连队没有按时到达指定位置，这股敌人直奔常庄。当时，在东南方向担任警戒的又是一个缺乏战斗经验的新部队，他们的排哨设在山头上。当天夜晚，敌人绕过排哨，到了常庄村边，午夜才被我哨兵发觉。哨兵立即开枪射击，并投掷了三颗手榴弹。机关人员听到信号后，紧急集合在村西北角，待命转移。这时，敌人的前哨班已经展开，端着刺刀，向我警戒班发起攻击。掷弹筒已打到村子里，陈光仍站在电话机旁和警卫部队通话，命令警卫部队坚决阻击敌人。半小时后，少数敌人隐蔽地袭进村内，沿着大街前进。陈光还守在电话机旁指挥，参谋、电话员多次催他快走，最后，干脆拖着他走出小屋，恰与冲到街上的敌人相遇，陈光机敏地翻过一个小围墙，躲过敌人；接着，钻进一个小胡同，又翻墙从老百姓的院子里脱身出来。机关的同志们都十分关心陈光的安危，直到他回到机关才放了心。

在罗荣桓和陈光的领导下，我军又经过几次战斗，历经一个多月，终于粉碎了敌人对鲁南山区的春季大“扫荡”，共歼敌2000多人。不仅保卫了以抱犊崮山区为中心的鲁南根据地，我军还得到了发展与壮大。

师直属机关粉碎了敌人的“扫荡”后，于6月中旬转移到了天宝山区。师司令部驻在天宝山脚下的桃峪村。天宝山区是联结鲁南与鲁中的战略要地，是巩固鲁南抱犊崮山区根据地的重要支撑点。而当时的这个山区，却被日伪特务的地主反动武装——廉德三民团统治着，解决这部分反动武装，就成为紧迫的任务。罗荣桓经过深入调查研究，反复考虑，决定采取“借路”抗日的策略，首先将战斗部队开进天宝山区中心村庄，然后再占领附近制高点。陈光完全同意罗荣桓的正确决策，派人与天宝山乡乡长兼民团团长廉德三谈判。廉德三虽然内心极端仇视我党我军，千方百计阻止我军入境，但对我们的这一正义要求，却找不到言辞拒绝，只好答应。这一天，我军经过周密布置，特务营及一些直属单位，于午饭后从驻地出发，经过3个多钟头行军，在4时左右分别到达了天宝山乡中心的几个村庄。避难的群众看到八路军说话和气，纪律严明，纷纷回到村里，这样，我军控制了天宝山区，并将廉德三民团收编，改编为天宝山大队。

7月初，师部抽调一批干部组成了民运工作队，在天宝山区配合区党委及县委工作团开展地方工作。这时，陈光与罗荣桓政委商量决定，由我和另外两名秘书徐明辉、张秋桥组成一个群众工作组，到由吾乡的大、小由吾村。开始，我不理解领导的意图，觉得工作这样多，怎么还派我们去做群众工作呢？陈光好像看透了我们的心思，再三对我们交代：“你们要注意调查研究和发动基本群众。要调查各阶级的经济状况，对抗日的政治态度，村政权、自卫队由谁掌握。不要只听上层人物嘴上讲的。工作要做扎实。”这时我才明白，他们是为了直接掌握第一手资料。以后，我们经常把调查的材料和工作情况写成书面报告。陈光很重视这些报告材料。

日伪特务极端仇视我军进驻天宝山区，经过密谋策划，于8月初发动天宝山民团叛变，将我控制天宝山区制高点的一排战士缴械，捆绑后送给费县日军杀害。接着，民团又占领了天宝山的主要阵地，袭击和阻击我在天宝山周围活动的小部队，杀害我军执勤人员。同时，对群众进行欺骗、威胁，并采取强制措施，将男女老幼一律赶上南大顶、天宝崮等几个山寨与我对抗。民团叛变后，许多同志建议以武力解决，罗荣桓和陈光一再劝说：“那样做必然要伤害群众，政治上对我们不利。”经过反复研究，决定采用“围困”办法，促其内部分化，尽可能争取和平解决。但是由于敌特严密控制，民团为反动地主所掌握，堵死了和平解决的可能。我军遂于9月中旬，发起了平息天宝山叛乱战役。在组织进攻前，陈、罗首长一再强调，要切实遵守三大纪律八项注意，不许杀害已缴枪的俘虏，绝对不许伤害群众。如发生火灾，要组织灭火，抢救群众生命财产。战役由陈光具体指挥。参战部队于黄昏前将缴获的九二步兵炮架设在南大顶东面的山梁上，对准叛匪围寨的东寨门。随着

"隆隆"的炮声，突击队冲开缺口，很快占领了围寨，胜利地结束了战斗。天宝山区的解放，扩大和巩固了鲁南抗日根据地，使鲁南和鲁中连接在一起。

创造模范党军

1940年9月，一一五师在师司令部驻地桃峪召开了旅和支队以上干部参加的高干会议。山东分局书记朱瑞参加了这次会议。会议总结了一一五师进入山东敌后以来，发动组织群众，同日伪军、反共顽固派进行斗争的经验，发出了建设"铁的模范党军"的号召。模范党军的条件是：（一）明确地了解党的政策；（二）普遍深入地建立和群众血肉相连的关系；（三）高度的政治团结，无比的阶级友爱；（四）发扬灵活、机动、果敢、坚决的优良传统；（五）严肃、紧张、坚持、精细的工作作风；（六）坚定、忠诚、不屈、不挠的革命立场。会后，各部队根据高干会议的决定开始有计划地整训。陈光很重视部队的整训工作，亲自到附近部队了解情况，进行具体指导。对于部队的军风军纪、内务卫生、军人礼节、制式教练，以及射击、刺杀、投弹、迫近作业等四大技术训练，他都按照条例、教程、教范以及有关规定严格进行检查，为实现模范党军创造条件。

1941年1月6日，国民党顽固派制造了震惊中外的"皖南事变"。消息传来，全师指战员无不愤慨万分。肩负军事指挥重任的陈光更是焦虑不安，不停地思考着形势的变化以及应采取的对策。他多次找罗荣桓政委交谈。他们一致的意见是：要力争时局好转，但也要做好出现最坏情况的准备。按陈光、罗荣桓的指示，师部发出了支援新四军的动员令。师司政机关及直属单位的干部、战士纷纷表示：坚决服从命令，随时准备南下华中，支援新四军作战。

一天上午，机要科收到一份毛泽东发给陈、罗及一二〇师、一二九师首长的绝密加急电报。由于事关重大，时间紧急，我未来得及抄录在电报本上，即将底稿送给陈光。陈光看了两遍，要我送罗荣桓阅。罗荣桓看后，就拿着电报来到了陈光的屋里。他们充分估计了形势逆转的危险、发生全面内战的可能以及投降派的阴谋活动，同时也分析了克服投降、内战危机的有利条件。根据形势发展，他们充分考虑了一一五师南下华中的方案。经过几次讨论后，罗荣桓亲自起草了电报稿，以陈、罗名义上报毛泽东。电报表示：不管形势发生什么变化，部队南下华中虽有不少困难，但坚决服从党中央、中央军委的决定和命令。

1941年2月，一一五师指挥机关移驻临沂以北的青驼寺，与山东纵队靠拢。3月，为了开辟与扩大滨海解放区，师直属队又转移至滨海区临沭县寨子村，师司令部驻寨子。

3月下旬，教导二旅、山纵二旅一部紧密配合，发起青口战役，陈光亲临前线指挥所，指挥部队以迅猛动作，对青口周围日伪军盘踞的据点发动了攻击。经三天激战，击退了增援之敌，连克青口外围据点10余处。扫清敌伪外围后，遂发起对青口守敌的总攻，迅速突破城墙，攻入城内，与敌展开巷战，毙俘敌大部。最后将敌人压缩在两个碉堡内。拂晓，新浦援敌赶到，我军遂撤出战斗。18名战士攻入敌人纵深，未来得及撤出，被敌人包围。他们与敌人展开了激战，子弹打光了，就把枪支毁掉，用枪托、砖瓦与敌人搏斗，最后壮烈牺牲。

7月中旬，《战士报》社的同志找到我，想请陈光写一篇纪念八一的文章，对部队进行革命传统教育。我把他们的要求立即转告了陈光。陈光考虑了一会儿，说："好吧！"便要我先找点材料给他看看，随后，他口述了文章要点和提纲。文章写好后定为《论武装斗争》，阐述了武装斗争的重要性及我军建军的重要经验，发表在师政治部出版的《战士报》八一专刊上。

在八一建军节那天，天刚亮，接受检阅的部队已经全部集结在新修建的广场上，阅兵总指挥、师参谋长陈士榘，跑步向罗荣桓、陈光报告："准备完毕，请首长检阅。"这时，陈光骑上了他那匹枣红马，在陈士榘总指挥陪同下，开始对部队检阅。每走到一个方队前，威武雄壮的战士们立正敬礼，陈光等举手向战士们还礼并亲切地问候："同志们好！"战士们以整齐洪亮的声音回答"首长好！"之后，罗荣桓政委站在检阅台讲话。接着，进行分列式，部队雄赳赳气昂昂地通过检阅台，接受首长们的检阅。阅兵仪式结束后，部队分别在各个场地举行刺杀、射击、投弹和田径、球类等项目的军体比赛，并进行了政治测验。这次阅兵，进一步推动了部队的整军热潮，加强了部队的军政建设。

夺取沂蒙反"扫荡"的胜利

青纱帐已倒，敌占城市及周围据点开始增兵，并且调动频繁。1941年11月初，日伪军5万余人，在日军侵华总司令畑俊六亲自指挥下，开始向山东根据地中心之沂蒙山区进行"铁壁合围"，妄图把我山东党政军领导机关及沂蒙地区之武装部队全部围歼。11月3日夜，师直属队及山东分局、战工会等机关，转移到沂水以南之留田村一带。这时，陈光回到师司令部。他回机关后，就和罗荣桓一起了解敌情，积极参与反"扫荡"的指挥。

11月4日拂晓，师司令部与山东纵队司令部的电话联系突然中断。10时左右，得知驻在马牧池的山东纵队司令部遭敌长途奔袭，详细情况不明。此时，敌人已从北、西、南三面将留田包围，并逐步缩小包围。罗荣桓、陈光不时地到挂满地图的作战室了解敌人进攻的情况，并考虑我军应采取的对策。5日早晨，已清楚地听到敌人进攻及我警卫部队阻击敌人的枪声，情况愈来愈严重。中午，敌人已逼近留田村，师司令部于12时转移到了距留田东南五里路的牛家沟。敌人已从三面包围上来，只在东面留着一个缺口，显然是有险恶的阴谋。在这千钧一发之际，师首长一致决定黄昏后突围。但是，向哪个方向突围？突围后又向何处去？陈光考虑向南——临沂方向突围，以威胁敌人的大本营临沂。这一点，他和罗荣桓的意见是一致的。关于突围后的去向，陈光主要从师直属队、山东分局机关的安全考虑，主张在靠近临沂敌兵力薄弱处向东，越过沂河和沭河转入滨海区。罗荣桓站得更高，看得更远，他从“敌进我进”的原则出发，不仅考虑到直属机关的安全，更重要的还考虑到有利于打击、消灭敌人，粉碎敌人“扫荡”，提出向南突围成功后向西，穿过临（沂）蒙（阴）公路，转向合围之敌的侧后。敌合围扑空后，必然重新调整部署，这样，我军就赢得了时间，变被动为主动。陈光及其他首长都同意罗荣桓的这一决策。

天黑了，四周敌人的枪炮声已停止。敌人已构成了三道封锁线，在密布的警戒哨位上，点起了堆堆大火，我机关部队2000多人，分别在驻地村边集合，于晚7点多钟出发，罗荣桓亲率警卫连走到最前面，陈光走在师司令部的前面。部队在敌警戒哨只有三里多路的间隙里，快步行走，首先经过张庄，又经过高里，一夜之间，通过了敌人的三道封锁线。拂晓前，安全地突出重围，顺利地穿过了临（沂）蒙（阴）公路，到达了公路西侧的汪沟一带。按预定计划，机关、部队在此隐蔽休息。公路上车辆川流不息，尘土飞扬，敌人万没想到我军已安然地穿插到他们的侧后方。

敌人合围扑空后，寻找我军行迹，以重新组织合围。17日，敌人似乎发现了我军指挥机关，遂组织兵力向大古台合围。罗荣桓、陈光分析了这一情况后，决定趁敌人合围之际，再东越临（沂）蒙（阴）公路插到沂蒙根据地中心，牵着敌人的鼻子走。黄昏后，部队从大古台出发，拂晓时，天起了大雾。部队迅速安全地穿过了公路，于18日上午转移到李家峪，回到了根据地中心地区。敌人的合围又扑了空。

我军粉碎了敌人第一阶段的合围阴谋。于是，敌人改集中合围为“分区拉网合围”战术，并在根据地中心增设据点，实行分割，以限制和破坏我军的行动。从11月25日到28日，师直特务营连续数次阻击敌人进攻，掩护师部机关和直属队安全转移。11月27日，我军转移到沂南县的石红峪、安保庄，拂晓，遭一股敌人袭击。战斗发生后，罗荣桓亲率警卫连一个排，占领了村西南的山头，阻击敌人进攻，陈光则立即率机关向北转移。这时，敌人已侵占司令部驻村西南的另一山头，我师部机关和直属单位遭到敌人袭击，队伍发生混乱。罗荣桓、陈光命令参谋人员和各单位领导干部，指挥机关部队转入路边的河沟隐蔽前进。部队终于摆脱了敌人的火力追击，渡过了汶河，转移到常山庄休息待命，再次打破了敌人的合击计划。

日军通过“扫荡”，占领了位于垛庄以东的绿云山，并在此设立据点。这里是南沂蒙与北沂蒙联络的要点，敌人设立据点，卡断了南北沂蒙的联系。罗荣桓和陈光决定趁敌立足未稳、工事尚未构成之际，消灭这股敌人，并确定陈光具体指挥这次战斗。28日，我特务营将600多名敌人围困在绿云山附近，激战一日，敌人多次突围均未得逞。是日下午，山东纵队二旅又调来一个营配合特务营歼敌。黄昏后，各突击部队充分发扬了我军夜战的特长，经过激烈战斗和反复地争夺，歼灭了大部敌人，缴获了部分武器和物资，给敌人以沉重打击。这一胜利，大大鼓舞了我军及根据地人民的胜利信心。

12月初，罗荣桓由骑兵通信排护送到北沂蒙山区，向山东纵队传达党中央的指示。师直属队由陈光率领，又转回南沂蒙费县的北部地区。师司令部驻在费县北部的大沟，这是背靠五彩山的一个小村庄。3日拂晓，敌人合击部队攻入村头，陈光听到枪声后，迅速率领部分人员突围，并与萧华主任率领的政治部机关人员会合向西转移，脱离了危险。敌人第二阶段的分区拉网合围“扫荡”计划亦遭到破产。嗣后，陈光率领师直属队转移到天宝山区，中旬以后，向滨海地区转移。由于敌人对滨海地区的“扫荡”尚未结束，我师直机关在白山一带进行了一周的休整，初步总结了反“扫荡”的经验教训。当时，机关中少数同志反映：如果留田突围后，我们不再返回根据地中心地区，不转入内线，就不会有损失了。陈光对罗荣桓确定的“敌进我进”的原则以及反“扫荡”战役的决心和决策，给予了充分肯定，并以战斗实践说明我军转入内线坚持斗争的重大意义。根据多次胜利突围的成功经验以及大青山遭敌袭击的教训，他明确指出：情况不明及对敌情判断的错误，是我们吃亏的根本原因，使大家澄清了一些模糊认识，坚定了信心。

沂蒙人民在罗荣桓、陈光指挥下，经过50多天的极其艰苦的斗争，粉碎了5万余敌伪军的“扫荡”，谱写了一曲胜利的凯歌。

度过最艰苦的1942年

1942年，是山东敌后抗战最艰苦的一年。陈光和师直属机关的干部、战士在一起，继续为提高部队战斗力，打击、消灭敌人，巩固根据地，坚持山东抗战而辛勤地工作。

3月底，师司令部转移到了临沭县的朱樊，开始进行整顿“三风”的学习。陈光认真地学习整风文件。他和罗荣桓一起回顾了一一五师工作的基本情况和存在的问题，一致认为，发动群众，一般的应从开展减租减息、改善人民生活、减轻人民负担、提高和发展生产着手，这样，基本群众才能自动组织和武装起来。恰在这时，刘少奇受党中央委托，由苏北来到朱樊，住在师司令部，帮助解决山东分局工作中的问题。陈光详尽地谈了自己的意见。后来，刘少奇在山东分局扩大会议上做了报告，肯定了山东几年来的工作成绩，同时指出了领导和工作中存在的问题。陈光参加会议听取报告，并且摘要做了记录。会后，又要我把记录送给他看。按照过去的习惯，电报、文件送他阅后，由我保存。这次，他接过记录本，翻了几页后说："放在我这里吧！以后我还要常看一看，很重要啊，解决了山东工作中存在的问题。"接着，脸上显露出了愉快、兴奋的表情。

4月中旬，在刘少奇帮助下，山东分局召开扩大会议，总结过去4年的工作，找出了经验教训，提出今后的战斗任务，使山东情况出现了新的转机。分局扩大会议结束后，山东各根据地陆续开展了群众性的减租减息运动。陈光很关注运动的开展情况，他要我把《大众日报》有关减租减息运动的报道收集起来交给他。当他看到贫雇农分得了胜利果实、庆祝胜利的消息时，他自言自语地说："好！好！"

入夏以后，由于天气干旱，师直属队驻地的临沭、莒南等县，发生了严重的蝗灾，密集的飞蝗遮住了太阳，所过之处，玉米、谷子等禾苗被吃得精光。罗荣桓、陈光非常关心群众的疾苦，指示师直机关单位紧急动员起来，协助群众开展灭蝗斗争，白天用网、盆等工具捕捉，晚上点起火堆捕杀。经过军民奋战，减轻了灾害的损失。

陈光富有远见，不仅关心当前的形势和斗争，而且关心未来的形势和斗争。一天早饭后，他交给我一份文件，说："这是写给新四军领导同志的一封信，信中分析了当前的斗争形势和任务，也分析了今后的形势和任务，是一份很重要的文献，不仅对新四军，对我们同样有重要的指导意义。你抄一份我们存阅。"我随手接过看，原来是刘少奇写给陈（毅）、饶（漱石）、邓（子恢）、赖（传珠）诸同志的一封长信。我用心地抄完，又仔细地校对了两遍，然后将原信及抄件一块儿送给了陈光。他说："少奇同志很关心我们一一五师，原信我们要退还少奇同志，抄的这份留在我这里吧。"以后，他把这封信随身带着一直到了延安。

7月7日，教导二旅和地方党委确定在赣榆县马鞍山举行抗日烈士陵园落成典礼，陈光怀着对革命先烈深切悼念的心情前往参加。8月2日，举行了盛大的民众公祭，陈光特地从驻地赶来。主祭人宣读了沉痛的祭文之后，陈光致悼词，他面对着烈士塔，悲痛而庄重地说："英勇牺牲的烈士们，你们的鲜血不会白流的，你们的死是有代价的。你们是最先进、最坚决、最勇敢的战士，你们为民族、为党、为国家而牺牲，你们的英名将永远被铭记在人民的心坎里。"

从1941年春季开始，日本侵略者在华北推行"治安强化运动"，实行军事、政治、经济、文化统治相结合的所谓"总力战"，并采取"蚕食"政策，向抗日根据地边沿区推进。到下半年，滨海根据地仅剩下临沭、莒南等县的小块地区。我师直属队也就只能在这一地区的朱樊、夏庄、东盘一带转来转去，物质生活也遇到了许多新的困难。陈光、罗荣桓为此采取了一系列措施：政治上，进一步加强部队的思想教育，鼓舞斗志，坚定胜利信心；军事上，加强边沿区、游击区的工作，利用小分队及地方游击队反“蚕食”、反封锁；在组织上，彻底实行精兵简政，缩小机关，加强连队，减轻人民负担，精减了三分之一的人员，充实了战斗部队。同时，提出了开展生产节约运动，机关、部队开荒、种菜、搞运输。进行“节约一粒米”的教育，扎扎实实地开展节约粮食、被服、灯油、办公用纸等各种物资活动。罗荣桓、陈光还带头节约衣服、鞋子，与战士同甘共苦。

入冬后，陈光身体状况逐渐转坏。罗荣桓多次劝他到后方休养。11月，敌情较缓和，他带特务营一个排到后方兵工厂所在地——临沭县胡子村休养了半个月。身体状况好转后，他又投入了战斗。

早在8月初，驻在滨海甲子山地区的东北军一一一师2000余人，在师长常恩多和政务处长郭维城率领下脱离国民党军建制，参加了八路军。但该师三三一旅旅长孙焕彩却坚持反动立场，抢占了我甲子山区，和我军打了个两进两出。12月，罗荣桓政委经过充分考虑，决定发起第三次甲子山战役，并决定由陈光具体组织指挥。当时，抗大一分校驻在滨海北部的莒县桑园，担任对孙焕彩部的警戒。陈光来到抗大一分校后，顾不上休息，就带着参谋人员，步行20多里，登上抗大前沿警戒哨位。他蹲在工事里，趴在隐蔽物的后边，从不同的方向，用望远镜详细观察敌人师部石场驻地，以及周围的地形、地物、道路。山头上阵阵寒风吹来，陈光毫不觉冷，从这边走到那边，从这个工事跳进那个工事。跟随他的参谋细心准确地绘制了观察到的地形、地物图，标记了敌人的防守设施、警戒位置等。回来的路上，陈光边走边说：“通过这次侦察，看来还要先攻石场，中心开花。”

12月17日战役开始，各纵队利用黄昏后的夜幕向进攻地点开进。陈光率少数人员，随在右纵队的尾后前进，于12时进入指挥阵地——赵家土山村西北的高地。大家站在这个高地瞭望、观察，等待着信号。凌晨3点，甲子山上点起了三堆大火，这是迂回纵队已占领阵地、顽军退路已被切断的信号。陈光及在指挥阵地上的同志们望着三堆大火，共享着初胜的喜悦。又过了两个小时，天空又升起了三枚信号弹，说明左纵队已攻占壮坊。这时，陈光以及指挥所的全体同志都在焦虑地等待着右纵队的消息。直到天亮，才接到右纵队的报告，原来部队出发时，由于天黑，向导带错了路，拂晓前，右纵队赶到了进攻地点，一看是朱芦，再转回石场时，天已大亮了，结果失去了攻击的机会，使整个战役未能按预定计划进行。在这种情况下，陈光决心由右纵队白天强攻石场。但进攻石场的通道上有顽军的一个火力很强的碉堡，必须首先夺取这个碉堡。强攻碉堡的任务交给了教导五旅十三团特务连。

攻击的时间到了，平射炮射出了仅有的三发炮弹，虽然命中了目标，但未能摧毁敌人钢筋水泥工事。在嘹亮的冲锋号声中，勇士们一个个倒下去，第一次攻击未能奏效；接着，又组织了第二次攻击，也未能成功。陈光遂改变部署，对石场顽军采取了紧缩围困，逼其突围的战术。敌被围一周之后，于28日夜晚向东突围，我军追歼其大部，俘虏千余人，全部收复了甲子山区。战役结束后，又对收容的顽军家属、子女，进行了政治思想教育，对伤病者给予治疗，之后，发给路费优待费，送回该部，扩大了我军的政治影响。

为粉碎敌人对根据地的“蚕食”，1943年1月中旬，师部又命令教导二旅在滨海地方武装配合下，发起郯城战役，迅速扫清外围据点，一举攻克了郯城。陈光亲临前线组织指挥了这次战役。

深入实际，密切联系群众

陈光不仅坚决贯彻执行党中央的路线、方针、政策，而且深入实际，密切联系群众。同志们都说他看起来很严肃，有时还发脾气，但平易近人，没有架子，关心干部、战士，自己虚心听取群众意见，讲话实际，处理问题果断。

陈光大部分时间是下部队，不大坐在机关里。除一般的调查情况，检查、帮助工作外，凡有大的战役战斗行动，或领受了重大任务，他都要到部队去帮助指挥和组织实施，以保证任务的完成。他关心部队，关心干部，关心战士，不管在什么情况下，总是把部队的吃饭、穿衣放在心上。在紧张的反“扫荡”中，他亲自抓粮食的筹集。在部队紧张整训时，他指示各单位要加强行政管理，改善部队的生活。战斗中，他指挥部队讲战术，尽量减少伤亡，以小的代价换取大的胜利。他支持政治机关和政治干部对部队加强政治教育，提高部队的思想觉悟。师司令部机关和在他身边工作的同志，更亲身感受到他从政治上和生活上的关心和爱护。勤务员王秉强是个很聪明的小鬼，工作做得不错，陈光就帮助他学政治、学文化。为了更好地培养他，陈光还向组织提议，调他到作战科任测绘员，使他得到了进一步的锻炼。警卫班的警卫员，都是经过保卫部严格审查选调的优秀班长或战士，但他们文化水平都比较低，陈光就让我担任业余文化教员，给他们上文化课。他说：“党中央号召干部、战士学文化，这很重要呀！这也算我给你的一项工作，要备好课、上好课。”我在他身边工作，除工作上经常得到指教外，他还让我参加高级学习小组，同他们一起学习《联共（布）党史简明教程》，他联系我党发展壮大的历史，帮助我理解学习内容。他语重心长地说：“我们党也是从两条路线的斗争中发展起来的，毛泽东同志既反对了右的错误，也反对了‘左’的错误，才使我们党沿着正确的路线、方向发展到今天。这是历史的事实，也是历史的经验。”1942年，在动员整风学习后，他帮助我分析小资产阶级思想的表现、危害、产生的根源，研究克服的办法。他说：“最重要的是弄清楚无产阶级革命性和小资产阶级革命性的区别，不要把小资产阶级的东西，当作无产阶级的东西而保留下来。”这些话，对提高我的思想认识起了很重要的作用。我整理、抄录文件材料，有时要在陈光的房子里进行，到开饭的时间，他总招呼勤务员多打一个人的饭，让我留在他那里吃饭。开始，我实在不好意思，但也无法推辞。我们一面吃饭，一面谈工作。他说：“军队工作，一定要有时间观念。时间很重要，一定要抓紧，不能误了时间。”后来勤务员每当开饭时看到我在那里工作，不再等打招呼，就主动多打一个人的饭菜。1941年6月的一天早饭后，警卫员从陈光屋里出来对我说：“首长找你。”我带着笔记本、钢笔去了。一进屋，陈光却从床铺上拿起了一套黄绿色的新军装，对我说：“这是五旅给我送来的，我已有了，送给你穿吧！”我知道他的脾气，这些事，只要他决定了的就从不改变，我只好领下来。1940年12月，师司令部驻在费县北部的聂家庄。当时为对付敌人的“扫荡”，保证我军夜间行动，地方上开展了打狗运动。管理科的同志知道陈光爱吃狗肉，给他送来了一条狗。他亲自动手烹调。狗肉烧好后，司令部的几位科长、参谋都到了，围在一张桌子边，一边吃一边说笑，就像一家人过节一样。每当夏天和秋天，地方政府送些水果来，他和罗荣桓一样，从不自己食用，而是用来招待客人和身边的工作人员。

陈光对自己的工作要求是很严格的，开会不迟到，办事不拖拉、不马虎。他对下级要求很严格，对于完不成任务的失职行为，不论是高级干部还是一般干部，他都不能容忍。他生活艰苦朴素，经常对管理科的同志说，要严格按供给标准办事，不能超过。师首长的小灶伙食，通常只是一两个菜，一个汤，与大灶没有多大差别，只是比大灶油稍多一点，细粮多一点罢了。在环境困难时，他也常吃粗粮。1941年秋天，党中央发来了一份不寻常的电报：为保证陈（光）罗（荣桓）身体健康，特决定，每月各发给两只鸡的实物补助。我高兴地转告了管理科照办。过了几天，罗荣桓和陈光又亲自把管理科的同志找去，交代说：“这是中央对我们部队的关怀，我们小灶生活已经不错了。现在大家都困难，要从实际出发，不要多照顾我们。”1943年3月，陈光遵照党中央的决定，离开部队到延安学习。临行前，他看望了机关的干部、战士，还找一些同志进行交谈，征求意见。同志们也都依依不舍，请求他做指示。临行的前两天，我怀着惜别之情，到他屋里，请求他最后给我做指导。陈光和我谈了很多，最后他对我说：“今后要多在实际斗争中锻炼，虚心学习基层工作经验，工作要讲实际效果。”他临行前的宝贵教诲，至今仍时时响在我的耳边，鼓舞着我不断前进。

抗日战争中的萧华同志

苏 静

1936年“西安事变”后，国共两党第二次合作抗日。红军改编为八路军三个师，萧华同志担任一一五师的政治部副主任兼三四三旅的政治委员。随即开赴抗日前线，参与威震中外的平型关作战指挥，取得了重创日军板垣师团的大捷，鼓舞了全国人民和抗战军队的胜利信心，粉碎了“日军不可战胜”的神话。

1937年，党中央和毛主席根据抗日战场形势的发展变化，提出到敌人后方去，坚持持久战，发展敌后游击战争的正确方针与具体部署。萧华同志奉中央的命令，率先带着一批干部和部队挺进到敌人后方——冀鲁边地区，独当一面地领导创建抗日根据地，开展游击战争，坚持抗战，坚持抗日民族统一战线，以实际行动团结一切可以团结的抗日力量，在敌人后方建立起“三三制”的人民政权，壮大了抗日的武装力量，推动了抗日战争的发展。华北敌后各根据地打乱了日军妄图速战速决的行动计划，使日军一再哀号“华北有八路军存在，便无法安枕”。

1939年春，八路军一一五师在罗荣桓政委和陈光代师长的率领下，奉中央军委的命令，深入到山东敌后与日军作战。1940年秋，萧华同志奉命来到一一五师（以后又兼山东军区）任政治部主任。那时我已从师司令部调到师政治部做锄奸保卫工作，从此以后，我在萧主任的直接领导下工作了近五年的时间，对萧主任有了更深的了解。我清楚地看到，他在罗荣桓政委领导下，作为罗政委的得力助手，在他的工作岗位上充分地发挥了领导才干。

在这段时间里，在这样残酷斗争的地方，我几乎天天要向他请示工作，深深地体会到他对工作认真负责，工作作风踏实、细致、一丝不苟，受到他的影响和教育是非常深刻的。

萧华同志是一个温和的人、很少有“疾言厉色”的时候。无论是谁向他请示工作，他都给予详尽、明确的指示。他坚持原则，调查研究，收集资料，实事求是，善于抓住主要问题。在具体工作上，他放手让下级干部去做，充分发挥大家的革命干劲与工作主动性。他深知革命事业是在艰难过程中前进的，需要同志们积极主动地去完成。他诲人不倦、不诿过于人，勇于承担责任。大家在他领导下工作，心情都很舒畅。他总是诚恳热情地对待每一个同志，和蔼地接近每一个群众，与各方面的人士融洽相处。他总是关心大家的工作和生活，许多同志常常为萧华同志真诚友爱的精神所感动。

我在萧主任的领导下，虽然未能完全学会他这些长处，但在近五年时间里，我的确从他的身上得到了许多可贵的教益。

萧华同志思想敏锐，善于根据实际情况，抓住主要问题进行工作，做工作总结，做工作报告。

1943年，在山东军区的政工会议上，他做了《关于连队政治工作建设问题的报告》，对解决连队政治工作中的问题有重要意义。当时我记了笔记，一直把它作为一份很好的学习材料保存着。萧主任在报告中指出：连队是战斗的基本单位，是军队政治工作实施的基础。连队政治工作建设的好坏，关系到整个政治工作的成败，影响到战斗力与战斗任务的完成。处在敌后复杂尖锐的斗争环境，连队分散独立活动的时间更加增多了，任务更加繁重了，流动性也加大了，政治工作本身所遇到的情况也更加复杂了，连队政治工作在整个政治工作中的地位更加重要了。如何把连队政治工作更加向前提高一步，前进一步，强固连队政治工作的坚实基础，发挥连队政治工作的顽强性与经常性，如何更加顺利地完成党给予军队的任务——战斗、生产与做群众工作，达到团结自己、战胜敌人的目的，是政治工作的主要问题。要加强连队工作必须加强连队党支部的工作。连队党支部应成为连队的核心堡垒，巩固对连队的绝对领导，宣传与执行党的政策，保证一切战斗任务与工作任务的完成，这在连队与整个军队建设上有着非常重大的意义。“连队工作从大的方面说都是党的工作，必须加强党的领导，健全支部组织，提高党员质量，通过党员团结教育群众，发挥党员的模范作用。”

萧主任在1943年山东锄奸公安干部会议上，曾做了反特务斗争的重要报告，详尽地提出了锄奸工作的方针，深刻地分析了敌人的阴谋，规定了许多具体政策。我把当时的记录摘抄一部分，从中可以看出萧华同志非常重视对敌斗争，思想极其敏锐。他指出：

“日本帝国主义是特务最发达的国家，它有一系列严密的特务组织，有统治殖民地的一套政策，善于依形势之发展灵活地变化其斗争方式和组织形式。日本特务机关是目前对我总力战之首脑，在其营垒中，掌握军事、政治、经济、文化之领导者，大都是有经验的特务头子，且在各个部门中，建有秘密的、半公开的或公开的侦察、谍报组织，成为我们最凶恶的敌人。反敌特斗争是绝对不能忽视的。

“我们不仅要时刻注意到民族的敌人，而同样的要注意国内的阶级敌人——国民党的特务。他们不仅积累了十多年的反共经验，而且接受了法西斯的传授，抗战五年来给我们的损害是不小的，尤其在接近胜利的前夜，国民党为独吞抗战果实，更不惜采用一切手段加强对我们的危害。我们对国特的危害应有足够的估计，认真对待。

“我们本身反特务斗争还很薄弱。我们虽有公开的斗争经验，但对隐蔽敌人的斗争的经验还是缺乏的，这在客观上给敌特以可乘之隙。党中央在‘七七’宣言中特别指出，‘敌人总是每时每刻地、千方百计地想要从你们的外部与内部破坏你们、消灭你们的，你们要十倍、百倍、千倍地提高警惕性，你们要学会同敌人特务机关做斗争的一切新办法。’这说明反特务斗争有着严重意义。它是巩固党、巩固军队、巩固根据地的重要部分，是总任务下的重要任务。

“我们反特斗争的基本方针，是对于死心塌地的汉奸、特务、破坏分子、叛徒，这些危害抗战的家伙，应坚决地镇压；而对于那些盲从分子、次要分子，应注意争取，予以回头的机会。在执行时，我们一方面反对乱杀，以免造成社会混乱，另一方面也要防止放纵与听任特务分子活跃的偏向。必须认识只有真正痛击敌人奸细分子，才能争取其中的动摇分子。

“执行这个总的方针，在具体运用上，必须灵活掌握。必须根据党的抗日民族统一战线方针，认识日寇是我们主要的敌人，锄奸工作不能一般化，要严格遵守‘争取多数，打击少数’，‘不放松一个敌探，不办错一个好人’。必须根据中央巩固组织的方针，反对敌人的内奸政策，提高警惕性，把肃清内奸看为全党的任务，真正做到不放过一个内奸，不冤枉一个同志。

“当前反特务斗争出现了一些新情况。根据敌特水源清的口供，以及汉奸报纸最近的论点，敌人深感对我之思想战老一套办法的无力。敌人认为光宣传‘王道主义’与‘东亚共荣’‘共产党杀人放火’，难以取得中国人民的信任，要有一套新办法。敌人成立了所谓‘自治试验区’和‘青年协会’，来对我们进行思想战，就是这种‘新办法’，即用漂亮的词句，宣传‘和平’与‘中日合作’，伪装革命的面貌和行为来欺骗群众。敌人认为中共是一种特殊力量，能切实掌握民心，单靠军事力量或一般的特务活动是不够的，必须要有对付共产党的专门特务组织。敌人在北平华北派遣军本部参谋部中，设了文化特务部门，如‘思想研究会’等组织，对外名为‘星城事务所’。敌人在济南建立的‘鲁仁公馆’，是一个战略特务组织，亦属于该事务所，‘青协’与‘实验区’即为其所领导，并出机关杂志《剿共指南》。

“‘青协’与‘实验区’的建立，是敌人对我进行思想战，从思想上奴化、腐蚀中国人民的民族意识，欺骗与夺取一部分青年知识分子，以实现其‘以华制华’的毒辣阴谋。

“敌人的‘实验区’是敌人对我根据地实行政治‘蚕食’的工具，比军事‘蚕食’更厉害，它利用一切的反共分子，伪装同情共产党，在边沿区选定地点，实行民主政治，创办合作社，给予人民一些经济利益，减轻负担，创办学校训练青年，组织自卫团，提出‘保卫家乡’的口号，妄图使‘中共的政治力量无法进入’，以此为基地‘蚕食’、溶化我根据地，以配合敌人的军事‘扫荡’，破坏我根据地。”

“青协”成立于1942年8月，收容了我们一些被俘人员及叛徒，发宣言，公布政纲，出版报纸，成立支部，吸收会员，俨然像一个小政派似的。它宣传一套反动理论，说什么民族解放可以不走抗战道路，可用和平办法；宣传“青协”是共产党八路军同意的组织，是进行“合法斗争”的，以此欺骗青年。它还出版《中国青年》，以迷惑麻痹青年。另外，还有秘密的一方面，即乘此机会派遣特务分子来我根据地活动。“青协”有所谓基本会员（是秘密的）与普通会员两种，每次派来的人回去都向敌组织汇报，从中收集材料，进行特务活动。萧主任根据这一新情况，提出了我们同敌特斗争的对策。

对“青协”：

——公开揭露其汉奸本质，说明此组织比一般汉奸组织还要危险。揭破它“和平抗日”“和平救国”的谬论，指出它是破坏八路军共产党的组织，必须划清敌我界限。

——对下层被欺骗的青年群众应争取之，对其上层则应予以政治上孤立与打击，对个别死心塌地的坏蛋则要坚决镇压之。在“青协”未建立或正在建立的地方，我们应从各方面给以政治上打击，使它建立不起来。在敌占区大城市已建立的地方，应设法从各方面予以瓦解，派人打入其内部开展革命两面派的工作。

——对“青协”某些人员的利用，丝毫不能妨碍我公开揭发其政治上的欺骗性；过去某些地方因我利用其人员，而对其揭发不够积极，来往不守秘密，使我政治上受到不少损失。但我们也吸收了不少的敌占区青年来根据地参观，又扩大了我们的影响。这也说明，就是敌特，如果我们已发觉了也没有什么可怕，利用其空隙进行工作，完全是可能的。

对“实验区”的政策：

在它企图建立的地方，开展猛烈的政治攻势，揭穿其政治阴谋，打击其秘密活动。在已建立的地区，则实行争取、分化、瓦解，从政治上打击孤立敌人特务分子与汉奸，以达到最后摧毁，转化为游击根据地的目的。为贯彻此方针，我们的对策是：

——揭发敌人“以华制华”的毒辣阴谋和欺骗宣传，从政治上孤立敌人，争取群众，并抓住敌人的罪恶事实，在群众面前予以揭发，使群众有所警觉。

——对“实验区”应组织专门的工作委员会，调查情况研究对策。当地的县委、地委与军队政治机关应进行专门讨论，对其展开全面的不断的政治攻势，瓦解与控制其下层与乡村政权；对于上层死心塌地的汉奸及日特分子，应用一切办法坚决打击之。要灵活运用敌伪的矛盾，抓住敌人弱点（如修公路强占民田、变相抓壮丁等），激发群众的不满与义愤。必须在青年中提出“反对抓壮丁”“反对训练青年当炮灰”等。并秘密发展抗日组织，输送抗日书报，组织敌区青年到根据地来参观、读书，并派人打入其下层组织。

——不断派出精干的武工队深入“实验区”活动。武工队员严格纪律，自带给养菜金，打乱伪组织的统治秩序，镇压特务汉奸活动，揭露敌人欺骗，并公开以政府和八路军的名义出布告，宣布敌人汉奸的罪状，要伪组织人员向抗日政府悔过登记，秘密自首。

——建立“实验区”的秘密侦察岗，侦察敌人在“实验区”的秘密组织与特务活动，在适当时期对坏分子予以扑灭。

——严格禁止任何人与“实验区”的汉奸伪组织公开信件来往与联络，如有关系，应统一于对敌工作委员会，以防群众模糊了抗战意识。

除以上对付敌特政治阴谋的政策外，萧主任还提出了对敌策动自首的政策，反国特内奸政策，对会道门的政策等。这些都是我们的工作指针，对我个人来说受到的教育是难忘的。

萧华同志曾对我说过：“有人建议要像延安那样搞一次‘抢救运动’，我和罗政委都不同意。因为我们在敌后，与延安的情况是不同的，搞得不好把自己搞乱了，是不堪设想的。要接受湖西‘肃托’的教训。我们的部队是中国共产党久经考验的抗日部队，内部如有特务也是极少数的，不能搞得风声鹤唳，自己不相信自己。”并指示我们：“整风是要搞的，这是中央的决定，在执行中也要和风细雨地进行。要做好团结干部、教育群众的工作。发扬民主也要有领导有步骤地进行。”

萧华同志确实是我们可敬可佩的政治领导者。他那种坚持原则、耐心教育干部的精神永远值得我们学习。萧华同志也是一个具有多方面才能的人，他能歌会赋，又善于写作，常同干部战士一起演戏、唱歌。他能唱许多感人的江西山歌。他曾说过：“同干部战士一起歌唱，是最愉快的文化娱乐活动。文娱活动是用活泼有趣的娱乐方式，来提高指战员对学习的兴趣，调节他们的紧张生活，兴奋他们的情绪，消除胡思乱想，发扬团结友爱、英勇善战的精神，养成集体活跃、自觉遵守纪律的习惯。”他提倡发展体育运动，在敌后进行过有相当规模的体育运动比赛，用以锻炼指战员的体质，他还亲自和干部战士一起在滨海区海边开盐田、搞生产，以改善部队生活。他在工作之余，下棋、打扑克也是一个能手。所以，许多同志总愿意在他领导下，和他一起工作、学习。

第一一五师挺进山东（节选）

山东历来为兵家必争之地。巩固和扩大山东抗日根据地，便可南联华中，北迫平津，与晋察冀和晋冀鲁豫抗日根据地形成鼎足之势。但是，在中共山东省委领导的抗日起义武装迅速发展的同时，山东各地的国民党势力、地主豪绅、土匪兵痞也乘机拉队伍、占山头、抢地盘，出现了“司令”多如牛毛的局面。1938年1月出任国民党山东省政府主席的沈鸿烈，成为这些游杂司令之首，影响或控制了大小武装共达15万人，且不断对共产党、八路军制造摩擦。由于人民抗日武装组建不久，军事力量还相对较弱，因而常常处于日伪顽军的夹击之中，战局对人民抗日武装的发展极为不利。中国共产党要在山东独立自主地担负起抗战的责任，建立巩固的根据地，急需一支主力部队作骨干，帮助和加强山东的抗战力量。

1938年10月，日军相继占领广州、武汉，抗日战争进入战略相持阶段。日军在停止对正面战场战略性进攻，加紧对国民党实行政治诱降的同时，以主要兵力对付共产党、八路军。与之相呼应，国民党顽固派也转为消极抗日，积极反共。

在抗战形势发生重大变化之际，中国共产党扩大的六届六中全会于9月29日至11月6日在延安召开。全会确定，要不断巩固和扩大抗日民族统一战线，用长期合作来支持长期战争。同时，批判了统一战线问题上只讲联合不讲斗争的迁就主义错误，重申了全党独立自主地放手组织人民抗日武装斗争的方针，把党的主要工作方面放在战区和敌后，大力巩固华北，发展华中。在这次会议上，毛泽东提出“派兵去山东”。会后，针对日军在华北先取平原后取山区的企图，中央军委和八路军总部先后命令第一二〇师主力挺进冀中、第一二九师主力一部挺进冀南，协同各地人民抗日武装，广泛开展游击战，并在斗争中壮大自身力量，创建和扩大各抗日根据地。11月25日，毛泽东、王稼祥、滕代远致电彭德怀：以陈光、罗荣桓率第一一五师师部及第三四三旅主力全部去山东、淮北为宜。12月2日，朱德、彭德怀电示陈光、罗荣桓率师直及第三四三旅东进苏鲁皖地区。

12月初，第三四三旅第六八五团改称苏鲁豫支队，挺进山东湖西地区。随后，第一一五师师部和第六八六团在陈光、罗荣桓的率领下，于12月19日从晋西灵石县双池镇出发，冒着大雪开始东进。部队越过日军封锁的汾河和同蒲铁路，翻越白雪皑皑的绵山，于1939年1月1日到达了晋东南八路军总部驻地屯留县城附近的常村镇整训。朱德、彭德怀在听取陈光、罗荣桓的东进准备工作汇报后，明确指示：第一一五师东进的任务是，开展敌后游击战争，巩固和扩大山东抗日根据地。同时决定第一一五师以护送彭德怀赴冀南处理国民党军第九十七军朱怀冰部制造反共摩擦之事为由，以东进支队名义挺进山东。在此期间，朱德还特意到第一一五师驻地看望指战员，给干部做了形势报告，并应罗荣桓之请为第一一五师《战士报》题写了报头。

1月27日，陈光、罗荣桓率东进支队5000余人，由常村镇出发继续东进。第六八六团以第2营为先遣队，先于大部队一日启程。2月22日，东进支队从豫北汤阴、安阳间越过平汉铁路。3月1日，经干涸的老黄河进入山东鄄城县境。2日，到达郓城县与轩楼、状元张楼一带。郓城的群众及开明士绅为八路军主力部队的到来欢欣鼓舞，自发组织迎接“从平型关过来的老八路”。

（载自《八路军一一五师暨山东军区战史》）

在山东抗日的岁月（节选）

刘西元

1937年7月7日“卢沟桥事变”后，抗日战争全面展开，国共两党再度合作。8月22日，红军主力改编为国民革命军第八路军。原红一军团第四师第十、第十一、第十二团依次改编为八路军第一一五师三四三旅六八六团第一、二、三营。原红十二团团长邓克明改任三营营长，我由原十二团政治委员改任三营政治教导员。下辖四个连，四五百人。改编后，我们营在参加全师誓师东进抗日大会后，随主力于8月底从陕西省三原县出发，经韩城县芝川镇东渡黄河，向晋东北抗日前线挺进。9月25日，我们全营参加了首战平型关的战斗，和兄弟部队一起取得了重大胜利，打击了日军的气焰，提高了八路军的声威，鼓舞了全国军民抗日的信心。1938年12月，为加强山东抗日武装的力量，巩固和发展山东抗日根据地，根据中共中央、中央军委的指示，一一五师代师长陈光、政治委员罗荣桓率师部及我们六八六团，以东进支队名义，由晋西出发，翻越晋东南、豫北的高山大岭，偷越同蒲铁路、平汉（今京汉）铁路等日军封锁线，渡过黄河，于1939年3月2日进到鲁西郓城地区。

（一）

樊坝位于郓城西北，分前樊坝、后樊坝。1939年初，日军侵占郓城地区后，在前樊坝、后樊坝、团柳树等村镇设立了据点，由伪军一个保安团驻守。3月初，陈光、罗荣桓率六八六团到达郓城地区后，他们为扩大共产党和八路军的影响，解除当地人民的痛苦，决定由六八六团消灭樊坝之敌。

六八六团团长兼政治委员杨勇将主攻樊坝的任务交给我们三营。我对全营做了动员，强调这次战斗是给山东人民的第一个见面礼，一定要打出我六八六团的威风，让敌人心惊胆寒，这鼓舞了全团指战员的士气。3月4日晚战斗打响。我和营长周海斌先以一部配合一营攻占了后樊坝，消灭伪军一个连，接着集中兵力向伪军团部及主力驻守的前樊坝发动猛攻。在迫击炮、重机枪的掩护下，指战员们一面向围内投掷手榴弹，一面攀登梯子，爬上围墙，攻进前樊坝，经激烈战斗，全歼守敌，活捉伪保安团长刘玉胜。团柳村伪军一个连慑于八路军的声威，缴械投降。从郓城出援的一百余名日军，被打援的第二营击退。战斗于5日结束，共歼伪军八百余名，打开了鲁西地区的抗战局面。

樊坝战斗后，陈光、罗荣桓令杨勇率六八六团第三营和团教导队扩编为独立一团（不久改为独立旅），留下坚持鲁西抗日斗争；重组六八六团领导班子，由原副团长张仁初任团长，张提名团政委一定由我担任，否则他不当团长。张仁初是湖北省黄安（今红安）人，原在红四方面军，是一员猛将，外号叫“张疯子”；我是江西省吉安人，原在红一方面军，过去我们俩并不熟悉，但在四五个月前即1938年11月广阳战斗中建立了友谊。当时张仁初担任三营营长，和我搭档，我们相互配合得很好。在广阳战斗中，他负了伤，我一面安慰他，着医务人员替他包扎治疗，一面又善意地提醒他在勇猛的同时，在战术上要注意改进，才能更好更多地消灭敌人。我这次提醒，张仁初心悦诚服，认为是对他的真诚帮助，是对他政治上的莫大关怀，从而成为我们新搭档的思想基础。陈光、罗荣桓采纳了张仁初的意见，决定由我任六八六团政委。

（内容系节选）

樊坝战斗与常庄会议

东进支队进入郓城后，为迅速打开当地的抗战局面，同时应允广大群众的请求，陈光、罗荣桓决定首先拔除郓城西北樊坝伪军据点。3月3日晚，第六八六团冒雨袭入后樊坝，全歼伪军1个连。尔后迅速包围前樊坝，炸毁南围砦和2个碉堡，突入村内。4日12时，驻团柳村伪军1个连听从规劝，携带包括5挺机枪在内的全部武器反正。樊坝战斗，歼伪军500余人，俘伪军团长刘玉胜，缴获轻重机枪13挺、长短枪300余支。战后，罗荣桓找刘玉胜谈话。刘痛心悔过，要求抗日，并书写《雪耻报国告同胞书》张贴四乡。不久，刘又拉起200余人的武装，参加了第一一五师独立旅。挺进山东旗开得胜，并争取了伪军团长刘玉胜，使第一一五师声威大震，“老八路来了”的喜讯迅速传遍鲁西大地，人民群众的抗日积极性空前高涨。

樊坝战斗后，陈光、罗荣桓决定将第六八六团三营、教导大队和师直2个连，由杨勇、何德全、张国华、欧阳文率领，留在运西地区，合称东进支队第一团（5月编为第一一五师独立团），配合中共地方党组织发动群众，扩充部队，开辟运西抗日根据地。7日，陈光、罗荣桓率东进支队挺进泰西地区。8日，担任右翼警戒任务的师骑兵连行进至汶上县草桥村时，化装成日军骑兵进入伪军据点。伪军慌忙集合，等待“皇军”检阅，结果被骑兵连全部缴械。这就是被鲁西传为佳话的“草桥阅兵”。

3月10日，陈光、罗荣桓率部进抵东平县东北部的夏谢一带。14日，与山纵队第6支队、中共泰西特委在东平县第4区常庄会合。此时，中共鲁西区委亦移驻泰西。经中共北方局同意，第一一五师师部与中共鲁西区委联合组成鲁西军政委员会，罗荣桓任书记，陈光、王秉璋、黄励、张霖之、赵镈、朱则民为委员，统一领导鲁西地区的抗战工作。山东纵队第六支队划归第一一五师指挥。

为尽快统一认识、打开抗战新局面，3月20日，罗荣桓在常庄组织召开泰西地区抗日活动积极分子大会，传达学习中共中央六届六中全会精神和中共北方局关于创建泰西根据地的指示，研究分析了抗战进入相持阶段后面临的新形势，提出要根据中共中央关于“巩固华北，发展华中”的战略方针，及时调整战略部署，以适应抗战新局面的到来。罗荣桓指出：第一一五师挺进山东的任务，是执行中央战略决策，开展敌后游击战争，建立稳固的山东抗日根据地；在统战工作中，要坚持独立自主原则，瓦解日伪力量，争取中间势力，团结进步力量，打击顽固分子，以达到最广泛地团结一切可以团结的力量之目的；要加强泰西抗日根据地的建设，依托泰肥山区、大峰山区、平阿山区和东平湖，向四周发展，使泰西抗日根据地与山东各抗日根据地连成一片。在分析泰西抗战初期的斗争状况时，罗荣桓肯定了中共泰西党组织和部队的工作，同时指出泰西的抗日民主政权建设还不适应斗争形势的需要。他强调，仅仅依靠动委会是很不够的，要使动委会逐步向民主政权形式过渡，一旦条件具备，就应迅速建立起抗日民主政权，党政军共同发展，形成一个坚强的敌后战斗堡垒，使泰西成为共产党、八路军坚持敌后游击战争的根据地。罗荣桓还对创建泰西根据地做了具体部署。与会人员通过认真学习和讨论六中全会精神及罗荣桓的讲话，更加明确了创建泰西根据地的方针和任务。

会议结束后，罗荣桓赴沂水县王庄，向中共山东分局和山东纵队传达中共六届六中全会精神。第一一五师及山东纵队第六支队按照会议确定的方针和任务，迅速投入创建根据地的斗争。

（载自《八路军第一一五师暨山东军区战史》）

第二章　左冲右突　痛歼强敌

1939年3月中旬，罗荣桓率部到达泰西，在敌强我弱、敌众我寡的陆房突围战中，八路军第一一五师浴血奋战，在大量杀伤敌人后胜利突围，在转战梁山的战斗中，创造了八路军在敌我兵力相当的情况下，全歼日军1个大队的模范战例，扩大了八路军的影响。通过一系列的战斗，运（河）西、泰（安）西根据地连成一片。

一、纪念馆展板内容

陆房战场一角

1. **陆房突围** 第一一五师在泰西连续打击日伪军，引起日军的极大恐慌。1939年5月9日，日军8000余人分9路合围山东肥城以南、汶河以北陆房一带，第一一五师和中共鲁西区委机关3000余人被围。在陈光率领下第一一五师奋起抗击，毙伤日伪军1300余人，胜利突出重围。八路军浴血奋战的大无畏精神振奋了全国，蒋介石亦致电朱德、彭德怀表示“殊堪嘉勉”。实际上，承认了第一一五师驻山东的合法地位。

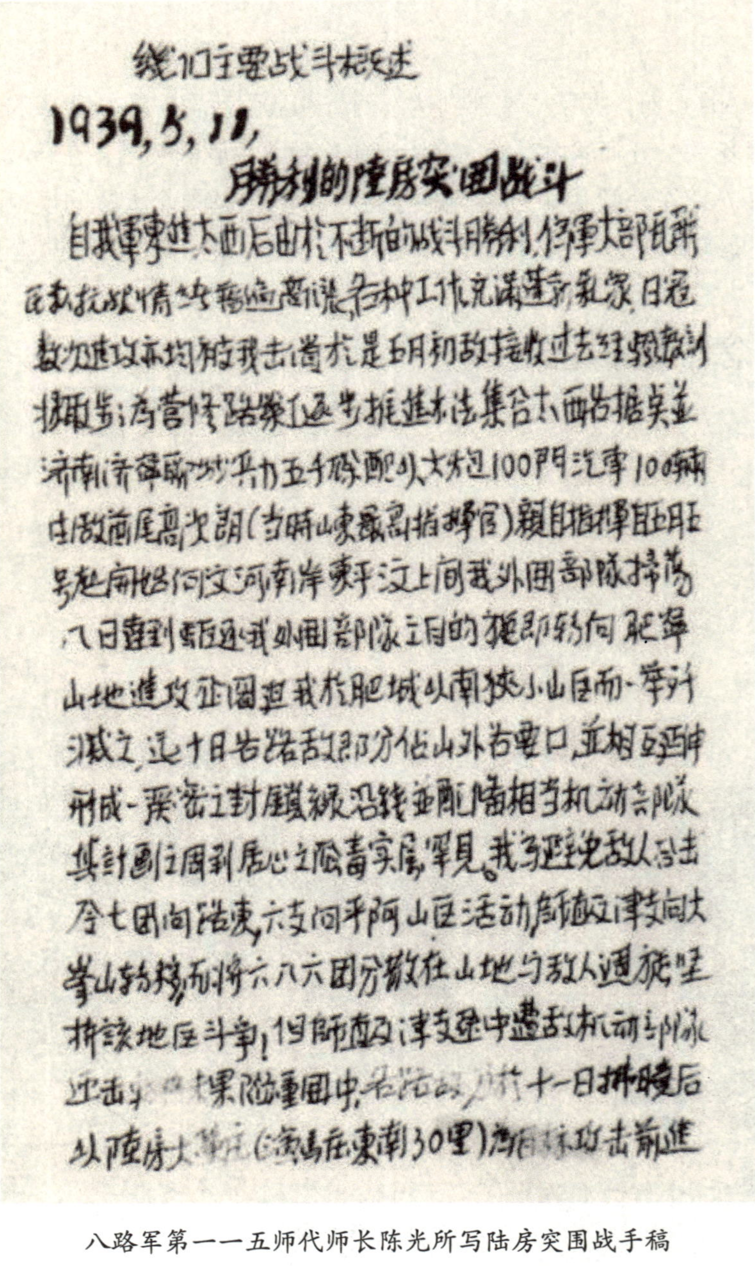
幾個主要战斗概述

1939，5，11，

勝利的陸房突圍战斗

自我軍東進泰西后由於不斷的战斗勝利，使軍大部民眾民族抗战情緒普遍高漲，各种工作充满蓬勃氣象，日寇數次進攻亦均被我击潰。於是五月初敌抽調過去駐[illegible]據點之[illegible]進[illegible]集合泰西各據點並济南、济宁、聊城兵力五千餘配以大炮100門汽車100輛由敌酋尾高次郎（当時山東最高指揮官）親自指揮自五月五号起向肥城汶河南岸東平汶上間我外圍部隊掃蕩八日遇到我外圍部隊之目的旅部轉向肥寧山地進攻企圖迫我於肥城以南狹小山區而一举殲滅之。迄十日各路敌即分佔山外各要口，並相互聯形成一嚴密之封鎖線沿線並配備相当机动部隊其計劃之周到居心之陰毒实屬罕見。我為避免敌人合击令七团向路東，六支向平阿山區活动，師直及津支向大峰山轉移，而將六八六团分散在山地与敌人周旋坚持該地區斗争！但師直及津支途中遇敌机动部隊迎击[illegible]未果陷重圍中，[illegible]於十一日拂曉后以陸房大[illegible]（[illegible]東南30里）為[illegible]攻击前進

八路军第一一五师代师长陈光所写陆房突围战手稿

陆房战斗部分参战部队

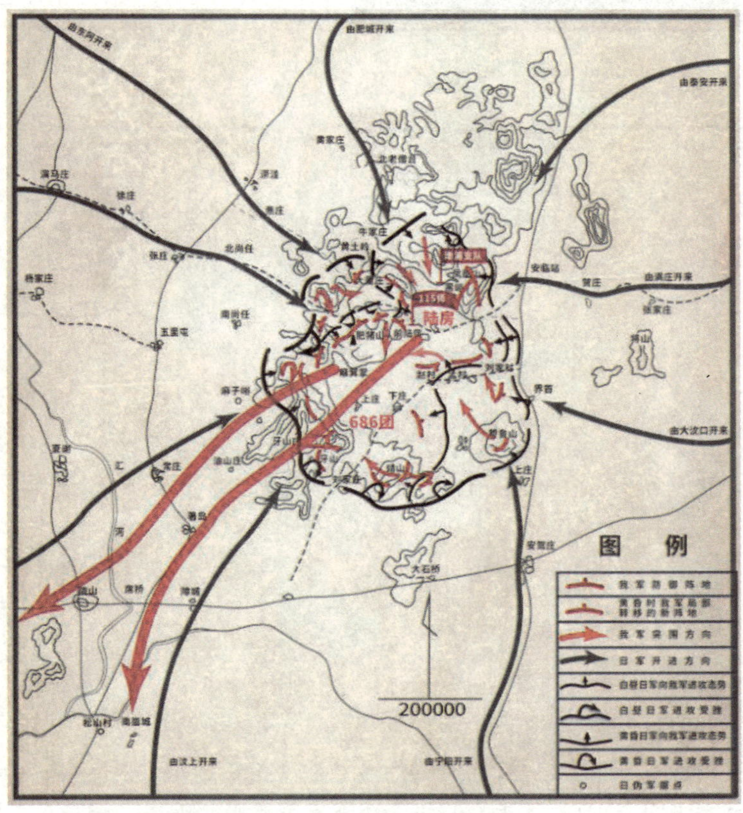

陆房突围战示意图（1939 年 5 月 11 日）

2. **梁山战斗** 1939年8月2日，罗荣桓、陈光率第一一五师独立旅第1团两个连及师特务营两个连、骑兵连于梁山西南独山庄一带，伏击日军第32师团及伪军各一部。歼灭日伪军400余人，其中毙日军少佐长田敏江以下300余人，俘日军13人，缴获武器和物资大宗，受到了八路军总部的表彰。

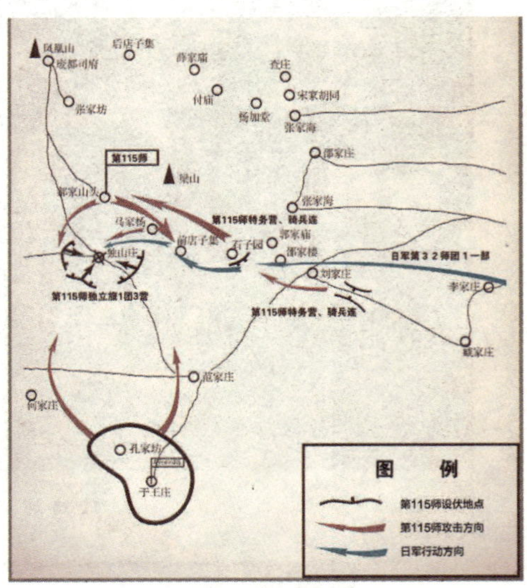

梁山战斗要图

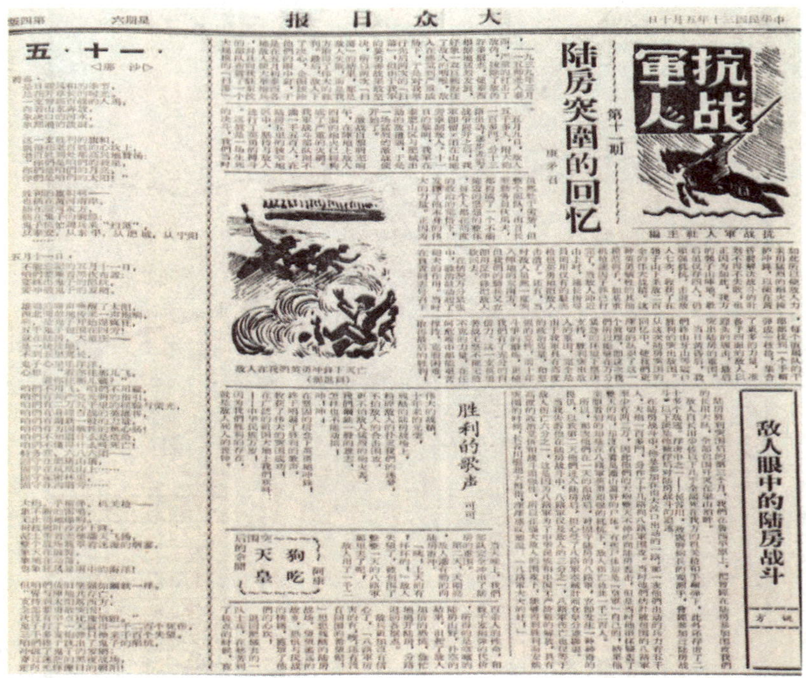

大众日报

抗战军人

第十一期

陆房突围的回忆

五·十一·

胜利的歌声

天狗吃皇

敌人眼中的陆房战斗

1941年5月10日，《大众日报》登载有关梁山歼灭战、陆房突击战的文章

梁山歼灭战中日军丢弃的尸体和火炮

梁山歼灭战中，我军俘日军 20 多人，日俘本桥等人组成了觉醒同盟，反省了日本对华的侵略。1944 年 5 月成立了“日本人民解放同盟山东分会”。图为解放同盟成员在集体学习。

二、史料文章

陆房突围

1939年3月16日，第一一五师一部及地方武装拔除宁阳县葛石店伪军据点，歼伪军300余人。22日上午，东平和汶上日军300余人出动报复。第六八六团与山东纵队第六支队第一团在郑海村击退日军多次进攻，歼其一部，残部于傍晚逃回驻地。战斗中，第六支队第一团团长陈伯衡牺牲。4月2日，日军从泰安、肥城、宁阳、东平、汶上调集兵力，合击泰肥山区。3日，由东平向肥城大董庄进犯的日军500余人，在陆房一带与山东纵队第六支队第二团相遇激战。第二团损失较大，即向北撤出战斗。继续向大董庄进犯的日军在遭到第六八六团一部痛击后，往西向阎王桥溃退，于桥头又遭第六八六团另一部伏击，伤亡数十人后逃向东平。4月5日，数百名日军由肥城经安临站向东平一带进犯。陈光指挥师特务营2个连于东平第4区林马庄东南的香山一带，打退日军多次进攻，歼日军数十名，迫其退回肥城。4月18日，第六八六团侦察连在泰安道朗西的鱼池村袭击日军一部，炸毁日军汽车多辆，歼日军数十名。下旬，东汶支队于宁阳皋山粉碎日伪军围攻，歼其一部。

第一一五师部队在泰西山区连续打击日伪军，直接威慑日军占据的战略要地济南和津浦铁路的安全，引起了日军的极大恐慌。5月初，日军第十二军司令官尾高龟藏调集济南、泰安、滋阳、东阿、汶上等17城镇之日伪军8000余人，配属汽车100余辆、各种火炮100余门，分兵9路围攻泰西抗日根据地，妄图消灭第一一五师主力部队。

5日至7日，日伪军先后“扫荡”了大汶河南岸的东平和汶上地区。期间，罗荣桓到活动于东平龙固、猴亭一带的东汶支队，传达中共六届六中全会精神，检查工作，指导反“扫荡”斗争。8日，日伪军开始向宁阳、肥城地区进犯，继之实施向中心区推进，逐步紧缩包围圈。8日晚，陈光于肥城县中固城村召开会议，决定向西南东平地区转移。9日上午，中共泰西地委书记段君毅和山东纵队第六支队领导率该支队第三团担任前卫，第一一五师师部、中共鲁西区委、泰西地委及国民党肥城县长兼河北民军田家滨部随后转移。当行至肥城孙伯区岈山东麓之刘庄时，陈光感到大部队转移至汶（河）南平原地区不便与敌周旋，且探知前方有敌情，遂临时决定后续部队向西北大峰山转移。此时，前卫部队因地形熟悉，已按原定方案顺利突围。同时，彭雄奉命率"东纵"第六支队第七团、第一一五师教导大队与师供给部、卫生部各一部顺利转移至津浦铁路以东地区。10日，第一一五师师部等由刘庄转移至肥城安临站区之上庄（今沟北村）。当晚，陈光召集王秉璋、黄励及率部赶来的第六八六团团长张仁初、津浦支队支队长孙继先等研究突围方案，决定连夜向大峰山区转移。11日零时部队出发，拂晓前，当先头部队行至仪阳区北僧台村南时，与肥城南下之日伪军遭遇，发生激战。陈光率部队边打边撤，退至陆房地区。随即，第一一五师师部、第六八六团（欠第3营）、津浦支队与鲁西党政机关共3000余人，被日军重重包围在方圆不足10公里的陆房一带，距尾高龟藏指挥部驻地演马庄仅10公里。

拂晓，日伪军在猛烈的炮火掩护下，全线发起攻击。第六八六团二营于陆房西北黄土岭村、肥猪山北部，一营于肥猪山中南部及岈山西部，津浦支队于陆房以北的凤凰山，师特务营于陆房东北的东山岭，凭险据守，沉着应战，打退日伪军多次冲击，坚守了阵地。15时左右，日伪军又集中兵力猛攻岈山、肥猪山制高点。第六八六团浴血固守，连续击退日伪军9次冲锋。津浦支队和师特务营亦予日伪军以沉重打击。日伪军200余人曾一度突破第六八六团与津浦支队的接合部，逼近第15师师部隐蔽地陆房村。津浦支队支队长孙继先带1个连与师警卫连、泰西独立团80余人，以迅猛的反击打退了突入之日伪军，守住了阵地。此时，第一一五师等部虽然自拂晓战斗打响后一直滴水粒米未进，但指战员斗志高昂，表现出血战到底、誓与阵地共存亡的英雄气概。激战中，第六八六团二营七连董指导员头部负伤，仍以惊人的毅力一连刺死3名日军。当他与一名日军扭打翻滚至悬崖边体力难支时，毅然抱住日军滚下悬崖，与之同归于尽。

激战至黄昏，日伪军为防备第一一五师等部突围，以重兵把守陆房周围各要道关口，并燃起堆堆篝火，企图待天明再次发起攻击。是时，罗荣桓从东平县龙崮村东汶支队来电称，龙崮一带没有敌情，可以向南突围。陈光随即与王秉璋、黄励决定，分3路向龙崮村方向突围。机关和部队埋藏了不便携带的物品，对受撞击易发出声响的锅盆等均捆垫绳草，同时向日伪军封锁线派出警戒和骚扰小分队。22时许，部队在夜幕掩护下，向西南方向分路突围。第六八六团团长张仁初率部护卫师直机关和中共鲁西区委翻过岈山，于次日拂晓过汶河，到达汶上县云尾、北陶、南陶宿营，13日转移至东平县无盐村；孙继先率津浦支队及师特务营、骑兵连，护卫中共泰西地委机关及田家滨部，穿过赵家村、郝家村间宽仅几十米的狭窄地带，沿白家庄干河，经九山沟、黑风口顺利突围，于12日黎明时分过汶河，到达汶上县；

第六支队第二团二营在营长张杰带领下，从岈山西之双山突围至东平县荣花村。12日上午，日军以猛烈炮火向岈山、肥猪山轰击，随后气势汹汹冲上山头，发现八路军早已没有踪影。日军指挥官尾高龟藏不信，亲自赶到陆房察看，方知消灭第一一五师主力的计划破产。恼羞成怒的日军抓来一批当地群众逼问八路军去向，结果一无所获。日军气急败坏，逼迫东陆房村15名群众穿上从地下挖出的八路军服装，照相后予以枪杀，以冒充其“辉煌战绩”。在这次战斗中，当地群众冒着生命危险掩护第一一五师部队，使78名指战员化险为夷。大董庄猎人董明岩还击毙日军1人、战马1匹。此次战斗，第一一五师等部伤亡200余人，毙伤日伪军1300余人，其中包括日军大佐在内的50多名军官。陆房突围，粉碎了日军歼灭第一一五师主力部队和鲁西党政领导机关的企图，影响所及震动全国。蒋介石亦致电朱德、彭德怀，表示“殊堪嘉勉”。这也使蒋介石在事实上承认了第一一五师在山东的合法地位。

战斗结束后，针对部分官兵对此战的意义认识不够统一，甚至存有异议的问题，罗荣桓赶到无盐村，在干部会议上大力表扬全体指战员英勇顽强的战斗精神，充分肯定突围胜利的重大意义，给官兵以巨大的鼓舞。

5月20日，陈光、罗荣桓指示参谋处处长王秉璋、政治部副主任黄励率师机关大部、直属队一部转移至津浦铁路以东，陈、罗率机关少数人员和特务营二连、骑兵连向东平湖西一带转移，第六八六团也转移至东平湖一带休整，山东纵队第六支队继续留在泰西坚持斗争。同时，中共鲁西区委决定撤销平原纵队，将该部300余人编入第六八六团；山东纵队第六支队亦拨出5个独立营充实主力部队。

（载自《八路军第一一五师暨山东军区战史》）

在山东抗日的岁月（节选）

刘西元

（二）

1939年4月，张仁初和我率六八六团随一一五师师部由鲁西郓城地区进到运河以东、泰山以西地区，同东进抗日挺进纵队之津浦支队和山东纵队第六支队会合，巩固与扩大了泰西抗日根据地。

日军对来自山西的老八路扩大泰西根据地惶恐不安，从泰安、肥城、东平、汶上、宁阳等城镇调集日伪军八千余名，附坦克、汽车一百余辆，火炮一百余门，由日军驻山东最高指挥官——第十二集团军司令官尾高龟藏指挥，从5月8日起分九路出动，围攻泰西抗日根据地，采取步步为营、拉网推进的战法，于10日向中心区推进，紧缩包围圈。陈光代师长（罗荣桓当时不在师部）令我六八六团掩护机关、部队分路突围。当夜，除山东纵队第六支队由于地形熟悉顺利突围外，师部及我六八六团、津浦支队和中共鲁西区委、泰西地委共三千余人未能突出包围，被围于肥城县的陆房周围纵横各约十公里的山区内，形势极为严峻。

根据陈光代师长的命令，由我六八六团占领陆房西南的肥猪山、岈山等地，津浦支队与师特务营占领陆房以东和以北的制高点，依托周围小山组成环形防御，凭险固守，待机突围。张仁初团长对各营、连的任务做了具体部署：一营教导员王六生带领第三、四连，抢占陆房西边的肥猪山；一营副营长徐敬元带领第二连，抢占岈山；二营抢占鸠山、横山、凤凰山；团指挥所设在肥猪山坳的簸箕掌。他要求各营、连切实搞好隐蔽，近距离开火，大量杀伤敌人。我对营、连干部动员时，强调："一定要誓死保卫师部，这是关系到我军发展、建立山东抗日根据地的关键。要坚守、死守，人在阵地在，战至一人一枪，也要坚持到明天天黑后突围。"各营、连按任务区分，连夜做好战斗准备。

5月11日，日伪军向陆房地区发动猛烈进攻。我六八六团各营、连顽强坚守，近打猛打。敌人攻了一上午，没有进展，下午改为集团冲锋，成群的敌人在炮火掩护下，向岈山、肥猪山猛扑。守在那里的第一营指战员，以誓与阵地共存亡的英雄气概，奋起反击，数十挺机枪射向敌人，成捆的手榴弹投向敌群，对少数冲上来的敌人通过肉搏加以消灭。各营、连还组织小分队出击，以守为攻，巧打代拼。就这样，终于打垮了日伪军九次冲击，牢牢地守着蚜山、肥猪山等制高点。津浦支队和师特务营在陆房以北、以东地区，也打退了日伪军的进攻。在西北方向，曾有二百多日伪军突破我六八六团与津浦支队的接合部，逼近陆房附近，我和张仁初团长立即派出突击队，协同津浦支队进行猛烈反击，将突入之敌击退。在东南部，敌人虽有前进，但很快被阻住。黄昏后，日伪军畏怯夜战，停止攻击，收缩兵力，转入包围监视，同时在各大小路口燃起火堆，以防八路军突围。

遵照师部下达的突围命令，津浦支队掩护地方党政机关突围，我六八六团掩护师部突围。我同张仁初团长进行了严密的组织，慎重选择突围方向，决定沿着蚜山一条不为敌人所注意的小路向西南方向突围。部队对突围做了充分准备：炊事员用绳子和草捆垫炊具，骑兵和骡马用棉花包裹马蹄，干部逐个检查人员的装束和武器，力求做到万无一失。同时，派出小分队迷惑敌人。

5月11日夜10时许，我六八六团掩护师部开始突围。由宋大爷带路，我率第一营走在前面，师机关居中，张仁初带团主力和师特务营殿后，队伍在漆黑的夜里，沿着弯曲的小路静悄悄地前进，至十二日拂晓，神不知鬼不觉地突出重围，到达东平县城以东的无盐村和南陶城。津浦支队和地方党政机关也安全突出重围，转到汶河南岸。此时，当敌人在猛烈炮火攻击后冲上山顶时，连个人影也没有找到，惊恐地叫道：“神兵！神兵！”

陆房突围战斗，毙敌大佐联队长以下一千三百多名，为坚持鲁西抗日根据地，打开山东的抗战局面，保存了骨干力量。

（内容系节选）

建立运西抗日根据地与梁山战斗

第一一五师留在运西地区的部队，分散在郓城、鄄城、寿张、梁山等地，广泛开展统一战线工作，团结各阶层人员参加抗战，争取国民党地方实力派郓城县保安副司令祝壁臣部2000余人，以及汶上县长白育普部、鄄城保安队等参加了第一一五师，并击溃盘踞在郓北的国民党顽固派、郓城县长兼保安司令张培修部，将其驱逐到郓南一带。1939年5月下旬，该地区的八路军部队攻克汶上县西部有名的封建堡垒潘庄，消灭了勾结日军的大地主潘省三的反动武装，使运西封建势力企图依靠围砦顽抗的妄想破灭。同时，匡斌、张国华领导的第一一五师师直2个连在郓城一带亦扩大到1000余人，扩编为第一一五师鲁西游击第七支队，匡斌任支队长，张国华任政治委员。又以刘星带领的山东纵队第六支队第一团的2个连为基础，与争取过来的汶上、郓城一带的原土匪武装侯宪明部及汶郓巨嘉支队，合编为鲁西游击第八支队，侯宪明任支队长，刘星任政治委员。东进支队第1团亦得到了迅速发展，改编为第一一五师独立团。7月6日，鲁西游击第七支队与师独立团合编，成立第一一五师独立旅，杨勇任旅长兼政治委员，何德全任参谋长，欧阳文任政治部主任，下辖3个团。

国民党顽固派对运西八路军的发展壮大十分惧恨，千方百计制造摩擦，妄图限制共产党、八路军的发展。第一一五师独立旅根据中共中央“利用矛盾，争取多数，打击少数，各个击破”的方针，予进犯顽军以有力回击。独立旅先在阳谷、寿张一带将齐子修部击溃，齐带残部逃至茌平、博平（今属茌平县）、堂邑一带；继之在梁山附近赶跑了冯寿鹏部，在范县城消灭了李树椿的1个警卫营。随之，相继建立了郓城、寿张、巨野、汶上等县的抗日民主政权。至此，运西抗日根据地与泰西抗日根据地连成一片，控制了津浦铁路以西、济菏公路以北、黄河以南的三角地带。7月6日，八路军总部命令，老黄河以北包括运东、卫河两岸的鲁西北地区的军事斗争归第一二九师领导，筑先纵队归第一二九师指挥；老黄河以南的军事斗争归第一一五师领导。

7月底，日军从津浦线抽调第三十二师团1个大队和伪军一部共400余人，在大队长长田敏江少佐的带领下，由滋阳进至汶上，8月1日进至靳口，渡过运河，向梁山方向进犯。陈光、罗荣桓随即令师特务营2个连及骑兵连前往阻击，疲惫日伪军；令独立旅第一团三营（欠9连）赶至梁山西南之独山庄地区设伏；令第1团主力负责警戒汶上来援之日伪军。同时，调独立旅政治部主任欧阳文负责战场勤务工作。2日上午，日伪军进抵王府集。第一一五师特务营和骑兵连对日伪军实施突然袭击，歼其一部，随即后撤，将日伪军诱至独山庄伏击圈。当夜，担任主攻任务的独立旅第一团三营2个连，在团长周海斌、政治委员戴润生的指挥下，从东、南、西三面同时向独山庄发起攻击，与日伪军展开巷战，并以一部兵力抢占了独山制高点。第三营指战员居高临下，集中10余挺轻重机枪和所有迫击炮、掷弹筒，向日伪军施以猛烈射击。日伪军多次突围未遂，被迫退守至石灰窑和大车店负隅顽抗。激战至3日晨，日伪军大部被歼，少数突围者亦被毙、俘。此次战斗，歼日伪军400余人，其中毙日军少佐长田敏江以下300余人，俘日军13人，缴获炮3门、轻重机枪20余挺、长短枪150余支、战马50匹，创造了在兵力相当、装备处于劣势的条件下，全歼日军1个大队的模范战例，大大提高了广大指战员坚持平原游击战的信心和勇气，受到八路军总部的表彰。

8月4日，日军调集5000余人，汽车100余辆，坦克30余辆，自济南、滋阳分路对运西地区进行残酷的“扫荡”，寻找第一一五师部队决战。第一一五师独立旅利用青纱帐与之周旋。日伪军疲于奔走，被迫于月底分路撤回。

梁山战斗的胜利，使第一一五师在鲁西乃至整个山东的影响空前扩大，广大群众欢欣鼓舞，抗战热情更加高涨，仅梁山周围和东平湖畔就有3000多名群众报名参加八路军。国民党顽固派齐子修、李树椿、王金祥等慑于第一一五师的声威，对在该地区的中共党组织和第一一五师的限制、挑衅及摩擦暂时有所收敛。

（载自《八路军第一一五师暨山东军区战史》）

参加梁山战斗（节选）

我们三四三旅二营，以打仗勇敢、敢打硬仗而威名远扬，因营长姓胡，冀鲁豫一带的军民都称呼我们为“虎二营”。有什么突击任务，旅长陈光（一一五师代师长）都爱让我们营去完成。

1939年7月底，八路军第一一五师侦知：日军第三十二师团1个大队（约400人）及伪军一部，将于8月1日，护送炮兵野尻小队（该小队携带三八野炮2门，九二步兵炮1门），从汶上县城出发，西渡运河，取道梁山，到鲁西地区配合当地日军进行“扫荡”。

旅长陈光决定，以我们团为主力，师直部分连队配合，在梁山一带设连环伏击圈，歼灭该部日伪军，以减轻鲁西地区的抗战压力。

8月份的梁山地区，到处都是一人高的玉米和高粱，非常适合打伏击。2日上午，日伪军刚到达梁山南麓前集村附近，遭到了在那里早就埋伏好的师直部的突然袭击，鬼子被打死几十个，伪军全部逃散；日军稍作调整后，继续向西北方向搜索前进，又遭我们部队的袭击；下午，大部日军被迫退守到梁山西南麓的独山庄及独山高地。那天晚上，我们向日军发起了攻击，攻占独山高地和独山庄。日军退守在独山南坡的10余座石灰窑及一车马店院内，继续顽抗；我们“虎二营”正好设伏在独山石灰窑那一带，随即对日军发起猛攻，战斗十分激烈，日军连续受到伏击后，又见我们营作战勇敢，他们不敢恋战，遂逃往田野；日军万万没想到，后面还有我们师直骑兵连，在那边正等着他们呢，紧接着骑兵开始追杀日军。战斗一直打到3日黎明才结束。那次战斗，由于战斗一打响，伪军就跑了，我们打死的伪军很少，再说了，在抗战期间，只要伪军不和我们拼命，我们部队一般是不打他们的，毕竟他们也是中国人；来的日军近400人，基本上都被我们消灭了；我们还缴获了三八野炮2门，九二步兵炮1门，轻重机枪20余挺，长短枪200余支，军马20余匹，俘日军20余人（当时，我是三班班长，我们班俘虏日军8人）。

日军的三八野炮威力很大，据说那个野炮射程有十多里地，由于当时我们部队没有会操作三八野炮的人，再加上野炮本身很笨重，一门炮接近2000斤，日军是用五六匹军马拉着野炮的，我们很难弄走，这么好的武器没办法为我们所用，真是可惜。部队首长就命令我们，把野炮毁掉、掩埋。

我们把野炮拆开，螺丝、零件之类的都扔了，又用手榴弹把炮筒子炸了之后，把野炮挖坑埋了。我们大部队撤走后，由于汉奸告密，野炮又被增援的日军挖走了。

那次战斗，我在清理战场时，缴获了一块非常精美的怀表。那时候，怀表是很稀罕的物件，我虽然非常喜欢，但我是一名老兵，知道部队严格的纪律，还是把那块怀表上交给连首长了。怀表在连首长手里，在以后的战斗中，更能发挥作用。

（载自王玉礼口述、张光会采访撰稿的《与鬼子拼刺刀的经历》）

第三章　挺进蒙山　利剑出鞘

沂蒙山区是沂山、蒙山两大山脉的总称，其中蒙山横跨平邑、蒙阴、费县、沂南等县，绵延数百里，主峰龟蒙顶海拔1156米，为山东第二高峰。这里层峦叠嶂、谷深涧幽，森林茂密，是埋兵布阵的理想之地。1938年2月黎玉率中共山东省委进驻平邑蒙山前，帮助恢复建立了党组织，6月及8月郭洪涛率苏鲁豫皖边区省委及四支队又两次进入该地区。省委3次进驻蒙山活动，为蒙山前抗日根据地的创建打下了基础。1939年5月，第一一五师一部到达蒙山前，创建了蒙山前从白马关到紫荆关抗日根据地。

一、纪念馆展板内容

1. **黎玉（1906—1986）** 山西省崞县人，1925年参加革命，1926年加入中国共产党。曾任中共北平地下党北京大学政法学院支部书记，北平市政工作委员会书记，天津市委书记，直中特委书记。1933年任唐山市委书记。1936年5月，任中共山东省委书记。抗日战争爆发后，先后任山东省委书记，八路军山东纵队政委，山东战时工作推行委员会首席组长。山东军区副政委，山东省战时行政委员会主任委员，中共山东分局副书记，山东省政府主席，第七届中央候补委员。解放战争时期，任山东分局代理书记，华东局副书记，山东军区副政委，华东军区副政委。1949年后，先后任中共上海市委委员兼秘书长、一机部副部长，农机部、八机部常务副部长、党组副书记，第三届、第五届、第六届全国政协常务委员。

2. **郭洪涛（1909—2004）** 陕西省米脂县人。1925年加入中国共产党。此后一直在陕北从事党的工作，曾任陕甘宁边区党委书记。抗日战争时期，任中共山东省委书记，苏鲁豫皖边区省委书记，中共山东分局书记。后赴延安出席了党的七大。解放战争时期，先后任东满铁路管理局局长，东北铁路总局副局长兼牡丹江铁路局局长，吉林铁路局局长，北平铁路管理局局长。1949年后，历任中国铁道部副部长、国务院第六办公室副主任、中国交通运输协会会长、国务院能源基地规划办公室主任等职。

3. **山东纵队成立** 抗日战争爆发后，中共山东省委组织发动山东各地开展抗日武装起义。1938年12月，在沂水王庄建立八路军山东纵队，张经武任指挥，黎玉任政委，统一指挥山东各地共产党领导的抗日武装，全军共2.45万人，另有地方武装1万人，是当时共产党领导下最大的地方游击兵团。

山东纵队成立旧址

马家峪战斗遗址

4. **马家峪战斗** 1939年5月27日，第一一五师师直机关、直属队及特务营等部在司令部参谋处长王秉璋、师政治部副主任黄励率领下进驻沂蒙山区，到达平邑蒙山马家峪一带。6月6日，平邑、泗水据点的日伪军500余人，进犯第一一五师驻地马家峪。彭雄率七团在费县抗日游击第四、第六大队的配合下，将敌击溃。翌日，平邑、费县、泗水、兖州等据点的日伪军1000余人，再次向马家峪大举进犯。彭雄率部在云头山设伏，毙伤日伪军50余人，收复了费西北重镇仲村镇，鼓舞了全县民众的抗日热忱。

5. **抗战两周年纪念大会** 1939年7月7日，第一一五师东进支队在马家峪召开万人大会，纪念抗日战争爆发两周年。费县、泗水、新泰、蒙阴、泰安5县边联各县代表云集。第一一五师王秉璋、黄励主持大会并讲了话，著名民主人士梁漱溟出席大会并发表了讲话。会后，师政治部“战士剧社”演出了精彩的抗战节目。这是第一一五师挺进沂蒙后召开的第一次军民大会。

抗战两周年纪念大会（油画）

6. **黑山战斗** 1939年11月11日，平邑据点日伪军600余人，向黑山一带进犯，彭雄率七团在地方武装配合下，以小股部队诱敌进入包围圈，予以猛烈打击，毙伤日伪军100余人，缴获机枪1挺，战马4匹。第一一五师七团也伤亡一个排。

黑山战斗遗址

7. **保太北岭战斗** 1939年11月底的一天拂晓，平邑的日伪军300余人，企图袭击驻扎在华家村的第一一五师七团。七团得知情报后在保太村北岭设伏。当敌人来到岭前时，七团指战员突然向敌人发起进攻，毙伤敌中队长畑烟等日伪军30余人，打退了敌人的进攻。

保太北岭战斗（速写画）

8. **彭雄**（1912—1943）江西省永新县人。1929年参加红军，1932年加入共产党。历任排长、连长、营长、团长，参加了长征。“七七”事变后任第一一五师六八六团参谋长、补充团团长。1939年5月彭雄率第一一五师东进支队七团等部沿滋（阳）临（沂）公路，进驻平邑南部流峪镇，后又转去滋临公路北和师直机关会合。在蒙山前他兼任县委军事部长，帮助建立改编了13个游击大队，为开创蒙山抗日根据地做出了重大贡献。1939年11月，在白马关战斗中左腿负伤，被安排在蒙山深处的白云岩养伤，见蒙山峻秀，使用錾头在崖石上镌刻下了“山清水秀”四个大字。

彭雄镌刻的“山清水秀”

9. **蒙山前抗日根据地形成** 1938年，山东省委曾先后三次进入平邑蒙山，恢复建立了费县县委及部分区委，明确指出了从白马关到紫荆关沿蒙山前创建抗日根据地的任务。第一一五师挺进沂蒙第一站的马家峪村就在这一地带，第一一五师在此为县区乡村培训了大批干部。群众性各抗日团体普遍建立，县区民间武装迅速发展到13个游击大队。县区4个游击大队与第一一五师七团合编为津浦路东支队，彭雄任支队司令员。1939年7月上旬，在第一一五师的帮助下，在平邑北部仲村镇的李家庄小学，费县联合办事处成立，并设置了行政、财务、武装等科室。费县办事处的成立，标志着蒙山前抗日根据地的基本形成。

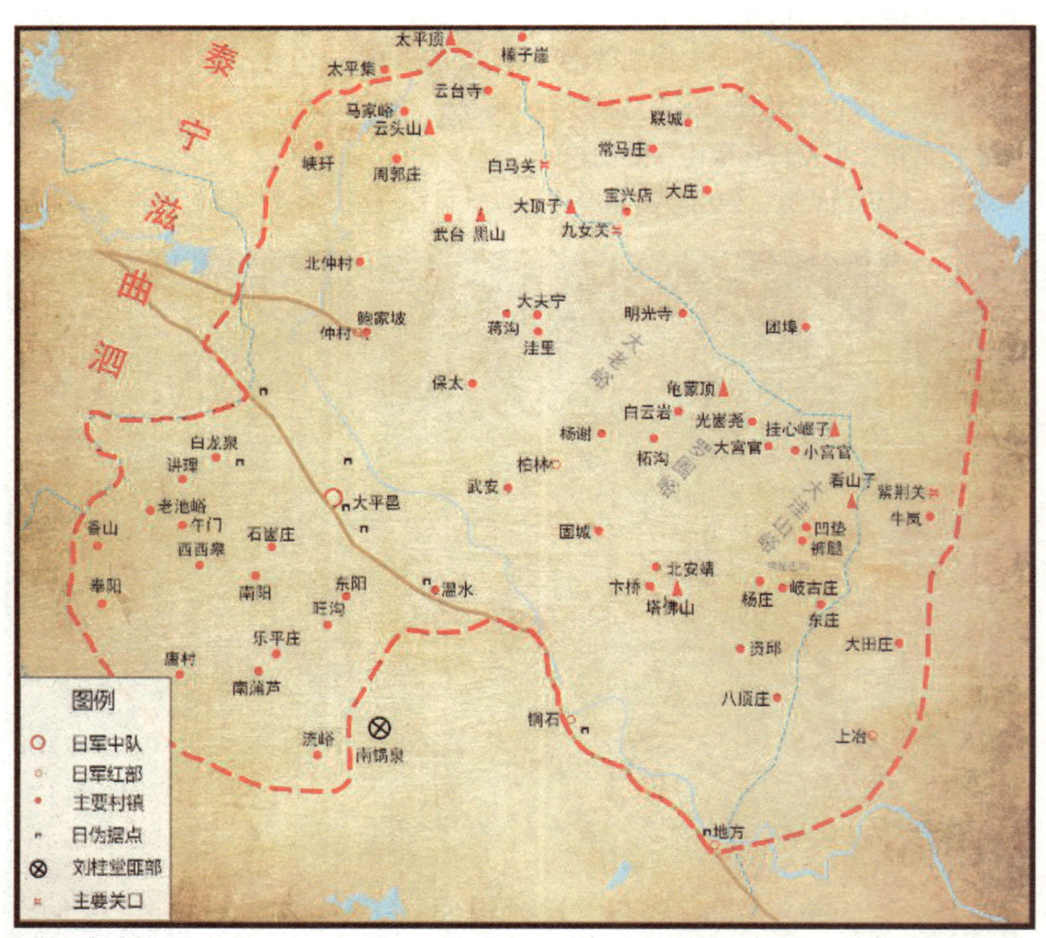

蒙山前抗日根据地示意图（1939年）

二、史料文章

八路军第一一五师主力一部挺进平邑

1938年9月29日至11月6日，在中国共产党扩大的六届六中全会上，毛泽东提出“派兵去山东”。11月，八路军第一一五师第三四三旅政治委员肖华率部到达冀鲁边区。11月25日毛泽东、王稼祥、滕代远致电彭德怀：以陈光、罗荣桓率第一一五师师部及第三四三旅主力全部去山东、淮北为宜。继第一一五师第六八五团于12月到达湖西地区后，1939年3月1日，第一一五师师部和第六八六团在陈光、罗荣桓率领下，以东进支队的名义，经河南、河北交界处进入山东。

1939年4月26日，罗荣桓在泰西古城召开的干部会议上，分析了蒙山、鲁南的基本情况，明确提出第一一五师进军蒙山及鲁南开辟创建抗日根据地的任务。5月下旬（陆房突围后），第一一五师司令部参谋处长王秉璋、政治部副主任黄励率领第一一五师师直机关、特务营、教导大队（又称二梯队），组成第一一五师东进支队前梯队（以下简称东进支队），首先越过津浦铁路进入泰（安）泗（水）宁（阳）边区，后又分左右两路向蒙山前进军。

右路军由彭雄任司令员，钟左为参谋长，周贯五为政治委员（周调走后，由彭嘉庆接任），辖第一一五师东进抗日挺进纵队第六支队第七团（原冀鲁边区第七团，仅有4个连，以下简称七团）。团长李子英，另有潘振武带领的100多人的第一一五师民运工作队。右路军在彭雄率领下，越滋（阳）临（沂）公路到达平邑段以南的流峪一带驻扎。右路军带着中共山东省委的介绍信，找到费县县委书记刘次恭。刘次恭率地方一大队配合右路军活动。同时，又约了县委统战部长张若林去流峪配合右路军开展工作。

右路军到流峪不久，即召开了一次声势浩大的群众大会。彭雄司令员亲自主持大会并做了抗战形势的报告，使当地群众深受鼓舞。地方士绅名流也先后在大会上做了表态发言。会后，中共五分区委积极配合右路军开展宣传发动工作，为随后区、乡、村抗日政权和群众组织的建立打下了基础。此时，有两股土匪在平邑东北十八村一带骚扰掳掠，这一带的乡长到流峪找到县委统战部长张若林，要求部队剿匪。彭雄带两个连从铜石东过河，挺进十八村，住在岳家村，留下两个连队仍在流峪活动。彭雄在搞清匪情后，迅速将这两股土匪打垮，深受群众欢迎，借机开辟了十八村一带。

右路军每到一处，走访群众、宣传抗日、演出抗日节目，特别注意做统战工作，和各阶层人士接触，争取抗日力量，扩大抗日阵营。部队进村后，走访队到各家各户询问是否有损坏的东西未赔偿，是否有违犯群众纪律的。八路军纪律严明，爱护百姓，生活俭朴，深得人民群众的爱戴和拥护。

左路军在王秉章等率领下，进驻到平邑以北的马家峪、马尾庄一带。他们走村串乡宣传抗日主张。7月7日，左路军在马家峪召开大会，纪念全面抗战爆发两周年。费县、泗水、新泰、蒙阴、泰安等县各界代表万余人参加大会。东进支队领导王秉璋、黄励主持大会并讲话。全国著名民主人士梁漱溟出席大会并发表了演说。

纪念大会后，梁漱溟在马家峪一带村庄考察走访，曾住在峡玕村张宗九家，晚上召集村内少年儿童，收集民间歌谣，直到7月21日才离开沂蒙山区。

一一五师的到来，使平邑大地呈现出一派新气象：村里的墙壁上写着抗日标语；战士们有的在山坡树荫下学习文化，有的排着整齐的队伍操练，有的在排演抗日剧目，高唱抗日歌曲；抗日将士们精神饱满，军容齐整，纪律严明，情绪高涨。老百姓从中看到了抗日救国的希望。

一一五师到达蒙山时，山前已被八路军山东纵队改编了几支地方抗日游击大队，其活动的范围仅限于地方、流峪、仲村和柘沟、南阳等几个区（乡），且经常受到日伪顽匪的侵袭和阻挠。当时群众尚未广泛发动起来，抗日政府还未建立，抗日根据地尚未形成。东进支队把整编地方武装、壮大人民力量，作为开辟蒙山前抗日根据地的当务之急。针对有些游击队负责人是士绅出身或国民党区乡长政要的头面人物，而又经常受到日伪顽的威胁引诱、容易动摇的现状，东进支队在县委的支持配合下，向这些地方游击大队派出部队干部，到这些大队担任政委、教练，负责政治、军事等工作，或派出特派员协助这些游击大队的领导，使其能积极配合主力部队同日伪顽开展武装斗争。在此基础上，又将蒙山前党领导的部分人民抗日武装和部分开明士绅人士创建的统战性质的抗日武装，整编为八路军一一五师费县游击部队，彭雄任司令员，下辖六个游击大队。东进支队与地方党组织紧密配合，做深入细致的统战工作，在蒙山前当时社会环境复杂多变的情况下，争取了一批国民党旧政权的区乡长加入抗日阵营，团结了一些地主及地方士绅名流共同抗日。随着蒙山抗日根据地的扩大，收编的地方武装越来越多，部队番号也经常变换。当时整个蒙山前费县城以西抗日武装组织达13个之多。

9月东进支队由王秉璋、黄励率领开进鲁南大炉一带开辟鲁南抗日根据地。临行前，县委在一一五师司令部驻地柘沟召开会议，邀请王秉璋、黄励参加。王秉璋首先做了形势报告，然后和县委成员共同研究创建蒙山前根据地的有关事项。会议后，一一五师师部从柘沟迁到岳家村，然后过滋临公路去鲁南大炉，留下彭雄司令员率第七团和教导大队继续在蒙山前活动。彭雄根据县委的建议，决定将七团两个连部署在白马关前仲村一带，重点防御驻新泰顽军鲍峄山部的侵袭；另两个连部署在紫荆关前的东庄（今属平邑县资邱乡）一带活动；教导大队先驻柘沟，后驻北孝义。这段时间，县委和各分区委在主力部队的配合下，到各村组织妇救会、农救会、抗日自卫团，同时把抗日群众组织和抗日武装组织中的积极分子，吸收加入中国共产党，加快了抗日根据地建设的步伐。

粉碎日军第一次大“扫荡”

1939年夏，日本侵略军企图摧毁驻鲁中地区的国民党苏鲁战区总部和共产党领导的八路军山东纵队。从6月1日开始，日军在植田大将指挥下，以第五、第一一四两个师团主力及第二十一师团一部共2万余人，由津浦、陇海、胶济路及台（儿庄）潍（县）公路各据点分十几路出发，以莒县、沂水为中心由北向南，自西而东，运用长驱直入、分进合击的战术，对鲁中抗日根据地实施“扫荡”。鲁中八路军在中共山东分局、山东纵队的领导下，采取灵活机动的游击战术，在蒙山南北展开反“扫荡”作战。此时，第一一五师东进支队进驻到蒙山西麓，引起了平邑、泗水日军的不安，他们妄图趁八路军立足未稳，将一一五师东进支队消灭于蒙山脚下。

6月6日，平邑、泗水据点的日军500余人进犯第一一五师驻地马家峪村。一一五师第七团奋力迎击，将前来“扫荡”的日伪军打得溃败而逃。七团乘胜追击，一直追至平邑镇据点附近。战后，彭雄司令员立即召开军事会议，分析讨论战斗经过。具有丰富战斗经验的一一五师彭雄、王秉璋、黄励、周贯五等领导一致认为，这次日军的行动只是武装侦察，是大举进攻的前奏。于是，军事总结会变成了战斗动员会，对迎接日军大举进攻做了周密的军事部署。第二天，平邑、费县城、泗水、兖州等据点共出动日伪军1000余人，再度向马家峪进犯，并占领了仲村镇。彭雄司令员派出小股部队迎击日军，边打边撤，将日军渐次诱至云头山。待日伪军进入伏击圈后，在抗日游击第四、六大队的配合下，七团战士猛烈开火，日军倒下十几个。日军用山炮、轻重机枪向云头山轰炸扫射，伏击部队占据有利地形，顽强抵抗，战斗持续竟日，日伪溃退。七团边追边打，给日伪以沉重的打击。这次战斗，七团伤亡20余人，毙伤日伪军50余名，收复了仲村镇。

当七团与日伪对峙了一天的时候，驻白马关、九女关和蒙阴的国民党五十一军、五十七军等却坐视旁观，没有配合八路军打击“扫荡”的日军。不久，费县城、平邑、泗水、滋阳等地的日伪军，又转向蒙阴的国民党军和驻防蒙山白马关、九女关的国民党五十一军、五十七军各一部进犯。国民党军队5000多人不予抵抗，望风而逃，撤到临沂七区九女山车辋一带山区。在真假抗战的对比下，八路军的影响迅速扩大。老百姓深切地体会到：只有共产党领导的八路军才是真心抗战的。此后一段时间，驻平邑据点数百名日伪军常到周边地区抢掠，均遭到地方武装的打击。

11月中旬，驻平邑据点日军畑烟中队长纠集临沂、费县、梁邱、平邑、大卞桥、泗水日伪军1000多人，分两路向蒙山前进行大“扫荡”。西路人数较少，直扑仲村；东路由畑烟带领日军主力，目标是鲁埠、三官庙、羊子庄（均属今平邑县）一带。当时，津浦路东支队司令部驻北仲村。彭雄司令员接到情报后，召开了反“扫荡”紧急会议。会上决定后勤单位立即转移，由七团一个排和津浦路东支队三团埋伏在南屯，阻击西路日军；七团主力埋伏在荆山庄、承安庄、公家庄一带阻击日军。彭雄的指挥部设在相距两个战场各约2公里地的乐里庄东岭。

11日晚上，七团一个排和费县游击一大队分别埋伏在南屯和荒里村。凌晨三点钟左右，日军利用夜色从平邑沿公路悄悄北犯，在不明情况下，一大队向回龙庙转移。日军随即尾追一大队，双方展开激战。此时，七团的那个排也和日军交上火。一直打到第二天上午，才把这股日军打回平邑据点。

12日下午，日军中队长畑烟率领东路日伪军从鲁埠玉皇庙经羊子庄进犯公家庄。13日早晨一出公家庄北门，就和埋伏于荆山庄、承安庄、公家庄的七团主力接上了火。日军武器精良、火力猛。第七团装备差，只有两挺机枪。双方展开激战，七团不支，向黑山撤退，经过一段开阔洼地时，19名战士壮烈牺牲。

七团战士撤往黑山后凭借有利地形，与日军打了一整天，击退了日军的多次冲锋。日伪军用炮狂轰滥炸，疯狂射击七团阵地。七团充分利用黑山东、西两个山头的地势来回调动兵力，钳制敌人。彭雄司令员骑着马奔驰于两个山头来回指挥，战斗打得异常残酷、激烈。七团一名战士用墓碑为掩体向敌人射击，一发炮弹在附近爆炸，战士下巴以上被弹片削掉，但仍端着带刺刀的步枪倚碑站立不倒。战斗进行到白热化时，战士们冲上去与日军拼刺刀，扭打、撕咬在一起，有的战士抱住日军滚下悬崖，同归于尽。

战斗打了一整天，日军始终未能攻下黑山，疲惫不堪，只好灰溜溜地撤退，在经东西武沟撤退至乐里庄附近时，又遭到一大队和七团一个排的伏击。时天色渐黑，日军不敢恋战，慌忙窜回据点。此次战斗毙伤日伪军40余人，缴获机枪1挺，战马4匹，七团也伤亡一个排的兵力。

战斗结束后，附近各村老百姓自发地向部队送慰劳品。彭雄司令员急召县、区、乡干部开会，感谢群众对八路军的关心和爱护，希望区、村干部出面劝阻老百姓不要再送慰劳品，以免增加群众负担。打了败仗的日军中队长畑烟，在据点内气急败坏地发誓要和彭雄决一雌雄。

11月下旬，日军又集结日伪军近500人，向蒙山前“扫荡”。彭雄得到情报后，决定在保太岭伏击日军。彭雄和七团团长李子英率部分别埋伏在保太东岭和西岭。日军分东西两路侵犯。东路日军到了岭下的洼地时，埋伏在两侧的八路军顺沟夹击。后退之路被堵住，前行之路被火力压制，日军被压在开阔地带动弹不得。日伪军死伤30余人，畑烟被打掉了两个手指，翻译官被打死。由于第七团子弹有限，团团包围了敌人而不能迅速全歼。东路被围日军正进退两难之时，其西路骑兵冲来，狼狈不堪的畑烟部被接出重围。

日军从第一次“扫荡”到后来接连进犯，屡战屡败；企图在仲村安设据点，打通平邑至蒙阴交通线的一系列阴谋，迟迟未能得逞，反而损兵折将。当时，在蒙阳大地流传着一首民谣：“涝怕阴，旱怕晴，鬼子汉奸怕彭雄；听到彭雄来，鬼子汉奸跑掉了鞋；听说彭雄到，鬼子汉奸不敢笑。”

平息暴乱

八路军第一一五师在蒙山，以自己的实际行动赢得了社会各阶层的认同和拥护。随着统一战线的形成、武装组织的建立、民众抗日激情的唤起等，蒙山前出现了极为有利的抗战局面。此时，国民党临沂专员张里元、国民党费县党部书记王公武（日特）、国民党蒙阴县县长郑小隐，受国民党“溶共、防共、限共、反共”方针的影响，迎合全国第一次反共高潮，煽动利用蒙山前的“会道门”组织，掀起了一股抵抗八路军的逆流。东近台、蒋沟、洼里和十八村一带“会道门”最为活跃，洼里村尤为凶顽。活动在这些村庄的“红枪会”“无极道”“圣贤道”等封建迷信组织，道首设坛说法，网罗许多信徒。信奉这些邪教的人，荒唐地认为喝了“符”刀枪不入，于是赤膊上阵，横冲直撞，有一股亡命的邪劲。顽固派欺骗煽动，利用他们作为反对共产党、反对八路军的工具。县委和第一一五师东进支队的领导，以民族利益为大义，曾多次做他们的工作，动员其共同抗日。但他们从拒绝联合抗日、拒绝八路军入村，发展到专门对抗八路军，见共产党、八路军的抗日武装就打，反动气焰十分嚣张，成为共产党八路军开创蒙山抗日根据地的一大障碍。

蒙山前大大小小的村庄，在二三十年代饱受匪患的侵扰，特别是土匪刘桂堂，在这一带抢劫、绑票，搞得民不聊生。各村以有钱人为首，购买枪支，组织武装，绕村修起坚固的围墙，每隔几百米有一岗台。村民日夜巡逻，发现情况，鸣锣报警，村民齐心协力抵抗土匪，这样就形成了一个个的“土围子”。反动会道门组织就利用了这些“土围子”，对抗八路军，破坏抗日。

攻打东近台村的“无极道” 1939年7月，县委命令四大队、六大队首先攻打东近台的“无极道”。四大队、六大队强行突破围墙，进入村内，面对钢枪和手榴弹，手持红缨枪和大刀的无极道道徒顿时土崩瓦解，打破了会道门“刀枪不入”的神话。打开了东近台，周围的村庄受到很大的震动，不攻自破。由于反共的道首和受蒙蔽的群众混在一起，县委坚持以说服教育为主、区别对待的原则谨慎地进行了处理，教育受蒙骗的群众，打击极少数反动道首，平息了“无极道”。

平息“红枪会”暴动 “红枪会”也称“黄沙会”，是封建迷信组织之一，遍布十八村至石河一带的沿山村庄。彭雄司令员认为，要因势利导，动员他们抗日，扩大抗日统一战线，以防被土顽等反动势力利用，并通过请“红枪会”头目吃饭等各种方法，向他们宣传共产党、八路军的抗日救国主张。国民党张里元部为扩大自己的防区，限制共产党和第一一五师的行动，早已派遣国民党费县党部书记王公武到十八村一带活动。1939年10月上旬，趁第一一五师东进支队主力去鲁中参加反顽斗争，蒙山前八路军兵力相对较少之际，“红枪会”突然发动武装暴乱。他们在尹家村、岳家村集合附近村庄的“红枪会”会徒1500余人，在尹家村逮捕了费县游击司令部特务大队干部战士10多人，又在塔佛山上将津浦支队三团一营两个班的战士下械逮捕，被捕战士大部分被杀害。接着他们又进攻安靖东山和栏马庄。彭雄司令员得到情报，即沿蒙山前东进，在柘沟召开紧急会议，决定趁其立足未稳，予以反击。由第七团团长李子英带两个连，在费县游击司令部特务大队配合下进攻栏马庄，参谋长钟左带一个连和津浦支队三团团长续志先带两个连进攻尹家村，骑兵排在资邱负责牵制。彭雄司令员和县委统战部长张若林率教导队在塔佛山上指挥。当夜12时，各路同时展开进攻。“红枪会”会徒赤膊在前，国民党张里元的顽军在后，凭借坚固的围墙死命抵抗，一天激战未果。第二天夜里，指挥所与进攻尹家村的部队失去了联系，钟左带部攻入尹家村占领大寺后，反被土顽包围。彭雄亲自带一个连摸进尹家村，与进攻尹家村的部队会合，部队士气大振。拂晓，“红枪会”会徒在一面黄旗的引导下，呼喊着口号重又攻击大寺。彭雄要求集中兵力予以痛击。当扛旗的“红枪会”会徒被击倒后，其余会徒纷纷逃窜。附近几个村的“红枪会”均处于八路军的包围之中，感到处境危机，深知上了国民党顽固派的当，便派出代表与八路军讲和。彭雄委派县委统战部长张若林与他们谈判，讲明只要不反对共产党和八路军，拥护抗日，交出武器，其生命财产均受保护。在八路军军事打击和思想教育下，谈判取得成功，一场由国民党顽固派操纵的反对共产党、反对八路军的“红枪会”武装暴动被平息了。

随后，县委派出10余人的工作组进驻尹家村、岳家村、赵家村、唐家村、时家村等几个重点村开展工作。工作组组长由杜峰担任，成员从县委机关各部门抽调。工作组以尹家村、岳家村为中心，白天到各村开展工作，夜间集中到岳家村，以应对可能发生的突变。经过大量工作，工作组摸清了这次“红枪会”作乱是国民党临沂专员张里元和费县党部书记王公武共同策动的。工作组发动群众揭露张里元、王公武不抗日专制造摩擦的罪行，宣传了共产党的统一战线政策，唤醒了民众，团结了绝大多数“红枪会”中被蒙骗的群众。

消灭蒋沟村的“无极道” 蒋沟村及武台北山峪的万山庄一带，遍布着封建组织“无极道”。其道首逐渐为蒙山北面的顽固派、原国民党蒙阴县县长郑小隐所掌握。这一带的“无极道”在道首的控制下，走向了不抗日、反对八路军的邪道。他们组织道徒阻碍八路军和抗日工作人员进村，对八路军的抗日宣传和统一战线工作进行抵制。特别是乘八路军反击日军第一次大“扫荡”之机，他们在后边施行武装骚扰，直接破坏了反“扫荡”斗争。1939年8月20日，一一五师第七团在四大队、六大队等地方武装的配合下，对蒋沟“无极道”进行武装打击，相继消灭了下关、大埠槐、孙家庄等村的反动势力，开辟了该地区。从此，县委由仲村移驻柘沟，并乘势向东开辟、发展。1939年12月，第一一五师六八六团又平定了武台北山峪一带的“无极道”，随之县委派出工作团开辟这一地区。

洼里村战斗 洼里村位于蒙山前，该村围墙又高又厚，四面都有炮楼，墙外是深沟，沟上插满了鹿寨，外围布满了铁丝网。村里“红枪会”十分猖獗，其道首是个女魔头，称为华婆子，她叫嚣“关上围门抗八路”，不仅不让八路军进村，即便是从附近路过，也要开枪射击。华婆子50来岁，双手使两把匣子枪，手下的武器都是钢枪。她还迷惑了100多名道徒。他们每天都鸣锣喝号，站岗巡逻，对抗八路军。这个“土围子”，成为楔在蒙山抗日根据地内的一颗钉子。

1939年秋，附近的地方武装曾攻打过洼里村的“红枪会”，连攻数天，没攻进村里。华婆子气焰更加嚣张，并不断骚扰附近的村庄。1940年2月，费县游击司令部召开各大队负责人会议。彭雄司令员主持会议并讲话，他指出了攻打洼里的意义，要求对部队进行战前动员，搞好战斗准备，并决定由费县游击司令部二大队管友恩部攻打。

会后不久的一天夜晚，管友恩的二大队奉命把队伍集结在南夫宁村，第一一五师派在二大队工作的马政委、毛连长和陈明特派员正在做战前动员，突然“砰”的一声枪响，马政委应声倒下，接着毛连长和陈明特派员也中弹牺牲。管友恩等临阵哗变，打死八路军干部，拉着自己的队伍，逃往泗水、新泰交界处，投奔了顽军鲍峄山。由于这突如其来的变故，我军不得不中止攻打洼里村“红枪会”的战斗。

管友恩原系国民党旧镇长，手中掌握着一支武装。第一一五师东进支队进驻蒙山后，和县委共同努力，对管进行统战工作，管随机应变，表示愿意联合抗日，被第一一五师收编为费县游击司令部第二大队。管友恩部虽然接受了改编，表面上参加抗日阵线，实际上与伪顽反动势力暗中勾结。攻打洼里触到了他的痛处，于是公开叛变。

3月7日，第一一五师七团三连接受了攻打洼里“红枪会”的任务。指挥部设在华家村外高岭处，罗荣桓政委亲自到洼里村外岭头观察地形，并做了战斗部署，他要求要把教头和教徒及老百姓区别对待，以争取教育为主。洼里村对抗八路军的顽固分子是少数，多数群众是被迫胁从，为使不明真相的群众减少伤亡，三连用一个排的兵力潜伏在村东，傍晚时分，战士们先将数只公鸡沾上煤油，点燃后从围墙北角扔进去，引起村内草垛燃烧，趁混乱之机，战士们用手雷炸开铁丝网爬进去，打开了东门，一阵机枪扫射，被挟持的群众纷纷逃散。仅剩100多名教徒守在一座教堂里负隅顽抗，七团三连集中火力将其击溃，当场打倒了40余人，活捉了几个“红枪会”的头目，其首领华婆子也被生擒。号称 “铁桶”的洼里村，在八路军主力进攻下，仅用20多分钟时间就土崩瓦解。

蒙山前抗日区域形成　八路军第一一五师自1939年5月到蒙山以来，广泛发动民众抗日，帮助地方培训抗日干部，坚持抗日统一战线政策，团结大批的地方开明士绅和旧政府人员，协助县委整编了许多地方武装，在很短的时间内就打通了从马家峪经蒙山前到上冶的一条道路。这条路所经过的村庄有：马家峪、李家庄、康阜庄、西武沟、东武沟、承安庄、公家庄、蒋沟、大夫宁、杨家庙、汪家坡、黄崖、杨谢、陈家庄、郭家庄、柘沟、万寿宫、邢家庄、薄板沟、栏马庄、岐古庄、东庄（以上村庄今均系平邑县）、上冶（今系费县）等30多个。这条道路的贯通，把蒙山前的这些山庄连成一片。这片区域，热闹非凡，沿途村庄常有穿草绿色军装的八路军部队驻扎（第一一五师来时穿灰色军装，来到蒙山时换上了山东纵队送来的草绿色军装），路上常见到来来往往骑马的八路军和八路军的联络人员。村自卫团、抗日先锋队等抗日武装组织和群众组织在这一带村庄纷纷建立起来。这里离平邑日军大据点和滋临公路较远，又避开了仲村、柏林、卞桥等日军的小据点。在这一狭长的地带，抗日根据地基本形成。

1940年2月，随着费县抗日民主政府的建立，第一一五师主力部队在地方武装的配合下，经过数十次大大小小的战斗，到1940年春夏之交，已扩大至西起马家峪

（今系平邑县）、东至上冶（今系费县）的羊山、南至滋（阳）临（沂）公路南侧的流峪、西皋一带（今系平邑县），数百个村落区域的蒙山前抗日根据地。

建立抗日民主政府

五区抗日民主政府 1939年5月，中共费县五分区委决定，利用国民党南阳乡乡长对蒋介石消极抗战政策不满、主动辞职的机会，发动群众民选乡长，以利抗日活动的开展。县委同意这一意见，并派张振华等人组成工作组协助工作。彭雄司令员率第一一五师津浦路东支队刚到流峪，也派出工作人员协助民选政府工作。下旬，在经过充分发动群众的基础上，民选大会在流峪召开。原计划是选乡长，但因为参加会议的群众遍布五区全区，不仅南阳乡，而且还有唐村、流峪、丰阳等乡的群众。于是，张振华和五分区委书记张杨及第一一五师工作人员临时商量决定，把民选南阳乡长改为民选五区区长。大会由张振华主持，采取提名举手表决通过的方式，选举诸葛子范为五区区长。五区抗日民主政府由此产生。这是蒙山前开天辟地第一个民主选举的政府。

费县联合办事处 1939年7月，在第一一五师的直接帮助下，中共费县县委在六区的李家庄（今属平邑县仲村镇）一带召开一、四、五、六区代表会议，经民主协调，决定成立费县联合办事处（又称费县一、四、五、六区联合办事处）。通过民主选举，产生了县区各级负责人。选举民主人士唐绍典为办事处主任，孙冠璧为副主任，中共代表李伯瑾任行政科长，王瑞（王润生）任财务科长，张若林任武装科长。办事处辖老费县一、四、五、六区，确定李鹤轩、马健分别为一、五区区长；续志先、唐洪林（后叛变）仍分别任四、六区区长。费县联合办事处的建立，为建立费县抗日民主政府奠定了基础，使蒙山前抗日根据地基本形成。

费县抗日民主政府 国民党费县县长李长胜因1939年12月26日制造了骇人听闻的官流庄惨案，1940年1月29日被人民武装驱逐。为使县政不致无人主持，临、郯、费、峄边区动委会于2月16日在大夫宁村（今属平邑县保太镇）召开费县抗日各界代表大会，到会各界代表共230余人。中共鲁南三地委书记宋子成和政府部长于化琪，省“总动委会”特派员、鲁南宪政促进会三分会常委狄井芗和第一一五师政治部的樊鹏飞等，到会主持会议。会前，狄井芗等和县委领导一起召开了两个预备会议：一个是由参加选举的中共党员参加的党内会议，传达上级党委的指示和方案，介绍中共山东省委派来参选的韩文一等人的简况，以统一党内的思想；另一个会议是由共产党的代表、国民党的代表、各人民团体的代表和各界知名人士参加的代表会议，协商和统一各人民团体和各界知名人士的认识。

大会进行了两天。会上各地代表提出、讨论通过了13条有关费县救亡大计的议案，其中建立抗日民主政权和重建县“动委会”两大议案在大会付诸实施。国民党代表王兰斋在发言中表示，在抗战建国的过程中，要始终奉行孙中山总理的“精诚团结，共赴国难”“联俄联共，扶助农工”这些求得国家、民族生存的名言，坚持抗战，争取胜利。共产党代表张雄在发言中指出：“中国共产党有解放中华民族和解放世界人类的伟大任务。七七事变后，国共重新合作，中共所领导的军队都奔赴前线作战，其中包括在山东、在费县与日军进行的斗争。”他强调有人挑拨国共合作，我们一定要加以反对。事实告诉我们，只有合作才能胜利，分裂只有灭亡。中国共产党不但要与国民党合作抗日，而且要合作建国。要与一切进步的国民党同志合作到底！

在与会代表的拥护支持下，以无记名投票的方式，依次选出了费县县政委员会的执行委员、常务委员和县抗日民主政府的县长及组成人员。唐绍典、韩文一、邵子厚、王兰斋、赵仲三、马健、王一民为县政委员会委员。韩文一为县长。下设武装、财政、文教、民政四个科，樊鹏飞任武装科长，王瑞任财政科长，刘次恭任文教科长，唐绍典兼任民政科长。政府人员的组成，不仅确保了党的领导，而且也体现了抗日政权中“三三制”（1/3的共产党员，1/3的进步分子，1/3的中间分子）的原则。大会还选举了县民众动员委员会，樊鹏飞、孙冠璧、石塔先等15人为县动委会常委，樊鹏飞为动委会主任。费县抗日民主政府的建立，进一步巩固和发展了党的统一战线工作，也标志着蒙山前抗日根据地正式形成。

（载自《中共平邑县历史（第一卷）》）

黎玉在沂蒙

黎玉是山西省崞县（今原平县）人。到山东之前，以中共河北省委巡视员的身份在中共直南特委工作，并先后兼任直南特委书记和冀鲁豫边特委书记。1936年，奉中共中央北方局之命，到山东恢复重建遭敌人严重破坏的中共山东省委，并担任省委书记，赵健民、林浩为委员。随后又通过深入细致的工作，与分散在山东各地的500多名共产党员取得联系，并通过他们，积极而稳步地发展党员，建立党组织。仅一年的时间，全省就发展党员2000多名。

1937年抗日战争爆发，黎玉根据中央关于在敌后放手发动独立自主的游击战，开辟敌后战场，建立抗日根据地的战略任务，以及北方局关于“脱下长衫，到游击队去”的号召，与省委研究，制定出在山东发动武装起义和组织抗日武装的十条纲领，提出建立10个军的规划；之后，派大批干部、党员分赴山东各地组织武装起义。1938年1月，黎玉亲自领导了徂徕山武装起义，成立八路军山东人民抗日游击第四支队，洪涛任司令员、黎玉任政治委员。四支队一成立，黎玉就重视部队的政治工作。在他的建议下，中队设立政治指导员，排、班设立政治战士，同时，成立宣传队和募集队，以扩大抗日宣传和解决部队的供应。

4月，为了确定起义部队今后的发展方向及有关问题，黎玉从蒙山前的万寿宫出发，到延安向党中央汇报工作。在一次高级干部会议上，毛泽东高兴地向大家介绍了黎玉，赞扬了山东党的工作，并号召全党，把开创敌后抗日根据地作为工作重点。此后，党中央根据黎玉所反映的山东实际情况，先后派干部到沂蒙地区。其中，5月随省委书记郭洪涛前来的约50人；8月，随黎玉、张经武到来的为165人。

1938年12月，山东分局根据中央决定，在沂水县的王庄成立八路军山东纵队的指挥机关，张经武任指挥，黎玉任政治委员。山纵指挥部对分散于山东各地的人民武装实行统一建制，统一领导，使原来分散的若干游击队，成为在战略上统一指挥的游击兵团。1939年，根据中央指示，由徐向前任司令员、朱瑞任政治委员的第一纵队成立。黎玉协助徐向前对山纵及其所属部队进行了整军。通过整军和实战锻炼，有力地促进了部队的正规化，增强了战斗力。同时，部队也得到迅速发展：由原来的2.4万人增加到5万人，编为4个旅、3个支队和2个特务团。

在抗日斗争中，黎玉坚决贯彻执行党的民族统一战线。早在徂徕山起义之前，他就派员到聊城与国民党山东省第六区行政督察专员范筑先商讨抗日问题。1938年8月，他到延安汇报工作回来，途经聊城，向范筑先面交毛泽东的亲笔信，使范筑先很受鼓舞，大大地增强了范筑先与共产党团结抗日的决心。在贯彻统一战线中，黎玉始终坚持独立自主原则。1939年，国民党顽固派秦启荣指使其第四梯队司令王尚志，在太和镇伏击八路军三支队派往沂蒙学习的干部队，杀害干部、战士100余人，制造了“太和惨案”。对此，黎玉和张经武联名通电全国，说明“惨案”真相。同时，组织山纵第三、第四、第八支队各一部，于4月20日，对太河镇发起强攻，将守敌王尚志部击溃。

1940年8月，在青驼寺召开的山东省各界代表联合大会，选举产生了全省统一行政机关——山东省战时工作推行委员会，黎玉当选为主任委员。在他的主持下，战工会制定了《山东省战时施政纲领》，确定了发展巩固抗日根据地的14项重大任务。强调各级政府人员要深入民众，倾听民意，贯彻民主作风，纠正任何包办代替现象。会后，各抗日根据地的抗日民主政权发展更加迅速，并普遍实行“三三制”。在保证共产党的领导下，对各党派、无党派的忠实于抗战建国的各类人才，坚持团结爱护，诚心相待，共同合作。对于他们中参加八路军或其他机构的真心抗日人士，则给以优于同级职务的共产党员的特别待遇。一时很多各类专业人才，齐集沂蒙山区，参加根据地抗日和建设。

1941年8月，中央书记处、中央军委指示，以中共山东分局为统一山东党政军民的领导机关，由朱瑞、罗荣桓、黎玉、陈光组成，朱瑞任书记，黎玉主管政府工作。稍后，成立山东省军政委员会，罗荣桓任书记，黎玉等七人为委员。

1942年3月，中共中央山东分局根据刘少奇来山东检查工作时提出的批评和意见，决定加强群众工作。分局设立群委会，由黎玉任书记。他亲自派干部到鲁中区沂南县进行试点，在调查研究的基础上，发动群众，实行减租减息，取得经验，及时推广到各地，使“双减”运动迅速开展起来。当时开展“双减”的村庄达到50%—80%，从而极大地提高了贫苦农民的积极性，更加密切了党群关系。

8月1日，根据中央军委指示，山东纵队改编为山东军区，黎玉任政治委员。冬季，他率军区机关、省战工会和沂蒙军分区一团反“扫荡”，在沂水县对崮峪遭敌8000人包围。他在指挥突围时负伤。第二年3月，山东军区与一一五师合并，组成新的山东军区，罗荣桓任司令员兼政治委员，黎玉任副政治委员，萧华任政治部主任，下辖鲁南、鲁中、清河、冀鲁边、滨海、胶东等6个军区。在军区的领导下，山东地方部队和一一五师配合作战4500余次，歼日、伪军9万余人，使山东抗日根据地得到进一步的巩固与扩大。

1945年在中共第七次全国代表大会上，黎玉当选为中央候补委员。8月，山东省政府成立，任省政府主席。

解放战争初期，罗荣桓率山东主力部队挺进东北，黎玉代理山东分局书记。1945年10月，为截断津浦路，阻止国民党军北上，成立津浦前线指挥部，由陈毅统一指挥。黎玉协助陈毅胜利地进行了津浦线阻击战，共歼敌2.8万人，控制津浦铁路260里。就在津浦战役进行期间，遵照中共中央指示，中共中央华中局与山东分局合并成立中共中央华东局，饶漱石任书记，陈毅、黎玉任副书记。第二年1月，津浦前线指挥部撤销，组建山东野战军；新四军军部兼山东军区。黎玉任新四军兼山东军区副政治委员、山东野战军政治委员。

1946年5月4日，中共中央发出《关于清算减租及土地问题的指示》（即《五四指示》）。9月1日，根据中央指示和华东实际情况，黎玉主持分局会议，讨论制定出《中共华东中央局关于彻底实行土地改革的指示》决议，即“九一指示”。从此山东各解放区普遍开展土地改革运动。黎玉经常深入基层，了解情况，进行指导。到1947年，山东解放区大部已实行土地改革。分到土地的广大农民，对参军、支前等各项工作，表现出空前的热情。从1947年1月至1948年8月，全省进行的10次较大的战役，农民供应军粮达4亿多斤。

1947年山东进行土改复查。6月下旬至7月上旬，华东局于诸城寿塔寺举行扩大会议，在饶漱石主持下，对黎玉进行不公正的“批判”。又于1948年形成《关于克服党内无纪律无政府状态加强纪律性的决议》，给黎玉扣上了地方主义、山头主义、富农路线等不符合事实的政治帽子，加上许多“莫须有”的罪名。黎玉以大局为重，在遭受巨大冤屈的情况下，继续努力为党工作（1986年3月13日，在党中央的关怀下，对黎玉的错案在澄清是非的基础上进行彻底平反）。1949年3月，黎玉随华东局南下，从此离开战斗、生活了13年的山东。

1989年，在黎玉逝世3周年之际，由中共山东省委党史资料征集研究委员会编辑、山东人民出版社出版的《深切怀念黎玉同志》一书问世。时任山东省委书记的姜春云写了题为《缅怀·继承·奋进》的代序言。徐向前、段君毅、王从吾、赵健民合写题为《鞠躬尽瘁六十年》的纪念文章。文章说：“黎玉同志为党为人民兢兢业业工作了整整六十年。这是革命的战斗的六十年，是为革命事业鞠躬尽瘁的六十年。他虽然已经逝世，但是，他为共产主义事业无私的奉献精神，却永远激励和鞭策后人，为祖国的繁荣昌盛而勇往直前。”

（载自《沂蒙革命根据地志（下）》）

郭洪涛在沂蒙

1938年5月，中共中央根据山东省委的要求，派郭洪涛到山东担任省委书记。郭洪涛系陕西省米脂县人。1925年加入中国共产党。此后，一直在陕北从事党的工作。在来山东之前，担任陕甘宁边区党委书记兼绥德地委书记、绥德警备区司令部政委。抗日战争爆发，曾主动请缨，到抗日前线杀敌报国。这次受命之后，即带领50余名干部携2部电台，整装出发。行前，毛泽东和刘少奇分别做了重要指示，主要是：放手发动群众，大量发展抗日武装，建立民主政权，创建山东抗日根据地，使山东成为八路军在敌后的一个战略基地。

郭洪涛一行于4月离开延安，经过几十天的长途跋涉，穿越数个省，于5月上旬到达山东的东平县。在那里听取了中共县工委书记万里对党的工作和领导永安寺起义情况的汇报，传达了中央的指示。提出设立交通站、情报站，以疏导交通，加强情报工作。随后到泰安的北仇村，会见了山东西区人民抗日自卫团主席张北华，留下部分人员，帮助当地党组织建立中共泰西特委。接着穿越津浦铁路，于20日到达泰安县南上庄山东省委驻地，与省委代理书记林浩等会合。他不顾旅途劳顿，连夜听取汇报，并根据中央指示精神和山东的实际，与省委共同研究制定出创建山东抗日根据地的意见。

第二天，省委召开干部会议，郭洪涛传达了中央的指示，并做了《为创建山东抗日根据地而奋斗》的报告。会后，根据中央的决定，重新组建了山东省委，郭洪涛任书记兼军事部部长。5月下旬，中央根据徐州失守后，八路军准备向苏、鲁、豫、皖挺进的战略部署，决定将山东省委扩大为中共苏鲁豫皖边区省委，郭洪涛任书记。

创建山东抗日根据地，是党中央的重要战略部署。郭洪涛刚到山东，即与省委研究制订了《发展和坚持山东游击战争的战略计划》，上报中央。计划的主要内容是："在鲁中创立以沂蒙山区为中心的抗日根据地。向北以淄博山区为依托开创清河地区抗日根据地，向南发展开创抱犊崮山区抗日根据地，向东发展开创沿海地区抗日根据地；在津浦路西创立梁山泊和微山湖抗日根据地；在胶东创立以大泽山为中心的抗日根据地。"计划经中央批准后，郭洪涛即和省委机关，率八路军抗日游击第四支队进入沂蒙山区腹地沂水县的王庄、青驼寺（今属沂南县）一带。

郭洪涛在创建根据地中抓的重点之一是加强党的建设。抗日战争爆发后，山东各地共产党员踊跃参加抗日游击队，有的地方的党员甚至全部投军，使地方党组织受到削弱。为了加强党在根据地创建中的坚强领导作用，省委指示从各游击队中抽调相当数量的党员骨干，回到地方，恢复、发展或调整党的组织。到1938年底，先后调整和新建10个党的特委，同时，由省委直接派干部帮助建立了11个县（工）委。1938年12月，中央决定边区省委改为中共中央山东分局，郭洪涛为书记，黎玉、张经武为委员。分局根据中央《关于各级党委暂时组织机构的决定》，依照地理位置、行政区划和战略要求，在原来中共特委或其他党组织的基础上，相继建立了胶东、鲁西、苏皖、苏鲁豫等几个区党委，对沂蒙地区（包括胶济路以南，津浦路以东，陇海路以北地区）则成立了第一区党委（又称大鲁南区党委）。区党委之下，设立地委、县（工）委、分区委。在建立健全党组织的同时，依据中央《关于大量发展党员的决议》和《关于巩固党的决定》，积极发展从各条战线涌现出的先进分子入党。到1939年8月，全省共产党员已达5.15万名。同时，在党组织的领导下，各地先后成立农民救国会、工人救国会、青年救国会、妇女救国会等抗日群众组织，并普遍成立抗日自卫团等群众抗日武装组织。

在进行党的组织建设同时，郭洪涛在原边区省委党校的基础上，成立分局党校。同时创办分局的机关报《大众日报》，以进行干部、党员的培训教育，强化党的宣传工作。此外，省委还在干部、财力极端缺乏的情况下，创办山东抗日军政干部学校。在他任职期间，干校共办5期，培训学员3000余人。

郭洪涛始终关注着中共领导的抗日军队的发展壮大。他到山东之初，发现各地的抗日游击队并未统一使用八路军番号：有的称自卫团，有的称救国军，还有的称义勇队，很不统一。这样既不利于扩大共产党和八路军的影响，又不利于党对军队的绝对领导，乃及时与省委研究确定，将党所领导的山东境内10余支武装部队，分别编成支队，并统一使用“八路军”番号。同时，对各支队的领导进行了适当的调整和加强。此一举措经向中央汇报，得到批准。1938年6月6日，毛泽东、刘少奇电示郭洪涛：“山东的基干武装应组建支队；恢复和使用八路军游击支队的番号，目前可组成四至五个支队，县区武装则以支队领导下的游击队的名义出现。”8日，毛泽东再次电示郭洪涛：“凡属我独立领导、已得广大群众拥护、邻近友党友军又甚欢迎之游击队，以用八路军名义为合宜。因此等部队，国民党均将控制，用普通名义则不得不听其支配，甚至通令解散，八路无权过问，用八路名义则无此弊。”据此，郭洪涛和边区省委将山东党领导的抗日武装，一律改用八路军番号，并陆续进行了初步整编：一、充实健全省委和各特委的军事部，加强对所属部队的领导，逐步将其培养成主力部队。二、将党中央派来的有丰富作战和治军经验的干部分配各支队担任领导职务。三、建立和健全部队党的组织，加强部队思想政治和纪律整顿。由于采取以上措施，使各部队向正规化迈出第一步。

1938年12月，山东分局根据中央决定，在沂水县的王庄成立了山东纵队指挥机关，由张经武任指挥，黎玉任政委，王彬任参谋长，江华任政治部主任，将分散于山东各地的八路军抗日武装部队，实行统一建制，统一领导。纵队初辖10个支队以及两个团，共2.4万人。

1939年6月1日至7月4日，侵华日军纠集2万余兵力，在敌酋植田大将的指挥下，分兵10路，分区“扫荡”鲁中沂蒙山区抗日根据地。八路军山东纵队第一、第二、第四诸支队和特务团，在反“扫荡”中，与敌多次进行激战，连获全胜。这是抗战初期在沂蒙山区进行的首次规模较大的反“扫荡”作战，历时月余，毙敌1000余人。不仅保存了自己，还掩护了于学忠、沈鸿烈、吴化文等国民党部队，充分显示了山东纵队的抗日救国精神和战斗实力。

郭洪涛来沂蒙之前，由于国民党顽固派、山东省政府主席沈鸿烈的百般阻挠，山东的抗日民主政权建设徘徊不前。郭洪涛到职后，依据中央指示，果断地扭转了这一局面。他和分局研究后，派出相当数量的干部到各地，根据情况，不失时机地建立县、区、乡民主政权。1939年6月，日军对鲁中区进行大“扫荡”，国民党地方政权纷纷垮台。分局抓住时机，于7月1日发出《关于恢复县区乡政权之指示》，要求原政权被破坏的地区，均要建立由共产党领导的抗日民主政权。到1939年10月郭洪涛离开沂蒙时，山东共新建32个县级和大批区乡抗日民主政权。同时，分局通过民主政府的职能，废除了旧政府时期的苛捐杂税和摊派，建立统一的有计划的供给制度。随后又实行财产所得累进税制度，受到广大民众的拥护。在生产方面，相继创办军工生产和织布、制鞋等小型工厂，以满足军民所需。

郭洪涛在沂蒙期间，正确贯彻了抗日民族统一战线政策，对国民党第十军团军团长石友三，鲁苏战区总司令于学忠，山东第三区行政专员兼保安司令张里元，开明士绅万春圃、梁竹航，以及其他地方实力派和开明进步人士，都进行了疏通、团结，并发展东北军五十七军一一一师师长常恩多加入中国共产党。对国民党顽固派秦启荣部的反共活动，则坚决给予回击，从而稳定了山东的抗战局面。

郭洪涛于1939年9月当选为出席中共第七次代表大会的代表。10月中旬，与张经武带领山东代表团，由沂南县的牛王庙启程赴延安，从此离开山东。

（载自《沂蒙革命根据地志（下）》）

中共山东省委进驻蒙山

1938年1月1日，中共山东省委（以下简称省委）在徂徕山组织起义后，于2月转移至新泰县刘杜，并在此召开了省委会议。会上，省委分析了山东抗日形势，研究确定了山东党政军的发展方针、政策及对敌斗争策略。会议认为：目前日军正以占领城市和交通要道为主，还来不及全面占领和巩固其后方。而在国民党政府纷纷溃逃之际，除鲁中区外，其他各主要地区先后发动了武装起义，抗日武装处于蜂拥而起的局面。党的组织也在恢复和发展中。为有力地开展抗日游击战争，不失时机地宣传、组织群众抗日，积极恢复、健全、发展党的地方组织，扩大共产党、八路军的政治影响和武装力量，以及发动全民抗战的需要，必须创建沂蒙山抗日根据地。因此，省委决定把八路军山东人民抗日游击队第四支队分成两部分行动，以一、三、四中队为一大队，由洪涛、林浩率领去莱芜一带活动，并向淄博一带矿区及胶济路以北长山地区发展；以二、五中队为二大队，由黎玉、赵杰、景晓村、程照轩、赵笃生等带领（赵杰兼任二大队队长，程照轩兼任二大队政委），向蒙山一带及沂水地区活动，察看山区地形，发展部队，开展地方工作，创建蒙山抗日根据地。这次会议还确定由省委书记黎玉去延安向党中央汇报工作，请求中央向山东调派干部及调配电台，以适应创建根据地的需要。

会后，省委及四支队分两路出发。南路二大队从刘杜启程，经新泰、蒙阴，于3月3日进入蒙山前平邑以北的万寿宫、柘沟村。起初，当地老百姓对这支300余人队伍的突然到来，十分惶恐，当即有20多人外出躲避，未及躲避的在家里也坐卧不安。省委及四支队干部战士住在老百姓家，首先帮助群众扫院子，打水，垫猪圈，干农活；待人和气，喊大娘，叫大爷，非常亲热。接着省委派出工作小组，挨家挨户访贫问苦，安抚民众。饱受兵害之苦的百姓，从未见过视百姓为亲人的军队。过了两天，准备外出躲避的群众不躲了，已外出躲避的陆续回了村。随后，省委派出四支队部分人员组成文艺宣传队，在孙陶林带领下，分赴武安、杨谢及柘沟一带演出了《放下你的鞭子》《卢沟桥》《打鬼子去》等10多个抗日救亡剧目。每次演出之前，宣传队负责人孙陶林都发表抗日演说，深入浅出地宣传共产党的抗战方针，号召各阶层积极行动起来，团结一心，共同抗日。宣传队每到一地，激昂的演讲，精彩的演出，深深地打动了群众的心。人们备受鼓舞，奔走相告：“八路军来了”、“共产党来了”！与此同时，省委及四支队领导还做了万寿宫寺院院主郭道长的统战工作，使他由开始对四支队到来的冷漠、兜圈子，到后来自愿献出3支枪，拿出1000余斤粮食、四五十双鞋来支援部队。郭道长一再表示，拥护八路军的抗战路线。

在张若林等人的联系下，1932年加入中共组织的李伯瑾、张传义、高锡贵和1936年加入中共组织的王敬明、王力生、廉林、赵光、杨诚等人，先后奔赴柘沟找到省委接关系。省委书记黎玉、秘书长景晓村、宣传部长孙陶林听取了他们的汇报。省委经过审查了解，恢复了他们的党籍。3月中旬，省委在柘沟召开党员活动分子会议。参加会议的有张若林、李伯瑾、王敬明、赵光、高锡贵、崔晓东等人。景晓村主持会议并宣布了省委三项决议：一、成立中共费县工作委员会，暂时不设分区委，由县工委直接领导基层支部和小组；二、张若林任工委书记，李伯瑾任组织委员，王敬明任宣传委员，王力生任军事委员；三、县工委直属省委领导。然后，省委书记黎玉做重要讲话，他说，目前日军只能控制交通线，尚未顾及全面占领和巩固其后方，这对共产党领导开展抗日游击战争是极为有利的时机。所以，当前我们的任务：一是宣传党的抗日主张，广泛发动民众抗日救国，建立各区乡的抗日武装，用游击战争对付日军，建立以蒙山为依托的西起白马关东至紫荆关的根据地；二是发展新党员，要敞开大门，反对关门主义；三是了解全县各阶层人士的政治动向和活动情况，大力开展统一战线工作，积极争取一切力量，进行抗日斗争。会后，县工委就地召开了工委第一次会议，并就贯彻省委有关指示进行了研究。同时决定由李伯瑾、王力生分别负责对1932年和1936年两个时期的党员进行审查；在审查的基础上，恢复党员关系，整顿党的组织；大力发展党员，做好创建由白马关到紫荆关蒙山前抗日根据地的准备工作；并确定派杨诚、杨文蔚担任省委与南部地区党组织联络的政治交通员，在城南头和地方街设立交通站，以保证省委办事处与鲁南组织的联系。

此间，李伯瑾和其他党员，还发动当地青年学生到驻柘沟的四支队二大队参观学习访问，受到黎玉等领导人的接见和部队的热烈欢迎，观看了抗日宣传队的演出。这些青年学生受到了一次生动的抗日救亡教育，对共产党和八路军有了初步的认识。

时任省委统战科长的赵笃生，是续靖宇及其3个弟弟和1个侄子在济南育英中学的老师。续靖宇邀请赵笃生到东围沟家中做客。赵笃生请示省委同意后，第二天同黎玉、孙陶林、靳怀刚、杨纯等人一起到续家走访，受到续靖宇的父亲续思文（民主人士）、兄长续志先（时任国民党四区区长）的热情接待和宴请。随后，由续志先陪同赵笃生到费县城国民党县政府联系交涉部队给养问题，得到圆满解决。黎玉、赵笃生在续家住了两天，同续家父子详谈了当时的抗战形势和党的抗日政策等。应续家之邀，四支队宣传队到东围沟村演出抗日文艺节目，孙陶林、杨纯等人亲自参加演出，受到群众的热烈欢迎，鼓舞了村民的抗战热情。

省委在蒙山期间，派刘海岩到泗水县柘沟村，与曹宇光、张林夫联系后，将柘沟一带10多人的抗日武装，于3月3日带到蒙山前万寿宫，编入二大队五中队第三排，曹宇光任第三排政治员。另有原国民党泰安六区区长程子源（到蒙山后更名程鹏）带区中队100余人、枪70余支到万寿宫参加了二大队。区中队被改编为二大队第八中队，程鹏任二大队副大队长兼第八中队队长。

在蒙山期间，黎玉做好了去延安的准备，在离开蒙山之前，主持召开二大队排以上军政干部会议。他说，四支队拉起的时间不长，尚须提高对日军作战的能力，因此，在蒙山工作告一段落后，应与北路会合。今后的活动地区以徂徕山、莲花山区为主，向沂蒙山区发展。并指出：省委要积极协助地方恢复建立党组织，做好发展党员和扩大地方武装工作。强调加强军队干部与地方干部、老干部与新干部之间的团结。3月27日，省委书记黎玉从柘沟村起程赴延安汇报工作，省委机关及四支队不久也离开柘沟。县工委派共产党员高锡贵（今平邑县石崮庄人）以卖草药为掩护，护送黎玉前往延安。到延安后，黎玉带高锡贵去见毛泽东主席。毛泽东详细询问了蒙山一带的地理环境、政治经济等社会状况后指出，你们地方党组织要发动组织民众，创建蒙山敌后抗日根据地，并风趣地说“大水才能养大鱼”。5月，中共中央派郭洪涛等30余名干部由高锡贵为向导从延安来山东。高锡贵从延安归来后，向县工委汇报了毛泽东接见时的指示。县工委广大共产党员受到极大的鼓舞和鞭策，决心为创建抗日根据地勤奋工作。

5月，根据形势需要，山东省委扩大为苏鲁豫皖边区省委，郭洪涛任书记。5月21日，省委制定了《发展和坚持山东游击战争的战略计划》，确立在山东各地创建抗日根据地。为培养大批干部，满足创建抗日根据地的需要，边区省委决定创建山东抗日军政干部学校。此时，中共仲村支部负责人鲍天仇、唐军听说边区省委在新泰、蒙阴一带活动，欣喜万分，当即带领近20名党员到蒙阴找到边区省委接关系。省委书记郭洪涛及程照轩、孙陶林、史秀云等听取汇报后，因对发展他们的上级组织不了解，批准仲村党支部的党员重新登记，同时批准鲍、唐等20名党员参加省委干校学习。至此，蒙山前1932年和1936年两个时期，分别由中共临沂第三乡村师范组织和中共费县师范讲习所组织建立发展的当地党组织，均与省委接上了关系，结束了各自独立活动的局面，开始有领导、有步骤地创建抗日根据地的活动。直接受省委领导的中共费县工委，派出了60名党员（包括仲村支部的20名党员）参加了山东抗日军政干部学校的政治、民运班学习。这些参加学习的党员，结业后回县参加了各级党政的领导工作，成为创建根据地的中坚力量，为蒙山、天宝山抗日根据地的创建发挥了重要作用。

5月下旬，鲁南人民抗日义勇队第一总队，遭到国民党游击第七纵队申从周（申宪武）部的围攻，处境严峻。省委决定派四支队开进鲁南，支援鲁南人民抗日反顽斗争。省委机关大部与四支队二、三团为南路，由郭洪涛和四支队副司令兼第二团团长赵杰、四支队参谋长王彬率领，南下支援鲁南人民抗日义勇队第一总队，并沿途宣传党的抗日主张，扩大共产党八路军的政治影响；以省委机关另一部及四支队第一团为北路，由四支队政委林浩率领，开进沂蒙山区开辟根据地，选择好省委的落脚点，并确定了南北两路部队的行动时间及有关注意事项。

两路部队于6月15日分别出发。南下部队途经新泰、蒙阴等地，于6月下旬跨过蒙山白马关，到达蒙山前仲村镇。该镇居民近千户，政权为封建土顽、国民党乡长管友恩所把持，紧闭寨门，不准省委进驻。省委和四支队在村外宿营。

此间，省委决定由四支队副司令赵杰率第二团袭击泗水城，省委及第三团仍在仲村一带进行抗日活动。6月23日，第二团在赵杰指挥下袭击了泗水县城（城内驻有日军1000余人），城内日军十分恐慌。省委组织部长程照轩在仲村找到当地开明人士唐绍典、张乐贤、张宗九，请他们协助做管友恩的工作。唐绍典等向管氏兄弟说明：八路军进村是为了宣传抗日，绝不会有害于他们。同时，中共党员鲍天仇、李伯瑾等也通过关系做管的工作。最后，管友恩才同意省委进驻仲村。

7月1日，省委在仲村协助县工委召开了工委扩大会议，李伯瑾、高锡贵、时克、崔晓东、鲍天仇、刘次恭等参加，省委负责人郭洪涛、景晓村、史秀云等出席。省委检查了县工委的工作，听取了李伯瑾等人的履历介绍。在第二天的会议上，省委青年部长景晓村代表省委宣布：根据费县党组织恢复和整顿工作业已基本结束的情况及抗日斗争的需要，决定撤销县工委，成立中共费县委员会和部分分区委。李伯瑾任县委书记，时克任组织部长，崔晓东任民运部长；商向前任中共一分区区委书记；高锡贵、朱琳分任中共五分区区委书记和副书记；鲍天仇任中共六分区区委书记。二、三、四分区区委书记，待省委干训班学员结业后选拔任命。会上，省委指示：一要大力发展新党员，近期全县要发展新党员100名；二要积极组织力量，为成立抗日武装打下基础。

7月7日，省委在仲村召开了抗日周年纪念大会。到会的有省委及四支队干部、战士和当地群众2000余人。省委书记郭洪涛等负责人在临时筑起的大会讲台上，手持用铁皮卷成的喊话筒，发表了慷慨激昂的抗日演讲。郭洪涛说，日寇占我中华，所到之处，学校停办，工厂、商店闭门，农村混乱。我们的同胞，流离失所，书不能读，工不能做，地不能种，遭受着侵略者的屠杀、奸淫、抢掠和蹂躏。在今天日军企图灭亡中国的紧急关头，站在国家和民族的立场上需要抗日，站在保全个人生命财产的立场上也需要抗日。不抗日就无法生存，就要做亡国奴。一切不愿受奴役的同胞，一切有骨气的中国人，都要在抗日的大原则下，建立起巩固的抗日民族统一战线，有人的出人，有钱的出钱，有力的出力，有枪的出枪，把日本帝国主义驱逐出中华，保卫国家，保卫家乡，保卫父母兄弟姐妹的生命财产安全。会后，四支队宣传队演出了抗日剧目。

省委驻扎仲村时，根据地方党组织提供的名单，还召开了士绅名流座谈会。被邀参加座谈会的有北仲村的刘一元、峡玗的张乐贤、仲村的唐绍典和管友恩、昌乐庄的唐鸿霖等。会上省委向他们宣传了共产党的抗日民族统一战线的政策和《抗日救国十大纲领》，提出了“抗日高于一切，一切服从抗日”和“有人的出人，有钱的出钱，有力的出力，有枪的出枪”的口号，并向参加会议的士绅名流开明人士提出统一抗日的希望和要求。

7月8日，省委率四支队、干校学员离开仲村，南下滕县。在滕县先后攻下冯卯、高庄、万庄、西集镇等围寨，给申宪武部以严厉打击后，回师北上。途中在八里沟打败顽固派的伏击后，省委决定，随军的省委干校第一期学员结业，学员分配到各地开展抗日工作。

8月下旬，省委及四支队到达蒙山前平邑东部的地方街。这里的反动势力也曾威胁老百姓，要他们关门闭户，不准给八路军提供住房和给养。由于中共党员刘次恭、赵光等人在该村的宣传作用，老百姓把八路军视为穷人的队伍，于是家家户户腾房子，搭地铺，把省委及四支队和干校学员1000余人迎到家里，安排得非常妥当。省委在这里驻了10多天，召开了多次军民联欢大会。四支队宣传队为老百姓表演了精彩节目，呈现出一派军欢民乐的动人场面。

省委对刘次恭的工作很满意，建议刘次恭参加县委工作。县委研究后报省委批准，刘次恭任县委民运部长。省委书记郭洪涛等人还到费县城做了国民党临沂地区专员张里元的统战工作。张里元表示拥护中国共产党的抗日民族统一战线政策，拥护支持抗日。9月初，省委离开地方街到达沂水岸堤。

省委在蒙山一带的系列活动，纪律严明，仁爱百姓，宣传抗日，恢复、整顿、统一了全县中共组织，建立了县、区中共领导机构，为蒙山抗日根据地的创建起了开拓性的作用。

发展壮大地方党组织

在省委的直接领导下，中共费县工委和费县县委先后根据省委进驻蒙山的指示，开展了各项工作。

1938年3月中旬，费县工委召开第一次会议。会议就发动民众抗日，恢复整顿党的组织，筹建抗日武装等进行了研究。并就审查恢复党员关系做了具体规定：一是与上级党失去联系后继续为党工作的，要恢复；二是对发挥作用不大，但没有对党不满，看其愿不愿意干，视具体情况决定；三是有叛变行为者不恢复，并在党内宣布开除其党籍。经过一段时间的调查研究，除10余人未恢复组织关系外，其他党员均恢复了党的组织关系。

在县工委恢复整顿党组织的基础上，全力开展发展新党员的工作。县委成立后：以地方街为发展中心，到周边各地开展工作。地方街中共党员赵光、王依群、王力生在西固、东固、大平安庄、埠西桥等村吸收抗日积极分子加入党组织，并在这些村庄建立了党支部。4月，根据刘次恭、王力生、王真、赵光、王依群等在地方街周围各村的工作情况，县工委委员王力生在地方街南左家林，召集赵光等各基层组织负责人开会，成立了中共地方中心支部委员会。赵光任中心党支部书记，时克、王依群任委员。中心党支部下辖地方、东固、大平安庄、瑶草和费县城等党支部，刘次恭、马文忠、孙明富、张起胜、王真分别担任这些村庄的党支部书记。在中心党支部的领导下，地方街周围地区党组织发展最为迅速，工作开展最为活跃，成为县工委活动的中心。

7月，县委和一、五、六分区委建立后，为加强党的基层建设，县委成员分工各负责一个区的工作：李伯瑾负责四区；刘次恭、时克负责地方街一带，崔晓东负责五区；郭华负责二区；商向前负责城区新安乡一带。经过一段时间的努力，区乡统战工作取得很大进展，这些区乡武装基本走向统战的道路。发展新党员的工作，也取得了一定的进展：商向前在新安乡发展陈涛、王建华、王同德等人入党；崔晓东在五区南阳乡做了社会名流赵仲三和马健的工作，并发展了马健等9人入党；李伯瑾、郭华分别在四区和临费边地区发展党员。

中共仲村支部以交“朋友”的方式，开展党员发展对象的培养工作，在和省委接上关系后，不久即发展了20多名新党员，成为发展党员最多的党支部。

1938年9月，中共费县县委书记李伯瑾因身体等原因向省委提出改任组织部长或统战部长的请求。11月，省委批准了李伯瑾的请求，调整了的县委领导班子：县委书记刘次恭，统战部长李伯瑾，组织部长鲍天仇，军事部长商向前，宣传部长李鲁生，青年部长赵光。

1939年3月，张杨任中共五分区委书记，五分区委先后在西西皋、黄家庄建立党支部，在同太庄、丰山口、北申庄、石崮庄建立了党小组，在黑峪、西峪村均有发展的党员。

同年秋，县委在五区丰山前召开党员干部会议，参加会议的有县委领导刘次恭、李伯瑾、时克及工作人员葛策、张杰，邹、滕、泗工作团的乔团长以下8人，中共五分区委成员，抗日游击三大队的连、排、班干部等。县委书记刘次恭主持会议，并做《开展抗日游击战争，创建费县抗日根据地》的报告。报告分析了创建根据地的有利和不利条件，提出了三条意见：一是全力发展抗日武装力量；二是搞好政权建设；三是宣布五区抗日游击第三大队隶属八路军第一一五师东进支队。会上发表了抗日游击第三大队的《告费县同胞书》。《告费县同胞书》揭露了日军侵略费县以来的暴行，号召全县人民在中国共产党的领导下，高举抗日救国大旗，团结一心，组织起抗日武装，与日军血战到底。把日军赶出费县，赶出山东，赶出中国。会后，各区根据会议精神，大力开展了抗日根据地的创建工作。五区成为党的发展和武装建设最活跃的地区之一。

至此，蒙阳大地，西有仲村镇、东有地方街、南有五区西西皋一带，成为党的发展、武装建设、群众发动、抗日民族统一战线的建立等各项工作成绩显著、进展迅速，并能带动周围地区发展的三个中心。

县委和一、五、六区分区委自1938年7月建立后，随即又建立了二、四区分区委。至1939年底，县委主要活动在西蒙山前的仲村、柘沟、地方一带。党组织的不断发展壮大，进一步唤起了民众的抗日激情，拉队伍，搞统战，为蒙山抗日根据地的创建奠定了组织基础。

开展统一战线工作，组建抗日武装

抗日战争爆发后，在全国人民要求团结抗日的强大压力下，蒋介石接受共产党合作抗战的建议，于9月23日宣告正式成立以国共合作为基础的抗日民族统一战线。在此前的7月15日，中共中央发出的《中共关于组织抗日统一战线扩大救亡运动给各地党部的指示》中，要求各地党组织立即派出适当人员，同当地党、政、军、警、学与其他各界接洽，组织抗日统一战线，扩大抗日救亡运动；共产党员应实际上成为各地救亡运动与救亡组织之发起人、宣传者和组织者。中共中央的明确指示和全国统一战线的建立，为中共费县组织开展抗日民族统一战线工作指明了方向，为抗日救亡运动创造了条件。

七七事变后，中共仲村支部和费县党支部尽管没有和上级党组织接上关系，但对成立抗日武装却形成共识。仲村党员根据党支部决议，鲍天仇等在仲村一带开始做组建抗日武装的准备工作。费县党支部的李伯瑾等党员也根据支部“掌握好枪支弹药，准备建立武装组织”的意见，积极开展活动。有的党员还参加了中央道，利用封建帮会组织开展抗日宣传教育活动。后来能基本掌握西崮、东崮、宋合、西武安等地的会道门组织。

1938年6月，中共山东省委统战科长赵笃生来费县检查工作，李伯瑾向赵笃生汇报县工委的工作情况，在谈到成立武装问题时，赵笃生就如何成立武装做了全面具体的分析：费县的特点是山多地势险要，在长期与土匪的斗争中，民间枪支等武器较多，群众强悍并有作战经验。这是成立武装和坚持游击战争的有利条件；不利条件是，团总和地主武装多，像孙鹤龄等大地主能调动数千支枪。他们掌握政权，能允许人民群众组建抗日武装组织吗？这是一个十分现实的问题；再就是抗日武装的经费，即使组织一支武装，没有合法的名义，给养无法解决，还会遭到“山大王”的威胁。赵笃生在分析了这些问题后明确指出：在现有的条件下，只有利用统一战线成立武装，首先有选择地在国民党区乡长中做统战工作，推动他们成立武装，我们参加到里面，慢慢地渗透、引导，进而掌握这支武装，使其逐步变成人民的武装。赵笃生的分析准确、透彻，使工委成员茅塞顿开。工委研究后，进行了分工。商向前在城区新安乡做国民党乡长陈子齐的统战工作，通过对陈的工作争取新安乡的武装；崔晓东在南阳乡做名流人士赵仲三和马健的工作；李伯瑾在四区做区长续志先的统战工作，争取四区武装力量；刘次恭做地方李鹤轩（李元松）的统战工作；五区的朱琳、高锡贵做米栻民的统战工作，争取五区联庄会武装。下半年，在统战工作全面展开并取得一定成效的基础上，县委研究决定，遵照6月份省委赵笃生科长的指示，用旧区名义成立武装。队长由区、乡长担任。共产党员参加到这些武装里面，有的担任指导员或小队长，有的当普通战士。共产党员的参加与介入，不仅使这些武装在人员构成上保持了一定的先进性，而且在共产党员的影响下，其他人员也逐步提高了团结抗日的自觉性。从而，中共组织基本上掌握了这些武装，使其走向抗日的道路。

共产党员参加民众抗日动员委员会

1938年8月下旬，省委率四支队在滕县反击申从周部后返回到平邑东部的地方街，省委书记郭洪涛和程照轩、赵笃生、史秀云等30余人在地方人员的接洽下来到费县，对国民党专员张里元等人进行了统战工作。在此之前，中共苏鲁豫皖边区特委书记郭子化，以国民党第五战区民众抗日总动员委员会的名义和共产党员的身份，驱车到临沂做过张里元的统战工作，通过几天的交谈，取得较好的效果。张里元表示愿意接受统战政策，并在临沂所辖各县成立民众抗日总动员委员会。根据这种情况，郭洪涛又通过国民党石友三的六十九军政治部主任张友渔（中共地下党员）的关系，调出该军的中共地下党员张可威、李青扬以石部抗日督导团的名义，到费县检查工作。张可威、李青扬的话对国民党费县政府来说就是命令。为了利用动委会当时这一合法的组织，在动委会内增加共产党员和进步人士，张、李改造了以国民党县长刘子元为首的费县抗日民众动员委员会，成立了以张可威任主任、李青扬任副主任的新的费县抗日民众动员委员会。

张可威、李青扬是以国民党军队代表的身份到费县的，他们担任动委会的正副主任，并宣布县区动委会与相应的县区政府权力相等。所以县区动委会的人员组成、任命和各项工作的开展，国民党县区乡长不敢反对。动委会的工作主要是进行抗日宣传和为组建抗日武装进行的军事训练，于国民党区乡政府并无损害。动委会既然是国民党组建的组织，其需要的粮食和钱款，国民党区乡长只得筹办。

费县县区动委会的任务是：动员民众抗日，组织民众抗日团体，进而组建民众抗日武装。动委会实际上成为动员各界民众抗日的领导机构，特别是在共产党不能掌控的地区作用尤为明显。因张可威、李青扬是国民党军队的代表，动委会有了合法性和权威性，各地的土豪劣绅只有服从而不敢造次。

张可威、李青扬负责县动委会的工作，并依据中共费县县委的提名，任命了中共党员刘次恭、尚明、陈子未、张若林、朱琳、鲍天仇分别为一、二、三、四、五、六区动委会指导员；孙冠璧、诸葛子范和唐绍典为四、五、六区动委会主任。他们具体负责动委会的实际工作。共产党员和抗日积极分子全部参加了各区的动委会。县委利用动委会这一合法名义，使抗日活动的开展有了合法地位和便利条件，推动了抗日工作的蓬勃发展。动委会实际上成为在共产党领导下的半政权性质的抗日群众团体。

组建抗日武装

早在1936年10月，费县师范讲习所就建立了中共的外围组织——费县学生救国联合会。1937年7月，费县师范讲习所内建立了中华民族解放先锋队（简称民先）费县分队。民先费县分队设干事会，由赵光、李瑞祥、盛清澜、胡震、赵志锐等人组成。民先费县分队建立后，进行了抗日宣传，演出话剧《蟋蟀》等抗日剧目。同月，教师抗日救国联合会建立，由朱琳、郭华、商向前等人负责。1938年1月，青年抗日先锋队成立（简称青抗先），取代了民先组织，1940年后为青年抗日救国会（简称青救会）代替。这支抗日青年组织一直活跃在蒙阳大地。

1938年夏，地方街和大瑶草乡相继成立了青年救国团。地方街青救团由刘次恭、赵光负责；大瑶草湾青救团由李济远任团长，李曰明、杜锋（张其圣）分别任组织和宣传委员。他们团结家乡的爱国青年，动员他们参加抗日救国的活动，学唱

《义勇军进行曲》《牺牲已到最后关头》《松花江上》等抗日歌曲。在青救团的影响下，这一带许多村庄形成了传唱抗日歌曲的风气。11月，刘次恭以青救团领导人的身份到瑶草湾青救团，带去了毛泽东《论战争和战略问题》的油印本，并和瑶草湾青救团团员共同学习和讨论，使瑶草湾青救团的团员受到很大启发和教育，抗日热情高涨。瑶草湾青救团由最初的7人很快发展到50多人，并以大瑶草为中心，通过亲戚关系发展到大井头、博平、宋家庄、北小山等周围村庄。

与此同时，在东武安、宋合、元郭、东围沟也先后发起建立了抗敌后援会，后来发展到五区的张里庄、公利庄一带。除青年救国团外，地方街完全小学成立了小学教师联合会。各村还陆续建立了抗日自卫团。自卫团由青年组成，属于各村民兵组织。在1939年，这一组织几乎遍布各村，后来大都在共产党的领导下，走向抗日的道路。

6月，中共党员朱琳、高锡贵、赵寿亭等研究决定在西西皋一带成立抗日武装，他们开始组织了由16个人组成的一支小队伍。这支小队伍到各村宣传，依靠熟人关系住宿吃饭。为了扩大抗日武装，他们利用社会关系做士绅名流马健、赵仲三的统战工作。由于马健、赵仲三的协助，这支抗日武装很快发展到60余人，临时编成一个连，赵寿亭任连长，第一排长付光殿，第二排长高强，第三排长梁艳海，特务排长赵克伦。马健、赵仲三也参加了这个连队的领导，但没有明确具体职务。

费县县委建立后，县委机构中设立的民运、工、农、青、妇等群团组织，与从前的各群团组织相对应。部分区村也组织了抗日救国会、抗日自卫团等团体。各抗日群团组织，在共产党的领导和影响下，积极宣传中共的团结抗日主张，推动抗日民族统一战线的发展，在全县迅速掀起了群众性的抗日救亡热潮，为各抗日武装的组建和发展，奠定了坚实的群众基础和思想基础。

9月下旬，张若林以动委会的名义，在第四区负责建立小卞桥和武安两处抗日训练班。小卞桥抗日训练班由张若林和续绍先具体负责，东武安抗日训练班由李伯瑾、孙笑生、续奉先、续耀先、林化石负责。两处训练班一面对受训人员进行军事训练和抗日宣传教育，一面把训练班中表现突出的抗日积极分子吸收入党。此次训练班为以后抗日武装的组建打下了基础，受训的200余人，后来大多参加了四区游击大队。

一区动委会成员杨诚（中共党员）在家乡地方区西固村利用动委会的名义成立费县青年救国团，杨诚任团长，陈容昌任副团长，有团员40多人。

西固青救团是在1936年土地合作社的基础上改建的。青救团公开宣传抗日救国保家。为了扩大影响，青救团员们携带土枪土炮、大刀、长矛到小平安庄、朱尹、下坡等邻近村庄游行，口号是：“各党各派联合起来一致抗日”“打倒日本帝国主义”“反对不抵抗主义”等。另外，还护送过往的共产党员过滋临路，进行传送情报、割电话线、拔电线杆等一系列活动。1938年12月13日，日军途经西固村时，马德春等打着自制的日本旗到村头迎接，当即被青救团处决。

10月，刘次恭以一区动委会的名义，在团结争取国民党地方人员刘茂祯、李宏远、李鹤轩的基础上，以国民党地方区长李宏远的民团为基础，吸收地方街瑶草湾、东固、西固、大平安庄、埠西桥等村党员和青救团员参加，组成了一支近100人的武装，建立了费县第一游击大队。大队内中共党员占有较大数量，武器装备较齐全，有一定的战斗力。参加该武装的共产党员及抗日积极分子有刘次恭、李鹤轩、时克、赵光、李鲁生、王依群、刘茂贞、刘庆善、李锦、李光、米玉庆、郑秀珠、郑秀峰等人。12月初，经山东省委批准，这支武装改编为八路军费县第一游击大队，李鹤轩任大队长，刘次恭任政委，刘茂贞任副大队长，赵光任政治教导员，孙秉恕（后叛投土匪刘桂堂）任供给处长，胡萍任参谋长。山东纵队成立后，该大队被命名为八路军山东纵队费县第一游击大队，李鹤轩任大队长，增补山东纵队委派来的干部张镇国任副大队长，胡萍任大队参谋，郑秀峰任秘书。下辖两个中队：杨元为任一中队长、武英奎任政治指导员；巩振海任二中队长，王林秋任政治指导员。不久，崔晓东任政治部主任，鲍天仇任政治部副主任。第一游击大队由大批共产党员参加，是境内组建最早、规模最大、组织最为健全的一支抗日武装。1940年7月，该大队整编为津浦支队第三团第一营，11月升级编入八路军第一一五师第六八六团第一营。

与此同时，县委根据省委的指示，通过做国民党四区区长续志先的统战工作，在贯庄的东山书院，组织180余青壮年携带120余支枪，宣誓成立了费县四区抗日游击大队。续志先任大队长，中共党员和抗日积极分子李伯瑾、王瑞、续耀先、续中一、任一人（任子孚）、孙笑生、续和玉、续奉先、续宗先、林化石、薛宗文、刘玉伦、刘玉明、刘玉廷等人参加。该大队于1939年7月改编为津浦路东支队第三团特务营。1940年春，该大队又被整编为费县第五游击大队，续志先任大队长，李伯瑾任政委。

四区东部的卞桥、兴国一带也成立了武装，组织了一支20人枪的小部队。由于国民党县长刘子元在东庄，张里元部驻在上冶以北，为防意外，县委决定该部队划归一区抗日游击大队管辖。1938年9月，上冶乡国民党乡长马鸿祥在刘次恭的帮助下，以上冶乡动委会的名义，组建了人民抗敌自卫团，1939年5月，改编为八路军费县第八游击大队，马鸿祥任大队长，同时，卞桥、资邱的抗日武装划归第八游击大队。1939年6月，八路军第一一五师到蒙山后，将第八游击大队整编为第一一五师东进支队费县游击司令部特务大队，并派第一一五师干部赖兆兴、杜秀峰分别任政委和副大队长，马鸿祥任大队长。1940年2月，该大队升级为第一一五师第七团特务大队。

11月，崔晓东、朱琳、诸葛子范、高锡贵、赵寿亭、马健及阎家佑兄弟二人在汪沟东山开会，决定成立五区抗日游击大队，不久被编为费县第三游击大队。1939年4月，经省委批准，将该武装改编为八路军费县第三游击大队，马健任大队长，王杰任副大队长，高锡贵任参谋长，朱琳任政治处主任。第一一五师到蒙山后，被整编为八路军第一一五师东进支队费县游击司令部第三大队。7月又整编为津浦路东支队第三团第二营。费南建县后，被整编为费南县独立营，营长由马健担任，王六生任教导员。随即，独立营升级为八路军第一一五师主力部队。

1939年1月，费县抗日第六游击大队成立于历东乡。酝酿成立这支武装是在1938年春，当时历东乡副乡长陈明五和王丝如、张秀轩、纪明甫、康信之等共同商议，准备成立抗日武装。他们分头宣传动员，很快就组织起了一支50人左右的武装。陈明五总负责，王丝如负责军事，纪照甫负责宣传，张秀轩、康信之负责对外联络。队伍拉起后，曾集中在乡公所训练。1939年5月，第一一五师师部驻马家峪、马尾庄一带，李伯瑾约陈明五前往马尾庄。第一一五师参谋处长王秉璋和政治部副主任黄励听取了李伯谨、陈明五的汇报后，决定将该大队改编为八路军第一一五师东进支队费县游击第一大队，仍任命陈明五为大队长，王丝如为副大队长，并派第一一五师干部胡国钧任政委。6月又被整编为八路军第一一五师费县游击司令部第一大队。7月整编为八路军津浦路东支队第三团第三营。1940年初，整编为八路军山纵费县抗日第六游击大队。9月天宝山战斗后，该大队升级为第一一五师第七团第二营。

1月28日，县委在蒙山万寿宫举行部分区乡抗日武装负责人会议。县委书记刘次恭、统战部长李伯瑾和共产党员续润池等出席了会议。会议是以四、六两区抗日团体的名义召开的，主要商议对日伪斗争问题。四区区长续志先，六区的唐绍典、管友恩（后叛变），五区历东乡副乡长陈明五等四五十人参加会议。会议由续志先主持。他简要谈了会议的目的和意义，然后各游击队负责人汇报了各自的活动情况。接着刘次恭分析了目前的形势，讲解了怎样开展游击战争、灵活机动地打击日伪军等办法。随后，李伯瑾着重分析了蒙山地区抗日的有利条件：蒙山东西长达100余公里，南北约50余公里。群山相连，路径崎岖，水源丰厚，森林密布，又有许多村庄，物资条件较为优越。可灵活机动地与敌周旋，日军的坦克、大炮在山里就失去了它的威力。李伯瑾建议：今后抗日力量，不要过于分散，最好联合起来成立几个大队，这对集中打击日伪更为有利。各队负责人先后发言，提出个人的意见。

下午分组座谈讨论，经过协商，自愿结合组合为三个大队：续志先、孙宝珠（孙鲁泉）部和陈明五部合编为一个大队，在柏林、卞桥一带活动；马健部和刘次恭部合编为一个大队，在流峪、唐村一带活动；唐绍鼎部和管友恩部合编为一个大队，在仲村、保太一带活动。这样形成对驻平邑日军三面包围之势，限制了敌占区的外扩。散会后，各队负责人立即返回驻地，贯彻会议精神。这次会议是抗战初期由中共组织宣传发动、促成召开的一次重要会议，对于动员各阶层抗战和对抗战力量的集中统一，起到了重要作用。

为贯彻好这次会议精神，县委决定续志先部和陈明五部两个大队首先进行整合，成立蒙山抗日游击大队，续志先任大队长，陈明五任副大队长，大队部驻柘沟仓房。3月2日，县委在柘沟仓房召开会议，在李伯瑾主持下，协商、讨论了编制问题：大队下设三个中队，一中队长由续志先兼任，驻柘沟保卫大队部；二中队系地主武装，由地主头目孙宝赢担任队长，驻郭家庄、陈家庄；三中队长由陈明五兼任，驻朝天宫、万寿宫。大队设政治处，由李伯瑾、续润池负责，还设有供给处、通讯班和侦察班。政治处负责宣传教育，宣传共产党的抗日政策和八路军的三大纪律、八项注意，提供一些宣传材料，如新编的一些抗日歌曲和八路军的一些抗日故事等。李伯瑾结合战士的思想，常以讲故事的方式进行思想教育。县委通过统战工作，基本控制了这部分武装力量。1939年5月，刘桂堂返回蒙山，孙宝赢部闻此消息，纷纷回家，二中队基本溃散。这支武装人员成分复杂、动机不一的问题暴露出来。在这种情况下，续志先仍率一中队到北蒙山一带活动，陈明五带三中队又回到岳家庙、杨家庄一带活动。李伯瑾继续和续志先、陈明五联络，使这两部后来接受了八路军的改编。

4月，费县抗日第四游击大队在峡玗成立。这支武装于1937年10月就开始酝酿，仲村党支部书记鲍天仇等人，通过做开明人士唐绍典的统战工作，促成了这支队伍的成立。仲村一带的共产党员、抗日积极分子鲍天仇、唐军、唐绍典、唐绍鼎、张振、王保胜、刘砥石、刘国华、张振华、葛策、唐嘉庚（唐伟）、刘兴涛（刘丕寿）、刘刚、殷俊、刘庆春、王光善、刘均元、吴鸿杰、王建一、张家太、程修柱、刘丕洪、刘丕运等人首先参加了这支队伍。刚开始有七八十人枪，后来发展到180余人，130多支枪。大队长唐绍鼎，政委鲍天仇，副大队长王保胜。夏季，因鲍天仇到省委干校学习，政委先后由魏伯武（山东分局所派干事）、刘国华担任。大队下辖三个中队，一中队长张家太，政治指导员张振；二中队长王庭芳，政治指导员鲍汇东（后叛变）；三中队长王保胜（兼），政治指导员先后为张振、刘国华。6月，第一一五师来蒙山后，将四大队改编为第一一五师东进支队费县游击司令部第四大队，唐绍鼎任大队长，鲍天仇任政委。7月，四大队整编为八路军津浦路东支队第三团第三营。11月，整编为八路军山东纵队费县第四游击大队。年底，又升级到第一一五师七团一营四连。这是蒙山前地方武装升级主力部队最早的一个大队。

5月27日，八路军第一一五师东进支队进驻马家峪、马尾庄、峡玗、太平集子一带。此时，蒙山前中共组建的武装与统战性质的武装番号不统一，并与联庄会、会道门及地主武装同时存在。为创建蒙山前抗日根据地的需要，东进支队与中共费县县委研究决定，把沿蒙山一带的主要地方武装收编起来，成立了八路军第一一五师东进支队费县游击司令部，统一领导、指挥这一带的地方武装。东进支队委派彭雄为司令员。该司令部下设6个游击大队：陈明五部编为第一大队，陈明五任第一大队长；管友恩部为第二大队，管友恩任第二大队长；马健部为第三大队，马健任第三大队长；唐绍鼎部为第四大队，唐绍鼎任第四大队长；吴开文部为第五大队，吴开文任第五大队长（后该大队溃散）；马鸿祥部为特务大队，马鸿祥任特务大队长。

7月，根据尼山特委的指示，县委决定将一、三游击大队及四区大队和续志先部组建为八路军津浦路东支队第三团，续志先任团长，尼山特委组织部长冯起任政治委员，李伯瑾任参谋长，张若林任政治部主任，王瑞任供给处主任。津浦路东支队三团下辖四个营：一营营长张镇国，政治教导员朱洪；二营营长马健，政治教导员朱琳；三营营长唐绍鼎，政治教导员鲍天仇；特务营营长续志先（兼），政治教导员任一人。

此时，八路军一一五师东进支队费县游击司令部所辖的第三大队、第四大队分别划归尼山特委组建的津浦支队第二营、第三营。费县游击司令部所辖的另四个大队同时存在。

11月7日，刘桂堂一手制造了柘沟事件，给津浦路东支队第三团造成重大损失，三团的番号也随即取消。1940年春，蒙阳大地有8个大队被山东纵队改编，在原县内番号前冠以“山东纵队”4个字，即八路军山东纵队费县第一抗日游击大队（今平邑县地方一带），大队长李鹤轩；八路军山东纵队费县第二抗日游击大队（今费县），大队长徐广仁；八路军山东纵队费县第三抗日游击大队（今平邑县流峪一带），大队长马健；八路军山东纵队费县第四游击大队（今平邑县仲村一带），大队长唐绍鼎；八路军山东纵队费县第五抗日游击大队（今平邑县柏林一带），大队长续志先；八路军山东纵队费县第六抗日游击大队（今平邑县白马庄一带），大队长陈明五；八路军山东纵队费县第七抗日游击大队（今费县），大队长邵子厚（后叛变）；八路军山东纵队费县第八抗日游击大队（今费县上冶），大队长马鸿祥。至此，一一五师、尼山特委和费县县委组建和整编地方武装的任务取得实效。除此之外，一一五师、尼山特委和费县县委对米栻民部的平邑联庄会（又称抗协自卫军或回民大队，后参加费南县大队），岐古庄姜宗帮的护山大队，昌乐庄唐鸿霖（后叛变）大队，张里庄王西桂（后叛变）大队，油篓村李灿盈部等民间武装组织给予帮助和指导，境内主力部队、地方武装和民间武装互相配合、共同抗日的局面形成。

（载自《中共平邑县历史（第一卷）》）

八路军一一五师是费北抗日根据地的开拓者

王　瑞　王开喜

“七七”卢沟桥的枪炮声震惊全国，也震惊了费县人民的心。大多数人当初还仰赖于国民党政府，仰赖于政府的军队。1937年10月，沿津浦铁路南进的日军大举入侵山东，国民党政府第5战区副司令长官兼第3路集团军总司令、山东省政府主席韩复榘为保存实力，下令黄河以北的部队和地方官员向黄河以南撤退。12月，3万日军分渡黄河继续南侵，韩复榘又擅自放弃黄河河守和省城城守，率10万大军和地方官员仓皇南逃，使山东省会济南和全省主要交通线均轻落敌手。费县多少人为此失望、焦虑、彷徨，已觉醒的人们则为抗日救亡而思谋，而奔忙。

省委两次来费县整顿党组织 部署创建蒙山前抗日根据地

1938年3月初，中共山东省委书记黎玉和赵杰、景晓村、程照轩等率省委机关部分人员和徂徕山起义部队——八路军山东人民抗日游击第四支队南路二大队，来到蒙山前的费县四区，进驻万寿宫、柘沟村一带。七七事变前的费县部分党员，先后与省委取得联系。省委决定重新组建中共费县工委，以张若林为书记，李伯瑾为组织委员，王敬明为宣传委员，王力生为军事委员。省委书记黎玉同志向工委部署3项任务：一、广泛发动群众，宣传抗日主张；二、抓紧做好党组织的恢复和整顿工作，积极发展新党员；三、了解各阶层人士的政治动向和活动情况，争取可以争取的力量，筹建抗日根据地。

1938年6月间，中共苏鲁豫皖边区省委（山东省委扩建）书记郭洪涛，率省委机关大部和四支队二、三团3个连南下去支援苏鲁人民抗日义勇总队，同时探索开辟抱犊崮山区抗日根据地的道路，下旬到达费县六区的仲村镇。省委检查费县工作，在仲村附近的鲍家坡召开了费县党员代表会，听取了工作汇报。省委决定，并由景晓村于7月1日代表省委宣布：撤销费县工委，成立由省委直接领导的费县县委。县委由李伯瑾任书记，时克任组织部长，郭华任宣传部长兼二区分区委书记，崔晓东任民运部长兼五区分区委书记，商向前任统战部长兼一区分区委书记（同年11月，县委书记由刘次恭继任）。7月7日，省委还在仲村镇召开了声势浩大的抗战1

周年纪念大会，郭洪涛同志亲自讲话，向各界人士宣传中共团结抗日的政策主张。

1938年8月，省委为尽快打开费县工作局面，通过在国民党六十九军政治部工作的张友渔同志指派在该部工作的共产党员张可威、李青扬二同志，出面主持成立费县抗日民众动员委员会，并出任动委会正、副主任；同时任命了由费县县委提名的6名领导骨干，为费县一、二、三、四、五、六区动委会指导员（当时七区工作划归别县领导）。县、区动委会的建立，使费县党组织初步取得了实际的抗日领导权，有力地推动了全县抗日运动的开展。中共费县工委、县委建立后，认真贯彻省委指示，积极恢复发展党的组织，广泛开展抗日宣传和统战工作，努力创造条件争取建立抗日武装。1938年下半年，已建立起一、二、四、五、六区等5个分区委。在县委和分区委的领导下，以县、区、乡动委会的名义，争取联合国民党区、乡政府，以共产党员、青年救国团员为骨干，团结发动群众，尤其是爱国青年，发动组建抗日武装。从1938年秋冬至1939年4、5月间，经山东分局、山东纵队批准，先后组建起了八路军费县抗日游击第一（一区）、第二（二区）、第三（五区）、第四（六区）大队，和费县四区抗日游击大队。除二大队初建后即转归临费县以外，费县县委直接掌握4支抗日游击大队，近千人枪。1939年7月，根据中共尼山特委的决定，将费县第一、第三、第四抗日游击大队和四区抗日游击大队整编组建为八路军津浦支队第三团，由续志先任团长、冯起任政委。另外，还有几支由个别党员和拥护中共团结抗日政策的爱国民主人士先后拉起的抗日游击武装。

费县这几支抗日游击大队，大都从建立起就投入战斗。费县第一游击大队于1938年12月在地方镇阻击日寇的战斗，就是费县党组织领导的人民武装抗击日寇的第一次战斗。这次战斗毙、伤日军10多人，给入侵之敌以突然打击，我一大队亦牺牲1人、伤5人。四区抗日游击大队组建不久，就在武安西岭打了次阻击战，敌我亦各有伤亡。这些战斗连同此前在八埠庄、周井铺由米轼民、郭华等率领民众奋起抗击日寇的战斗，都在严正表明英雄的费县人民具有抗敌御侮的爱国主义精神。在共产党领导下的一支刚刚建立起来的小游击队，即敢抗击武装精良的残暴的日本侵略军。费县的这些抗日游击队伍是在民众动员中建立发展起来的，也是在抗击日寇的战斗中发展起来的。战斗锻炼了队伍，战斗也宣传了队伍，增强了人民群众对抗日战争胜利的信心。费县民众抗日救亡热潮初步高涨。

然而，当时我们的力量相对来说还是比较薄弱的。队伍初建，根据地刚刚开辟，还没有真正代表民意的抗日民主政权，各阶层对共产党八路军的认识和态度还有较大差异。日寇于1939年1月16日侵占费县县城后，先后在沿滋临公路的重要集镇安设据点，并不时地向公路南北“扫荡”。在国民党发动的第一次反共高潮中，国民党费县县长徐绍业不断制造事端，他的继任者李长胜更变本加厉，到这年12月竟公然制造了收缴农民抗日自卫团枪支（200余支）。屠杀抗日民众（死、伤20余人，逮捕6人）的官里庄惨案。附着于国民党的一些大大小小游击司令，也起劲地反共搞摩擦。还有些地方大封建势力，骨子里就是反动的。如七区白彦乡独霸一方的大地主孙鹤龄，已开始投入日寇怀抱，随后当起了“剿共司令”。号称“保境安民”“守护一方”的天宝民团，外受孙鹤龄的影响，内有封建势力的控制，国民党特务也早已向这里插手了。我费县抗日游击第一大队初建时，曾争取廉德三，计划以天宝山区为依托，建立抗日根据地而未能实现。在错综复杂的多角斗争中，处于中间状态的人们，一是看我们的政策，二是看我们的实力，来决定他们的何去何从。

当时，我们迫切需要八路军主力部队来支持，来撑腰，扩大我党我军的影响，壮大我们的力量和声威，发展和巩固我们的抗日根据地。恰在这时，八路军一一五师东进支队挺进到费县来了。

八路军一一五师一部到达费西北
积极开展反“扫荡”反“蚕食”斗争

1939年5月，听说八路军一一五师主力部队要来了，费县抗日军民无不翘首以待。中共费县县委和费县四区、六区动委会先后去迎接、联系，邀请他们早日来费县，共同创建蒙山前抗日根据地。六区分区委书记、动委会指导员鲍天仇、县委军事部长李伯瑾先后都曾到新泰县的关山头，亲自见到一一五师东进支队前梯队彭雄司令员，向他转达了费县党组织和人民群众的期望。

一一五师司令部参谋处长王秉璋、师政治部副主任黄励，率师司政机关直属队和主力部队一部，于5月27日起分批到达费县西北部。当时对外名义是八路军一一五师东进支队。起初，他们驻在仲村镇北边的山峪里，领导机关驻在马家峪。从那时起到1940年底，一一五师东进支队前梯队、二梯队、七团、六八六团、教导二旅四团等，曾先后战斗在蒙山前。他们踏遍了费北的山山水水，到处洒下了汗水和鲜血。他们的历史功绩，费北人民是永远不会忘记的。

1939年6月1日，日军出动20000余人对鲁中山区发动了第一次大“扫荡”。在这次大“扫荡”期间及其以后的一段时间里，日寇多次进犯我费西北，并企图在仲村镇安设据点和打通平邑镇至蒙阴城的道路。东进支队来到费西北后，还没有来得及休息就进行了紧张的反“扫荡”斗争。6月初，平邑、泗水据点的日伪军500余人进犯马家峪，袭击一一五师东进支队领导机关驻地，被我7团击溃，并一直追到平邑镇附近。随后敌人又纠集费县、平邑、泗水、兖州据点的日伪军约1000人再次来犯，并占领了仲村镇。彭雄司令员指挥7团和师直属队一部，给敌以沉重打击，毙伤日伪军50余名，收复了仲村镇。

11月中旬，临沂、费县、平邑日伪军近1000人，在中队长畑烟指挥下“扫荡”费西北。彭雄司令员指挥七团，在黑山一带埋伏、诱敌深入，待敌军进入我伏击圈时，我军猛烈冲杀，毙伤、俘日伪军60余人，缴获步枪20余支，战马10余匹及其他军用物资一宗。当月下旬，费县、平邑、泗水之日伪军对仲村一带进行报复性“扫荡”，彭雄率7团团部和地方武装又给敌人以痛击。敌人屡次进犯屡遭重创，使其在仲村镇安设据点和打通平邑至蒙阴交通线的阴谋迟迟未能得逞。

1940年，春季里“扫荡”、反“扫荡”斗争主要在鲁南山区。从5月中旬起，日寇对沂蒙山区施行“分区扫荡”。9月18日开始，敌人又组织了一次万余人的大“扫荡”（后称“九一八”大“扫荡”）。这次大“扫荡”使东蒙山区遭受严重摧残。10月份后敌人又对西蒙山区进行“扫荡”和“蚕食”。11月20日，敌酋畑烟带领日伪军，伙同刘匪一部，共约计四五百人向我西蒙山区进犯，在武安安设据点，企图以此控制蒙山前，分割费北抗日根据地。当时一一五师教导二旅第四团驻费北，师领导决定，乘敌立足未稳之际，派四团前往予以拔除。根据了解的情况，我军于当晚从刘匪防守的西、北两面强攻，突破武安围寨，将敌压缩到东南隅小围围子（地主宅院）内，敌人几次反扑均未得逞，只据小围子和地主房顶进行顽抗，并烧毁了附近民房。当夜我军击退了地方、铜石据点来援之敌。傍晚，敌乘我准备夜间强攻之际弃尸逃窜。这次战斗，歼敌100余人。

武安克复后，22日平静了1天。根据敌情侦察判断，敌人有可能于23日进行报复。一一五师陈光代师长决定准备迎击。果未出所料，敌人从费城、地方、铜石、平邑等据点调集日伪军1000余人，于23日分3路向我四团驻地奔袭。拂晓，东南路来犯之敌分向18村一带合围。我军占据卞桥东北塔佛山制高点，在岭下小王庄与来敌发生激战。我军先集中火力给敌人以严重创击，接着把敌军压缩在小王庄南一片洼地里，敌几次突围未逞，顽抗待援。西路从平邑镇出动之敌，到达柏林即遇我费北县独立营在几个岭头上节节阻击，进展迟缓。至午间敌军始进至石河东，又遇我在安靖东岭的警戒连截击，双方相持两三个小时。终因受西路之敌牵制，我军未能达到全歼南面之敌的目的，却也给来犯之敌以重大杀伤。这次战斗，计毙、伤日伪军300余人，俘伪军40余人，缴获轻、重机枪各1挺、步枪100余支，其他军用物资一宗。塔佛山战斗，在费北人民中久久传扬。

惯匪刘黑七（刘桂棠），这个费县人中的败类，他早先欠下费县人民的累累血债不计其数。1937年7月，日本发动全面侵华战争后，刘黑七在天津市纠集其旧部投靠日军，被任命为皇协军前进总司令，协同日军侵占山东省，驻胶东掖县一带。1939年春，刘黑七打着“反正”的旗号回到他的老窝费县五区的锅泉村。当时中共费县县委对他以友军相待，动员群众欢迎刘部反正抗日。孰料其贼性不改，在接受蒋介石委任为新编36师师长后更变本加厉，勾结日伪，假抗日，真反共。1939年11月，刘匪卫士营营长刘货郎（大号刘士明）玩弄骗术，率部突袭费县县委机关和津浦支队三团团部，扣押我干部战士200余人，劫去各种枪支200余支，制造了柘沟事件。对此，也多赖一一五师主力部队的捍卫。1940年5月，刘匪部于夜晚潜来费北，进占杨樹、陈家庄、柘沟等村庄，妄图靠山安营扎寨，因他们的老窝锅泉村距日伪平邑据点近，不放心。我一一五师七团和六八六团一部，对刘匪窃据的几个村庄予以分割包围，猛烈攻击，刘匪部被击溃。

费县的封建势力根基比较牢，影响比较深，也形形色色。封建“会道门”就是其中一种表现形式。在国民党反共浪潮中，在国民党顽固派和反动地主操纵下，他们也推波助澜。一一五师主力部队会同地方武装曾先后平息了尹家村一带的“红枪会”，武台北山峪的“无极道”，以及洼里村也称“无极道”的封建会道门的武装暴乱。

1939年9月间，国民党张里元部为扩大自己的防区，限制我党我军的正常活动，派遣特务到18村组织“红枪会”，煽动群众拒绝向八路军提供给养，趁一一五师东进支队主力去参加反顽斗争，费北留守部队较少的机会，公然发动武装暴乱。他们在尹家村、岳家村集结附近若干村庄“红枪会”徒众1500余人，先曾占据塔佛山，俘去了我津浦支队三团一营两个班的战士，继又武装进攻安靖东山和栏马庄。我以较长时间耐心进行政治工作无效，遂于10月以一一五师七团和津浦支队三团各一部及地方群众武装，在七团李子英团长和三团续志先团长统一指挥下，以武装斗争方式为主，迫令“红枪会”组织头目放下武器，解散队伍。同时也迫使策动这次武装暴乱的张里元部的保安3旅撤离费北，撤到上冶镇以东去。

武台北山峪一带，为蒙山后国民党顽固派郑小隐（原国民党蒙阴县县长）操纵的“无极道”所控制。这一带的村庄，不让我八路军和抗日工作人员进驻，还乘我军民反“扫荡”斗争之机，他们在后边施行武装骚乱，扯我后腿。我方耐心工作无效，一一五师六八六团奉命于1939年12月平定了这起武装暴乱，随之县委派出工作团开辟这一地区的工作。

帮助地方党委建立抗日民主政权

1939年6月的日寇大“扫荡”，沈鸿烈的省政府被打散，国民党基层政权纷纷垮台。费县县长徐绍业去任后，继任县长李长胜制造骇人听闻的“官里庄惨案”，被二区人民群众起来把他赶跑了。费县西北部，由于我党统战政策的贯彻，执行国民党错误政策的县政府对这里早已失去了控制权。

一一五师东进支队来费县后，同县委商讨确定由东进支队出面在费县先组建临时过渡性政权。此前，自1938年以来，我们是以抗日民众动员委员会的形式，推动、联合国民党区、乡政府，发动各阶层民众，动员枪支武器，组建抗日武装，以及筹集给养等。1939年7月7日，由东进支队主持举行费县、泗水、新泰、蒙阴、泰安5县联合纪念“七七”抗日两周年大会，费县西北部和各界人士参加了这个大会。在此期间，由一一五师政治部副主任黄励和政治部民运部部长潘振武出面，同费县各界代表人士协商，在六区的李家庄小学选举成立费县办事处（亦称费县一、四、五、六区联合办事处）。费县办事处，由抗日民主人士唐绍典任主任，孙冠璧任副主任，一一五师政治民运部干部樊鹏飞为秘书。以后又分设了几个科。费县办事处是县级抗日民主政权的雏形，曾发挥了重要作用，尤其在宣传共产党抗日民族统一战线政策，保障军队和地方抗日工作人员供给，以及筹建费县抗日民主政府的具体工作等方面，成绩是显著的。

1940年2月11日（农历正月初四日），在中共鲁南3地委派员（公开名义为省动委会特派员）狄井芗和一一五师政治部民运工作团的指导帮助下，在费县六区保太乡的大富宁村（现大夫字村）召开费县各界人民代表大会，选举成立费县抗日民主政府。大会讨论通过了费县人民抗日救亡的13项决议；选举了县政委员会和参议会，选举韩文一为县长，唐绍典为参议长；并决定唐绍典任民政科长，王润生（王瑞）任财政科长，刘次恭任文教科长，樊鹏飞任武装科长。同时选举了费县抗日民众动员委员会，以樊鹏飞为主任，孙冠璧为副主任。费县抗日民主政府的组成，基本上体现了抗日民主和“三三制”原则。中共费县县委研究决定并报经上级党委批准，由刘次恭、韩文一、王润生、樊鹏飞4人组成中共政府党团，刘次恭任党团书记。县政府机关亦建立起中共党支部，发挥共产党员的先锋模范作用。这样有效地保证了党的方针政策的贯彻。

1940年6月，根据当时斗争形势，一一五师罗荣桓政委建议，并由鲁南区党委研究决定，自费县城以西沿滋临公路划分费南、费北两个县。费北改设行署，继续履行抗日民主政府职责。同年10月，山东分局和省战工会派李竹如带检查组，调查处理费北行署和县委会内发生的贪污腐化问题，在万寿宫召开了基层乡、村政权及各方人员大会，发动大家提意见，实行民主建政，改组了领导班子，由徐元泉任行署主任。

费县抗日民主政府建立后，贯彻民主原则和“三三制”，积极改造乡村政权；贯彻抗日民主的经济政策，发展生产，开辟财源，保障供给；加强地方武装和群众武装的领导；大力开展新民主主义的教育，普及群众文化知识，等等。首先，在区乡政权建设方面，经充分准备（1940年秋先组建党的分区委）于1941年2、3月间，在费北重新划分区、乡。自东往西设上治、下桥、固城、保太、仲里5个区。每区各分四五个小乡。在重划区、乡时，对区、乡政府人选普遍进行了认真考察。村政权也根据不同情况，通过改选、调整等方式进行了认真改造。在财政税收方面，最重要的改革措施是在农业税收上按累进率制实行合理负担。为此，重新丈量土地，开展反黑地斗争，得到广大农民群众的拥护。群众武装有了大发展，并开始普遍进行整顿。这年春季，费县抗日民主政府成立不久，在汪家坡召开自卫团员誓师大会，推动全县群众武装迅猛发展。武安乡成立基干自卫团，组成了4大队；接着又成立了武装基干队，很快发展到200多人枪。文化教育也有了普遍发展，办小学，办冬学，各种识字班，犹如雨后春笋；秧歌队，说唱团也相继涌现，到处可以听到响亮的抗日歌声。

军队地方密切配合 共建费北抗日根据地

一一五师领导机关和主力部队来到费县后，以刘次恭为核心的费县县委多次主动联系，请求指导帮助，共商开拓建设蒙山前抗日根据地的大计，同时也尽量帮助满足主力部队的需求。部队首长对工作提出许多指导性、建设性意见。他们凭借八路军主力部队声威，做地方各阶层人士尤其社会上层人士工作，取得了难得的效果，对地方工作的推动力、影响力甚大。他们帮助地方组建抗日民主政权和地方武装及群众武装。费县较晚建立的几支抗日游击大队，如五大队、六大队、七大队、八大队等，都是在东进支队帮助下组建起来的，他们从部队抽调干部派往地方，加强了地方各方面干部力量。工作团还到各区协同地方工作同志，为基层建设做了大量工作，发挥了重要作用。

东进支队二梯队于1939年7月，在杨榭村开办基层干部训练班，培训了百余人的村政干部。1940年3月，县委决定派王林秋主办基层干部训练班（亦称党员积极分子训练班），军队亦派马林等两位同志来协助教务工作。他们相互配合得很好，胜利地完成了3期训练任务。3期训练班培训150余人，并从中发展了一批党员。学员结业后，充实了基层党支部和群众组织领导班子。

1939年8月，一一五师师领导机关向南转移后，留下的部队和工作团在彭雄同志带领下，继续帮助费县的工作。彭雄同志密切联系群众，团结地方同志，作战勇敢，指挥有方，为费北抗日根据地的开拓做出了重要贡献，深得地方同志和人民群众的信任与爱戴。彭雄走后，张雄同志来参加县委会，继续和地方同志一道工作。他尊重县委的集体领导，主动进行工作，为费北根据地建设，尤其武装建设，付出了自己的心血。7团李子英团长为费北的人民积劳成疾，不幸于1940年病逝，至今人们都很怀念他！

1940年秋天宝山桃峪会议后，一一五师师领导机关开始由鲁南向鲁中转移，陈光代师长、罗荣桓政委率部于11月初来到费北岳家村。陈、罗首长都对费北工作做过重要指示，同时也很尊重地方党委。彭雄、张雄同志都是由陈光代师长以中共中央北方局委员的名义，推荐给中共费县县委担任军事部长的。陈光代师长以中共中央北方局委员身份，在陈家庄召开费北县党的活动分子会议，做了关于形势与任务的报告，他号召费县党组织要继续发展巩固蒙山前抗日根据地，使与会同志进一步明确了当前形势与今后斗争任务，鼓舞了革命斗志和胜利信心。1941年上半年，费北根据地建设有了全面发展，整个形势蒸蒸日上。

费北的党、政府和人民群众同八路军一一五师主力部队，在抗日救国的战火中结下了深厚的革命友谊。军队为了人民，保卫人民，保卫建设蒙山前抗日根据地，做出了重大贡献，也付出了巨大牺牲。人民爱护自己的军队，支援自己的军队，供应给养，参加战勤，当向导，抬担架，救护伤员，配合作战，以至送自己的子弟参加部队。1940年秋，武安战斗一结束，就有20多名女青年自动到猪尾巴沟伤员诊所去服务。1939年、1940年，除大批青年自动参军外，费北党和政府先后将6支游击大队输送给一一五师主力部队，使她在战斗中不断得到扩充、发展，越战越强。

（本文为纪念抗日战争胜利50周年作。编写、修改时，征求、采用了孙笑生、陈东阜、王敬明、赵光、刘胜泉等同志的意见和提供的历史资料，参考了平邑县、费县及其他有关历史资料。特此说明与致谢！编者于1996年10月）

抵达蒙山

孙恕之

陆房突围之后，六八六团转移到东平湖一带休整，陈光根据中央指示到湖西指挥苏鲁豫支队（六八五团）活动，罗荣桓到运西、泰西、湖西等地指导工作。师参谋处长王秉璋、政治部副主任黄励奉命于5月20日率师直机关、特务营，仍以东进支队的名义，从无盐村出发，到津浦铁路东，统一指挥已到路东的冀鲁边七团、教导队、师卫生部医院、供给运输队等单位。月底到达费县西北部（今属平邑县），驻白马关以西的仲村、马家峪、周郭庄、武沟、常路、李家楼一带。

这一带地处蒙山之阳，是鲁中与鲁南的结合部。蒙山自西部向东绵延200里，宽约40里，主峰龟蒙顶海拔1154米，群峰耸翠，溪壑深幽，风光优美，物产丰富。滋临公路自山前平原地带穿过。此地进可攻，退可守，是开展游击战争的理想地带。

我们的到来，对鲁南党组织和地方抗日武装是一个极大的鼓舞和支持，震动了日伪、土匪和地方顽固势力。

师部和七团刚到费北，日军就出动两万余人，对鲁中山区发动了第一次大“扫荡”，妄图趁我军立足未稳，将我们赶出费北。队伍未来得及休整，便开始了紧张的反“扫荡”。

当时，我在地方开展群众工作，住在武沟。师部转移，我和部队失去了联系。恰巧碰到与费县县委失去联系的妇女干部陈涛，我们随在白马关一带阻击日军的五十七军车元勋团一起行动。两三天后，敌人退走，我又到武沟工作，陈涛回到了县委。

为了逐步进入抱犊崮山区，师部、七团和费县县委书记刘次恭率领的费县第一游击大队，越过滋临公路向南部山区发展，和活动在滋临公路南乐平庄一带，马健领导的第三游击大队共同开展这里的工作，师部驻苗家庄、七团驻流峪，费县县委和一大队驻孟家庄。我们师民运部的几个同志和费县县委的张扬、张炎（张振华）等同志，在驻地周围并到车庄、常庄一带开展工作。但由于封建势力把持，许多村闭门不开。经一段工作，有些好转，只有常、车庄经过近20天的工作，始终没能进去。看来，这里的封建势力很强、很顽固。但我们的部队和干部始终严守《三大纪律八项注意》，风餐露宿，秋毫无犯，给这里的群众留下了很好、很深的印象，为今后开展这里的工作打下了基础。

不久，我们部队又回到了“费北”。我们民运部几个同志和七团民运股的同志一起到仲口乡、上冶乡一带开展群众工作。上冶乡乡长马鸿祥，对八路军很友好。他还有一支抗日自卫队，我曾和他多有接触。不久，在费县县委帮助下，他的抗日自卫队改编为八路军费县第八游击大队，以后编入六八六团为独立营，马鸿祥任营长。

我们在费北活动了3个月。根据党中央创建鲁南根据地的指示，师司令部决定留七团在费北坚持斗争。其余在王秉璋、黄励率领下，于8月27日，由安靖起程南下，从西崮村过滋临公路，当晚住朱田街周围的桑行、洼里、苑上、大岭一带村庄。我们民运部驻洼里村。第二天，经黄汪头、捱庄、王庄到达费县南部的新庄，稍事休整，9月1日到达鲁南三地委驻地大炉村。师司令部驻大炉，政治部和民运部驻大炉东南的西河、杨家庄。10月，六八六团也奉命抵达抱犊崮山区。12月，罗荣桓处理完湖西“肃托”事件之后，会同陈光来到大炉。这样一一五师东进支队全部力量分三批先后到达鲁南抱犊崮山区的临（临沂）郯（郯城）费（费县）峄（峄县）边联县抗日根据地，简称边联县或边联（下同）。

鲁南三地委书记宋子成，委员张光中、李乐平和边联县委负责人，对八路军主力的到来，表示热烈欢迎。根据地人民欢欣鼓舞，奔走相告，大家忙着腾房子、搭地铺。老大娘、姊妹团送来了开水、煎饼、花生和鸡蛋，热情地表示欢迎和慰问。罗、陈首长住在地方进步士绅万春圃家中，万春圃和夫人亲自制作了全羊宴款待大家。鲁南人民的热情，使我们这些经历了数千里艰苦跋涉征战的子弟兵，就像到了家一样，心里热乎乎的。一些老红军面对这种场面，就像回到了江西苏区。王秉璋深有感触地说：“这个地方好，山好，人更好。”

这便是我们的目的地。从延安到这里3000多里路，越过同浦、平汉、津浦3条铁路，翻越吕梁、太岳、太行、沂蒙4大山脉，跨汾水、黄河、大运河，历经陕西、山西、河南、河北、山东5省，冲破敌人重重封锁，战胜恶劣的自然条件，可以说进行了一次小长征。

毛主席在谈到长征的伟大意义时说：“长征是宣言书，长征是宣传队，长征是播种机。”“它散布了许多种子在十一个省内，发芽、长叶、开花、结果，将来是有收获的。”我认为我们这次东征也是宣言书，向世人宣布了共产党、八路军抗日救国的决心；又是宣传队，向沿途人民宣传了共产党、八路军的抗日路线、方针、政策；还是播种机，3000里路上播下了革命的火种。特别是进入山东之后，以樊坝、陆房等一系列战斗的伟大胜利和泰鲁西根据地的建立，向世人昭示了共产党、八路军的正确主张和坚强战斗力，以及优良的作风，使人民群众看到了我党、我军正确路线结出的丰硕成果。

这次东征对我更是一个极好的锻炼和考验。正如毛泽东主席讲的："你们到抗大学习，有三个阶段，要上三课：从西安到延安八百里，这是第一课；在学校住窑洞、吃小米、出操上课，这是第二课；现在第二课上完了，但是最重要的还是第三课，这便是到斗争中去学习。"对我来说第一课和第二课已经上完，第三课是要终生来学习的，东征就是第三课的开始，是抗大学习的继续和深入，是更加广阔的课堂，是抗大所学革命理论的实践。翻越千山万水，历经冬、春、夏、秋，走一路，工作一路，学习一路，充实提高一路，为我今后的成长准备了丰富的理论和实践的养料，为上好第三课开了个好头。

八路军山东纵队在沂水王庄成立

1938年下半年，中国的抗日战争形势发生了重大变化。10月后，日军为了巩固其后方，大举回师华北，将主要矛头指向中国共产党领导的抗日根据地，国民党为了限制华北抗日根据地的发展，分别在山东、河北建立了鲁苏、冀察两个敌后战区司令部。从此，发展山东抗日根据地的任务更加艰巨和重要了。

经过1938年一年的艰苦斗争，山东党组织领导的抗日武装有了很大的发展，对日军及国民党顽固派的斗争取得了一系列胜利，并且初步建立起若干块抗日根据地，开辟了抗日游击基地及广大的游击区。中共中央根据抗战形势的变化，决定将苏鲁豫皖边区省委扩建为中共中央山东分局，同时成立八路军山东纵队指挥部，统一对中共领导的八路军山东部队的指挥。12月，中共中央山东分局在沂水县王庄宣布成立，郭洪涛、张经武、黎玉为委员，郭洪涛任书记。程照轩、孙陶林、郭子化、刘居英分别任组织、宣传、统战、社会部长，杨刚毅任秘书长，孙陶林兼任青委书记（1939年5月至下半年，中共北方局又将山东分局扩大为苏鲁皖分局，以郭洪涛、朱瑞、徐向前、罗荣桓、陈光、黎玉、张经武、彭雪枫为委员，郭洪涛为书记。后又改称山东分局）。

山东分局统一领导山东大部、苏皖豫北部各战略区党组织的工作，下辖胶东、清河、淄博、鲁西、泰西、苏鲁豫边区、鲁东南8个特委和济南工委，并直辖沂水、蒙阴等县党组织。1939年1月，又新组建鲁南、泰山两个特委。

1938年12月27日，八路军山东纵队在沂水县王庄宣布成立，张经武任指挥，黎玉任政治委员，王彬任参谋长，江华任政治部主任。八路军山东纵队统一指挥山东各地（鲁西、冀鲁边除外）共产党领导的抗日武装，指挥部驻沂水县王庄。

八路军山东纵队成立后，将山东党组织领导的各抗日起义武装基干部队统编为10个支队又3个团，共2.45万人。另有地方武装1万余人。八路军山东人民抗日游击队第二、第三、第四、第五、第九、第十二支队改称山东纵队第二，第三、第四、第五、第九、第十二支队；山东西区人民抗敌自卫团改称山东纵队第六支队；八路军鲁东游击第八支队改称山东纵队第八支队；鲁南人民抗日义勇第二总队改称山东纵队挺进支队；陇海支队番号照旧。八路军津浦支队第一营、第八支队特务大队、沂蒙独立团合编为山东纵队特务团；八路军临郯独立团改称山东纵队独立团；鲁南人民抗日义勇队第一总队，仍用国民党山东省第三区保安司令部直辖第四团番号。

山东纵队所属基干部队活动在沂蒙山区的有第二、第四、第八、第九、第十二、挺进6个支队及特务团、独立团、直辖第四团。

八路军山东纵队的成立，标志着山东人民抗日起义武装已由若干分散的游击队成为在战略上统一指挥的游击兵团。从此，山东人民抗日武装成为一支有统一领导、统一指挥、统一编制的部队。八路军山东纵队成立后，一方面指挥各部队配合地方党政机关发动组织群众，发展地方武装，建立抗日民主政权；一方面广泛开展游击战争，打击日伪军。此后，山东纵队与相继入鲁的八路军第一一五师主力一起，肩负起开辟山东抗日根据地的重任，对山东抗日根据地的发展和巩固发挥了重要作用。

（载自《中共临沂地方史（第一卷）》）

破浪矢忠贞 雄风彻云天——彭雄将军传略

华东烈士陵园的烈士纪念堂内，陈列着一块大型浮雕，上面是一幅激烈海战图。一只大型帆船，漂浮在浪涛汹涌的大海里，遭受着如雨枪弹的射击。甲板上一位负伤的指挥员，坚强地指挥着战斗。浮雕所表现的，就是抗日战争时期有名的小沙东海战，而那位指挥者，就是被肖华称之为“孤浮海面，弹尽粮绝，壮烈殉国”的新四军第三师参谋长彭雄同志。

彭雄1912年生于江西省永新县自来桥村。他的家乡早在1928年就成了革命根据地。1929年春，刚满17岁的彭雄报名参加了湘赣边区的独立团，当通讯员。9月，又到三军团六师当通讯员。那时，他经常背一支手提机关枪，精神抖擞，十分神气，人们亲切地称他小鬼。

1931年，彭雄调任二师师部通讯排长。翌年8月，他随部队活动于江西宜黄、乐安县境，遭到国民党陈罗纵队的突然袭击，二师各团因驻地过于分散，失去联络。政委彭雪枫率师直属队及七团转移到苏区边境。阴谋叛变的郭炳生挟持五团却北入白区，彭雄当时亦随郭炳生行动。为了挽救第五团，彭雪枫将师直及七团进行安排后，亲自带领武装人员15名潜行北上，跟踪追赶。5日后的一个傍晚，他们一行终于找到五团。指战员见到自己的政委，普遍要求：“回主力去！回主力去！”黄昏之后，彭雄把彭雪枫拉到一个僻静处，小声对他说：“郭炳生对大家说你已经牺牲了。他这几天的行动令人怀疑，赣江以西的地图，他自己背起来了，谁知道他打的什么鬼主意！我们不能久留，得马上回去，明天就走！”第二天彭雪枫召集支部干部开会，宣布了回主力部队的决定，黄昏之后冒雨出发。叛徒郭炳生见到阴谋败露，乘黑夜潜逃到乐安县城，投靠了敌人。这次事件发生之后，彭雄提升为连长，不久，又提为营长。翌年10月，彭雄晋升为第四军三一团团长。

1933年2月，蒋介石调集40万部队对我中央根据地进行“围剿”。27日，彭雄随部队埋伏在乐安县东南、宜黄南部的磨罗嶂一带，布下一个大伏击圈，等待歼击敌人。当天，敌人的五九、五二两个师，果然按照我军的“调遣”，钻进了“口袋”。这时指挥作战的军团政委聂荣臻一声命令，埋伏在两边山上的红十师、十一师、七师、九师一齐发起猛烈攻击，只杀得敌军尸横遍野，纷纷举枪投降。彭雄所部在这次战役中，生俘敌五九师师长陈时骥。第四次反“围剿”胜利结束后，彭雄奉调到一军团第三军第九师担任师长。不久，又调任七师师长。

1933年5月，彭雄入中央红军学校学习，10月，他所在的高级军事班、上级干部队，改编成中国工农红军大学。1934年10月，彭雄随红军大学参加长征。当时，红大和原彭杨步兵学校、公略步兵学校、特科学校组成军委第一野战纵队第四梯队，通称为干部团。干部团每到一地，就访贫问苦，帮助进行群众工作，消除群众对红军的疑虑。5月1日，红军到达昆明以北的金沙江畔，彭雄和干部团特派员龙潜等登上7只小船，强渡金沙江，给部队开通了渡江道路。彭雄被称为强渡金沙江的英雄。

1937年，卢沟桥事变爆发。8月，红军主力部队改编为国民革命军第八路军（不久改称第十八集团军）。彭雄被任命为八路军一一五师三四三旅六八六团参谋长。9月25日，彭雄随军参加了震撼中外的平型关大战。

1938年12月，中央和军委决定一一五师主力由陈光代师长和政治委员罗荣桓率领挺进山东。翌年3月2日到达鲁西郓城地区。两天后，部队在樊坝歼灭伪军1个团。此后，罗荣桓政委分派六八六团团长兼政委杨勇率一部主力留运西地区发动群众，建立政权，发展武装。彭雄随罗、陈首长与山东纵队六支队一部会师泰西。5月11日晨，济南、泰安、兖州、东阿等17个据点的敌军5000余人，“扫荡”泰、肥山区，包围了肥城以南、一一五师师部驻地陆房周围的十几个村庄。彭雄奉命率东进支队与敌激战竟日，终于胜利突围。

此后，彭雄率部进入泗水、费西一带，协助中共费县县委开展工作，建立抗日民主政权。有一次，他率千余人驻在流峪东部的谭家庄，主持召开有1200多人参加的大会，动员组织抗日。他还亲自在临（沂）滋（阳）公路以北地区，开辟抗日根据地，建立民主政权。接着彭雄带领李鹤轩抗日大队和挺进纵队第七团的两个连到费北，开创抗日根据地。由于部队关心爱护群众且又军纪严明，深受当地老百姓的欢迎和爱戴。部队所至之处，群众纷纷赠送军鞋等慰问品；地方党组织也送来给养、猪羊，热情慰问人民子弟兵。

在费北，彭雄率领部队驱逐了鱼肉百姓的王树人和徐云龙匪部，帮助成立了几个抗日大队，建立了东自紫荆关、西至白马关的一片抗日根据地。

有一次，李鹤轩大队在地方镇截击日寇汽车3辆，从敌方谍报人员身上搜出一封密信，交给彭雄同志。此信原是费县伪县政府写给伪省长唐仰杜的，内容称：

“北路共军司令彭雄现驻东庄，人枪千余，大肆活动。请求省长及时派兵前来剿除。否则，将不堪设想。”

彭雄看后哈哈大笑，对张若林、李鹤轩说：“看来敌人知道八路军的厉害了。”

同年，八路军一一五师驻费县仲村一带。彭雄任津浦路东支队司令员。他派情报员左安民与米栻民的侦察员杨再忠取得联系。并从米栻民部多次获得重要情报。有一次，杨再忠给彭雄送情报，彭雄热情款待，并和他促膝谈心。最后，他亲自送杨再忠到大门外，握手话别。杨再忠感动地说："你真是一位没有官架子、平易近人的好司令员。"

当时由于顽固派对抗日根据地的骚扰和封锁，部队给养、经费发生严重困难，战士吃红薯和野菜充饥，有时甚至开不了灶。彭雄和费县工委的张若林研究后，便带人到仲村为部队募捐。他通过进步人士唐绍典，操办了几桌酒席，请来仲村各大商号的老板及开明士绅。席上，大家共捐款2000块银洋，解决了部队缺粮缺衣问题。当地群众也纷纷节约粮食，支援抗日军队，唐绍典一家就捐给我八路军2000斤粮食。5月，彭雄又在武沟邀请当地社会贤达、士绅名流等知名爱国人士，共商抗日救亡大计，广泛听取了他们的意见，介绍了中国共产党的主张，进一步团结了抗日爱国力量。

5月27日，彭雄随一一五师师直机关、教导大队及挺进纵队第七团进驻马家峪。29日，日寇进犯仲村，彭雄指挥七团健儿将其击退。6月6日，平邑、泗水、费县、兖州据点的日伪军1000余人，再犯仲村，又被彭雄指挥部队将其击退，毙伤敌50余人。从此，敌人对彭雄又恨又怕，他们在费县城门上悬挂了彭雄的照片，并注明：捉住彭雄赏银圆1万元，捉住土八路张若林赏银圆5000元。

8月20日，彭雄率一一五师挺进纵队七团和地方武装，在蒋沟一带向破坏抗日根据地的"无极道"反动武装进行了英勇地反击，打垮了这股反动势力，开辟和扩大了抗日根据地。自此，县委机关由仲村移驻柘沟，乘势向东开展工作。8月末，一一五师师部及部分主力部队，开赴鲁南抱犊崮山区。彭雄率领七团和第一工作团，继续留在费北，创建和发展蒙山根据地。

10月，彭雄率领挺进纵队七团和津浦支队三团一部，对破坏抗战的十八村一带的"红枪会"反动"会道门"武装进行了反击。经过4昼夜的战斗，将其解决。接着，把制造摩擦的张里元第三旅，驱逐至上冶以东地区。这年，彭雄还支持五区分区委的高锡贵和朱琳等发展起拥有100多人的抗日武装。

为了及时了解敌人的动向，彭雄十分重视情报工作。这年，他通过张若林、唐绍典的社会关系，把部队侦察员、19岁的平殿西送进平邑酒店当店员，搜集情报。此后，为了消灭秦启荣所属鲍一山部，他又通过张若林、唐绍典，使平殿西打入鲍一山部的内部，掌握敌人动向。因此，彭雄能够随时了解敌人的情况，掌握战争的主动权，搞得敌人惶惶不安。当时，费县、平邑一带流传着这样的民谣：

涝怕阴，

旱怕晴，

鬼子汉奸怕彭雄。
听到彭雄来，
鬼子汉奸跑掉了鞋。
听说彭雄到，
鬼子汉奸不敢笑。

1939年，彭雄率部驻扎蒙山山峪。有一次，他游览蒙山，在白云岩清虚观遗址前的一巨大石壁上，题刻了“山清水秀”4个大字，落款为“彭雄题”。这组摩崖至今犹在，它体现了彭雄对沂蒙山区的一片深情和对祖国大好河山的钟爱。

1940年10月下旬，彭雄担任鲁西军区副司令员兼黄河支队司令员。后来黄河支队编为教导四旅，彭雄任参谋长，率四旅一部到了华中地区。1942年，调任新四军三师参谋长。他辅佐师长黄克诚，坚持洪泽湖和盐阜地区的抗日游击战争。他们南与新四军沟通，北与八路军相联，为实现从华北到江南打成一片的战略部署，迈出了坚实的一步。

1943年春，新四军抽调51名团以上干部赴延安学习。他们组成“赴延安干部队”，由彭雄担任队长，原新四军三师八旅旅长田守尧担任副队长，张赤民任党支部书记。这批干部都随身带驳壳枪和手枪。彭雄率领这支非战斗部队，迂回穿行盐河、淮海一带，需要躲开密密的敌人据点，穿过敌人的层层封锁，其困难自不待言。他们过盐河时，沿河的船只一到天黑就被迫停在据点附近。同时，敌人的骑兵还不断地来往巡逻。彭雄考虑到在这种情况下，还沿着原定的盐河、淮海、陇海这条路线去延安已经行不通，便决定从海上走。他率领干部队到了黄河故道东坎，遇到我军的两个连。他留下这两连人，掩护干部队。这时日军2000多人尾随而至，他们配有2门大炮，3架飞机掩护，将干部队包围在李圩村，彭雄亲率干部队进行抵抗。从上午8点一直到暮色降临，敌人先后6次冲锋，全被打退。入夜，彭雄指挥干部队突出重围，渡过义河，隐蔽在五汛港。3天后，他又率队转移至蔡桥以东，甩开了敌人，安全到达了黄河故道的六合庄，准备搭乘民船到山东滨海区的柘汪，取道山东解放区转赴延安。3月16日的早晨，他们在当地找到一只大民船。彭雄亲自向船老大询问了海上航行情况，说明了去山东的意图。63岁的船老大老王说：“今天风定，可以走了。”彭雄坚定地说：“走！”

下午涨潮了，彭雄等脱下衣服，跳到水里，帮助船老大把船摇动起来。站在黄河岸上送行的海防队的同志都高兴地拍起掌来，高喊着：“祝你们顺风平安！”坐在头舱里的彭雄微笑着向送行的同志挥手要他们回去。

船行300多海里，已能看见海口上的那座灯塔。彭雄让同志们躺下休息，他自己却一会儿坐在船老大身边，询问着前面航程的距离；一会儿去望望放瞭望哨的警备员；一会儿又到前舱里瞧瞧同志们是否休息了。夜深了，彭雄拿出干粮饼子来，送给掌舵的老王吃，又叫醒其他人也起来吃。老王告诉大家，到柘汪还有70海里。彭雄点了点头。大家也放心地一边吃着一边聊天。当时已是夜里3点钟，忽然风停了。约两个小时船继续行驶。没走几海里，风又停了。老王对彭雄说："风完全没有了，短时间内也不会有风。"彭雄问他我们现在的位置，老王说，那边就是敌人的据点岚山头，日本的船常常出来。这时，突然传来嗡嗡的声音，接着在碧沉沉的海上出现了一个小黑点，黑点慢慢扩大，船老大不禁大声叫了起来："那是敌人的巡逻艇！"人群一阵骚动。彭雄镇定地说："同志们，不要乱动，隐蔽好，看清楚再说。"

彭雄同志用望远镜细看了巡逻艇，然后到各个舱里去布置战斗任务。他叫大家把子弹推上膛，把手榴弹准备好。指挥员和水手都卧倒在船板上，船上面放个瞭望哨。他动员大家："敌人不来，都不要动；敌人不靠近我们的船，谁也不准开枪！我们要准备好，为革命流血牺牲！"

部署完毕，从对面接连传来2声枪响。两声都是向天空放的。船老大和水手们按海上的规矩把帆篷放了下来。巡逻艇上的日寇叫喊："我们要查船，船老大出来！"彭雄同志临变不惊。他安排两个同志化装成船老大和水手出面和敌人交涉，并嘱咐："敌人只要不上船来检查，要钱要物可以给他们；如果敌人硬要上船，就坚决打死他们！"过了一会，敌巡逻艇靠近了帆船。一个日寇小队长和一个翻译官跨上帆船，问："你们要上哪儿去？船上的东西要登记。"这时，化装成船老大的一位团政治处主任和另一位化装成水手的同志将两个敌人猛地推进海里，又连打两枪，两人再也没有上来。紧接着，他们又把4颗捆成一束的手榴弹向敌艇抛去，"轰"的一声巨响，甲板上10多个敌人被炸死炸伤。敌人驾驶巡逻艇远远离开帆船，躲在钢板后面用机枪扫射帆船。船头和船尾部都打满了子弹洞，海水从洞口流进舱里。指导员老马跟几个警卫员抗击敌人，都先后牺牲，在舱里的人也有几个被打倒，躺在血水里。彭雄气愤地跳了起来，朝向警卫员："跟我走！"供给部长武瑞卿连忙把他拦住，问："彭参谋长，你上哪儿去？"

"到船头上去！"

"你知道船头上打得怎么样吗？"

"我知道，打得很激烈！"

"那你就不应该去！那地方很危险，让我去！"

"正因为那儿激烈，我更要去！"彭雄同志说，"我去指挥他们抵抗，无论如何，不能叫敌人接近我们的船，你别拦住我。"为了全船人的安全，彭雄同志不顾一切，带着警卫员穿过敌人密集的火力网，来到船头。他指挥同志们一阵射击，巡逻艇又离远了一点，敌人的射击效力就差了一些。这时，突然一颗子弹飞来，彭雄同志大腿被打伤，鲜血直流。大家让他下去，他仍继续坚持指挥战斗。“嗒嗒……”又是几声枪响，彭雄同志胸前又负了3处伤。警卫员把他扶进头舱里来，大家默默地围着他，给他包扎伤口。他焦急地说：“不要管我！你们去抵抗敌人要紧，快去！去！”同志们顺从地回到自己的岗位上。

彭雄同志的身边只留下他的妻子吴为真。她含着眼泪告诉他：“同志们都去抵抗敌人了，牺牲的不少。”彭雄同志说：“他们牺牲得都光荣，很值得！”吴为真同志问他：“老彭，你还有什么话要说？”彭雄同志看了妻子一眼，说：“你身上怀有8个月的胎儿，以后如生下一男，就起名叫彭少雄，你要把孩子抚养长大。”吴为真同志频频点头。

这时，最后一个水手也受了伤。敌人的机枪还是像煮沸的开水似的响着。保安处长黄国山同志看了看仅有的10多颗手榴弹和20多发子弹，心中十分着急，便把10多颗手榴弹的导火线拉出来，想把船炸掉，坚决不做敌人的俘虏。彭雄同志说：“不能炸船，我们要和敌人拼到底！就是剩下一个人也要和敌人拼个你死我活！我们要为革命保留种子，剩下一个同志活着也好！”

下午3点，敌巡逻艇带着十几具尸体，向连云港方向退去。这时，海风刮起，木船扬起风帆，向西北方向急驶。不一会儿，从连云港方向又开来了3只敌巡逻艇，迅速驶近我帆船，并用6挺机枪进行扫射。

帆船离柘汪还有20多海里时，田守尧旅长果断地让船迅速靠岸，准备从陆地到滨海根据地去。水手小张把舵转过来，船向岸边驶去。彭雄同志从昏迷中醒过来，说：“对！上岸去，这一次我们就是吃了没有带战斗队的亏！同志们都顽强地坚持下来了，这很好。上了岸，在陆地敌人就占不了优势了。你们上岸后，可以到一一五师师部去。我是不行了。我和陈、罗首长在一块工作很久，你们把我的尸首抬到师部，给他们看看，我也就安心了。”田守尧同志安慰他说：“不要紧，你好好休息。”同志们对着将要永别的彭雄同志，默默不语。

船已到达水深只有4尺的小沙东海域。田守尧同志命令下船登岸。敌艇因水浅不能靠岸，从不远处用机枪向我登陆人员射击。就在这最后决战中，彭雄和田守尧同志共荣殉难。彭雄时年31岁。

小沙东海战不久，滨海地区将彭雄同志及在黄海小沙东海域战斗中牺牲的16位英雄的遗骨安葬在马鞍山上，并建起了一座宏伟的“小沙东海战烈士冢”。墓冢是金字塔式，通身为15685立方尺，于1944年7月7日前落成。

彭雄等同志殉国后，黄克诚同志曾为文悼念。内称：“彭雄、田守尧同志，均为我军优秀的青年高级指挥员，对党忠实，作战坚决勇敢，战争与工作经验均极丰富。此次于海上遇敌，奋勇指挥作战，壮烈牺牲，真是重大损失……他们英勇果敢顽强作战的精神永垂青史，作后死者之模范。”

各党政军机关和各界人士，纷纷送挽幛、挽联，寄托哀思。黄克诚同志送的挽联是：

十余年甘苦共尝，患难相处，破浪矢忠贞，遥望云天哭战友；

数万里河山犹碎，水火益深，卧薪期素志，誓除寇贼慰英魂。

张爱萍同志的挽词是：

追悼彭、田同志，就要学习彭雄同志作战的勇猛精神！就要学习田守尧同志为革命斗争十余年的坚决精神！

（赵伯养，师同廷整理）

挥戈鲁南　开基创业

1939 年 6 月，毛泽东致电八路军总部，指出：乘鲁南局面混乱，派一一五师师部、六八六团及萧华一部开赴鲁南，开辟鲁南根据地，并应大放县长、区长，在可能情况下放专员，建立抗日民主政权。同年 9 月，第一一五师陆续开赴鲁南山区，开始创建以抱犊崮山区为中心的鲁南根据地。

第一章　扎根抱犊崮　开辟郯马区

抱犊崮山区位于临沂、郯城、费县、平邑、峄县接合部，这里群峰壁立，山势险要，当年轰动世界的“临城劫车案”就发生在这里。罗荣桓审时度势，提出了“以抱犊崮为中心，向北向西北连接大块山区，向南向东南发展大块平原”的战略构想。据此，第一一五师先后拔除白山、上下石河等日伪据点，攻克了郯城、马头，在鲁南站稳了脚跟。

一、纪念馆展板内容

1. **开辟郯马地区**　为开辟郯城、马头一带地区，1939年11月18日，第一一五师攻克国民党地方顽军阎丽天盘踞的苏鲁边重镇马头，继又攻克郯城县城。南哨及邳北铁佛寺等地顽军闻讯狼狈逃窜。第一一五师乘势发动群众，在长城、道桥、庄坞、兰陵、苍山等区先后建立了抗日民主政府。《大众日报》以《进步的烈火燃遍了郯马》为题，报道了第一一五师进军郯马以来取得的成就。

攻克郯城后攻城英雄在郯城合影

2. **第一一五师召开部队与地方干部联席会** 1940年1月6日至15日，第一一五师在大炉召开根据地建设会议。罗荣桓在会上做了题为《关于创建抱犊崮山区根据地》的动员报告。对地方党组织建设、民主政权、统一战线、武装斗争等方面提出了明确要求。陈光做了《坚持我们的阵地》的报告，明确强调：创造根据地，一要有群众，二要有政权。此后，鲁南根据地日益发展壮大。

第一一五师司令部政治部与会人员合影

抱犊崮

二、史料文章

开辟郯马地区 控制鲁南平原

抱犊崮山区土地瘠薄，物产不丰，军需民食都成问题，不利于长期斗争。为了巩固发展鲁南抗日根据地，根据罗荣桓的战略构想，第一一五师决定开辟郯马地区。

郯（城）马（头）地区位于鲁南、苏北的结合部，地处沂、沭河中段，周边是大面积冲积性平原，素有“郯马粮仓”之称，历史上就是比较富庶的地区。占领郯马，对于控制沂、沭河中段，逼近陇海铁路，打通与新四军的联系，巩固壮大鲁南抗日根据地都具有重要的战略意义。

1939年10月，八路军苏鲁支队按照第一一五师的统一部署，由抱犊崮山区开赴郯马一带，配合山东纵队陇海南进支队开辟郯马地区。首先攻克了临（沂）郯（城）公路上的李庄伪据点，打通了第一一五师主力进军苏鲁边区的道路。

1939年11月18日，第一一五师参谋处长王秉璋率第一一五师东进支队第一大队，在地方武装配合下，攻克国民党地方顽军、郯城县长阎丽天盘踞的苏鲁边重镇马头，接着又攻克了郯城县城，收复了重坊镇。从而巩固了抱犊崮山区东南的外围阵地。

10月，第一一五师和地方组织分别组成工作团，分赴邹县、滕县、泗水、峄县、费县，协助各县委开展抗日斗争。11月，第一一五师后方司令部消灭了离大炉五六公里的孔庄反动地主武装杜若堂部。孔庄战斗后，第六八六团又伏击白马、上下石河的日军，并取得了胜利。12月下旬，第一一五师进行反顽作战，扩大了抱犊崮西北部地区。

12月26日，第一一五师苏鲁豫支队第四大队奉命由湖西开赴鲁南，改称东进支队第二大队，他们在滕（县）费（县）公路的险要隘口兑头沟伏击日军一支运输队，全歼日军90余人，并缴获大批弹药和军用物资。1940年1月，第一一五师东进支队第二大队进驻郯（城）邳（县）边区，与山东纵队陇海南进支队配合作战，向南延伸至邳（县）北地区，沟通了与苏北地区的联系。

至此，抱犊崮抗日根据地已扩展到南至邳（县）北，东至郯（城）马（头），西至滕（县）邹（县）边，北至费县梁邱一带的大片地区。

1940年1月6日至15日，第一一五师分别召开部队与地方干部联席会和部队团以上干部会议。罗荣桓和陈光分别传达了中共中央的指示精神，做了《关于创建抱犊崮根据地》和《坚持我们的阵地》的报告。罗荣桓和陈光在报告中特别强调创建鲁南抗日根据地的重要性和有利条件，强调努力坚持和巩固自己的阵地。同时指出，主力部队的任务不仅要搞好对敌斗争，还要掩护和帮助地方党组织开展群众工作，建立政权，并要广泛地建立抗日民族统一战线。通过这两次会议，部队和地方各级领导干部明确了建立抱犊崮山区抗日根据地的重要意义，树立了为建设根据地而斗争的信心和决心。

（载自《中共临沂地方史（第一卷）》）

革命烽火燃遍郯马（节选）

陈岩生

1939年春，我八路军一一五师东进支队，来鲁南开展工作，不断粉碎敌人的“扫荡”，经常反击顽固势力的挑衅和进攻。为彻底扫除阎丽天设置的这个反共前哨阵地，东进支队决定攻克马头镇。八、九月间，我马头地下党支部书记徐昆吾同志，指派专人绘画了马头镇的详细地图，并把马头镇内顽固军队的详细情况报送东进支队。支队根据地下党组织提供的情况，各个方面做好了进攻的准备。

旧历九月初八日，正值马头镇大集，四面八方的群众拥拥挤挤前来赶集。我东进支队第一大队，挑选了四十名英勇善战的战士，由曾股长和钟参谋率领，化装成农民、小商贩等，扛着扁担，拿着麻袋，挑着担子，进入了马头镇，陆续来到了“盛德号”的后楼上隐蔽。不料，我们被国民党驻马头的保安中队发觉，中队长赵瞎子立即指挥他的部队，把“盛德号”包围起来，并实行了戒严，形势十分紧张。由于赵瞎子未弄清我们来了多少人，一时未敢动手，打算先把我们围起来，等第二天援兵来到后强攻。当天夜里，我东进支队第一大队由王秉璋率领，按原定计划，开始进攻马头镇，外围打响后，我埋伏在“盛德号”的四十名健儿，当即奋勇出击。顽军料定是老八路来了，惊慌失措，迅速后撤。我军从马头西北角攻入镇内，和镇内的同志会合，分两路攻击敌人，把撤退到“同益油坊”炮楼上的保安队包围起来，并在炮楼周围放了大量的高粱秸，施以火攻。在我军猛烈攻击下，敌人全部被俘，只有赵瞎子藏在油缸底下，未被发觉，后来混出南门，狼狈逃窜。至此，马头镇全部解放。接着我军又乘胜追击，向大小圩沟、刘港口以及二郎庙等地顽军进攻。顽军纷纷逃窜，郯马地区连成了一片。郯马解放后，群众被压抑的抗日热情像火山一样爆发出来，各种抗日组织如雨后春笋一样，纷纷建立，形成了郯马地区抗日工作大发展的时期，许多同志都喜欢把这一段时间称之为郯马的“黄金时代”。

二

我军攻克马头镇不久，国民党反动派就发动了抗战期间的第一次反共高潮，提出了所谓“溶共、限共”的反动政策。山东的国民党顽固派积极推行这个政策，并不断制造摩擦。郯城顽固县长阎丽天，派顽军乘夜间潜入马头镇南门外的白圩子，妄图进攻马头镇。这时，刚进入马头镇驻防的一一五师第二支队，得悉这一情况后，支队长梁兴初立即采取果断措施，向白圩子进攻。我八路军威震敌胆，顽军听说后，不敢抵抗，迅速溃散逃跑。阎丽天残部被我驱逐出郯城后，曾于1940年3月21日，冒充五十七军，混入我滨海根据地西盘，杀害了抗日干部刘震西、许大猷同志。以后又在临沂、苍山一带勾结土匪，四处抢劫，并曾配合日寇向我根据地进攻，最后，被我军完全击败、溃散。

这时，日寇对郯马地区也时有“扫荡”。1939年11月15日，临沂日军约三四百人进占郯城，次日又向马头镇进攻，遭到我八路军东进支队迎头痛击，敌军溃败，退回临沂。1940年1月3日，新安镇等据点的日军三千余人，分两路向我根据地进攻，一路由临沂南下，占领郯城，复向马头镇进攻。我东进支队在马头镇附近与敌激战三小时，毙敌五六十名，残敌向陇海路新安镇方向退去。另一路从夏庄以南向我马陵山麓进攻，也被我军击退，毙敌一百二十余名。五月初，敌人又出动万人进行“扫荡”，曾一度占领了马头、重坊等地，我东进支队在地方武装配合下，展开反“扫荡”。在我军阻击下，敌人分别窜回临沂等据点，我军又收复重坊、马头。此后，我军民配合百团大战，主动袭击敌人，破坏敌人交通，取得了很大的胜利。到1940年，郯马一带，除北边的临沂和南面陇海路上的新安镇以及桃林等少数据点外，都连成一片。

郯马解放后，广大群众意气风发，斗志昂扬，抗日救亡活动开展得轰轰烈烈。为了加强郯马一带工作的领导，上级党组织决定成立中共郯马工作委员会，由陶友亮、崔光润分任正副书记，姚西桢任组织部长，我担任宣传部长，统一领导郯马一带的各项工作。同时，上级党组织还派来了王永福、靳耀南、段霖等同志，组成工作团，发动群众，建立了抗日民主政权，选出了人民信赖的县长，成立了郯城县参议会。各村、乡、区也都通过民主选举，选出了村长、乡长、区长。这些各级政府的负责人，都是当地有名望的抗日积极人士。县政府明令，废除了国民党顽固派政府推行的各种苛捐杂税，禁止赌博，剿歼土匪。为了稳定金融，还规定以北海银行的北海币为根据地唯一货币，禁止使用日寇发行的金圆券。北海币分为一角、二角、五角、一元、五元等几种，群众非常信任，广为通用。成立公平负担委员会，筹款筹粮，合理负担。合理负担是根据地推行的一种新政策，按照这一政策，土地少的贫下中农少负担，土地多生活富裕的地主、富农则多负担。这样，既可以使地主、资本家为抗战在经济上多做贡献，又可以使生活贫困的农民减少负担，进一步调动了他们抗日的积极性。

随着群众抗日热情的高涨，当地迅速掀起了参军热潮。广大青年积极参加八路军，许多青年知识分子参加了一一五师的战士剧社等文艺团体，仅马头镇就有几十人参加了剧社。他们中年龄最大的十七八岁，最小的只有十一二岁。这些青年经过部队的培养锻炼，大都成为党的文艺干部，为抗日战争的文艺工作做出了贡献。

群众组织更是蓬蓬勃勃地发展起来。最活跃的还是青年组织——临郯青年救国团，在几个月之内，区、乡、村都已建立起来。单是马头周围，就建立了八十多个村团部。临郯青年救国团总部提出要在马头镇附近发展一万名团员，这一计划在1940年5月间就完成了。青救团不仅组织青年学习，进行各种抗日宣传活动，而且还建立了自己的武装——青年抗敌自卫团。青抗团发展得也很快，到1940年5月间已发展到五六百人，组建了一个青年营。这支优秀的抗日力量，曾多次配合军队进行反“扫荡”，做出了很大成绩。妇女解放运动也很活跃，村村都成立了“妇女抗敌救国会”（简称妇救会）。1939年12月22日，在沙埠召开了临郯地区妇女代表大会，到会代表三百多人，这是临郯妇女运动的一次空前壮举，会上选出了傅大娘为临郯妇救会会长，何庆生为副会长，李桂芬为秘书。妇救会发动妇女慰劳军队，缝制军衣，赶做军鞋，动员自己的亲属参加各种抗日组织。群众武装组织——自卫团，各村也都建立起来。他们背着大刀、手榴弹或扛着红缨枪负责巡逻、站岗、放哨，战时配合正规军作战。1940年1月21日夜间，郯南一个村庄的自卫团，在放哨时查获了红花埠一个姓谢的奸商，载运八十多石小米去新安镇资敌，他们当即把人和粮食押送到民主政府。当时农救会、职工会、儿童团也很活跃，而且都有自己的武装。马头解放后，我们还办起了战时小学，教员是由文化界抗敌协会的会员担任，白尽义务，没有工资。教材也是自己编的油印本，内容是向儿童们进行抗日救国教育。没有小学的村庄，便自动组织起儿童团，一面学习，一面进行抗日活动。儿童团也有自己的章程、公约，概括起来有五条：努力学习，每人每天至少学会两个字，一星期内要学会一个歌；不打架，不淘气，同心合力打鬼子；帮助自卫团站岗放哨，做一些能做的抗日工作；动员自己的父、兄参加自卫团，母、姐参加妇救会；动员自己熟识的儿童参加儿童团。那时，为了防止汉奸活动，各村村民外出，都必须由村政府开路条，儿童团是查路条的一支活跃力量。他们二三人一伙，扛着红缨枪站在村口路边，威风凛凛，不管任何人，没有路条都不准通过。因此，汉奸特务都不敢轻易闯进根据地进行破坏活动。

根据地的文艺活动也非常活跃。特别是郭沫若同志领导的抗敌演剧队第六队，在队长陆万美率领下，到达山东根据地，并演出了“被糟蹋的人”“红灯”以及独幕剧“死里逃生”“荣誉队长”等节目后，对山东敌后的戏剧运动是一个很大的推动。郯马解放后，经常来这里演出的剧团有一一五师战士剧社、鲁迅艺术大队、中共鲁南三地委的黎明剧团、郯城县动委会的动员剧社。这些剧团最常演的是话剧和歌剧，也演出一些短小精悍、群众喜闻乐见的“活报剧”“拉洋片”“卖梨膏糖”等。每次演出都有几千观众，几十里以外的群众也赶来看戏。这些新剧对鼓舞人民的抗日热情，揭露日寇汉奸的罪行起了很好的作用。郯马地区的歌咏活动开展得更为广泛，男女老少都喜欢唱歌，哪个人不会十支八支的歌子，就被认为是不光彩的。每日晚饭后，各村的群众组织就自动集合起来，练习唱歌，比赛唱歌，月光下嘹亮的歌声此起彼伏。遇上开大会，青救团、农救会、妇救会、儿童团等群众组织比赛起歌来，就更热闹了，你唱一支，我唱一支，互相拉歌，互相“攻击”。这个喊：“叫你唱，你不唱，扭扭捏捏装姑娘！”那个喊：“叫你来，你不来，扭扭捏捏当小孩！”在这种场合，识字班的年轻姑娘是从来不示弱的。她们会的歌子最多，唱得也好听，常常是最受欢迎的。歌声、掌声、欢呼声混合在一起，整个会场沉浸在欢乐的海洋里。那时最流行的歌曲有：“大刀进行曲”“五月的鲜花”“在太行山上”“游击队歌”“黎明进行曲”以及“大别山战歌”等。我曾记得有一首歌的歌词是这样的：

铁蹄踏不碎仇恨的心，海水洗不清祖国的怨恨，
我们既为反抗而来到了人间，还怕什么流血牺牲！……
我们的一代，健壮年青，我们在炮火中长成，
我们高举正义的旗帜，为祖国的解放而斗争！……

每当我们遇到困难的时候，这些歌词就会形成一股巨大的精神力量，鼓舞人们英勇奋斗，不怕牺牲，战胜困难，夺取胜利。

三

在郯马革命大发展时期，我们工作上最重要的成绩之一，就是为党培养了大批的抗日干部。郯马解放以前，党在芦汪子一带办了两期苏鲁边干部学校。那时第五战区司令长官李宗仁主张与我们合作，因此，我党办的苏鲁边干部学校，也称为“第五战区苏鲁边干部学校”。干部学校校长是刘剑同志，教务处主任是周南同志，还有政治处主任孙哲，党支部书记王恭三同志，组织委员王宏烈，女生队指导员郭英以及张侎同志。这是一个完全新型的学校，学生们都是从临郯地区四面八方来的。全校分为四个大队，除女生队只有五六十人外，其余三个大队都是一百人左右。由于大家为了抗日这个共同目标来到学校，因而就像老朋友一样，一见如故，互相关心，互相帮助，亲密无间。学生和教师之间也是同志关系，互相爱护、互相尊重。这种人与人之间的关系，形成了青年们的道德规范。那时，学校里的生活十分艰苦，名为学校，实际上既无教室，也无宿舍。大家挤住在当地群众的几间空房

子里，地上铺了一层薄薄的麦穰就是床，被子是各人从家里带来的。因为住得太挤，夜晚出来，是要费很大劲的，不是碰着了这个人的头，就是踩着了那个人的脚。伙食是从老百姓那里凑来的给养，多是高粱煎饼或饼子，偶而才能吃上一顿麦煎饼。菜是炒煳盐，有时十几个人吃一小碗南瓜菜。就是这样的饭菜，也不能按时吃。有时给养催不上来，早饭就要等到中午或下午，大家肚子饿了就唱歌，越唱越起劲，互相拉歌，一片欢笑，慢慢地也就把饿忘掉了。

课堂是广场，大家坐在地上，一面听讲，一面记笔记。教师既无课本，也没有讲义，全凭口说。每讲一课，要分组讨论一两次，有不同的意见，可以互相争论。如果统一不起来，就向教师反映，等下次讲课时，教师再给解释。当时的课程，有毛主席的《论持久战》《中国革命的战略问题》，还有周南同志讲的社会发展史。学生们早起跑步唱歌，上午上两节课，下午有时上课，有时小组讨论。晚饭后做游戏，大家围成一圈抛手帕，或者换瞎子摸瘸子，再不就击鼓传花。输了的要罚唱一个歌子或讲一个笑话，真是一派欢乐气氛，不身在其中的人，很难知道其中的乐趣。干部学校共办了两期，每期两个月，虽然时间很短，但对青年们的教育和影响还是很深的。他们不仅学习了许多抗日救国的道理，而且还学习了社会发展史，懂得了人剥削人、人压迫人的旧社会一定要灭亡，自由幸福的新社会一定要到来，从而更加坚定了战胜敌人取得抗战胜利的决心，初步奠定了革命人生观，许多同志光荣地加入了共产党，成了临郯地区抗日的骨干力量。

马头解放后，培养干部的道路更加广阔了。各个群众组织都曾举办过短期训练班，许多积极分子还被选送到各自的上级——鲁南各界救国联合会、鲁南农救会、妇救会、职工会、青年救国团等组织去学习。中共郯马工委宣传部还办了多期党员训练班，对党员进行党的基础知识的教育。鲁南三地委也在郯城二区的新村办了郯马干部学校，专门训练郯马地区的知识青年，每期七八百人。地委负责同志杨士法、周南等同志经常到学校去讲课。这个学校一直办到敌人大“扫荡”前，为郯马地区培养了大批骨干。

郯马地区工作大发展，成为日寇的心腹之患。1940年10月，日寇集中了大批兵力，以绝对的优势从四面八方对郯马地区进行“铁壁合围”，并在马头、郯城以及周围十几个村庄安设了据点，到处烧杀抢掠。为了坚持长期抗战，我正规军暂时转移。中共郯马工委组织了小型的游击队，在马陵山区、沂河两岸与敌人展开游击战。这些小型游击队经常深入到敌占区破坏交通，铲除汉奸坏蛋。他们以新的斗争形式，展开了更加艰苦卓绝的抗日斗争。

（内容系节选）

一一五师在鲁南（节选）

梁必业

二

鲁南，是指蒙山以南，陇海路以北，津浦路以东，沂、沭河以西的广大地区。在这一地区的南部是抱犊崮山区，地形复杂，山势险要，向北连接天宝山山区，与蒙山遥遥相对，南北伸展，成为鲁南地区的脊骨，威胁枣庄，逼近徐州，战略位置十分重要。历史上，武装土匪孙美瑶、刘桂棠等曾长期盘踞在这一山区，历届反动政府对他们都无可奈何。当时以抱犊崮、天宝山为中心坚持和发展鲁南抗日根据地是十分紧迫的任务。但这一带非常贫困，土地稀少而又瘠薄，人民生活非常艰苦。在一一五师到达之前，这里虽有我党领导的鲁南人民抗日义勇队等地方武装坚持斗争，并取得了很大的胜利。但在强大的敌人和顽固派面前，力量薄弱，困难很多。整个鲁南地区，除抱犊崮以东的大炉、车辋一带为我控制外，其余山区多为地方武装所盘踞。他们共有近万人，传称司令就有七十二个之多。他们的政治态度也不一致，多数是接受国民党政府委任，少数和日军勾结，也有和我党关系好积极抗日的。多数地方武装称霸一方，欺压百姓，鱼肉乡里。那年月，抢掠事件不断发生，苛捐杂税多如牛毛，土匪猖獗，搞得乌烟瘴气，民不聊生。1939年春，国民党东北军的一个师又进入这个地区。日军的魔爪伸进鲁南以后，占据了所有县城，逐步打通各县城的联系，并伙同汉奸，向山区侵入。他们还利用该区的国民党顽固派的妥协投降，极力扩大势力，并联合加紧反对和进攻我党我军。

按照当时山东军政领导的统一部署，一一五师要坚持这一地区的斗争。我师刚进入这个地区时，工作极难开展。有些反动地主武装关闭围寨，封锁给养，殴打、抢劫我工作人员，捕杀我民运干部。为了迅速打开局面，尽快地创建以抱犊崮山区为中心的鲁南根据地，我广大指战员，不辞一切艰难，针对当时群众的思想情况，广泛宣传党的政策，采取了耐心说服教育的方法，特别注意以实际行动感化群众。有时经过彻夜行军，拂晓时到达目的地，有的村寨硬是不开围子门，我们便在村外露宿，即使下着倾盆大雨，也在村外挨淋。冬天没有棉衣，我们就收购羊毛，絮袄御寒；粮食困难，我们就找一些豆饼和地瓜叶子吃。事实教育了人民群众，使他们逐渐认识到八路军一一五师是打日本、救中国的队伍，是老百姓自己的子弟兵。

我当时是一一五师政治部一名工作人员，笔记本上记录着1940年1月罗荣桓同志在大炉召开的创建抱犊崮山区根据地动员大会上所做报告的内容。他说，这里极便于开展山地游击战争，在战略上可以坚持和创建我军的根据地，并能配合苏北和鲁西的平原游击战争，成为他们的依托。罗政委还指出了创建抱犊崮山区根据地的许多有利条件：附近敌伪力量不上一万人，还分布在城市及主要交通线上；顽固派的势力极不统一，而东北军一般表现中立，还不会立即采取公开摩擦；更主要的是我军战斗的胜利，将局面逐渐打开，群众工作也已广泛地开展起来。代师长陈光同志在做《战略指挥原则》的报告时，也强调指出："我们要有阵地，才能坚持抗战"，等等。创建根据地的工作，首先是积极开展游击战争，打击敌伪的罪恶活动。在1939年秋冬之间，我们的队伍就向邹、滕、临、费、枣等地进发，严厉地打击了敌人，攻克了滕县的山亭，临沂、枣庄之间的卞庄等地，接着奋力拔掉了由枣庄伸向抱犊崮山区的白山、上下石河等日伪据点，打垮了一些勾结日伪的投降派部队和几处最反动的地主武装，从而巩固了以大炉为中心的根据地。在打击了几个反动势力盘踞的土围子以后，我们采取"有理、有利、有节"的斗争方针，强调团结一切可以团结的人，彻底孤立少数顽固派，分化瓦解了反动势力，争取了一些地方武装，使他们有的保持中立，有的向我靠拢，从而削弱了敌伪顽固派势力，更好地发动了群众，初步打开了抱犊崮山区的局面，打下了把鲁南山区建设成为八路军单独的抗日根据地的基础。按照创建和发展鲁南抗日根据地的战略计划和部署，师部逐步把鲁南地区和山东纵队活动的沂蒙山区连成一片。

1939年6月，毛主席和党中央指示一一五师："在鲁南应下放县长区长及在可能条件下放专员，以争取政权。"我军正确地执行了党中央毛主席提出的方针政策，从部队中抽调了大批干部，分赴各地，协助地方党组织进行创建民主政权的工作。当时师政治部的民运部长潘振武同志就到峄县当了县长。通过广泛宣传党的方针政策，宣传我军取得的胜利，组织发动广大群众进行抗日斗争，先后建立了各级民主政权，成立了县支队人民武装，使鲁南山区呈现一派欢腾的景象。到1939年底，我军直接开展了十余个县的工作，协助地方党组织先后建立了六个县的抗日民主政权。在发动群众打击敌伪，建立抗日民主政权的过程中，我们还认真做好抗日统一战线工作。1940年2月7日，一一五师发布的《对抱犊崮山区的统战工作问题的指示》中明确指出：各兵团要利用地主阶级内部武装割据之矛盾进行分化工作，不要因纠缠于上层统战关系，而阻碍群众工作的开展与深入。这个指示在下达的同时上报中央，不久，毛主席回电表示同意其所采取的方针。由于贯彻执行了这一指示和我军胜利的影响，鲁南地区的抗日民族统一战线得到了迅速发展，原大炉民团的领导人万春圃同志起了积极作用。在他的联络下，许多地方实力派的武装纷纷向我靠拢。一一五师进入大炉，组成了临、郯、费、峄四县边联，宋子成同志任边联党的书记。大炉民团改编为边联支队，万春圃同志任支队长。我们还通过地方党对邹、滕两县东侧孔昭同部（当时称暂编第六师）开展工作。在当地名流彭畏三同志的联络下，孔部第二旅（董尧卿任旅长）多次参加我六八六团对敌作战，白彦战斗后，并入我六八六团。孔昭同的其余部队改编为地方游击队。我军很快争取了峄县南北、运河两岸和费（县）、泗（水）边区五千余人的地方实力派武装，接着又选派了大批干部及一部分部队，对这些武装进行了整顿，并先后将其编为峄县支队、鲁南运河支队、邹滕费泗宁五县游击队等。当时，我军和东北军以及国民党鲁南区专员张里元等部，一般都保持了友好关系。

与此同时，我地方党组织所发展起来的地方武装，先后编为沂河支队、尼山支队。1939年10月成立了鲁南铁道游击队，这支长期活跃在津浦路和临（城）、枣（庄）支线的部队，给敌人以沉重打击。1940年秋后，一一五师又建立了临、郯、赣（榆）、东（海）边区游击队，打通了鲁南区与滨海区的联系，并在滨海区南部开辟了新区。这些地方武装都为进一步发展和巩固鲁南抗日根据地做出了贡献。

（内容系节选）

一一五师召开部队和地方干部联席会议

1940年1月6日，一一五师在大炉召开了部队和地方干部联席会议。罗荣桓和陈光分别传达了中共中央的指示精神，做了《关于创建抱犊崮根据地》和《坚持我们的阵地》的报告。罗荣桓和陈光在报告中特别强调创建鲁南抗日根据地的重要性和有利条件，强调努力坚持和巩固自己的阵地。这次会议，部队和地方各级领导干部明确了创建抱犊崮山区根据地的任务：主力部队不仅要搞好军事上的对敌斗争，还要掩护和帮助地方党组织共同开展群众工作，建立政权，并要广泛地建立抗日民族统一战线，使与会人员树立了为建设根据地而斗争的信心和决心。会议对抱犊崮抗日根据地的创建、扩大产生了十分重要的作用。

（编者）

附：梁必业根据笔记整理的罗荣桓同志在会议上做的报告《创造抱犊崮山区抗日根据地》如下：

创造抱犊崮山区抗日根据地 *

（一九四〇年一月六日）

一、鲁南概况

A.地理条件：

山地，便利游击战及建立后方。

在战略上可坚持鲁南游击战争，创造八路军的根据地，能配合广大平原游击战争，成为苏鲁游击战争的依托。

B.日军的力量，周围不上五千人，加上伪军共不上一万人。敌人在经济、政治、文化方面的力量也不大。

C.顽固势力，无论党政军都不统一。封建落后的势力坍塌了，有的转变好了，有的走得更远了。

D.这是八路主力到达后的变化，这种变化将继续扩大，这是好的。

E.友军（东北军）一般的对我不会采取公开的摩擦。

F.党的工作、群众工作很薄弱，在某些地方充分地反映了封建的落后的意识。

G.由于主力部队战斗的胜利，局面已逐渐打开，但党的群众工作没有随军事行动而行动起来。

二、目前工作

A.根据地的工作现在开始开辟，尚未充分开辟。主力部队不仅有掩护地方党的任务，而应以武装力量从各方帮助地方党开辟工作。

B.在不同区域，分别提出不同的要求。

C.加强政权工作。自上而下的、自下而上地争取政权，准备政权工作干部，开辟财源。

D.统一战线工作：

（一）三大政治口号是不可分离的（指中共中央在1939年7月7日抗战两周年宣言中提出的“坚持抗战，反对投降；坚持团结，反对分裂；坚持进步，反对倒退”的三大政治口号）。

（二）不能拍人家的马屁，失掉自己的立场。

（三）具体的对象，采取具体的方针和办法。

（四）对东北军应以协同作战、配合动作去兴奋他们的情绪。对其政训处人员与其军官要有区别。

（五）积极开展统一战线中的下层工作（党政军）。

E.积极开展群众的组织工作。

F.工作方式：

（一）党政军三位一体地自上而下地合作，克服分离现象，反对本位主义及保守主义。

（二）雷厉风行地去干。

三、在反对敌人“扫荡”中创造根据地

敌人在“扫荡”山区时，先“扫荡”外围。

我们先坚持外围，尔后转到侧后，进攻敌据点。

敌人由局部的合击，转到大的“扫荡”；我们应打垮其一路，破坏其整个进攻计划。

敌人采取烧杀政策，我们应实行空室清野，利用围子、山头，抗击、袭击敌人，打击烧房的敌人。

统一地方武装的指挥。

*本文是罗荣桓在大炉干部联席会议上的报告。根据梁必业的笔记整理。梁时任第一一五师直属政治处主任。

第二章　两打孔家庄　三夺白彦镇

第一一五师到达鲁南后，引起了日伪军、国民党顽军和地方土顽势力的极大恐慌，他们千方百计地进行阻挠和排挤，企图把第一一五师歼灭或赶出鲁南。第一一五师不屈不挠，浴血奋战，粉碎了敌人的阴谋。

一、纪念馆展板内容

1. **孔家庄战斗**　孔家庄位于大炉附近，反动地主杜若堂拥有部分武装，把持村政，疯狂破坏抗日根据地。罗荣桓等决定拔除这颗钉子。1939年11月11日，八路军鲁南第三军分区受命攻打孔家庄，因孔家庄围墙坚固，火力强大，强攻无果。鉴于孔家庄的实防，又重新制定了“火攻”作战方案，翌日，把100多只鸡浇上汽油，点燃后从不同方向甩向村寨。指战员乘寨内混乱发起了强攻，消灭了土顽，活捉了反动地主顽固派头目杜若堂。

2. **攻克白彦** 平邑南部的白彦镇位于抱犊崮山区与天宝山区的接合部，与日军勾结的大地主孙鹤龄，控制着数千人的反动民团盘踞此地。为开辟天宝山区，罗荣桓等决定攻克白彦镇。1940年2月14日，第一一五师第六八六团、特务团、苏鲁支队发起白彦战斗，经两天两夜激战，消灭孙鹤龄部1000余人，解放了白彦地区。

白彦争夺战雕刻图

第一一五师占据白彦后，日军如鲠在喉。3月7日，城后据点100多名日军向白彦进犯。第一一五师在白彦以西击退日军。3月12日，城后、平邑、梁邱等据点日伪军1000多人分三路再占白彦。当夜，第一一五师第六八六团向白彦之敌发起进攻，经过短兵相接、白刃格斗，日伪军不支而逃。

3月19日晨，平邑、梁邱、费城据点日伪军2000余人第三次进犯白彦。21日夜，第六八六团、特务团、苏鲁支队和苏鲁豫支队第1大队分别隐蔽接近白彦，突然发起攻击，日伪军伤亡惨重，施放毒气后溃逃，我军收复白彦。

经过14个昼夜的多次战斗，八路军共歼日军800余人，粉碎了日军企图占领白彦的图谋，使鲁南根据地连成一片，为开辟天宝山根据地扫清了障碍。

3. 白彦争夺战

第一一五师占据白彦后，日军如鲠在喉。3月7日，城后据点100多名日军向白彦进犯。一一五师在白彦以西击退日军。3月12日，城后、平邑、梁邱等据点日伪军1000多人分三路再占白彦。当夜，第一一五师第六八六团向白彦之敌发起进攻，经过短兵相接、白刃格斗，日伪军不支而逃。日军连续两次进犯白彦以失败告终。

3月19日晨，平邑、梁邱、费城据点日伪军2000余人第三次进犯白彦。21日夜，第六八六团、特务团、苏鲁支队和苏鲁豫支队第一大队分别隐蔽接近白彦，突然发起攻击，日伪军伤亡惨重，施放毒气后溃逃，我军收复白彦。

经过14个昼夜的多次战斗，八路军共歼日军800余人，粉碎了日军企图占领白彦的图谋，使鲁南根据地连成一片，为开辟天宝山根据地扫清了障碍。

4. 三打白彦经过图

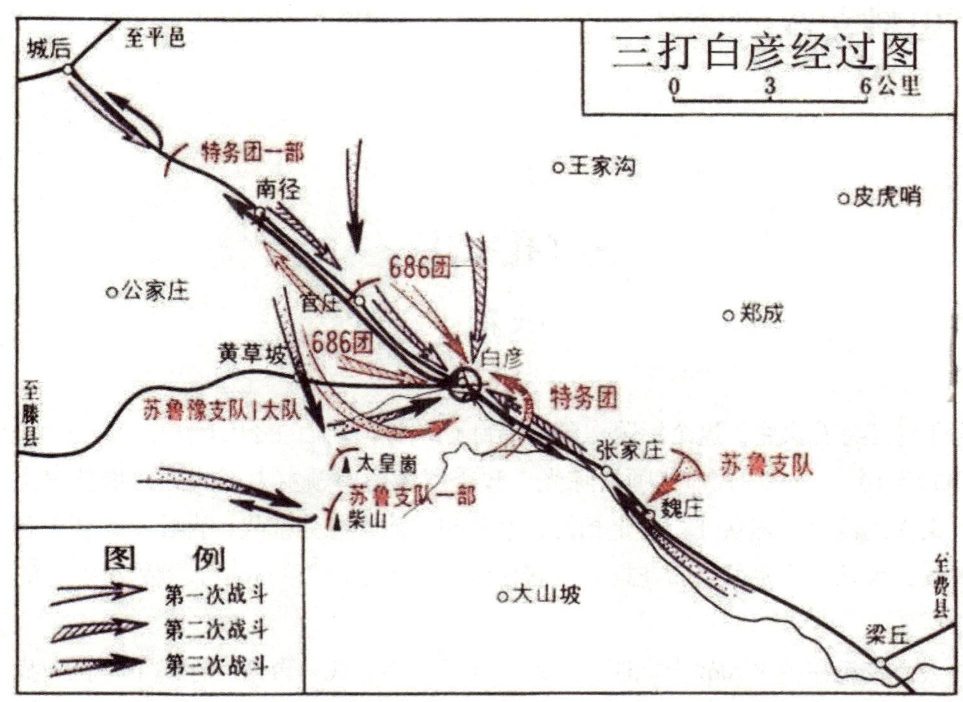

5. 军民庆祝白彦战斗胜利

二、史料文章

三打孔家庄

胡大荣

写下《三打孔家庄》这个标题，自然想到了那段不平凡的经历。

1939年10月，一一五师代师长陈光、政委罗荣桓率领主力部队到达抱犊崮山区。广大人民群众热烈欢呼，奔走相告，杀猪宰羊前来慰劳部队，青壮年踊跃报名参军参战，大姑娘小媳妇打着花棍，扭着秧歌，到处是欢腾的人群，到处是嘹亮的歌声。

一天，我正在树下和战士们谈心，师部通讯员小王飞马奔来。他跳下马，向我行了军礼后，接着说："陈师长、罗政委有请！"我连忙站起身来，跳上战马和小王一起向师部奔去。

师部驻抱犊崮山下的大炉村，陈光、罗荣桓住在万春圃家中。

我来到万春圃家大门口，翻身下马，走进院内。围坐在石桌旁的陈光代师长、罗荣桓政委站起来，满脸含笑地和我打招呼。

我来到石桌前刚刚坐下，陈代师长就高兴地说："老胡啊，你不是整天想打仗吗？今天就给你个仗打。"

我赶忙欠身："请首长下命令吧！"

罗政委指着石桌上的地图，慢声细语地说："孔庄，是反动地主杜若堂武装控制的一个顽固堡垒，我军进驻抱犊崮山区后，曾对杜若堂做过许多团结争取工作，但他一贯坚持反动立场，与敌伪勾结，袭击我过路部队，镇压抗日群众，是楔在抱犊崮抗日根据地的一颗硬钉子……"

罗政委说到这里，陈代师长插话："孔庄从地理位置上讲是你们三军分区所属范围，这场战斗就由你这个司令员指挥！"

我爽朗地回答："请首长放心，大江大河都趟过来啦，阴沟里还能翻了船？"

罗政委严肃地说："万万不可轻敌，一定要做好两手准备，先礼后兵。"

我回答："坚决执行命令！"接着，向首长行过军礼，便大踏步地向院外走去。

回到三军分区司令部，我和政委宋子诚进行了简短的商议后，便召开作战会议，传达了首长的指示，并按照先礼后兵的原则，确定了两套方案：一是文攻，先派政工人员和杜若堂谈判，责成他放下武器，站到人民方面来，共同抗日；二是武斗，如果谈判不成，就集中兵力，突进他的老巢，消灭反动武装，活捉杜若堂。

一个秋雾弥漫的夜晚，我带着军分区主力部队出发了，爬过山岭，穿过河流，来到孔庄附近，部队按照预定计划进入指定位置，做好了战斗准备。天刚亮，我们的政工人员就拿起土制的喇叭亮开喉嗓："孔庄民团的弟兄们，你们已经被八路军包围了，赶快打开寨门投诚吧，只有放下武器，弃暗投明，才是你们的唯一出路。杜团长，你听明白！"

守寨的哨兵迅速将被包围的情况向杜若堂进行了汇报，杜若堂一笑："几个土八路，想打孔庄，真是小巴狗咬月亮——不知天高，老母猪喝井水——不知道地厚。"说着，一步三摇来到寨门上。

政工人员手拿土喇叭继续喊话："杜团长，只要你愿意调转枪口，共同抗日，八路军是欢迎的，人民群众是欢迎的！"

杜若堂眼珠一转，大声呼喊："八路军同志，我杜若堂早就想和你们共同抗日了，如果你们有诚意就派几位长官来寨内谈判吧！"

我和宋子诚听了这话，半信半疑，正在考虑对策时，杜若堂又大声呼喊："如果你们不派人来商谈，就证明没有诚意，你们所说的联合抗日，也是一句空话。"他停顿了一下接着又喊："你们派人来，我一定热情接待！"

事情发展到这种地步，我们只好派政治部的两位同志进寨谈判。

时间一秒秒过去，直到天近中午，两位去谈判的同志才从寨内出来，只见他们一瘸一拐，遍体鳞伤，战士们赶忙跑上前去，扶着他俩来到我和宋子诚面前。两位同志满眼含泪，叙述了进寨遭受杜若堂迫害和毒打的经过。

战士们听后，个个摩拳擦掌，纷纷围拢上来请战："司令员，快下命令，端掉这个乌龟窝！"

我高举右手正要下达攻击命令，猛然一个念头在脑中闪过，"不打无准备之仗"，我又把手轻轻放下，说了声："撤！"战士们长长叹了口气，窝着一肚子火，回到司令部驻地。

当天晚上，我们召开了由主力部队负责人和各科科长参加的民主生活会。我在会上检讨了麻痹轻敌思想，诚恳地接受了大家的批评，研究了二打孔庄的作战方案。

按照作战方案，拂晓我们便把孔庄包围得水泄不通。爆破组早就准备好炸药包，突击班早就上好了刺刀，后续部队也早就做好了攻击准备。当怀表上的时针指向七点时，军号嘹亮，杀声震天，爆破组越过壕沟，迅速炸开围墙，突击班端着明晃晃的刺刀冲进寨内，后续部队呼喊着奔向前去。突然爆破口被敌人的火力封锁住，密集的子弹像雨点一样倾泻出来，后续部队遭到了土顽的强烈阻击，被压缩在一块开阔地上抬不起头来，欲进不能，欲退不肯。

我心急如焚，虽多次命令部队强攻，均未奏效。原来杜若堂在壕沟内设置了三道防线：第一道防线，枪口对外，抗击我军进攻；第二道防线既可对外又可对内，如果我军进攻时，第二道防线上的土顽枪口一致对外，如果我军突入围寨进至第二和第三通防线之中时，第二道防线的土顽即掉转枪口对内；第三道防线上的土顽枪口对外，对我军实行夹击。这次我突击班进入围寨后，就受到土顽的前后夹击，战斗异常残酷，场面十分壮烈，突击班的同志全部壮烈牺牲。面对严峻的形势，我只好再次宣布撤军。

二打孔家庄失败后，部队情绪受到极大影响，而杜若堂的反动气焰却更加嚣张。他命令家人杀了猪、宰了羊，从酒店里抬来好酒，设宴庆功，土顽们大碗喝酒，大块吃肉。杜若堂则站在方桌上大声吆喝：“乡亲们，八路两次攻寨惨遭失败，全仗众位弟兄同心同德，英勇善战，为表彰大家反共救国创建的业绩，我提议咱们干一碗！”

就在杜若堂摆酒设宴疯狂庆功的时候，我们再次召开民主生活检讨会。会议的内容还是分析失败的原因和应该吸取的教训，参加会议的除军队人员外，还请来了几位经常出入孔庄或和孔庄有亲戚的老乡，他们出谋献策，畅所欲言。有的说，孔庄的杜若堂不是一般的土顽，行伍出身，懂得带兵打仗；有的说，孔庄围寨坚固，分里三层外三层，暗道地堡相通，不熟悉情况的进去就会迷路；还有的说，孔庄人心齐，讲义气，剽悍好斗，1928年，抱犊崮堰兵攻打孔庄，恶战三天三夜，始终没有攻进村寨。更有人献计说：“孔庄围寨内的房屋大部分是草房，如果用火攻，必能取胜。”

听到“火攻”二字，我心中一动。散会后，我和作战参谋商议火攻的方案。许多人犯愁地说：这办法虽然好，可是人都进不去，怎么放火呢？大伙儿正在犯愁，突然一只老母鸡咕咕地叫着，从鸡窝里跑出来，我眼前一亮，有了，就谈了“火鸡攻寨”的作战方案。

第二天，恰逢上岩大集，后勤部门的同志在集上买了一百只鸡，两桶汽油。晚上，我带着部队悄悄地围住孔庄，每只鸡上都浇上汽油，半夜时分，我们将一百只鸡用柴把点着，一起飞向村寨，有的落在树杈上，有的落在草屋上，不管落在哪里，都会带起一片大火。霎时寨内浓烟滚滚，烈火熊熊，杜若堂家的粮仓、酒店也先后起火。

杜若堂被这熊熊大火烧愣了，他迅速命令手下救火，我军趁土顽混乱之机，以迅雷不及掩耳之势，突进寨门，消灭了土顽，活捉了杜若堂。

当红日升起的时候，孔庄解放了，村里的群众虽然受到些损失，仍然欢欣鼓舞。我把战士们分兵两路，一路押解着俘虏走出村寨，一路和群众一起修复被大火烧坏的房屋。当杜若堂被押解着通过大街时，人群中响起一阵阵热烈的掌声和欢呼声："枪毙杜若堂！砸烂封建反动武装！团结一致，共同抗日！"

战斗结束后，我赶忙向陈代师长和罗政委汇报情况，没等我开口，陈代师长说："你虽打了胜仗，但不能记功。"罗政委说："老胡啊，从三打孔庄中，你能悟出点道理来吗？"

我略一思索赶忙回答："打仗不能轻敌；打仗要熟悉情况；打仗更要依靠群众！"

陈代师长哈哈大笑，罗政委拍着我的肩膀："我们的老胡真是个聪明人，吃一堑长三智啊！"

孔庄战斗虽然已经过去半个世纪，但三打孔家庄的故事却和当年宋公明三打祝家庄一样，长年累月被人们传颂着。

争夺白彦

张仁初

1939年的冬天在战火纷飞中过去了。我们一一五师六八六团自十月初奉中央军委“建立以抱犊崮山区为中心的鲁南根据地”的命令挺进鲁南以来，转战南北，接连取得了白山、上下石河、李家庄等战斗的胜利。随着我军不断的胜利，鲁南人民抗战热情洋溢，民主政权、群众团体纷纷组织起来，抗日根据地已初具规模。

但是，位于我鲁南根据地中心的费（县）滕（县）公路，却在敌人控制之下，把我抱犊崮山区和天宝山区分割成两片，严重地威胁着根据地的巩固和发展。白彦是费滕公路上的一个重镇。当地的大地主孙鹤龄，在日本侵略军的支持下，强迫周围十余村庄，组织了反动民团，断我交通，破坏我根据地的民主建设。为了把抱犊崮山区和天宝山区连成一片，切断费、滕敌伪之间的联系，我们必须拔掉白彦这颗钉子。

一天，正当我们在议论如何才能拔掉这颗钉子的时候，师部打来电话，要我去接受新的任务。师部驻在山亭镇东北的一个小庄子里，离我团驻地有三四十里，骑马两个小时就到了。

到了师部，罗荣桓政委把我领到一张十万分之一的地图跟前，指着图上的一个小黑点，对我说：“张仁初同志，师部决定将这个伪军据点拔掉。”我俯身一看，就是白彦。

“不过，要拔掉这个据点，是要费点周折的。敌人决不肯轻易放弃这个咽喉之地，所以你们思想上要准备和敌人进行反复争夺。”接着罗政委还指示我们：攻下白彦后，要立即彻底平毁敌人留下的一切防御设施，加紧现场练兵，在短期内把群众发动起来。他特别强调指出：群众能否发动，关系着我军能否夺取和巩固白彦。

政委交代完任务以后，又说：“师部已经命令二大队挺进郯城、马头镇地区活动，南面的敌人由他们挡，这样可以解除你们的后顾之忧。另外，特务团、胡田大队、苏鲁支队配合你团作战，我们的兵力是占绝对优势的。”

说罢，罗政委微笑地望着我，像是在问：“还有什么困难呀？”

政委一切都考虑得十分周密，我立刻感到胜利在握，于是向他保证说：“坚决完成任务！”

我从师部回来以后，团党委详细研究了罗政委的指示，对部队进行了深入的战斗动员。1940年2月下旬，我们以迅雷不及掩耳的突袭动作包围了白彦，经两天两夜的激烈战斗，消灭了孙鹤龄部一千多伪军，解放了白彦。遗憾的是大汉奸孙鹤龄这期间到费县日军那里去了，让他多活了几天。

攻下白彦后，曾参加过前几个月开辟鲁南工作的一批随军干部立即展开了工作。我们部队也抽调了大批干部，协同地方党发动群众。攻克白彦的第二天上午，我和团政委刘西元同志去各营检查拆毁敌人工事的情况。一路上，只见行人稀少，市面萧条。偶尔碰见一两个老头儿，也是怯生生地瞅我们一眼，就顺着墙根儿溜走了，不敢和我们照面。由于敌人的欺骗宣传，群众对我军存有疑惧。更严重的情况是在日寇和汉奸孙鹤龄的敲诈、掠夺下，这里的老百姓都异常贫困。我们所看到的，无论是大人还是小孩，个个面黄肌瘦，衣衫褴褛。怪不得一路上我们经过的道路两旁，所有的树都被剥光了皮，只剩下白森森的树干了。看到敌占区人民的灾难，我心里感到十分难过，便对刘政委说："老刘，你看树皮都叫人吃光了，老百姓的日子是怎样过得啊！"

刘政委深深地嘘了口气，说："是呀！日本帝国主义、汉奸太狠毒了。罗政委要我们发动群众，我看首先必须从改善人民生活做起。"

我们边谈边走，很快来到了一营驻地。这里原是孙鹤龄的指挥部，也是全镇修得最坚固的一座堡垒。战士们喊着号子，抡镐、抬筐，带着胜利的微笑，正在拆毁工事。

我们找到营长钟炳才和教导员王六生同志。钟营长是我们团里的一员猛将，一见面，他就向我们提出："团长，孙鹤龄这个狗窝不等天黑就可以拆平。敌人什么时候来呀？"

我们故意没有理会他。走进房子，我问王教导员："部队对拆毁工事，准备撤出白彦，有没有思想障碍？"

王六生同志说："有一些同志说，上级左讲白彦位置重要，右讲我们拿下白彦对敌人威胁很大，如今白彦打下来了，为什么不利用敌人留下的工事坚守呢？"

刘政委笑了笑说："你们干部思想上是不是搞通了？"

王教导员只是向钟营长看了一眼，没有直接回答。刘政委接着又说："首先干部要搞通思想，领会罗政委的指挥意图，然后才能向战士们进行工作。我们八路军打仗向来讲战术，不能圈在笼子里挨敌人的打。给同志们讲清楚，今天拆毁工事撤出白彦，就是为了明日顺顺当当再进白彦。"

我盯着钟营长，故意问了一句："老钟，你说对不对？"

他连忙说："对！对！听上级指示没错。"

从各营回来，接到师部送来的情报：我们解放白彦后，附近的城前、城后、梁邱等据点的日军都紧闭寨门，按兵不动。种种迹象表明，敌人尚未拼凑好兵力，同时也未摸清我们在抱犊崮山区的实力，近几日内还不致向白彦进犯。

从这天起，部队开始了紧张的训练。每天除一部分同志继续拆毁敌人的工事外，大部分同志在镇郊进行实地战斗演习。操练一结束，干部战士们纷纷帮助老乡扫院、挑水、送粪，做各种庄稼活，和老乡们拉家常，宣传抗日救亡道理。

我军的行动影响了白彦的居民，他们由开始的怀疑、冷淡转变为信任、热情。不几天的工夫，白彦镇的面貌全变了，周围的碉堡、鹿寨、铁丝网，在老乡们的协助下，变成了一片片废墟，街上行人增多了，商店也都开门营业了，原来的镇公所门前，挂上“白彦抗日民主政府”的牌子，街上到处张贴着“军民齐心协力，赶走日本强盗”的红绿标语；街头巷尾到处可见部队的宣传员向群众讲解我党我军的政策。沉睡的白彦镇苏醒了，到处呈现出一片生气勃勃、欣欣向荣的景象。

这是一个山区初春罕见的好天气。晌午，我准备去检查一营的战斗演习，刚出门，便碰到了房东老大爷。自从团部进驻他家，他成天闷着头，一共和我们说了不到十句话。我们向他宣传抗日救国的大道理，他也是不吭不哼，像有满腹心事似的。今天，他一见我，竟出乎意料地用怯生生的口气喊了一声：“同……同志！”我站住，迎着他的笑脸，叫了声：“老大爷！”他指着肩上的口袋说：“这粮食，是你们发给我的。”

我帮着他把粮食搬进屋里去，扶着他坐下说：“老大爷，这粮食本来都是你们自己的，孙鹤龄从你们手里抢了去，才逼着你们吃树皮、草根。现在我们把它还给你们。”他目不转睛地瞅着我，好像在极力理解我的话的意思，激动得说不出话来。好一会儿，他才抓着我的手，颤抖着声音说：“同志，这些天来，我全看在眼里啦！你们真是好队伍啊！不向我们要粮，还给我们发粮食，你说，自古以来哪有这事啊！”突然，他站起身来，咬着牙说：“我们上了当啦！这些丧尽天良的汉奸，我儿子给他们骗得躲起来了，我把他叫回来！”

两天后，不但房东的儿子回来了，而且全镇被骗出走的青年人，也大多回来了。小镇一天比一天活跃起来，十字街口新搭的戏台前，听讲演、看演剧的群众越来越多；出入政府的人们川流不息。年轻人很快和八路军战士交上了朋友。随着工作一天一天的深入，一个星期以后，农救会、妇救会、儿童团都相继组织起来了。紧接着抗日政府在群众中进行了动员，告诉人们：敌人是不会轻易放弃白彦的，要争取彻底解放，就必须配合八路军把敌人打败。

党的政策一旦在群众中生了根，便产生了巨大的威力。老乡们立刻行动起来，战备工作做得非常迅速、充分。他们按政府的指示，彻底进行了坚壁清野，不给敌人留下一粒粮食，牲口都备好了驮架，口粮和生活用品都给拾掇好了，只要政府一声号令，随时可以转移进山。担架队、运输队也都组织起来，准备打仗时做战勤工作。

部队已经休整十余天了，这是我们挺进山东敌后以来休整时间较长的一次。在这十余天内，部队的三大技术（投弹、刺杀、射击）有了显著的提高。现在真是兵强马壮，斗志昂扬。更重要的是白彦的群众已经组织起来。我们具备了粉碎敌人进攻的一切条件。可是敌人却不露声色，好像根本没有进攻白彦的意思，惹得许多同志摩拳擦掌，焦急万分。一营营长钟炳才更是急不可耐，一天打数次电话到团部来探听敌人的动静。

3月4日，罗政委前来检阅了部队的训练成绩。检阅完毕，罗政委对大家说："你们盼望的这个日子马上就要来了。同志们想一想，咱们占领了白彦，切断了敌人的联系，掐住了他们的脖子，不让他们喘气，敌人能干吗？"罗政委短短几句话，把所有的同志都说得眉开眼笑了。接着，政委又说："日军现在已搜罗好了兵力，争夺白彦的战斗马上就要开始了，咱们只要军民团结在一起，敌人再凶，也战胜不了我们。现在我们要准备撤出白彦，让敌人来吧，他们所能得到的，只不过是'竹篮打水一场空'，白彦终归要回到人民的手里。"

检阅后的第三天——3月7日，城后据点一百余日军，果然摇旗呐喊向白彦进犯。但这战斗没有轮到我们手上，中途就被友邻部队特务团打了埋伏。敌人连白彦的边儿也没沾上，就夹着尾巴窜回去了。

敌人这次试探性的进攻，揭开了白彦争夺战的序幕。过了没几天，平邑、梁邱、城后等据点之敌七百余人，又向白彦扑来。

战斗一打响，我们便掩护群众撤离了白彦，然后，部队在白彦东南的小营高地埋伏下来。敌人在我军节节阻击下，直到黄昏，才爬进了白彦。正如罗政委所说：敌人进入白彦所得到的是"竹篮打水一场空"。白彦已成了一座空镇。孙鹤龄的最坚固的中心堡垒，已经变成一片废墟，没有一点工事可以据守。要抓夫整修，却找不到人。更使敌人头疼的是所有的水井都填上了土，一粒粮食也搜寻不到，敌人无险可守，害怕遭受袭击，不得不仓忙撤出白彦，钻进了小营我们布置的伏击圈。

入夜，一营部队在密集的火力掩护下，开始向敌人进行猛烈的冲击。但敌人是拥有现代化装备的法西斯军队，我们的几次冲锋都被压了下来。战士们一个个都气红了眼，二连长脱掉衣服，带着部队和敌人拼上了刺刀。我感到这种急躁情绪会导致我军不必要的伤亡。于是，我和几个同志一起来到了前沿阵地。

一来到前沿，首先就看见二连连长朱家华。他把匣枪插在腰间，端着一支上好刺刀的步枪蹲在工事里，光着头，帽子不知道掉到哪里去了。我走到他跟前，才发现他的左肩负了伤，血把棉衣都染红了。见了我们，他憨笑着说："团长，什么时候总攻啊？"

我狠狠地盯了他一眼，说："还不赶快包扎一下！打起仗来就不要命了。"

这时，天渐渐亮了，一架敌机掠空而过。我们的背后突然响起了密集的枪声，原来敌人来了援兵。这时小营的敌人无耻地放起毒气来。我们腹背受敌，再恋战十分不利。

我们立即撤出了战斗，隐蔽在四周丛山中。天将晌午，敌两路部队会合一起，又缩进白彦。但怕我军夜袭，没等太阳西下，又向南村溜走了。

哪有这样便宜的事！我们立刻命令部队分成两路，一路向南径村追击敌人，一路掩护群众返回白彦。

白彦镇又立刻热闹起来了。几个未撤出去的老头儿向我们介绍了敌人的狼狈劲。原来，敌人进镇以后，就挨家挨户翻，可一粒粮食也没找到。要喝水，井封了，一时也挖不出一滴水来。那些大洋马饿得直刨蹄子，可是有什么用呢？白彦的树皮也没啃的了！

敌人被赶出南径后，还企图顽抗。我追击部队在特务团一部的配合下，击溃了守敌，占领了南径。敌人的五辆汽车，满载着僵硬的尸体向老巢逃去了。

这一仗，我们不但打击了敌人，同时也教育了群众。过去一些不相信我们能守住白彦的人们，现在完全相信了。有位开明绅士对我说："开始我见你们拆毁工事，准备撤出白彦，还以为你们不敢和鬼子打。现在才知道，这是好计谋啊！"

不久，日寇又拼凑了两千余兵力向我们攻来，企图再次夺取白彦。这次我们决心在南径一带摆开阵势，把敌人挡住，坚决不让敌人进白彦。乡亲们也立刻自动组织起来，给部队运送弹药、抢救伤员、送水送饭。老乡们的行动鼓舞了整个部队，同志们更加英勇杀敌。敌人的进攻又一次被淹没在人民战争的汪洋大海里。

就这样，经过十四个昼夜的反复争夺，我们终于彻底粉碎了敌人企图占领白彦的阴谋。牢固地控制了白彦，使我鲁南与湖西、鲁西南根据地连成了一片，为向天宝山区根据地的发展扫清了障碍。

白彦争夺战 消灭孙鹤龄

1940年初，我主力部队打掉了敌人由费县通往滕县公路上地主汉奸孙鹤龄占据的白彦据点。但日军不甘心丢掉其交通要道上的这颗“钉子”，很快又占领了白彦镇，并集中兵力对我军进行报复。一一五师主力部队决心在白彦同日寇打一场硬仗、恶仗。

1940年2月14日，一一五师调集六八六团、特务团和苏鲁支队等五个团的兵力，在罗荣桓政委的亲自指挥下，对白彦5000余敌人发起了猛烈的攻击。罗政委下了最大的决心，布置排以上各级指挥部，都要准备一至四职代理指挥员，如果在战场上当职指挥员牺牲了，准备的代理指挥员要自动按次序指挥战斗，要不惜代价把白彦的敌人消灭掉。经过半个月的攻城打援的激烈战斗，粉碎了敌人数次分进合围“扫荡”，摧毁了白彦地区及其周围的据点，端掉了孙鹤龄的老窝，缴获大量的武器弹药及军用物资，极大地鼓舞了军民的斗志，解放了白彦地区的广大群众。

白彦敌人受到打击失败后，日伪军于3月7日又纠集了邹县以东城后据点的日军100余人的兵力向白彦进攻，被我苏鲁支队击退。

3月12日，日寇又纠集了城后、费县西北的大平邑和费西南的梁邱等据点的日伪军1000余人，在汉奸孙鹤龄残部的配合下，兵分三路向白彦发动第三次进攻，妄图分兵合击，置我军于死地。我特务团、六八六团、苏鲁支队（两个营配属在六八六团领导下，一个营阻击增援的敌人）等武装参加战斗。苏鲁支队一个营在白彦外围40里地带的蛾山口、白庄等地多次对峄县、枣庄、临城之敌展开阻击战，给敌人严厉的惩罚。日伪军以猛烈的炮火掩护，向我阵地连续攻击，我军沉着应战，利用两侧山地有利地形阻击敌人，敌人共发起冲锋5次之多，均被我军击退。城后之敌被阻击于白彦西南的柴山，大平邑南犯之敌在白彦以北也遭我军痛击。为了更有力地歼灭敌人，我军主动放弃白彦，敌人乘我转移之际，于下午4时许，像一群恶狼钻进白彦。当夜12点，我军趁敌立足未稳，又以异常勇猛的火力袭入白彦，与敌逐屋争夺，奋勇厮杀。敌人拼命挣扎，于13日拂晓向西北方向逃窜。我军跟踪追击，逃敌施放毒气，并乘机钻入南径，我军当即将南径团团围住。下午4时许，城后之敌200余人，乘坐汽车增援，又被我击溃。战至黄昏，残敌在大平邑援军的掩护下狼狈逃窜，血泊中丢下了200多具尸体。

19日敌人再度纠集了2500人，妄想挽回败局，由大平邑分兵出动，一路直犯白彦西北的官庄，一路向东进攻白彦西南的太皇崮。我六八六团和苏鲁豫支队第一大队及苏鲁支队一部在官庄和太皇崮与敌展开激战，大大杀伤了敌军的有生力量。此时，费县之敌也大举西犯。20日，日寇500余人，经梁邱向关阳司进攻，在通过北魏庄、张庄时被我军伏击，激战两小时，敌窜入庄内凭险固守。我军于当晚挫败敌人，攻占了北魏庄和张庄。各路之敌乘我军酣战之时又重占白彦。次日，敌300余人，火炮10余门，由滕县出动向柴山前进攻，妄图与占据白彦的敌人会合，又被我军击退。当时我军以强大的攻势向白彦敌人发起了总攻。根据事先侦察好的情报，首先摸入白彦村西头敌人的弹药房，搬出敌人存放的炮弹300多发和一部分子弹。接着继续摸进睡满了敌人的住房之中，把敌人的枪支全部运出后，愚蠢的敌人方从梦中惊醒。这时我后续部队从村西北角和东南角打入白彦镇内，用刺刀和手榴弹与敌展开了激烈的巷战。战斗持续到天明，白彦之残敌穷凶极恶，在施放大量催泪、窒息性的毒气之后，乘机狼狈逃窜。

历时14个昼夜的白彦争夺战中，我军共打死打伤日伪军800多人，缴获长短枪360余支及大量弹药和军用品。白彦战斗的胜利，灭了敌人的威风，鼓舞了我军的士气，为鲁南抗日根据地进一步扩大与发展奠定了基础。

白彦战役是一一五师进入鲁南后第一个重大战役，前后共打了两个月，总共歼灭敌伪军2000余人。在这次争夺战中，苏鲁支队配合主力作战积极勇敢，得到了师首长和兄弟部队的好评。为加强苏鲁支队的战斗力，战后师首长命令师特务团团长吴世安、政委王根培带两个连队，于4月初编入苏鲁支队。吴、王均是红军干部，吴任副支队长，王任支队政治部副主任。

白彦战斗结束后，一一五师机关和直属队转移到费县的常庄一带。3月下旬，日军对该地区进行“扫荡”，张光中司令带苏鲁支队在常庄、郯城、松林一线掩护师直属队。一天拂晓，敌人来郯城一带合围“扫荡”，苏鲁支队奋力顶住日军的进攻，掩护师直属队胜利转移。在我不断地打击下，敌人半个多月的“扫荡”被粉碎了。

（载自《苏鲁支队》）

罗荣桓同志在鲁南

李新阶

1940年，我有幸在罗荣桓同志身边工作了一段时间，蒙受教诲，铭记在心，永远难忘。在抗日战争胜利50周年之际，将我记忆最深刻的一些事回忆如下，以寄托思念之情。

一

1940年2月的一天早晨，风雪弥漫，寒气逼人。我们奉命参加白彦战斗。一一五师直属队由苍山县大炉地区向西开进。我们宣传队在师政治部后面行军。雪越下越大，融化的雪水浸透了棉衣，道路泥泞，鞋袜也都湿了，走了一天，又饿又冷又累。傍晚准备宿营时，我看到一位身材高大、举止庄重的首长，戴着一副眼镜，披着浸湿了的大衣，也和大家一样，步履艰难地进入宿营地。有人说：“罗政委！”这是我第一次见到罗荣桓同志，可我万万没有想到，他就是我以后整天跟随的首长，培育我成长的恩师。

行军的第三天，到达白彦西南方向的南洞。师宣传部长赖可可找我谈话，让我到政治部去任秘书。我说：“是不是因为我在宣传队没有什么特长，才调出的？我文化程度低，秘书工作怕干不了。”赖部长做了解释，说明了秘书工作的重要，然后又讲了注意事项。就这样，我带着文化程度低、怕干不了的心情去报到了，那时我不满18岁。

来到政治部，我有生以来第一次接触罗荣桓同志这么高级的首长，心情很紧张。向首长敬礼后，罗荣桓让我坐下，并同我和在政治部帮助工作的周之同攀谈起来。他看起来很严肃，但谈起话来很和蔼，在询问了我的家庭出身、上过什么学校等以后，说：“让周之同给你讲讲怎么干秘书工作。”周之同像老大哥对待小弟弟那样，手把手地教我，又把抄录电报的本子、公文包交给我，说：“你的主要任务就是做机要工作。”罗荣桓同志在一旁插话：“你刚来，情况不熟悉，让周之同在这里帮助你工作一段时间再回去。”由于谈话就像拉家常一样，我紧张的情绪也就慢慢消失了。周之同带了我一段时间就回组织部了。我初当秘书，工作中出现缺点错误也就难免了。

过去，我从来没用过电话。有一次电话铃声一响，我去接电话，结果把送话的一端放在耳朵边了。罗荣桓同志看见后，就教我怎样使用电话，然后对我说："来的电话都要登记，没有听清的要问清楚，不然会误事的。"

罗荣桓同志是湖南人，说一口家乡话。警卫班的同志和我大部分是北方人，他说话我们有时听不懂，常闹笑话。有一次，他因为一篇稿件要和宣传部部长赖可可面谈，对警卫员说："找宣（先）传（言）部长来。"警卫员听成了找咸盐部长来，想了想政治部没有个咸盐部长，就把我叫出去问。我也没听明白，只好再请示罗荣桓，最后才弄清楚是找宣传部长来。还有一次，罗荣桓同志写了一个讲话提纲，用过后交给我，让我整理一下。我没干过这方面的工作，就根据他拟定的提纲和讲话内容，写成文字，送给他审阅。他看过后笑了笑说："不是这样整。应该根据内容，有的可列为一条，有的可列为两条，抄在本子上，备用。还有一种方法，就是整成文件或文章，准备下发或登报用。总之，应根据需要和要求来整理。"罗荣桓同志的指示非常宝贵，对于提高我的工作能力和文化水平很有帮助，使我终生难忘。

二

1940年3月，罗荣桓同志从鲁南到鲁中沂蒙山区出席山东军政委员会会议，我随行。我们离沂蒙山区较远，还要通过敌人的封锁线，往返途中，有些情况，他亲自处理，有些事，他教我处理，使我学到许多宝贵知识。2月下旬，我们从南洞出发，通过白彦到山阴与六八六团一营三连会合，由三连护送。第一天行军比较顺利。第二天上午9时左右，我们刚通过一个村庄时，突然有两辆满载敌人的汽车从西面开来。罗荣桓同志用望远镜观察，发现有四五十人，根据情况判断，敌人没有发现我们。他说："因为我们有任务，不然可以打他一下。"我问："如果打的话，怎么打法？"他说："部队迂回到村子西边的高坡，从高处向下打……"我听后不由暗暗点头。

第三天黄昏，我们到达敌人严密封锁的滋临公路附近，要从大平邑和铜石之间通过。在通过公路时，罗荣桓同志让我和警卫员何登仁骑马先行。尽管三连已经过了公路，两个战士正在执行破坏电话线路的任务，我还是有点紧张，也没有向周围观察，就匆匆过了路。接着，罗荣桓同志也跟着过来了。走了六七里路，在一个村子宿营时，他问我："过公路时你观察到什么？"我说："只想迅速通过，没注意观察。"他说："通过封锁线要沉着，行进速度不要快，要边走边观察，在没发现情况时，再快速通过。”他继续说：“刚才过路时，在西面有几个老百姓推着两辆小车向西去，这就说明没有敌情。”当我问在此地宿营离公路太近是否安全时，他说：“前面的情况不了解，怎么走呀？再说，我们刚到这里，敌人还未发觉，待敌人发觉后，我们已经走了。”晚上，他除让三连注意警戒外，还要我起来查哨。我们在这里安安稳稳住了一夜。

天未明，我们即吃罢早饭继续行军。走了一天，到达七团驻地岳家村。七团是抗战初期萧华同志在冀鲁边发展起来的一支部队，以后经鲁西、泰西进驻费县西北地区。在七团，罗荣桓同志听取了汇报，讲了对付当地封建“会道门”无极道的对策。在这期间，七团司令部的参谋给我们绘制了去孙祖的路线图。我们由岳家村出发，经燕窝石、王庄、大寨沟、石屋山等地，经几天行军，到达山东分局驻地——孙祖。

在孙祖期间，罗荣桓同志整天忙于开会，三连和其他人员休息。会议开了约一周。3月10日左右，我们按原路线返回。临行的那天早晨，八路军第一纵队司令部参谋处长罗舜初同志，把分给一一五师的许多五万分之一的地图交给我们带回去。

离开孙祖，经石屋山、五圣堂，第二天到达七团活动的地区。侦察员顺小路走在最前面，大约11时左右，快到七团驻地了，我和何登仁往西南方向走大道，罗荣桓同志跟着侦察员往西走小道。突然听到一阵枪声，我骤然紧张起来，迅速赶到出事地点，才知道发生了大事故：当侦察员和七团的哨兵接触时，说明是一一五师罗荣桓政委从山东分局开会回来了，哨兵不信。侦察员为了表示诚意，当即把枪交给他。此时，罗荣桓骑马上来了，哨兵误认为是敌人上来了，就开枪把侦察员打死，也朝罗荣桓开了枪。罗荣桓同志迅速从马上跳下来。为掩护首长，三连连长命令机枪班向空中打了一梭子子弹，迫使七团的警戒分队撤退，避免了一场大的灾祸发生。对此，罗荣桓同志很生气，让我立即去七团联络。七团的首长说：前几天，惯匪刘桂堂的部队从这里过，因此加强了警戒。另外，我们估计首长会穿过蒙山从猪尾巴沟过来，没想到出了这样的事。

第二天，七团党代表大会开幕，请罗荣桓同志做形势和任务的报告。他用了一个多小时，讲了形势和任务，并结合七团实际，讲了这次发生的事件。罗荣桓同志气愤地说：“侦察员把情况都给你们说清楚了，你们不信，人家把枪也交给你们，你们还是不信，并开枪把人家打死，你们这是执行的什么政策！幸亏你们的射击技术不怎么样，不然还会犯大错误哩。”七团的同志面带愧色，坐立不安。

七团党代会结束后，罗荣桓同志离开七团驻地，顺利地通过滋临公路，经几天行军，到达白彦东南师部驻地。三连归还建制。历时20余天，孙祖之行结束了。

三

罗荣桓同志回到师部时，白彦战斗正在进行。白彦地处鲁南抱犊崮与天宝山区之间，是鲁南山区的交通枢纽。恶霸地主孙鹤龄的反动民团数千人盘踞在此，勾结日寇，破坏抗战，成为发展鲁南抗日根据地的严重障碍。2月中旬，一一五师发起白彦战斗，解放了白彦地区。3月7日和12日，日军两次进犯白彦，均被我军击退。3月19日，敌2000余人第三次来犯，并侵占了白彦。3月21日夜，我向敌发起总攻。六八六团一营首先摸入白彦，搬出300多发炮弹和许多子弹，继续摸进睡满敌人的房屋，将枪支全部运出。待敌发觉时，我后续部队从西北、东南两个方向突入村内，与敌展开激烈的巷战。敌人伤亡惨重，援军也被我打退。敌在无望的情况下，施放毒剂，枪杀了我中毒的战士，然后仓皇逃窜。此次战斗，共消灭800多敌人，缴获了一批弹药和武器。战后，罗荣桓同志除让部队总结经验教训（特别是对付敌人的毒剂）、表彰英模事迹外，还召集宣传部的同志着重研究关于白彦战斗的宣传问题。他说："我们要大力宣传白彦战斗的胜利，要通过新闻台向全国宣传，通过《战士报》向军内宣传，以扩大我军的政治影响，进一步发动组织群众。"

白彦战斗后，师部移驻大炉以西的曾光峪一带。师政治部驻吴家沟。4月中旬，在这里召开了驻鲁南地区的团以上政委、政治处主任参加的政治工作会议，对一一五师入鲁以来的工作进行了全面总结。罗荣桓同志在讲到克服时局逆转、坚持抗战、发展进步力量、坚持统一战线时，对东北军做了实事求是的分析。大意是：现在的东北军和西安事变时比较，已发生了许多变化。主要是国民党的特务打入东北军，极力想法控制部队；部队内部人员东北籍成分减少，关内成分增加；在领导层中，有的积极反共，有的对敌人态度暧昧，但多数与沈鸿烈、秦启荣不同，对我们的态度基本上还是友好的，仍是努力争取的对象。我们的政策是团结更多的友军共同抗日。除对东北军上层继续进行联络外，应对下层多做工作。对反共反人民的顽固分子，从政治上给以揭露，使他们孤立，在军事上按照自卫原则给以打击。

一一五师进入鲁南地区后，和东北军的关系一般尚好。师首长曾派参谋处长王秉璋和靳怀刚同志去联络过。我军驻地和东北军一一二师距离很近，我们行军常从他们驻地附近通过，他们的部队有时也到我们的防区来。有时也发生一些不愉快的事。4月下旬，敌人"扫荡"时，师政治部驻吴家沟，东北军的部队也开到吴家沟东、北面的树林中隐蔽。我有哨兵，他们也派了哨兵，形成对峙和监视我军的态势，一时气氛紧张起来。罗荣桓同志知道后，由一位部长和总务科长陪同，带几个警卫员，从村子东面绕到北面，在东北军的军官士兵面前，非常严肃地说："这是我们的防区，你们为什么在我们的哨位上放哨兵？赶快把哨兵撤走。"他们哑口无言，一会儿把哨兵撤走了，部队也开拔了。

当时，罗荣桓同志代表山东分局，具体领导鲁南地区我党在东北军一一二师的工作，工委负责人谷牧同志经常来师部向罗荣桓汇报请示工作。为了团结更多的友军共同抗日，党中央决定：党在国民党军队中停止活动，共产党员要从中撤出。在鲁南地区就是罗荣桓同志具体部署的。随后，谷牧同志率领在东北军一一二师做秘密工作的共产党员全部撤出，到山东分局另行分配工作。

"皖南事变"后，国民党进一步推行反共的反动政策，连续向八路军、新四军进攻。在山东的东北军也经常袭击我们，屡屡杀害我派去的联络人员，捕杀我地方工作干部。1941年10月，东北军一一二师六八三团团长张本枝，纠集1000余人，突然袭击我驻银厂的鲁南区党委领导机关，杀害了区党委书记赵镈同志。山东分局和罗荣桓同志按照有理、有利、有节的原则，进行了坚决反击，同时加强了统战工作。1943年6、7月份，蒋介石调于学忠的东北军出鲁，派反共顽固派李仙洲的九十二军入鲁。罗荣桓和山东分局坚持区别对待的原则，决定对于部出鲁给予方便，对李仙洲部的进攻则坚决给以打击，取得了重大胜利。

四

由于我党我军英勇奋战，鲁南根据地得到很大发展，构成了对敌人的严重威胁。1940年4月中旬，敌人纠集两个师团和两个混成旅团各一部共8000余人，对鲁南根据地进行大规模"扫荡"。罗荣桓等领导同志对反"扫荡"做了具体部署。

罗荣桓同志晚上爱看书，睡得比较晚。秘书和公务员一般都要待他入睡以后才去睡觉。4月21日晚，他看书，我也在旁边学习，一会儿工夫，我睡着了。他把我叫醒，说："你去睡嘛！"我就躺到铺上睡了。这时"扫荡"的敌人已进入我根据地，司令部决定当天晚上12点半转移。参谋处长王秉璋把当天的敌情和司令部的意图，给罗荣桓同志写了一封信，派人送来。警卫员把信给我，我睡意正浓，迷迷糊糊，看了半天也看不明白，最后看到"王秉璋"几个字，就说："这是给王处长的，送王处长。"一会，司令部转移的命令来了，我也没看明白，就让送走了。12时，起床开饭，我不明白是怎么回事，赶快去总务科一问，才知道自己犯了大错误。我赶快将命令送给罗荣桓同志，这时，王秉璋处长的信也转回来了，我把误事的经过向罗荣桓同志做了汇报，他很严肃地说："开玩笑！"只一句批评的话，我就觉得重似千斤。通过这件事，深感自己责任重大，我的一举一动，工作的好坏，往往直接关系到首长的安危。

罗荣桓同志看了王秉璋的信和司令部的命令，认为敌人离此尚远，便向梁必业部长交代："你带机关先走，我到拂晓再走。"第二天早晨，我们转移到王庄、李村一带宿营时，罗荣桓同志带一个骑兵班也到了，我心里才一块石头落了地。

驻王庄、李村时，头几天还比较平静，以后敌人就包围上来了。一天下午两三点钟，一队身着黄色服装的人马从东南方向的山头上插下来，到了离我驻地几里路的村子。总务科长蹲在村头监视这股敌人。一会，靳怀刚、宋子成等同志率领后方政治部、地委机关也转移到师政治部驻地来了，并向罗荣桓同志报告西边也发现了敌人，请示怎么办。这时，王庄、李村一带，有师直属队、特务营，加上后方政治部、地委机关，目标越来越大。罗荣桓同志分析了敌情后，对靳怀刚、宋子成同志说："我们必须在合击圈形成之前，分散转移出去。你们现在就走，向西南方向转移，师司政机关也于今天晚上转移。"靳怀刚、宋子成同志立即率领后方政治部、地委机关向西转移，顺利突出了敌人还未完全形成的包围圈。为了缩小目标，师司令部和政治部分开行动，司令部、通讯营、特务营、供给部、卫生部为第一梯队；政治部和特务营的第三连为第二梯队。陈光和罗荣桓同志分别率两个梯队行动。

黄昏以后，罗荣桓同志率领第二梯队向西北方向转移，第二天早晨到达吴家沟宿营。为了提高机关的自卫能力，罗荣桓把政治部的干部、勤杂人员都动员起来，编成班排，参加作战，并抽调部分干部外出侦察。一切布置就绪，罗荣桓同志进房子休息了。他的住处是一位读书的人家，桌子上摆了笔墨纸砚和四书五经之类的书籍。罗荣桓顺手拿起一本《孟子》，和衣躺在床上，朗朗地读起来。当读到"民贵君轻"时，便自言自语地说："噢！他也主张'民贵'呀！"

在到吴家沟的第二天，得到第一梯队在涧村遭到敌人袭击的消息。罗荣桓同志指示我们注意警戒，收容第一梯队失掉联络的人员。第二梯队的电台和机要科的同志，都按罗荣桓的要求，紧张地工作着。由于加强了警戒，全局和当面敌情都很清楚，所以政治部在吴家沟安安稳稳地驻了五六天。以后，我们从吴家沟转移到董家、葫芦套、核桃峪。核桃峪村后有一座山。一天午后，敌人到了山北面。这时，三连执行任务去了，罗荣桓同志由李燧英陪同，带两个班（由公务员编成）和警卫班，爬上村后的山头，观察监视敌人行动。因山腰鼓出，从上面看不到山下的敌人，只见山下有几匹敌人的洋马。罗荣桓对警卫班长罗贵明说："你派几个人下去看看，想法把洋马牵上来。"罗贵明和几个战士绕到山下一看，原来敌人的大队人马都隐蔽在山沟里。他们没有惊动敌人，悄悄回来报告，并催罗荣桓离开。罗荣桓一边安排政治部转移，一边说："山下的敌人还没有发现我们，再等一等。"当他估计政治部已转移到安全地带时，才撤离山头。

历时近一个月的反“扫荡”，在罗荣桓同志指挥下，师第二梯队只转移了3个村庄，走了150多里路。遇到敌情，我们都巧妙地避开了。大家都说跟着罗政委行动最安全。

五

反“扫荡”结束后，师政治部移驻七里河村。罗荣桓同志抓的第一件大事，就是筹备召开鲁南各界人民代表大会，建立鲁南抗日民主政权。经过充分准备，1940年6月11日，代表大会在一一五师驻地附近的臼子峪正式召开。罗荣桓同志在会上做了政治形势和抗日民主政权性质、任务的报告。会议期间，他接见各地代表，倾听他们的意见。通过酝酿，按照“三三制”的原则，民主选举产生了鲁南区参议会，彭畏三为参议长；成立了鲁南行政专员公署，于化琪为专员。从此，鲁南地区建立起由共产党领导的民主政权，使鲁南抗日根据地建设进入一个新的阶段。

在七里河期间，罗荣桓同志让房的故事，令人感动不已。本来，罗荣桓和林月琴及出生几个月的女儿南下3口人，住在通风、凉爽的三间北房里。但他看到刚成立的政治部秘书处有3个人，就决定给秘书处换房子。林永松秘书长再三劝阻，罗荣桓就是不肯，坚持自己住一间很小的东房，林月琴带南下住西院的房子。夏天住东房，酷暑难熬，我们心里都不安。住了一段时间，由于罗荣桓同志过于劳累，又加上天热，就闹了一场病，发烧、呕吐。卫生部谷广善、刘放两位部长专程来看望。刚一痊愈，罗荣桓同志就投入9月份一一五师高干会议的准备工作。

长时间以来，一一五师政委、政治部主任的工作，全部集于罗荣桓同志一身，工作非常繁忙。1940年夏，中央军委、总政治部任命萧华同志任一一五师政治部主任。正在院子里乘凉的罗荣桓同志，看了电报后满面笑容地说：“好！”9月，萧华同志正式到职，全师的政治工作就由他承担，罗荣桓同志就可以集中精力考虑有关全局的战略问题了。

9月上旬，山东分局在鲁南天宝山区的桃峪召开扩大会议，研究山东的斗争形势，部署下一步工作。接着，罗荣桓、陈光又主持召开了一一五师支队、旅以上高级干部会议，总结入鲁以来的工作。为开好这次重要会议，罗荣桓同志召集下面的老同志座谈，亲自到郯马地区的东进支队和后方司令部调查了解情况，亲自动手，起草报告提纲。

桃峪会议之后，罗荣桓同志就离开政治部搬到司令部去住了。11月，师直属队北移费县西北地区，向山东分局、山东纵队靠拢。罗荣桓同志为实施对全山东的军事指挥，担子就更重了。

第三章　贯彻统战政策　打击伪顽势力

第一一五师认真贯彻党的抗日民族统一战线政策，积极争取国民党上层人士和地方士绅名流，建立起广泛的抗日民族统一战线。同时认真贯彻中共中央“发展进步势力，争取中间势力，孤立顽固势力”的方针，为根据地建设营造了良好的社会环境。

一、纪念馆展板内容

1. **万春圃**（1881—1972）　兰陵县人，开明士绅，20世纪30年代初任国民党临沂七区联庄会会长。在中共统战政策感召下走上革命道路。第一一五师到鲁南后，罗荣桓等就住在他家中。1945年加入中国共产党。

1940年3月22日，在万春圃的要求下，将其组建的四县边联武装改编为第一一五师临郯费峄边联支队，由他任支队长，于化琪任政治委员，共有武装500余人。这是抱犊崮山区的基本地方武装。此后这支队伍不断发展壮大，为开创鲁南抗日根据地做出了重要贡献。

2. **万春圃打开粮仓向八路军献粮**　第一一五师进驻兰陵大炉后，干部战士生活清苦，纪律严明，使万春圃感慨万分。他看到八路军吃糠咽菜的生活，再也坐不住了，主动打开自己的粮仓，砍伐了南山松林，并动员自己的仁兄弟陈玉山、盛清沂、刘子才、王拱辰等捐粮献款支援部队，仅陈玉山一次就献出几万斤小麦和300元大洋。

3. **孔昭同**（1880—1940）　滕州人。1900年考入山东武备学堂，曾在孙传芳部历任营长、团长、旅长、师长等职，1927年解甲归田，1938年组建鲁南民众抗敌自卫军，不久改编为国民党第十集团军暂编第六师，他任师长。第一一五师进入鲁南后，积极做孔昭同的统战工作，从而坚定了他跟共产党走的决心并主动要求改编其部队。于1940年4月，孔昭同部正式加入第一一五师战斗序列。朱德总司令电委：孔昭同为十八集团军第一一五师曲泗邹滕费五县游击支队司令员。孔昭同亲自率部到第一一五师驻地接受改编及委任。

4. **官里庄惨案**　1939年12月28日，临郯费峄四县边联农民自卫团在费县官里庄开会，邀请国民党费县县长李长胜参加。李长胜带保安队到会，以县长身份要求检阅自卫团，强令自卫团把枪支聚集放在一边，排队集合后，下令保安队向其开枪，当场打死自卫团干部团员6人，打伤20余人，并收缴了自卫团的枪支，制造了震惊鲁南的“官里庄惨案”。

5. **围攻李长胜** 官里庄惨案发生后，罗荣桓灵活利用统战政策，指示一区党委第三地委抓住这一事件，发动群众向国民党开展有理、有利、有节的斗争。三地委动员自卫团3000多人到东北军驻地游行示威，要求严惩破坏抗战的凶手，接着把李长胜盘踞的崮口村团团包围起来。负责该辖区的国民党东北军一直按兵不动，李长胜见救援无望，便在一个夜晚率部逃窜。自卫团乘势收复崮口山区，后建立了费县抗日民主政府。

6. **攻打荣子恒** 1939年1月国民党五届五中全会后，在全国各地掀起抗战以来的第一次反共高潮。1941年春，国民党五十七军一一二师和五十一军一一四师乘八路军第一一五师离开鲁南之际，大规模进攻鲁南根据地，其中国民党五十七军一一二师副师长兼三三四旅旅长荣子恒占领崮口山区。1943年，荣子恒率部投敌。1944年5月，八路军对荣子恒部发起攻击，荣子恒残部逃往费城、临沂再后又逃窜至泗水城。1945年2月，鲁南和泰南的主力攻克泗水城，荣子恒部被全部歼灭。

二、史料文章

广泛发动群众 扩大统一战线

第一一五师初到鲁南时，由于种种原因，广大群众还没有普遍发动起来，特别是乡村的武装大多掌控在地主恶霸手里，许多基层民众不敢与八路军接触。根据这种情况，罗荣桓等要求广大干部战士认真贯彻党的抗战路线，大力发扬红军的优良作风和光荣传统，以自己的模范行动影响带动群众，并派出工作团到农村宣传、发动、组织群众。经过一段时间的努力，收到明显效果。

在鲁南，共产党、八路军的主要统战对象是当地各种地方势力和东北军。罗荣桓初到山东时，就对东北军的情况进行了深入的研究。早在1939年4月，他在泰西时就曾指出："于学忠到鲁南，统一战线的形势可能会好些。我们应当很好地巩固与东北军之团结。"于学忠是山东人，曾在北洋军阀吴佩孚手下当过师长。1927年转入东北军，1936年任国民党甘肃省主席。西安事变时大力支持张学良的"兵谏"。张学良被蒋介石扣押后，东北军即由于学忠率领。抗战开始后，蒋介石把东北军调到山东，既想让东北军在同日伪军的战斗中受到削弱，又想利用东北军限制山东人民抗日武装力量的发展。

于学忠部辖有第五十一和第五十七两个军。第五十一军驻扎在沂鲁山区，第五十七军分驻在日（照）莒（县）山区和抱犊崮、天宝山区。东北军进驻沂蒙山区后，中共在其军中的地下组织即与当地中共党组织接上关系。第一一五师到达鲁南不久，即派联络员到东北军做工作，与其维持着较好的统战关系，并从中获益良多，其中赶走顽固派县长李长胜就是一个例证。

李长胜是沈鸿烈委任的费县县长。沈鸿烈出身于东北军，但他死心塌地投靠蒋介石，专与共产党、八路军搞摩擦。而李长胜又是第五十七军军长缪澂流的外甥。缪澂流在政治上与沈鸿烈沆瀣一气，也是东北军顽固派的代表人物。李长胜便依仗沈、缪作后台，处处与共产党和八路军作对。1939年12月28日，临郯费峄四县边联农民自卫团在费县官里庄开会，邀请李长胜参加。李长胜带着保安队员赶到会场，以县长身份提出要检阅自卫团，强令自卫团架起枪支，排队集合，然后指使部下开枪，当场打死自卫团干部、战士6人，打伤20余人，并收缴了自卫团的枪支，制造了震惊鲁南的“官里庄惨案”。

消息传出后，中共一区党委三地委（由鲁南特委改称）和临郯费峄四县边联的领导人立即开会研究对策，并请示罗荣桓。罗荣桓指示：“要抓住这个事件，首先组织群众到霍守义的驻地游行示威，要求霍守义严惩杀人凶手。”有的干部担心向霍守义请愿不管用。罗荣桓说：“李长胜行凶是在霍守义驻防的地盘里。霍守义还是抗日的，虽然他不想得罪他的上司缪澂流，可也不会支持李长胜。我们向他请愿，造成声势，下面的文章就好做了。”

霍守义是东北军第五十七军第一一二师师长，对共产党比较友好，对共产党在其部队的活动听之任之。此时正率部驻扎在鲁南山区。果然，当自卫团员护卫着几十名死难者家属到该师师部请愿时，霍守义立即派人接见群众，表示同情和抚恤，但对要求严惩凶手未予明确答复。

罗荣桓密切关注着事态的发展，他对三地委和边联县的负责人说：“现在请愿已达到了目的。顽固派输了理，我们在政治上取得了主动，群众要求报仇雪恨的劲头也鼓起来了。下面的文章，就要转入武装斗争了。攻打李长胜的驻地崮口村，讨伐顽固派！”

在罗荣桓的具体指示和第一一五师的大力支持下，三地委成立了前敌委员会，调动农民自卫团3000余人，分兵5路，把李长胜盘踞的崮口村团团包围起来。李长胜据坚固守，而自卫团装备太差，因此久攻不下。有的干部忧虑时间长了霍守义会率部增援。罗荣桓成竹在胸，及时写了一封信送到前线，他在信中指出：“经过前一阶段的揭露和斗争，李长胜做破坏抗日、破坏团结的罪行有目共睹，已成众矢之的。前一段霍守义未答应群众严惩凶手的要求，也算可以向缪澂流交账了。现在霍是不会进一步公开支持李长胜的。有八路军主力做你们的后盾，他也不敢援助李长胜。因此，你们要坚定信心，持久围困，不要急躁，不要硬打硬拼。李长胜总有一天会挺不下去的。”

自卫团围困李长胜期间，霍守义一直按兵不动。李长胜见救援无望，便在一个夜晚狼狈逃窜。八路军乘势收复崮口，建立了费县抗日民主政府。

通过这次斗争，地方党组织向罗荣桓学习了斗争策略和工作方法，对统一战线方针有了更加深刻的认识。广大群众从中看到了共产党、八路军的优良品质，也看到了自己的力量，对以后开展对敌斗争充满了信心。

（载自《中共临沂地方史（第一卷）》）

抱犊崮山区统战花

黄玉昆

抗日战争时期，为了广泛开展敌后游击战争，八路军一一五师于1939年夏来到费县、临沂、峄县、滕县、邹县之间的抱犊崮山区。这时，山上的蒲公英、苦苦菜等野花盛开，地里的庄稼繁茂，农民们在山坡上、田野里辛勤劳动。上层社会的进步人士，纷纷到我师机关驻地大炉拜会师首长，寻求抗日救国之道。山区呈现出一片欣欣向荣的景象。

这年9月，陈光、罗荣桓找我们谈话。陈光说："为了巩固和扩大抱犊崮山区抗日根据地，我们要积极开展这一地区的统一战线工作，争取同情我们的友军及中间阶层和我们团结抗日。接着他讲了这个地区的敌、顽、友、我态势及动向。罗荣桓说：在滕县东部地区驻有友军六十九军暂编第六师。该师的孔师长原籍曲阜，祖父一代起移居滕县。他十八岁时考中秀才，二十岁时考入山东武备学堂。毕业之后任孙传芳部连、营、团、旅、师长等职。解职后，回乡开药铺，办学校。抗日战争爆发后，他奔走呼号，多方联络，组建了一支鲁南民众抗日自卫军。1937年11月，日军轰炸滕县，把他的大儿子和三儿子炸死，国恨家仇使他对日本侵略军万分痛恨。他老先生已年近花甲，两年来冒着风雪严寒，跋山涉水，忍饥挨饿，在这个地区打游击。他为人豪爽正直，是非分明，对不打日本侵略者、专和我军摩擦的顽固派一向很鄙视。暂编第六师，是石友三授予的，自石友三反共之后，孔师长就和他断绝了关系，现在粮食、被服、弹药全靠自己筹划，作战行动也是孔师长自主。这支队伍在群众中有一定基础，也有较高的威望。二旅旅长董尧卿曾参加过我党，1938年秋国民党顽固派在滕东对我义勇军进攻后，脱离了党。最近孔师长又请求派干部到他师去，帮助训练部队，董尧卿还要求恢复党的关系。你们到那里以后，先和董旅长接头，组建党支部，董可作为特别党员，恢复关系。我们的苏鲁支队就是过去的义勇队，和二旅靠近，可作为你的依托，要注意和他们联系。"

遵照陈光和罗荣桓的指示，我们来到六师见了董尧卿旅长。董旅长身材魁梧，着装整齐，虽然住在农村，但几乎一举一动都按条令行事，使人一看就知道他受过严格的军事训练，是科班出身的军人。他为人豪爽，很健谈，经常和我们谈这个地区的人情、地理情况和他个人经历。从谈话中，我知道他家庭贫寒，不得已投军谋生。他当兵从战士一直升到旅长，在军阀争权夺利的斗争中被解除武装，软禁起来。释放后，就回到家乡滕县沙沟和乡邻共同捐款，创立了曙光小学，在小学里结识了郭子化、朱道南等党内同志。

抗日战争爆发后，他号召乡邻组织队伍，抗日救国。队伍组织起来之后，郭子化还派了几个同志来做政治工作。有一次他向我们说了一首民谣："游击队遍滕县，大家不要一样看，要受穷找周侗（周侗是滕县国民党的县长，初建部队时和我党合作，后走向反面），想享福跟老朱，跟着殿俊挨红枪，跟着玉华好横行，保护汉奸的王玉琛，坚决抗日是孔昭同，大学毕业当土匪，唯有滕县褚汉峰。"他把歌谣中每个人的情况做一番介绍，然后说："他们这几个头头，大都不打日本侵略军，经常制造摩擦。1938年8月，勾结了山东省国民党的头头秦启荣，山东省保安第二师师长申宪武，第五战区三十支队司令梁继璐，五十支队司令崔遽庵等，向抗日义勇队发动联合进攻。义勇队打得很坚决，支队政委何一萍在作战中英勇牺牲。但由于敌众我寡，义勇队被迫撤出这个地区，到大炉去了。这些敌人并不死心，还准备继续进攻。直到一一五师过来，打了崔遽庵，消灭了梁继璐，苏鲁支队才回到这个地区。"说到这里，他脸上露出惋惜的表情，停顿了一会儿又接着说："义勇队走了之后，这个地区大部分被敌人占领，坚持抗日的只有孔师长了。为了保存力量，我就带着部队靠近孔师，以后就编为孔师第二旅。"

经过一段接触之后，我们之间的顾虑打消了，交谈更深了，感情更加融洽了。这时，我们从苏鲁支队那里得知现驻东江村的土顽（当时对国民党反共的地方武装的通称）两个团，一个团长名叫朱十英，一个名叫王玉琛（即歌谣中的老朱和王玉琛），他二人和董旅长是结拜的仁兄弟。1938年，土顽打我们的时候，他俩都参加了。为了解这两个团的情况，在一次谈话中我们问道："听说你和朱十英、王玉琛两位团长是换帖的兄弟，不知真假？"他毫不回避地说："确有此事。不过近来往来甚少。"周乐亭说："我建议最近去拜访他们一次，我也同去。"他欣然同意。通过几次拜访，我们了解到东江村兵力分布及设防情况。

在东江村的南部，有一山村叫文王峪，被一恶霸地主盘踞，破坏抗日根据地的建设。师首长命令我军主力六八六团打掉这一据点，并指示我们带董旅一部兵力配合作战。在作战中，董旅的官兵亲眼看到我军英勇顽强攻克敌堡垒的行动，大受鼓舞。

战斗之后，孔师长对我军更加称赞，更加钦佩。一天，董旅长从孔师长那里回来对我们说："从谈话看来，孔师长还想请求您再派干部来，到师部和他一起共事。"过了几天，孔师长又派刘秘书长和董旅长到一一五师去，说明愿意接受一一五师的领导，要求派干部到师部去，加强部队的军事训练和政治工作。这次罗荣桓政委亲自接待了他俩。

董旅长回来后十分高兴，满面笑容地对我们说："我这一次亲自听了罗政委教诲，真是终生难忘。罗政委带着一黑边眼镜，乍一看，有点儿严肃，可是谈起话来，诚恳可亲，真像多年相交的老朋友。"

1939年12月，蒋介石发动了第一次反共高潮，在进犯我陕甘宁边区的同时，指令阎锡山的旧军进攻我党领导的决死队。抱犊崮山区的土顽申宪武也蠢蠢欲动。这时，驻在这一地区的国民党部队五十七军也派人到孔师去，争取孔师靠近他们。孔师的第一旅旅长刘光汉威胁孔昭同，要孔师不要与八路军合作，否则，他就把部队带走。面对这种情况，我们一面分析形势，研究对策，一面向一一五师首长报告。

一天，我们被叫回司令部，罗政委亲自交代了任务。他说："根据当前的形势，我们要采取果断措施，先消灭对我威胁较大的保安二师申宪武部和驻在东江的两个团，扫除伸入我抱犊崮根据地内的顽军。"他略一停顿接着说："由六八六团围歼申宪武部，由你们带领董旅长的部队消灭东江的两个团，给顽固派一个有力回击。"

由师部回来的路上，我们边走边议，想出了个初步方案：董尧卿带一支精干的部队，在发起战斗的当天晚上，以拜会两个团长为名进入东江，先把他两个团长活捉，使其失去指挥，再收拾他们的部队。这个方案得到大家同意后，我又提出苏鲁支队的战斗力强，使用他们的部队把握性更大一些，大家纷纷点头称是。

在发起战斗的那天晚上，董尧卿带着苏鲁支队的一个连顺利进入东江。恰好两个团长正在屋里谈天，董便也和他们谈了一会儿，估计外面的部队准备好了，就起身告辞，他俩起身相送，就在这时，董带进去的警卫人员，猛然把他二人抱着活捉。他们的警卫人员吓愣了，还未弄清怎么回事，就被活捉了。董带进去的那个连队未放一枪，就把朱、王部队的武装解除了。不久，孔昭同主动取消了国民党第十军团（原六十九军）暂编第六师的番号，决心接受共产党、八路军的领导。朱德总司令电委孔昭同为十八集团军一一五师曲泗邹滕费五县游击司令。孔昭同亲率部队到一一五师师部驻地接受委任。师部召开了隆重的欢迎大会，给指战员颁发了八路军军装和臂章，补充了枪支弹药，部队的面貌焕然一新。

孔师编入我军，壮大了我军的力量，改变了这个地区几种力量的对比，这是我党统战政策在抱犊崮山区盛开的一枝鲜花，是我党统战工作的一次胜利。

1940年10月，与我党我军长期合作、并肩抗日的孔昭同积劳成疾，被送进一一五师卫生部治疗，因抢救无效，于11月11日病逝，享年六十岁。临终前，他留下的遗嘱是："上尽国忠，下报家仇，和衷共济，协作杀敌，在共产党领导下抗战到底。"12日，孔昭同追悼会在费县单庄隆重举行，山东分局、一一五师、山东纵队领导机关、首长及鲁南地区党政群各部门和知名人士对孔昭同强烈的爱国精神、坚定的革命立场给予了高度评价，并分别送了挽联。有一幅挽词是：

昭同孔司令千古：

廉洁自持，慷慨好义，坚持团结，酷爱真理，为民族解放运动，不惜一切牺牲，为正义奋斗，从无任何畏惧。识时明势，言行必果，吃苦耐劳，不为身份所限；艰苦奋斗，不以年迈为辞。先生之精神与范故专员先后媲美，齐鲁人士，继之勉之！

《大众日报》《抗战军人》杂志发表文章，对孔昭同表示沉痛哀悼和深切的怀念。

从山大王到鲁南军区副司令

张雨帆　于化琪

中共苍山县委约我们写一篇回忆万春圃同志的文章。我们认为这是义不容辞的。因为我们俩都是抗日初期到鲁南工作的，对万春圃同志在创建鲁南根据地中的贡献比较清楚。他之所以能够从一个封建地主阶级的成员、独霸一方的山大王，成长为八路军的军区副司令直至一名光荣的共产党员，绝不是偶然的，是经历了一个曲折斗争过程的。

山大王的由来

万春圃，字鸿源。1882年生于苍山县上大炉村一户地主家庭里。当时他家占有二百多亩“伸勺子挖饭吃”的“接山淤”地，五百亩遍植黄草、松柏、柞栎的山场，三十多间大瓦房。虽然称不上豪门大户，但在抱犊崮山区也是屈指可数的了。

万春圃自幼不爱读书，喜欢骑马玩枪，为人耿直讲究道德，不仅有侠客之风，还有强烈的爱国心和正义感，对蒋介石“先安内，后攘外”的反动政策非常不满。又加上他好朋友，广交游，仗义疏财，济困扶危，因此很受乡里尊重，人称万三爷。

旧社会的抱犊崮山区，村镇分散，偏僻荒凉，在军阀混战的年代里，是土匪出没之地。对于土匪的打家劫舍，绑票勒索，万春圃是坚决反对的。后来土匪占山为王，闹得穷富都不得安，他下决心要与土匪抗争。正在打算联络帮手、寻找靠山、扩充势力的时候，一个偶然的机会使他结识了大地主陈玉山。

陈玉山是尚岩沟西村人，祖上曾经挂过千顷牌。“民国”建立后，还有三十多顷地，并且担任着国民党临沂县第七区的区长，是一位有钱有势的人物。大约是1921年前后，有一次，万春圃骑上他的枣红马，去向城赶会。他正很得意地在牲口市里打听行情，陈玉山老远看见了这匹枣红马，误认为是卖的，便连忙走过去。万春圃看是一位身穿长袍马褂、很有气魄的人向自己走来，便问周围的人：“此人是谁？”许多人都说：“你还不认识陈区长？”万春圃对陈玉山早就敬佩，因此当陈玉山走到他的跟前问马的价钱时，他和颜悦色地说：“怎么，你看中了吗？”“不错，不错。”陈玉山连声称赞。“那么，你牵去就是了。”“那怎么行呢？”“人情一匹马嘛，都是老亲世邻，还能要钱吗？”陈玉山仔细看了看万春圃，实在不认识，便问起他的姓名来。经过攀谈，只恨相识太晚，从此万春圃就成了陈玉山家的座上客。

通过陈玉山的介绍，他又相继结识了一些士绅名流，如向城的刘子才、城后的赵剑南、兰陵的李子赢、万村的王拱辰等人，并和他们结拜了把兄弟，经常在一起议事谈心。有一次，万春圃正在陈玉山的客厅里喝酒，忽然家中来人报告，双亲已被土匪架去。万春圃听了顿时火冒三丈，发誓要与土匪拼命，陈玉山劝他说：“土匪绑票，无非是想钱。现在不能玩硬的，要设法把二位老人先救出来再说。”万春圃按照这个意见花了部分钱救出二老之后，便在仁兄弟的帮助下，组织起护家的民团来。开始只限于守围子，后来就不断和土匪战斗。1923年发生“临城劫车案”之后，抱犊固山区的匪首孙美瑶被招安，当了国民党。从此小股土匪就无法存在了，有的弃匪还农，也有的投靠了万春圃的民团。奉军失败那年，一伙败兵在抱犊崮山区迷了路，二十九支汉阳造、捷克式都被大炉民团缴获。从此，民团更加壮大起来，万春圃又当上了地主武装联庄会的会长，一声令下就能调动几百人的队伍，从而他就成为独霸一方的“山大王”了。

1930年前后，抱犊崮山区相对的安定了。在万春圃的倡议下，大炉办了一处小学。1931年“九一八”事变之后，学校里来了兄弟两位教师，一个叫聂立人，一个叫聂益人。他们来到大炉后都曾去拜访过万春圃，谈论起国家大事，彼此非常投机。万春圃对蒋介石腐败无能、造成东北三省沦陷本来就不满，聂氏兄弟又把国民党当前规定的“爱国有罪”“谈抗战者杀”的情况告诉了他，从而使万春圃不但更加痛恨反动派，而且对这兄弟俩也产生了好感。

聂家兄弟都是共产党员。1933年地下党组织领导苍山暴动时，抱犊崮山区的党组织还未来得及行动，就失败了。暴动失败后，国民党反动派实行了大逮捕、大屠杀，凡有共产党员嫌疑的都上了黑名单。万春圃是抱犊崮山区的联庄会长，军政当局当然对他不会怀疑，就把逮捕聂氏兄弟的任务交给了他。万春圃越想越不通，觉得国民党的做法不对，就悄悄地给聂家兄弟通风报信，让他们逃走了。事后万春圃向上边报告说：“去逮捕时聂氏兄弟不在家。”就用这话搪塞过去了。

1934年冬，在枣庄矿区工作的中共苏鲁豫皖边区特委决定开辟抱犊崮山区的工作，派李韶九、郭致远二同志以行医为掩护来这一带活动。当时鲁南的情况是，官僚地主横行乡里，劳苦大众饥寒交迫，镇压苍山暴动的白色恐怖，依然笼罩着大地，要在这里落脚生根，没有当地有势力的人物作掩护是站不住脚的。因此，李韶九同志去抱犊崮山区之前，特委书记郭子化亲自再三交代，要想开辟这一带山区的工作，就一定要争取万春圃的支持。

李韶九、张光中和郭致远到达抱犊崮山区后，在高桥开了个药铺，经常以行医为名奔波于高桥、大炉之间，为人民群众解除疾病痛苦。万春圃家里人有了病，也经常派人赶着毛驴来请李韶九去看病。时间一长，李韶九和郭致远就和万春圃熟悉了。1935年李韶九、郭致远先后介绍了刘清如、肖云卿、杨质卿等人入党，其中还有万春圃的大儿子万国华。

1935年元月，郭子化同志在枣庄因政治嫌疑被捕，在押送徐州之前，经李韶九等同志以“枣庄药业公会”的名义营救而获释放。此后，边区特委机关就转移到费县高桥，仍以行医为掩护，开了个药店名叫“广德堂”。郭子化化名周德为，当了药店的中医先生，并经李韶九介绍结识了万春圃。

在尔虞我诈的旧社会里，地主阶级内部的矛盾是非常尖锐复杂的。随着万春圃、陈玉山一派势力的发展，漫溪村大地主郑向三之流早就红了眼。他们捕风捉影，控告万春圃亲共通匪。临沂反动政府听信了郑向三的控告，决定逮捕万春圃和万国华。幸而万春圃结交广，朋友多，有人透了风，万家父子闻讯外逃，才免除了这场灾难。

1936年10月，郭子化同志接到党中央西北特别工作组通知，要他到西安汇报工作，听取指示。1937年1月，他又转道延安，参加了全国白区工作会议，直到“七七”事变之后，他才回到高桥。

这时万春圃父子也从外地回到大炉，正在组织抗日武装。郭子化同志在高桥召开了特委扩大会议，传达了党的指示，做出了以万春圃为统战对象，开辟抱犊崮山区工作的决议。会后，郭子化同志就来到大炉，受到万春圃的热情接待。席间，郭赞扬了他组织武装、准备抗战的爱国行动，并且分析了当时形势，宣传了团结抗战的意义，指出了抗战必胜的前途。万春圃深受启发教育。他从与郭子化等人的多次接触中，渐渐地猜测郭子化等人可能就是共产党，并且比较深刻地感到，共产党都是一些有远见卓识的、有能为的人。因此，他明确向郭子化表示：“周先生请您相信，我万某是够朋友的，以后有什么用我的地方，尽管吩咐，我一定尽力而为！”

事隔不久，有一天刚拢明，杨庄地下党员杨质卿便来到了高桥。郭子化问：“有什么急事吗？”杨质卿说：“表叔（万春圃是杨质卿的表叔）有急事叫我来向您讨教的！”他接着说：“前些时候国民党临沂专员张里元曾经给表叔来信，叫他拉队伍。表叔还没回信，昨天又送来信，叫他亲自到临沂城去商议。表叔左右为难，拿不定主意，叫我速来请示！”郭子化听了杨质卿的汇报，分析了当时的形势，认为在国共重新合作、抗战大势所趋的情况下，张里元不可能马上要什么阴谋，便果断地说：“回去告诉您表叔，不用害怕，张里元是想利用您表叔的势力和声望在山区组织武装，一旦临沂吃紧，他好向山区撤退。这样我们正好将计就计，借他的名义，用他的供给拉自己的武装。”万春圃非常相信郭子化的分析，当天便骑毛驴赶到临沂。经过商谈，弄清张里元原来是想让万春圃出面组织临、郯、费、峄四县边区联庄会办事处。由于万春圃心中早就有了数，就一面表示，为了抗日救国，组织四县边区联庄会义不容辞，一面提出缺少武器、给养，要张里元支持。等双方达成协议后，他就回到大炉，在我们地下党组织领导下积极活动，建立四县边区联庄会办事处筹备处。

毁家纾难

1937年冬，日寇铁蹄越过黄河。1938年1、2月间，先后占领了临沂、枣庄。国民党的军队在广大士兵和下级军官爱国热情的支持下，虽然也做了抵抗和牺牲，但由于蒋介石及其统治集团采取了不抵抗政策，终不是日军的对手，鲁南苏北，岌岌可危。在这人心惶惶风雨飘飘之际，大批青年学生、共产党员响应党的“国家兴亡，匹夫有责”“脱下长袍到游击队去”的号召，纷纷投入了抗日救国斗争。他们深入农村，宣传群众，组织群众，整个抱犊崮山区开始沸腾起来了。

这时，万春圃根据党的指示，公开打出了守土抗战，坚决不做亡国奴的旗帜。他把自己家的粮食、枪支和猪羊献出来，开了齐心会，喝了齐心酒，坚定地表示：“抗日救国不怕牺牲，打鬼子决不充孬种。”从此，集体食宿，举行了武装起义。我们党通过万春圃控制了这支武装，并在“第五战区临郯费峄四县边区联合办事处筹备处”基础上正式建立了四县边联办事处。

随着这支队伍的不断发展壮大，万春圃自己家的粮食已经吃得差不多了，他就向陈玉山求援。陈玉山对抗日也很支持，一次就运来小麦五万斤，部队有饭吃，有枪弹，抗日情绪更加高涨，天天准备打鬼子。但当时鬼子急于向我国腹地进攻，始终没有进山。台儿庄大会战之后，万春圃实在等得不耐烦了，就提出“到山外看看去！”他的提议得到全体战士的同意。

当时台潍公路两侧，经过中日双方战争，不少村庄已经断壁颓墙，老百姓大都逃走了。从向城到兰陵、台儿庄之间，中日双方丢弃的死尸、武器根本没有人收拾。万春圃带领队伍打扫战场时，竟然收集了八桶汽油，一门迫击炮，四挺机枪，五十余支捷克式，并搞了一百余箱子弹、手榴弹。他们把这些武器、物资陆续运回山区，装备了部队。这年秋天，张里元把万春圃的部队编为他的直辖第四团，任命万春圃担任团长，万国华和刘清如同志分别担任了第一、二营的营长。

在党的教育和影响下，万春圃的觉悟有了很大提高，对敌斗争更加坚决。1939

年2月，鲁南特委书记宋子成同志在矿坑召开鲁南各县县委书记会议时，正逢日寇汉奸万余人分五路“扫荡”山区。特委立即带领参加会议的人员避开敌人的主力，迂回进山，回到大炉。不料第二天，敌人兵分两路从车辋包围过来。在这十分危急的情况下，万春圃主动承担阻击任务，掩护领导机关转移。在执行任务中，他年仅十九岁的次子万国英中弹牺牲，广大战士都为之悲痛。在这关键时刻，万春圃赶到队伍前面高声喊道：“国英是为国家民族的解放而死的，他死得光荣，有什么可悲呢？要打鬼子就得做好牺牲准备，在这点上，国英为我们树立了榜样。”这钢铁一般的语言，句句震动人心，战士们化悲痛为力量，把万般仇恨集中在枪口上，胜利地完成了阻击敌人、掩护领导机关转移的任务。经过这次考验，党对万春圃更加信任，加上大炉村党群工作基础好，决定把特委机关设在万春圃的家中。

1939年8月初，罗荣桓同志率领的八路军一一五师挺进鲁南。特委书记宋子成向罗荣桓汇报了鲁南的工作和万春圃的情况之后，罗荣桓政委的爱人林月琴同志就住在万春圃家中，罗政委本人有时也来万家住住。万春圃不仅待人热诚忠厚，直爽大方，而且真心拥护我党和我党的抗战主张，因而深受罗荣桓同志的赏识。一一五师代师长陈光还把自己的战马送给了万春圃，这更使他感到党的温暖和对他的信任。为了支援部队，解决供给困难，他不惜一切代价，打开了自己的粮仓，砍伐了南山的松林，并且动员了自己的仁兄弟陈玉山、盛清沂、刘子才、王拱辰等人，捐粮献款支援部队。仅陈玉山一次就献出几万斤小麦，三百元大洋。

一一五师进入鲁南后，接连消灭了峨山口、阎王鼻子山的日寇，又先后打掉了经常捕杀抗日军民、破坏抗日的孔庄顽固头子杜若堂和白彦的孙鹤龄等，打开了鲁南局面。1939年冬，四县边联的群众武装——农民抗日自卫团（共二十四个团）在一一五师支持下，伏击消灭鲁南土匪王学礼（张里元暂编第五旅），讨伐费县杀害抗日人民的罪犯、费县县长李长胜。在这大好形势下，根据罗荣桓同志的建议，以农民抗日自卫团为基础，于1940年春建立了边联支队，万春圃任支队长。从此，这支部队成为抱犊崮山区抗日斗争的一支基干武装。

矢志不移

1941年春，鲁南发生严重春荒，鲁南军区和区党委机关被迫移地就食。国民党反动派乘我后方空虚之际，突然袭击鲁南抗日根据地，制造了骇人听闻的“四·二五”事变，占领了鲁南根据地的中心边联县和鲁南领导机关的驻地大炉村。他们不仅杀了我干部、战士、家属七十余人，而且把万春圃的两个年仅十余岁的女儿万国荣、儿子万国平俘去。

国民党五十一军曾写信给万春圃进行过威胁利诱，说什么“只要你能过来，最小也放你个团长，要不赶快过来，就抓你的全家，烧你的房屋，扒你的祖坟”。万春圃接信后，哈哈大笑。他在回信中说：“我跟共产党走，是因为共产党、八路军坚决抗日。我是为了抗日，不是为了当官。我和我的孩子抗日无罪，你们想怎么办就怎么办吧！”这封义正辞严的回信，有力地回击了反动派。反动派抓走万春圃的两个孩子，其用心是险恶的。因为，万春圃是抱犊崮山区的抗日领袖，如果把他拉过去，让他站出来反对共产党，就会给我们的工作带来很大困难，所以他们妄图以两个孩子作人质，逼迫万春圃投降。

在反动派的威胁利诱面前，硬骨头的万春圃坚定不移，不屑一顾。他痛恨反动派在日寇烧杀抢掠，我中华民族面临亡国灭种之祸之际，丧心病狂地破坏团结抗日的卑劣行为。但他也牵肠挂肚地挂念孩子，他一天天消瘦了，变得沉默了。

有一天，边联县上村乡乡长李琴山到军区去汇报工作，顺便来看望万春圃，当晚就住在军区。李琴山睡醒了一觉，见万春圃还在院子里踱来踱去，他悄悄地走过去，轻声问道：“万老，失眠吗？要不要吃副药？”万春圃轻声地说：“我这失眠症，不是你的中药能治好的！”接着他说“琴山你听！”李琴山凝神静听，什么声音也没有，便说：“夜深人静，什么动静也没有！”万春圃摇了摇头：“不！很远，东南方向，听见了没有？”李琴山仔细一听，隐隐约约似有阵阵沉雷：“万老，你说的是炮声？”万春圃点了点头，无限感慨地说：“是炮声。自从鬼子进中国，这声音从来没有断过。你还记得青年们唱的那支歌吧？快唱给我听听。”李琴山顺从地低声唱了起来：“……看！火光又起了，不知多少财产毁灭；听！炮声又响了，不知多少生命死亡。哪还有个人幸福，哪还有个人安康？敌人杀来，炮毁枪伤，到头来都是一样。……”万春圃听到这里叹了口气说：“日本鬼子的大炮、机枪，杀死了我的儿子、侄子、哥哥，光我一家就搭上了四条人命，全中国得多少人死亡啊！在这国难当头、民族危亡的时刻，蒋介石如能实行国共合作，枪口对外，该有多好。我真不理解，蒋介石为什么偏偏自相残杀？为什么偏偏残杀坚决抗日的共产党？”李琴山气愤地接了一句：“自相残杀实际上是给日寇当开路先锋，所以说反共就是投降！”“对！反共就是投降！”万春圃激动地站了起来，斩钉截铁地说：“跟着共产党，抗战到底，这条路我走定了。孩子，杀剐存留，随这些龟孙们的便吧，想叫我投降他们，瞎了他们的狗眼。”

不久，声势浩大的讨逆开始了。由一一五师教导二旅和鲁南地方武装共同组织了讨逆大军，曾国华同志任司令，赵镈同志任政委。讨逆大军从左右两翼包围了占据边联县的反动派，一鼓作气，攻下了埠阳、车辋、东庄、大炉等许多重要据点，两天内就收复了全部失地。在讨逆过程中，万春圃始终战斗在第一线。收复大炉的

第二天，他回到了土生土长的家乡。两个孩子虽然由于我们内线的保护安全无恙，可是故乡面貌全非了，宅基上筑起了碉堡，自己家和村里的一百多间房屋变成了瓦砾，祖林里的三百多棵松树也被砍伐一空。面对这浩劫之后的凄凉景象，万春圃愤慨地说：“事实最有说服力，谁是真抗战，谁是假抗战；谁救人民，谁害人民，这不就更清楚了吗？为了抗战我连生命都可以献上，还怕什么毁家灭祖！”

最高的荣誉

由于蒋介石发动第二次反共高潮，1942年，鲁南地区抗日斗争进入了极度艰苦的阶段，抗日军民陷入了敌伪顽三面夹击的境地，抗日根据地的中心边联县变成了“东白山，西白山，东西白山一线牵；南北十余里，一枪能打透的根据地”的困难局面。但是，日寇汉奸的疯狂“扫荡”，伪顽势力的反共摩擦，不仅未能征服鲁南人民，反而使他们更加清楚地认识到，只有共产党八路军才能救中国。特别是反动派丧心病狂地制造了“银厂惨案”，杀害了鲁南区党委书记赵镈同志之后，充分暴露了国民党反动派假抗战真卖国的丑恶嘴脸，激起了鲁南人民和我党我军坚持抗战、争取最后胜利的勇气和信心。

为了广泛发动群众，团结战斗渡过难关，中共山东分局决定，在万春圃六十寿辰的日子为他举行祝寿，表彰他为抗战毁家纾难、不屈不挠的高贵品质，号召人民以他为榜样，将抗日战争进行到底。

抱犊崮山区的中秋是美丽的。祝寿会场设在环山傍水的下云涧峪。郁郁葱葱的绿叶丛中那鲜红的山楂、橙黄的金柿、咧嘴的石榴、青脆的甜梨、晚熟的碧桃和紫红的酸枣，密密层层，好像都在为祝寿献出累累的果实。鲁南各界人士的代表数千人聚集在山下的柿树行里，鲁南区党委代理书记和鲁南参议会参议长频频举杯，连连祝酒，发表了热情洋溢的讲话。中共山东分局和罗荣桓同志还从鲁中发来专电表示祝贺，对万春圃的革命精神给予了高度评价。万春圃激动得热泪盈眶，不停地向到会人员鞠躬致谢，他声音颤抖，无限感慨地说：“我万春圃有什么德能，敢担这么大的荣誉，我不过是一个普通的中国人，中国人还能不爱中国？共产党是一心救中国的，凡是有良心的中国人，怎么会反对共产党呢？是共产党八路军教育我站在人民一边的，是日本鬼子、汉奸和卖国贼逼得我坚决抗战的。我是看清了，要救国就得跟共产党走。我刚刚迈开步，党就这样信赖我，人民就这样抬举我，这么大的荣誉我实在受之有愧呀！我一定要抗战到底，报答党和人民的关怀。”

1943年，鲁南地区的抗日形势有了好转，局部地区已开始战略反攻。为了更有效地打击敌人，万春圃领导的边联支队与苏鲁支队合并，编为鲁南军区直属五团，调往军区，任命万春圃为军区副司令。当时他曾因为年老，要求选派年富力强有经验的同志担此重任。为此，我们都多次和他谈心，告诉他："你首先考虑的不应是这个副司令当不当，而应是党给你的光荣任务愿不愿意接受。任命你担任副司令是众望所归，你当上了共产党的副司令，对那些不相信党的政策的人，是一个非常现实的教育！"听了这些话后，他愉快地接受了任务，和张光中司令员一起指挥部队，夺取了一系列的胜利。

党的教育，人民的信赖，促使万春圃更加严格地要求自己，向着更高的目标前进，并且不止一次地提出了入党申请。对于接收万春圃同志入党，鲁南区党委非常重视，及时报告了山东分局。当时主持分局工作的罗荣桓同志和分局统战部都认为万春圃久经考验，具备了入党条件。罗荣桓同志兴奋地说："一个从旧营垒中走出来的人，坚决站到了革命人民一边，这是一个根本的转变，这个转变确实是难能可贵的！"他委托专人找万春圃谈话，并表示愿做他的入党介绍人。

1945年底，中共山东分局批准了万春圃的入党申请，这位六十三岁的老人激动得热泪滚滚，千言万语凝成了两句话："只有共产党才能救中国。至于我万春圃，请同志们往后看吧。"这就是万春圃同志向党表示的最朴素而又最真挚的誓言。从此之后，他作为一名坚强的共产党员战斗到最后一息。

人生的道路是漫长而曲折的。万春圃同志之所以能够从一个封建地主阶级的山大王，成为一名光荣的共产党员和党的军事指挥员，这是党的统战政策的胜利，是党的"出身不由己，道路可选择"政策的体现，也是他自己努力改造世界观，坚决跟共产党走的结果。

山东抗日爱国老将孔昭同

报国无门彷徨于人生道路

孔昭同，字从吾，生于1880年（清光绪六年）。原籍曲阜县（今曲阜市）姐庄村。曾祖父以“串书馆”为业。就是肩挑四书五经和文房四宝，周游曲阜、邹县、滕县一带，专门串私塾、学堂，卖些书籍和笔墨纸砚，获取薄利糊口。嗣后，他到滕县城北西柳泉庄，看到那里土地肥沃，民俗淳朴，且风景秀丽，因择基定居，耕读传家。

孔昭同的祖父孔继春，字体元，清道光甲辰（1844年）科举人。父亲孔广赞，叔叔孔广质以及兄长孔昭汉等，也亦耕亦读。他家的门楹上常贴着这样的春联：“忠孝传家远，诗书继世长。”

孔昭同生长在这样一个家庭环境，从小就苦读经书，博览群籍，18岁考中秀才。青年时代的孔昭同，正处于清王朝末期，朝政腐败，民生凋敝，强邻压境。孔昭同对此忧愤在心，矢志报国。

1908年，孔昭同经人介绍，入江北陆军学校学习。他心情激奋，认为从此可实现弃文习武，投笔从戎，抵御外侮，拯救国家于危亡的夙愿。毕业后，见习于民国政府的模范团。

1913年，孔昭同被编入陆军第五师任连长，开赴云南。1915年12月，护国战争爆发。翌年，袁世凯败亡，北洋军阀分裂，孔昭同离开队伍归乡。途中，他精神颓丧，一蹶不振。在乘船渡江时遇盗，力不能抵贼，落水几死，幸而得救脱险。

乡居期间，孔昭同面对风云变幻的时局，陷于深深的矛盾之中。后来，直系军阀孙传芳为了扩充实力，竭力招兵买马，连连敦促他的旧属孔昭同归队。孔昭同原是一个“讲义气、守信用”的人，他不忍拒绝孙传芳的邀请，便复返孙传芳的陆军第十二师担任营长。孔昭同在部队中善于管带士兵，作战勇敢，同时他和孙传芳又同是山东人，有同乡之谊。因此，很快被擢升为团长。

1923年，孙传芳率部从湖北经江西入闽，成为福建军务督理。孔昭同晋升为陆军十二师第二十四旅旅长兼兴（化）泉（州）警备司令。1926年以后，又先后担任孙传芳部的第二十九混成旅中将旅长兼兴（化）泉（州）永（春）镇守使和第十三师师长等军职。

翌年2月17日，北伐军占领杭州。孙传芳的前方部队，士气低落，向北溃退。早就厌于为军阀卖命的孔昭同，乘此机会，离开军旅，潜回济南。当时随他来济南的还有他的眷属及随从副官、秘书刘元甫等。孔昭同在济南，开始了他的解甲赋闲生涯。当时第二十四师师长石友三驻军济南，他和孔昭同皆系冯玉祥的旧部，交往颇深，后结为金兰之交。两人常常携带眷属宴饮唱和，寻幽探胜，过着恬适的生活。

几年的济南闲居生活，孔昭同目睹了军阀之间的角逐和日本帝国主义制造的“五三”惨案。这使他逐渐认识到：自己过去标榜是职业军人，戎马倥偬十数载，没有政治野心，只为救国救民。实际上只不过是被军阀驱遣利用，为国为民无所奉献。当日本帝国主义血腥屠杀济南无辜百姓时，却敢怒而不敢言，实在是问心有愧，自己当年的壮志在哪里呢？

济世活人兴学育才

1933年，孔昭同离开济南回到滕县。他在滕县城南关购置一处寓所，又在东门里开设一处取名同仁堂的药店。从药店开业那天起，他就叮嘱店员：“咱们开店不光为赚钱，也是为济世活人。若是有钱的顾客取药，理当按药价，照收不误；若是贫寒人家，付不起药费，就可免费付药。”原来在同仁堂当小伙计、现在滕县中医院担任司药的张同志回忆道：“孔司令非同一般商家。他确具有恻隐之心。同仁堂的药物，几乎一多半免费给了穷苦的病人。他本人生活却很俭朴，穿的是普通农民衣着。有时他正吃着饭，看到有人上门乞讨，就马上把碗一推，立刻取衣拿钱给讨饭人。因此，那时人们都叫同仁堂是‘善人堂’。”

同仁堂在当时滕县享有很高的声望。至今一些老人还清晰地记得大门上方那书有“同仁堂”三个遒劲大字的巨匾，金光闪闪。字是当时书法名人华世奎的手笔。据称，当时每个字要花费很多银洋的润笔费。

滕县城乡对同仁堂的主人孔昭同更是赞颂备至。当时民间流传着许多关于他的佳话：“静街”与“舍街”、“珠鞋”与“铲鞋”就是其中人所共知的两件事。

“静街”与“舍街”讲的是孔昭同做官和闲居外出时的对比。他在福建泉州任镇守使的时候，每逢出衙上街都要鸣锣开道，叫作“静街”。弃职归里后，每逢上街，常常有许多穷人围拢着乞讨。孔昭同就叫随从的人分给他们铜钱。这种沿街施舍，人们叫作“舍街”。

“珠鞋”与“铲鞋”是从鞋子上反映了孔昭同前后生活的变化。孔昭同在泉州镇守使任上，该地的一个大资本家为了巴结他，曾送给他的夫人段氏一双饰有珠子的凉鞋，叫作珍珠鞋。抗日战争时期，他携带妻室儿女，舍家弃业跑到滕东抗日根据地打游击，这时，他的家属穿的已不是“珠鞋”而是适于登山跑路的八路军“铲鞋”了。

孔昭同在乡期间，慷慨出资，兴办一处义学，以培育人才。他在校章上规定：无钱的孩子拿不出书籍费，一律资助。天资聪颖，勤苦学习的贫苦学生，可从优照顾，保送深造。他聘请鲁南教育界出类拔萃的人士陈慕唐先生任教师，治校严谨，教育有方。这所义学培养出的学生，后来有一些在各条战线、各个领域发挥了一定的作用。陈正人同志就是当时品学兼优而家庭经济困难的学生，后来由他资助上了高中和大学。

孔昭同虽系行伍出身，却尊重知识、爱护知识分子。他想法创造条件培养他们成长，发挥他们的才能。抗战初期。他把邻村的知识青年党延恺动员出来参加了抗日战争。后来党延恺为新中国的教育事业做出积极贡献。至今党延恺对孔昭同的培育之情念念不忘。他说：“那时多亏了‘五叔’的栽培。”

国家兴亡　匹夫有责

1937年卢沟桥事变爆发。孔昭同深感杀敌救国，责无旁贷，绝不能袖手旁观。他一面教育子女，学文练武，共赴国难；一面向乡亲们宣传“国家兴亡，匹夫有责”的道理，动员大家为抗日救国贡献力量。

1937年，范铭枢先生到滕县，他以讲学为名，宣传抗日。由陈慕唐先生引荐，他会见了孔昭同。两人一见如故，志同道合，促膝抵掌，彻夜长谈。接着，孔昭同设宴款待范铭枢，并把范先生在滕县的学生请去作陪。

席散之后，范铭枢和孔昭同就组织武装问题进行了商谈。据当时在场的陈慕唐先生回忆：两人在谈到武装部队的“番号”时，孔昭同怕蒋介石不承认自己组织的抗日队伍，想通过范铭枢先生，向冯玉祥要求加给番号。范铭枢先生说：“用不着跟他去要求，也用不着要什么名义，更用不着考虑谁允许不允许。抗战救国，人人有责，有力量组织军队，就大胆地干吧！”孔昭同深受启发，当即说道：“范先生的所言极是，国家是炎黄子孙共有的，不是蒋介石一个人的私产。军队是人民的膏血所供养，也不是蒋氏的羽林军。‘国家兴亡，匹夫有责’‘皮之不存，毛将焉附’，蒋氏不恩准，孔某也要拉队伍，抗日救亡，尽忠报国！”

是年12月，日寇先后占领了津浦路的济南、泰安、兖州等地，继续向邹县地区进犯，滕县危在旦夕。一些“士绅名流”，为保全自己的生命财产，串通一气，想利用孔昭同的威望，怂恿他出面迎接日本鬼子进城。他们联合了滕县的八大家绅士和头面人物，登门请孔昭同成立“维持会”。孔昭同一听怒色满面，严词责备道：

“干‘维持会’，是汉奸，是民族败类。你们谁要当卖国贼，随你们的便。我是坚决不当日本强盗的看家狗！”

成立自卫军　奔赴抗日前线

1838年1月5日，日本军队攻占了邹县南部重镇——两下店，锋芒直指滕县。滕（县）薛（城）震动。中共地下党组织于是年1月底发动群众组织鲁南民众抗日自卫军，在枣庄镇（今枣庄市）成立了司令部和招编处。为了团结各阶层的抗日力量，便推举曾在阎锡山部队当过军长的杨士元和当过兴泉永镇守使的孔昭同，分别担任司令和副司令，谭淞艇任副司令兼参谋长，朱景韩任政训处主任，董尧卿任招编处处长兼第一支队司令，共产党员董开夫（董一博）也担任了自卫军的政治领导工作。当时，这支队伍只有500余人，200条枪。这些枪都是杨士元和孔昭同搞来的。2月间，自卫军即开赴敌后泗水县张家庄一带，配合大部队抗战。

当时，为阻击日寇南下，国民党第五战区司令部调川军二十二集团军邓锡侯（孙震代）部驻守滕县界河附近，担任津浦路正面的掩护。孔昭同目睹川军冒着严寒对日作战十分勇敢，而且纪律严明，受到群众的好评，便下令集中一部分缝纫和裁剪能手，为川军赶制一大批手套。没有布匹自己献，没有经费自已捐，甚至连儿女们的新婚棉被都贡献出来。有的家庭成员问他为什么要这样，他说：“不抗战国家就要亡，哪里还有家呢！”

1938年农历二月初九，孔昭同的大儿子孔宪尧，正高举旗帜，带领游行队伍宣传抗日，突然飞来几架敌机，投下大量炸弹，人群死伤枕藉，宪尧亦遇难。在同一时间，孔昭同的三儿子孔宪纲，和十几个伙伴在家练武，亦被炸牺牲。孔昭同看到两个儿子同时死于敌机轰炸，顿时激起无限的悲愤。他身披黄带，上写“上尽国忠，下报家仇”八个遒劲大字，披星戴月奔波城乡，组织和扩大抗日武装，联系购置枪支，家庭财产变卖几尽。他的自卫军因此有了很大发展。

3月17日，滕县失守。国民党的滕县县长周同逃往滕西微山湖畔。泗水县的汉奸张宪荣部袭击了自卫军，部队遭受很大损失。杨士元、孔昭同率司令部和政训处人员撤退到临沂县境，处境十分困难。这时，鲁南地下共产党人朱道南、董开夫等在临城（今薛城）商量对策。他们分工由董开夫去徐州，请求中共苏鲁豫皖特委书记郭子化同志回鲁南主持敌后抗战工作。郭子化当即介绍张光中和董开夫二人向国民党第五战区副司令长官兼第五游击总司令李明扬处，要求加给自卫军正式番号，李明扬批准该部队为鲁南人民抗日义勇军，并委任张光中为司令。

4月，鲁南民众抗日自卫军重新组建。经过孔昭同的联系协商，邹县乡师校长刘昭汉，率部队参加了自卫军，部队又发展到100多人，在将军堂村举行了建军誓师大会。此后，吉鸿昌将军的弟弟吉仿勇和高通、杨尧等共产党人也来鲁南，帮助孔昭同进行抗日武装建设，队伍日益扩大。秋季，自卫军在滕县顾家庙村举行了隆重的抗日誓师大会。会上，孔昭同慷慨陈词，热泪纵横。战士们群情激昂，一致表示坚决抗战到底，誓死不做亡国奴。

坚持游击战　创建根据地

1938年夏初，孔昭同率自卫军在邹、滕、费边区坚持抗日游击战争。他的妻子、儿女也全部从县城搬到山里，参加抗战。女儿孔宪玲、小儿子孔宪伦年龄幼小，便参加儿童团，扛起红缨枪，站岗放哨，盘查可疑行人等。由于当地国民党顽固派武装申宪武部不断制造摩擦，日伪军也屡次袭击，自卫军处境十分困难。为了摆脱困境和发展自卫军，孔昭同利用跟石友三的旧关系，使自卫军接受了第十集团军的建制，称为国民革命军第十集团军第一纵队，他被任命为司令。不久，又改编为国民革命军第十集团军暂编第六师，孔昭同改任六师师长。这时他的原自卫军第一支队司令董尧卿，率旧部在峄县西部孤军抗战。孔昭同得知后，便派人前往联系，商约合作抗战。董尧卿和董开夫于这年9月下旬，率部在黄土崖村与孔昭同师会合，加入暂编六师的序列，为该师第二旅，董尧卿任旅长，董开夫任政治处主任。这时孔昭同的暂编六师已拥有3个旅和1个特务团。其中第一旅旅长为刘昭汉，第三旅旅长为徐广英，特务团团长为商玉林。

12月，石友三奉命离鲁赴冀。孔昭同不想跟他走。因为通过一个时期的观察，他认识到只有跟随共产党、八路军抗战方有出路。但当时苦于无法跟共产党、八路军联系。正在彷徨之际，董开夫向他说明自己是中共党员，愿意为他跟共产党联系。孔昭同喜出望外，对他说道："你该早说啊！这就好办了！"接着董开夫劝说他坚持鲁南抗战，决心甩开石友三，并与八路军主力联系等。孔昭同爽快地接受了董开夫的建议。

当时孔昭同驻军邹县东部城前、田黄一带，石友三派人带亲笔书信前来，说服孔昭同随他北上。孔昭同断然拒绝，说："要我走！走了怎么抗日？坚持鲁南抗战是我的夙愿，决不能动摇。"同时，果断地传令所部迅速南下，并决定增编一个独立旅，委任董开夫为旅长。

1939年4月，国民党苏鲁战区总司令于学忠率部入鲁后，也曾派人劝说孔昭同接受他的部队番号，被孔昭同婉言谢绝。

此后，孔昭同率部转战于抱犊崮山区，仅1939年前后，就与日伪军作战三四十次，给予敌人以沉重打击。是年3月22日，孔昭同率部在滕县龙岭山下的仁庄（今任庄）附近，与尾追的百多名日军遭遇。孔昭同命令所部迅速抢占有利地形，向日军发起猛烈攻击。他奋臂高呼："尧纲两儿，其魂有灵，助父杀敌，雪耻报仇！"喊罢，脱掉皮袄，赤膊上阵，带领战士和敌人厮杀。日军不支，仓皇败逃，孔昭同率部追赶20多里方回。

仁庄一战，使日军丢了脸。他们又集中两千多人，由菊池亲自率领，分4路围攻龙岭山。孔昭同指挥所部沉着应战，终于胜利突围。此后，孔昭同的队伍在战斗中不断壮大，很快发展到近千人。

1939年夏初的一个晚上，孔昭同的部队刚转移到西山腰村，就遭到了日军的袭击。尽管部队迅速突围，损失还是相当严重。日军一般是拂晓出动，这次反常的夜间奔袭，引起了孔昭同的警惕和深思。经过调查了解，察觉了他的族兄、副官孔昭令有投敌活动，便不动声色地设计抓捕了他。在取得确凿的物证和口供后，孔昭同打破私人情面，毅然将这位族兄的罪行公布于众，并在群众大会上申明大义，执行枪决，他的这一大义灭亲的举动，粉碎了敌人的阴谋，使军威大振。群众也深受感动，他们编出一支歌谣，对他热情地进行赞扬：

游击队，
遍滕县，
大家不要一样看。
要受穷，
跟周同，
坚决抗战的是孔昭同。

热爱共产党 靠拢共产党

1939年8月，八路军一一五师六八六团由鲁西南到达抱犊崮山区。孔昭同对八路军的到来十分兴奋。两军很快取得了联系。在会师后举行的隆重欢迎大会上，孔昭同发表了热情洋溢的讲话。他称八路军是"真正坚持抗日的队伍"，并对他们远征山东进行抗日表示热烈欢迎。会后他派代表携带大批慰劳品前往慰劳八路军指战员，并与八路军领导人协商抗战事宜，两军关系日益密切。

当时，在抱犊崮山区有一山村叫文王峪，被地主武装盘据，破坏抗目根据地建设。一一五师首长命令主力六八六团打掉这个据点，并指示师参谋周乐亭带领孔昭同部的二旅一部兵力，配合作战。孔昭同部的官兵在作战中亲眼看到八路军英勇善战，非常钦佩。攻克敌人堡垒之后，孔师长对八路军倍加称赞，多次派董开夫旅长到一一五师讨论共同抗日及建设根据地事宜，并正式委任周乐亭当上校参谋长。不久，他又派刘元甫秘书长和董开夫旅长到一一五师表示愿意接受一一五师的领导，要求派干部到自己师部去工作，以加强部队的军事训练和政治工作。一一五师罗荣桓政委亲自接待了他们两个人。董开夫回来后十分高兴，满面笑容地对周乐亭说："这次我亲自聆听了罗政委的教诲，真是终生难忘啊！罗政委戴着一副黑边眼镜，乍一看，有点严肃，可是谈起话来，诚恳可亲，真像多年相交的老朋友。"这次会面不久，罗政委根据孔昭同的意愿派黄玉昆同志到孔昭同师任政治部主任；曹正义同志到董尧卿旅任政治部主任。

1939年12月，抱犊崮山区的国民党顽固派申宪武部叫嚣李仙洲将要率领大军入鲁打八路军，借以恫吓和蛊惑群众。同时，驻在这一地区的国民党五十七军，也派人到孔昭同师部游说孔师长靠拢他们。在他们的影响下，孔昭同师的第一旅旅长刘昭汉动摇了。他威胁孔昭同师长不要同八路军合作，否则他就把部队带走，脱离孔师长。面对这种严重情况，董开夫、曹正之、周乐亭、董尧卿等一起分析形势，研究对策，并及时向一一五师司令部汇报。一天，周乐亭被召回师司令部，罗荣桓政委亲自做了指示：采取果断措施，先消灭国民党保安二师申宪武部和驻在东江村的国民党顽固派的两个团，扫除伸入抱犊崮抗日根据地内部的敌人。由六八六团围歼申宪武部；周乐亭带董尧卿旅的部队消灭东江村的两个团，给顽固派一个有力回击。此后，孔昭同的第二旅（即董尧卿旅）在当地著名爱国人士彭畏三先生的积极支持下，多次和一一五师六八六团协同作战，取得一次又一次的胜利，给敌伪与国民党顽固派以有力打击。

翌年2月14日，一一五师调集六八六团、特务团、苏鲁支队等，收复了滕、费之间的重镇——白彦镇，消灭了汉奸孙鹤龄部。孔昭同率领部队参加了这次战斗。白彦收复以后，营救出被孙鹤龄掟去作人质的孔昭同的眷属，这使他非常感动。特别是他目睹了八路军英勇顽强的战斗精神，深入细致的政治工作，以及亲同手足的官兵关系等，由衷地感到钦佩，从而更坚定了跟随共产党抗战到底的决心。于是，他在将董尧卿所部武装归还八路军建制之后，又郑重地向一一五师要求改编自己的军队，接受共产党的领导。4月，孔昭同所部正式编为国民革命军第十八集团军一一五师曲、泗、邹、滕、费五县游击队，第十八集团军总部电委孔昭同为司令。

为抗日救国鞠躬尽瘁

1940年2月22日，山东省宪政促进会在鲁南成立，孔昭同当选为常委。这期间，他还积极发动组织滕县民众动委会，并当选为执行委员。7月26日，山东省国大代表复选大会、山东省总动员委员会成立大会、山东省参议会成立大会、山东省工农青妇文化界代表大会、山东各界救国联合总会成立大会的联合大会在沂水县青驼寺（今属沂南县）隆重开幕。到会代表300余人。大会历时1月整。范铭枢、朱瑞、黎玉、李澄之、陈明等分别做了报告和讲话。孔昭同抱病出席了大会。他推彭畏三为鲁南的代表做大会发言。鲁南代表的发言博得了与会代表的好评。范铭枢参议长曾经说过："孔昭同此人我接触过。我觉得这个人很好。他虽系行伍出身，但与众不同。他是向军阀做斗争、与旧军界不和而解甲归里的。"

这年秋天，孔昭同奉命率部开往邹东（今平邑县境内）休整待命。由于战事频繁，操劳过度，加以营养不良，病情日益严重。国民党保安二师申宪武部得悉后，乘一一五师主力远征时机，在邹东田黄一带向孔部发动突然袭击。孔昭同带病仓促应战。他强支病体，冒着纷飞的炮火指挥反击。战斗持续了两天两夜，后来得到主力的增援，击溃了申匪，转危为安。

田黄自卫战结束之后，孔昭同的病情急剧恶化，当即送往一一五师卫生部医院抢救治疗。住院期间，师首长罗荣桓、陈光、肖华等曾多次派人或专程前往探望。陈光代师长在十分困难的条件下，专门派人设法给孔昭同买了葡萄，表现出极大的关怀。孔昭同将军虽经医院多方调治，终因病情深重，医治无效，于1940年11月11日晨，与世长辞，享年60岁。

孔昭同将军在弥留之际，仍关注着抗日大业。他在给部下的遗嘱中写道：

> 全体同志公鉴：
>
> 吾自抗战以来，将近三载，意欲上尽国忠，下报家仇，以完成伟大之事业。不意吾身染不治之病，危在旦夕，使我未成之业，中途而止，实乃吾终身之憾事也。犬子宪绍，年幼无知，恐亦难继承吾志，惟望各位和衷共济，协同杀敌，吾在九泉亦瞑目矣。切切此嘱。

17天之后，中共山东分局机关报《大众日报》在第一版显著位置，发表了山东党政军民领导机关发出的孔昭同老先生病故的《讣告》，并在第五期《抗战军人》专栏里，以整版篇幅刊载纪念文章。文章介绍了孔昭同的业绩；高度赞扬了他的追求真理、为民族解放事业献身精神；号召军民向他学习，抗战到底。

鲁南地区党、政、军、民各界联合成立了治丧处。12月12日，在费县卓庄（今平邑县境）举行了隆重的追悼大会，黄玉昆主持了大会，刘之甫致悼词。一一五师领导机关和师首长、鲁南地区党政机关和其他各界知名人士送了挽联。十八集团军一一五师司令部、政治部的挽词是：

廉洁自持，慷慨好义，坚持团结，酷爱真理。为民族解放不惜一切牺牲；为正义奋斗从无任何畏惧。

识时明势，言行必果；吃苦耐劳，不为身份所限；艰苦奋斗，不以年迈为辞。先生之精神，与范故专员先后媲美。齐鲁人士继之勉之！

一一五师代师长陈光、政治委员罗荣桓、政治部主任肖华的挽联上写道：

孔老先生，热爱真理，为民族，为国家，不惜任何牺牲，英勇奋斗；

齐鲁人士，应该学习，反投降，反内战，发挥伟大力量，抗战到底。

孔昭同司令逝世之后，他领导的游击队改编为曲、泗、邹、滕、费五县联防大队。他的次子孔宪绍，从抗大返回前线，被一一五师领导机关委任为大队长。他就任以后，继承父亲遗志，率领这支劲旅，继续战斗在鲁南抗日前线。

孔昭同司令生前家产全部用于抗日军费。死时除他的衣衾棺椁和治丧费用完全由一一五师支给外，家属的生活和子女教育等费用，则由鲁南抗日民主政府负责供给。

为永久纪念孔故司令，鲁南党政军民各界决定在白彦附近的黄城，建立高大宏伟的孔司令名誉碑，以彰千古。

中华人民共和国成立后，人民政府将孔昭同司令的灵柩由卓庄迁至平邑县革命烈士陵园内，供人们瞻仰凭吊。滕县革命烈士陵园的纪念大厅也展陈着纪录孔昭同烈士业绩的图片，让人们永远记住这个光辉的名字，从而像他那样，热爱真理，热爱祖国，为社会主义建设努力奋斗！

（刘志钦　赵良整理）

四县边联人民武装在战斗中成长

杨永松

抗日战争初期，临、郯、费、峄四县边联地区的人民在党的领导下，积极参军参战，抗日救国，先后组织建立了四县边联一大队、二大队、特务营、特务连和二十一个自卫团，并在此基础上建立了边联支队、边联县大队和许多区中队、乡分队。边联县的人民武装在战斗中诞生，在战斗中成长，在坚持抗日反顽、巩固抱犊崮山区根据地的斗争中发挥了重大作用。

鲁南地区是山东的南大门。自古是战略要地，南有陇海路，西有津浦铁路，东有台潍公路。临、郯、费、峄四县边联是鲁南抗日根据地的中心地区，位于抱犊崮东部，境内多山，地形复杂。人民富有革命斗争传统，著名的“苍山暴动”就发生在这里，有着开展抗日游击战争的坚实基础和有利条件。

当时在四县边联一带的抗日武装主要有张光中、李乐平同志领导的鲁南人民抗日义勇总队；有四县边联游击中队；有长新桥民主人士宋云石、王墨山同志的直辖一营，约八百余人。1938年冬，日军在鲁南采取点线占领，国民党的部队和地方土顽大部分还没有公开反共，广大群众抗日情绪很高，各阶层都有抗日要求，形势对我们的发展非常有利。但在军事力量的对比上，我们还处于劣势。敌二十二师团大部盘踞在兖州、滕县、枣庄、临沂一带；在临枣公路沿线的卞庄、兰陵、临沂，日军经常驻有一个联队。同时，临沂还有伪警察大队和县警备大队，卞庄有伪军王占牛大队；兰陵、峄县也都有伪军。国民党的部队有临沂专员张里元的保安部队，梁丘李以锦的九支队，王洪九的支队，李子瀛的队伍，王学礼的保安五旅，费县土顽县长李常胜的部队，约四千人。1939年初，国民党五十一、五十七军到达山东。五十七军一一二师的两个旅常驻在四县边联。随着日军对国民党的诱降和国民党态度的日益反动，地方土顽也陆续反共，因此，该地区的敌、伪、顽与我们之间的斗争是非常激烈而残酷的。

车辋是四县边联办事处的驻地，是四县边区抗日根据地的“首府”。1939年初驻卞庄的日伪军占领了车辋，对我抱犊崮山区根据地是一个严重的威胁。因此，我们采取了长期围困的战术，使敌人陷入孤立无援的境地。2月6日，临沂敌人为解车辋之围，分两路向根据地中心进攻。我直辖一营、义勇总队和边联县的武装在大炉和米山子两地分别进行了阻击。敌人受阻之后，退回卞庄，我军乘机向车辋之敌发起攻击，战斗进行两天，卞庄敌人夤夜前来接应，车辋之敌遂连夜弃圩逃窜。

我军收复车辋之后，在鲁南特委的领导下，进一步充实健全了四县边联办事处，万春圃、宋鲁泉分别为主任、副主任。当时特委给边联的主要任务就是广泛发动群众，组建抗日自卫团。为落实特委规定的任务，边联县委和办事处以车辋地区为中心，划分了车辋、大炉、长新桥、黎丘、流井、漫溪、贾庄、万村、鲁城等八个工作区，每个工作区组织一个自卫团，建立自卫团部，各团部抽调一部分枪支组成基干队，负责警卫工作区的安全。自卫团的宗旨是“抗日救国，武装保卫人民”。具体任务为：站岗放哨，盘查行人，封锁消息，严防敌特混入根据地；建立情报联络网，开展群众性的情报工作，收集、传送情报；敌人“扫荡”时组织空室清野，掩护群众转移。此外，边联办事处的一切行政命令，如公务出差、集市管理、捐款筹粮、筹办给养等，在没有建立抗日政权之前都通过自卫团贯彻执行。同时，在各个工作区里建立工农青妇儿童组织，并在群众组织中发展党员。

由于四县边联县委认真贯彻了抗日民族统一战线政策，团结了各阶层的人民，建立了革命的新秩序，因此受到各阶层和广大人民的拥护，不断有人前来联系，要求派人帮助成立自卫团，建立工作区，很快就发展到二十一个工作区和二十一个自卫团。

为了巩固自卫团的组织，县委于1939年4月在九女山举办自卫团骨干训练班，分期训练自卫团的排、连、营干部，每期将近一个月，到6月份办了三期，共训练自卫团干部二百五十余人。在训练班里，主要讲抗日民族统一战线，讲持久战和游击战术；同时也对学员进行抗战前途和共产主义教育，并且在训练班中发展了一部分党员。这些骨干回去以后，加强了自卫团的领导。同年三四月间，从岸堤抗日军政干校回来的一批干部，也都分配到各工作区，不仅大大巩固了自卫团，而且促进了其他群众组织的发展，农村的政治形势发生了很大变化，在抱犊崮山区大小路口都有自卫团、儿童团的岗哨，到处都可以听到抗日的歌声。

1939年3月，国民党五十七军来到抱犊崮山区，军长缪澂流一度率部进驻车辋，不仅占据了我们政治处的房子，而且企图拉拢办事处副主任宋鲁泉。县委连夜将情况报告了特委书记宋子成，他分析了当时的政治形势，认为缪澂流还不可能公开破坏抗战，让我们不必担心。第二天，他便去车辋找宋鲁泉谈话，坚定宋鲁泉跟共产党走的信心。1939年9月，一一五师来到边联，罗荣桓政委除派该师民运部民运队长邸励率领二三十人的民运队到边联工作外，并决定由该师供给部分期分批拨给边联县五六百枪支，装备自卫团基干队。这时边联县二十一个自卫团发展到一万五千余人，长短枪一千二百多支，其余大都使用大刀、长矛。边联特务营、特务连有长短枪三百五十多支。总共长短枪一千五百多支，机枪四挺。为加强农救会的工作，还专门成立了农会中队。

国民党顽固派对边联人民抗日武装的发展壮大非常害怕，在五十七军的唆使下，费县顽县长李长胜于1939年12月28日乘我县农会中队和自卫团在官里庄开会之机，以到会讲话检阅为名，率领县大队包围会场，打死抗日自卫团邱玉温等六人，伤二十余人，制造了血腥的“官里庄惨案”。

事后，边联办事处组织自卫团和各群众团体的代表到一一二师师部请愿，要求抚恤、救济死伤者家属，赔偿一切损失，并要求把罪魁祸首交边联人民审判。各个工作区也都召开自卫团和群众团体代表大会，揭露了国民党顽固派假合作、真分裂，破坏抗日的罪行，提高了广大群众的觉悟。经过请愿斗争，我方在政治上完全争取了主动。这时罗荣桓政委和三地委指示边联县集合自卫团讨伐李长胜，转入军事斗争。

当边联县成立了前线指挥部，通知二十一个自卫团向根据地中心集合的时候，接到青山套自卫团长董良峰、宋传弟的报告：王学礼部又向青山套、文峰山方向移动。接着漫溪工作区又来报告：王学礼已进驻后峪三村，并且派出岗哨封锁消息。王学礼是老土匪，抗日战争爆发后，被国民党临沂专员张里元收编为暂编保安第五旅，这次企图乘虚而入，占领车辋，破坏我“讨李计划”。总指挥部经过研究，决定先打王学礼，解除讨李的后顾之忧。除立即报告罗荣桓同志和三地委外，还进行了战斗部署。

1月19日午夜完成兵力部署，20日中午从保安五旅俘虏人员口供获悉：该部已经出发，经白家屋去车辋。于是，我们即命令各部严阵以待。当敌人踏上车辋南门时，总指挥部随即发出总攻信号。

战斗打响后，车辋、银厂、白山自卫团与鲁城阎文振部和特务连歼敌先头部队一百五十人；漫溪、黎丘自卫团立即冲向敌人，郑汉章部缴获机枪两挺，歼敌三百多人。在白家屋以北有四十余名骑兵向甘林西北逃窜，遭到我部的迎头痛击。敌人企图回窜，又被刘德吉、董艮峰部截击，把敌人压缩在白家屋南湖。埋伏在这里的王桂荣、郑书箴率领大刀队冲上去，勇猛冲杀，除王学礼率二十多人逃窜外，全歼保安五旅六百余人，缴获长短枪四五百支，机枪三挺。

这次战斗考验和锻炼了边联自卫团，大大改善了武器装备，激发和鼓舞了边联军民的抗日热情，提高了斗争勇气。

消灭王学礼之后，自卫团经过短期休整、补充，重新组织了讨李总指挥部，由于化琪、燕遇明、宋逸安、宋鲁泉、邸励共同负责，燕遇明同志任前指书记，继续讨伐李长胜。

李长胜是五十七军军长缪澂流的外甥，一手制造了“官里庄惨案”。在我方请愿斗争中，五十七军一直态度暧昧。现在李还住在五十七军三三六旅的防区——费县崮口村。我们要打李长胜，不能不考虑会与五十七军和地方土顽发生冲突。为此，前指非常慎重，请示了一一五师。罗荣桓同志指出：李长胜残杀抗日军民，破坏抗战，不得人心。我们进行讨伐是正义的行动。五十七军虽然暗中支持，但也不敢公开包庇破坏抗战的罪魁祸首。

为了表明我们的立场，争取五十七军的同情，指挥部派人给三三六旅旅长马万珍送去一封信。信中陈述我方“坚持抗战，反对投降；坚持进步，反对倒退；坚持团结，反对分裂”和坚决向破坏抗战的罪魁祸首李长胜讨还血债的强硬态度，并向马申明大义，晓之以理，动之以情，要求他主持正义，站在抗日民众一边。马万珍鉴于抗日高潮的压力，又看到我边联武装已将附近山头占领，就亲自派人去找李长胜，要他送还在官里庄收缴的我方枪支。

稳住三三六旅之后，我们开始部署讨李作战：第一路由崔梦坡、王乡南、曹明盘、张志成带特务营及于家店子基干队直插鲍家庄，向崮口北、西两面攻击。第二路由漫溪郑汉章、王祥和吴兴友、郑书箴、王桂荣等带领自卫团直插梧桐峪，向崮口南包围攻击。第三路由长新桥沙宪德、刘刚、马登龙带队经下流井、大荆头西侧向崮口东侧包围攻击。第四路由郑作秀、宋觉民，万兴安、刘德吉带基干队随总指挥部做预备队，邱玉瑞、姚兴华带自卫团执行警卫任务。

1940年1月25日，各部队都到保合庄总指挥部报到。总指挥检查了弹药、担架准备情况，规定了信号、通讯联络办法。当日下午五点半，各部队均按照部署进入阵地。6时发起攻击。部队作战十分勇敢，各路进展顺利，仅进攻梧桐峪的人员有伤亡。26日黄昏发起总攻，天黑后攻下崮口。待我军进入崮口时，李长胜已带领部队向东北逃窜。至此，我军收复了崮口山区。

经过两次战斗，不仅大大鼓舞了边联地区人民的抗日积极性，而且巩固扩大了根据地，提高了党在群众中的威信。

反顽斗争胜利后，罗荣桓同志提出了组建边联支队，巩固抱犊崮山区根据地的指示。1940年3月边联支队建立，万春圃任支队长，于化琪任政治委员，宋鲁泉任副支队长，靳怀刚任政治部主任，下辖三个大队。

边联地区抗日武装的发展壮大，引起了敌伪顽的仇视。1940年5月，敌人集中四五千人对鲁南地区进行了一次大“扫荡”。通过这次“扫荡”，在边联县的向城、孙家庄、银杏树、于沟、贾庄、湖家窠、长新桥等地增设了据点。五十七军一一四师六八三团也进驻九女山、甘林，不断向车辋一带骚扰，并一手制造了反共反人民的“四二五”“七二五”和“十•二七”事变。

1941年4月2日拂晓，一一四师三三四旅六八三团和六八四团一部配合王洪九、李子瀛、李以锦等地方土顽，向边联地区突然袭击，大举进攻。县大队率先占领了会宝岭，坚持战斗到黄昏，撤到青山套，与事先从山里撤到青山套的边联县委、边联支队相遇。县委认为，在敌人大规模进行袭击的情况下，应暂避其锋芒。遂决定将撤出的县委、县府、边支一大队、县大队及区乡干部一律过临枣公路向南桥转移，靠近沂河三军分区与鲁南军区。县委书记邸励还派人去一、二区传达县委决定，将两区党、政、军脱产干部和暴露身份的党员暂时撤至苍山。尔后，又根据鲁南军区政委邝任农的指示，转移到邳县以北，配合当地政府，坚持边沿斗争。边联县机关和边支一大队到邳县不久，罗荣桓就开始布置讨逆战斗，命令教二旅四团、五团、边联支队及县、区、乡武装统一行动。在这次战斗中，县大队的任务是配合五团向车辋反击。

5月16日拂晓，县大队包围南马头，摧毁了坞丘乡公所，俘虏三十余人。然后配合五团包围车辋，向顽三三四旅六八三团进攻，顽军依靠地堡顽抗，我军强攻一天，没有攻克。天黑后，县大队利用夜幕掩护接近碉堡，发现了出入口，迅速突进地堡，全歼顽军一个班，缴获机枪一挺、步枪七支，为主力部队打开了进攻的通路，四团、五团突进围内，顽军开始向西北方向突围。四团、五团继续追击，县区乡武装乘胜收复失地，顽军侵占了二十一天的边联县重新回到人民手中。

7月25日，顽军又与日伪军配合，袭击边联县政府机关，制造了“七二五事件”，我方伤亡、被俘数十人。10月27日，顽六八三团张本枝部又制造了“银厂惨案”，包围我鲁南区党委驻地银厂村，区党委书记赵镈被俘后惨遭杀害。同时牺牲的还有杨清法、刘广全、杨彬等同志。

此后，由于敌伪顽的“蚕食”分割，根据地逐渐缩小，形成了“东白山、西白山，东西涧村宝山前，南征北战十余里，东西交通一线牵”的局面，斗争更加残酷，生活更加艰苦。但边联县的人民武装在党的领导下，咬紧牙关，坚持斗争，用鲜血和生命写下了许多可歌可泣的事迹。1941年冬季日伪大“扫荡”中，警卫边联县政府的一个班，在吴家庙子以北高地与敌人遭遇。为掩护县机关转移，从早晨5点打到下午8点，杀伤敌人二十余人，最后全班同志均壮烈牺牲。

“吃一堑，长一智。”边联人民武装——边联支队、县大队和区乡武装，在党的领导下，经受了1941年“三大事变”的考验，提高了斗争艺术，闯过了道道难关，为1943年全面反击奠定了坚实的基础。

争取东北军 挤走李长胜

在鲁南，共产党、八路军的主要统战对象是当地各种地方势力和东北军。国民党的各种地方势力中，实力最强的是山东省第三区专员兼保安司令张里元。抗战初期，张里元一直与共产党保持着较好的统战关系。1939年下半年，张的政治态度右转，共产党派去的工作人员被迫撤出。但因张对共产党还保持中立态度，根据“人不犯我，我不犯人”的原则，罗荣桓决定与张里元继续保持统战关系，曾几次派人去张部联络。在名义上归张里元统辖的鲁南各县地方武装，对共产党政治态度不一，互相之间矛盾也很多。罗荣桓对他们采取了区别对待的方针。

与鲁南的地方势力相比，东北军是更为重要的统战对象。罗荣桓一进山东，就对东北军的情况进行了深入的研究。早在1939年4月26日，他在泰西时，就在师直属队的干部会议上指出：“于学忠到鲁南，统一战线的形势可能会好一些。我们应很好地巩固与东北军之团结。”于学忠是山东人，曾在北洋军阀吴佩孚手下当师长。1927年吴垮台后转入东北军。1936年任国民党的甘肃省主席。西安事变时，他在西安参加了张学良主持的高级将领会议，同意对蒋介石实行“兵谏”。张被蒋扣押后，东北军即由于学忠率领。抗战开始后，蒋介石把于调到山东，既想让东北军在同日伪的战斗中受到削弱，又想利用东北军限制人民力量的发展，而于学忠一方面不得不受蒋介石的节制，另一方面又时时要提防蒋把他这个“杂牌军”吃掉。因此，他有一个很形象化的口号：“既不红，又不蓝，三条道路走中间。”

于学忠部辖有第五十一军和第五十七军。于的苏鲁战区司令部和第五十一军驻扎在沂鲁山区，第五十七军的第一一一师驻扎在日（照）莒（县）山区，第一一二师驻扎在鲁南，同八路军的驻地犬牙交错，师部驻在石河、官庄，离大炉只有12里路。

早在1938年春天，共产党在第一一二师就设有秘密的工作委员会。1939年，根据中共六届六中全会精神，工委已停止发展组织而专做统战工作。罗荣桓到大炉后便受中共中央山东分局委托，负责直接领导这个工委。工委负责人谷牧秘密来到大炉向罗荣桓汇报了第一一二师的情况。该师师长叫霍守义，西安事变前，他在陕北，防地与红军接壤，曾奉张学良之命，掩护了大批人员进入苏区，其中包括美国记者斯诺。因此，他对共产党还是友好的。这个师的两个旅都有共产党掌握的战地服务团，每个团都有党领导的宣传队。第一一二师三三四旅六六七团团长万毅，西安事变中是著名的少壮派，事变后被蒋介石扣押，抗战爆发后才释放，1938年3月由张文海、谷牧介绍秘密加入共产党。在他的掩护下，共产党在六六七团的工作十分活跃，几乎每个连队都有党员，抗日气氛十分浓厚。

罗荣桓听取了谷牧的汇报后很满意地指出："对东北军要做两方面的工作。一方面要团结争取广大官兵一道抗日，另一方面对在部队中进行阴谋破坏活动的国民党特务要进行尖锐的斗争，揭露他们的反动面目，防止东北军向坏的方向转化。"

罗荣桓初步了解了第一一二师的情况后，便派参谋处长王秉璋去做联络霍守义的工作。王原在孙连仲的第二十六路军，1931年底在宁都暴动中参加红军。由于王对旧军队官兵的思想动态、生活习惯、语言礼节等等比较熟悉，因此王第一次去拜访霍守义时，霍同他一见如故，谈得很投机。王给霍送来一些宣传材料，其中有一份是《三大纪律八项注意歌》。霍看了后非常赞赏，王告辞后，霍拿着歌词对秘书李欣说："我看这支歌很好，咱们也能唱。你就用我的名义起草一个训令发到全师，要大家都唱这支歌。"

这位李欣也是共产党员，当有人向霍守义告发时，霍不大相信，说："只要他抗日，管他是不是共产党。"

王秉璋告辞后的一个寒夜，李欣在秘密交通员带领下，顺着崎岖不平的山路，匆匆赶到第一一五师师部去见罗荣桓。

李欣从1938年起便在霍守义身边工作，对第一一二师情况，对霍守义的政治态度和脾气爱好，以及霍同王秉璋见面的反应都十分清楚。李详细汇报后问罗荣桓：党在第一一二师的工作基础很好，在国民党加剧反共的形势下，是否可仿照山西新军的办法把队伍拉过来。

罗荣桓立即指出：你们的情况同山西新军不同。山西新军是我们党组织起来的部队，而第一一二师是东北军。你们还是要做好团结上层进步势力和下层广大群众的工作，争取霍守义向好的方向转化，不要搞"起义"。

在第一一五师师部还有一位人物，他可以在霍的住处登堂入室，同谷牧、李欣等联系而不致引起霍的怀疑，他可以同霍当面争论而不致破情面，他就是联络科长靳怀刚。他的父亲靳云鹗曾经当过吴佩孚的副司令和河南省省长，同于学忠有袍泽之谊。他的伯父靳云鹏在北洋军阀政府曾两度出任国务总理，同张作霖是儿女亲家。

靳怀刚在北平读书时，参加了"一二·九"运动。抗战爆发后回故乡邹县组织游击队，不成，赴延安学习并入党。后奉调到鲁南做联络工作。他和地委书记宋子成等都住在万春圃家后院。罗荣桓同他们结邻而居。

霍守义是张作霖的老部下，早就认识靳怀刚，称呼他为"老弟"。由于有这层关系，罗荣桓便让靳继续联络东北军。根据统战工作的需要，罗荣桓感到靳的职务需提高一点，又任命他为第一一五师的后方政治部主任。

罗荣桓在同东北军搞统一战线时，注意了又团结又斗争。他每次派王秉璋、靳怀刚去第一一二师之前，都要找地委书记宋子成、群工部长刘兴元、峄县县长潘振武等集体研究谈判预案，设想霍会提一些什么问题，应如何答复。当时霍守义经常鼓吹国民党的一个政府（国民政府）、一个主义（三民主义）、一个领袖（蒋介石）。罗荣桓等便考虑，假如霍提出我们建立民主政权为“破坏统一”时，便回答他：国民党所派县长、区长在日军进攻面前望风而逃，人民理应成立民选的抗日民主政府，等等。

罗荣桓还向王秉璋、靳怀刚交代，要反复讲八路军和东北军是老朋友，对霍在抗日中的功绩做充分评价，但在原则问题上又要寸步不让。

按照罗荣桓的交代，靳怀刚同霍谈判，有时争论得面红耳赤。霍理屈词穷时便说：“哎呀，老弟，先吃饭，吃了饭再谈。”由于靳按照罗荣桓的指示，在谈判时既坚持原则又注意掌握必要的灵活性，也由于靳同霍的历史渊源，谈判争论得再激烈也没有闹翻。

在对霍守义的统战工作中，处理官里庄事件，从而挤走顽固派县长李长胜，是一个成功的范例。

李长胜是沈鸿烈委任的费县县长。沈鸿烈虽是东北军出身，可政治态度和于学忠、霍守义不同。他已死心塌地投靠蒋介石，成为反对共产党、反对八路军的摩擦专家。而李长胜又是五十七军军长缪澂流的外甥。缪同沈在政治上沆瀣一气，也是东北军中顽固势力的代表，李长胜便依仗沈鸿烈、缪澂流作后台，处处同八路军、同人民作对。

1939年12月28日，临郯费峄四县边联农民自卫团在费县官里庄开会，邀请李长胜参加。李长胜带了一些保安队闯到会场后就以县长身份提出要检阅自卫团，强令自卫团架起枪支，排队集合。然后指使部下开枪，当场打死自卫团干部、团员6人，打伤20余人。这就是震惊鲁南的“官里庄惨案”。

消息传出后，鲁南三地委和四县边联的领导人立即开会研究对策，并去请示罗荣桓。罗荣桓说：“要抓住这个事件，首先组织群众到霍守义的驻地游行示威，要求霍守义严惩杀人凶手。”有的干部感到向霍守义请愿不管用。罗荣桓说：“李长胜行凶是在霍守义管辖的地盘里。霍守义还是抗日的，虽然他不想得罪他的上司缪澂流，可也不会支持李长胜，我们向他请愿，造成声势，下面的文章就好做了。”

第二天，数百名农救会会员、自卫团团员护卫着几十名死难者家属，涌向一一二师师部，在门外高呼口号，强烈要求严惩凶手，为死难者报仇申冤。

霍守义也感到李长胜这件事做得不对，于是派人接见群众，表示："李长胜制造事端，开枪打人是错误的，我们要做调查。"并表示要向死难者发放抚恤、丧葬费。但是，当示威群众要求"严惩凶手"时，他却不予答复。

罗荣桓听取了四县边联负责人的汇报后，对地委和边联的负责人说："现在请愿已达到了目的。顽固派输了理，我们在政治上取得了主动，群众要求报仇雪恨的劲头也鼓了起来。下面的文章，就要转入武装斗争了。攻打李长胜的驻地崮口村，讨伐顽固派！"

于是，地委召开了紧急会议，成立了前敌委员会，调动24个工作区农民自卫团3000余人，兵分5路，把李长胜盘踞的崮口包围了个水泄不通。

李长胜据坚固守，自卫团久攻不下。有的干部担心时间久了，霍守义会来增援。罗荣桓好像猜透了大家的心思，及时写了一封信送到前线。他在信上说："经过前一阶段的揭露和斗争，李长胜破坏抗日、破坏团结的罪行有目共睹，已成众矢之的。前一段霍守义未答应群众严惩凶手的要求，也算可以向缪澂流交账了。现在霍是不会进一步公开支持李长胜的。有八路军主力做你们的后盾，他也不敢援助李长胜。因此，你们要坚定信心，持久围困，不要急躁，不要硬打硬拼。李长胜总有一天会挺不下去的。"

这封信传达下去后，包围崮口的各路指挥员和广大自卫团员战斗情绪更加高昂。与此同时，罗荣桓继续派靳怀刚等到霍守义那里做疏通工作。果然不出罗荣桓所料，霍守义一直按兵不动。李长胜支持不住，在一个夜晚狼狈逃跑。八路军收复崮口，挤走了李长胜，建立了费县抗日民主政府。

（载自《鲁南革命史》）

天井汪讨伐伪荣子恒部战役

伪和平救国军第十军荣子恒部盘踞于费南崮口山区，分割费南、边联两块抗日根据地。伪荣军部驻东崮口，伪第一师分布于崮口以东的柳行头、仁和庄、前后梧桐峪地区；伪第二师分布于西崮口及崮口西北的磨其山、天井汪、莲花汪、核桃湾地区。为收复费南山区，扩大抗日根据地，鲁南军区决定集中军区第三团、第五团及尼山、费滕两个独立营和军区特务连等共20个连的兵力，在区中队、民兵各一部的配合下，发起讨荣子恒部战斗。具体部署是：以第五团攻击驻天井汪的伪第二师师部；以第三团攻击莲花庄、官庄之敌，尔后相机配合第五团进攻天井汪，首歼伪第二师刘国桢部，然后视情况再向南扩大战果；尼山独立营攻击驻核桃湾、柳行头之伪第一师第二团；费滕独立营对东、西崮口一带佯攻，以牵制驻崮口的伪荣军部，阻其北援。1944年5月1日夜，八路军以远程奔袭战法与秘密迅速的行动，避开伪第二师重点防御的西面，迂回到敌人的南北两面，及时完成了对东天井汪伪刘国桢部的包围。23时，战斗打响。第五团以精干的突击队，秘密接近大山湾403高地的三角山寨，突然以排子手榴弹将守敌打垮，占领了制高点。八路军后续部队迅速冲上。敌人见制高点被占，立即反扑与八路军争夺，均被八路军猛烈火力击退。第五团又以小分队偷袭东天井汪，摸下西北角一座空炮楼，取得了进一步强攻的立足点。第三团一、二连进攻莲花庄，沿东北、西北两面架梯登墙冲入村内，俘敌10人，余敌南逃。第三团四连奔向莲花庄以东，阻击崮口可能增援之敌，尼山独立营复围攻核桃湾、柳行头。东、西天井汪之敌被团团包围，伪第二师师长刘国桢十分惊慌，遂放弃西天井汪，固守东天井汪待援。此时，八路军派被俘虏的1伪副团长进入伪师部劝降，但刘国桢仍执迷不悟，严令坚守。2日，第三团攻克东天井汪东南炮楼，歼敌1个班，第三、第五团均取得有利攻击立足点。下午6时，第三团由东北角，第五团由西北角，向伪第二师师部发起总攻。第三团第一连第一排架梯突入围内，占领突破口炮楼，并连续3次击退猛烈反扑之敌，巩固住突破口，保证后续部队迅速投入战斗。守敌动摇，向东南突围，伪师长刘国桢在突围中被八路军击毙。在东南阻敌突围的部队动作稍慢，致使百余伪军乘隙逃窜。尼山独立营经数小时激战，歼灭核桃湾、柳行头之敌，俘伪军143人。费滕独立营佯攻伪军部驻地崮口，迫敌固守据点，不敢出援。3日，八路军以主力一部向伪第一师盘踞的梧桐峪、仁和庄一带进攻，威胁伪第十军后方。荣子桓在八路军打击下，将残部全部集结于东崮口军部驻地待援。4日，临沂日伪军600余人来援。5日，荣伪军在日军掩护下分别向费县、临沂逃窜，尼山独立营奋勇追击，又俘伪军30余人。

此役全歼伪军第二师及第一师第二团主力，毙伤伪师长刘国桢以下200多人，俘伪副团长宋奇思、卜文理、张培桂及伪二师军法处长刘光宗、军医处长冯相、军需处长李玉珊等518人。缴获迫击炮1门、手炮3门、轻重机枪24挺、步枪271支、短枪22支、战马12匹、电台2部、电话机3部、粮食2万余斤。完全解放了崮口山区。

（载自《沂蒙革命根据地志（上）》）

统一整编和指挥鲁南地方武装，发展壮大抗日力量

第一一五师初到抱犊崮山区时，由共产党组织领导的人民抗日武装力量弱小，且比较分散，形不成较强的战斗力；还由于对统一战线政策理解不透彻，工作放不开手脚，致使部队发展缓慢。第一一五师到达鲁南后，在山东分局和山东纵队及鲁南党组织的支持下，对地方人民武装进行统一整编，放手发展，使地方武装很快壮大起来。

一是建立苏鲁支队和鲁南铁道大队。苏鲁支队在原苏鲁人民抗日义勇队第一总队的基础上建立。第一总队是鲁南地区共产党领导的一支基干武装，从1938年9月一直使用国民党张里元部的番号。1938年春，以沈鸿烈、秦启荣为首的国民党顽固派在山东掀起反共高潮后，张里元在国民党特务的要挟下逐步与共产党疏远，开始趋向反共。鉴于这种情况，第一一五师报请山东分局和山东纵队批准，决定取消张里元部二旅十九团的番号，将第一总队正式改编为八路军苏鲁支队，在建制上仍属于山东纵队，但其行动服从第一一五师指挥。部队改编后，由张光中任支队长，李乐平、彭嘉庆先后任政治委员，胡云生任参谋长，李荆山任政治部主任。支队下辖一、二、三营和特务营。部队整编后，第一一五师帮助苏鲁支队召开了党的代表大会，建立健全了党的各级组织，培养发展了一批新党员，制定了各种规章制度。同时帮助苏鲁支队开展正规化军政训练，使部队面貌焕然一新，军政素质不断提高，战斗力大为增强。在以后的战斗岁月里，苏鲁支队南征北战，为开创巩固鲁南抗日根据地屡建奇功。

早在苏鲁人民抗日义勇队第一总队成立后不久，为及时掌握枣庄矿区的敌军情报，即选派洪振海、王志胜两位排长潜回故乡枣庄建立情报站。他们利用人地两熟的有利条件，团结了一批失业矿工和铁路工人，组建起一支精干的武装。后来与临城附近共产党领导的另一支武装组成鲁南铁道大队。第一一五师和鲁南军区对这支武装非常重视，经常选派干部去加强领导，并利用战斗间隙把他们调到抱犊山区进行学习整训，提高他们对敌斗争的能力，帮助他们克服纪律松懈、自由散漫等不良习气，使其战斗力不断增强。在抗日战争的艰苦岁月里，这支精干武装在传送情报，破袭交通、夺取武器装备、牵制敌人等方面立下了显赫战功，为发展壮大鲁南抗日根据地做出了很大贡献。

二是组建曲泗邹滕费五县游击支队和鲁南支队。第一一五师进驻抱犊崮山区后，进一步密切了与孔昭同部的联系。孔昭同是费（县）滕（县）一带的著名人士，曾在北洋军阀孙传芳部任过师长，北伐失败后辞职回乡。他与国民党第十集团军长官石友三是结拜兄弟。石友三驻扎山东时，孔昭同出于爱国热情，在石的请求和支持下组建起一支武装，称暂编第六师，活动于滕县、邹县、费县一带，有兵力数千人。石友三部撤出山东后，孔昭同逐渐认清石友三的反动面目，拒绝随其行动，坚持在家乡抗战，并与共产党人保持着良好的关系。第一一五师的到来，使孔昭同倍受鼓舞，在山东分局和地方党组织的联系与引导下，孔昭同愿意与第一一五师团结抗日，并请求第一一五师派干部帮助整训部队。1940年2月，孔昭同部正式编为第一一五师曲（阜）泗（水）邹（县）滕（县）费（县）游击支队。由孔昭同任支队司令员。在此之前，已将孔昭同暂编第六师第二旅与第一一五师第六八六团合编为鲁南支队，原六八六团团长张仁初任支队长，董尧卿任副支队长。董尧卿系与组织失去联系的老共产党员（曾任东北军炮兵旅长，后闲居在家，第一一五师到来后恢复党籍），抗战开始后在家乡组建抗日武装，编为孔昭同暂编第六师第二旅，由董任旅长。第一一五师到费县南部活动时，董尧卿主动派人联络，并帮助做孔昭同的工作，积极率部配合第一一五师作战。董尧卿的言行，在很大程度上影响着孔昭同，为改编这支部队起到了很大作用。

三是组建临郯费峄四县边联支队。第一一五师抵达鲁南后，受到爱国士绅万春圃的热情接待。他把自家房子腾出来，让司令部驻扎在他家。罗荣桓主动接近万春圃的家人，经常给万春圃讲国内外形势和红军故事，使万春圃的思想觉悟不断提高，进一步加深了其对共产党的感情。在万春圃的要求下，将其组建的四县边联武装改编为八路军第一一五师临郯费峄四县边联支队，由万春圃任支队长，于化琪任政治委员，贾耀祥、宋鲁泉任副支队长，靳怀刚任政治部主任。支队初建时下辖3个大队，共有武装500余人。这是抱犊崮山区的基本地方武装。以后这支队伍不断发展壮大，为开创鲁南抗日根据地做出了重要贡献。

在整编组建上述武装的同时，第一一五师还整训充实了运河支队、峄县大队等地方武装，短短半年时间，一一五师和地方武装都有了很大发展。

（载自《中共临沂地方史（第一卷）》）

第四章　立足桃峪村　占据天宝山

天宝山区位于平邑县东南部，是连接鲁南与鲁中的战略要地。为打通鲁南与鲁中的联系，1940年5月，第一一五师司令部率部移驻天宝山区的桃峪村一带，并选派工作组在地方党组织的配合下开展群众工作，创建巩固了天宝山区根据地。

一、纪念馆展板内容

1. 第一一五师司令部桃峪村旧址

2．**天宝山抗日民主政府成立大会** 1940年6月16日，第一一五师及费南县委召开了天宝山区各界人民代表大会，成立了天宝山区、乡抗日民主政府和抗日总动员委员会。选举大瑶草湾士绅李元炳任天宝山区区长，廉德三任天宝山乡乡长。此后，各村相继建立了抗日群众团体，初步整理了村级政权。

3. **天宝山战斗** 1940年8月18日，天宝山游击大队大队长廉德三，在日特教唆下叛变，把天宝山大队3个中队和受骗群众1000余人拉上了偏头崮和天宝山。第一一五师在利用各种关系疏通、谈判、争取无效的情况下，于1940年9月1日和10月13日先后打下了偏头崮和天宝山，巩固了天宝山区抗日根据地。

4. **赵镈** （1906—1941），陕西省府谷县人。1926年加入中国共产党，不久到广州黄埔军校学习，任连队地下党支部书记。1927年大革命失败后，被党中央派往北平、天津一带从事地下工作，曾两次被捕，坐牢7年。西安事变后，被党组织营救出狱。先后任津南特委书记、冀南区党委常委兼党校校长等职。 1940年5月，中共鲁南区党委在天宝山区油篓村成立，赵镈任书记。赵镈来鲁南后与第一一五师密切配合，使鲁南根据地得到巩固和发展。1941年10月27日，国民党五十一军三四二旅六八三团突然袭击鲁南区党委机关驻地。赵镈本已突出重围，但为保护党的绝密文件，又只身返回驻地焚烧文件后而不幸被捕。他坚贞不屈，最后被敌人活埋在九女山下。

5. **铁路沿线破袭战** 1940年8月至12月，八路军在华北展开百团大战，为配合这场战役，第一一五师动员鲁南军民，在日军控制的津浦铁路徐州至兖州段、陇海铁路台儿庄至新沂段开展大破袭，扒路基，炸桥梁，袭击车站，火烧碉堡，连克数十座日伪据点，并将平邑至泗水公路彻底破坏，沉重地打击了敌人，有力配合了百团大战。

二、史料文章

进军天宝山区，打通鲁南与鲁中的联系

巩固了抱犊崮山区的阵地后，罗荣桓、陈光等又决定向北发展，开辟天宝山区抗日根据地。

天宝山区位于抱犊崮西北地区的平邑县境内，这里群山连绵，地势险要，盛产黄梨、金银花等。伪军刘黑七、地主武装等长期盘踞在该地，破坏、威胁着鲁南抗日根据地的发展，也阻隔了鲁南与鲁中的联系。

第一一五师按照罗荣桓关于创建以抱犊崮山区为中心的鲁南抗日根据地的计划，决定攻打白彦，经营天宝山区，争取与鲁中泰山、沂蒙两区打通联系。白彦镇位于抱犊崮山区与天宝山之间，是鲁南通往鲁中沂蒙山区的必经之地。与日军相互勾结的大恶霸地主孙鹤龄，控制着数千人的反动民团盘踞此地。

1940年2月14日，第一一五师第六八六团和特务团、苏鲁支队第一大队发起白彦战斗。经两天两夜激战，摧毁了白彦及周围据点，消灭孙鹤龄部1000余人，解放了白彦地区。此后，日军为夺回白彦曾三次出兵攻击，均被第一一五师击退。在三次白彦争夺战中，第一一五师共歼灭日军800余人。白彦争夺战的胜利，解放了费县西部广大地区，为八路军向天宝山区发展扫清了道路，为鲁南抗日根据地的发展和巩固创造了有利条件。

八路军占领白彦后，使驻鲁南地区的日伪军如芒在背。4月14日，日军调集8000余人，向抱犊崮山区进行春季“扫荡”。第一一五师和地方部队执行内外线相结合的作战方针，伺机打击敌人。经过近一个月的激战，至5月上旬，粉碎了日军的“扫荡”。在这次反“扫荡”中，第一一五师和地方部队共作战30余次，毙伤日伪军1000余人，保卫了以抱犊崮山区为中心的鲁南抗日根据地。

1940年7月，第一一五师又开辟了天宝山区抗日根据地。与此同时，还开辟了津浦铁路以东邹（县）滕（县）曲（阜）泗（水）边和临（沂）郯（城）赣（榆）之间的广大地区。八路军“百团大战”期间，第一一五师动员鲁南军民，在日军控

制的津浦铁路徐州以北地段、陇海铁路东段开展大破袭，扒路基，炸桥梁，袭击车站，火烧碉堡，连克数十座日伪据点，并将平邑至泗水的公路彻底破坏。

9月，第一一五师在鲁南天宝山区桃峪召开高级干部会议，罗荣桓在会上总结了入鲁以来对敌伪顽斗争的主要经验，提出了"插、争、挤、打、统、反"的六字方针。插，即插入敌人后方及一切间隙地区；争，即争取立住脚，建立根据地；挤，即挤掉敌伪力量，缩小敌占区；打，即多打胜仗，扩大八路军影响；统，即广泛开展统一战线工作，坚持独立自主原则；反，即反击一切顽固派的进攻。并提出要"建设铁的模范党军"。这次会议对八路军的扩大、抗日根据地的巩固，都起了很大的推动作用。

1940年10月，日军再次集中兵力进攻鲁南抗日根据地。先是敌机械化部队1500人，兵分三路"扫荡"郯城、马头地区，侵占了郯城和马头。接着，日伪军4000余人，连续对运河南北根据地进行"扫荡"，控制了运河两岸。郯城、马头地区和运河两岸沦为敌占区。11月，日军集中力量进攻天宝山区，第一一五师一部在武安、小卞桥予敌以沉重打击，坚定了军民的抗战信心。

根据中共中央、中央军委关于第一一五师向山东分局靠拢，实行军事上统一指挥的指示精神，1940年11月，第一一五师开始从鲁南向鲁中山区转移。1941年3月，又转入滨海区，主要活动在临沭蛟龙、莒南大店一带。第一一五师进军鲁南一年多时间，胜利实现了以抱犊崮山区为中心，向四处发展的战略构想，先后打通了与华中、鲁中、鲁东南、湖西的联系，使根据地和游击区面积扩大到1.1万平方公里，在发动群众、建设政权等方面都发挥了重要作用，为沂蒙山区抗日根据地的创建和发展做出了重要贡献。

（载自《中共临沂地方史（第一卷）》）

打开闭锁的山门

孙恕之

我军在郯马、孔庄，特别是白彦的胜利，极大地震撼了这里的封建势力。在八路军强大军威之下，廉德三不得不对八路军一一五师进入天宝山表示欢迎。他们派出新庄的开明人士廉茂彩出面和我们接头。廉茂彩是南金池党员廉茂森的哥哥，拥护共产党的政策。我们最初派出的同志是费县县委宣传部长王力生。这里有必要对王力生做一介绍。

王力生，曾用名王桂艳、王柏，1936年夏毕业于费县师范讲习所。当年暑假开学，中共山东省委宣传部长林浩到师范讲习所，以教书为掩护，恢复和发展鲁南的党组织。他在学生作文中，发现其思想进步，经考察于当年11月发展他入党，1937年增补为中共费县工作委员会委员。抗日战争中，任费县一区区委书记、费南县副参议长、鲁南三地委和鲁南区党委组织部干事，费南县委敌工部长、临城县委组织部长等职。他对党忠心耿耿，对工作任劳任怨，不计名利，不计职位，后来和我一起从事敌工工作，做出了很大贡献。1949年任云南省峨山县、通海县委书记。1949年后任全国总工会刘宁一办公室秘书，全总国际联络部办公室主任，中国农林工会秘书长等职。1959年被错定为右倾机会主义分子，蒙冤多年。后任济宁专署副专员，济宁市政协副主席等职，2001年去世。王力生家住地方街以东的小王庄，距地方五里路。鬼子一来，搬到天宝山中五旗的南京庄亲戚家居住。因他在天宝山民团中有亲戚关系，所以派他前往联络。

经过谈判，一一五师于5月24日和平进入天宝山，天宝民团派廉茂彩带领部分人员到郑城欢迎。司令部驻桃峪，政治部驻巩家山。

一一五师进驻天宝山以后，立即从民运部和师直各部门抽调几十名干部组成八路军一一五师天宝山民运工作团，配合地方党组织开展工作。工作团开始由砥砺任主任。半月后，砥砺调任费南工委书记，由我任主任。成员有王正方、孟玉民、张开诚、齐克、史文祥、张秋桥等二十余人。王正方，邹县人，1939年参加工作，历任一一五师民运部干事、铜山县县长、费县县委书记、临沂专区副专员、江苏省建工学院党委书记、院长等职，1999年去世。孟玉民，乐陵县人，曾任一一五师民运部干事，滕峄边县黄崮区区长，1941年牺牲。工作队员分住各旗，王正方在北四旗住李家村，张开诚在南四旗，住王崮山，史文祥住李家庄。

工作团出发前，民运部的领导讲了抗战的形势，交代了工作任务和注意事项，讲述了天宝山特殊的地理和人文环境，要求团员严守三大纪律八项注意，和群众搞好关系，保证工作顺利进行。

从桃峪出来，登上山口，只见群峰耸立，山高涧陡，峰峦叠翠，满山都是梨树，间有桃杏、山楂等果树。如果没有战争，这里真是人间仙境，世外桃源。写到此处，我心情激动，按捺不住，把我曾经写过的一首诗，呈献在这里："凤山吴王拜神堂，和尚崮影洞中藏。天宝二砦滕云台，大峪两泉金池黄。"凤山，山名，在甘草峪东；吴王，即吴王崮；神堂即大神堂、小神堂；和尚崮，山名，在九间棚西；洞即朝阳洞，抗战时曾是我北海币的印刷厂，洞口朝南，洞内宽敞明亮；天宝即天宝山；二砦即穷汉砦、富汉砦；大峪即大峪沟，也就是中五旗；两泉即两泉庄；金池即南、北金池两个村庄。

这首诗记录了我三年来在这里战斗的足迹。在这里度过了三年的艰苦岁月，我有幸饱览如诗如画的美景，陶冶了情操，滋养了我的心灵。这些山、草、树木伴我三年，使我触景生情，写了这首打油诗，寄托我对天宝山区人民对我的抚育、爱护的感激之情。

工作队员到村后分住在群众家中，与群众同吃同住，同劳动。通过召开村民大会、走访群众家庭、个别交谈等方式，宣传日军的暴行，中国面临亡国灭种的危机，共产党八路军的政策主张，八路军是抗日的队伍、是老百姓自己的队伍，等等，消除日伪顽反动宣传的影响。

我军的到来，给这里带来了外部世界的新鲜气息。长期闭锁在深山的农民，几乎与外部世界完全隔绝，有些嫁进山里的媳妇，终生都未走出山门。他们仍然保持着清末的生活习俗，以至我们到来时，有些老人竟问："现在是光绪几年？"真是桃花源中人，"不知有汉，无论魏晋"。群众对长期的封建统治司空见惯，见到我们这些和蔼可亲、事事处处为他们着想、为他们办事、为穷人打天下的八路军，是那样新奇，觉得世道真是变了。通过深入的接触，他们对共产党八路军有了初步认识，拥护各项政策，对抗日事业表现出了热情。

1940年6月16日，召开各界人民代表大会，成立了天宝区、乡抗日民主政府和抗日总动员委员会，选举大瑶草湾的士绅李元炳任天宝区区长，朱开元任副区长，廉德三任天宝乡乡长。各村先后建立了抗日的群众团体，初步整顿了村政权，天宝山的抗日形势发展得很好。

举办训练班

为了加强对天宝山农民特别是青年的教育和争取工作，培养骨干，发展党员，建立党和群众组织，并由这些骨干带动群众开展抗日工作，工作团决定举办农民培训班，由各村选送稍有文化，能接受新鲜事物的青年参加培训，年龄一般在18岁到30岁。训练班在新庄东门外的学校里，由我和孟玉民负责。

学习内容根据农民的文化程度和接受能力而定，没有现成的教材，主要讲抗日道理和抗战形势，讲日军的罪恶，批驳日、伪、顽对共产党、八路军的诬蔑，讲有关共产党、八路军的政策、主张，提高群众对共产党、八路军的认识，讲党的抗日民族统一战线政策、抗日救国十大纲领、毛主席的《论持久战》等。

训练班每半月一期，共办了三期，廉德三叛变后停办。每期四五十人，共有一百多人参加了学习，许多人入了党，也有许多人在学习结业后入党，当了干部，成为天宝山区抗日斗争的骨干力量。以后他们中有的到东北工作，有的南下江、浙，有的在当地各条战线工作，有的一直是基层积极分子，对党都做了有益的工作。

现在能记起的训练班学员有：

王家庄的李明义，1949年后任莒县经委会主任。黄土崖村的张承栋，解放战争时期南下到杭州。葛针庄的甘同绪，1949年后任空军某师政委。葛针庄的徐新民，1949年后在潍坊地区工作。葛针庄徐立岩，在滕县政府工作。大平安庄的孙嘉峰，1949年后任中国科学院计算所党委书记。大井头村彭江新，1949年后任济南百货公司经理。廉茂森，1949年后任杭州市劳动局长；大井头村胡光宗，以后打入伪县政府，做了许多有益工作，后参加八路军。姚家庄的姚广新，1949年后在泗水县农机局任局长。康家庄的王守信，1949年后在沂南县工作。还有埠西桥的唐明松，楚家岭的甘同松，魏家庄（现名董李庄）的董守才、董开贵，王夫庄的胡焕之，闸口村的闫加生，北金池的田章雨、田庆雨、田启雨，彭家泉的孙福堂，汤家庄的刘同聚，毛峪的徐怀玺，大山堂的庄立勤，新庄的廉德建，赵家庄的李常玉等。

开辟天宝山区抗日根据地

天宝山区位于平邑县城东南约40公里处，有着复杂的地形和奇特的自然条件，这里崇山峻岭，道路崎岖，树木茂密，便于隐藏与转移，且盛产黄梨、山楂、苹果、桃、板栗、柿子等，是个比较富足的地方。当时，这个山区被封建势力廉德三的天宝山民团统治着。

天宝山民团是由当地地主、富农买枪，吸收贫苦农民组建而成，共有200多人枪。廉德三在八路军强大的军威之下，不得不对一一五师的到来表示欢迎。他派辛庄的开明人士廉茂彩出面，与八路军的代表、中共费县县委宣传部长王力生谈判。王力生曾在天宝山中五旗的南京庄住过一段时间，人缘较熟，在天宝民团中也有亲戚关系。廉茂彩和王力生见面洽谈后，同意一一五师进驻天宝山区开展抗日工作。一一五师于1940年5月24日和平进入天宝山区，天宝民团派廉茂彩带领部分人员到郑城欢迎。

一一五师进驻天宝山区以后，司令部驻桃峪，政治部驻公鸡山（巩家山）。他们从民运部和师直各部抽调20多名干部组成八路军一一五师天宝山民运工作团，配合地方党组织开展工作。工作团最初由砥砺任主任，半月后，砥砺调任费南县工委书记，孙恕之继任主任。成员有孟玉民、张开诚、齐克、史文祥、张秋桥、王正方。工作团出发前，民运部领导讲了抗战的形势，讲述了天宝山特殊的地理和人文环境，交代了工作任务和注意事项，要求团员严守“三大纪律八项注意”，和群众搞好关系，保证工作顺利进行。工作团进入天宝山区后，队员分住各村，王正方在北四旗住李家村，张开诚在南四旗住王崮山，史文祥住李家庄。

工作队员到村后，与群众同吃、同住、同劳动。通过召开群众大会、走访群众家庭、个别交谈等方式，揭露日军暴行，宣传中国面临亡国灭种的危机，共产党八路军的政策主张以及八路军是抗日的军队、是老百姓自己的队伍等。

长期生活在这里的农民，几乎与外部完全隔绝。他们仍然保持着清末的生活习惯，并保留着清末“旗”的社会建制，群众对封建统治司空见惯，当看到八路军战士和蔼可亲，事事处处为老百姓着想，给他们办事，感到新奇诧异，觉得世道真是变了。工作队通过与群众深入接触，老百姓对共产党八路军有了初步认识，进而拥护共产党八路军的各项政策，对抗日事业表现出了极大的热情。

要创建天宝山区抗日根据地，必须掌握这一带的武装。罗荣桓指出，把民间枪支集中起来，组织天宝山抗日游击大队。经过一段时间的教育争取工作，廉德三表面上接受了八路军的改编。6月16日，师部决定将天宝山民团的武装改编为八路军一一五师天宝山游击大队，任命廉德三为大队长，廉德五任副大队长，一一五师干部唐健如任政治委员。游击大队下辖4个中队：北四旗中队由郝家瑞任中队长，副中队长董开宣、胡一贵，中队驻魏家庄；中五旗人数较多，设两个中队，分别由张桂胜、廉士六任中队长，大队部和中五旗的一个中队驻辛庄，另一中队驻范家台；南四旗中队由廉德五兼任中队长，中队驻王崮山。四个中队共200多人，战士多是中青年，各带自己的枪。中队长由当地有政治经济实力的人担任，一一五师派出干部任中队指导员。天宝民团改编为抗日游击大队后，队员们觉悟提高很快，各旗群众也很快发动起来。

在改编天宝山民团的同时，一一五师民运工作团召开了各界人民代表大会，分别成立了天宝区、乡抗日民主政府和抗日总动员委员会，选举大瑶草湾的士绅李元炳任天宝山区区长，朱开元任副区长，廉德三任天宝山乡乡长。各村先后建立了抗日群众团体，初步整顿了村政权，打开了天宝山区的抗日局面。

为了加强对天宝山区农民特别是青年农民的教育和争取工作，进而培养骨干，发展党员，建立党和群众组织，并带动群众开展抗日工作，一一五师民运工作团决定举办农民培训班，由各村选举稍有文化、接受新事物快的青年参加培训，受训人员年龄一般在18岁到30岁。训练班设在辛庄东门外的学校里，孙恕之、孟玉民具体负责培训。训练班没有现成的教材，主要讲抗战形势、抗日的道理，讲共产党的政策、主张，讲《抗日救国十大纲领》和毛泽东的《论持久战》等内容，同时揭露日军的罪行，批驳日、伪、顽对共产党八路军的污蔑。

训练班每半月1期，共办了3期，每期四五十人，共有100多人参加了学习。参加培训者有的是中共党员，也有许多人在学习结业后加入了中共组织，当了干部，成为天宝山区抗日斗争的骨干力量。

天宝山民团改编为天宝山大队后，队员们的思想觉悟日益提高，对廉德三的统治基础产生了动摇。廉德三接受改编，是迫于形势，不得已而为之，目的是保存实力。抗日形势的迅速发展，使廉德三保住势力继续做“山大王”的梦想破灭。恰在此时，国民党费县党部书记、日军特务王公武，极力迎合廉德三的心理，以维护天宝民团利益为名，教唆廉德三反对共产党、八路军。

王公武为日军卖力，反对共产党和八路军，在煽动“十八村”红枪会暴乱的阴谋破产后，把眼光瞄准天宝山民团，并与廉德三打得火热，成了廉德三的军师。一一五师进驻天宝山区时，王公武正在安徽参加国民党的反共会议。天宝山民团改编为抗日游击大队后不久，王公武从阜阳秘密潜回天宝山，策划“曲线救国”，抵制八路军，得到廉德三的赞同。

王公武与廉德三在叛变前做了周密计划，对各部做了调整部署：中五旗的大闸口、小闸口、赵家庄、罗圈崖、土龙沟、卢家沟一带的群众上偏头崮和郑城、桃峪等山口；中五旗的辛庄、千秋湾、两泉庄、范家台、刘家埠、炭沟子、青杨庄和南四旗的苗家庄、王秋庄、杨家庄、黄崖头、王崮山一带的群众上天宝山；南五旗康家庄一带的群众上穷汉寨和富汉寨；北四旗大圣堂、皮狐哨的队员上轿车山口；王夫庄、姚家庄的队员上王夫山口；魏家庄、刘家庄、彭家泉的队员上魏家庄南山。

1940年8月18日拂晓，王公武、廉德三采用欺骗、蒙蔽、要挟等手段，对群众叫喊日军来了，叫大家快上山躲避。裹挟天宝山大队和中五旗、南四旗的群众1000多人上了偏头崮和天宝山等山顶。有的连牛羊也牵上了山，不上山的便罚款。闸口村民阎加声没有上山，被罚买两只大盖枪。

叛军将通往郑城、桃峪、轿车山、穷汉寨、富汉寨、吴王崮、王夫庄山口和通往由吾的山口全部封锁。叛军还把大队部的政委唐健如等一一五师的政工人员抓去。廉德三将在李家村一带开展民运工作的干部史文祥抓上了山，推下悬崖摔死。叛军袭击天宝山的乌娄牛子山，将一一五师特务营瞭望哨一个班的战士抓走，用铁丝穿着锁骨，送到费县城日军据点，他们全被日军杀害。

这次廉德三叛变，只有北四旗的一个中队因北峪子的重要人物郝家瑞抵制而没有跟随。副中队长董开宣、胡一贵企图带魏家庄一带村庄的队员上魏家庄南山，被一一五师驻李家村的教导队当即逮捕，于9月13日，在多乐庄山口将董开宣、胡一贵处决。其中一小部分武装人员上了多乐庄山头，也被一一五师教导队及时驱散。

在当时的情况下，保住了北四旗是一个至关重要的胜利，为以后解决天宝山问题准备了一块阵地。

廉德三叛变后，叛军在天宝山一带的山上，居高临下，对西边山下桃峪村驻扎的一一五师师部、母子山西山下的公鸡山（现巩家山）村驻扎的师政治部和油篓村驻着的鲁南区党委构成了严重的威胁。一一五师和鲁南区党委立即决定，把解决廉德三叛变问题作为第一位的工作，并制定了平叛的原则：正确贯彻党的政策，以政治攻势、说服教育为主；把叛军和群众区分开来，把叛军首领和一般战士区分开来；惩办首恶，教育胁从；依托北四旗，动员各方面的力量，争取和平解决。

由于叛军错误地估计了形势，他们以为天宝山、偏头崮都是天险，八路军攻不上来，所以不听一一五师派人苦口婆心地劝说，拒不下山。在这种情况下，一一五师和鲁南区党委决定，先解决对八路军领导机关威胁最大的偏头崮。

9月1日，一一五师特务营、六八六团向偏头崮发起攻击。2日歼其一部，以示警告。我军再次派人上山劝降，山上的叛乱分子以为凭借天险可以固守，拒不投降，一一五师被迫发起强攻。

偏头崮三面是悬崖峭壁，只有东南面有一斜坡，勉强可以登上山顶，山上修有围墙，易守难攻。叛军中队长夏茂瑞带领叛乱分子居高临下，仅用石头砸，就给进攻部队造成很大伤亡。有的战士为躲避石头，身体贴在悬崖陡壁上，整整一天上不去下不来。战斗持续了1天2夜，进攻的战士才冲上山顶，消灭了叛乱分子。

偏头崮被攻克后，廉德三仍固守天宝山和南峪子。一一五师和鲁南区党委依然坚持和平解决的方针。罗荣桓亲自主持这项工作的开展，师部和区党委都调出专人负责，一一五师民运工作团的全体成员也全力以赴地投入。他们遵照罗荣桓的指示，利用各种社会关系做廉德三的工作，请了李元松、胡光裕和西范家台的李汝梅、廉德铨、谢玉军等原天宝山民团的知名人士，以及廉的亲戚等先后做工作，未果。最后请来了滕县大队负责人李汉卿。李汉卿是滕县螳螂峪人，据说天宝山廉姓民众是从滕县螳螂峪迁来的，就连梨树种也是螳螂峪的。廉德三拒绝李汉卿上山，由他派代表下山谈判。经过多方努力，未能使廉德三转变立场。廉德三实行内部封锁，不准群众下山。旷日持久，山上粮食得不到补充，生活难以维持。已经到了收梨季节，有些被蒙骗上山的群众开始动摇，进而对不让下山产生不满情绪。

尽管一一五师采取“围困”的办法，促其内部分化，尽可能争取和平解决。但由于日特的严密控制，加之廉德三为了维护他的统治，竟把一小队日军请上了山，将未上山的村民廉德省的牛杀了招待日军。廉德三不顾天宝山民团与汉奸土匪刘桂堂的世仇，还将刘桂堂引上山，完全堵死了和平解决的路子。与此同时，山上的群众看清了廉德三不是躲日军，而是勾结日军打八路的汉奸真面目。部分群众冒险下山，向一一五师讲述了山上的情况。抗日军民兵临山下，廉德三在政治上、军事上都处于孤立无援、众叛亲离的境地。

10月13日，一一五师和鲁南区党委在和平解决无望情况下，从六八六团和七团抽出4个连的兵力，向天宝山发起攻击。进攻前，罗荣桓、陈光一再强调，要切实遵守三大纪律八项注意，不许杀害已缴枪的俘虏，绝对不许伤害群众。如发生火灾，要组织灭火，保护群众生命财产安全。战役由陈光具体指挥。

由于廉部凭险顽抗，战斗打得非常激烈、艰苦。翌日下午，战斗出现了转机。天宝山东南王崮山方向，是叛军防御次要部位，守在这里的是中队长廉德五的人员。廉德五的女儿廉茂催是中共党员，她做通了父亲的工作，使廉德五率南四旗中队撤到了天宝山主峰，为八路军攻占天宝山主峰提供了有利条件。六八六团特务营营长马鸿祥随即率部占领了这个山头。李作鹏、张仁初各自带领一个连从苗家庄方向冲上了天宝山，冲破第一道防线，向西冲杀。守山叛军中有的枪法很准，负隅顽抗，给一一五师部队造成了重大伤亡。但指战员英勇无畏，于下午5时攻上了山顶。战斗中击毙了日军特务王公武。廉德三负伤后，用绳子吊下悬崖，逃往地方日军据点。此次平息叛乱战斗，一一五师政治部直属政治处主任刘四喜及60余名干部战士牺牲，师部作战科长李作鹏负伤。

战斗结束后，代师长陈光亲自登上山顶慰问部队，再次强调严格执行政策，不杀俘虏，不伤害群众，做好受骗群众的思想工作，并亲自带领部队动员并保护群众撤离山顶。

叛乱平息后，一一五师政治部主任肖华在辛庄村南面的松树林中，召开了一次士绅名流会议。肖华强调了共产党的政策，严惩首恶，教育胁从。也讲了对廉德三及逃跑的廉部士兵的政策，只要回来继续抗日，既往不咎。

一一五师和鲁南区党委组织了庞大的工作团，由区党委社会部部长宋子成任团长，三地委统战科长狄井芗任副团长。区党委党校结业的全体学员干部，也到天宝山区帮助工作。费南县政府组成了天宝山善后委员会，安抚民心，处理廉部溃散人员，组织生产救灾等工作。

工作团进村后，宣传肖华的讲话，宣传八路军坚持抗战、建设根据地的方针、政策；发动群众，揭露廉德三勾结日军的罪行，对受廉德三欺骗的部下进行教育；劝说外逃或上山的群众返回家园，对受廉德三迫害的群众进行安置，对受伤的给以治疗和关照；整顿恢复群众团体，动员群众配合八路军打击日、伪的破坏活动。当时正是收梨的季节，工作团帮助和组织群众收梨、卖梨。这一系列措施的实施，受到社会各界人士的热烈欢迎，人民群众对共产党的政策更加拥护，人心稳定，秩序井然。在共产党的领导下，天宝山区军民开始了艰苦卓绝的抗日斗争。

（载自《中共平邑县历史（第一卷）》）

三团在天宝山区

刘春

1940年8月28日，中共中央指示：“为统一山东领导，分局与师部应靠拢。”十一月，一一五师师部北移沂蒙山区。1941年5月又与山东分局一起东移滨海。鉴于鲁南地区战略地位重要，师部决定教二旅一部继续留驻抱犊崮。已开辟的天宝山区，因无主力，受到日伪军分割、侵占，人民群众生活在水深火热之中。同年九月，山纵一旅三团从沂蒙山区南下天宝山，历时四年，为坚持鲁南敌后抗战，保卫鲁南，特别是天宝山区革命根据地进行了英勇顽强的斗争，与人民群众建立了血肉不可分割的联系，受到群众的爱戴，被亲切地称为“咱们的老三团”。

三团进入天宝山区后，正是抗日战争最困难的时期。日军为加强控制其占领区，实行了政治、经济、军事、文化相结合的“总力战”。从1941年3月到1942年10月，在华北推行了五次“治安强化运动”。天宝山区周边各城镇及交通要道均为日伪所占领，费县东部处于国民党军正规部队控制之下，国民党新编三十六师师长、老牌汉奸惯匪刘桂堂频繁活动于蒙山与天宝山两山之间。在西北西南到东南这个弧形圈内外，还有许多股顽匪部队。它们以抗日为名，实际上与日伪明暗勾结，甚至相互配合，对我形成夹击之势。而我方地方武装，只有一个县大队，几个区中队，以及若干游击小分队，同敌伪顽的力量对比，处于明显劣势。三团的任务是控制天宝山，支持地方武装坚持斗争，配合掩护地方党政建设根据地，并与邹东的尼山支队（实力只相当于一个独立营）和鲁南军区其他基干武装遥相呼应。三团到达费南，接连击退日伪和刘匪的侵犯，站稳脚跟后，1941年10月，留一部坚守费南，以主力赴邹东协助尼山支队攻克仲家庄、耿家庄顽匪据点。随后又进攻驻滕县东部上、下户租，予申宪武部以打击，为争取主动、改善环境迈出了一大步。

11月，日军集中五万兵力对沂蒙山区进行大“扫荡”，三团奉一旅命令在外线积极活动，配合沂蒙反“扫荡”。12月初，一一五师师部转移到鲁南，将随行的山东分局党校交由三团负责掩护。不料敌人于7日晚迅速调集兵力追踪而来，以诡秘的行动侵占三团周围阵地，三团因故推迟转移时间，错过时机，陷于敌兵重围之中。三团一、四连和五连一个排，为掩护团主力和党校突围，抢占、扼守苏家崮，与敌血战竟日，最后剩三十余人与敌肉搏和抱敌投崖同归于尽，政治处主任陈晓峰和作战参谋龙非等百余人壮烈牺牲，这是三团进入鲁南后与日军打的一场恶仗，也是三团历史上遭受最大损失的一次战斗。在战斗中，三团指战员不仅发扬了临危不惧、顽强不屈的英雄气概和战斗作风，而且从反面接受了深刻的教训。12月下旬，三团奉命转进鲁中泰（安）泗（水）宁（阳）地区休整。1942年1月参加了一旅组织的蒙山反封锁战役，月底与蒙南支队合编，充实了实力，丰富了部队建设与作战经验。

在三团撤离期间，日伪多次“扫荡”天宝山区，顽军也趁机向我区“蚕食”，尤其是刘桂堂匪部，更加横行无忌。当地党政军民失去了主力支持，根据地遭到破坏，渴望三团早日返回。三团合编后，经过一段时间整训，于1942年3月破袭滋临公路。4月，第二营重返费南。5月，投靠刘桂堂的新泰伪军阎成贵部入侵我区，占领小崮子上下水寨，二营立即给予反击。在反复争夺中，刘匪二团一个营占我南大顶，二营又以主力攻上南大顶，俘匪二十余人，敌弃顶逃窜。下旬，军区指挥独立团和五团两个连及三团二营进行反顽匪战役，二营收复小崮子。5月底，三团全部返回费南。6月刘匪第三次占领小崮子，最后为三团收复，费南形势暂趋稳定。

三团领导从对小崮子的反复争夺中看出，要扭转不利形势，必须对危害最大的顽匪给予歼灭性的打击。刘匪罪大恶极，且兵力较多，部署分散，地形熟悉，聚散无常，耳目众多，群众害怕报复，难充分发动。而我方兵力有限，一时又难予彻底解决。当时，盘踞在泗水东南孙徐的国民党梯队司令、伪和平救国军司令张显荣，是与刘桂堂类似的顽匪，由于背靠日伪的庇护，对我戒备较松。于是，经过周密的调查研究和训练准备，我们决定采取远途奔袭、中心开花的“挖心战术”先予打击。

8月8日晚，我军以爆破与突击相结合，全歼孙徐守敌，生擒匪首张显荣以下四百余人，取得彻底胜利。三团指战员士气大振，敌伪顽匪闻风丧胆，根据地军民受到极大鼓舞。

当三团西进攻歼张匪时，刘桂堂匪部第二团一部又抢占南大顶。三团回师后，决心歼灭该敌。于9月以七、八连从南面主攻，一连从北面佯攻，九连在东北口堵击。战斗发起后，主攻部队很快攻上山顶，一连也奋勇攻上去，实行南北夹击，迅速歼敌大部，残敌妄图向东北小路逃命，有的跳崖摔死，其余全部被擒。这一仗打得干脆利落，生俘匪副团长以下二百余人，给刘匪以沉重打击。由此部队攻歼刘匪的信心大增，人民消除了“恐刘”心理，对发动群众，巩固发展根据地起了积极的作用。

10月，三团实行“精兵简政”，缩编为五个连的小团，王吉文仍为团长，一一五师政治部青年科长邱祖瑞任政委。部队经整编后，于11月对地方镇以南的康太庄、松山子伪军据点发起进攻，邱政委在向敌人喊话时不幸中弹牺牲。一旅领导决定派我代理政委。我于1943年春节前到任。3月三团实行地方化，改称鲁南军区三团，我继续留三团工作。

1943年初，费南和整个鲁南形势更加严峻。1月中旬，日伪军万余“扫荡”鲁南山区，增设据点，狭长的鲁南根据地被分割成不相连的五小块。同时，国民党派“中央军”入鲁计划加紧实施。1942年底九十二军军长李仙洲升任二十八集团军总司令。1943年1月其先头部队进入鲁西。2月越过微山湖东进，3月越过津浦铁路，侵入滕峄地区。鲁南大小土顽一时活跃起来，三团对敌伪顽斗争的任务更加繁重。1月，配合军区部队打天喜庄伪军后，乘刘桂堂匪部动摇之际，将它赶出锅泉老巢。铜石伪军趁机占领西皋等地，三团遂将他们包围，歼灭八十余人。3月，刘匪为接应九十二军，先后进占滴水崖、唐家沟一带，遭我打击后逃走。4月中旬，日军“扫荡”九十二军，刘匪乘机重返锅泉、托车沟等地修筑据点。4月23日，三团组织进攻，刘匪害怕被歼，改变战术，夜间在周围隐蔽地和树林中宿营，一遇攻击即到处打枪，或据险顽抗，或分散突围。经一夜战斗，为我毙、伤、俘百余人，刘匪又回窜费北。此时九十二军一四二师师长刘春霖率师部和四二五团进入滕东，与先到的四二六团会合，共五千余人，申宪武、刘桂堂共谋配合向滕费边进犯，4月至6月，三团先后在王庄、孙家山顶和三山顶、米家山顶等地与九十二军前锋交火，有少量缴获，并互有伤亡。尔后我一面坚持阻击以迟滞其前进，一面强调共同抗日，避免事态扩大，适时撤出战斗，重点放在巩固后方，随时准备予敢于前进的顽军以痛击。6月初，三团一部得悉土顽梁钟亭（梁麻子）一个营前往慰劳九十二军，进抵簸箕掌，三团以神速动作，给予歼灭，俘三百余人，缴获其全部物资。6月中旬，王吉文团长亲率一、二、五连奔赴邹东支援尼山独立营，全歼后五村一带反动封建武装，打开邹东向西发展的道路。7月上旬，三团以两个连奔袭马山头伪军据点，毙敌三十余人，扫清了邹东与滕东间的障碍。与此同时，刘匪从费北返回锅泉，洗劫黄山区毛家洼等十几个村庄，三团两次前往袭击，刘匪弃守，绕道路南逃往固城、土桥地区，不久与九十二军一四二师师长会合。

8月初，刘春霖率两个团进占曹家沟、黑风口一带，继续北犯的企图日益明显。当时三团正在扼守南大顶一线阵地，王吉文团长率二、五两个连进至白彦以北山区监视敌人，其余三个连由我率领，原地待机，视情况发展夹击北犯之敌。8月12日军区获情报称，刘春霖将以刘匪部为先导，于13日通过我费南中心区北进。军区决定三团三连继续在尖山上构筑工事，一、四连在郑城、松林以东、南大顶西麓选择阵地，设伏出击。我连夜进行战斗动员，拂晓前开饭完毕，抓紧部署战斗。次日上午，雨势越来越大，张光中司令员和王麓水政委率军区特务连来到我们中间，检查部署情况，研究作战方案。9时许，忽见敌约二千余人，从黑风口方向蜂拥而来。当地群众扶老携幼，赶着牛羊向我方控制山区逃避。王政委一面用望远镜看着前进的敌人，一面指示我们掌握好部队，待敌先头和大部队通过后出击。当判定敌指挥机构通过我埋伏区时，张光中一声令下："打！冲下去！"三个连猛烈开火，以饿虎捕食之势冲杀下去。作为先导的刘匪部队凭着地势熟悉，率先向流峪、四开山逃窜。九十二军丧魂落魄，落荒而逃，与后续部队纷纷向四开山溃逃。这次战斗，一四二师师部大部被歼，刘春霖负伤，我缴获重机枪两挺及步枪弹药一部。接着军区首长当机立断，下令调集三团全部、五团和尼山支队独立营各一部及军区特务连，共十个连队，于16日晚分三路向四开山顽匪展开围攻。顽军要点连失，仓皇北撤。我军全力追击围堵，经四昼夜激战，歼敌近千，击伤其副师长牛乐亭，俘四二五团副团长以下四百余人。一四二师残部越过滋临公路至费北南埠崖遭我鲁中军区二团截击，折向邹东地区，后又遭我尼山独立营在立山庄伏击，仅余八百余人，从邹县过津浦路逃回皖北阜阳地区。至此，国民党军入鲁计划宣告彻底破产，人心大快，顽伪丧胆。三团乘胜扩大战果，于9月在核桃峪全歼申宪武部一个团，俘团长刘玉华以下六百余人。经过连续作战，我军取得与国民党正规军作战和各部队协同作战的经验，费南以及整个鲁南局势出现新的转折，开始转入主动地位。

我军击败九十二军以后，刘匪见大势已去，不敢重返老巢，再次率部公开投敌，被编为伪和平救国军第十军第三师，盘踞在费县以南柱子一带，成为楔在天宝山与抱犊崮两块根据地之间一个钉子。10月11日夜，三团二连在白果树伏击梁邱去大安、九女山的日伪军，日军丢下尸体十七具，趁夜逃脱。我俘日军一名，缴获掷弹筒一门，步枪十余支，望远镜三具。

1943年11月日军先后对鲁中、清河区进行大"扫荡"。山东军区指示各军区要根据实际情况主动发起进攻，狠狠打击敌人，配合反"扫荡"。鲁南军区决定，集中三团全部，尼山独立营三个连，五团和费滕独立营以及军区特务连，共十二个连队，发起柱子战斗，歼灭刘部，击毙了刘桂堂。一个横行中国十余省市、流窜近三十年的混世魔王，终于被彻底消灭，不仅大快人心，而且使深入鲁南根据地中心的日军梁邱据点陷于孤立。

12月中旬，三团对平（邑）城（后）公路石固至庞庄段进行扫荡战，连克七处据点，俘伪军二百余人，迫使白彦和梁邱守敌撤往费县城，鲁南最困难的时期随之宣告结束。为彻底改变鲁南根据地被分割的局面，鲁南军区决定，集中三团、五团、尼山独立营、费滕独立营、军区特务连，共十七个连队，于1944年5月1日发起讨伐伪和平救国军第十军战役。经三天激烈战斗，歼灭了其第二师与一师二团，击毙伪二师师长刘国祯以下二百余人、俘五百余人，解放了崮口山区。5月24日，三团攻克了所谓"铁打的庞庄"据点，打退城后援兵，击毙日军二十名，俘二名，毙伤伪军五十余名。

6月，三团恢复营的建制，并兼第一军分区，王吉文任一军分区司令员，杨士法兼政委，刘春任副政委兼政治部主任，林毅任副参谋长，统一领导三团和费南、温河、邹县、曲泗各独立营及双山县大队。8月上旬，三团特务连夜袭平邑，打垮伪十军补充团，缴获部分药品。10月份，三团和地方武装向滋临公路连续出击，拔掉红石岭、泉上、利沟、西崮等据点，并动员群众将地方到曲阜二百多华里的公路全部破坏。中旬，荣子恒部由费县调防泗水，一分区闻讯后，在平邑、泗水间设伏截击，毙伤俘五千余人，残部退缩至平邑。当晚三团第三营夜袭平邑，敌突围绕道仲村逃往泗水，平邑解放。26日，铜石伪军向我鲁中部队投降，地方日伪军逃入费县城。由此鲁中、鲁南两大解放区连成一片。

1945年2月1日，一军分区三团在鲁中部队配合下，攻打泗水县城，击毙伪和平救国军第十军军长荣子恒以下二百三十六人，俘伪三师师长朱复宇以下一千二百零六人，击毙日顾问指导官以下二十人，俘日兵二人、伤十五人，缴获轻重机枪十余挺、步枪千余支，这是三团第一次攻克敌占县城，鲁南军民大受鼓舞。3月以后，一军分区三团和地方武装在鲁南军区统一部署下，接连参加讨伐几股较大土顽势力的战役和战斗，3月末至4月初讨王洪九，5月讨张里元，8月讨申宪武，为扩大鲁南根据地做出重大贡献。7月，王吉文司令员率三团第三营和温河县独立营配合鲁中部队进行临（沂）费（县）边战役，攻克了岩坡庄和马兴庄伪军据点，沈家村和东庄子村据点的伪军全部投降。接着，鲁中部队攻克上冶、诸满等日伪军据点，并彻底破坏了费临公路，进一步孤立了费县城和临沂城之敌。8月初，三团主攻滕东铁路侧的阎村，经九昼夜奋战，全歼伪保安二师，活捉恶贯满盈的顽固头子申宪武，以战斗的胜利迎来了日本帝国主义的投降。8月7日，费县城之敌弃城逃往临沂城，费县全境解放。

“鲁南的共产党就是我”——赵镈烈士生平事迹

一

赵镈同志，陕西省府谷县人。1906年出生于一个中农家庭。早年曾在汾阳县铭义中学读书，在校积极参加学生运动。他在青年时代就接触马克思列宁主义著作，追求革命真理，积极投身于反帝反封建的革命斗争。1926年加入中国共产党。从此，他把自己的生命和党的事业紧紧地联系在一起。为了捍卫党的利益，他勇于向邪恶势力做斗争，献出自己的一切。同年，他受党的派遣，到广州黄埔军官学校学习，任连队党支部书记。当时，军校的少数国民党右派分子，疯狂进行反革命活动。他们制造反动舆论，反对孙中山先生倡导的联俄、联共、扶助农工三大政策，反对共产党，破坏国共合作，气焰十分嚣张。赵镈同志在军校党组织领导下，积极带领共产党员和进步学员，同反动势力进行针锋相对的斗争。在一次集会上，有人叫嚷“共产主义不适合中国国情”，诬蔑攻击共产党。赵镈同志挺身而出，当场予以回击，充分表现了共产党人的英雄气概。

1927年大革命失败后，他遵照党的指示，在北平、天津一带从事地下工作。由于叛徒出卖，党的组织遭到破坏，赵镈同志在天津被捕入狱。在法庭上，他坚贞不屈；在金钱面前，他志坚不移。不仅保持了共产党员的高尚情操，而且始终未忘党员的义务和职责。在狱中，他积极对难友进行宣传和教育，组织领导了以反迫害为中心内容的绝食斗争，反对敌人的虐待和迫害。两年后，赵镈同志获释出狱。在严重的白色恐怖下，继续在天津从事地下工作。1931年6月，他二次被捕。敌人对他施尽了一切酷刑，严重地损害了他的身心健康，即使如此，他仍然毫不动摇，始终保持着旺盛的革命斗志。敌人无计可施，只好把他解送北京反省院。

在反省院期间，赵镈同志担任地下中共支部委员和学习委员会委员，与杨献珍、薄一波（当时名张云朴）等同志一起，组织难友坚持斗争。他们通过关系，从狱外带进马列著作和党的文件，拆成散页，夹在《红楼梦》等书籍里，在同志中传阅。敌人在狱中大讲“四书”“五经”，企图欺骗政治犯“改邪归正”，赵镈同志就组织难友学习马列著作，鼓舞大家坚持斗争；敌人组织天主教徒到狱中讲“上帝创造世界”，赵镈同志就组织同志学习辩证唯物主义和历史唯物主义，研究抗日救国的道理，使同志们保持清醒的头脑。

1936年春，全国掀起抗日高潮，反动的监狱当局企图欺骗狱中的共产党员发表“叛党声明”。他们先写好反对共产党的“启事”，到狱中对政治犯说：“只要在上面按个手印，即可释放。”赵镈同志和支部书记薄一波同志等，及时揭穿了敌人的阴谋，发动狱中全体同志，坚决拒绝按手印，使敌人的阴谋破产。

这年“双十二事变”后，赵镈同志经党组织营救出狱。长期牢狱生活的折磨，让赵镈同志患了严重的胃病，身体很弱。他出狱以后，一天也没有休息，就要求工作。开始，组织派他到冀东，旋调津南工委任书记。

二

1937年抗日战争爆发后，赵镈同志按照党的指示，抱着虚弱的身体，到冀东一带恢复党的组织，组织抗日武装，发动敌后游击战争。1938年秋季以后，他先后担任冀南区党委组织部长、党校校长和鲁西区党委组织部长、党校校长等职务。1940年3月，赵镈同志调任鲁南区党委书记兼鲁南军区政委。这时八路军一一五师正活动在这里，赵镈同志与它密切配合，协同行动，大力加强党的建设、地方政权建设和武装建设，先后建立了三个地区一级党的领导机构和三个军分区，并逐步健全了这个地区的各级政权。这期间，鲁南地区分别召开了工、农、青、妇各界代表会议，建立了各群众组织，统一了党对鲁南地区群众运动的领导，壮大了抗日武装力量。赵镈同志认真坚持党的实事求是的原则。他偕同一一五师政治委员罗荣桓同志，亲到临沂、郯城各县检查审干、“肃托”工作，发现有的地方发生乱捕乱杀的现象，便及时做了纠正，为一些同志平反了冤案。这一切，对于建设鲁南抗日根据地都起了极其重要的作用。

赵镈同志一贯重视学习，善于用马列主义立场、观点和方法解决实际工作中的问题。在他的积极倡议下，鲁南区党委创办了区党委机关刊物《先进》，并由他亲自撰写了发刊词。当时，中共山东分局书记朱瑞同志还请他给分局党校师生做了《反对事务主义》的报告。他在报告中，深入浅出阐述了革命理论的重要性，分析了事务主义的危害，使党校师生受到了深刻教育。他曾对当时一位不大注意学习的同志语重心长地说：“共产党员应该做学习的模范。忽视理论学习就会目光短浅，迷失方向，犯经验主义错误。”说罢，他熟练而准确地背诵了斯大林《在党的第十八次代表大会上关于联共（布）中央工作的总结报告》的一段话；“在国家工作和党的工作的任何一个部门中，工作人员的政治水平和马克思列宁主义觉悟愈高，工作本身的效率也愈高，工作也就愈有成效，反过来说，工作人员的政治水平和马克思列宁主义觉悟程度愈低，就愈可能在工作中遭到挫折和失败；就愈可能使工作人员本身庸俗化和堕落成为鼠目寸光的事务主义，就愈可能使他们蜕化变质。这要算是一个定理。”

这位同志深受感动，从此重视了理论学习，以后成为坚强的革命者和领导者。

1940年下半年，鲁南地区的形势逐步恶化。敌伪封锁山区，分割平原，调兵遣将，频繁“扫荡”。特别是“皖南事变”后，鲁南地区的国民党顽固派与地方势力相互勾结，不断侵占我根据地。1941年1月中旬，鲁南区党委在万村召开边联县村支部书记会议，赵镈同志亲自传达“皖南事变”的经过及鲁南地区的形势和任务。他指出：国民党反动派发动的第二次反共高潮已波及我鲁南地区。他号召大家，提高警惕，以应付可能发生的突然事变。当天晚上转移到枣庄尚岩西北的小山沟，每人发一个谷草苫作铺草宿营，第二天由彭畏三参议长主持在枣庄山上布置工作。

这年春季，因斗争形势的需要，鲁南区党委和鲁南军区去鲁南，鲁南行署和各救会去邹东，一一五师去滨海。国民党五十一军六八三团团长张本枝，乘我后方空虚，纠合顽匪王洪九、李以锦等部，突然于4月25日袭击并占领了边联县。县委书记邸励与县长狄井芗，带领机关人员沉着应战，边打边撤，转移到青山套，驻万村的县大队同时亦遭袭击，撤到青山套与县委会合。县委一面派崔梦坡、房水典二同志通知一、二区向苍山突围，一面率领县、区武装及党政人员连夜向南突围。到达吕家村（现属苍山县南桥乡）时，又受日寇袭击，县委宣传部长马驰不幸牺牲。25日一夜之中，驻边联县的机关单位遭顽军袭击的二十二处，我方干部、战士被活埋、枪杀七十余人，损失步枪二百余支，损失物资价值二十余万元。这就是震惊鲁南的“四二五”事变。

在这次事变中，边联县三区中队长沈文佃叛党投敌，向敌人交了枪和文件。赵镈同志对此非常痛心，严肃地对大家说：“叛党投敌是原则问题，是可耻行为，决不能原谅。”为此，在庄坞召开大会处决了这个可耻的叛徒。

“四二五”事变后，在敌伪顽夹击下，鲁南根据地日益缩小，一度出现“南北十几里，东西一线牵”的严重局面。为了扭转局势，罗荣桓同志调拨了两个独立团，组成讨逆军，由赵镈同志任政委。在边联县、区、乡武装的配合下，讨逆军分两路向占领我根据地的国民党顽固派军队进行了英勇顽强的反攻。经过三天战斗，全部收复了失地。

赵镈同志无论条件怎样艰难困苦，始终与大家同甘共苦。据秦泽甫回忆：“1940年的旧历腊月，我们还没穿上棉衣，赵镈和其他负责同志也与我们一样穿着单衣。每天早晨，在赵政委与张雨帆、魏思文、林乎加、吕志先几位部长的带动下，起床号一响，大家便迅速起床到操场集合，一起跑步。跑得身上暖和了，我们就三三两两地在一起说说笑笑。赵镈同志有时和我们一起开开玩笑，唱唱歌曲。大家与他在一起都感到非常愉快。

“那时候我们洗脸、刷牙都是到河里去，赵镈同志也与我们一起。冬天河里结了冰，他就砸开冰冻取水。”

“每天早晨，我们都要分组学习时事和理论。遇到疑难问题常去找赵镈政委，他总是耐心地给我们解答。有时他还把我们集合起来，做形势报告，或讲《联共（布）党史》。他的讲话，理论联系实际，使我们深受教育。”

赵镈同志具有高度的群众观念，时刻把人民群众的疾苦放在心上。1941年春，鲁南地区严重春荒。他亲自带领机关干部，帮助驻地群众拉犁春耕，与群众一样吃糠菜、树叶、地瓜秧。他经常教育干部要廉洁奉公，一旦发现干部中有危害人民利益的行为，就及时调查处理。当时郯城县县长贪污腐化、道德败坏，在群众中造成恶劣影响。赵镈同志组织人员查实后，立即撤销了他的一切职务，并开除他的党籍。

赵镈同志有很强的组织观念。他以普通党员身份参加组织生活。有一次开党的小组会，有的喊他政委。他认真地说：“在党小组会上，不管领导还是被领导，大家都是党员，同称同志，以后喊我赵镈同志就行了。”由于赵镈同志的平易近人，循循善诱，大家不再感到拘束，都敢于进行批评和自我批评。同志之间存在的问题，他能及时消除，大家心情舒畅。

三

赵镈同志十分注意执行群众纪律。他经常亲自带领纪律检查小组，检查群众纪律的执行情况。有一次，部队经过敌占区青竹湖一带（现属苍山县），需要穿过一条河。赵镈同志和警卫员小任挽着裤腿，亲自下水，搀扶年老体弱的同志过河。这时，岸上忽然传来马的嘶鸣声，赵镈同志警觉地抬头一望，马正在大口大口地啃农田里的豆子。他立即命令小任：“上岸把马拴好，别糟蹋了群众的庄稼！”小任不以为然地说：“赵政委，这里是敌占区，咱的马吃它两三棵豆子也没什么！”赵镈同志一听这话，立刻上岸，亲自把马拴好。然后，严肃地批评小任说：“小任同志，你想过没有？虽然这是敌占区，可是，种地的老百姓却和我们一样，是受日本鬼子欺侮的。这土地，这庄稼，都是咱们中国的，咱们有责任加以保护。我们的队伍无论在根据地，还是在敌占区，都要严格执行三大纪律、八项注意，紧密联系群众。”赵政委的话像一阵春风，吹醒了小任的头脑，使小任受到了一次深刻的教育，也给在场的同志们上了一次生动的政治课。

1941年9月的一天，鲁南区党委机关转移到滕、峄两县交界的一个名叫桃花峪村的小山庄。吃过饭后，入伍不久的新战士小崔在洗刷炊具时，不小心把从房东家借来的一个小瓦盆打碎了。小崔想买个新的赔上，可这深山沟里根本没有卖窑货的。他想按价给房东钱，又怕老百姓不肯收，推推让让的叫首长知道了，少不得一顿批评。他左思右想没有主意，便把打碎的盆碴子收拾了一下，顺手放到院中一个石台子底下，闷闷不乐地出去了。恰在这时，赵镈同志带领检查小组进来了。他走到石台子跟前，忽然脚下“咯吱”一声，像是踩破了什么，低头一看，原来是一块盆碴儿。这引起了他的注意。他留神观察了周围，见在石台子底下有一堆盆碴儿，碴口全是新的。他神色严肃地问明原委，径直走到房东家里，赔礼道歉，并赔偿了价款。临走时，对房东说：“小崔同志不好意思来，托我把钱交给您！”

老房东哪里肯收一个瓦盆的钱呢！他决定把钱再送回去。刚出家门口，迎面碰上了小崔。他一把拉住他说：“小崔同志，咱们可是一家人，不兴见外呀！漫说你打一个瓦盆，就是一个金盆俺也舍得。我怎么能收你的钱呢？快给我把钱拿回去！”说着把钱塞到了小崔手里。这下可把小崔打进了闷葫芦，手里拿着莫名其妙的钱，不知如何是好。老房东瞅着小崔惊疑的神情，微笑着说：“小同志，你别装糊涂了。这不是你托赵政委还给我的盆子钱吗？”听罢老房东的话，小崔豁然明白了。他把手里的钱往房东衣袋里一塞，调头就跑，边跑边说：“大爷，错了错了，我没给你钱！”小崔一口气跑回去，羞愧地向赵镈同志检讨了自己的错误。从此以后，小崔再也没有违犯群众纪律。那位房东老大爷逢人就说：“赵政委带领的队伍真好！”

赵镈政委不仅从政治思想上严格要求干部和战士，而且在生活上也非常关心。1941年秋天，日军向我鲁南根据地进行大“扫荡”。有一次，中共中央山东分局来了个紧急通知，要我鲁南区三地委务必在次日拂晓前转移出去，否则，就会遭受很大危险。当时三地委驻地苏北铁佛寺西边的丁滩子，离区党委一百多里路，中途还要经过敌占区，仓促间完成这一艰巨任务，确属不易。老交通员姜万年同志勇敢地承担了这项任务。他不辞劳苦，费尽周折，终于把通知送到三地委。回来时，赵镈同志看到他那干裂的嘴唇，粘满汗水和泥土的眉毛，一把握住他的手，久久不放。待稍微平静以后，又亲切地说：“老姜同志，你出色地完成了任务，可是你太辛苦了，也太劳累了。你现在的任务是休息，就在我的床上好好睡一觉！”接着，他吩咐炊事员弄点小米，买点猪肉，做一顿小米饭，慰劳老姜同志。饭端进来以后，姜万年望着赵镈同志布满血丝的眼睛和瘦弱的身体，端着一碗香喷喷的小米饭，怎么也吃不下去。他想：赵政委日夜操劳，和战士们吃一样的高粱米，啃一样的地瓜干煎饼，我怎么能吃这样好的饭菜呢！赵镈同志好像看透了他的心思，便端起碗说：“来，老姜同志，咱们一块吃。”两人一边吃饭一边拉呱，老姜觉得这小米比什么都香。

四

1941年10月27日，是鲁南人民永远不能忘记的日子。

这年10月上旬，日寇“扫荡”临郯平原地区，区党委于10月20日转移到银厂村（现属苍山县）休整。银厂村四面环山，当时有一百九十户左右人家，是山区中的大庄。12月25日，国民党六八三团得到原国民党乡长郑竹明和银厂村奸细的情报，得知“有共产党高级领导机关”进驻银厂村，便派密探侯德俊（叛徒）前往侦探。

鲁南区党委进驻银厂村后，对外番号叫“四梯队”，十分秘密，老百姓谁也不知道是什么机关。侯德俊发现村内有不少马匹和警卫人员，断定是高级领导机关；同时发现有电线扯入赵镈同志的住所，断定是高级首长住处，即回九女山复命。

顽固派团长张本枝与团少校政治指导员（即政治部主任）于大川认为情报可靠，当即召开紧急会议，部署袭击银厂。他们一面通知地方顽匪荣子恒、王洪九等部配合行动，袭击边联县；一面全团倾巢出动，于26日夜包围了银厂村。

当时鲁南区党委直接掌握的武装只有警卫连两个排，另外驻村南的党校工农队里还有部分带枪的学员，民兵联防队三十余人也驻在村外。27日凌晨3时许，敌人的三个营分别占领了银厂西面、北面的山头。4点左右，一营的主攻连潜入银厂附近的松林。我西北炮楼上的岗哨有所察觉，朝松林打了一枪。狡猾的敌人潜伏松林内一动未动，麻痹了我方岗哨。沉寂了约半小时，敌人突然从西面、北面向银厂发动攻击。我方警卫连听到枪声，立即分兵进行还击。区党委各部门和党校人员也纷纷自动集合，组织突围。

赵镈同志这天晚上睡得很晚。因为鲁南党校一批学员行将结业，学员来找他谈思想，请示工作。赵镈同志一一接待了他们，一直到12点多钟。黎明的枪声传来后，他警觉地立起身来，给白山驻军打电话。不料只说了一句话，电话线就被敌人的间谍截断了。他刚放下电话筒，区党委宣传部副部长吕志先就闯了进来，他说，从枪声判断，敌人的火力主要在西边。问：“是否向东突围？”赵镈果断地答复：“可以。”吕志先刚出去，敌人就从西门冲了进来。

当时赵镈同志住在十字街口一家地主的房子里，西靠南北街，东靠东西街，大门朝西，另外还有向南开的便门。敌人冲进村后，立即用机枪封锁了赵镈同志住处的大门，并打死了站岗人员。在情况万分危急时，赵镈同志沉着、机警地带领两个警卫人员和一个电报员从南门冲了出去，一起向东突围。据电报员张广平同志说：“突围时我在赵政委身后，将要出村的时候，他突然转过身来，抓住我猛向前推。我以为他嫌我冲得慢，就奋力向前跑，一直到达安全地带，才发现赵政委没跟上来。于是，我和两个警卫员又冲了回去。到了他的住处一看，没有一个人，只有地上尚未熄灭的纸灰。原来这天区党委机要秘书出发到外地去，他的文件包仍放在驻地。赵镈同志怕那个文件包被敌人得去，才只身返回，将机密文件烧毁。就在这时候，敌人冲进室内，赵镈同志不幸被捕。”

赵镈同志被捕后，敌人把他押到张本枝的团部。第二天夜里，该团少校政治指导员亲自审问。开始敌人并未弄清他的身份。在敌人的法庭上，赵镈同志自称姓王，在营部当文书。尽管敌人对他压杠子，灌辣椒水，用尽了残酷的刑罚，他都坚决不吐露真情。后来由于一个叫蔡明的叛徒告密，敌人才知道了他的身份。反动派对此欣喜若狂。他们满以为通过他可以把整个鲁南区共产党组织搞清楚，从而一网打尽。但是，他们的美梦并没能实现。他们对赵镈同志用尽了各种酷刑，得到的回答只是一句话：“鲁南的共产党就是我。”

审讯进行到第四天，赵镈同志以大量事实，深刻揭露了国民党反共投降、袭击抗日军队的滔天罪行，怒斥了张本枝等顽固派认贼作父、破坏抗日统一战线、残害共产党人的罪恶行径。张本枝被驳斥得张口结舌，狼狈不堪。据亲身参加审讯和杀害赵镈同志的反革命分子于大川供认：“他（指赵镈）理论很深，一个人审不了他，我们三个人也审不了他。他从身份暴露以后，就讲共产主义革命前景，说共产党必然胜利。”于大川还供认：“我们劝他投降，他说：‘我参加革命不是盲从的，是有足够认识的，要杀要砍由你们（指敌人）。要我放弃共产主义信仰，是痴心妄想。’我们什么也没问出来。”赵镈同志被关押在九女山十几天，张本枝用尽了威胁利诱各种花招，一无所获，便对赵镈下了毒手。

11月13日深夜，敌人派出一个连作为执法队，把赵镈同志押到九女山下。面对已经挖好的土坑，赵镈同志决定用生命的最后一息为党工作。他从容不迫地走近土坑，对行刑的国民党士兵发表了义正词严的演说：“现在抗战进入相持阶段，日寇已深感人力、物力、财力不足，不得不推行‘以华制华，以战养战’的政策。只要我们坚持抗战，坚持统一战线，度过暂时困难，最后的胜利一定是中国人民的……人总是要死的。我从入党那天起，就做好了准备，为人类的解放和壮丽的共产主义事业，随时准备牺牲自己的生命。如今，大敌当前，日寇还占领着我们的国土，蹂躏着我们的同胞。我没有死在抗日的战场上，却死在反共卖国的中国人手里，这使我终身遗恨。请记住，中国人民是杀不绝的。死了我一个，会有千千万万的人起来。抗战一定要胜利，共产主义一定要实现！”最后，赵镈同志高呼口号：“打倒日本帝国主义！”“中华民族解放万岁！”“中国共产党万岁！”从容就义。时年三十五岁。

五

赵镈同志被捕以后，党组织曾积极设法营救，由于当时鲁南的国民党反动派在军事上处于优势，在政治上死心塌地地反共反人民。因此，我方做的一切努力都没有奏效。直到赵镈同志牺牲后，我方才停止了交涉。

赵镈同志牺牲的噩耗传开后，鲁南地区的党政机关、部队和群众，沉浸在万分悲痛之中。鲁南区和边联县的党政机关和群众团体分别举行了追悼大会，悼念赵镈同志。

为了纪念烈士，1943年春，鲁南区党委和鲁南行署决定，将边联县改为赵镈县。1944年春，又将烈士的遗骨从九女山迁葬于文峰山。同年秋，在文峰山修建了塔式银厂惨案纪念碑。赵镈县的群众自动捐集了八十斤铜钱，铸造了赵镈同志的铜像，镶嵌在烈士的墓碑上。

参与杀害赵镈同志的反革命凶手，并没有逃脱人民的惩罚。1941年冬天，边联县公安机关开始调查银厂村为国民党反动派做内应的奸细。虽然案情复杂，当时边联县又处在敌伪和顽固派夹击之下，环境动荡不安，但我公安人员依靠人民排除困难，终于在1943年春破案，先后逮捕并处决了敌人的坐探刘清阳、刘清怀等罪犯。1957年到1959年，苍山县公安人员在县委的领导下，依靠人民和兄弟地区公安部门密切配合，先后将银厂惨案中参与杀害赵镈同志的反革命分子逮捕归案。其中有担任过敌人密探，以后混入苍山县农业局当了副局长的侯德俊；有在银厂惨案中担任主攻任务并且逮捕赵镈同志的国民党六八三团一营副营长李世祥；有亲自审讯并且临场活埋赵镈同志的敌少校团政治指导员、1949年后化名于坤良的于大川（于之瀛）；还有敌六八三团少校军医、后逃回辽宁省盘山县改名迟六民、混入田庄屯农场当了“高级大夫”的铁天民。1960年经县人民法院审理决定，上级人民法院核准，于3月14日在临沂地区召开宣判大会，宣布判处于大川死刑，立即执行；判处侯德俊死刑，缓期二年执行；判处李世祥无期徒刑；判处迟天民有期徒刑十五年。这些罪恶深重的反革命分子受到了应得的惩处后，人心为之大快。

赵镈同志一生是短暂的。但是他以自己的鲜血和生命，在中国人民革命史上写下了光辉的篇章。他以对党对人民忠贞不渝、为共产主义事业奋斗终生的革命实践，为人们树立了光辉的榜样。他的伟大形象将与天地共存，与日月同辉，世世代代鼓舞着人们在迈向共产主义的征途上奋勇前进。

（刘永义整理）

中共鲁南区党委在油篓村成立

抗日战争进入相持阶段后，日本侵略军为了“确保占领区”，对山东抗日根据地不断“扫荡”，实行分割和封锁。1940年春，日伪军将山东第一区党委（又称大鲁南区党委）的活动地区分割成蒙山南、蒙山北和沂河两岸三大片。为了有效地开展对日斗争，4月13日，山东分局、山东军政委员会决定撤销第一区党委，分别成立鲁南、鲁中两个区党委。原第一区党委管辖的第一地委（泰山地委）、第二地委（沂鲁地委）、第五地委（鲁东南地委）划归鲁中区党委；原第一区党委管辖的第三地委（尼山地委）、第四地委（鲁南地委）划归鲁南区党委。

5月，中共鲁南区委员会领导机构在沂南县青驼寺组建。接着到达天宝山区的油篓村（今属平邑县郑城镇）宣布正式成立。赵镈任书记，魏思文任组织部长，林乎加任宣传部长，杨涤生任民运部长，于化琪任政府工作部长，宋子成任社会部副部长，孙学之任职工会长，宋逸安任农救会长，杜前任青救会长，李岩任妇救会长，南竹泉任秘书处主任。

鲁南区党委成立后，在油篓召开第一次会议，传达了中共中央《关于山东及苏鲁战区工作的方针》《关于山东、华中发展武装建立根据地的指示》以及《第一一五师创建抱犊崮抗日根据地的战略计划》。在分析鲁南形势，找出存在问题的基础上，形成了四项决议：一、撤销原山东第一区党委三、四地委；二、筹备召开鲁南各界代表会议，选举产生鲁南参议会和鲁南专员公署；三、发展主力部队，扩大地方武装，尽快组建鲁南军区；四、充分发动群众，建立和发展抗日群众团体。依照区党委的决议，原山东第一区党委三、四地委于7月撤销，成立鲁南区党委一、三地委。一地委在原第一区党委第三地委的基础上组成，许言任书记，周蓝田任组织部长兼统战部长，杨士敬任民运部长兼群委书记，于康任工委书记，冯起兼任妇委书记。一地委辖泗水县委、邹县县委、泰宁县委、曲阜工委。鲁南三地委在原第一区党委第四地委的基础上组成，李乐平、杨涤生先后任书记，杨士法任副书记兼组织部长，周南任宣传部长，王永福任民运部长，牛一萍任工委书记，赵民三任农委书记，蓝铭述任青委书记，孙宇维任妇委书记。三地委辖临沂县委、郯县县委、苍马工委、郯马工委、东海工委等。另外鲁南区党委还直辖滕东县委（书记王丹墀）、峄县县委（书记纪华）、临郯费峄边联县委（书记孙振华）、费南县委

（书记张林夫）。

鲁南区党委成立不久，即在油篓村召开了地、县委组织部长会议。会上，区党委书记赵镈传达了中共中央和中共山东分局关于巩固党的指示，确立了党校的主要任务：整顿党组织，教育审查干部和党员。教材由党校根据毛泽东的《新民主主义论》、《〈共产党人〉发刊词》、《中国革命和中国共产党》等重要著作编写。审查的重点是，凡是党员失掉联系的、来历不清的、意识模糊的、行动越轨的、入党手续不完备的、参加过其他党派表现不好的、日军“扫荡”时妥协投降的等都要作为审查对象。经过整顿和教育，增强了党组织的战斗力。鲁南区党委在整顿党组织的同时，还对各地、县委的班子进行了充实调整，使党的领导进一步得到加强，党组织进一步健全。

8月，一一五师政治部和鲁南区党委在费南公鸡山（今平邑县郑城镇巩家山）召开政治工作会议，讨论北方局关于根据地建设各项政策的指示，罗荣桓、陈光、赵镈等出席了会议。

（载自《中共平邑县历史（第一卷）》）

难忘的岁月（节选）

李华林

战争年代在鲁南地区工作过的同志，都难以忘怀1940年到1941年这段斗争最残酷、生活最艰苦的岁月。下面我写写这一段的历史情况。

到鲁南去

1940年初，为适应斗争形势的发展，中共中央决定撤销第一区党委，以蒙山为界，成立鲁中和鲁南两个党委，并决定原在第一区党委机关的工作人员全部到鲁南区党委工作。于是，“到鲁南去”就成了区党委机关人员议论的中心话题。

5月份，赵镈同志尚未到职前，我们在区党委负责人魏思文、林乎加、南竹泉等同志带领下，由原一区党委驻地沂南县青驼寺村出发向鲁南山区进军。鲁南山区的战略位置十分重要，历来是兵家必争之地。虽然这里山峦起伏、沟壑纵横，经济不发达，文化较落后，但却有着光荣的革命传统，大革命时期著名的“苍山暴动”就发生在这里。大家对于到鲁南抗日根据地去，都感到十分兴奋，认为那里是一块很好的用武之地。特别是听说区党委机关将同罗荣桓同志领导的一一五师师部机关驻在一起，大家就更为高兴，更加满怀信心。

第一天行军，我们出青驼寺路经垛庄一带，来到蒙山脚下的一个村庄，计划休息一天，第二天从此处翻越蒙山。从老乡那里，我们打听到翻山的路线恰好是蒙山之巅——玉皇顶，山高路窄，地势险要，都是些弯弯曲曲、高高低低的羊肠小径，不要说骡马过不去，就是人走起来也很困难，不小心还会摔在光崖下，连命也没了。那时，区党委机关从领导同志到工作人员都很年轻，年龄最大的不过三十岁，一般人员都在二十岁上下，年轻力壮，根本没把困难放在眼里。不过我们还是认真做好了翻山的准备，整好枪支背包，带足了干粮和咸菜，就连大家最担心的电台和骡马，也在老乡的帮助下做好了翻越蒙山的准备。

翌日，旭日东升，霞光四射，团团白雾随着春风在山腰间摇摇摆摆地浮动着。我们的队伍穿过层层白雾，向着蒙山进发了。古人说，望山跑死马。此话一点不假。开始登山时，大家情绪饱满，劲头十足，有说有笑，没大费力就翻过了几个山头，总以为翻过前面的山头就到蒙山顶了，岂不知一个山头比一个山头高，一个山头比一个山头大。后来大家个个满脸是汗，气喘吁吁，筋疲力尽，真是连说话的力气都没有了，可蒙山顶还是时隐时现地躲在重重叠叠的山头后边。大约上午十点多钟，我们终于开始攀登玉皇顶的高峰，只见悬崖陡壁，道路狭窄，山顶连着苍天，山涧深不可测，真有一失足就粉身碎骨的危险。有些同志特别是有的女同志从来没有走过这样惊险的路，一双眼睛直盯着自己的脚下，就怕走错一步，掉下悬崖。越接近山顶，路越难走，风也越大，那满山墨绿的松林里，发出呜呜的呼啸声，好不惊人！日到中午，我们总算爬上了玉皇顶。秘书处通知大家，原地休息，抓紧吃饭。好在打前站的同志早在寺庙和尚的帮助下，备足了开水。大家一边急急忙忙地吃干粮、喝开水，一边欣赏着雄伟壮丽蒙山景色。

蒙山海拔一千一百多米，主山脉伸展到泗水、费县、蒙阴、临沂等县，山峦起伏，地域辽阔，像一根擎天玉柱，屹立在大鲁南中心，成为我们开展游击战争的屏障，建设抗日根据地的根基。站在云遮雾障的玉皇顶，向北可以领略蒙山支脉与沂山山脉接壤的磅礴气势；向南可观赏抱犊崮群山别具一格的雄姿。有些同志指着眼前的望海楼说：真可惜，我们来晚了，如果早晨来这里，可以看到一轮红日从东海升起的壮丽景色。也有的同志指着东南方向说：翻过那个山头，就可以看见费县城，我们的区党委书记林浩同志，战前就在那里教过书，撒下了革命的种子。这时，刘显辉同志突然拍着我的肩膀向大家说：“李春泰（我的原名）就是林浩同志的学生。”听他这一说，许多同志拥到我面前，费县长、费县短地问开了。其实我也只是在费县师范讲习所读了一年半的书，在那里参加革命，参加了党，其他情况知道的很少，就只好向同志们介绍了林浩、安波等同志在费县师范讲习所，以教书的名义进行革命活动和建立党组织的情况，同时也说了些费县的风俗人情，以及大土匪刘黑七的罪恶行径。就在我们谈天说地的时候，有位同志发现在老庙广场的巨石上，刻着四个苍劲有力的大字：“团结抗战”，落款是“彭雄”。当时，同志们还不认识彭雄，有的同志介绍说，彭雄同志是老红军，是一一五师六八七团的团长。也有的同志介绍说，1939年，彭雄同志率领路东支队来到费县，最先开辟了蒙山前这块根据地，当地老百姓都称他是百战百胜的“白马将军”。大家围着巨石，赞赏着彭雄同志的书法修养和他的功绩，更深刻地感到这四个大字矗立在蒙山之巅，体现了革命战士热爱祖国山河的深情，表达了革命人民抗战必胜的信心和决心。

大概是在下午一点钟左右，我们整队下山。原预计太阳落山时可以下到山根，谁知“上山容易下山难”，一步一滑地下到山根，已是满天星斗了。我们在闪烁的星光下又走了一段路程，才到一个村庄住了下来。村里的群众听说来了八路军，整个村庄就像开了锅一样热闹。男女老少都纷纷忙着给我们腾房子，烧开水，大家觉得像是回到了家一样温暖。我们在村里休整了三四天，通过费县县委书记刘次恭和部队的负责同志接上了头，具体商定了到一一五师师部的时间和路线。一天晚上，我们在部队的掩护下，从费城以西、地方以东跨过滋临公路封锁线，经过鲁南闻名的天宝山，到达桃峪，同一一五师师部会合，胜利到达了鲁南。

黄金时代

鲁南区党委机关到达鲁南后，驻在油篓村，同一一五师师部在一起住了半年（1940年5月到1940年10月）之久。在战争年代能够比较长地驻扎在一个村庄上，又比较安静地办公，这应该说是少有的了。有的同志形容说这是鲁南区党委机关工作的“黄金时代”。

油篓村坐落在一个南北走向大山峪的东山坡上，是个地地道道的山村。抬头看到的是山崖，低头看到是山沟，在院内就听得到山鸡“吱呀、吱呀……”的叫声。这里没有平整的土地，农民耕种的都是依山而修的梯田。山高缺水，又逢天旱，粮食收成很少，主要靠水果收入维持生活。这里满山遍野都是梨树和红果树，住在村里就像到了花果山一样。据老乡说，每年春暖花开的时候，整个大峪里花红柳绿，五颜六色，风景迷人。到了秋天，更是红叶纷飞，梨香扑鼻，整个山区简直是梨的世界。我们虽未赶上春日里万紫千红的季节，却看到了硕果累累的丰收情景。从六七月份，农民就开始“剪果”，也就是将树上多余的果子摘下来，让留下的果子长大。从这个时候起，家家户户开始吃梨，人吃梨，牛吃梨，猪也吃梨。我们机关、部队吃的也是梨和高粱混合起来烙的煎饼，又薄又脆又甜。吃不了的梨就切成片，晒成梨干保存起来。由于日寇的封锁，大量的黄梨和红果无法运出山外出售，当地又销售不了，因而都烂掉了。这样，虽然山果收成很好，但农民的生活仍极其贫困。

油篓村地处深山老林，农民群众很少有出山的机会，消息比较闭塞。有一些老年和中年妇女，基本上还是清朝的装束。有位老秀才见到我们的同志还问：“现在是光绪多少年？”

这里的生活条件虽然落后，农民群众却是十分淳朴、勤劳、诚恳、直爽的，也是很讲友谊、讲义气的。我们刚到村里时，他们对共产党和八路军只是一般的认识。经过我们的宣传教育，使他们初步懂得了“共产党和八路军是打鬼子的”，“共产党是穷人的党，八路军是穷人的军队，是穷人的靠山”，与此同时，我们还通过帮助房东生产劳动，密切了和群众的关系。用群众的话来说：“真是家里人了。”从而取得了当地群众对区党委机关工作的关心和支持。

鲁南区党委机关进驻油篓村不久，赵镈同志就到职了，在这半年的时间里，区党委的领导同志做了大量的工作。首先将鲁南特委机关撤销，调整充实了区党委机关，原鲁南特委书记宋子成同志就是这时到区党委社会部任副部长的。同时，也调整充实了一地委（曲、泗、邹、宁）、三地委（临、郯一带）的领导干部。二地委所属各县（包括四县边联、费南、滕县、峄县等）直接归区党委领导。为了加强费县的工作，区党委决定以滋临公路为界将费县划分为费南和费北两个县，并派张林夫、韩文一和王鑫等同志到新建的费南县委和县政府工作。

在加强党组织建设的同时，区党委也加强了军队建设，成立了鲁南军区，由张光中同志任司令员，邝任农同志任政委，组成了鲁南地方军事指挥中心，加强了地方武装和民兵建设。记得6、7月份，在费、峄、滕三县接壤的东七里河和西七里河附近，召开了数百人参加的人民代表会议，选举产生了鲁南地区第一届人民民主政府——鲁南专员公署，由于化琪同志任专员。还成立了鲁南参议会，由彭畏三任参议长。也就在这个时候，鲁南的各个抗日救国的群众团体，也先后举行代表会议，成立了各自的领导机关。孙学之同志任工会会长，杨涤生同志任青救会长，李岩同志任妇救会长。为加强群众团体的领导，区党委决定魏思文同志改任区党委民运部长，而由赵镈同志兼任组织部长。从此，我们组织部的同志就在赵镈同志直接领导下工作了。原来第一区党委的有些领导同志，如民运部长李林、统战部长霍士廉、社会部长朱玉干、秘书长南竹泉等同志，由山东分局重新分配了工作。由于区党委全体同志的努力，整个鲁南地区党、政、军、民等各条战线工作都有了很大起色，呈现出一派朝气蓬勃的景象。

在鲁南抗日根据地迅速发展的时候，敌、伪、顽也加紧勾结在一起，不断制造摩擦、挑起事端，向我根据地疯狂进攻。各地惨案不断发生，其中最典型的是郯、马事件。郯、马系指郯城马头一带地区。从抗战开始，我党我军就在这里领导人民群众进行了抗日根据地的建设。三地委的领导机关就设在马头镇，李乐平任地委书记，杨士法任组织部长，许言任宣传部长，王永福任民运部长。各方面工作都在突飞猛进地发展，称之为“郯、马的黄金时代”。随着郯、马根据地的巩固和发展，它对陇海铁路的威胁也越来越大。为此，日寇在这年的夏末秋初，集中兵力，用突然袭击的办法进行“扫荡”。由于敌强我弱，力量悬殊，又加三地委领导同志在思想上、组织上、工作上都缺乏战争的准备，不得不仓促撤出，郯、马地区遂趋伪化，给我们的工作造成了很大损失。

三地委机关撤出后，罗荣桓和赵镈同志亲临现场处理了善后工作。他们肯定了郯、马地区过去工作的成绩，同时也总结了应有的教训，对地委领导班子进行了调整。李乐平同志调区党委工作，许言同志调一地委工作，杨涤生同志任三地委书记。并请山东分局批准，派一一五师主力一部配合鲁中部分部队开辟苍马地区，也就是现在的临沭、赣榆、东海、郯城县一带，区党委和地委组成了强有力的工作团，随部队越过沂沭河，打击和消灭了陈冠华、梁仲亭、董毓佩等敌、伪、顽的残余势力，打开了这个地区的局面。这样，我们虽然失掉了郯、马，但又重新建立起了一个新的更大的根据地。

这年秋天，在费南县，也就是一一五师师部和鲁南区党委机关驻地附近，发生了“天宝山事件”。天宝山的“山大王”、封建势力头子廉德三，在国民党特务和日本特务的策动下，煽动一部分落后农民群众，拉起反动武装，占据了天宝山，进行反共反人民的罪恶活动。天宝山也像抱犊崮一样，山顶周围都是悬崖陡壁，地形十分险要，只有一条难以行走的小路可通山顶，不仅大有“一夫当关，万夫莫开”之势，而且也用不着枪炮弹药，仅从山上向下放石头，就比大炮、机关枪杀伤力还大。为了拔掉这颗钉子，鲁南区党委决定攻打天宝山。我们的部队趁夜间把天宝山包围起来，准备天明后攻击。但顽固派居高临下，大放石头，巨石滚滚而下，砸伤了我们许多战士，还有的战士虽未被砸伤，但贴在悬崖陡壁上，头都不敢抬，上不去，也下不来，整整饿了一天。后来，我们总结了教训，利用我们上不去，敌人也下不来的特点，采取了长期围困的战术。当时正是黄梨收获季节，区党委和费南县委组织了大型工作团，深入天宝山附近村庄，一面发动群众通过各种关系，做受蒙蔽的人的工作，劝他们下山秋收；一面派部队帮助农民抢收黄梨和庄稼，这深深感动了当地农民群众。军事上的长期围困，政治上的分化瓦解，确实起了重要作用，敌人疲倦，被骗上山的农民群众动摇……我们借机选择了一个能够攀登上去的山脚，搭成人梯，打开了一个突破口，以迅雷不及掩耳之势，冲进了山寨，解决了战斗。在攻打天宝山的过程中，尽管日寇多次派战斗机到山沟里来狂轰滥炸，但终究也没能挽救他们失败的命运。

“天宝山事件”和“郯马事件”都不是孤立的，它说明整个鲁南斗争形势将发生新的变化。从此以后，敌、伪、顽进一步勾结，日寇疯狂地推行“三光”政策，对根据地进行大规模的“扫荡”和破坏；国民党顽固派掀起了新的反共反人民的高潮，不断地制造摩擦，原在国民党东北军内工作的我党地下工作人员，像谷牧、吕志先、丁九等同志，不得不从该部撤出，国民党的地方反动势力也纷纷向我根据地“蚕食”、进攻，鲁南根据地和鲁南人民面临着一场尖锐、复杂、残酷的斗争。又加久旱不雨，农业歉收，人民群众的生活极其困苦。内忧外患交织在一起，严峻的考验等待着鲁南人民。从政治、军事斗争的角度来说，我们要更多地发展壮大军事力量，但从根据地内部经济条件来看，却连原有的干部、战士都供养不起。在这里，我想着重述说一下鲁南区党机关的生活情况，透过这些情况，就可以看出整个鲁南地区的全貌。

这年麦收后，鲁南区党委机关只吃了一个星期左右的小麦煎饼。其中还包括机关工作人员，在部队的掩护下，长途跋涉，穿过滋临封锁线，从费北扛来的一点小麦。那次去扛麦子，出发前每个同志带上一条裤子当口袋，把麦子装在裤子里扛回来。到了冬季就更困难了，从干部到战士都穿不上棉衣。起初，是没有布，后来，铁道游击队截击敌人火车，解决了布匹困难，但又没有棉花，最后，不得不用收购来的生羊毛当棉絮用。用羊毛当棉絮，曾出了许多笑话。羊毛生硬，经常从棉裤棉袄的布孔里钻出来，全身长了一层长毛，大家开玩笑地说“我们都成了毛人了”。“毛人”也罢了，可惜的是“毛人”也当不长，因为从布里钻出来的羊毛经风一吹又飞走了；生羊毛絮在衣服里不易缝好，时间长了，棉衣成了夹衣；棉裤上部的羊毛都垂落到腿上，两条腿都粗粗的像肿了一样，而屁股上却没有一点羊毛。这样的棉衣当然是不能御寒的。同志们见了面，常常你看我、我看你地对笑。

（内容系节选）

从严治军 碧血丹心

第一一五师进入鲁南后，日、伪、顽、匪也加紧对这一地区的侵占和渗透，呈现出错综复杂的斗争局面。为巩固发展抗日根据地，中共山东分局和第一一五师在鲁南召开一系列重要会议，制定了加强党的建设、政权建设和军事斗争的策略和方针。这些策略方针为夺取抗日斗争的胜利发挥了重要作用，也为全国各抗日根据地所借鉴。

第一章　打造铁军　听党指挥

第一一五师入鲁后，部队得到迅猛发展，到1940年10月，由入鲁时的不足7000人发展到7万余人。为提高军政素质，担负起历史赋予的重任，罗荣桓等决定大力加强部队建设，将第一一五师锻造成为一支能征善战、拥政爱民的钢铁队伍。

一、纪念馆展板内容

1. **桃峪高干会议旧址**　平邑县桃峪村三面环山，树林茂盛，其东部山势尤为陡峭。山下密林中有一片小平地，建有几间茅屋。1940年9月16日，中共山东分局就在这几间茅屋里召开扩大会议，朱瑞、罗荣桓、陈光、彭雪枫、萧华、赵镈、张霖之等参加了会议。会议总结了山东的抗战工作，研究部署了今后的任务。接着，第一一五师召开了旅及支队长以上高干会议，会期三周。罗荣桓在会上总结了第一一五师入鲁以来对敌伪顽斗争和开辟鲁南抗日根据地的经验教训，提出了“建设铁的模范党军”和游击战争“插、争、挤、打、统、反”的六字方针，丰富和发展了毛泽东军事思想。

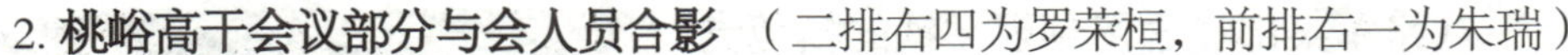

2. **桃峪高干会议部分与会人员合影** （二排右四为罗荣桓，前排右一为朱瑞）

3. **铁的模范党军五项条件** 一、认真执行党的政策，不折不扣地完成党所给予的任务；二、普遍深入地建立与群众血肉相连的关系，要成为爱护根据地与民主政权的模范；三、实现高度的政治团结，建立无产阶级的友谊，自觉地遵守纪律，不断地求进步；四、灵活、机动、果断、坚决，发扬部队英勇善战的光荣传统；五、坚持严肃、紧张、精细的工作作风，坚定不屈不挠的革命立场。

4. **“六字”方针** “插、争、挤、打、统、反”。插，就是插入日伪军和国民党军队之间的空隙地带，隐蔽地由边缘深入到腹地；争，就是广泛发动群众，争取团结一切抗日力量；挤，就是挤掉消极抗战、反共反人民的顽固势力；打，就是打击日军和汉奸武装；统，就是同国民党军队，特别是驻鲁南的东北军团结起来，保持统一战线；反，就是反“扫荡”、反摩擦。

5. **八路军战士在交流学习“六字”方针心得**

6. **八路军某部在学习创建“铁的模范党军”五项条件**

7. **第一一五师颁布的第四期整军誓词**：

目前抗战正处在艰苦奋斗的阶段，妥协投降危机正严重地摆在我们的面前。为了坚持抗战，团结进步，为了避免亡国危险，为了建设独立自由的新中国，就必须有坚强无比的力量，就要建立模范的铁的党军。为了迎接当前的重大任务，我们努力学习，坚决执行党的政策，忠诚民族解放事业，与人民建立血肉联系，尊重民主政权，爱护抗日根据地。要发扬光大英勇善战的传统，切实遵守“三大纪律，八项注意”，誓为创造坚强模范党军而斗争。倘有不轨，愿受纪律制裁，同志指责，谨此宣誓。

一九四〇年十一月二日

8. **连队集体讨论学习整军誓词**

9. **八路军进行冲锋训练**　在新式整军中，除加强政治教育外，重点进行了射击、投弹、刺杀、越野等军事训练，极大地提高了部队战斗力。

10. **罗荣桓、陈光深入基层和连队，检查铁的模范党军建设**　他们检查了活动情况并对射击、刺杀、投弹、近迫作业四大技术和内务卫生、军队礼节、制式教练等各项工作进行指导。

11. **山东八路军炮兵用缴获的日本火炮进行分解组合和人力运输训练**

二、史料文章

桃峪会议与第四期整军

1940年9月16日，罗荣桓和陈光于天宝山区桃峪村主持召开为期3周的第一一五师高级干部会议。该师各支队、机关各部门主要负责人及中共山东分局、鲁南区委负责人出席了会议。这是第一一五师入鲁以后举行的一次重要会议。罗荣桓在会上做了关于第一一五师在山东工作的总结报告。报告指出，部队进入冀鲁边、苏鲁豫边、鲁西、鲁南等地区后，开辟了根据地，向这些地区输送了近300名党政干部，帮助建立了一批县级政权，扩大了八路军力量，建立了2个军区、6个军分区。在统一战线中，执行中共中央的统战政策，增进与友军的团结，争取中间势力，孤立和各个击破顽固势力，为共产党、八路军的发展创造了顺利条件。他还用“插、争、挤、打、统、反”6个字，生动、精辟地概括了开辟根据地斗争的经验。罗荣桓同时总结指出第一一五师工作中存在的缺点，主要是：军事的发展和党的群众工作配合不好，由于不善于团结地方干部，求得地方党的配合，造成主力部队不充实，地方武装工作薄弱，还没有建立起一块巩固根据地作为基点；由于部队长期分散活动，没有进行必要的整顿，导致纪律松懈，破坏党的政策、损害党的传统的现象已很严重。

会议期间，八路军总部来电对桃峪高干会议做出指示，并批评了第一一五师部队在执行纪律和干部教育方面存在的问题。对于这些问题，罗荣桓已做了严肃的处理，并在会上做了严格的自我批评。10月4日，罗荣桓以个人名义致电八路军总部并转中共中央，表示完全接受总部的批评，请求将他调离山东或去延安学习。18日，毛泽东起草签发以他和朱德、王稼祥名义的复电，在肯定总部批评意见的同时，指出：“一一五师有极大成绩，你们的总路线是正确的，你们均应继续安心工作，目前没有可能提出学习问题。”

与会人员对山东的形势，以及如何贯彻以游击战为主的方针等问题，进行了热烈的讨论。讨论中反映出一些不同的认识，有的领导认为，八路军在山东的武装力量已能同日伪军相持，同国民党顽军比较，在质量和数量上都初步取得了优势，八路军控制的地区已占全省面积的60%，人口占50%。基于对形势的乐观估计，战略上倾向于建设正规化的主力兵团，强调打大仗、打运动战（亦称运动游击战），坚持对分散的群众性的游击战却不够重视。罗荣桓等从山东的实际情况出发，认为八路军对比日伪军总体上仍处于劣势，对国民党顽军也没有形成优势，组建正规兵团、打运动战的条件尚不成熟，仍应坚持游击战。

这次会议还讨论了落实八路军总部的号召，建设铁的模范党军的问题。罗荣桓结合第一一五师的实际，提出要在部队中普遍开展建设铁的模范党军的活动，并制定了铁的模范党军的五项条件：一是认真执行党的政策，不折不扣地完成党所给予的任务；二是普遍深入地建立与群众血肉相连的关系，要成为爱护根据地与民主政权的模范；三是实现高度的政治团结，建立无产阶级的友谊，自觉地遵守纪律，不断地求进步；四是灵活、机动、果敢、坚决，发扬部队英勇善战的光荣传统；五是坚持严肃、紧张、精细的工作作风，坚定不屈不挠的革命立场。

为加强部队的党组织建设，罗荣桓、萧华于10月10日和28日先后签发《关于营连党组织的规定》和《建立模范党军的支部工作》两个文件，对加强营连党组织建设，做了一系列具体规定。从此，建设模范党军的活动在第一一五师入鲁部队普遍深入地开展起来，这对于加强部队的军政建设，保证党对军队的绝对领导起了重要作用。

桃峪会议还根据八路军总部第4期整军训令，研究了部队的整编问题。10月，陈士榘就任第一一五师参谋长。随后，第一一五师根据八路军总部的要求，将师直属分队、第三四三旅和鲁西、鲁南以及苏鲁豫、冀鲁边等地的部分地方武装，统一整编为6个教导旅，共18个团，计7万余人。教导第一旅，由八路军第五纵队第一支队（原苏鲁豫支队）编成，旅长彭明治，政治委员朱涤新，辖第一、第二、第三团。教导第二旅，由师独立支队第一团大部、苏鲁支队和鲁南支队编成，旅长曾国华，政治委员吴文玉（未到职，后为符竹庭），辖第四、第五、第六团。教导第三旅，由师独立支队第二团、第三四三旅旅部和运河支队编成，旅长杨勇，政治委员苏振华，辖第七、第八、第九团。教导第四旅，由第三四三旅黄河支队编成，旅长邓克明，政治委员符竹庭（未到职，后为张国华），辖第十、第十一、第十二团。教导第五旅，由在郯城地区的师东进支队编成，旅长梁兴初，政治委员罗华生，辖第十三、第十四、第十五团（后由新四军独立旅第三团改称）。教导第六旅，于1941年1月由冀鲁边区鲁北支队、第六支队第八团等部编成，旅长邢仁甫，政治委员周贯五，辖第十六、第十七团，后来又成立了第十八团。期间，隶属第一一五师建制的还有4个军区：鲁南军区，司令员张光中，政治委员邝任农，辖3个军分区；鲁西军区（由教导第三旅兼），辖4个军分区；湖西军分区，由教导第四旅兼；冀鲁边军区（1941年3月组建，由教导第六旅兼），辖3个军分区和回民支队。1941年6月，第一一五师组建教导第七旅，由活动于鲁西南的八路军第一二九师新编第二旅第四团和新编第三旅编成，代旅长余克勤，政治委员赵基梅，辖第十九、第二十团。该旅归第2纵队兼冀鲁豫军区指挥，7月正式编入第二纵队兼冀鲁豫军区建制。

（载自《八路军第一一五师暨山东军区战史》）

关于营连党组织的规定（一九四〇年十月十日）

为完成建设模范党军任务，特将营连政治组织统一规定如后：

一、为加强团政治处和总支工作的深入领导，决定取消营分支，支部直受团政治处总支领导。营设正副教导员（副教导员负责锄奸工作），代表上级政治机关，进行党政教育，保证党的策略路线的执行。营单独行动时团政治处派员加强领导，组织临时党委会，保证任务及党的政策的执行。书记由团委派或指定教导员充任。

二、连设脱离军职的支部书记，专做支部工作。支委会以五至七人组织之，内分支书、组、宣、青及候委[①]等。取消锄、敌、民等委员[②]，各种工作由支委具体领导，另设工作组。

三、为加强青年工作成为政治工作有力助手与突击力量，决定取消文教名称。连单独设青年委员（须提高其质量）兼任青年队长及领导文化娱乐，协助上政治课。

四、为加强连队政治文化教育工作，在排设政治战士一人。其任务是作学习模范，领导学习小组，为政指得力助手。政治战士必以政治文化水平较高及模范党员充任，由军人大会民主选举之，战时补充可由政指指定。

五、取消民、敌、锄等小组，统一以七人组织连队工作组，受政指领导。政指应按当时环境，工作中心，提出工作主要任务并动员战士参加，必要时临时单独组织敌、民工作组等。

六、青年队组织，连设队，排设分队，营团不设中、大队，直受政指和青年委员指导。

七、救亡室改称军人俱乐部，内设主任一名，军事政治学习员各一，体育、卫生、音乐委员各一，墙报委员三，经济委员会主任由政指兼任，委员以民主方式选举，一人不能兼三项，委员中党员占三分之一，多吸收积极分子中非党员参加。

以上组织不应随便添减，以免繁杂。教育计划与教材统一由各级教育部门制定，以求统一。

（载自《罗荣桓军事文选》）

---

①组、宣、青及候委：指组织委员、宣传委员、青年委员及候补委员。

②锄、敌、民等委员：指锄奸工作委员、敌军工作委员和民运工作委员。

第一一五师入鲁后的工作（一九四〇年十月十四日）*

第一一五师三旅[①]主力和师直转入山东地区的工作总结报告如下：

一、三旅主力和师直进入山东时一般环境

1.敌人开始“扫荡”华北，全国摩擦上升。

2.山东已有党发动和组织的游击队，因为没有主力作中心，极涣散，战斗力非常低微，没有走上根据地的发展道路。且山东地区的落后性与强大封建地主势力及土匪、杂牌军队的统治，农村是分割的。现在鲁西、鲁北、鲁西北、鲁西南与沂蒙以南，大块山区和平原我不占绝对优势。

3.敌人在山东组织伪军数量上比华北其他地区多，鲁西曾经有一万以上，全部布防于沿运河西岸与黄河以南及汶、钜、宁、东平[②]地区。据现在整个统计，地方伪军约四万。山纵[③]活动地区不清楚。

4.敌人与顽固势力点、线的据点建筑，现已大体就绪。

二、我们进入山东与发展方式

1.隐蔽偷运，由边沿伸入腹地，造成既成事实，以争取合法地位。

2.对敌顽采取打、统（收编）、反、争、插、挤方针。

3.由点联成块，再发展成大块并互相打通。

4.自上而下开展工作。

5.利用多种名义发展武装，争取改编地方武装。

6.社会统战工作，上层为第一位，孤立外来顽固派，分化地方势力，争取瓦解伪军，改编伪军，最有决定作用。

①三旅，即八路军第三四三旅。

②汶、钜、宁、东平，指汶上、钜野（今巨野）、宁阳和东平四县。

③山纵，指八路军山东纵队。

三、获得的成绩

1.开辟了根据地，坚持了斗争，转变了我在山东之劣势，使之走向优势，连接了冀南，各地区开始互相打通。

2.伸入陇海路南与鲁苏皖边的发展，打通了华中与华北的联系。

3.各个地区的地方工作，在开始阶段上军队是主要的发动和组织者，供给鲁西、鲁南近三百名党政民干部，帮助他们训练的在外。建立了部分不完整的县政权。

4.扩大了自己（主力七个团，新团十二个，共计四万二千八百一十五人；地方部队二万），建立了两个军区，六个军分区。

5.一般地执行了党的政策。在统战工作中一般地争取了中间势力，孤立和各个击破了顽固势力，没有造成与友军关系的破裂，使我在发展上取得顺利的条件。

6.我们的干部确切地说得到了一般锻炼。

四、严重的弱点

1.一直到现在没有巩固一个点。

2.军事的发展与党和群众工作不能配合，党和群众工作基础是极弱与不巩固。

3.各种工作的单纯军事倾向，对党政民工作要求的狭隘。

4.主力极不充实，地方武装面大，复杂，争取工作薄弱。主要由于不善于团结地方干部与求得地方党工作的配合。

5.部队分散，没有必要的整训；纪律松懈，违纪现象不断发生。如在战场上的发洋财，个别贪污蜕化，一般的浪费人力、物力，尤以造成破坏党的政策与损害传统已很严重。

6.部队政治工作做得不够。

7.干部政策水平不高和缺乏运用的政策知识。

8.缺乏组织集体的指挥与领导。

9.建制分散，指挥不集中。

五、为建设模范党军而斗争

1.为了应付时局的变化，巩固我在山东已开始获得优势的发展与建设永久大计的根据地，必须更加准备自己的力量，加强自己力量。

2.以建设模范党军的模范，争取友军，团结中间势力，动员和组织广大群众的积极性，发扬我军的光荣传统。

3.建设模范党军的要求：

①认真明确地执行党的政策，不折不扣地完成党所给予的任务。

②普遍深入建立与群众血肉相连的关系，要成为爱护根据地与推行民主政权时代的模范。

③高度的政治团结，无产阶级的友谊，自觉的遵守纪律，不断地要求进步。

④灵活、机动、果敢、坚决，发扬光大英勇善战的传统。

⑤严肃、紧张、坚持、精细的工作作风，坚定、忠实、不屈不挠的革命立场。

4.建设模范党军，是艰苦巨大的组织任务。

①坚强党的堡垒作用，巩固政治委员制度，提高政治机关威信，加强连队工作，保证党的绝对领导。

②加强军事政治建设，健全各级指挥机关、机构，确定正规工作制度，增强组织领导效能。

③严格审查干部，适当准备干部，有系统地培养提拔干部，加强在职干部教育，实行干部轮训制度。

④工作周密的计划，严格的检查，及时的总结，发扬自上而下的自我批评。

⑤开展反不良倾向的斗争，加强思想建设教育。

⑥自我团结、进步，求得地方党政民的配合，统一服从于根据地的建设及统一正规化训练，充实连队、主力兵团，加强新军建设。

5.建立军区工作

①任务是，领导发动和组织地方武装，统一指挥、整训地方武装，创造地方基干部队，源源不断地充实主力，准备长期独立的坚持，保卫根据地。

②为了帮助军区工作建立与统一正规军和地方武装的建立，按作战地区由旅以上指挥机关兼任军区工作，但军分区得独立设立指挥机关，以统一地方武装编制。军区成立支队，分区成立独立团，各县成立独立营，普遍组织群众自卫武装并由军区、军分区到县、区设立武装动员部门，统一和加强战斗性。帮助地方部队，争取统一地方指挥，加强进步，不得强迫改编或任意拆散。军队对各作战地区后方勤务，军区、军分区均负有建设与管理之责任。

6.供给制度

①供给来源统一由地方政权筹划，不得自筹自给，严格禁止募捐、罚款、私自筹粮、征税。

②统一党政军民收支、预算、决算，由军政委员会审委会节制管理之。

③为便利部队行动，临时由各级政府予以贷款或借款，须有团以上首长正式收据，粮食供给由师旅各供给机关发出领粮证，各部队得按人数实领，月底总算清查。

7.奖励制度：

①按资深、功绩、职务，实行等级制，排、班、战士由团审查批准；连由旅审查批准；营以上由师审查批准或建议集总、军委批准。

②各级干部遇有过失错误，按轻重予以劝告、警告、记过、降级、撤职等处分。

③有新的功绩者，按大小予以口头、文字、升级、提拔等奖励。

8.关于建军工作另有详细计划、命令。

（载自《罗荣桓军事文选》）

---

*1940年9、10月，罗荣桓在桃峪主持召开了第一一五师高级干部会议，并在会议上做关于第一一五师在山东工作的总结报告。本文是罗荣桓根据会议精神起草与陈光共同签署向所属部队和八路军总部、中共中央北方局以及中央军委发的电报。陈光时任第一一五师代师长。

建立模范党军的支部工作（一九四○年十月二十八日）

建设模范党军是党的巨大的组织任务，为完成这一任务，必须在整军中加强党的工作，提出下列数点要求：

一、建立支部有组织的领导，强固支部堡垒作用

（一）健全支部委员会的组织与工作，做到有周密的计划，严格的检查，及时的总结，发挥自上而下的自我批评，特别强调有组织的领导。

（二）把党的领导高于一切，一切经过支部的保证的口号变成认真执行的实际工作。连以下干部的提拔经过和接受支部审定，连级军政干部定期向支部做工作报告，任何党员必须服从党的组织和领导，党内没有特殊党员。

（三）保证在战斗员中有百分之三十以上的党员，并实行质量调剂与配置。支部加强对积极分子的培养与团结，使他们成为支部决议积极执行者与支部工作的核心。应公正地发现积极分子。

（四）提高党员的模范作用，消灭党员与非党员没有区别的现象。党员的政治水平和觉悟程度必须高于非党员，干部党员和老党员应以身作则，为新党员的表率，应改变机关支部落后于连队支部的现象。各级主要负责干部应积极参加本支部的工作，加强领导，把机关支部提到模范支部的水平，以推动和影响连队支部。

二、发扬党内民主与开展思想斗争

（一）加强党内民主集中制的教育，正确认识民主与集中的关系，正确地辩证地去运用。

（二）实行党内问题经过党的系统传达与解决，不应以行政代替之。巩固干部威信不能借口干部威信而强迫党员服从个人，干部如违犯党的政策应受到党的监督。在不妨碍军事指挥的原则下，应尽量发挥党内民主与自我批评。

（三）开展反不良倾向的斗争。目前主要是克服部队中贪污腐化，违犯群众纪律的军阀官僚主义倾向与不爱护根据地的游击主义的观点。应发挥高度自我批评，

自上而下，自主要干部到一般干部，自老干部到新干部，自党的领导机关到支部，自老党员到新党员，自党员到群众纠正一切不良倾向，同时反对在斗争中各种各色的自由主义。

三、巩固党的经常工作制度

（一）巩固党、提高党员的质量，仍是我党工作的中心环节。审查党员是党的经常工作，应于每六个月审查鉴定一次。此次整军应严格审查各级干部，根据总政指示具体执行。要求党内严格，党外宽大，对党员严，对群众宽，把党员的称号提到更高的地位。

（二）发展党员应加强党外宣传。在实际斗争中给非党员以教育和考察，造就其入党条件，依照入党的方式，同时应根据各种不同的成分、出身，严格政治上的要求和手续，自下而上地详加审查。新党员参加入党典礼后，方宣告为正式入党的时期。

（三）确实建立每星期六党日工作制，除举行党的会议、上党课外，主要是进行党外宣传工作。采用个别谈话，读党报、刊物，集体讲话，上课，讲模范党员故事等。尽量以启发的方式吸引非党群众参加，以扩大党的宣传。每周会议汇报内容减少，复杂重复的不必要的会议过多。支部应抓紧支委会、小组会。支委会应成为主要会议，要定期地举行，不应以支委扩大会代替支委会、以小组生活检讨代替小组会。会前充分准备，有中心内容。汇报要有实际内容，不仅反映而可提出会议的意见，以充分发扬民主，纠正以行政代替之方式。召开党的会议，会前应审查到会人员资格。实行党员调动向党报告工作的制度。党员调动介绍信由上级党部转达，不应由这一支部直接介绍到那一支部，各级组织部门应专门负责此项工作。

（四）各部队应自觉遵守纪律，但必须在组织上有必要的强制性。对犯有严重错误的，必须做出组织上的结论，以教育全党。

（五）加强党内思想教育建设。首先是提高党员政治文化水平，除保证受训与两小时学习制度的健全外，各团应将全团党员在三个整训时间，分批办训练班及每月举办一干部党员训练班。每周干部党课，应认真建立严格课堂纪律，首先教授人做充分准备，以增强教课效能。

四、建立模范支部

（一）在整训中以团为单位建立一个或几个模范支部，以推动和影响其他支部工作，提高支部工作效能。

（二）模范支部的建立不是专门指派的，而是提出具体条件和要求，以竞赛方式互相去争取。只要工作做得好，无论哪个支部都有争取模范支部的可能。

（三）模范支部的条件应是：

1.保证战斗任务及整军任务的完成。

2.是遵守群众纪律、爱护根据地的模范。

3.是遵守军风纪及努力学习的模范。

4.消灭一切非战斗减员。

5.坚持经常工作制度。

（四）各级政治机关根据自己的环境、任务及上述条件，应具体地规定之。

五、健全组织与领导方式

（一）健全各级党务委员会的组织与工作。各旅应召开代表会，建立党务委员会。

（二）面向支部、面向连队，是各级党政机关加强下层工作的基本口号。

（三）总支部的职责和工作必须加强，尤其注意分工与直接深入连队支部，及时反映处理连队问题。

（四）强调集中是原则，分散是方式，发扬高度有组织的领导艺术。

（载自《罗荣桓军事文选》）

实行一元化领导，不断加强政治工作的地位和作用（节选）

政治坚定，坚持党对军队的绝对领导，是我军建设的根本原则，也是山东军区的鲜明特点。一元化领导，是在抗日战争残酷复杂的环境中，加强共产党对军队领导的又一重大措施，进一步从组织上保证了党对于军队的绝对领导。山东军区一元化领导工作，在中央军委的指导下，在罗荣桓同志的领导下，是比较彻底和比较成功的，其意义重大而深远。首先，统一和理顺了党政军民领导关系和战略指导方针。通过组织调整和机构合并，实现了党政军民组织领导上的一元化，使根据地在战略方针和军事建设上实现了完全统一，彻底克服了过去在军事指挥上、主力部队与地方武装关系上存在的不够协调问题，从而加强了山东党政军民统一对敌的力量，为争取时局好转，夺取抗战的最后胜利，提供了组织保证。其次，精干了指挥机关，充实了战斗部队。精简整编，裁减了5个旅以上指挥机构和13个团以上指挥机构，主力连队平均增至120人左右。第三，充实和加强了地方武装力量和民兵队伍。机关精简下来的官兵分别参加地方武装和民兵工作，扩大和加强了地方武装力量。

山东军区始终把加强部队的政治建设，作为坚持党对军队绝对领导的重要保证。第一一五师先后下发《关于营连党组织的规定》《建立模范党军的支部工作》，对部队基层党组织的领导关系、党支部建设等做出统一规定。罗荣桓等领导同志向各部队发出的指示，要求加强党支部的领导，发挥党支部的战斗堡垒作用；发扬党内民主，开展思想斗争；巩固党的经常工作制度。同时广泛开展建设模范党支部竞赛活动。不论是由红军主力改编的老部队，还是后来组建或收编的新部队，都及时建立健全各级政治、组织制度。注重加强组织建设，积极慎重地发展党员，充分发挥连队党支部的战斗堡垒作用。在艰苦卓绝的抗日战争中，山东军区各部队都能够自觉识大体、顾大局，一切为了抗战，一切服从抗战，一切听从党的指挥和安排，不讲条件，不讲价钱，不计自身安危得失，从而确保了中国共产党制定的政治路线、军事战略和其他各项方针政策在部队的贯彻落实。

（载自王荣新《罗荣桓领导的山东军区在抗日战争中的辉煌战绩及经验启示》）

建设铁的模范党军

1940年6月，八路军总部发出了建设铁的党军的号召，要求把八路军建成在中国共产党绝对领导之下、无坚不摧的党军。9至10月间，一一五师师部在天宝山区桃峪村召开高级干部会议，讨论落实八路军总部“建设铁的党军”的号召。罗荣桓结合一一五师的实际，提出要在部队中普遍开展建设铁的模范党军的活动，并制定了铁的模范党军的五项条件：一是认真执行党的政策，不折不扣地完成党所赋予的任务；二是要普遍深入地建立与群众血肉相连的关系，要成为爱护根据地与民主政权的模范；三是实现高度的政治团结，建立无产阶级的友谊，自觉遵守纪律，不断求进步；四是灵活、机动、果敢、坚决，发扬部队英勇善战的光荣传统；五是坚持严肃、紧张、精细的工作作风，坚定不屈不挠的革命立场。此后，建设模范党军的活动在一一五师入鲁部队中普遍深入地开展起来。山东纵队也学习一一五师的做法，并结合自身实际，提出了建设青年模范党军的口号。

建设铁的模范党军，进一步强化了部队的政治建设。一一五师的新老部队都及时建立健全了各级政治、组织制度。1940年10月10日，罗荣桓、萧华签发了《关于营连党组织的规定》，对部队基层党组织的领导关系、党支部建设等做出统一规定。同月28日，罗荣桓、萧华向一一五师各部发出《建立模范党军的支部工作》的指示，要求加强党支部的领导，发挥党支部的战斗堡垒作用；发扬党内民主，开展思想斗争；巩固党的经常工作制度，同时广泛开展建设模范党支部的竞赛活动。部队中普遍建立健全了各级党组织。排设党小组、连设党支部，营设党分支部、团设党总支部、团以上单位成立党务委员会。

1937年10月，中共中央发出《恢复军队中的政治委员及政治机关制度的指示》。一一五师和山东纵队都认真贯彻执行这一指示，加强部队政工队伍建设。选派优秀干部担任政治委员和指导员，负责本部的政治思想工作，并建立起党的会议、汇报和党课制度。为发挥党在军队中的优势，各部队大量吸收先进分子入党，扩大党的组织，党员的数量占部队总人数的1/3以上。在工作和战斗中，广大党员一切听从党的指挥和安排，不讲条件，不讲价钱，不计自身安危得失，吃苦在前、享受在后，冲锋在前、退却在后，充分发挥了先锋模范作用。

建设铁的模范党军活动的开展，从政治上、思想上、组织上确保了党在军队中的绝对领导地位。广大指战员信任党、拥护党，从而确保了党制定的政治路线、军事战略和其他各项方针政策在部队中的贯彻落实。

建设铁的模范党军，有效解决了部队的正规化建设问题。1940年2月至5月，在山东纵队第三期整军中，徐向前提出了部队“九化”建设的要求，即主力兵团正规化，地方武装基干化，游击队组织化，自卫团普遍化，党的领导绝对化，战斗力顽强化，行动积极化，生活艰苦化，纪律严肃化。为了把“九化”建设落到实处，又采取了六项措施：1.对部队编制进行调整。山东纵队将所属部队整编为4个旅、4个支队和2个直属特务团。2.充实编制，扩大新单位。部队实行“三三制”编制（即1个班为12人，3个班为1个排，3个排为1个连，3个连为1个营，3个营为1个团），每个单位、每个连队按编制把缺额人员及空额单位补充起来，把按规定应配属的单位充实起来，如工兵、侦察、通讯、骑兵等，缺少的干部也要配齐。3.培养选拔优秀干部，在战斗中和实际工作中大胆提拔坚强、勇敢、忠实、优秀的工农干部，加强扩大教导队的培训，开办短期训练班，选送青年学生到抗大一分校培养训练，作为后备干部人选。4.加强战略战术理论的学习，培养有战略眼光、有才能，能独当一面的营连排干部，提高其战术素养与管理水平。5.健全和加强司令部建设。完善司令部的编制，建立健全各项工作制度，选拔一批有战斗经验的基层指挥人员充实司令部机关。6.提高军事技术，加强军事训练。利用战斗间隙开展以射击、刺杀、投弹、爆破为主的基本战斗技能训练，开展近战、夜战、白刃格斗和班排连的攻防战斗演习。通过“九化”建设措施的落实，部队的政治素养和军事素养有了很大的提高，部队的战斗力大大增强。

建设铁的模范党军，培养形成了部队的优良作风。纪律严明是人民军队区别于一切旧军队的显著标志之一，人民军队要得到老百姓的拥护和支持，就必须以铁的纪律约束自己的行为，自觉地、模范地遵守群众纪律，不拿群众一针一线，真正做到秋毫无犯。山东人民抗日武装从成立之日起就注重抓纪律、抓作风建设。后来，黎玉在回忆山东抗战的历史时讲到，部队的发展靠的是严明的纪律和与人民同甘共苦的作风。在新式整军运动中，徐向前提出部队的“九化”建设，其中一条就是“纪律严肃化”。建设铁的模范党军，罗荣桓提出了“五项条件”，最重要的一条就是要“普遍深入地建立和群众血肉相连的关系，要成为爱护根据地与民主政权的模范”。在作风建设中，党和军队的高级干部身体力行、率先垂范。1940年夏，鲁南区党委书记兼军区政委赵镈带队检查工作。山于天黑路滑，军马不慎滑下田埂，踩坏了瓜田的两个西瓜。赵镈马上从马褡子里摸出两枚铜钱放在西瓜上。第二天，他又专程找到瓜田的主人赔礼道歉。各部队对纪律问题常抓不懈，不仅经常对指战员进行遵纪教育，而且经常进行纪律检查，派出工作人员到部队驻地和活动过的地方，逐村逐户进行纪律回访，广泛征求群众意见，发现问题，及时解决，促进了部队的纪律和作风建设。

为进一步密切军政、军民关系。1943年3月，山东军区司令部、政治部和第一一五师发出《关于拥政爱民的决定》，要求部队必须尊重地方政府，认真研究和坚决执行政府的法令，遵守群众纪律，密切军民关系，始终把人民的利益放在第一位。各部队认真贯彻执行这个《决定》，想人民之所想，急人民之所急，解人民之所难。日伪军对根据地进行“扫荡”，人民群众的生命财产受到威胁时，八路军战士不惜流血牺牲，及时地解救群众；麦收、秋收时节，八路军战士就像打仗一样，保护农民抢收庄稼；发生灾荒时，八路军战士节衣缩食，为灾民捐款捐粮，参与生产救灾；部队驻扎时，八路军战士帮助老乡挑水、扫院子，垫猪圈，干农活，与老百姓同甘共苦。有的部队打下敌伪据点搞到粮食，宁愿自己饿肚子，也得先让给群众吃。1943年春荒时，山东军区专门做出决定，要求战士们在挖野菜时，远离村庄，把近处的野菜留给群众。虽然路远了，但离群众的心近了。1944年除夕，150多名日伪军到临沭县沭河以西朱村“抢年”，滨海军区第四团八连闻讯后赶去截击，经六个小时战斗，打死、打伤日伪军20多人，八连有24位战士牺牲。朱村的男女老少逢人就夸“多亏了俺八连啊！朱村是俺八连给救下的！”战后不久，群众自动组织起来，到八连慰问。在慰问大会上，他们赠给八连一个光荣称号“钢八连”。在滨海部队战斗英雄大会上，山东军区政治部主任萧华代表军区正式命名八连为“钢八连”。

（载自《根脉》）

忆罗帅在山东的几件事

肖麦萍

今年是抗日战争胜利50周年，不禁使我回忆起跟随罗帅在山东抗战中的一些往事。

一

罗荣桓元帅是八路军中杰出的领导人之一。在抗日战争时期，特别是在山东抗战期间，他始终坚决贯彻了毛泽东同志的政治路线和军事路线，贯彻了毛泽东同志的人民战争的光辉思想。他在军事上有高超的战略艺术，有卓越的指挥才能。无论是抗击日寇对我根据地的疯狂进攻，反击国民党顽固派的反共倒退，还是消灭在山东害民数十年的顽匪巨奸刘桂堂，都取得了重大胜利，从未打过一次败仗，可称是百战百胜。

1940年4月中旬，鲁南的日伪军集中了近8000人的兵力，分别从邹县、滕县、枣庄、临沂、费县等据点出动，向一一五师所驻的抱犊崮山区根据地进行大规模的“扫荡”，企图乘青纱帐起之前，一举歼灭八路军。罗帅与陈光（当时任一一五师代师长）决定，除师机关率特务团两个营，配合地方武装坚持在内线与敌周旋外，其他主力部队均撤出外线，从背后打击敌人。

为了缩小目标，便于机动，罗帅让政治部兼做司令部的工作，组织部兼作战科的工作，保卫部、敌工部兼侦察科的工作，宣传部负责训练群众进行游击战。他又把机关干部、宣传队的演员和机关勤杂人员分别编成游击小组，有枪的带枪，没枪的配两颗手榴弹。罗帅亲自观察敌情，听取侦察员的汇报，然后做出正确判断，并带领师政治部机关、宣传队和一个连，单独与敌人周旋。

一天拂晓，哨兵突然发现北面有敌人。这时，罗帅身边只有一个警卫排加一个班的兵力和政治部机关的工作人员。他立即命一个班掩护机关向南转移，自已带另外3个班爬上山头监视敌人行动。当发现山下有几匹马时，便派警卫人员去侦察。一会儿，侦察的人员回来报告说：山沟里隐蔽着敌人的大批人马。罗帅听后镇定、沉着，泰然自若，待敌人已离我们很近时，才率领部队转移。这件事给大家留下了深刻的印象。

在这次反“扫荡”期间，罗帅带领小股部队和机关，经常贴近一路敌人，若即若离，有时距敌人只隔一个山头；还有时敌人从村东头进，我们从村西头出，兜一个圈，从侧面袭扰敌人，迫使敌人疲于奔命，首尾不能相顾。敌人在鲁南山区“扫荡”了一个多月，我们只在100多华里的路程内来回行军作战，未损伤一兵一卒。派到外线的主力部队，则深入敌后，采用机动灵活的战术，狠狠地打击敌人。我军内外线配合作战，终于粉碎了敌人企图歼灭八路军主力的阴谋，胜利地粉碎了敌人所谓的“铁壁合围”，保卫了以抱犊崮为中心的鲁南抗日根据地。

二

罗帅十分重视党的建设，尤其是党的基层组织建设。他要求各级党委要形成强有力的领导核心，连队支部要建设成为拖不垮、打不烂的战斗堡垒。他还要求政工部门在战斗空隙抓紧时间举办党支部委员等党的干部训练班，学习党的基础知识，学习文化，提高思想觉悟和工作能力。他强调党员在工作中做模范，在斗争中做骨干，要团结群众，带领群众，千万不要脱离群众。组织部门要在战斗和实际工作中培养、发展新党员，使连队党员的比例经常保持在30%左右。

连队的战士，绝大部分是青年人。这些战士，大都是穷苦出身，从小没上过学，认不了几个字。其中的很多人是抗日战争期间参军的，除了缺乏文化知识外，还缺乏战斗经验以及党的基础知识。但是，这些青年人拥护共产党，热爱人民军队，有坚决抗战的热情和决心。只要在革命斗争中加以锻炼，都能成为部队的骨干和栋梁之材。罗帅对青年战士、青年干部十分关心，注重对他们进行各方面的锻炼和培养。他经常讲，连队的青年人，特别是朱德青年队的战士，除了战斗以外，主要任务就是学习，要让青年人多学点东西。没有文化的要先学识字，逐步提高文化水平；战斗经验不足的，要学习军事技术，增强战斗力。在教育和训练方式上，一定要适合青年特点，要生动活泼，要青年化，不要老气横秋。1940年秋，就在非常艰苦的情况下，罗帅还调集了附近部队几个连的青年战士，进行文化测验、投弹、刺杀、歌咏等比赛，促进部队指战员积极学习军事技术和文化。比赛后，给战士们发了笔记本、毛巾、挂包等，以资鼓励。罗帅还交代各级党组织，要在学习、训练和战斗中，注意培养那些作战勇敢、学习认真、工作积极的战士，让他们挑重担；并视其表现，发展党员，巩固和扩大党的组织。

三

罗帅一贯重视思想政治工作。经常观察了解干部战士的思想动态，发现问题及时解决。他要求干部，特别是高级干部，要时刻洞悉部队干部战士的思想状况，深入基层，了解战士们在想什么，引导他们正确对待和处理在各种环境中遇到的问题。战斗打胜了，要防止骄傲轻敌，注意总结经验，不能“一俊遮百丑”；战斗失利了，要防止情绪低落、消沉、失去信心，要及时找出问题，鼓舞士气，以利再战。

1939年5月11日，驻山东日军5000余人，配有汽车、坦克百余辆，大小炮百余门，在泰西陆房地区将一一五师师部、六八六团、津浦支队与鲁西区党委机关3000余人包围。此时，罗帅在汶上一带活动。陈光组织部队进行反击。经一天血战，毙伤日军1300余人，我军伤亡360人。夜晚，我军突出重围，当时丢掉了一些骡马担子。

突围后，罗帅赶到无盐村与部队会合。针对干部战士中出现的低落情绪，首先与陈光促膝谈心，一起总结经验教训。然后，召集干部会议，强调战后要正确地总结经验，进一步鼓舞士气。在无盐村召开的祝捷大会上，罗帅发表了鼓舞人心的讲话，他说：我军在陆房突围中，顽强战斗，重创敌人，这是一个很大的胜利。虽然我们丢掉了些骡马担子，这没有什么了不起的。进山东之前，我就觉着师直属队的骡马担子太多，几次动员精简，就是舍不得。这次，敌人帮我们精简了，能够更加轻便灵活地行军作战。现在我们丢掉了一些家当，将来建立了巩固的根据地，还可以重新建设起来。听了他的讲话，大家受到了很大的鼓舞。

四

罗帅很重视对干部的培养。在山东期间，他创办教导大队、教导团，举办各种短期轮训队。文化程度低的红军老干部，着重进行文化学习；抗战时期的青年干部同战士一起进教导团文化队，提高文化水平，以便掌握机械化武器装备。起初，调去学习的干部战士，都不相信自己能去掌握机械化装备。但实践证明，罗帅很有远见。日寇投降后，这些同志大都送炮兵、装甲兵、空军学校去学习，使他们成为解放战争后期和抗美援朝战争中优秀的特种兵。特别是空军部队的骨干力量，有好几位成为战斗英雄和空军部队的高级领导人。

罗帅很重视对干部的选拔、教育和使用。强调搞五湖四海，不分亲疏远近。

在德、才、资方面，要以德才兼备为主，不要过分强调资历。当时，延安“抗大”分配一批知识青年到一一五师各部队工作。罗帅告诉各级领导，要对他们爱护、培养，加强锻炼，大胆使用。部队中个别老干部，摆老资格，看不起这批青年知识分子，说：“你们有什么了不起，我走过的桥比你们走过的路还长，我吃的盐比你们吃的米还多。”罗帅知道后，批评教育这个老干部，他说：这些青年，虽然没有实践经验，但他们有文化，有能力，你们要爱护他们，把经验传给他们，使他们尽快地成长起来。工作中，罗帅亲自培养使用青年干部，将一一五师政治部的两名青年干部（靳怀刚和彭亮）提拔为联络科长和民运科长。

在教育老干部的同时，罗帅还十分重视教育青年干部。那时，有个别青年知识分子，自以为有知识，不尊重老干部，说什么：“井冈山的骡子，资格不很老吗？还不是驮炮弹。”罗帅对这种错误言论进行了严厉的批评，他说：“红军老干部经过5次反围剿和二万五千里长征，他们爬雪山，过草地，经历过无数次战斗，有的身上挂了十几处花，他们积累了丰富的实践经验，是党的宝贵财产。我们要十分尊重他们，向这些老干部学习求教。不要因为你们在学校里学到一点东西，就觉着自己有了知识。要多看自己的短处，多看老干部的长处，经常取长补短，自己才能有所进步。”

罗帅对犯错误的干部，能及时地给予批评和帮助。记得有这样一件事：六八六团有个排长打了战士，政治部的一位科长在小报上批评那个排长“是军阀残余习气，要把这种军阀习气在部队中铲除干净”。团长张仁初误把这句话理解为要把这个排长从部队中铲除掉，非常生气。在部队上早操时，他不仅骂了宣传科长，还指责了政治机关。罗帅听说这件事后，立即将几十里路外的张仁初同志找来，让他好好读一读报上的那句话，并严肃地批评他说：“你不分青红皂白，不分场合，错误地批评甚至谩骂政工干部，这才是真正的军阀习气。这种习气，要不要铲除？这是不是就铲除了你张仁初同志？”罗帅停顿片刻接着说：“你打仗很勇敢，指挥的也不错，就是文化水平太低了，要好好学习。”后来张仁初同志在全体指战员面前做了检讨，还每天抽出时间来学习文化。罗帅听说后很高兴，说：“有些干部犯了错误，批评教育后就能很快改正，这是好干部，对这样的干部，‘响鼓不用重锤敲’，只进行批评教育就可以了。”

五

罗帅办事讲究实事求是，一切从实际出发，反对形式主义，反对搞“花架子”。他经常说：“我们一定要扎扎实实地工作，不要搞那些表面上看来是轰轰烈烈、热热闹闹，而实际上是毫无意义、劳民伤财的事。”他还用家乡的俗话形容某些人就是喜欢干些“堂前点灯，灶下不烧火”的事。

罗帅反对那些不看对象，不看具体环境作那些空洞的、不解决任何问题的长报告。他告诫干部，在讲话时一定要简单明了，不能时间太长。天冷时，战士站久了冻得脚疼，天热时，蚊子咬，谁有心听你那些像婆娘的裹脚布那样又臭又长的讲话呢！

罗帅也反对那些脱离实际、照搬照套的做法。1941年夏，山东刮起了一阵演大戏的风。战士剧社在滨海区演出了《日出》。由于敌后条件的限制，戏台、灯光、布景的设置都费了好大的劲。这部戏从天黑演起，一直演到天明才结束。罗帅看后，找到战士剧社的领导问道：“你们演这部戏是否考虑到我们处在敌后的恶劣环境中？农民和战士是否能看懂这部戏？”剧社领导人无言回答。罗帅又说：延安地区演这个戏，他们有条件。可是我们处在敌后，你们用大汽灯照明，十几里路外都能看见；服装、道具要好几匹牲口来驮；这戏又从日落演到日出，很多观众都在台下睡了觉，能符合我们的实际吗？又能起到什么样的作用呢？你们过去演的《老太婆觉悟》等节目就很好，深受战士和老百姓的喜爱。我们做什么事情，千万不要“一窝蜂”地去照搬别人的做法，要切合实际。当然喽，别的地区有好经验，好做法，我们一定要好好学习，这样，才有利于战争，有利于工作。

第二章 披肝沥胆 气壮山河

沂蒙根据地的人民武装视报效国家、保护人民为己任，浴血奋战，英勇杀敌，表现出高度的爱国主义情怀和为党、为民死而后已的赤胆忠心，为维护祖国尊严、谋求民族独立、赢得人民解放建立了不朽的功勋。

一、纪念馆展板内容

1. **与日军同归于尽** 1939年3月11日，在陆房突围战中，第六八六团二营七连董指导员头部负伤，仍以惊人的毅力一连刺死3个日军。当他与1个日军扭打翻滚到悬崖边体力不支时，毅然抱住日军滚下悬崖，与之同归于尽。

2. **两个糠菜团子**　为了不给群众增加负担，第一一五师节衣缩食，艰苦奋斗，涌现出许许多多动人的故事。1941春，一一五师苏鲁支队四团二营七连在攻打神山村的伪据点时，发给每个战士两个糠菜团子，代连长王绍明下了一道特殊命令："没有命令，不准吃糠菜团子。"战士们空着肚子，经过30里急行军，赶到了神山村据点。发起攻击前，王连长才传出口令："吃干粮"。这叫作好钢用在刀刃上。

1941年4月份，在该七连攻打马山村战斗中，三班长共产党员于恒亮身负重伤，当庞世泽等人去救他时，他已经不能说话，先摆摆手，接着又拍拍自己装有两个糠菜团子的挎包后就牺牲了。战士们看着于恒亮临死交给战友的两个糠菜团子，都止不住流下了热泪。

3. **符竹庭**（1912—1943）江西省广昌县人。1927年加入青年团，1929年转为中国共产党并参加红军。土地革命战争时期，任红一方面军一军团一师十九团政委，参加了长征。1937年8月任第一一五师三四三旅六八六团政治处主任，1938年任东进抗日挺进纵队政治部主任。1940年底任第一一五师教导二旅政治委员，1943年4月任中共滨海区党委书记兼滨海军区政治委员。11月26日，日军长途奔袭滨海军区机关——赣榆县马家旦头村，符竹庭指挥机关人员奋力突围，不幸身负重伤，为革命流尽了最后一滴血。

4. **王麓水**（1913—1945）江西省萍乡县人。1926年加入青年团。1931年加入中国共产党。红军时期曾任红一方面军第一军团二师五团特派员、团长和政治委员，参加了长征。1937年8月任第一一五师六八五团政训处副主任，补充团政治委员，1940年任晋西独立支队政治部主任。1942年任第一一五师教导第一旅政治委员，1943年春任中共鲁南区党委书记兼鲁南军区政治委员。1945年9月任山东解放军野战兵团第八师师长兼政治委员，同年12月13日，在指挥部队围攻滕县时不幸壮烈牺牲。

5. **王立人**（1910—1941）天津市人。1930年参加红军，1932年加入共产党。1936年负责东北军王以哲部的统战工作，后参加了营救西路军的工作。1939年随罗荣桓等来沂蒙，任第一一五师敌工部副部长。1941年11月在大青山突围中，他同战友顽强抗击，弹药用光后，就用刺刀和石头与日军展开肉搏战，为掩护战友，王立人不幸中弹牺牲。

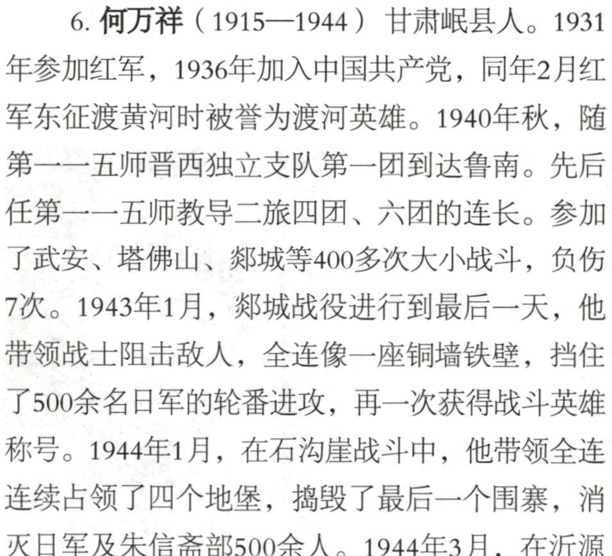

6. **何万祥**（1915—1944）甘肃岷县人。1931年参加红军，1936年加入中国共产党，同年2月红军东征渡黄河时被誉为渡河英雄。1940年秋，随第一一五师晋西独立支队第一团到达鲁南。先后任第一一五师教导二旅四团、六团的连长。参加了武安、塔佛山、郯城等400多次大小战斗，负伤7次。1943年1月，郯城战役进行到最后一天，他带领战士阻击敌人，全连像一座铜墙铁壁，挡住了500余名日军的轮番进攻，再一次获得战斗英雄称号。1944年1月，在石沟崖战斗中，他带领全连连续占领了四个地堡，捣毁了最后一个围寨，消灭日军及朱信斋部500余人。1944年3月，在沂源大泉山讨吴（化文）战役中不幸牺牲。1944年7月7日，山东军区授予何万祥生前所在的二连为“何万祥连”，并追授何万祥“英雄连长”称号。

英雄连长何万祥（连环画）

7. **王吉文**（1916—1948）湖北红安县人。1929年参加革命，1930年参加红军，1932年加入中国共产党，1935年随红四方面军参加长征，1939年4月任八路军津浦支队二营营长，同年10月调往山东纵队二支队，1941年7月任山东纵队一旅三团团长，率部血战苏家崮，掩护山东分局党校师生和团直机关安全突围。1942年8月任第一一五师教导三团团长。1943年4月，实行主力部队地方化后，任鲁南军区第三团团长，同年11月率部全歼惯匪汉奸刘桂堂部，解放了柱子山一带的大批民众，受到山东军区通令嘉奖。1946年6月任山东野战军第八师师长，率部参加泰安、莱芜、孟良崮等战役。1948年9月在济南战役中不幸中弹牺牲。

8. **邸励**（1910—1941）吉林省人。“九一八事变”后流亡关内，1937年参加八路军，同年加入中国共产党。1938年任第一一五师民运部民运科第三组组长，1939年10月带民运工作队到临郯费峄四县边联县开展工作。1940年4月任边联县县委书记，同年6月随第一一五师到天宝山区开辟抗日根据地。7月任中共费南县工委书记，大力开展党的各项建设，想方设法为老百姓谋利益，广泛发动群众支持革命斗争，为巩固发展鲁南根据地做出了重要贡献。1941年8月在反“扫荡”中英勇牺牲。

9. **王保胜**（1907—1970）平邑县仲村人。1938年加入中国共产党。第一一五师挺进蒙山后，他率第四游击大队升级为第一一五师七团一营四连，他任连长。1940年受命支援地方武装，任费北县副大队长，后任鲁中第三军分区特务营营长。抗战中他协助党组织先后动员千余人参军，1945年7月在指挥军分区特务营攻打协庄的战斗中，负伤被捕入狱。日寇将他的脚后跟砍断、肋骨打断。他坚贞不屈，每次受刑大骂日军直至昏死。鲁中军区司令员王建安赞扬王保胜是“革命的硬骨头，真正有血性的中国人”。被鲁中军区授予“民族英雄”光荣称号。营救出狱后被评为特级伤残军人。

10. **高廷光**（1930—） 平邑县卞桥人。1942年参加八路军，他利用年纪小、不易被敌人识破且熟悉当地情况等特点，多次机智勇敢地深入敌穴搜集情报、侦察敌情，参与营救我党我军几十名干部，曾化装成乞讨者、探亲者等，顺利完成多位首长交给的各项任务，被当地的人们誉为“沂蒙小英雄”。

11. **罗荣桓坐担架指挥作战**　罗荣桓南北转战，积劳成疾，患上了血尿症，行军作战相当困难。广大指战员心有不忍，纷纷劝其修养治疗。罗荣桓却动情地说："同志们作战流血牺牲，我尿点血算什么！我的计划是争取再活5年，打败日寇，死也瞑目了。"1943年，他以病弱之躯，担任着中共山东分局书记、一一五师政委、代理师长、山东军区司令员兼政治委员等多个要职。体弱不能骑马的罗荣桓，常常躺在担架上指挥战斗，在人民群众中树立起光辉形象。

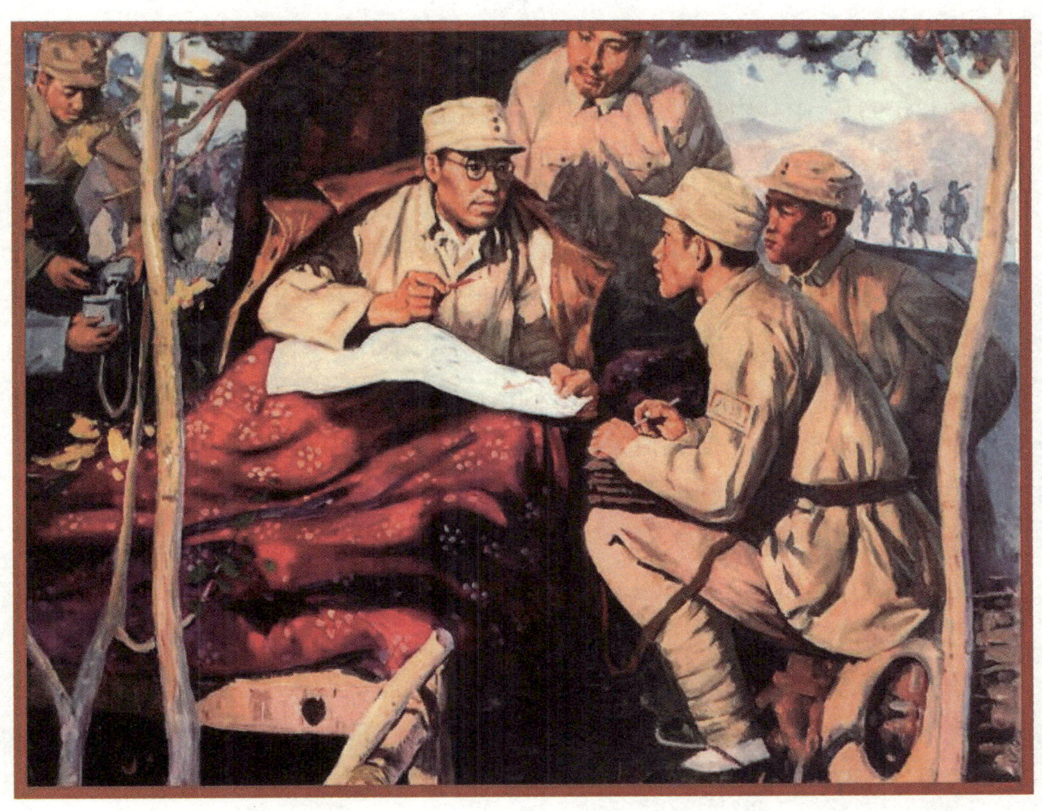

二、史料文章

罗荣桓带病指挥作战

刘桂林

1943年9月，中共中央任命罗荣桓为中共山东分局书记并继续兼任山东军区司令员、政委。自此，罗荣桓同志负责全面领导山东抗日根据地的工作。

进入1944年，山东抗日根据地具备了对日伪军发起反攻作战的条件。

正值此时，罗荣桓同志迁延一年多的肾病又严重起来，经常尿血。他脸色发黄，人也消瘦下来。对此，从新四军借调来的奥地利医生罗生特非常着急。因为他清楚，罗荣桓同志身体两侧的肾脏均有严重病变，其中一侧究竟是良性肿瘤还是恶性肿瘤，由于不具备检查条件，仍未能确诊。1943年夏天，经保守治疗，血尿有所控制，秋天，血尿复发后，病情又有加重。罗生特医生力劝罗荣桓同志到有条件的地方检查确诊，如果再这样拖下去，后果将会很严重。

可是，在这战局转变的关键时刻，重任在身的罗荣桓同志，心里想的是怎样抓紧确定指导全局的军事指导思想，不能贻误战机。于是，他决定先把工作部署好，过一段时间再治病。

经过一段讨论研究，在罗荣桓同志主持下，山东军区确定了发起山东抗日根据地反攻作战的指导思想及有关方案。反攻作战的总目标是：打通、改善山东各战略区的联系，夺取有利的反攻阵地。反攻作战原则：分散的群众性游击战争和主要方面的集中兵力作战相结合，军事攻势和政治攻势相结合。随后，罗荣桓同志又指导鲁中军区拟定了春季对伪军吴化文部的作战方案。

全局部署基本就绪以后，罗荣桓同志根据罗生特医生的建议，决定到上海检查病情，向中央请示后，中央复电同意。不久，毛主席又颇为罗荣桓同志的安全担心，2月8日来电说："你的病况，中央同志非常关心，因来电所述病情甚为严重，故我们复电在山东医治，如不可能则去上海，实含若干冒险性质。究竟近情如何，是否完全不可能在山东医治，又是否完全不可能来延安，而非去上海不可，如果去上海又如何去法，均望详告。"罗荣桓同志认为主席分析有理，便放弃了去上海的决定，坚持在山东治疗。

1944年至1945年夏季，在罗荣桓同志为首的山东军区指挥部署下，山东抗日根据地连续发起1944年四季反攻作战和1945年春、夏季反攻作战。反攻作战势如破竹，连获胜利，共歼日军五千余人，伪军八万余人。

这期间，罗荣桓同志一直带病工作。除运筹指挥全局以外，还亲自率领军区机关与敌周旋，行军时，因不能骑马，不得不常常利用担架。1945年6月，毛主席得悉罗荣桓同志病情又重，考虑派林彪来山东负责军事工作，以减轻他的负担，并于6月9日致电罗荣桓同志："病未好，甚系念，拟派林彪同志来鲁，尚未最后决定。稍迟当可酌定电告，你可于休养中，在病情许可下，指示大政方针，工作多交黎玉同志办。"8月，毛主席又来电询问罗荣桓同志的病况。罗荣桓同志复电表示："在林彪未到以前，我决不离开工作。"（后林彪一直未来）

1945年8月8日，苏联对日宣战。

8月10日深夜，在莒南县大店村一所普通民房里，罗荣桓同志正专心研读毛主席写的《对日寇的最后一战》，机要科送来了一份加急电报，他看了一遍，高兴地对爱人林月琴说："好消息，日本政府发出照会，要求投降了！"林月琴看着丈夫兴奋的样子，心情非常激动。罗荣桓又对林月琴说："现在看起来，我还可以再订一个五年计划，参加建设新中国！"罗荣桓同志曾在1943年秋同罗生特医生订了争取再活五年、打败日军的计划。林月琴高兴地说："抗战胜利了，医疗条件好了，你的病会治好的，一定还可以订好多个五年计划。"

8月15日，日本宣布无条件投降。此时，驻山东的日伪军根据蒋介石的命令，拒绝向山东八路军投降，纷纷向铁路沿线及大城市收缩集中，出现了"蒋日伪合流"的复杂局面。

在这种情况下，我军只好用武力迫使日伪军缴械投降，在罗荣桓司令员指挥下，我山东二十七万八路军分为五路，十万民兵组成"子弟兵团"，配合主力部队，向敌占大城市和交通要道发起了猛烈进攻。至8月下旬，山东的日伪军已被压缩在铁路沿线和解放区内少数孤立的城市里。

大反攻中，军务更为紧急，有时一夜有好多份电报要处理，刚睡下，又被叫醒，一昼夜只能睡两三个小时，罗荣桓同志强忍病痛，全力指挥着大反攻的进行。

在大反攻中，唯有临沂战役打得时间最长，战斗最激烈。8月20日、22日，八路军发动了多次攻击，因城防工事坚固而未能奏效，攻城部队伤亡较大。罗荣桓同志得知后，非常着急，他喊来警卫员："快去备马，到临沂去！"可是，马匹已被林月琴安排牵走。警卫员不敢明说，挨了批评。林月琴上前解释，罗荣桓冲着林月琴发起火来："临沂打不开，就要增加滨海、鲁中、鲁南反攻的后顾之忧，这不是一件小事！你怎么能自作主张？”林月琴说：“罗生特大夫说，你近来病情很重，要你绝对卧床休息。”罗荣桓着急地说：“休息，休息！临沂打不开，叫我怎么能安心休息！”林月琴见劝不住了，便又把黎玉同志找来劝说，罗荣桓只好打消原来的主意。几天以后，罗荣桓同志签发了攻打临沂城的新方案。9月10日，部队从暗道炸开城墙，11日上午占领了全城。

经过一个多月的大反攻，除几处重点城市和铁路沿线外，山东解放区已完全连成一片。

大反攻进行中的9月，中共中央决定派罗荣桓到东北工作。山东分局其他领导同志看到罗荣桓同志病得已难以支撑，便致电中央，建议让罗荣桓同志休养治疗一段时间。中央复电：东北还是要去，到东北后治疗条件可能要好一些。根据中央指示，罗荣桓同志从9月到10月底，从山东往东北调兵遣将六万多人。10月24日，罗荣桓同志接到中央要他日内去东北的来电，当日，便告别了战斗了六年之久的山东大地，乘船从海上向东北进发。

1945年12月，罗荣桓同志在沈阳利用X光对肾脏进行检查，确诊为肾癌。1946年8月，他在莫斯科克里姆林宫医院切除了长有癌瘤的左肾。中华人民共和国成立后，罗荣桓同志继续为党和人民军队的建设工作。1963年12月16日，中国人民的伟大儿子，无产阶级的忠诚战士罗荣桓同志终因肾功能衰竭而过早离开人世。

战时生活片断

庞世泽

1938年8月1日，我和本村及邻村的吴作恩、吴绍卿、夏兴五、庞世礼等人（有三人抗战未结束就牺牲了），一起到离家50余里的临沂城南三重村，参加共产党领导的临郯青年救国团组织的游击队。当天下午我们赶到目的地，老红军石世良和我们谈话，一开始就问："你们怕不怕死？怕不怕苦？"我们异口同声地回答："不怕，什么也不怕。"他满口的湖北口音，怕我们听不懂，又重复说："这是当兵，要行军，要打仗，吃不好，睡不好，搞得不好还要死人。"夏兴五抢着说："知道。俺都是穷人，苦点算什么，怕死俺就不来了。"大家也都异口同声，一致表示同意。石世良哈哈笑了，又给我们讲了些抗日救国的道理。我们就算正式参加了革命队伍。几天后开了成立大会，将报名的几十个人编为临郯抗日义勇队，配备了武器。全队有两挺汉阳造、捷克式轻机枪，一门日造三七马迫击炮，20来支钢枪，其他都是"土压五"，这些武器多数都是抗日的有识之士捐赠的，也有自己从家里带的。接着我们南下到郯城马头一带，一面行军训练，一面向广大群众作抗日救国的宣传，同时继续扩军。

8月下旬，我们开始参加战斗。头一次是夜袭埝头村日军据点。深夜，我们摸到据点边上，把三七马迫击炮炮弹打进据点三四发，闹得日军一夜没敢睡觉。据说有发炮弹正落在伪军宿舍门口，伤了3个伪军。等到敌人向外打炮时，我们早已安全撤回了。大家尝到了打仗的滋味，都很高兴。几天后，我们又到临枣公路上的闫木庄村边打埋伏，打得日伪军唧哇乱叫，等他们还击时，我们早顺着河沟撤走了，敌人还迟迟不敢前进。我们回到小屯村，地方党组织早已动员群众给我们送来白面大饼和猪肉。这段时间由于我们游击队的广泛宣传，不光打日伪军，还打了汉奸王廷玉，临郯一带的群众很拥护支持我们。

我们每人每月只有五毛零花钱，每天二分钱菜金，活动到哪村就在哪村凑饭吃，大家对抗日救国充满了必胜的信心，心里想的是打日军打汉奸，因此谁也不感到苦和累。

1938年秋，我们临郯义勇队与滕县义勇队合编为属于临沂国民党专员张里元领导下的统战队伍——直辖四团（实际上是共产党领导，采用他们的番号）。队长石世良任我们的营长。我队改编为二营七连。

随着抗日战争的深入发展，行军战斗更加频繁，物质生活也越来越苦。冬天滴水成冰，我们每人除了棉衣外又发了一件大衣。全连包括政治指导员在内没有一人有棉被，其他营连也不例外。每人只有一套单军衣且已补过多次了，条件好一点的是在家出来时带了身换洗的单衣或带床被单的同志，绝大多数的人行军、打仗、宿营就这么一身。

后来，我们的活动范围扩大了，东到沭河，西到津浦铁路，南到陇海铁路，北到滋临公路。一次，部队结束了临枣路上的胭脂山战斗，撤到长新桥村过新年。村子很大，团部带两个营驻在村里，群众为我们送来了干粮和稀饭。部队每天早晚两顿饭，夏季天特长时中午加一餐稀饭，常年如此。我们第一次在部队过元旦，元旦前一天，张光中团长和李乐平政委到连队看望我们，特别勉励我们这新编的连队。元旦晚餐是萝卜烩猪肉，每人还多分了一张好煎饼（麦子和白高粱做成的）。我们班长何维胜硬是把他的一张给我，并说：你们年轻人得吃点好的，我这当过叫花子的人只要有吃的就行，说得大家都笑了。刚刚吃过饭，团副闫超带着一个参谋到我们连部来了，大家估计可能有情况。很快，连长马金兰就招呼排长开会。全连由闫团副带着到滋临公路上打埋伏。第二天早晨战斗打响了，追击了日军运输队，缴获了一匹大白马，回团后受到营团领导的表扬。

不久我们接到命令，全营到卞庄附近打伏击。这次因为情报不准未打成。我们便到东白山南面不远的村子宿营。此时天已黑了，还飘着小雪。往返行军一天，大家正盼着赶快宿营，哪知前面传来口令：部队暂停前进，原地休息，按惯例，我这指导员（我已由政治战士升任政指）应赶快找连长商量，以便于给部队做思想工作。我和马连长便一起到前面找营长，这才知道村里的联庄会都上了围墙，不让部队靠近，我们正派人上前交涉。马连长急了，火辣辣地冲着营长说："围墙是乱石头垒的，联庄会都是些红缨枪，我们要想驻他们能拦住我们？"营长不让他瞎说，并且告诉我们：因为王学礼的匪兵常来这里扰害百姓，群众吃够了苦头，不敢轻易相信我们，得好好做群众工作，注意群众关系。一席话说得马连长不好意思了。这时，派去联系宿营的工作组好话说了两抬筐，什么《义勇军进行曲》《流亡三部曲》等抗日歌曲唱了一遍又一遍，结果还是不让部队靠近，只答应从围墙上递饭给我们吃。无奈，营长只好下命令让部队在村外麦场里就地宿营。雪越下越大，同志们喝完了村里送出来的地瓜糊糊，便以班为单位搬了些山草铺盖着休息。冻急了大家便往一起挤。营、连首长不光和大家一样，还得不时地到战士们睡觉的地方看看，哨位上转转，不敢放心去睡，因此干部战士都毫无怨言地度过了这个风雪交加的寒夜。

我们的行动感动了广大村民，天刚亮，群众就派出了代表，找到营部见了营长一个劲儿地道歉，并腾出房子，生上火，叫部队赶快进村。部队才驻下，又送来了两口大肥猪慰问。部队严明的纪律，赢得了人民群众的信任，人民群众对部队的深情厚谊又教育了部队，鼓舞了士气，增强了斗志。

部队不断发展壮大，根据地也不断扩大，我们有了后方落脚点。日军和汉奸却不甘心，在鲁南山区的腹地车辋镇安上了日军据点，使我们东西的联络受到很大影响。我们接到命令：和三营一起拔除车辋据点。

1939年1月的一天夜间，我们向据点发起了攻击。三营在东南面主攻，我们营在东北面佯攻。由于我军装备差，没有攻坚的经验，一夜一天未能攻克，部队略有伤亡。官兵们饿着肚子打，一阵攻击下来，支撑不住，便蹲在工事里啃点干煎饼、冷地瓜充饥，然后再打，实在是心有余而力不足。是人民群众不给吃的吗？不是，当地群众因天灾和敌伪顽匪勒索抢掠，已经无力支援部队打硬仗了。我们被迫撤下来，采取围困敌人的办法。我们连移驻车辋镇西边刘家庄，和敌人一山之隔。我们有个排哨日夜在山顶上监视敌人。转眼1939年的春节到了，部队面临着更大的艰难困苦。大年初一那天，我们吃的是前几天群众送来的结了冰的凉地瓜、干煎饼，喝的是冷饺子水（因年初一老百姓不喝稀饭，孬好弄顿饺子吃，顺便把汤送给我们了）。山上负责放哨的还算幸运，因为那里有一户人家，见几个战士放哨回来，连饿带冻都快僵了，便把家里仅有的饺子盛在盆里端给战士们，流着泪说："同志啊！你们家里也有父母亲人，你们为老百姓打日本，连顿饱饭也吃不上，让家里老人知道了该多难受！我全家只有这点面，包了这些饺子，你们吃了吧！不管够不够，总算过年吃上饺子了呀！"听了这番话，同志们流下热泪，说什么也不忍心吃这盆饺子。这盆饺子退回去又端回来，实在谢绝不了老乡的一片诚心，最后只好留下一碗。二排长吴少卿向连部汇报这一情景时，大家都感动得落了泪。团里李政委知道了我们二营在前面过节的情况时，立即动员机关全体同志上午不吃饭，省下两块多钱，买了点猪肉并写了封信，慰问和鼓励我们。我们全连官兵得知这一消息后，非常感动，纷纷表决心，决不辜负首长和机关同志们的期望，一定站好岗放好哨，不把敌人逼跑不下阵地。敌人的据点是深入根据地内的，由于我军的袭扰，他们的日子也不好过，年初四那天就不战自逃，偷偷地溜了。我们连最先进占车辋据点，扫除了根据地的障碍，还缴获了许多大麦米、罐米之类的食品。

车辋据点拔除之后，我们部队一面宣传群众，一面分散到各村组织自卫团打日军、除汉奸、打土匪。我们取消了国民党的番号，将直辖四团改称苏鲁支队，配合一一五师东进支队二大队开辟郯（城）、马（头）地区。支队部带领主力进驻邳县、幼鹿山一带。我们营打了抗埠集土匪之后，到郯南港上、黄村一带活动，主要任务是家乡扩军（七连有许多人是那一带的）。当年秋后，支队奉命西上迎接一一五师东进，部队昼夜行军，走到费南薛庄一带山区时，沿路的村子绝大多数的房子被日伪烧光了，村子里的人也所剩无几，有的住在破屋框里，有的在山上挖个小洞住。部队行军到此，别说住房，吃饭喝水都十分困难。我们只好忍饥受冻走出这段无人区。当部队进到津浦路附近时，已临近1940年春节了。我们七连驻在滕县桑村东面的羊子峪村，虽然离敌人很近，群众对我们却很好，给我们送来了白面和猪肉，大家高兴得忘记了连日行军的疲劳。连队特别加强了岗哨，大家忙着包饺子，大约凌晨2点钟开完了饭。3点钟日军就来“拜年”了。战斗不到一个小时，我们撤出，敌人也未占着便宜。不幸的是我们的二排长宗玉文牺牲了，他是郯城县马头镇人，23岁，是一位很英俊的小伙子，打仗很勇敢，他被埋在那儿的山沟里，至今不见得有人知道，他们的家乡恐怕也不一定知道他的下落。自那之后，部队便配合东进支队一大队和六八六团等参加了白彦战斗。

为了加强根据地骨干武装力量，应付强敌和更好地机动作战，我们苏鲁支队又改编为一一五师教导二旅第五团，我们仍是二营七连。在主力部队的影响下，部队在作战、训练、行军等方面都逐步走向正规，唯部队的生活更加艰苦。时已深秋，部队既无棉衣也无棉被，夜里宿营，只好多弄点干草御寒。哨兵冻得无法，就借用群众防雨的蓑衣翻过来披着防寒。首长们为部队的棉衣想了很多办法。不几天，部队发来做好的棉衣和棉被的表、里及未加工的羊毛。从营长、教导员到战士像过节一样热闹了好几天，大家将羊毛洗了晒干，然后用树条抽打，用手撕扯，又脏又臭的羊毛变成一堆堆棉胎。在群众的积极帮助下，两三天工夫，棉衣、棉被都做上了。穿上新棉衣，盖上新棉被，同志们高兴极了。谁知不久就来了新问题，羊毛从棉衣的粗布纹里向外钻，同志们互相打量着说：“哈！这下像一个个刚剪了毛的老绵羊。”到了元旦前后，羊毛钻得差不多了，剩下来的都结成了大大小小的蛋蛋儿。勤快的同志利用空余时间把羊毛蛋抽出重新松开，多数人利用抓虱子的机会隔着布松松就算啦，特别是淋了雨雪之后，羊膻味实在难闻。这一特殊的享受令人终生难忘。

为了扩大鲁南根据地，我们部队由邹东田黄一带打到津浦铁路西，一面攻打敌伪据点，一面做群众工作，并帮助组建地方武装。就在这时，“皖南事变”发生了，敌伪顽不遗余力地配合这一行动，日伪军加紧了对抗日根据地的“蚕食”，国民党五十一军抢占了我们抱犊崮山区的根据地，除杀抢之外，还制造了“银厂事件”，杀害了鲁南区党委书记赵镈。我们根据地的基层组织遭到极大的破坏，形势大为恶化。在忍无可忍的情况下，我们向敌人发起了攻击。部队自西向东日夜兼程，第一仗在马山村打响了，时间正是1941年的四五月间，青黄不接，群众的粮食基本被敌人抢光了，几乎一点粮食也筹不到，一天战斗下来，只能吃一点糠菜和野草团子。生活虽然十分艰苦，但同志们毫无怨言。在攻击马山村的战斗中，三班的共产党员于恒亮负了重伤，当我和另一同志去扶他时，他已不能说话了，先是摆摆手，意思是我已经不行了，接着又拍拍自己的挎包内的两个糠菜团子。大家会意，他是告诉我们包里有干粮，别丢了。同志们看着两个糠菜团子，都止不住地流下热泪。

还有一次，我们七连奉命攻打神山村伪据点。出发前，司务长给每人分了两个糠菜团子，接着代连长王绍明（是位老红军）下了一道特殊的命令："没有我的命令，干粮一口也不准吃，谁吃了回来受处分！"经过30多里地的急行军，同志们的肚子里已饿得咕咕叫，但谁也不敢吃一口干粮。直到做冲击准备，我们找排长明确任务时，王连长才叫我们向后传口令："吃干粮！"这才叫作"好钢用在刀刃上"。

我当副教导员时，一次到团政治处办事，教导员杨广立叫我捎带着找团政委曾明桃批报一元九角钱。这是王根培副团长随我们营指挥打仗时教导员见他身体弱给他买了点鸡蛋小米等东西花的，供给员拿到团里未给报。当时我找到政委，他一看就火啦："谁让你们买的！"接着就教训开了。我很委屈，耍小孩子脾气："你训我干什么？我又没吃一口！他是老红军，年纪大了，身体又不好，你看他瘦成那样，还要指挥我们打仗。给弄点好吃的还不应该吗？"政委说："大家都没的吃，你不知道吗？""可他不吃点好东西就活不了啦！"我小声说。最后条子还是批了，批完又把我训了一阵子，叫我回去汇报。我不高兴地接过条子，自言自语地说："等你去我们那里，专给你弄糠菜吃！"被他听见了，他笑着说："好哇，反正你庞世泽吃什么，你得给我吃什么！"

战斗更加频繁，生活也越来越苦，群众实在不忍心子弟兵天天挨饿，就到刚要黄的麦地里采青麦给部队充饥。但同志们吃着也不忍心，觉得这样群众损失太大，好一点的饭反而咽不下。以后上级告诉不让群众这样做。因为营养严重缺乏，部队出现了新问题，连里有七八个人发生了夜盲症，夜行军时弄根绳子拴着手腕牵着走，战斗力受到很大削弱。形势逼人，仗还是要打。卫生部门没有药，卫生员就设法弄些羊肝给患者吃，夜盲症才慢慢地好了。这种艰苦的生活直到打退了敌伪顽的进攻，收了麦子，才逐渐好转。

1941年初秋，我们团和边联支队合编，在鲁南，我们又成了边联支队，我们二营改为三大队，内部实际上还是教导二旅五团。根据地里因天灾人祸，入冬后给养又成了问题，团部驻在云涧峪村，专门派出一个大队到山外敌占区去筹粮，部队于拂晓前把敌伪的据点包围起来，准备等粮食送到安全地带就撤。一面筹粮，一面向敌伪和群众做宣传工作。当时的山外敌伪区虽是产粮区，但由于敌伪压榨，老百姓生活也很苦，只能让群众量力而行，有时候让老财主多出点。

1942年的春节到了，团里领导为让部队吃上一顿饺子，派一个中队到百里之外的邹县附近背来了小麦分给单位，光吃白面饺子不够，只好掺上杂粮一起磨面。我们政治处（我调政治处任锄奸干事）在年三十那天，政教司中锋让通讯员给我弄了半个花生饼、一挎包黄豆，叫我带回机关过节。回去后大家都很高兴，股长吴亚桥买了半斤烧酒。我们十几个人嚼着喷香的黄豆粒，吃着香甜的花生饼，喝着老烧酒，愉快地度过了除夕夜。年初一虽未吃上饺子，可也是小麦煎饼就猪肉，敌人未敢来“拜年”，我们过了一个平平安安的好年。那时谁也想不到过年要吃什么鸡鱼肉蛋、美味佳肴，只要能吃饱肚皮安安稳稳过个年就非常满足了。今昔对比，简直是天壤之别。

追忆符竹庭同志

刘伟

这是一幅暗黄色的照片。照片上站着一位年轻的军人，体态健壮，神采飞扬，两只明亮的眼睛，放射着柔和而又敏锐的目光，清秀和善的脸上，显示着坚强的意志和不可动摇的毅力。他就是我们身经百战的好同志、八路军一一五师教二旅政治委员、中共滨海地区党委书记符竹庭同志。面对烈士遗容，往事历历在目。

一

符竹庭同志，出生在江西省广昌县头陂村的一个农民家庭里，七岁那年，父母双亡，靠薄田一亩，同年迈的老祖母共同操作为生。十一岁时，曾进夜校学习三个月，后来因生活所迫，到头陂镇的一家洋货店里去学徒。四年的徒工生活，使他认识到了旧社会的黑暗，产生了对剥削阶级的仇恨。1927年，他十五岁的时候，党领导的农民运动在江西兴起。在暴风骤雨式的阶级斗争面前，他表现得积极勇敢，光荣地加入了共产主义青年团，1928年转为中共党员。同年秋天，他毅然地辞别了相依为命的老祖母，参加了工农红军。

蒋介石一手策动的“四一二”大屠杀在全国开始了。作为红军家属，符竹庭同志的唯一亲人老祖母惨遭杀害。巨大的悲痛，激发着他对敌斗争更加勇猛。1930年，符竹庭同志被提升为三军团七师特务团政治委员，后调任二十一团政治委员，第九团政治处主任和第一团政治委员。他在一团任职期间，曾率领部队无数次击溃敌人的进攻，特别是在著名的雪山峰和猫嘴峰守备战中，不管敌人炮火如何炽烈，飞机如何轰炸，敌人冲锋如何凶猛，他们始终坚守阵地，胜利地完成了守备任务，受到了中央军委的表扬，授予该团“顽强守备”的光荣称号，群众也称他们为“模范守备团”。1932年，符竹庭同志调任第一方面军第一师任团政治委员，在鸡公山战斗中，他率领一营兵力与占绝对优势的敌人鏖战数日，把敌人打得丢盔卸甲，中央军委授予他二等奖。

在举世闻名的长征中，他所在的红一军团第二师是先头部队之一。担任政治部主任的符竹庭同志，多次率领部队斩关夺隘，历尽艰险，为北上抗日做出了重大贡献。

“七七”卢沟桥事变的炮声，震荡着全国。在这中华民族危急存亡之际，中共中央于7月8日发出了“抗日宣言”，号召国共两党、全国军民团结起来，筑成抗日民族统一战线。我红军主力部队改名为国民革命军第八路军，符竹庭同志任八路军一一五师三四三旅六八六团政治处主任。9月，该团在参加了平型关战斗之后，组编成“东进抗日挺进纵队”，肖华同志任纵队司令员兼政委，符竹庭任政治部主任，共同开辟了冀鲁边区的抗日根据地，建立了两个行署和十五个县的民主政权。1939年秋，挺进纵队转入鲁西，符竹庭和杨勇、肖华等同志一起，创造了鲁西抗日根据地。1941年，符竹庭同志到达滨海，任一一五师教二旅政委和中共滨海地区党委书记。在滨海工作期间，他在中共山东分局和一一五师的领导下，带领部队一面打仗，一面生产，克服了重重困难，取得了辉煌战果，使滨海抗日根据地不断发展、巩固和壮大。

二

符竹庭同志从参加革命到壮烈牺牲，一直在部队里做政治工作，是我军出色的政治干部。他经常对我们说：“政治工作的好坏，直接关系到军事斗争的胜败。”因此，每次战斗之前，他总是召开党团员会和指导员会议、干部会和士兵会，层层进行思想发动。举世闻名的平型关战役前，他就亲自召开了军人大会，详细地阐述了这次战斗的有利条件和不利条件，鼓励战士树立必胜的信念。在这次战斗中，他所在的一一五师六八六团是主攻团之一，在他的带领下，广大战士怀着阶级深仇，民族大恨，同日寇进行了英勇顽强的拼杀，为消灭板垣师团做出重要贡献。

符竹庭同志的政治思想工作，不单是做在浓烟烈火的战场上，例如战前动员、战地鼓动、战后总结表扬等，更重要的是做在风和日暖的平时。他说：“战士们能不能英勇杀敌，取决于日常的思想教育。”他在冀鲁边就领导创办了《挺进报》，还协助津南、鲁北特委创办了《火光报》《斗争》《战士报》以及军队和地方的其他报刊，还尽量抽出时间撰写文章，《关于平原战时的政治工作》就是他撰写的许多论文比较精辟的一篇。这些报刊和文章，对宣传我们党的主张，传播我军的胜利消息，鼓舞部队士气，唤起敌后人民的抗战觉悟，起了一定的推动作用。

符竹庭同志做政治思想工作的一个突出特点是深入调查，联系实际，和风细雨，点点入心。他经常深入基层，走访连队，和干部促膝谈心拉思想，和战士同枕共眠谈家常。记得有一年春天，司令部里新调来一位同志，领导研究决定，要他做秘书工作。开始他坚决不干，后来经过符竹庭同志的多次谈话，他才勉强地接受下来。可是，刚接任不到几天，就遇到军区开团以上干部会议，他伏在桌上，整整记录了三天，三十二开的笔记本，写了满满的一百五十多页。会议结束之后，他就坐在屋里忙碌地整理材料，又一连整了三天，每天都到半夜才能睡觉。到了第四天晚上，他像往常一样伏在桌上，却没有整理材料，而是翻来覆去地在一张纸上写着“前途？！前途？！”这时，符竹庭同志悄悄地进来，站在这位秘书的背后，看着他不住地写着“前途”，心中便已明白，就慢声细语地说：“你不想睡觉，咱们就谈谈心吧！”

两个人经过了一番交谈之后，符竹庭同志说：“你不愿意做这项工作，我们硬要你做，是不够妥当。可是，你也应该想想，除了你，还有没有更合适的人？”接着，他在介绍了许多革命先烈为了人民的利益英勇献身的故事之后又说：“我们共产党员，应该处处为革命利益打算，不能老强调个人利益。要知道，只有革命事业获得成功，个人利益才能得到适当解决。”秘书同志不住地点头。符竹庭同志从桌上拿起一个精致的日记本，看到上面有许多题词，高兴地说：“我也给你题个词吧。”说着，拿起笔来，写下了“为革命事业奋斗到底！”秘书看着这几个字，激动地说：“符政委，请你放心，今后我一定安心工作。”

符竹庭同志不仅在做我军政治思想工作方面积累了一整套丰富的经验，而且善于以政治工作人员的风度，运用政治手段和敌人进行有理有利有节的斗争。我们部队到达冀鲁边区不久，国民党顽固派山东省主席沈鸿烈，秉承蒋介石的旨意，妄图把我们赶走。他亲自率领部队，来到我军驻地，攻击我们是客军，必须迅速离境，还把拥护我军抗战的国民党县长牟宜之押上汽车，扬言要“绳之以法”。在这场尖锐激烈的政治斗争面前，符竹庭同志不顾个人安危，挺身而出。他同地方党委一起，发动了数万群众，进行了一次声势浩大的“夹道欢迎”。他面对沈鸿烈镇定自若，驳斥了所谓“客军”的谬论，义正词严地指出：“你们的蒋委员长在庐山就说过，地无分南北，人无分老幼，都有抗战守国之职，哪里有鬼子我们就到哪里打，不许打鬼子不行。牟宜之县长拥护抗日，不能调走。”沈鸿烈被驳得闭口无言，狼狈不堪，只好放下牟宜之，夹着尾巴逃跑了。群众高兴地说：“八路军里能人就是多，一个堂堂的省主席，讲道理连个小青年都讲不过，真丢人。”通过这场面对面的斗争，不仅揭穿沈鸿烈的罪恶阴谋，对争取国民党杂牌军司令曹振东、宋达民等地方实力派参加抗日，起了重大影响；同时对推动国民党军长高树勋同我军签订“互通情报，互保伤兵，配合作战”的抗日协定，也起了一定的作用。

三

符竹庭同志，不仅是我军的一位杰出政治工作者，也是一位优秀的军事指挥员。他认真学习毛主席的军事思想，通读古代的“孙子兵法”和《三国演义》，研究现在战争的作战方案，并把军事理论同实践结合起来，亲自指挥或参与指挥了许多重要战役。1938年底，我冀鲁边区抗日根据地得到了迅猛发展，但盘踞在边区咽喉的盐山区民团团总、地主武装头子孙仲文却极力破坏抗战，骚扰百姓。为团结、教育、争取这股反动势力共同抗日，我们曾派出津南行署专员杨靖远同孙仲文会谈。孙仲文不但毫无诚意，反而手拍桌子，口吐狂言，提出要编掉我军的无理主张。看来，不拔掉这个钉子，冀鲁边区抗日根据地就不能巩固，百姓就不得安宁。挺进纵队根据党的指示，成立了讨孙指挥部，由符竹庭同志任总指挥，敲掉这座顽固堡垒。符竹庭同志接受任务后，经过深入调查研究，做出了打胜、打败、全歼三套作战方案，进行了具体分工。杨靖远同志带领第六支队攻打赵村消灭孙仲文“东团”；他亲自率领五支队插入酥集一带，攻打孙仲文的大本营。由于布置周密，指挥有方，加上强有力的政治鼓动工作，战斗了仅一昼夜，就全歼顽匪，生俘孙仲文，缴获了大批军械弹药和装备，壮大了我军的力量，进一步发展了冀鲁边区根据地。

1942年12月，驻兖州日寇石田旅团长，亲自指挥滨海、鲁南地区的大批日伪军，对滨海地区进行大规模的“蚕食”“扫荡”，打通了临（沂）、郯（城）、新（沂）公路，切断了我滨海、鲁南和华中根据地的联系。为了迎头痛击来犯之敌，教二旅在符竹庭和旅长带领下，按照师首长的指示精神，于1943年1月18日夜晚，直抵郯城。

郯城，是日寇盘踞在鲁南的重要据点之一，城防工事坚固，城里有重兵把守，周围马头、枣庄、临沂、新安镇的敌人随时都可能来支援，这是一次在敌人心脏里的平原攻坚战。按照战前分工，这次战斗由旅长打援，符竹庭同志率领部队攻城。

19日深夜，符竹庭同志率领部队攻下了设防坚固的第一道城门。第二道城门里的敌人，防守更加严密，暴风骤雨般的火力，压迫得我军不能前进。两天两夜过去，战斗进展迟缓。如果在四天之内攻不下郯城，周围的敌人就会一起扑来增援，争取时间已成胜败的关键。这时，马头增援的敌人已经到达，城里的敌人也施放了毒气弹。面对敌人的嚣张气焰，符竹庭同志召开了紧急会议，决定改变主攻方向，集中轻重火力，从南门和东门的大炮楼之间实行重点突破。攻城战斗继续进行。各团的轻重机枪和迫击炮，集中向指定地点猛扫猛轰。在我军猛烈炮火的掩护下，突击队员们勇敢地冲进城去，敌人只好退入伪县政府的院墙，二百多名伪军就地被俘。这时，全城就剩下最后一个大炮楼了，大批鬼子龟缩在里面负隅顽抗。符竹庭命令工兵用竹竿绑上炸药，炸掉了敌人的碉堡。这次战斗，毙伤俘虏日伪军一千多名，缴获了大量武器装备。这是我军以攻坚战的方式，在敌人占领中心攻克的第一座城池。乘着郯城大捷的余威，我军又连克了周围的十八个据点，彻底粉碎了敌人对滨海地区的“扫荡”，广大指战员和人民群众无不赞扬符竹庭同志。

符竹庭同志在指挥战斗中，不仅强攻出名，而且智取有方。“智取赣榆城”就是个典型的例证。1943年11月，为粉碎日寇打通海（州）青（岛）环海公路的梦想，符竹庭同志根据滨海军区的决定，亲自领导制定了“主力部队外攻，地下工作内应，共同解决赣榆城”的作战方案。19日晚，他率领部队埋伏在赣输城外，待内线工作者敞开城门之后，立即带领部队冲进城内，迅速占领了伪警察局，俘虏敌兵三百余人。但是，敌人的指挥系统尚未打掉，敌人还在继续顽抗。这时，符竹庭同志坐镇城楼指挥部，在做好轰击准备的同时，两次写了劝降书，让俘虏送给伪旅长李亚藩，限定他按时投降，如果不听劝告，就彻底消灭。李亚藩接信后，妄图诈降待援，却被我军教育争取过来的伪军团长黄胜春活捉。这次战斗，共歼灭俘虏伪和平建国军七十一旅以及保安队、监警等二千余人，从旅长到马夫无一漏网。

特别感人肺腑的是，符竹庭同志不仅是一位优秀的指挥员，而且是一位英勇顽强的战斗员。每次战斗，他始终在最前线。在郯城战斗中，他首先随突击队冲进城内，敌人的援兵即将到达时，他又亲自跑到北门城墙上瞭望。一颗炮弹打来，城墙倒塌了一片，他却从容地在炮火中站起来，对大家说：“要沉着冷静，瞄准敌人，使劲地打。”部队撤退时，他留在最后边，用驳壳枪阻击冲锋的敌人，掩护同志们撤退，直到整个部队安全转移后，他才最后赶上来。战士们一致赞扬说：“打起仗来，符政委本身就是一股巨大的力量，他不怕苦，不怕死的革命精神，永远值得我们学习。”

四

符竹庭同志非常重视后勤，他把这项工作看成是部队打胜仗和巩固革命根据地的关键。我记得在1941年春，我们刚刚进入滨海地区时，什么积蓄都没有，部队需要穿衣、穿鞋、置备东西。但由于敌人严密的经济封锁，根据地内既没有钱，也没有物，论季节已经到四月份了，可是战士们身上的棉衣还没有换下来。有一天，符竹庭同志怀着非常急切的心情到师部去请示办法，罗荣桓同志把供给处仅有的几百元钱交给他后，语意深长地说：“我们现在是‘山重水复疑无路’，只有靠自力更生，才能‘柳暗花明又一村’了。”

符竹庭同志拿着这几百元钱，心情沉重地离开了师部。他登上一座山头，环顾着滨海地区的地势：东临大海，那里天天晒着洁白的食盐；南部是山岭，那里有着大块的荒地；层层梯田里生长着茂密的花生。一个强烈的信念在他胸中形成：自己动手，丰衣足食。接着，他召开了营以上干部会议，让大家讨论如何自力更生，克服困难。在广泛听取多方意见的基础上，符竹庭同志果断地说：“当前摆在我们面前的主要问题，是解决战士的单衣。要解决单衣，必须立即弄到一大笔款项，开荒、榨油是重要的门路，但远水不解近渴，眼前最实际的是依靠海滩上的盐。”

为切实抓好这项工作，散会以后，他连夜赶到海边，察看盐场，召集士绅和盐滩户开座谈会，了解食盐的生产和税收情况。

一天晚上，符竹庭和三位入伍前经过商的同志围坐在油灯下，研究增加盐税问题。四个人一直讨论到深夜，还没有得到圆满的结果。那三位同志实在疲困得支持不住了，就伏在桌上睡着了。符竹庭同志却毫无倦意，他眉头紧锁，聚精会神地筹思。因为他知道，早一天想出办法来，就能早一天解决部队的单衣问题。经过他反复细致的琢磨，还不时地把大家摇醒共同讨论，终于想出了一套完整的措施，其中最根本的一条是向卖主增加“盐头税”。

符竹庭同志在研究确定盐税增加财政收入的同时，还组织根据地军民开展了大生产运动。他经常找群众战士聊天，到海滩山坡进行实地勘察。他亲自带领干部战士开荒、种田、养猪晒盐，办油坊、粉坊，最后连被服厂、兵工厂也办起来了。为了发展根据地的手工业，他曾号召大家一律穿土布，并且带头穿土布。当时各团都从生产节约的钱中抽出一部分做衬衣，大部分买的是细布。他看到这种情况后，很不高兴，一再写信拍电报或当面批评他们。有一天，供给处给他送来了一套做得很好的细布军装，他不仅立即退回，还附上了一封严厉的批评信，信上说：“我们要发展根据地的土布生产，以求得经济自主，如果大家都不愿意穿土布，那么咱们的纺织工业怎么得到发展呢？”

符竹庭同志不仅积极提倡发展生产，而且非常注意节约。记得在海陵反“蚕食”的时候，我们缴获敌人数百支枪，集中在一个距离前线不远的房子里，由一位轻病号负责看管。有一天，符竹庭同志突然来了，他细致地观察了一番，指着地下散落的几个螺丝钉说：“把它拾起来吧，这些东西虽小，却很有用呢！有时因为缺一个螺丝钉，一支枪就不能用。”特别是军区号召“生产节约”以后，他带头执行，亲自拟定了个计划，规定各科、股的办公纸要用三次。即先用铅笔，后用钢笔，再用毛笔。一个信封最少要用两次。一天晚上，参谋处的几个同志围着火炉闲拉呱，在谈到符竹庭同志时，都感到他太小气。就在大家谈论得最热烈的时候，符竹庭同志进来了。他一声不响地挨到火炉边蹲下，一面伸手取暖，一面听参谋们说笑。当大家发现蹲在炉边的就是他们谈论的符政委时，不由得愣住了。这时，符竹庭同志笑了笑，耐心地说：“你们说我小气，实际上我也真小气。不过要搞好生产节约，就得从小处、从一点一滴着手啊！”

随着大生产和节约运动的开展，滨海地区的供应工作很快得到了改善。当年，我们教二旅的全体人员，每人发了两套新军装，六双新鞋和两双袜子，两条毛巾，还有一顶又大又结实的苇笠；每星期还能吃上一顿猪肉白面水饺。

五

在当时的滨海地区，只要提起符竹庭同志，从部队到地方，都称他是关心群众、爱护战士的模范。他经常说："没有群众就没有革命"，"爱护群众要如同爱护自己的眼睛"。因此，他时时考虑人民的利益，处处解除群众的疾苦。1942年8月1日，教二旅在徐班庄举行抗日烈士墓落成典礼。大会秘书处要房东腾出一处新房做会议室，由于态度生硬，房东坚决不肯。眼看开会的日期临近了，大家非常着急。有个通讯员蹲在墙角里生气地说："这家伙真顽固，看来不干他一仗是不肯腾的。"这话恰好被符竹庭同志听到了，他走到这位通讯员跟前严肃地说："你这是说的些什么话，群众观念哪里去了？"接着，他亲自来到房东家中，先替战士做了检讨，然后耐心细致地进行说服动员，房东终于把新房腾出来了。

符竹庭同志对群众像对父老般的尊重，对战士更像对兄弟般的热爱。有一次他从院子里出来，猛然看到站岗的卫兵赤着脚在烈日下走来走去，滚热的地烙得双脚通红。他不由站住，惊奇地问道："你没发鞋子？"

"发了。"战士爽快地回答。

"那为什么还打赤脚？"

"鞋子穿破了。"

"没有补吗？"

"这……"战士涨红着脸没话回答。

符竹庭同志立即派人把特务连的指导员找来，问道："关于搜集破鞋的通知，你看到过吗？"

指导员回答："看到过。"

"最近你们连里搜集到多少鞋子？"

"我……我也说不清楚。"

"补鞋的工作做得怎样？"

"有个别补的，还不普遍。"

符竹庭听了这些回答，心中虽然有些生气，但依然温和说："作为一个指导员，应该处处关心战士、爱护战士。譬如，战士的鞋子坏了，我们就要想法补，没有布，用破鞋面子也好嘛。在这方面干部要带头。"他停顿了一下，接着又说："修补鞋子的工作虽小，却关系到战士们的生活和行军作战。今后一定要把这项工作抓好，每星期向我汇报一次。"还有一次，在行军途中，符竹庭同志发现一个患病的战士从身边走过，就急忙跳下马来，把那个战士扶到马上，自己步行。他一边走一边还关切地问这问那，细心照料，感动得这位战士流下了热泪。

符竹庭同志心中想着群众，胸中念着战士，时刻注意和群众和战士同甘共苦。在冀鲁边区，他一直和警卫员、警务员在一个桌上吃一样的饭菜，从不使自己的生活标准超过大家，更不搞特殊。他说：“我们要面向连队，深入连队，如果我们在生活上不和战士们打成一片，就不能深入到连队中去。”有一次，符竹庭同志到团里去检查工作，管理员特地准备了一些可口的好饭菜。他看到后，非常生气地说：“这样的饭菜我咽不下去，今后谁单独为我炒菜做饭，我就批评谁！”说着拿起碗筷，奔向了连队的饭场。还有一次，符竹庭同志带病到外地出发。警卫员担心那里生活艰苦，就背着他领了点钱，准备在必要的时候买点好吃的东西给他补养身体。符竹庭同志知道了这件事情后很不高兴，他严肃地对警卫员说：“我自己的保健费就用不了，还能用公家的钱吗？！赶快交回去。”

符竹庭同志克己奉公，艰苦朴素，从来不多领多占公家的一点东西。他有一件不惹人注目的皮大衣，上面的毛大部已脱落，有些地方已经露出了光板，可他仍旧穿着。有的同志劝他换件新的，他坚决不肯。他有一双皮鞋，穿了三年，烂得没有办法补了才丢掉。有一次供给处给他送来了一双长筒皮鞋，他连看也不看，就原封未动地退了回去，还附了一封严厉的批评信。

六

1943年12月26日，是我终生难忘的日子，我们身经百战的符竹庭同志，在旦头同日寇的战斗中，身负重伤，医治无效，光荣牺牲了。滨海地区的军民，听到这不幸的消息后无不悲痛。

我记得，1942年底，符竹庭同志在国际友人希伯烈士纪念塔落成典礼大会上，曾语重心长地说：“希伯同志为了反对法西斯侵略，献出了宝贵的生命，如今安葬在巍峨的马鞍山。假如有一天，我为革命牺牲了，请同志们记住，也把我安葬在这里。”滨海军民遵照他生前的嘱咐，在这座抗日名山上为他建立了精致、庄重的六角型墓亭，墓亭正面刻着符竹庭同志的生平和事迹，墓亭中央安放着符竹庭同志的彩色铜像。在这里，他可继续以锐敏的目光观察着曾经战斗过的广大根据地。在这里，他可继续以慈祥和蔼的面容，接待着来自四面八方的战友和乡亲。

符竹庭同志已经牺牲近四十年了。我面对着这张照片，凝视着烈士的遗容，千言万语涌上心头：敬爱的符竹庭同志，在战火纷飞的年代，你为了人民的解放事业战斗到最后一息。今天，胜利后的人民，从来没有忘记您和您创建的业绩，许多党政军的同志们，每逢提到您，总是深切怀念。滨海地区的人民，曾用文艺形式再现了您那矫健的身影。战友们，乡亲们和戴红领巾的孩子们，至今还在唱《纪念符竹庭》这首赞歌。苏北鲁南的人民，经常踏着崎岖的山路，前来瞻仰您那微笑的遗容。您的光辉形象，将永远活在人民心中。

王立人

王立人（1910-1941），男，1910年出生，天津人，1930年参加中国工农红军，1932年加入中国共产党。1936年1月任外交部秘书，曾负责与东北军王以哲部统战联系，后参加了营救西路军的工作。1939年到山东根据地，先后任八路军第一一五师政治部保卫部副部长、敌工部副部长、部长等职。他在战场上拍摄了许多抗战纪实照片，有力地宣传了抗日根据地军民不畏强暴、英勇抗敌的事迹，其中一幅反映1939年8月2日山东梁山战斗的照片（此战我军以5个连兵力一举歼灭日军500余人，创造了八路军以少胜多的光辉战例），被编入《中国人民解放军历史资料图片集》。1941年12月，王立人在山东沂蒙地区大青山反“扫荡”中，为掩护波兰记者希伯突围牺牲。

忆王麓水政委

林毅

身是萍乡一雇工，
参加革命显英雄。
鲁南解放开新局，
痛惜滕郊未竟功。

——董必武

麓水同志以善战爱兵爱民见称，故阵亡之日闻者莫不流涕，不愧模范党员，永垂不朽。

——陈毅 敬题

我们的好政委王麓水同志为人民的解放事业英勇牺牲已经三十七年了，但他的音容笑貌、优秀品质、革命业绩，仍深深印在我们心中。凡是和他接触，特别是在他领导下工作过的同志，只要谈到他，无不深切怀念。

这里，我把王麓水在鲁南的斗争活动，择其最熟悉的几件记述下来，介绍给祖国的新一代。

赴汤蹈火进鲁南

1943年初春的一天夜里，一支精干的队伍悄悄地奔下天宝山，去执行一项光荣的任务——迎接我们鲁南军区的新任政治委员兼区党委书记王麓水同志。我这个军区作战科长早就知道王麓水是江西省萍乡县宗里村人，雇工出身。1928年加入中国共产主义青年团，1930年加入中国工农红军，1932年加入中国共产党。曾跟随毛泽东同志坚持过井冈山斗争，参加过二万五千里长征。1938年春，他在晋西南，率领六八五团，把进犯风陵渡的三千多名日寇打垮。1939年，他把一、二团建设成为坚强的人民军队，曾受到延安总部的表扬。1940年，他率领晋西支队进入山东，协同兄弟部队，打过不少胜仗。长期的斗争生活，把他锻炼成为一个智勇兼备的指挥员。

麓水同志是在我们最困难的情况下踏上鲁南大地的。本来，我鲁南抗日根据地，包括滋临公路以南，陇海铁路以北，沂河以西，微山湖以东的大片地区，有“山东的南大门”之称。但在日寇的“铁壁合围”“分进合击”“剔抉扫荡”“分割蚕食”等名目繁多的军事进攻下，根据地变得越来越小了。加上严重的春荒，我军民只能以野菜、树叶、干地瓜秧充饥，而豆饼、花生饼竟成了难得的营养品。在这艰苦困难的情况下，很多同志都惴惴不安，群众的斗争情绪也大受影响，鲁南的党政军民正面临着一场严酷的考验。我们殷切地盼望着王麓水同志来领导鲁南军民改变这种状况。

第二天，我们在军区驻地一家农民的草房里，见到了王麓水政委。他棕褐色脸膛，浓眉大眼，络腮胡子，魁梧身材。他那平易近人的态度、热情亲切的声调和毫不矜持的谈吐，深深地感染了我们，大家的话匣子打开了，酸甜苦辣一起往外涌。

“政委，我们一天要打好几仗，可根据地还是越来越小。”

“在敌人的鼻子底下过日子，闻着那股臭气，心里真难受！”

“咱们队伍得不到扩充，又缺乏弹药，真是急人！”

“政委，说实在的，现在的困难真多呀，没有的吃就是头一条。人是铁，饭是钢，不吃饭怎能打仗呢？同志们身子都瘦了，许多人得了夜盲症。”

…………

对于同志们谈的这些严重情况，王政委没有丝毫的惊诧、叹息，或是激动不安，他只是安详地听着，静静地思考着，就像在惊涛骇浪中稳驾航船的老水手。我们望着政委，期待着他的意见。他谦和地笑了笑，平静而徐缓地说：“我在来的路上就听说，大家形容现在的鲁南根据地是‘东白山，西白山，南北十余里，东西一线牵’，这个局面是很困难啊。可是，困难是我们的，胜利也是我们的。长征的时候，比现在困难得多吧？可是，我们走过来了，胜利了。”接着，他引述着毛主席对国内外形势的分析，对我们说：“全世界反法西斯战争的大好形势就要来临，现在已接近胜利，但又很困难，这叫黎明前的黑暗。我们不要让当前严重的形势吓倒。敌人进攻我们，我们也要向敌人进攻，不光以主力和敌人作战，还要组织精干的武工队，插到敌人的后方去，搞它个六神不安，这就是敌进我进。”在谈到鲁南的斗争形势时他说：“从鲁南来看，是敌人包围了我们，但从全局来看，是敌人陷入了我们八路军和人民群众的汪洋大海里。敌人的处境比我们更困难。只要我们坚信党中央和毛主席的领导，充分发动和依靠人民群众，就能扭转鲁南当前的局面，取得抗战的最后胜利。”

这次会见，王政委那坚毅的面孔，炯炯的目光，平静而亲切的声调，面对着充满危机的鲁南局势的从容镇定，给我留下至今难忘的印象。

松林伏兵歼敌顽

1943年8月的一天下午，我和团政委刘春从驻地出发，急速从扶老携幼、纷纷逃难的乡亲们中间穿过，疾奔军区司令部，参加一次紧急会议。

山南边枪鸣炮响，司令部办公的屋子里，却悄然无声。王政委的整个身心已陷入了沉思，张光中司令员凝神致志地望着摊在桌上的鲁南地图。地图上标着国民党九十二军进攻路线的蓝色箭头，像一条弯弯曲曲的毒蛇映在我们眼里，只觉得浑身的血管在急剧膨胀，过去五个月的事浮上心头：蒋介石为阴谋发动第三次反共高潮，指令驻皖北的李仙洲部九十二军入鲁。该部3月间到达鲁南后，首先制造了“良子口惨案”，接着又摧毁我地方抗日政权，捕捉我军和地方干部、伤员，烧杀奸淫，无恶不作。为争取团结抗日，我们一再忍让、克制，但他们不但不以国家民族存亡为重，反而变本加厉，与伪顽土匪勾结一起，继续向我根据地进逼。到7月底，已占领了滕县以东、白彦以南我们从鬼子手中夺回的大片土地。军区机关被迫撤到了天宝山南大顶山崮。我们这次会议研究的中心议题，就是与九十二军拼个死活。

王政委招呼大家坐下以后，说：“现在形势变得很严重了。”他的声音还是那么平稳柔和：“九十二军这次向我们发动进攻，来势不小，其目的就是要侵占费南，控制鲁南山区，开辟进攻鲁中的道路。”他停了一下，继续说：“据悉，敌师长刘春霖在这次进攻前曾说，如打不下费南，他刘春霖就不在费南了。这家伙得了点便宜，就头脑发昏了。”王政委冷蔑地一笑，又转回话题：“现在，摆在我们面前的问题是坚持阵地，还是动摇逃跑？”他收住话，望了望大家，又在地图上指划着说：“现在东北军已经从这些地方撤走了，如果我们把九十二军赶出去，就可以控制鲁南形势，粉碎蒋介石的罪恶阴谋，进一步巩固和扩大抗日根据地，这对整个山东和华北都会产生很大的影响。”他抬起了头，加重了语气：“同志们，九十二军已经成了鲁南人民的凶恶敌人，我们一定要把他们赶出去，坚决保卫鲁南！”

我们愉快地吐了口气，可另一个问题又凝聚在心头：面前的敌一四二师，有四千多人，装备优良，还有刘黑七一个师的人马配合，约一万人。而我们只有三团的四个连，加上军区特务连，仅仅只有五百多人。敌我兵力如此悬殊，这个仗怎么打呢？我们禁不住又急切地望着王政委。王政委好似看透了我们的心思，接着说：“凭我们现有的兵力，要想把面前的敌人一口吃掉，是不可能的。目前，敌人正从黑风口分两路向北推进，拉成了一条线。我们可以出其不意，掐头去尾，集中兵力打敌师部，捣毁它的指挥机关。”王政委这一讲，大家的情绪活跃起来。张司令员兴奋地说：“政委已给我们选好了伏击地点。”他指着地图说：“就在这松林村。”

经过缜密的研究，战斗方案成熟了。

13日早晨，东风呼呼，雨雾茫茫。我军战士进入了松林以东的山坡阵地，埋伏在沟壑和青纱帐里。山坡下有一条沙河，河水紧靠西岸流淌，东边裸露出二十多米宽的沙滩，沙滩上有一条南北道，这里是敌人的必经之路。

王政委和张司令员站在特务连的后面，亲自指挥这次战斗。战士们忍受着风雨吹打，泥水浸泡，等了一个小时，又一个小时，一双双眼睛，闪着复仇的火焰，紧盯住大路。

9点，敌人的尖兵从郯城方向出现了，接着，敌人的行列像长蛇一样地爬来。雨越下越大，敌兵一个个倒背着步枪，机枪上穿上了枪衣，当官的紧裹着雨布，一步一滑地往前走。一个个从我伏击圈里穿过。敌人过了一个小时，又一个小时，络绎不绝。中午，当敌人的师部进入我伏击圈时，大雨骤然倾盆。

“打！”王政委下达了命令。霎时，枪声、手榴弹爆炸声、呐喊声如山崩海啸，我埋伏在阵地上的战士忽地跃起，猛虎般地直扑敌群，像从天而降的锋利钢刀，把敌人的长蛇阵拦腰斩断。敌人遭此突然袭击，吓得魂不附体，混乱不堪。当他们稍微明白过来，我们的战士早已冲到他们中间，猛杀狠打，只见刀光闪闪，子弹纷飞，敌人完全失去了抵抗力，官兵各自逃命，跑不动的敌人就地一跪，举起了双手。枪支弹药、公文电话、油桶行装横三竖四地丢满沙滩，无数的骡马乱跑乱窜，很多敌人被撞倒踏死，就连那不可一世的敌正副师长也都负了重伤，丢下四百多具尸体逃命了。

雨停了，战士们蹦跳着欢呼胜利。敌人在这一沉重的打击下，恐慌万状，士气低落，孤立无援，王政委抓住这一有利战机，果断地发出命令：“全线追击！”

根据山东省军区的指示，接着发起了费南战役。我五团、三团、各分区独立营和地方武装都赶来参战，猛追逃敌。在四昼夜的追击战中，九十二军一四二师大部被歼灭，侥幸活命的八百余敌人，如惊弓之鸟，窜回了老家阜阳。

自力更生破封锁

1944年春，天宝山区的大峪沟里，杨柳新绿，梨花初绽，一片春光。我们三团正在这山坡上，开垦着因遭敌人洗劫而荒芜的土地，一个通讯员从南边跑来，老远就喊：“团长，连长叫你们几位领导快去，王政委来啦。”我们撂下镢头，跑向三连的地段。这时，王政委正和战士一起，兴致勃勃地挥动着镢头刨地，他边刨边说：“同志们，咱们比赛比赛，看谁刨得多！”战士们一听王政委要比赛，那劲头就更大了，镢头上下飞舞，就像小鸡啄米。

“政委，你怎么来到就干？”王吉文团长说。

“政委，你跑了这么远的路，该……”刘政委补充说。

王政委站起身来，笑了笑反问道：“你们长途奔袭刘黑七时，不也是跑到就开火了吗？这生产也是打仗呀。”

生产确实也是打仗。记得王政委来鲁南不久，就向我们指出：“敌人搞经济封锁，是想困死、饿死我们。现在要解决的首要问题是吃饭。战士们没有健康的身体，怎么能打仗呢？现在鲁南人民已遭受了敌伪的严重洗劫，我们部队不能再给群众增加负担，要响应毛主席的号召，自力更生，开展大生产。在这方面，三五九旅已在南泥湾给我们做出了好榜样，我们要很好地学习。”王政委不但这样说，而且身体力行地去这样做。记得就在歼灭刘黑七的第二天，启明星还在东方眨着眼，王政委就带领军区机关的同志，到抱犊崮山下开荒了，他像战时观察地形和部署战斗任务那样，从这个山沟到那个山头；他又像战斗打响后带领战士冲锋的指挥员，一面使劲地刨地，一面指出前进的目标：“同志们，加油呀，前边是敌人的封锁线，我们一定要冲过去！”有一次，我和王吉文团长去找王政委汇报工作，恰巧他和张司令员带着军区直属队到石门挖藕塘去了，可是在他的屋里，我们闻到了一股酒味，就预感到他肺部的伤口可能复发了，借酒压痛。我们赶忙跑到藕塘，只见他谈笑如往，一锹一锹地挖泥。我和王团长一再劝他休息，他坚持不肯，和战士们一起，挖了个十八亩大的藕塘。

“老王，你们团的开荒任务完成得怎样了？”王政委的问话，把我从回忆中唤醒，只听王团长回答：“加上在这里开的一百亩，已经超过今年计划的一倍了。”刘政委接着说：“战士们的劲头还十足，他们说多开点荒地，多种点粮食，就能多减轻点老百姓的负担。”王政委点了点头：“这种精神要鼓励。今天，我们要用这种精神，粉碎敌人的经济封锁；今后，我们还要用这种精神，建设民主富强的国家。”他接着又问道：“军区规定的其他任务呢？”“都完成了，每营办了两个油坊或粉坊，每个连养两只羊，每十二个人喂一头猪，每三个人养一只鸡，还有，每人栽了三棵树。”王政委高兴地说：“好啊！都这样，部队就能自给了。”他抬起头，望着漫山遍野的劳动群众：开地的，拉犁的，挑着筐子送粪的，摇耧播种的……到处是热气腾腾的大生产景象。他说：“群众的耕牛多半被敌人抢去了，现在正是春耕大忙，你们要抽部分人去帮助群众，我们军队要时刻想着群众的困难，要做群众的模范。”当王政委离开我们时，又对我们说：“部队每到一个地方开荒，都要先看好地形，放出警戒，时刻准备打击敌人，保卫生产。”

晚上，皎月当空，新开垦的土地上散发着清香，我们不由得又谈起了王政委带领我们在一年中取得的成绩：军事上打了胜仗，打退了九十二军的进攻，歼灭了惯匪刘黑七，拔掉了许多日寇据点，根据地在一天天扩大；生产上，获得了大丰收，仅我们三团在去年就生产节约近三百九十万元，军区后勤还办起了被服厂、鞋厂、兵工厂和合作社。我们不但有了衣服穿，而且每人每天能吃到五钱油，一斤菜，半斤粮，每星期还能吃到半斤肉。战士们身强力壮，红光满面，战斗、训练、生产如龙似虎，朝气蓬勃。

碧血染红艳阳天

我们部队的许多战士把王政委比作“亲爱的母亲”。这句话，听起来好像有些过分，细想想，并不言过其实。

记得在1943年12月的一天，我们三团集合在郑城村头的空场上，接受王政委的检阅。我望着整齐的队列，精神抖擞的战士，心中很满意。可是当王政委看过部队后，严肃地向我指出：“你们团其他连队的战士脸上都发红，只有四连战士脸色不大好，要很好了解一下是什么原因。”四连工作较弱，生活不够好，我们是知道的，但从没有注意到战士们的面色。从这件事上，我不禁想道：王政委真把战士放在心上了。

王政委经常对我们说：“战士要有健康的身体，才能打胜仗。”他每次来部队，总要到伙房、饭场去，尝尝饭菜可口不可口，询问战士吃饱吃不饱，对生活有什么意见。他还常对管理人员说：“生活要好好改善呀，饭菜做得好点，让战士吃了觉得舒服。”每次做服装前，他总要亲自去被服厂一趟，检查布色的好孬，服装的式样，耐穿的程度。还关照被服厂的工人：“要多为战士们着想，把衣服做得结实点，战士天天在前线作战，衣服破了到哪去找针线缝补呢？”他还亲自为战士们设计服装。

王政委工作很忙，每天只能睡三四个小时，有时几个通宵不能休息。可每次战斗后，总要抽出时间去看望伤病员。为了找个幽美的环境让伤病员疗养，他翻山越岭，选择了荆山寺，办起了军区直属疗养所。

在天井汪战斗中，我负了伤，住进了后方医院。一天王政委来到了病房，亲切地说：“我来看看大家，你们有什么困难，尽管提出来，军区党委一定想办法帮助解决。”当王政委发现我时，几步跨到床前，握住我的手，关切地说：“伤口疼吗？”我说：“不疼。”他把一只手放在了我的前额上，试了试：“不发烧，这很好。”我说：“只是离开了部队，离开了战场，心里比什么都难受。”王政委笑了笑，说：“怎么能难受呢？天井汪这一仗，我们消灭了刘国桢的师部，应该高兴呀！要安心养伤，养好伤再回部队。放心，有你打的仗。”

王政委在离开病房的时候对大家说："同志们，你们是为了抗战胜利，为了明天，光荣负伤的，你们的血不会白流，党和人民也不会忘记你们，希望你们安心养伤，祝你们早日恢复健康，返回前线。"大家都使劲地鼓掌，不少人激动地流出了眼泪。

时过不久，军区侦察科长崔梦波同志向我讲了这样一件事：城子庙战斗刚刚结束，天空中还飘着硝烟，大地却恢复了平静，崔梦波两眼发涩，困神向他袭来，他不管烈日当头，苍蝇嗡嗡，躺在王政委的身边，就呼呼地睡熟了。当他醒来的时候，觉得身上凉爽爽的，睁开眼一看，原来是王政委在一下一下地给他扇着扇子。崔梦波激动地说："政委，你……"王政委微笑着说："怎么？咱们都是阶级兄弟，打打扇子有什么好说的。"

王政委对待战士处处体贴疼爱，对待自己却非常严格，从不搞特殊。他那双布底袜子，一直穿了半年多，衣服破了，总是补补再穿。他春天来到鲁南时戴的那顶单军帽，直到冬天还在头上。同志们问他为啥不领棉帽子和衣服，他总是笑着说："旧东西用着舒服。"或者说："老百姓都在受苦，咱怎么能讲究吃穿呢。"

战斗中如何减少伤亡，这是王政委反复强调的问题，至于他个人的安危却从不放在心上。柱子战斗时，凶残狡诈的刘黑七匪徒固守着小围子疯狂反抗，我和王吉文团长正分头布置火力，组织爆破和攻击，王政委却突然出现在这火力交织的地方，和我们一起指挥部队进攻。突然，敌人扔来的一颗手榴弹在他附近爆炸了，一个侦察员被炸伤，他却岿然不动。我跑过去恳求地说："政委，请你后退一点，这里有我们。"他说："别管我，你们的任务是消灭刘黑七。"

日寇无条件投降了，反攻开始，王麓水同志任山东人民解放军八师师长兼政委。在1945年12月13日，解放滕县的战役中，他去观察我军炮兵阵地，不幸被敌人的炮弹夺去了生命，牺牲时年仅三十二岁。

噩耗传来，鲁南军民都为失去了这样一位好领导悲恸欲绝。战士们扶枪痛哭："要为王政委报仇！"伤病员说："为什么不让我们死了替他？！"张司令员呜咽得讲不出话来，万春圃副司令员老泪纵横。当灵柩送往文峰山时，沿途的群众摆设了香案祭品，虔诚地致哀。在追悼大会上，滕县城的一位群众代表说："王政委是为解放滕县牺牲的，这里没有他的父母妻子，他为了什么呢？为的是咱老百姓呀！我父母死了，留给我的是二亩薄地。可是王政委牺牲了，他留给我们老百姓的是平安日子，我们永远不能忘了他的恩情。"

我们的好政委王麓水同志虽然已经与世长辞了，但他的名字和业绩，同千千万万革命先烈一样，将永远活在中国人民的心里，载入中国革命的史册。

战斗英雄何万祥

我们记得在西北高原上，
你离别了你的牛羊，
走进毛泽东队伍，
从此一生在战场。
革命是你的家，
党把你养成了英雄榜样。
你百战百胜钢铁强，
我们的连长啊何万祥；
我们的连长啊何万祥！
还记得黄河激流里，
你射击在小船上，
穿过千军万马般波涛，
虎一样地冲到吕梁山岗。
战斗是你的生活，
十三年天天不分昼夜，
你时刻进攻打敌人。
我们的连长啊何万祥；
我们的连长啊何万祥！

这支由艾分作词、向民谱曲的《我们的连长何万祥》歌曲，在1944年以后，曾广泛地在山东各抗日根据地传唱，而且经久不衰。它高度赞颂了何万祥为抗日救国而英勇战斗的革命精神，也表达了人们对英雄的深挚感情。

一

何万祥是甘肃宁县人，1931年参加工农红军，那时他才16岁，何万祥性情直率，很少讲他自己，因此人们对他革命早期的事迹知之甚略。只是从个别和他共同战斗过的老同志口中，留传下一些他的情况，他本来姓朱。参军以后，家里的人常去看望他，有时难免流露出一些依恋的情感。这使得年轻气盛的小朱很不耐烦。当亲人走后，他便去找党代表，要求给改名字，并说："我现在革命了，改了名省得家里再来啰唆。"从此以后，他便叫何万祥了。

后来，何万祥被编入红一军团。1936年在东渡黄河时，由于积极勇敢，当了"渡黄英雄"。也就在这一年，他光荣地加入了中国共产党。

抗日战争时期，何万祥在一一五师晋西独立支队。有一次，他随部队和友军配合作战，友军正和敌军抢占一个山头，300多敌人用猛烈的炮火掩护，迅速冲到山腰，眼看就要抢在友军的前面。这时，何万祥喊了一声："冲啊！"带领一个班，冒着敌人的炮火，飞也似的冲上山顶。他们居高临下，向着已经逼近山顶的敌人猛烈开火。不少敌人相继倒下，其余的也掉回头逃下山去。

1940年秋，何万祥所在的八路军一一五师晋西独立支队一团，在司令员陈士榘的率领下，到达鲁南，进入滨海区。不久一一五师将分散在各个地区进行抗战的部队实行统一编制，何万祥被编入一一五师教导二旅四团八连任连长。这年1月，四团驻在苏北一带。有一天，侦察员报告，日军勒索了大批肥猪，约有五六百头，准备送往阿湖车站外运。团首长决定打下桥町，缴获那批肥猪，解决春节期间的肉食问题，当即命令何万祥率领他的八连，执行这项任务。

那天正是农历腊月二十五日，年关迫近，须立即行动，以免敌人将猪运走。晚上，何万祥和突击排排长赵德运率队出发，直向桥町奔去。

桥町，是陇海铁路北侧的一个敌人小据点，西南离陇海路上的阿湖车站只有2.5公里。日伪在十字街口修筑一座高大的炮楼。里面驻着1个翻译官和20多个伪军。何万祥率领队伍悄悄地摸到西南面的围墙脚下。

"搭人梯，往里进！"何万祥命令着。

战士们纷纷搭起人梯，爬上围墙，又轻捷地跳进围子。这时，敌人发觉了他们，急忙向大炮楼集中，并调集火力向外猛烈射击。一串串火舌从射击口喷出，"嗖，嗖"的子弹在夜空中呼啸。敌人一面凭借炮楼顽抗，一面向阿湖发出求援信号。

何万祥叫赵排长迅速找来一架梯子。在火力掩护下，战士们把它架设在炮楼的两个射击孔之间。何万祥一纵身，顺梯子向上爬去。敌人用三八式步枪猛烈射击，并向外投掷手榴弹。但是子弹不会拐弯，都从何万祥的两侧飞走了。手榴弹也都是落在地上才爆炸。何万祥站在梯子上向炮楼里的伪军喊话：

"老乡，别打啦！缴枪吧！中国人不打中国人。"

敌人仍继续顽抗。何万祥不耐烦了，从射击孔接连投进两颗手榴弹。"轰轰"两声响过之后，里面停止了抵抗，从射击孔里伸出一块白布，敌人要求投降了。何万祥说："叫缴枪不缴枪，非叫老子费事不可！"

炮楼里的敌人翻译官被炸死，几个伪军被炸伤。剩下的走出了炮楼，向我军缴了枪。大约10点多钟的时候，何万祥背着翻译官的两把匣子枪，命令战士们押解着俘虏，带上缴获的战利品，驱赶着500多头肥猪，胜利地返回驻地。

桥町战斗之后过了一段时间，何万祥被调到部队干部轮训队学习。几个月的学习生活，他感到收获很大，进一步明确了人民军队的性质，懂得了八路军指战员作战的目的是为了打倒日本侵略者及其走狗，挽救中华，解放被压迫的人民，而不是单纯地显示自己的勇敢。这为他以后团结全连共同战斗、发扬革命的英雄主义精神打下了思想基础。

二

在干训队结业之后，何万祥被分配到一一五师教导二旅六团二连任连长。1943年1月，该旅根据师政委罗荣桓的指示，深入敌人后方，攻打郯城。郯城处于敌人据守的临沂和新安镇之间，是鲁南的战略要地。敌人经过了3年的经营，防御设施十分严密。在它西面40公里处的马头镇也为日军所盘踞。两地一旦受到攻击，可以互相支援。根据旅部的部署，何万祥领导的六团二连担任阻击由马头来的敌人援军。何万祥愉快地接受了任务，并向首长表示："你放心，我何万样从不充孬。"接着，他率53名勇士出城进入阵地，阻扼着郯马公路。

1月19日夜，我军向郯城发起猛烈攻击，第三天凌晨，即突入城内，把敌人压迫到伪县府大院和附近的两座碉堡内。在这重要时刻，驻马头的日军500多人赶来增援，并且很快接近何万祥连的防地。必须把他们挡住！否则，我攻城部队就要前功尽弃，而且会陷入腹背受敌的困境。何万祥命令战士做好射击准备，他自己面前则摆着几十个拉出半截弦的手榴弹。

敌人在十几挺机枪的掩护下，号叫着向我阻击阵地冲来。当他们逼近时，何万祥一声喊"打"，二连阵地上火力齐发，手榴弹密密麻麻地投向敌人。阵地上硝烟弥漫，枪声、手榴弹声交织一片。敌人受到我军火力的震慑，渐渐支持不住，便掉转头去仓皇而逃。阵地上遗下不少尸体。

在战斗间隙，旅长曾国华来到阻击阵地。何万祥听说后，连忙迎了过去。曾国华见他在凛冽的寒风中，额头上却大汗淋漓，上身只穿一件溅有血迹的衬衣，手中拿着1支"三八"式大盖枪，上面是明晃晃的刺刀。便问：

"和敌人肉搏了吗？"

"首长，我连保证不让鬼子越过阵地一步！"何万祥笑了笑，坚决地回答。

这时郯城中心地带升起了伞式红色信号弹。这是被围敌人要求紧急援助的信号。曾国华交代何万祥说："城里敌人在求援。眼前敌人又要进攻了。你们把鬼子顶住，我马上要四团从右翼包抄。"

"是！"何万祥刚回到自己的掩体，敌人果然又开始冲锋了，他们借助大炮、机枪的掩护，进攻既频繁又凶猛。但每次进攻，都被英雄的何万祥连击退。在敌人第四次进攻中，何万样二连的手榴弹和子弹已经所剩无几了。何万祥看看敌人迫近，喊了一声："冲啊！"端起刺刀向敌人扑去，连续捅到几个鬼子，战士们也紧跟着冲入敌群，展开了肉搏战。整个阵地尘土飞扬，已经听不到枪炮声，有的只是兵器的撞击声和人的呐喊声。一阵激烈地搏斗之后。鬼子渐渐支持不住，纷纷向西逃窜，正遇上四团派去的包剿部队，终究没有逃脱覆灭的命运。几乎是同一时间。敌人据守的伪县署的大院和碉堡，也被我军炸塌，敌人被全部歼灭。这次战役共俘虏和毙伤日伪军千余人，缴获了大批枪支弹药。

三

1943年3月，何万祥所在的部队改为滨海军区六团二连。这年冬季，为了配合鲁中、清河根据地的反"扫荡"斗争，滨海军区组织了赣榆战役。在这次战役中，何万祥的二连担任奋勇队，对攻克该城起了关键性的作用，并且颇富传奇色彩。

攻城从11月19日夜开始。何万祥率领的奋勇队走在最前面。和他们一起的还有3个工兵、两个侦察员和在驻赣榆伪军李亚蕃部担任副官的我方地下工作人员刘连城。队员们迈着轻捷的步伐向赣榆城进发。何万样轻声地传送着命令："同志们!这一次动作一定要猛，要坚决，一定要完成任务！"

一会儿，部队到达城墙附近。只见那城墙足足有五六人高，墙外就是又深又宽的壕沟。何万祥命令工兵和侦察员前去赚城门，自己带领奋勇队迅捷地转到城东北角隐蔽下来，待机攻城。

工兵郝凤双、任发明、孙宏世和侦察班长刘国荣、侦察员法克明都穿着便衣，装扮成老百姓。工兵们的肩上扛着用口袋装的炸药包，就像背着粮食似的。他们由"刘副官"带领，大模大样地走向城门。

"干什么的？"城上的伪军哨兵大声喝问。

"催给养回来了。"刘副官操一口东北话回答。

"啊，刘副官回来了吗？我下来开门。"伪军哨兵跑下城来，将城门打开。"老百姓"都慢慢地凑了过去，并且暗暗地握紧了身上的武器。

"兄弟，抽烟。"刘副官递给哨兵一支烟，又划了一支火柴给他点燃。这火柴的亮光就是何万祥事先约定的信号，只要火柴一亮，就表示城门已经开了。

正在这时，城上又下了一个背马枪的伪军排长。工兵们立即靠上去，把他抱住，小声说："你动，一枪打死你！"伪军乖乖就擒。恰在这时，何万祥带领奋勇队赶来，迅速地冲入城中，留在城墙上的哨兵吓得朝天打了一枪，便溜掉了。何万祥的奋勇队经过激烈的巷战，在几分钟的时间内，便占领了整条东街和城的东北门楼。伪军张皇失措，仓促间调集1个营的兵力进行反攻，企图逼迫奋勇队出城。何万祥率队和敌人展开肉搏战，杀得他们尸横遍地。我方大部队陆续冲了上来。敌人节节败退。到11时半，周围城墙即被我军全部控制。翌日下午3时，结束战斗。守城的伪和平救国军第二十六师第七十一旅全部被我歼灭，生俘伪旅长李亚藩，团长黄星三及以下官兵1600多人。

赣榆战役胜利结束后，滨海军区司令部、政治部曾设宴慰劳以何万祥为代表的战斗英雄。在赴宴的47位英雄中，何万祥的二连就占了26位。下面是当时《大众日报》发表的一条消息：

为了奖励赣南榆战斗中的英雄，除于日前集体照相、留作永久纪念以外，军区司令部、政治部，复于本月五日宴请战斗英雄，军区陈司令、刘主任等，亲临陪席，山东军区萧主任，适由远途前来，也欢欣地参加了盛会。

当突击队长何万祥同志带领战斗英雄们来到会场时，萧主任、陈司令、刘主任都亲自和他握手。陈司令还拿出今春郯城战役的英雄照片给大家看，那张照片上也有何万祥同志。

会餐前首长一一讲话。萧主任首先代表山东军区向英雄们致敬，并且说："你们的名字是与战斗的胜利联系在一起的。全体指战员都钦佩你们。在平时的工作学习中也要努力，把你们英雄的名字提得更高些。"萧主任在历述了鲁中岱崮连的英勇故事以后说："你们六团二连首先攻开赣榆城，也要改为赣榆连。"接着二军分区罗司令代表二军分区全体指战员向英雄们致敬，并说："你们的英雄行动，攻克了赣榆，振奋了二军区的全体军民。我们将向你们学习，跟着你们前进。"王永福同志代表滨海区南部老百姓向英雄们致敬，并表示要掀起热烈的拥军运动来答谢大家。这时陈司令勖勉大家说："只要我们英勇果敢不怕牺牲，我们就能以小的牺牲，取得完满的胜利。我们应记住这个经验，继续发扬英勇果敢的精神。"最后，何万祥同志代表英雄致答辞："这次赣榆胜利，完全是由于首长们的英明领导而得来的。我们在接受上级命令以后，就坚决执行，就是牺牲也是光荣的。可是我们没有一个牺牲和负伤的，这完全因为上级领导的正确。"

会餐时，各首长列席相陪。席间互相谈着战斗中的故事，洋溢着高度团结和友爱的气氛。

四

1943年底，何万祥所在的六团，奉命拔除石沟崖的伪据点。石沟崖处于日照、莒县交界处的公路线上，南依甲子山区，北接五莲山区，东西分别和沈疃、纪家店子两个敌伪据点互相接应。它是敌伪联系莒县、日照的咽喉通道，又是设在我滨海抗日根据地腹心地带的一颗钉子，阻碍我滨南、滨北根据地的联系。据守在石沟崖的是伪日照县保安大队的副大队长朱信斋部，共3个中队，还有伪区武装一部，约500人。

敌人经营这个据点煞费苦心。他们强迫附近民众，在5个日寇指导官的监视下，抢修工事，历时4个多月，用了几十万个工日。据点分南、北两个大围寨。每个围寨的四角各有一个大炮楼，各炮楼的火力可以相对交叉射击。1丈多高的围墙外面密排着地堡。地堡外面是又宽又深的外壕。壕底铺满荆棘，壕外是鹿寨和铁丝网。

1944年1月22日（农历腊月二十七日）拂晓战斗打响。在团长贺东生的统一部署下，我军进行了猛烈攻击，迅速占领了据点外围的东、西两个大炮楼，并乘胜攻入石沟崖庄内，将敌人南、北两个大围寨加以分割包围。

23日下午4时，我军集中力量攻击朱信斋及其机关驻地北围寨。何万祥的二连的任务是配合三连从东南方向攻击。何万祥受命后，情不自禁地将驳壳枪向空中一扬，喊道："同志们，看我们的吧！冲不开这个鬼围寨别回来！"

进入阵地后，二连的"奋勇队"冒着敌人的炮火勇猛地冲上前去，用大刀砍断铁丝网，直奔壕堑。战斗是异常惨烈的。有的人还没接近壕堑，就倒了下去；有的跳入壕堑，被敌方的地堡和炮楼的火力猛烈射击，也再没有上来。何万祥按捺不住了。他冷静地观察和分析了敌方的火力情况，一纵身跳出短墙，箭似的冲过壕堑，俯身在一座地堡的侧面，将手榴弹送了进去。地堡的火力被打哑了。他将射击孔周围的土石扒掉一部分，让尾随上来的八班战士钻进去两个，进行坚守。接着他又向邻近另一个地堡侧旁爬去，用同样的方法将堡内敌人解决了，再拨两个战士守卫。这样依次进行，连续夺取了敌人的6个地堡，后面的部队得以顺利冲了上来，迫使其他地堡的敌人向围寨内溃逃。

局面虽然有些开展，敌人仍在顽抗。在我方阵地上可以清楚地听到敌人在互相打气，情况仍然十分严峻。

"何万祥，快冲上去，占领炮楼！"贺东生团长大声呼喊着，命令着。

这时，我方的火力猛烈地向那座已被炸得残破了的炮楼喷射。何万祥乘势跳上炮楼，接连扔进几颗手榴弹，敌人被炸得仓皇逃走。何万祥带领二连健儿紧跟着冲进围寨。在二连胜利前进的鼓舞下，其他连队也都先后突入围寨。守寨敌人有的被消灭，有的当了俘虏。朱信斋和他的特务队被迫进入西北大炮楼顽抗。夜11时，石沟崖南北围寨全被我军占领。朱信斋也乖乖地向我军投降。这次战役全歼敌人500多名，缴获小炮和枪支弹药一批。战后，《民兵报》在一条消息中这样记叙了六团健儿的英雄事迹：

我六团健儿前仆后继，表现了高尚的英雄主义与卫国卫民的无上忠勇，终于突破鹿寨、铁丝网、外壕、地炮楼、碉堡，攻进了围寨。朱逆虽仍拼命顽固抵抗，但终被我军生擒。

五

何万祥连，成为有名的战斗突击力量。在几次战斗中，哪里的任务最艰巨，总是分配给他们去完成，而他们也总是不辜负上级的委托，胜利地完成任务。他们的这种战斗威力是哪里来的？它来自干部、战士的革命团结，来自一种革命的英雄主义精神的发扬。

何万祥爱护同志甚于爱护自己。在每次战斗中他都亲自带领战士战斗。哪里最艰难、最危险，他就出现在哪里。在石沟崖战斗中，他冒着敌人密集的炮火，一面参加战斗，一面含着眼泪把壕内负伤的战士救起，送到上面去，然后再救第二个、第三个。他常常把自己的军装和鞋子送给战士们穿，而自己却穿着实在不像样的军服。有一次他甚至用布片、棉花将脚裹起来打仗。有的战士生病了，他便亲自为他做饭，加以服侍，并给他们洗脏衣服。正因为这样，战士们和他建立起很深的革命情谊。每当他调动工作时，大家一往情深，依依不舍。他心里虽然也很难过，却总是说："少啰嗦吧！革命就不能老在一起。"

在何万祥的影响带动下，二连团结战斗蔚成风气。赣榆战役时，战士们紧跟着自己的连长。当何万祥冒险爬墙时，一个战士把他拖住，自己爬了上去，让敌人的子弹打伤了自己。也是在这次战役中，何万祥分配牛占浩、苏尚友架梯攻炮楼。他们说："我们一定完成任务。如果不完成任务绝不回来。"牛占浩在战斗中负了重伤，李相信冒着生命危险把他抢救下去。

六

1944年3月，鲁中军区组织第三次讨吴战役，为了配合作战，互相观摩，吸取经验，提高战斗力，山东军区决定滨海军区从六团抽调1个营，代表滨海军区部队，参加作战。六团决定派何万祥所在的一营担任这次任务。在出发前，团长贺东生把何万祥叫到团部，亲切叮咛：

“你们这次出征，是代表全滨海军区的部队。希望你发扬过去一贯的英勇战斗精神，给兄弟部队以好的影响，胜利完成任务，光荣归来。”

何万祥沉静地回答：“首长放心。这次出征我保证完成任务！假如完不成任务，我就不回滨海区了。”

贺东生看着这位年轻而充满豪情的英雄，赞许而亲切地点点头，又对他说了一些安慰和鼓励的话，并再三交代了应注意的事项。

讨吴战役的主战场是在今沂源县石桥乡的大泉庄。这里在南麻镇的东南，距该镇20公里。它附近有一座老虎山，是这一带的制高点。吴部在山顶上修筑了一座坚固的围子，围墙上还修了炮楼，防御设施十分严密。如果拿下老虎山，大泉庄的敌人就失去屏障，难以立足。因此，指挥机关决定由滨海部队担任攻山任务。具体部署是三连担任主攻，何万祥的二连为预备队，留在指挥阵地上，准备哪里紧急就到哪里去。

3月25日夜，我军发起了对老虎山的攻击。三连的高排长带领滨海健儿，连续突破了两道鹿寨。正要竖梯登城，忽然大泉山的敌人分几路驰向老虎山增援。何万祥看得真切，急得坐立不安。正在这时，营部的通讯员急匆匆地跑到他的面前：

“报告连长，营长命令你带1个排，跑步前去增援三连，坚决攻进山顶小围子去！”

通讯员的话音刚落，何万祥便带着二排迅疾向老虎山奔去。当他们到达山顶时，大泉庄出来的敌人援军已被我打援阻击部队挡住。山顶上高排长已经攀梯登城。何万祥和他的通讯员王进东也相随登城，把敌人的城防打开一个缺口。他们3人跳进围子，继续前进。不等后续部队入城，忽然敌人的一挺重机枪躲在一个地堡里，猛烈地向这里扫射，将围墙的缺口封锁住了。

“我去消灭这挺重机枪！”高排长说着，便提着驳壳枪迂回地向地堡跑去。在离地堡5米处，突然被敌人的一颗子弹打中了，只见他的身体摇晃了一下，便倒了下去。何万祥见此情景，急忙提着两颗手榴弹从地堡的侧面跑过去，他分明是想去干掉那挺重机枪。但跑出没有几步，忽然从北面敌人炮楼上飞出了一颗罪恶的子弹将他打中。这位年方29岁，为祖国和人民的事业英勇战斗的英雄壮烈殉国。

就在英雄光荣地倒下去时，六团一营的战士从他们打开的围墙缺口，潮涌般地冲了进去。他们把负隅顽抗的敌人全部消灭，并夺取了那挺重机枪，用来扫射从大泉庄突围企图逃窜的敌人。

战斗结束后，鲁中军区把何万祥、高排长、王进东的遗体埋葬在老虎山下，战友们折取了一枝枝的鲜艳的桃花，郑重地插在他们的坟头上，以表示崇高的战斗情谊和深沉的思念。刚刚被解放的人民，也按照自己的习俗，在他们的坟前摆上供桌和祭品，以寄托自己的哀思。

大泉庄战役过了4个多月，即抗日战争7周年纪念日的时候，滨海军区司令部、政治部发布命令，授予原由何万祥任连长的六团二连以“战斗突击队”的荣誉称号。命令中说：

六团二连在红军时代即创造了不少战绩。抗战以来更建立了不少功勋。尤其进入滨海地区，在多次战役当中，都成为战斗突击队。青口战役，二连首先突进青口；两次甲子山战役，二连在攻防中，都表现出英勇顽强的突击精神；赣榆、石沟崖的攻克，二连的突击队，更是战役胜利中的决定因素；第三次讨吴战役中，二连配合攻占大泉山（即老虎山——笔者），打下了胜利的开端。在这些战役当中，二连充分发扬了革命的英雄主义。为奖励这种一贯的战斗突击连精神，军区司令部、政治部特决定授六团二连以“战斗突击队”的荣誉称号。

为了永久纪念英雄，沂源县人民政府经呈请上级批准，把老虎山易名万祥山。1952年，沂源县在南麻镇修建革命烈士陵园，迎门处是大型的何万祥纪念碑。碑上镌有“人民英雄永垂不朽”的题词。英雄何万祥的塑像，手持长枪巍然屹立，何万祥的遗骨，也迁葬这里。他成为人们心中的一座丰碑。

（孟彤整理）

青山绿水慰英灵——怀念王吉文同志

张瑛

每逢听到电台播送《沂蒙山小调》这支熟悉而亲切的歌曲时，我的心潮便止不住沸腾起来，它仿佛又把我带回革命老根据地鲁南沂蒙山区——我的第二故乡。几十年来，我是多么深深地怀念那里的一山一水，一草一木，怀念哺育过我们、支援过我们的根据地人民，怀念为中国人民解放事业而英勇牺牲的无数革命先烈呀！然而我更怀念曾在这里和我并肩战斗过的战友、我的爱人王吉文同志。

一

吉文同志是原中国人民解放军华东野战军三纵队第八师师长，我军杰出的指挥员，身经百战的人民英雄。1948年9月，在解放济南的战役中，不幸壮烈牺牲。

吉文同志1916年生于湖北黄安县（现红安县）王西禄村一个贫苦的农民家庭。早年丧父，姐姐十岁时，为生活所迫给人家当童养媳，不久就病饿致死。母亲带着吉文和两个弟弟相依为命，靠母亲给地主洗衣、做饭，弟兄三人打柴，给地主放牛度日糊口。苦难的身世、悲惨的遭遇和阶级压迫，从小就在吉文的心里种下了仇恨的种子。1930年，年仅十四岁的吉文参加了红军，走上了革命的道路。

1941年在抗日战争的艰苦的岁月中，吉文同志来到了鲁南抗日根据地，任鲁南军区三团团长。当时日寇集中兵力对根据地进行疯狂的“扫荡”，所到之处，实行残酷的烧光、杀光、抢光的“三光”政策。吉文同志带领部队与敌人展开了艰苦卓绝的斗争。我当时在三团活动的地区费滕边做群众工作，因和部队经常联系，认识了吉文同志，由于在工作中和他经常接触，他给我留下了深刻的印象，并在工作和战斗中结下了深厚友谊，在组织的帮助下，我们终于在1944年结了婚。从结婚到他牺牲，虽然只有四年时间，但从几年的耳闻目睹中，我看到了一个无产阶级革命战士伟大而崇高的形象，学习到了他忠于党忠于人民的高贵品德和无私无畏的革命精神。

吉文同志从参加革命第一天起，就对党的事业充满必胜的信心，把全部精力和满腔热情倾注于伟大的共产主义事业中。他参加过二万五千里长征，身经百战，作战勇敢，战斗中总是冲锋在前，即使当了我军团师一级的指挥员后，仍然平时不离开战士，战时不离开前线，他的上级和战友们都说他不仅是一个出色的指挥员，也是一名机智勇敢的战斗员，因而他所领导的部队能始终保持饱满、旺盛的斗志，取得了一个又一个胜利，经常受到上级的鼓励和表扬。

二

日寇宣布投降，我军发动大反攻时，吉文同志改任山东八路军第八师二十二团团长。在1945年12月攻取滕县战斗中，八师师长王麓水同志不幸牺牲，吉文同志也身负重伤，一颗子弹穿过了他的胸部，前后胸还扎进了几块弹片，伤势非常严重。当时我们的医疗条件还很差，吉文同志硬是以他那顽强的毅力和对敌作战般的勇敢精神，配合医务人员，战胜了伤痛的折磨，脱离了危险。他鼓励医务人员说："你们怕什么，弹片就是日本鬼子和汉奸，你们可不能手软。"医生为他的精神所感动，硬是从他的前后胸取出了一块块弹片。伤还不痊愈，吉文就要重返前线，他说："只要我还能走路，手能拿枪，决不能在这里听着枪声、炮声响。"领导再三劝阻，他还是提前奔赴前线，继续指挥战斗。

十几年的戎马生涯，数不清的大小战斗，使吉文同志从头到腿都是伤疤，前后负伤十一次，其中重伤两次。仅头部就有三处伤，伤疤的周围很大一片没有头发，以致经常感染发炎，为保护伤口不管寒冬盛夏总戴着帽子。他的右嘴角有个半寸的伤疤，由于当时条件的限制，无法人工缝合，只有任其自然愈合，结果造成嘴有些歪斜。战争摧残了吉文的身体，但丝毫动摇不了他的战斗意志。长征路上他的右小腿打进一颗弹头，始终没条件取出来。吉文同志一直带着这颗弹头转战南北，参加了八年的抗日战争和两年多的解放战争。围绕这颗弹头伤痛所引起的一件事至今使我难以忘怀。

吉文腿部的这颗弹头，常使他在阴雨天气疼痛难忍。全凭他那坚强的毅力，精神高度集中的工作和战斗来克制和减轻痛苦。一到夜间疼痛使他无法入睡，只好在营地周围或小山坡上来回走动，消磨时光，等待第二天的来临和晴天的到来。一次部队住在小布袋峪，正逢连阴天，弹头使他的腿部疼痛难忍，坐卧不安。警卫班长姬光合同志看他痛苦的样子，非常焦急，便去卫生队要来一包止痛片送给他。我在一旁多么希望他快一点把药片吞下去啊！可吉文硬是不吃，并说："谁叫你们拿药去了，赶快给我送回去！"姬光合含着眼泪恳求道："您从来不知道爱护自己的身体，首长，吃了吧！还要准备打仗呢？"吉文仍然坚持要把药送回去，我明白吉文的意思，他知道药品奇缺，所以舍不得吃，要留给伤病员吃。于是，我提出送一半，留一半。吉文忽然变得温和起来，说："干脆把药全部留下。"谁知晚上我端着开水，到处找药时，却不知弄到哪里去了。我再三追问，他说都吃掉了，这时警卫员进来，才说出吉文早已把药全部送回卫生队了。吉文笑着说："你们对我很关心，这我知道，但现在医院里的伤病员比我更需要药，同志呀，你们应该多替他们想想，他们在战场上轻伤不下火线，重伤不哭，在医院里没有药，疼得睡不好觉，吃不下饭，他们是我们的阶级兄弟，坚强的战士，战斗需要他们尽快好起来，我们能只想到自己而不顾他们吗？"吉文一席话说得我们心里热乎乎的，作为一个指挥员，他是多么爱护自己的战士啊！我们被他那种崇高的共产主义道德品质和火热的阶级友爱精神深深感动了。

三

吉文同志关心爱护战士和战友的事例是举不胜举的。红军长征时，吉文同志提任指导员，部队进入茫茫的草地时，天上下着雨，道路泥泞不堪，一不小心就会陷入沼泽地。部队早就断粮了，只好用树皮草根充饥，战士们身体异常虚弱，每前进一步，都得付出很大的气力。就在这种情况下，吉文同志还背着负了伤的通讯员小周和部队一齐行军。他步履艰难地走到一棵树下，想喘口气歇一会儿时，忽听到路边有人呻吟，吉文一看，是十五团二连的黄元庆同志，因负伤走不动路。于是便对小周说："咱们绝不能丢下一个阶级兄弟，你在这里等一下。"说罢便背起黄元庆向前走去，走了一段路，再回来背小周，就这样往返不知多少趟。忽然随着黄元庆一声喊，吉文同志摇晃了几下便倒在地上。原来吉文同志也是负了伤的，胸部还在流着血水。但吉文同志还是坚持背着两个战士赶上部队。这件事至今还清晰地留在经过长征同志们的记忆里。每谈及此事，大家是交口称赞吉文同志这种把痛苦留给自己、把希望留给同志的高贵品质。

吉文同志对为革命负伤致残的荣誉军人更是关怀备至。三团的荣誉军人被安排到平邑县的几个山村休养，吉文同志常利用战斗间隙前去看望他们。有的荣军同志失去了双手或腿，有的双目失明或成了聋哑人，生活不能自理。根据地的人民群众对这些荣誉军人十分崇敬，许多农村姑娘甘心情愿嫁给了他们。吉文同志也常去看望，对姑娘们热爱子弟兵的高尚行为表示感谢，对荣军同志能够得到姑娘们的爱情表示祝贺。荣军同志十分感动地说："我们残废了，本来是很痛苦的，但我们用自己的鲜血和躯体换来了千千万万人民的幸福，因此我们又感到很欢乐。特别是人民群众和部队首长对我们这样关心爱护，更使我们心里热乎乎的。"

有这么一件事给我的印象很深，教育也很大。在鲁南的郯城镇北关，有个小山村叫大北庄，这个村的村长好像叫张风浩。1944年，经过这位村长和妇救会、农救会、青救会的热心介绍，为一姓王的荣誉军人（负伤后截去一条腿）同妇救会的一位姑娘举办了婚礼。婚礼是在一间草房里举行的。窗户上贴着老大娘剪的双喜字，炕桌上摆满了全村乡亲送来的土特产品，如大枣、栗子、红鸡蛋、花生等。婚礼虽很简朴，可是在人们心中却像一团火那么热。全村老少都来了，附近的伤残军人也来了。房内院内、大人、小孩挤得满满的。大家都在说说笑笑，十分热闹。就在这时，突然一个民兵跑来说："老三团来人了。"话音刚落，就听到马蹄由远而近，还能听到来人的说笑声。大家不约而同地拥到门口望，只见王吉文团长和警卫班孙同林、赵成同志翻身下马，走了进来。村里参加婚礼的人更加活跃起来，给这次婚礼增加了新的喜悦。大家围住吉文同志问东问西，说个没完没了……

事情原来是这样的：吉文经常住在这些小山村，又经常来看伤病员，和乡亲们都很熟悉。几天前村里有人给吉文送了口信，告诉他这一好消息。这次吉文是专程来参加婚礼的。在婚礼上，吉文满怀激情地讲了话。他说：他是代表全团指战员特来向这对新婚夫妇道喜来的，也是代表全团向全村父老兄弟姐妹们对子弟兵的关怀表示感谢……一席话说得大家激动异常，有的人眼里还含着泪花。吉文讲完了话，不大一会儿便告辞了。大家送走了吉文后，老人们说："毛主席领导的军队多好呀！共产党培养的干部多好呀！"

这次不寻常的婚礼，很快传遍了各小山村，也传到了部队的各个角落。战士们说：这里的妇救会真好呀！这里的乡亲太好了！我们还有什么后顾之忧？只有勇敢杀敌，早日打败日本侵略者，让大家过上太平日子。

吉文关心爱护伤病员和荣军同志的模范行动，对巩固部队、提高部队战斗力起到了积极的作用。许多荣军同志不忘人民的爱护和首长关怀，身残志坚，1949后，有些成为区县公社的干部，在社会主义革命和建设中继续发挥骨干作用。他们中许多人至今还和我保持书信往来，彼此关心和勉励，缅怀着吉文同志。

四

凡是熟悉吉文同志的人，都知道他工作的特点，就是每次战斗结束后，他宁可不吃饭，不休息，也要完成两件大事，一是搞好战斗总结，二是去战地医院看望病员。他一生南征北战，参加过无数次大小战斗，在战斗实践中，他逐步懂得了打仗，学会了打仗，并能指挥较大规模的战斗。他的经验集中到一点，是毛主席说过的：从战争中学习战争。

解放战争时，我军在河南地区攻打金刚寺的战斗刚刚结束，部队又浩浩荡荡向确山方向开去。可担任八师师长的吉文同志却留在战斗现场继续进行实地观察，害得他的警卫员到处寻找。部队开出三十里后的第二天早晨，他又召集全师连以上干部到师部。谁也没想到，吉文同志竟提出这样一个问题："你们吃早饭的菜，味道好不好啊？"他看大家没回答，便讲开了："同志们，我们吃完菜，要品品菜的味道好不好，才能提高炊事技术；打仗也是一样，一仗打完了，应该评一评哪些指挥对了，哪些指挥错了，很好地总结一下经验教训，这样才能打一仗，进一步……"说罢，便带领指挥员们及突击排长和爆破员，直奔刚经过战斗洗礼的金刚寺，进行了战地现场总结。

吉文同志不仅善于从战争中学习战争，还十分刻苦地学习马列主义毛泽东思想。他常说："革命需要我们学习，只有认真学习革命理论，才能取得革命的胜利。"放牛娃出身的吉文同志，从未进过学校，在战火纷飞的岁月里，也无机会专门学习，他硬是利用战斗间隙的每一分钟，自学革命理论，不懂就学，不会就问。有一次打进临沂城时，警卫员无意中拣到一本残缺的小字典，吉文看到后如获至宝，叫我教他学查字典学习注音字母。从此，这本字典他一直带在身边，成为他学习的良师益友。后来，他不但能阅读较深的政治军事理论书籍，还能写战斗总结和报告等。同志们都说他工农干部知识分子化了。

作为一个指挥员，吉文同志在总结战斗经验的过程中，养成了记日记的习惯。他随身携带的两样东西，一是枪，二是日记本。无论战斗生活多么紧张，他都坚持每天写日记。1947年部队南下时，我在后方留守处，他把九个日记本交给我，要我为他妥善保存，并交代说：这九本日记不单是九个本子，更重要的是战斗胜利的总结。我仔细地看过几个本子，发现每一页的正反面都写满了密密麻麻的字，记得全是1942年以来的战斗工作情况，乃至思想和生活的记录，应有尽有。字虽不很好看，但写得很认真、整齐；行文虽不大流畅通顺，词汇也不多，但战斗气息非常浓厚；组织结构虽不太得当，也缺乏逻辑性，但每一篇中心思想都很突出。这几本日记灌注着吉文同志的一片心血，也是广大指战员用鲜血和生命凝结成的胜利结晶。它是一个革命战士英勇奋斗的战斗史，忠于人民的鉴定书，是在革命战争这所大学校里向党向人民所交的一份份答卷。

我一页一页地翻看着日记本，发现从1942年以来，吉文几乎未间断过记日记。1945年他身负重伤时，仍然要我帮他记日记，所以在他的日记中还能看到我的笔迹，并发现他伤愈后又作了补充。吉文同志就是这样孜孜不倦地学习，总结、探索、前进，他说："只要革命需要，我都努力认真去做。"

1948年，在中国共产党和毛主席的英明领导下，解放战争取得了一个又一个胜利。这年9月，解放济南的战役打响了，吉文同志率领全师指战员，一连攻下大青山、凤凰山、簸箕山等外围阵地，9月21日拂晓又紧随突击部队进商埠指挥战斗。在战斗最紧张的时刻，敌人的一颗炮弹飞来，吉文同志再一次身负重伤，壮烈地牺牲在战斗的岗位上，年仅三十二岁。

消息传来，哀思如潮，全师指战员都为失去这样一位好首长而悲痛万分。吉文同志，你是党和人民的好儿子，我军优秀的指挥员。您虽然牺牲了，但您忠于党、忠于人民的革命思想和为了革命奋不顾身的忘我精神，一直鼓舞着我去生活去战斗。您的英名和事迹永远留在人们的记忆里。我和两个孩子永远怀念您。每当我和您的战友们来到济南白马山您的陵墓前哀悼的时候，您的高大形象又浮现在我们的眼前。吉文，您没有死，您又出发了，去迎接新的战斗。

邸励

邸励（1910—1941），吉林省人。东北沦陷前在东北大学读书，九一八事变后流亡关内。1937年投奔延安，从中央抗大毕业后，参加八路军一一五师，在师民运部工作并加入中国共产党。

1938年夏，邸励任一一五师民运部民运科第三组组长，后任民运队长。1939年2月随一一五师来到山东，先在泰西一带工作，5月到蒙山一带工作。1939年9月随一一五师从费北来鲁南。为支援地方工作，一一五师于10月抽调一大批干部组成民运工作队，由邸励带队进入边联县开展工作。1940年4月任临（沂）郯（城）费（县）峄（县）四县边联县委代理书记，期间积极恢复和建立党的各级组织，新建立了第三（万村）、第四（鲁城）、第五（新兴）分区委，使边联县所辖分区委达到5个。同时还积极开展了统战和瓦解敌伪军工作。6月他又随一一五师到天宝山区（现属平邑县）开辟抗日根据地，先任天宝山民运工作团主任，7月任新成立的中共费南县工委书记。在此期间，邸励配合一一五师民运工作队、鲁南区党委工作团，组织起350余人的工作队，编成7个工作团分赴常庄、流峪、丰阳、山阴、白彦、由吾、天宝一带开展工作，先后建立了常庄、流峪、丰阳、山阴、天宝5个分区委。

1940年9月，根据山东省第一区党委三地委的指示，撤销中共费南县工作委员会，建立中共费南县委员会，此时边联县委新任书记张旭因受"肃托"扩大化影响，被撤销职务，邸励再次出任临郯费峄四县边联县委书记。1941年1月他积极组织和领导四县边联军民胜利进行了反"扫荡"。对这次反"扫荡"的战果，《大众日报》于3月28日做了全面报道。与此同时，他领导边联县委发展壮大党的组织，建立各抗日群众组织，扩大武装力量，注意加强政权建设，新建了第二（石坑）、第七（上村）分区委，使边联县所辖分区委达到7个，并相继建立了边联县抗日民主政府和边联县自卫团及敌工站，成立了各救会及工、农、青、妇联合会等群众组织，使边联县不断掀起抗日高潮。1941年4月25日，以国民党五十一军六八三团张本枝为首的反动派乘一一五师和鲁南军区领导机关去滨海区之机，纠集土顽2000余人，突袭边联县委机关。在危急关头，邸励与县长狄井芗机智地率领机关干部向南撤退，途中与敌顽几次遭遇，顽强冲破了顽军的围追堵截，成功地突围至邳县以北地区，并与当地军民一起坚持边沿斗争。5月中旬，他又率领边联县委机关，在一一五师讨逆大军和边联县大队的配合下，收复了边联县根据地。此后边联县大队和敌顽军展开了长期的拉锯战。

邸励因在复杂艰难的恶劣环境里长期操劳，终因积劳成疾，身染肺病，无法再坚持正常工作，1941年8月经上级批准离职到鲁中休养，随同蒙山前一个军区队一起活动，不久，在反“扫荡”中英勇牺牲。

（王华光整理）

蒙山沂水悼英烈
——记平邑县革命英雄王保胜

身经百战的英雄汉

翻开中国革命的历史，回顾在那严酷的革命战争年代，国防部原部长迟浩田在为《沂蒙英烈颂》作的序中写道：“沂蒙山区是全国著名的革命老区，早在建党初期，这里就开始有党的活动；抗日战争和解放战争时期，沂蒙山区是山东和华东党、政、军、群领导机关所在地和指挥中心。刘少奇、陈毅、罗荣桓、徐向前、粟裕等老一辈无产阶级革命家和我军400多名高级将领，都曾在这里战斗过。在各个革命战争时期，沂蒙人民在中国共产党的领导下，积极参军参战，踊跃支前，艰苦斗争，有数以万计的烈士英勇捐躯。八百里沂蒙山洒遍了我军将士和沂蒙人民的鲜血，处处掩埋着革命英烈的忠骨。”

在这一群体中的传奇人物王保胜，是当时一一五师七团一营四连连长，他英勇善战，智勇双全，在8年的腥风血雨中，他从地方武装升级到主力部队，从主力部队又返回地方武装，先后带出千余名青壮年参加八路军。他历任班、排、连、营长等职，身经百战，屡建奇功。他的英名让日寇闻风丧胆，让我军士气大振。

1945年，在对日寇的协庄袭击战中，王保胜身负重伤，被捕入狱。他在狱中不怕敌人的严刑拷打和灭绝人性的折磨，宁死不屈，在猖獗的日寇面前表现出我军将士铁打钢铸的英雄汉气概。

英勇战斗在白山黑水之间

王保胜，曾用名王树珍，1907年出生在平邑县仲村镇北仲村一个贫苦的农民家庭。13岁时给地主放牛，因他身体瘦小，时常被牛抵伤。除此之外，他还经常挨打受骂，过着贫困饥饿的生活。

1927年，山东遭遇百年不遇的先旱后涝，庄稼颗粒不收，饥荒严重，匪患肆虐。为求生路，王保胜随二叔踏上艰难的“闯关东”之路。在大连出苦力时，二叔不幸染上了伤寒病，眼看着被日本人强行活埋。他举目无亲，只好沿街乞讨，后流落到哈尔滨。

1931年“九一八”事变，日军飞机开始狂轰滥炸，平静的村庄顿时化为灰烬，工友眨眼间被炸得血肉模糊，横尸街头，惨不忍睹。吼叫声、哭喊声震撼了王保胜的心灵。看着周围的血腥与残忍，他抱着一个信念:誓死不当亡国奴。他动员了十几名一块出苦力的伙伴，在哈尔滨参加了东北抗日义勇军——吉林自卫军。没有武器，他们就用大刀、长矛、土枪、土炮同日军作战。

1932年5月，在抗联名将周保中的带领下，他们先后在黑龙江和吉林东部的深山老林里活动，开辟了以宁安为中心的抗日根据地。在中东铁路和中长铁路线上，王保胜和战友们扒铁路、炸火车、埋地雷、打伏击，打得敌人魂飞丧胆。有一次，为狙击日寇向黑龙江的高岭子进犯，他带领小分队连夜把铁路挖空，埋好地雷，埋伏在铁道两旁的树林里，此时，一列装满军火的列车呼啸而来，霎时，火车脱轨，军火爆炸。王保胜带领战友们冲上去猛烈地向敌人开火，和日寇展开肉搏战。这次战斗打死打伤日寇百余名，炸毁车厢16节，重创日军，震惊北满，此后日寇再也不敢轻易向高岭子进犯。

1936年2月中旬，王保胜所在的部队正式命名为东北抗日联军第五军。在五年艰苦卓绝的斗争中，王保胜随部队转战在双城、通子口、五站（牛骨台）、宁安、敦化、勃利、依兰等广大地区。由于他机智勇敢，先后任侦察员、班长、排长、连长、队长等职。

同年春，日伪军对抗日联军的游击区实行不间断地“讨伐”，部队损失惨重。为摆脱困境，周保中军长决定，第五军除留少量部队同第二军第二师坚持宁安地区的斗争外，大部队分批越过中东铁路，向勃利、依兰进军。随着斗争的日益尖锐，东北抗日游击战争进入了一个极端艰难的时期。在日寇疯狂地进犯下，我游击区不断遭到破坏，部队不断受挫，抗日根据地不断缩小，抗日联军不得不转入深山密林。时值隆冬，冰天雪地，部队在转移途中，不少人患上流行伤寒瘟疫。王保胜染病后上吐下泻，鼻子流血。为预防传染，部队将病号留下医治。因缺医少药，许多战友得不到治疗而病逝。王保胜留下后接连犯病三次，竟奇迹般地活了下来。他拖着虚弱的病体，掩埋好战友的尸体，继续寻找部队和战友。他跋涉在阴森蔽日、野兽出没、土匪打劫，环境极为恶劣的茫茫林海之中，历尽艰辛终没寻找到部队和战友。无奈，他辗转返回了阔别已久的山东老家。

浴血奋战在沂蒙山区

1937年“七七”卢沟桥事变，王保胜和唐绍典、唐绍鼎、张振等在家乡拉起了百余人的抗日队伍，活跃在蒙山西麓的抗日前沿。

1938年6月中共苏鲁豫皖边区省委书记郭洪涛率省委机关和四支队一部进驻仲村，王保胜为先头部队的到来当向导，开围门、筹军粮，并带领四支抗日宣传队，宣传我党的抗日主张。有一天正逢仲村大集，抗日宣传剧社在集上演出结束后，去仲村街里做统战工作，伪顽分子围门紧闭，居高临下向宣传队员射击。在这紧要关头，王保胜挺身而出，掩护工作队员和省委同志迅速撤离，使其安全返回，无一人伤亡。是年8月，王保胜光荣地加入了中国共产党。

1939年4月，八路军费县人民抗日游击第四大队成立，王保胜任副大队长兼第三中队长。7月4大队编入八路军津浦路东支队三团三营，他任副营长。“柘沟事件”后，升级编入一一五师七团一营四连，王保胜任连长。他率部相继参加了马家峪反“无极道”、反“红枪会”，反击日寇进犯仲村，黑山、白彦、柘沟、杨谢、摩天岭等一系列战斗。由于王保胜英勇善战，连打胜仗，使这一带日伪军听到“王连长”这三个字就胆战心惊。从此“王连长”成了“王保胜”的代称，在沂蒙山抗日根据地广泛传颂。

1940年8月，一一五师七团张雄政委派王保胜返回仲村发展地方武装，他回到仲村后，把唐绍鼎、唐嘉伦领导的“镇团”三百多人全部拉出参加抗日。9月16日，日军侵占钟村镇，他带领“镇团”配合一一五师及山东总队多次袭击驻扎在仲村的日军。是年秋，费北行署以“镇团”为骨干，组建行署保安大队，他任副大队长兼一连连长。这时，由于敌人对他多次劝降不成，便对其亲人进行疯狂的报复。日寇烧了他家的房屋，宅院被掘成了深坑。敌人抓去王保胜的三弟，将其折磨死在蒙山刘家庄；又抢去王保胜的二弟媳和孩子，并杀害；将王保胜的妻子抓去，用绳索勒死。敌人的残忍和失去亲人的悲伤，更加坚定了他抗日救国的信念。国不能保，家岂能存。他发誓：不把日本侵略者赶出国门，终生不再成家。他把国仇家恨集中在枪口上，作战更加勇猛顽强。下半年，他率部参加了著名的天宝山、武安、塔佛山等战斗，陈光代师长表彰他作战“勇猛顽强”，并为他记大功一次。费北行署授予他“民族英雄”光荣称号。1944年7月，他调鲁中军区第三军分区任特务连连长。下旬，王保胜作为抗日英模人物参加了鲁中军区在沂水东寺堡召开的战斗英雄代表大会，并当选为出席山东军区英模大会的代表。3月2日王保胜作为鲁中军区选派的战斗英雄，出席了八路军山东军区在滨海莒南县坪上镇召开的第一次战斗英雄、民兵英雄代表大会，与会期间，王保胜受到了罗荣桓、肖华等首长的亲切接见。

真正有血性的中国人

1945年农历六月初，奉八路军鲁中军区三军分区首长命令，时任鲁中军区第三军分区特务营营长的王保胜，率特务营一连急行军20公里，去袭击日军盘踞的大协火车站，战斗在午夜时分打响。在王保胜的指挥下，一个排的战士冲进了火车站，另一个排也攻进了敌人大院。霎时，枪炮声、手榴弹爆炸声、喊杀声响成一片。由于日军的火力很强，王保胜就从外围待命的机动人员中又抽出一个排的兵力投入战斗。并迅速包围了日军炮楼。在我军强大的攻势下，炮楼上的日伪军乱成一团。这时，王保胜趁机向敌人展开政治攻势。就在他向炮楼内的敌人喊话时，敌人的一发炮弹突然飞来，击中了他的左臂，顿时，血流如注。然而，王保胜仍坚持指挥战斗。战士们看他伤势严重，强行把他抬了下去。与王保胜同时负伤的还有一名战士，6名担架队员抬着这两位伤员，在离开战场西去的途中，不幸遇上了日军的巡逻队，日军“嗷”的一声，冲了上来。6名担架队员来不及躲避，全部牺牲在日军的枪口下。王保胜也从担架上摔下来，滚到谷地里。本已受重伤的他，肋部又被日军刺了一刀，因失血过多，昏了过去。

接近天亮的时候，王保胜被暴雨浇醒。他忍着剧痛向前爬了几步，四处打量了一下，发现战友们都牺牲了。他立刻意识到自己的处境十分危险，便从血衣中掏出文件、暗号，就着雨水吞到腹中。接着，他又把手表、钢笔、笔记本等塞进了泥里。然后，王保胜艰难地爬到一块勉强遮身的谷子地里。刚要歇息一下，就听到大路上传来许多人的脚步声。这伙人正是日军。他们发现了谷地里的尸体与担架，一个日军朝王保胜的胸膛猛踢了一脚，王保胜口吐鲜血，再一次昏了过去。

他醒来后，破口大骂周围的日军。日军气得哇哇乱叫，拽着他的右脚在谷地里转圈，最后，连拖带拉地将他带走。

在张庄监狱里，敌人觉察到王保胜可能是八路军的指挥员，所以对他进行了有组织、有计划的审讯、逼供，企图从他的嘴里搞清我军袭击协庄据点示意图，以便获取我军情报。然而，不管他们如何逼问、利诱，王保胜始终立场坚定，痛斥日本法西斯的野蛮行径。敌人对他用了各种刑具，先是吊打，后是放出狼狗撕咬，还用绳子套住他的双脚，环绕大院跑马倒拉。血肉模糊的王保胜不知昏死过去多少次，又被冷水激醒多少次。王保胜大义凛然，毫无惧色。

日军无可奈何，只好暂时停止用刑，采取利诱软化的手段。无论怎样，王保胜始终坚贞不屈。气急败坏的敌人抡起溅血的刺刀残忍地割断了他的脚筋。从此，王保胜再也没有站起来。

经过几天的审讯，日军始终没有从王保胜的嘴里得到任何有价值的情报。于是，他们实行昼夜轮番站岗，对他进行严密监视。

一天，一个穿着伪军军服的人悄悄地走到王保胜的身边，小声说道:“同志，你的情况上级全都知道了，部队首长王建安、钱均等都说你是真正有血性的中国人!”王保胜知道这个人是我军的地下工作者，脸上露出了欣慰的笑容。原来，王保胜负伤后，首长都以为他牺牲了。后来，经多次侦察，才得知他的下落。从那以后，王保胜心中燃起了希望之火。与此同时，穷途末路的日本鬼子更加丧心病狂地折磨王保胜。有时，他们把他关进铁笼子里，有时又把他放在院子里曝晒。50多个日日夜夜的折磨，使王保胜全身的伤口化脓、生蛆。

1945年8月15日，日军宣布无条件投降。驻张庄日军依照中方的命令，到达指定的地点投降。从此，王保胜获得了新生。

吴娟——特殊形式的好“红嫂”

抗日英雄王保胜回来了，这个消息不胫而走，战友和乡亲们都争先恐后地赶来看望他，鲁中军区首长和地委领导亲切接见了他。昔日里英勇善战、顶天立地的英雄好汉，如今遍体鳞伤，骨瘦如柴，体重只有30多公斤重。他的双脚筋骨被鬼子用刺刀割断，胸部、四肢多处刀伤，左臀被敌人炮弹炸伤，成了高度瘫痪、生活不能自理的残疾人。乡亲们看着他，有的流泪、有的叹息，王保胜以后的日子怎么过?谁来为他铺床叠被，谁来为他端屎端尿，谁来为他打针服药，谁来与他共度时光?当时组织上决定委派吴娟做英雄王保胜的特级护理，实际上就是嫁给王保胜做妻子。给吴娟谈话时，没想到她爽快地接受下来。

1945年农历十月十四日，在军分区驻地由钱均等首长具体安排，给王保胜、吴娟举行了婚礼。从此，夫妻二人，朝夕相伴，相濡以沫，患难与共，组成了一个革命的家庭。在吴娟的精心照顾下，王保胜同志以坚强的意志、惊人的毅力与伤残伤病魔斗争了25个春秋，终因伤势恶化，于1970年4月6日去世。

王保胜、吴娟共养育了四子、两女。其中三个儿子加入了人民解放军，两个女儿也先后嫁与军人为妻。

抗日英雄王保胜和特殊形式的“红嫂”吴娟，夫妻二人虽然离开了我们，但是他们所创造的轰轰烈烈的革命业绩，可歌可泣的崇高形象，永远值得我们景仰与怀念，他们不愧是我们学习的楷模。

（宋汉华、刘文生、周生和整理）

南征北战 纵横驰骋

第一一五师进军沂蒙后，开辟鲁南，鏖战鲁中，喋血滨海，犹如一把利剑，歼日伪，灭顽匪，攻城略地，所向披靡，为创建巩固发展壮大抗日根据地，夺取抗日战争的彻底胜利建立了不可磨灭的功勋，在齐鲁大地树立起一座座巍峨的丰碑。

第一章　转战鲁中区　驰骋鲁东南

遵照中共中央、中央军委关于第一一五师向山东分局靠拢，实行军事上统一指挥的指示精神，第一一五师于1940年10月由平邑县桃峪向鲁中转移，留下教2旅部分武装坚持鲁南斗争。11月8日，师部到达蒙山前聂家庄，1941年2月到达青驼寺与分局靠拢，随后又转战滨海区。抗战时期，第一一五师指挥机关一直在鲁中、鲁南、滨海3个战略区南北转战，驰骋在沂蒙大地上。

一、纪念馆展板内容

1940年11月8日，罗荣桓率第一一五师司令部到达聂家庄，在此居住两个多月，组织工作团宣传发动群众。举办各类训练班，配合地方党组织，掀起了练兵、参军热潮，为开辟费东抗日根据地奠定了基础。

1. **罗荣桓在聂家庄用梁山战斗缴获的日军炮队镜观察敌情**

2. **拔除武安据点** 日军为分割费北、封锁蒙山根据地，于1940年11 月 20 日，由日军田中联队400 余人，纠集刘桂堂部1000余人侵占武安。为粉碎敌人阴谋，第一一五师教二旅四团在地方武装配合下向武安之敌发起猛烈进攻。经一天两夜激战，攻克武安，同时打退了铜石、地方日伪据点的数次增援，此战共歼敌300余人。

拔除武安据点旧址

3. **塔佛山（小下桥）战斗** 日军不甘在武安的失败，23日又集结费城、平邑、铜石、地方、温水等据点日军及刘桂堂部2000余人，分3路进犯小下桥村。陈光指挥部队在小下桥以北山地巧妙设伏，与敌人激战，最后展开肉搏，一举歼敌500余人，俘敌40余人。战后，第一一五师、费北行署在岐古庄南大沟召开祝捷大会，费北行署及教二旅四团数千人参加大会。陈光、萧华、李作鹏先后在大会上讲话。陈光对武安、塔佛山战斗评价说："在几天内连续打了两次大胜仗，在蒙山前对敌人打击最大。"

4. **第一一五师举行军政大检阅** 1941年3月，第一一五师转战滨海区。8月1日，在临沭县蛟龙湾村召开“八一”庆祝大会。罗荣桓、陈光、朱瑞、黎玉、萧华出席大会并讲话。会后举行了军政大检阅。

二、史料文章

一一五师师部离开鲁南向鲁中转移

一一五师入鲁，山东就存在着一一五师和山东纵队这两支平行的八路军部队。为了统一领导、统一作战指挥，1939年6月，中共中央派朱瑞、徐向前来到山东，于同年8月1日正式宣布成立八路军第一纵队，徐向前任司令员，朱瑞任政治委员，统辖山东八路军各部队。1940年6月，徐向前离开山东返延安，第一纵队的番号不再使用。7月18日，彭德怀致电毛泽东建议："山东部队暂由陈（光）罗（荣桓）指挥。"8月8日，中共中央电示：陈、罗参加山东分局为委员，实际上统一山东的军事领导。8月28日，中共中央又电示："为统一山东领导，分局与师部应靠拢。"

10月，桃峪会议结束后，一一五师师部遵照中共中央和集总的指示准备转移到鲁中沂蒙山区与山东分局、山东纵队靠拢。但罗荣桓、陈光考虑到，鲁南地区既是通向华中的枢纽，又是鲁中沂蒙山区的屏障，鲁南不能放弃。于是决定教导二旅一部留在鲁南，协助地方武装坚持当地的斗争。随后，陈光、罗荣桓率师部北移。10月23日，越过滋临公路来到蒙山前，一一五师司令部驻在平邑县岳家村。费北县委的同志来到岳家村向罗荣桓、陈光汇报工作，并就蒙山前根据地建设做了指示。陈光代师长以中共中央北方局委员身份在陈家庄先后召开了费北县党的活动分子会议和费北县参议员会议，做了关于形势与任务的报告。他号召费县党组织和参议员们要继续发展巩固蒙山前抗日根据地，使与会者进一步明确了斗争形势与今后斗争任务，鼓舞了革命斗志和胜利信心。

11月20日，日军在武安设据点。为拔掉安插在蒙山前抗日根据地这块楔子，陈光率教二旅四团的两个营的兵力在地方武装配合下，经1天2夜激战，攻克武安，同时打退了铜石、地方据点日伪军的数次增援。此战毙伤300余人。日军不甘心武安的失败，22日又集结日伪军1000余人，分3路向一一五师教二旅四团驻地下桥合围进攻。四团占据下桥东北塔佛山制高点与日军展开激战，毙伤日伪军500余人。此战对蒙山前民间影响极大，其事迹在费北人民中久久传扬。

11月8日，罗荣桓率一一五师司令部东移至费县聂家庄，在此驻扎两个多月，部队一边练兵，一边举办培养干部的各类学习班，并派工作组分赴各村，广泛发动群众，为费东抗日根据地创建奠定了坚实的基础。

1941 年 2 月，罗荣桓率师部机关转移至沂南县青驼寺。3 月 8 日，为了开辟与扩大滨海根据地，师司令部转至滨海区莒南县、沭北县一带活动。3 月下旬，陈光指挥教二旅和山纵二旅一部发起了青口战役。经三天多激战，攻克青口及外围10 余处据点。6 月 28 日师部移驻蛟龙湾。8 月 1 日，师部机关和直属部队在蛟龙湾召开了庆“八一”大会，会后进行了10 余天的军事、政治和体育比赛，并在此召开了10余天的全师政工会议。10 月 ，罗荣桓率一一五师师部从临沭县蛟龙湾又返回鲁中青驼寺。在此期间，罗荣桓主持召开了山东军政委员会的第一次会议，研究了第一一五师和山东纵队统一指挥问题，并对秋季反“扫荡”进行了部署。会后，中共山东分局、山东军政委员会、第一一五师和山东纵队分别发出粉碎日伪军“扫荡”的指示。

第一一五师的指示指出：在敌人大“扫荡”时，要广泛开展群众性的游击战，小部队要树立独立自主作战的精神，不要在遭受敌人第一次合击后陷入被动，应当适时跳出合围圈。在情况查明以前，先以敌为轴心转动，不宜跳得过远，免遭新的合击。要切实掩护群众，不使敌人杀害群众和抓走壮丁。连排干部要熟悉地形，做到60里以内不用向导。随后，罗荣桓又组织参谋人员到各要地查看地形、道路，布置情报通信网，组织游击小组，为反“扫荡”进行具体的准备。同时，一一五 师师直及所部在青驼寺进行了为期一个月整军活动，加强对师部机关和直属队的教育。11 月一一五 师师部转移至留田村，日军组织5 万人对沂蒙抗日根据地“铁壁合围”大“扫荡”，罗荣桓率数千人从数万日伪军的合围中没费一枪一弹、无一伤亡地突出重围，被国际友人太平洋记者希伯称赞为“无声的战斗”。随后一一五 师在石岚、旧寨、三角山、绿门山和狼窝子村等地伏击、围歼日军，给日军以沉重打击。再后，一一五师司令部从鲁中转鲁南又去了滨海，并在滨海驻扎了较长时间。抗战时期，一一五师指挥机关一直在鲁中、鲁南、滨海3 个战略区间广大区域内南北转战，驰骋在沂蒙大地上，统一协调、指挥着山东全省八路军武装力量的对日斗争。

（李智信整理）

“沂山、鲁山、蒙山是山东的心脏”（节选）

吴瑞林

沂蒙山区在山东的腹地，有沂山、鲁山、蒙山三个山脉，传说共72崮，绵延数百里，山崮起伏，地形复杂，离铁路干线较远，是我山东敌后抗日根据地的中心。罗荣桓同志曾高瞻远瞩地提出沂山、鲁山、蒙山是山东的心脏，一定要在这里建成巩固的敌后抗日根据地。这是一项具有战略意义的方针。

从1939年下半年开始，日伪和顽军互相勾结，向我山东抗日根据地发动了大规模的进攻，斗争形势越来越严重。沂蒙山根据地大部分被压缩至沂蒙公路以南地区（南沂蒙）。1940年6月，敌人为了争夺沂蒙地区，解除我对津浦、胶济、陇海线的威胁，集中兵力向这一地区进行合围“扫荡”。国民党军队也在向我步步进逼。1940年11月，罗荣桓同志率一一五师机关由抱犊崮山区来到沂蒙区，与山东纵队会合。在一次干部会议上，他对坚持沂蒙山根据地做了重要指示。他说，山东这3个山区，我们现在只控制了蒙山，只有蒙阴到沂水的公路，北沂蒙地区还有几个崮在坚持。敌人还在向我们“蚕食”。对此我们要寸步不让，反复争夺，以反“蚕食”斗争来巩固沂蒙山区，否则我们就要被敌人逼到一些边缘地区了。

说到这里，罗荣桓同志问我：“沂山、鲁山的北面，主力撤出了，那里还有没有几支小部队？”我回答说：“有。在博山，有张敬焘同志领导的百余人；益都，有冯宜之同志领导的七八十人；在淄川，有赵汇川同志领导的五六十人。我们还从部队抽了一些骨干，组成了一个胶济大队，由于松江、张会元同志领导，活动在胶济路南北地区，支援这些地区的抗日斗争，进行扩军、筹粮、筹款，开展铁路工人运动。还有第四支队的徐华鲁同志在博（山）莱（芜）地区有二三百人、百多条枪的小部队。”罗荣桓同志听后说：“这很好，要扶持、帮助这些小部队，不要再编掉了。他们人枪虽少，但作用很大，对以后收复沂山、鲁山地区会起很大的作用。”

罗荣桓同志分析了敌我双方的形势，进一步说，敌伪和顽军对沂蒙区的争夺将是长期的、严重的。除了日军的“扫荡”外，蒋介石驱使东北军于学忠部的五十一军，还有沈鸿烈、秦启荣部向南逼我。所以，在沂蒙区，敌、我、顽三角斗争中，我受敌顽夹击的形势，可能比任何地区都严重。日本侵略军的“扫荡”将会更多、更残酷，顽军配合日伪的夹击也会更多、更频繁，对此要有足够的认识和充分的思想准备。我们现在的任务一要坚持鲁南抱犊崮山区，从南面堵住牵住敌人；二要坚持南沂蒙地区，顶住北面来的压力。在胶济路以北，要加强清河地区和胶东地区的斗争。泰山区的第四支队再向东压，这样就形成了我们从北面、西面和南面来反包围敌人，配合坚持沂蒙区的斗争。还要采取各种斗争方式方法来缩小敌占区，扩大根据地。罗荣桓同志的这些指示，给我们坚持对敌斗争、巩固沂蒙山敌后抗日根据地指明了方向。

1941年11月，据当时的情报说，日派遣军总司令畑俊六调集了第十七师团、第二十一师团和驻临沂的三十二师团，以及驻泰安的长岛独立旅团、驻青岛的柳川混成旅、驻德州的第十旅团，共5万人，对沂蒙区进行了持续一个多月的大“扫荡”，实行了“铁壁合围”“梳篦清剿”等战术和残酷的“三光”政策。他们在沂蒙区设置了几十个据点，顽军也趁机向我“蚕食”。我主力部队迅速转入敌后，开展了破袭战。罗荣桓同志亲率一一五师的部队几进几出敌人的合围圈，掌握情况，指挥作战，支持人民坚持斗争，粉碎了敌人的大“扫荡”。日军撤退以后，我们在以罗荣桓同志任书记的山东军政委员会的指挥下，先打下蒙阴到沂水公路一线上的敌伪据点，接着，又发起了攻打沂蒙中心区日军盘距的铜井据点的战斗，拔掉了这颗钉子，去掉了心腹之患，将铜井金矿掌握在我们手中。然后又一鼓作气，打了沂（水）蒙（阴）公路、沂（水）临（沂）公路线上几个敌伪据点，给了日军以狠狠的打击，使沂蒙区恢复到敌人“扫荡”之前的态势。

1943年初，山东抗日根据地已实现了党的一元化领导，罗荣桓同志任山东军区司令员兼政治委员，以后又兼任山东分局书记。这年11月，日军以万余人的兵力对全山东进行了一次轮番大“扫荡”，首先向鲁中根据地“扫荡”。在罗荣桓同志的统一指挥下，我主力部队转向敌人侧后打击敌人，同时也留了一部分部队凭险固守，钳制“扫荡”的敌人。我当时任鲁中军区第二军分区司令员。我分区第十一团八连，坚守蒙阴县南北岱崮达18天，以牺牲两人、伤7人的代价，取得了毙伤敌伪300余人的胜利。12月，罗荣桓同志发布嘉奖令，授予八连以“岱崮连”的光荣称号。外国新闻社都发表了新闻，在国内外产生了很大影响，极大地鼓舞了根据地的军民。

1943年1月，国民党山东新编第四师师长吴化文部正式投敌，所部编为伪“和平建国军第三方面军”。他们原属国民党山东省政府沈鸿烈指挥，沈鸿烈与东北军于学忠部有深刻矛盾，沈被调离山东后，吴化文投敌。吴部在日军支持下，积极进攻驻在北沂蒙的东北军于学忠部，给东北军以极大威胁。此时，罗荣桓同志及时指示鲁中军区，支援东北军，讨伐吴化文。这一行动，使于学忠及其五十一军非常感激我们。1943年5月，日军2万余人“扫荡”于学忠部，于学忠的总部转移到我防区，我予以大力支援。7月，于学忠部调往大后方去时，我们又予以帮助和欢送，使他们深受感动。临行时，主动将他们驻守的一些重要的山崮移交给我们。这样，沂蒙区的形势进一步好转了。

五十一军调离山东后，罗荣桓同志发出了讨伐伪军吴化文部的指示。在鲁中区党委、军区的指挥和滨海军区主力一部的支援下，进行了3次讨吴战役，给吴化文部以歼灭性的打击。在第3次讨吴战役中，我鲁中第二军分区警卫营和第十一团在石门、官庄的一次攻坚打援的战斗中，歼灭了敌1个团的大部，毙敌200余人，俘敌300余人，缴获轻重机枪20余挺，步枪300余支；同时又给吴化文亲率的增援之敌以重创，取得了毙伤敌300余人的胜利，将敌人迫在莱芜以西、鲁山南麓的南麻、悦庄、鲁村一线。接着，鲁中军区主力第一团，突然袭击莱芜城东重镇郑王庄，一举攻克吴化文总部，俘伪八大处的将校级军官数十人，士兵千余人。我二军分区警卫营和十一团，又在小张庄、铁车、阎王鼻子一线，给吴化文的增援部队以重大杀伤。被包围在南麻、悦庄、鲁村的敌人，惧怕被歼，连连呼救，最后，在日军的掩护下，仓皇撤出了这个地区。

在实现党的一元化领导以后，罗荣桓同志坚决贯彻执行了主力部队地方化的方针，并且大力加强了“三位一体”的军事建设，就是要有野战军、地方军、民兵三者的密切配合，以壮大发展人民的武装力量。山东各区的部队按照山东军区的统一规划，进行了整顿，统一编制。鲁中军区有野战军第一、第二、第三、第四团。我所在的第二军分区的地方军有一个独立团，以后加强改建为第十一团。地方武装还有各县县大队和区中队，各村都建立了基干自卫队。

为了加强人民的武装斗争，必须充分发动群众。山东分局提出，“要给群众以实际的利益”。在沂蒙区我们坚决实行减租减息，同时，教育农民在减租减息以后，要交租交息，以达到争取地主与农民团结抗日的目的。实行减租减息的政策以后，又把群众组织起来，开展大生产运动。还开展拥军优属运动，军爱民、民拥军，形成了参军的热潮。各项建设根据地的政策的贯彻执行，使根据地呈现发展和壮大的新局面。到1944年春季，沂山、鲁山、蒙山地区终于连成了一片，成为我巩固的抗日根据地。

（载自《深谋远虑的战略家》）

武安和塔佛山战斗

平邑县武安村南近滋临公路，北靠蒙山，地势开阔，易守难攻。1940年11月22日，盘踞在铜石、地方的日军田中联队400余人，在国民党新编三十六师刘桂堂部千余人的配合下，侵占武安村，企图在此设据点，修筑“环蒙公路”，封锁蒙山抗日根据地。当晚，八路军一一五师教导二旅四团以两个营的兵力包围武安之敌。其中1个连队借夜幕掩护接近武安，被敌发觉，敌以猛烈火力封锁了唯一通过东门的石桥。四团突袭未成，遂撤出战斗。翌日晚，四团在东门和西北角同时发起攻击，进攻东门的部队遭遇敌炮火阻击，战斗激烈。西北角部队经猛烈冲杀，突入村内，将敌逼赶至村东部一酒店内，进攻东门之部队已绕进围墙，两部配合猛烈攻击。刘桂堂部溃逃，日军百余仍垂死挣扎。天蒙蒙亮，日军欲突围，四团一部绕至敌背后袭击，敌突围不成又逃回酒店死守。下午，几架敌机前来增援，恐被击落，盘旋片刻仓皇而去。黄昏时刻，四团组织火攻组、投弹组，对残敌猛攻。经两天一夜激战，打退铜石、地方来敌的数次增援，歼敌300余，缴获敌重机枪2挺、轻机枪4挺，以及大批枪支弹药和军用品。

日军进攻武安失败后，又于11月26日拂晓，纠集费县、平邑、铜石、地方、温水等据点的800余日伪军及刘桂堂匪军2000余人，分3路进犯费北下桥村（今属平邑县）。驻小下桥的八路军教导二旅四团在一一五师代师长陈光指挥下，除留小部队在村内阻击敌人外，其余迅速撤出，占领村北之塔佛山。留在村内的指战员与突入之敌展开巷战，迟滞敌人后，撤出战斗。日伪军侵占小下桥，继而又占领了小下桥北边的左庄岭，敌架起大炮、机枪，向塔佛山四团阵地猛轰。敌在炮火掩护下，一路从右翼向山头猛烈攻击，一路以1个连的兵力在4挺轻、重机枪的掩护下向左翼迂回。当两翼之敌推进至山脚时，埋伏在坟地的指战员突然给敌人以袭击，战士们冲入敌阵，展开肉搏，敌不支，仓皇溃逃。此战毙伤敌300余人，俘敌40余人。缴获轻重机枪各1挺、步枪百余支、掷弹筒2个及其他军用物品。

（载自《沂蒙革命根据地志（上）》）

开辟费东根据地

1940年11月初，八路军第一一五师司令部在罗荣桓、陈光带领下，自天宝山区的桃峪村转移费北县岳家村（今属平邑县）。为宣传和发动群众，帮助费北县党组织建立巩固抗日根据地，陈光以中共中央华北局委员的身份，在陈家庄（今属平邑县）主持召开了费北县党的活动分子会议。在其所做《形势与任务》的报告中，号召费北县党组织要继续发展和巩固已建立起来的蒙山前根据地。全县有200多名党员、干部和青年骨干参加会议。会议期间，费县城、地方、铜石、平邑等据点的日伪军数百人联合十八村发动突然袭击。陈光与李子英一起从尹家村到塔佛山（今属平邑县）指挥战斗，将进攻的日伪军包围，歼灭其大部。接着，刘黑七部特务团到十八村至杨谢村（今属平邑县）一带派款派粮，安设据点，准备配合日军在此长期驻扎。第一一五师主力部队在地方游击队配合下，又组织了摩天岭战斗，将刘匪特务团几乎全部消灭。经过几次战斗，费北抗日根据地得到了巩固和发展。

11月8日，第一一五师司令部及主力一部，又转移到费东地区聂家庄至毛沟村一带。师司令部政治部进驻聂家庄。罗荣桓在费东县聂家庄居住两个多月，期间，他到各地察看地形、了解情况，接见和听取鲁中、鲁南及运河地区党政军领导同志的汇报。在其指导下，费东县等地方组织还举办了各类学习班，掀起了练兵、参军热潮，同时派工作组到白埠、永目、刘家庄、聂家沟、安家沟、彩山前等村庄调查情况，宣传和发动群众，为开辟费东抗日根据地奠定了基础。

1941年1月4日，驻费县城日伪军出动1000余人，向驻聂家庄一带的八路军第一一五师机关、费东县党政机关进行袭击。次日晨，日伪军由白埠、武家汇等村分4路向聂家庄一带进攻。了解敌情后，第一一五师在聂家庄东北山庙前至东河岸一带设伏。待敌军由聂家庄东侵至邱阳、薛庄一带时，伏击部队集中火力，突然向敌发起猛烈攻击。日伪军遭此猛烈攻击，晕头转向，慌忙撤退。此战，敌死伤60余人，战马死伤10余匹，我缴获武器弹药一宗。

1940年10月，山东纵队派工作队到蒙山东部发动群众，派民运部长朱则民等与国民党费县第三区（诸满区）区长、临沂保安第六团团长邵子厚谈判，将其部改编为山东纵队蒙山独立支队。翌年1月，中共费东工委、费东行署建立，标志着费东抗日根据地正式形成。

八路军第一一五师开进费县，大大增强了抗日武装力量，沉重地打击了日伪军，更加振奋了费县抗日军民的斗争精神，使全体军民有了靠山。在发动群众、发展壮大抗日武装、建立抗日民主政权等方面发挥了重大作用，为沂蒙抗日根据地和鲁南抗日根据地的创建、巩固和发展做出了巨大贡献。

（载自《中共费县地方史（第一卷）》）

中共山东分局、山东省战工会、一一五师师部进驻苍马地区

反顽斗争的胜利，迫使活动在苍马地区的土顽作鸟兽散，苍马地区安定了下来。加之苍马工作团对这一带的开辟，大大地激发了当地群众抗日的热情。国民党五十七军独立团和一一五师教导二旅旅部及四团、六团先后进驻苍马地区，打了几起漂亮的战役，扫除了苍马地区一些不安定的因素，使苍马地区更加安定。为中共山东分局、山东省战工会、一一五师师部移驻苍马地区提供了条件。

首先是剿匪方面："九二二"锄奸运动发生后，五十七军一一二师师长霍守义千方百计地镇压该师进步力量，该师六六七团一连、二连200余人在地下党员刘杰、江潮率领下，脱离国民党军队的控制，于1940年11月从驻地抱犊崮山区来到苍马地区，在共产党的帮助下扩大整编成立五十七军独立团。12月称五十七军补充团，1941年1月改称五十七军独立团。该团主要在巡会和羽山、磨山一带活动。教导二旅到达苍马地区后，于1941年2月至3月，四团与五十七军补充团配合，在羽山、磨山一带消灭了地方恶霸臧兆江之反动武装，击溃高振东、时家善、李开珩等十几股土匪，初步打通了陇海路北东海县的局面。5月，四团在自卫团的配合下，向盘踞在陈家埠、李家莫疃、后宅的数股土匪连续进行了多次围剿，歼灭土匪130余人。6月，四团及地方武装并肩作战，对马陵山区、赣榆西部和玉山、磨山地区的土匪进行了全面清剿，半个月歼匪200余人，人民群众的生命财产得到保障。

第二是解决部队供养方面：1941年3月，一一五师教导二旅从苍马地区陈家巡会出发，与山纵二旅共同发起了青口战役。青口战役自19日晚始至25日晚止，历时6天，攻克了青口外围海头、兴庄等8处据点，并一度攻克青口，毙敌伪800余人，俘伪军大队长以下800余人。此次战役，解放了从拓汪到下口之间的海岸线和大片土地，扩大了滨海抗日根据地，打破了敌人海上的封锁，打通了与华中、胶东的联系，为解决部队供养创造了条件。

而驻在鲁中地区的山东首脑机关，由于日伪的频繁"扫荡"，很不利于工作的开展，急需有个安定的环境，在这种情况下，1941年3月上旬，中共山东分局、山东省战工会、一一五师师部从鲁中地区东渡沂河、沭河，来到相对比较安定的苍马地区。6月13日到达韩村，14日移驻西盘，28日移驻蛟龙湾。此后直到1942年12月中

旬，省机关和一一五师师部大部分时间驻在临沭，有不少机关还是在临沭成立，如新华社第一个省级分社——新华社山东分社就是在临沭成立。常驻地址有蛟龙湾、朱樊、东盘、巡会等村。在省机关的直接领导下，苍马地区的抗日斗争形势呈现出新的局面。

（载自《中共临沭县地方史（第一卷）》）

八路军一一五师师部由鲁中区转移到滨海地区①

（1941年）3月8日，中共山东分局、八路军一一五师师部由鲁中区转移到滨海地区莒南县、沭水县韩村一带活动。

山东分局、山东省战工会、一一五师师部进驻苍马地区 6月13日到达韩村，14日移驻西盘，28日移驻蛟龙湾。此后直到1942年12月中旬，大部时间驻于临沭。常驻地点有蛟龙湾、朱范、东盘、巡会等村。

“八大剧团”会演 6月，一一五师战士剧社、抗大一分校文工团、山纵鲁迅宣教大队、山纵二旅突进剧社、省妇救会姊妹剧团、抗协宣教大队、黎明剧团、突进三分社等8个剧团（群众通常合称“八大剧团”）和莒南、赣榆、苍马3县宣传队，于临东西岭泉一带联合公演。

7月1日，山东分局、一一五师在驻地蛟龙湾村联合召开大会 庆祝中国共产党诞生20周年，朱端、罗荣桓出席会议并做报告。2日，中共山东分局在驻地蛟龙湾召开会议，号召全省人民开展十大运动：（一）建设真正民主的抗日政权；（二）建设自给自足的经济；（三）制订新民主主义的财政供给政策；（四）广泛建设与健全地方武装、民兵与普通自卫团，开展群众性的游击战争；（五）深入战争动员，完成战时工作；（六）开展社会化与群众性的文化教育工作：（七）缩小敌占区，开展争取敌伪军与敌占区人民的工作；（八）加强农村统战，调剂劳资利益，改善人民生活；（九）努力优待抗属，爱护主力军；（十）履行锄奸政策，切实保障人民民主权利。

一一五师在蛟龙湾召开“八一”庆祝大会 8月1日，八路军干部战士4000余人和友党友军代表、政府机关代表、当地群众参加了会议。政委罗荣桓、中共山东分局书记朱瑞、山东省战工会主任黎玉、一一五师代师长陈光、政治部主任肖华出席会议并讲话。会后，“八大剧团”连续进行了几天的文艺会演。近2万八路军干部战士轮换着观看了《雷雨》《李秀成之死》《南昌暴动》等剧目。

一一五师举行规模盛大的军政大检阅 8月1日至15日进行射击、投弹等军事项目的比赛和政治测验。这次大检阅，是对一一五师连续两期整军工作的全面检

①题目为编者所加。

查总结。

一一五师教二旅在沂、沭河间发起反击梁钟亭部战役 8月21日，在国民抗敌自卫军和临沭地方武装配合下，攻克腾马庄、沙窝、重沟、大哨等据点，全歼梁钟亭之保安三旅第二团，粉碎了梁部封锁我滨海与鲁南联系的企图。经过这次战役，临沭地方顽固势力土崩瓦解，自2月开始的反顽斗争取得了全面胜利。

9月12日，太平洋学会进步作家汉斯•希伯由苏北来到蛟龙湾，住一一五师师部 汉斯•希伯，奥地利人，生于1897年，后加入德国共产党。1932年到延安，访问过毛泽东、周恩来；1939年2月到皖南新四军军部访问过叶挺、陈毅。写成《中国团结抗战中的八路军和新四军》一书。他是第一位来山东抗日根据地的外国记者。（9月底，汉斯•希伯随一一五师又转战鲁中，参加了留田突围。[②]）

一一五师后方机关和山东分局、战工会的部分干部经鲁南山区转移到朱苍、湖子村一带 11月2日至12月中旬，日军5万余人大举“扫荡”沂蒙山区，11日一一五师后方机关和山东分局、战工会的部分干部经鲁南山区转移到朱苍，湖子一带。24日，罗荣桓率骑兵排由沂蒙山回到师直机关驻地朱仓村，召开排以上干部会议，报告沂蒙反“扫荡”经验和精兵简政问题。26日，日伪军3000余人由临沂出发向滨海区“扫荡”。罗荣桓指挥师直机关和教导营在朱仓、湖子一带与敌周旋，敌扑空后返回临沂。12月28日，一一五师师部移驻南古庄，29日到湖子进行休整。（从此，一一五师司令部一直驻扎在滨海区，直至大反攻。）

（载自《临沭抗战史料》）

②此句为编者所加。

蛟龙湾革命旧址巡礼

1941年6月，遵照党中央、毛主席指示，八路军一一五师罗荣桓政委、陈光代师长率部由沂蒙山区挥戈东进，冲破敌人的重重封锁，把缀着斧头与镰刀的战旗插在了蛟龙湾这个苏鲁边界的小镇上。稍后，中共山东分局、山东省战工会等领导机关也移驻到这里。

蛟龙湾坐落在临沭县城东南8公里处，素有“鸡鸣三县”“一步跨两省”之称，其战略地位十分重要。因此，到1942年12月，近一年半的时间里，蛟龙湾是当时全省政治、军事指挥中心。当人们知道八路军来到了自己的家乡时，都欣喜若狂，奔走相告——

“八路军来了！……”

“井冈山的老红军来了！……”

乡亲们打起锣鼓，扭起秧歌，欢迎这支有着光荣历史和辉煌战绩的抗战雄师；姑娘、媳妇们在昏暗的油灯下，一针针一线线，为亲人做军鞋，缝补军装；老大娘捧出了糁子煎饼、渣豆腐和地瓜干酒，热情款待子弟兵。子弟兵也像回到了自己的家那样，帮助老乡挑水、轧碾、推粪、种田。宣传队的男女战士们，提着糨糊桶、锅灰桶贴标语、画墙头画，或者打着竹板，演话剧，宣传党的抗日政策和政府法令；工作队日夜开会，发动群众建立工农政权，减租减息，烧地契，分田地，没收地主老财的财产，分给那些无依无靠无以卒岁的农民。上了年纪的老人们，至今还能想着罗荣桓、朱瑞、陈光、黎玉等当时的山东省党政军主要负责人在镇上的一座普通的民宅里，日夜开会、办公，商谈着抗日救国的大事……蛟龙，就像一把高擎在夜空中的火炬，闪烁在苏鲁边界，照亮了漫漫的革命征程……

蛟龙西有一弯曲的土垄坎，坎西有一小河随坎弯曲盘绕，形若游龙，人称蛟龙湾。当年中共山东分局，一一五师、山东省战工会等曾在这河畔举行过阅兵式和“八大剧团”公演等活动。1941年7月1日，中共山东分局、一一五师又在这里举行庆祝建党20周年庆典活动。

“没有共产党，就没有新中国……”

“大刀向鬼子们的头上砍去……”

“我们都是神枪手，每一颗子弹消灭一个敌人……”

那雄壮的歌声，此起彼伏，如江涛海啸，汹涌澎湃，久久不能平息。主席台上，那位身材魁梧、身着旧军装、戴着深度近视眼镜、正在神情激昂地进行讲演的就是曾亲随毛泽东参加秋收起义、时任八路军一一五师政治委员的罗荣桓。八年抗战，罗荣桓力挽狂澜，领导山东人民进行抗日斗争，是我党我军一位著名的军事家和政治家。毛泽东曾高度评价罗荣桓：山东换上一个罗荣桓，山东全局的棋就下活了。罗荣桓的声音铿锵有力："只要我们在共产党的正确领导下，只要我们抗日军民紧密地团结起来，勇敢地向敌人作战，我们就一定能够取得最后的胜利！……"是啊，旧中国从陈胜、吴广到洪秀全，中国人民历经两千多年的磨难，才终于找到了领导自己解放的带路人——中国共产党！实践证明，中国人民只有在中国共产党的领导下，才能推翻三座大山的压迫，翻身得解放。在抗日战争进入最艰苦的岁月时，为了解决战争困难，滨海根据地实行大生产运动。人民群众纺线织布，垦荒种田，推盐打油，碾米磨面，想尽一切方法帮助子弟兵渡难关，曾涌现出一大批生产模范，如王家贺城的种粮模范王松山，夏庄镇的纺线模范陈大娘等等。根据地建设热火朝天，群众性的参军活动也非常热烈，群众纷纷自发地找到部队，要求参军。临沭县一次参军就拉出了一个以县委书记刘白涛名字命名的400多人组成的"白涛营"。

"人民是水，八路军是鱼"。盈满鱼水深情的蛟龙湾，成了整个滨海根据地最美的地方。

蛟龙湾由前、中、后三个村组成，三个自然村，紧密地偎依在一起，像一枚红色的钉子牢牢地楔在滨南根据地前哨一线，因此觊觎在苏鲁边界上的敌人连做梦都想拔掉这枚钉子……

1945年6月4日，前蛟龙响起了炸豆般枪声。麋集在欢墩埠的数千名日、伪军，在汉奸区长胡伯衡的带领下，趁雨夜包围了村子。当时，我滨南行署的同志们动员群众反"扫荡"，就住在该村妇救会长李大娘（陈元君）家里。天刚拂晓，李大娘听到外边有动静，开门一看，鬼子端着明晃晃的刺刀逼了上来。她急忙转身用身体挡住了门板，一面大声地呼喊："同志们，鬼子来了，快突围……"在屋里住的同志们，闻声立即越窗转移，而我们50多岁的李大娘，却英勇地倒在了血泊之中。

在生与死的关头，一位普通的农村老大娘，把生的希望留给了子弟兵，自己却毅然地选择了后者，这是一种何等高尚的革命大无畏精神啊！李大娘和红嫂、沂蒙六姐妹，还有那无数为革命抛头颅洒热血的沂蒙妇女一样，永远是历史的骄傲！

（王善刚整理）

第二章　雄师扬军威　功著沂蒙山

在巩固发展沂蒙抗日根据地的艰难历程中，一一五师南征北战，纵横驰骋，英勇顽强，艰苦奋战，夺取了反“扫荡”、反“封锁”、反“蚕食”、反摩擦的一次又一次胜利。充分显示出人民军队敢打必胜、有我无敌的英雄气概。在民族解放史上、在世界反法西斯史上留下了深深的烙印。

一、纪念馆展板内容

1. **重坊战斗**　从1941年初开始，日军为巩固扩大其占领区，疯狂“扫荡”沂蒙根据地。1月19日，日伪军近3000人分5路向鲁南根据地进犯，其中一路占领郯城西部重镇重坊镇。2月7日，第一一五师教二旅乘重坊的日伪军向胡集、铁佛寺一带进犯之机，向重坊守敌发起攻击，歼敌大部，俘伪军10余人，夺取重坊。

2. **重坊再战** 教二旅四团占领重坊次日，满载日军的两辆坦克、3辆装甲车和数辆汽车将重坊包围起来。教二旅四团用门板、木桩等将村寨门堵死。日军坦克、装甲车无法进村，后来部分日伪军强行攀爬围墙，旋即被消灭。天黑日军撤退时，八路军战士用手榴弹炸毁坦克履带，缴获坦克一辆。

3. **胡集血战** 重坊战斗后，教二旅四团转移到胡集。日军为消灭四团，从临沂、郯城、马头、邳县等地纠集了1000多名日伪军包围胡集。四团早做好了迎敌准备，当日军离围墙不到100米时，突然开火，打退了进攻日军。日军用迫击炮、掷弹筒向村内轰炸，八路军指战员英勇顽强，与日军血战竟日，迫使日伪军狼狈撤退。这次战斗，打死打伤日伪军300余人，但八路军营级干部2人、连长5人、排长14人及100多名战士也在战斗中壮烈牺牲。

4. **留田突围** 1941年11月5日凌晨，“扫荡”鲁中山区的日伪军5万余人，在华北派遣军总司令畑俊六指挥下，将第一一五师师部、山东省党政机关驻地沂南县西南部的留田村一带包围，企图一举全歼山东抗日根据地党政军机关，形势万分危急。罗荣桓召开紧急军事会议，朱瑞、陈光、陈士榘等就突围方向发生激烈争论。最后，罗荣桓全面分析了战场态势，果断决定向南部敌人后方突围。夜幕降临后，罗荣桓率部利用留田村东南铁山子附近东西仅有的1.5公里间隙，不费一枪一弹，无一伤亡，悄无声息地穿过日军三道封锁线。6日安全辗转到蒙山南端的黄埠前一带，当时随着一起突围的太平洋国际学会记者、德国友人汉斯•希伯赞誉此次突围是“无声的战斗”。

留田突围（油画）

5. **石岚伏击战** 留田突围后，日军到处寻找八路军主力部队作战并烧杀抢掠。1941年11月7日晨，罗荣桓命令师特务营副营长黄国忠带两个连在石岚伏击一股“扫荡”的日伪军。黄昏时分，日伪军300余人携带抢掠的东西进入伏击圈。埋伏在两侧高山的八路军轻重机枪一起开火，军号震天响，掷筒弹、手榴弹飞进敌群。经半个多小时激战，除几名日军逃窜外，剩下的300多名日伪军全部被击毙。此战，不仅消灭了大量日伪军，还达到了把根据地中心区“扫荡”的日军引出来、减轻沂蒙中心区反“扫荡”压力的目的。

6. **柳红峪战斗** 1941年11月15日，一股日军向山东分局和第一一五师师部驻地沂南县柳红峪一带进犯，陈光决定调集两个主力团歼灭这股敌人，并要求山东分局秘书长谷牧指挥特务营两个连阻击日军的进犯，以待主力部队到来。谷牧率部抢占柳红峪村南山头立足未稳，日军便冲了上来，谷牧沉着指挥，双方展开激烈争夺战。终因力量悬殊，谷牧只好率部边打边撤，撤退中谷牧身负重伤。是役，消灭大量日军，为机关转移和其他部队作战赢得了时间。

7. **苏家崮战斗**　1941年12月8日拂晓，日伪军6000余人分别由滕县、邹县、平邑、铜石、地方、费城等据点出动，突然包围了山东纵队一旅三团及山东分局党校驻地——平邑县南部宁家圈一带。为掩护团主力和党校突围，三团以一连、四连和五连一个排，抢占苏家崮。日军集中火力向苏家崮攻击。八路军战士与日军在崮上展开了激烈的拉锯战。

8. **八路军战士同日军肉搏格斗** 八路军战士在苏家崮血战竟日，子弹打光了就拼刺刀，刺刀拼弯了就用石块砸，腿打断了就爬着打，眼睛打瞎了就摸黑打，坚决阻击敌人，一直坚持到天黑。大部分指战员在战斗中牺牲，部分指战员在弹尽粮绝的情况下，宁死不降、抱敌跳崖，与敌同归于尽。这次战斗，胜利完成了掩护山东党校和团直机关突围的任务。血战中，毙伤日军少将福田以下400 余人，沉重打击了日寇的嚣张气焰，充分彰显了八路军临危不惧、有我无敌的英雄气概。

9. **甲子山战斗** 1942年8月8日，国民党东北军五十七军第一一一师师长、中共地下党员常恩多率部分官兵起义，而该师三三一旅旅长顽固派头目孙焕彩却率余众勾结土顽2000多人抢占莒南县甲子山区。8月14日，第一一五师教导第二旅第六团等部队，向顽军发起进攻。经5天战斗，收复甲子山。10月初，我部队转移，孙焕彩举兵再次侵占甲子山。12月17日晚10时，第一一五师教导第五旅、教导第二旅第六团等部共1万余人，再次攻打甲子山。经过

甲子山战斗遗址

14天的激烈战斗，我军击毙顽军1000多名，俘第331旅参谋主任任家麟以下官兵1137名，第一一五师伤亡648人。甲子山战斗开辟了滨海抗日根据地的新局面。

10. **海陵反“蚕食”战役** 为配合鲁中军区反“扫荡”作战，罗荣桓采用“翻边战术”，即乘敌人“扫荡”之际，选准有利时机，打到敌人后方去，借以粉碎敌人“扫荡”。决定派教二旅一部南下，发动海陵反“蚕食”战役。1942年11月3日—8日，教导二旅在地方武装等部队的配合下，3日克罗庄，4日克横沟，5日克管圈沟。此后，教导二旅乘胜攻击，一面包围据点，一面展开强大的政治攻势，致使增援的新浦日伪军500余人不战而回。后攻克了韩湖、泉沟、上林、丁旺、麻庄湖、大小齐庄、东西小店等10余处据点。战至8日，教导二旅等部以伤亡40余人的代价，连克日伪军据点16处，歼伪军杨步仁部600余人，缴获长短枪540余支，粉碎了敌人的“蚕食”阴谋。

11. **攻克郯城** 1942年11月初，赣榆、郯城等地日军“扫荡”滨海区，罗荣桓决定趁敌人后防空虚之际，运用“翻边战术”，远距离奔袭郯城。

郯城是日军苦心经营两年的兵站基地。城内驻有日军1个小队和1000多名伪军，城墙坚固，炮楼众多，城外壕垒交错，易守难攻。

1943年1月18日夜，陈光和教二旅旅长曾国华、政委符竹庭率第四、第六团及部分地方武装长距离开赴距郯城县城不远处隐蔽下来。19日夜，突然向郯城发起攻击，经过连续爆破，攻入城内。毙伤日伪军103人，俘日军7人、伪军419人，缴获大量枪支弹药和军用物资，迫使敌人从根据地撤退，取得了“翻边战术”的胜利。1943年1月25日，《大众日报》发表了《庆祝我军新年胜利大捷》的社论，报道了第一一五师教二旅攻克郯城胜利的消息。

12. **太皇崮战斗** 在第一一五师的支持帮助下，鲁南根据地层层成立起党政军群组织，为开展对敌斗争奠定了坚实的组织基础。1943年3月24日，日伪军数千人“扫荡”平邑县南部山区。皇崮分区委和区中队9人在转移途中被敌发现后，登上了太皇崮山顶。日军把太皇崮团团包围。9名战士凭借险要山势和不怕牺牲的精神，打退了日伪军多次进攻。子弹打光了，就用石头砸。当日伪军涌向山顶时，除一名战士藏在大石夹缝中幸存外，区中队副指导员王万立拉响了最后一枚手榴弹与日伪军同归于尽。副区长孟育民，农救会长公浩，战士李广友、谢洪柱、谢恒顺、谢洪连、陈礼赞等8 位壮士有的战死在山顶，有的英勇跳崖、壮烈牺牲。

松林伏击战遗址

13. **松林伏击战** 1942年8月1日，山东纵队改为山东军区归一一五师指挥，山纵所属部队划归第一一五师建制。1943年初，国民党统治集团掀起了第三次反共高潮，蒋介石令国民党九十二军李仙洲部入鲁，第一四二师作为其先头部队进入鲁南。他们每到一地即杀害抗日军民，激起根据地人民的极大愤慨。1943年8月13日，以巨匪刘桂堂为向导，第一四二师向费南进犯。鲁南军区第三团在平邑县郑城镇松林村附近设伏。当一四二师指挥机关行进到伏击圈时，三团拦腰发起了攻击，顽军首尾无法相顾，部队在混乱中被击溃，师长刘春霖被击伤，一四二师慌乱中向四开山逃窜。

14. **攻打四开山** 鲁南军区乘顽军溃乱之机，先后组织10个连队，于8月17日夜兵分3路向四开山顽军同时发起猛攻，下午3时，顽军被迫逃窜。此役，毙伤俘顽军近600人，余部逃回安徽，我军粉碎了其抢占沂蒙山区的阴谋。

15. **消灭刘桂堂** 1943年11月，鲁南军区根据罗荣桓的指示，决定消灭刘桂堂（绰号刘黑七）。刘黑七是巨奸惯匪，无恶不作。从20世纪20年代起，先后投靠过蒋介石、冯玉祥、张学良、阎锡山、何应钦、宋哲元等人，流窜危害山东、河南、江苏、吉林、河北等十几个省（市），残杀群众20多万人，人称“混世魔王”。“七七”事变后，刘黑七投靠日军，被委任为伪皇协军前进总司令，随日军回到青岛又转胶东，随后打起了“反正抗日”的旗号窜回鲁南，疯狂破坏抗日根据地，屠杀抗日军民。刘匪部在费县柱子山安营扎寨，修筑工事，企图长期固守。

刘桂堂与日军的合影照

1943年11月13日，鲁南军区第三团、第五团和费滕独立营各一部，发起讨伐刘桂堂部的战役。五团将柱子山及周围据点的土匪击溃。与此同时，三团将刘的司令部东柱子村包围，担任主攻的三团三连、五连同时架梯登墙突入据点外围墙，将匪部压入小围子内。爆破组炸开内围墙，三团战士和刘部展开巷战。刘桂堂见势不妙，从围墙吊绳逃跑，被四连通讯员何荣贵击毙。

柱子山战役，先后攻克据点13处，击毙匪首刘桂堂以下224人，俘虏1000余人，解放了被抓的壮丁、妇女500余人。缴获大量枪支弹药和军用物资。

延安新华广播电台连续3日，每4小时播发一次“山东军民击毙惯匪刘桂堂”的重要新闻。《解放日报》发表了《山东军民反“扫荡”胜利》的社论。社论指出：击毙混世魔王刘桂堂，不仅为山东人民除了大害，而且为中华民族伸张了正义，值得大书特书。山东军区司令员罗荣桓、副政委黎玉、政治部主任萧华发来贺电，嘉奖沂蒙参战部队，对击毙刘桂堂的战士何荣贵亦给予通令嘉奖。

《大众日报》登载消灭刘桂堂的通讯报道　　击毙汉奸惯匪刘黑七处

16. **葛庄伏击战**　1944年，国际国内形势发生重大变化，山东根据地形势也明显好转。罗荣桓等决定抓住时机，积极主动地对敌人发起攻势作战，收复了大片国土。9月3日上午“扫荡”滨海区的日伪军2000余人分两路由莒县沿沂（水）博（山）公路回撤，鲁中军区侦知后，调集第一、第四团和沂山军分区第一、第十二团等武装分路截击。下午2时许，日伪军进入葛庄等伏击圈，八路军武装突然发起攻击。经两天激战，毙伤日军中队长田野平、岗田健、右寺伯以下300余日军，俘日军31人，毙伤击溃伪军1000余人，俘伪军367人，缴获山炮、迫击炮、平射炮等大批枪支弹药和军用物资。

17. **解放蒙阴城** 1945年上半年，沂蒙军民在罗荣桓的统一指挥下继续开展攻势作战，先后解放赣榆的海头和泗水城等地。3月8日，鲁中军区部队发起攻打蒙阴城战役，至10日结束战斗，全歼日伪军1200余人，并攻克县城周围店子、南官庄等据点，缴获大量枪支弹药。

18. **五路大军全线进攻** 1945年，世界反法西斯战争进入最后胜利阶段。7月26日，中、美、英三国发表《波茨坦公告》，促令日军投降。8月15日，日军宣布投降，却未立即停止战斗。当天，山东军区将部队编成五路大军，向敌占城市和交通要道进攻，相继解放临朐、莱芜、曲阜、赣榆等40多座县城。9月10日，解放临沂城，沂蒙人民迎来抗日战争的彻底胜利。

19. **第一一五师帮助地方党政军群建设** 第一一五师到山东后，不断抽调干部加强地方各级党政军群组织建设、思想建设和作风建设，为沂蒙抗日根据地的开辟巩固发展壮大做出了重要贡献。

20. **山东军区大反攻作战要图**（1945年8月—9月）

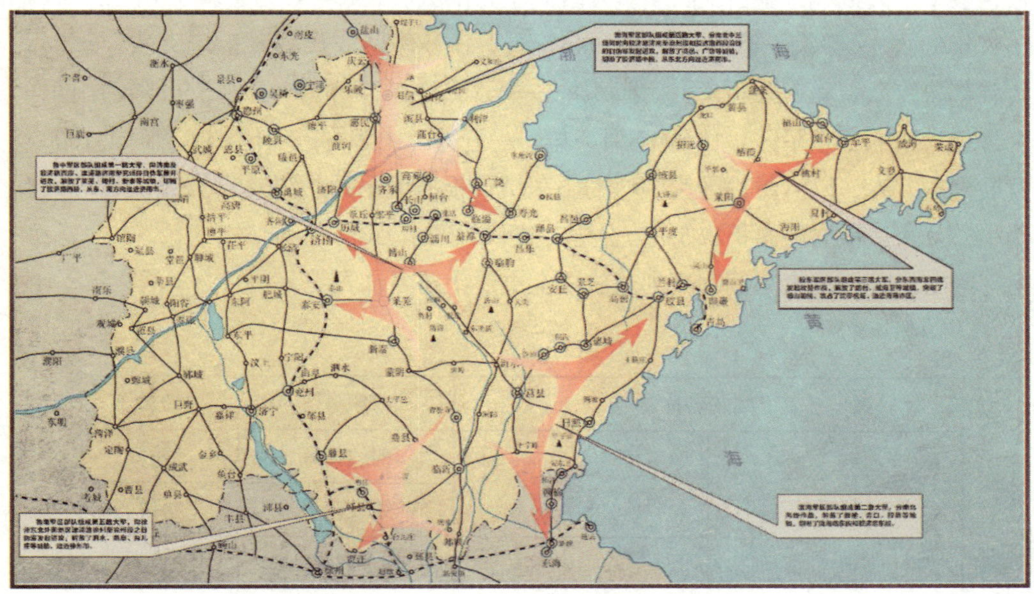

21. **第一一五师暨山东军区征战路线图**（1937年8月—1945年9月）

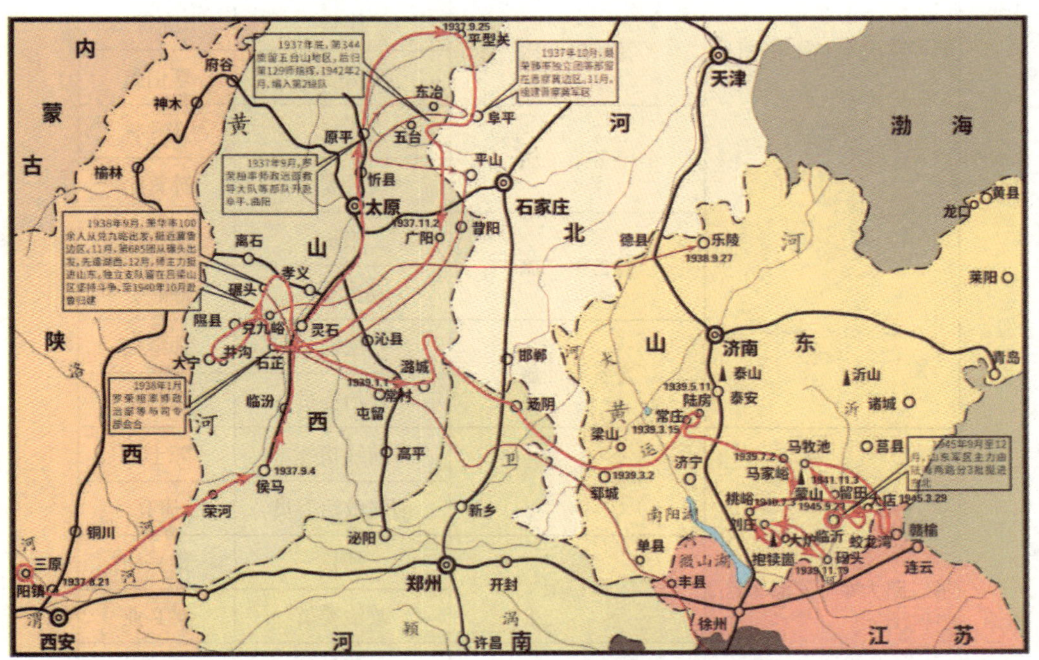

22. **第一一五师发展壮大** 1939年3月，第一一五师挺进山东后，广大青年积极报名参军，大批地方游击大队整编升级到主力部队。1940年10月整编了6个教导旅。1941年6月，又整编了教导七旅。1943年春，山东纵队先后将其挺进支队、第六支队、苏鲁支队、第一旅近3万人划归第一一五师。1943年3月，第一一五师与山东军区合编为新的山东军区。1945年8月，第一一五师（山东军区）已由入鲁时的7000人发展到27万人，以沂蒙山区为中心的山东抗日根据地军民共作战2.6万余次，歼灭日伪军53万人。根据地面积12.5平方公里，人口2400余万。

附：山东五路大军编制序列及旅以上主要干部名录表

（1945年8月）

编制名称		职务	姓名
第一路大军（鲁中军区）		前线指挥	王建安
		前线政治委员	罗舜初
	第三师	师长	王建安
		政治委员	周赤萍
	第四师	师长	廖容标
		政治委员	王一平
	警备第一旅	旅长	陈奇
		政治委员	李伯秋
	警备第二旅	旅长	吴瑞林
		政治委员	孙繁彬
	警备第三旅	旅长	胡奇才
		政治委员	熊飞
	警备第四旅	旅长	孙继先
		政治委员	李耀文
第二路大军（滨海军区）		前线指挥	陈士榘
		前线政治委员	唐亮
	第一师	师长	梁兴初
		政治委员	梁必业
	第二师	师长	罗华生
		政治委员	刘兴元

	警备第十旅	旅长	赵杰
		政治委员	田海山
	警备第十一旅	旅长	覃士冕
		政治委员	谷牧
第三路大军（胶东军区）		前线指挥	许世友
		前线政治委员	林浩
	第五师	师长	吴克华
		政治委员	彭嘉庆
	第六师	师长	聂凤智
		政治委员	李丙合
	警备第四旅	旅长	刘涌
		政治委员	仲曦东
	警备第五旅	旅长	贾若瑜
		政治委员	廖海光
第四路大军（渤海军区）		前线指挥	杨国夫
		前线政治委员	景晓村
	第七师	师长	杨国夫
		政治委员	周冠五
	警备第六旅	旅长	刘贤权
		政治委员	陈德
	警备第七旅	旅长	赵寄舟
		政治委员	李曼村
第五路大军（鲁南军区）		前线指挥	张光忠
		前线政治委员	王麓水
	第八师	师长、政治委员	王麓水
	警备第八旅	旅长	贺健
		政治委员	杨士法
	警备第九旅	旅长	胡大荣
		政治委员	李青

23. 山东八路军抗战八年来战果[①]

类别	项别	数别
战绩	作战	32977 次
	城市	106 座
	都市	8 座
	据点	4814 处
	毙敌	58152 人
	伤敌	80524 人
	俘敌	9426 人
	毙伪	47337 人
	伤伪	167203 人
	俘伪	263813 人
缴获	重枪	338 挺
	轻枪	5899 挺
	长枪	307768 支
	短枪	15849 支
	迫炮	1057 门
	小炮	591 门
	掷弹筒	771 门
	山炮	9 门
	曲射炮	5 门
	钢炮	62 门
	野炮	2 门
	枪弹筒	503 门
	信号枪	601 支
	长枪弹	8180237 发
	短枪弹	366136 发
	机枪弹	167172 发
	手榴弹	373941 个
缴获	掷筒弹	3364 枚
	迫炮弹	15975 枚
	钢炮弹	2327 枚
	山炮弹	24 枚
	枪筒弹	178 枚
	信号弹	1884 枚
	汽车	129 辆
	战马	6504 匹
	自行车	3713 辆
	机枪筒	13 个
	飞机	7 架
	摩托车	34 辆
	造枪机	10 挺
	造弹机	9 挺
	电台	203 台
	探照灯	6 个
毁坏	重机	1 挺
	轻机	8 挺
	野炮	5 门
	步枪	95 支
	重炮	6 门
	汽车	1453 辆
	坦克车	3 辆
	列车	103 列
	飞机	13 架
	火车头	62 辆
	碉堡	4366 处
	汽船	10 艘

①黎玉珍藏的历史文献《山东八路军抗战八年战果》（1946年3月编制）。

24. **刘少奇电文**[①] 1945年9月20日，刘少奇为中共中央起草致山东分局并罗荣桓、黎玉转林彪电：发展东北，控制冀东、热河，进而控制东北，除开各地派去之部队和干部外，中央是完全依靠你们及山东的部队和干部，原则上以山东全部力量去完成这个任务。

25. **第一一五师进军东北** 抗战胜利后，中国面临着“和平、民主”和“内战、独裁”两种前途。国民党统治集团在美帝国主义的支持下，企图发动内战来消灭人民革命力量。中共中央及时提出“向北发展、向南防御”的战略方针并做出部署，罗荣桓等奉命率山东军区主力6万余人和4000多名地方干部相继开赴东北，开始了开辟东北解放区的新征程。

一一五师进军东北离开临沂城

①黎玉珍藏的历史文献《山东八路军抗战八年战果》（1946年3月编制）。

26. **山东军区主力部队挺进东北示意图**（1945年8月—12月）

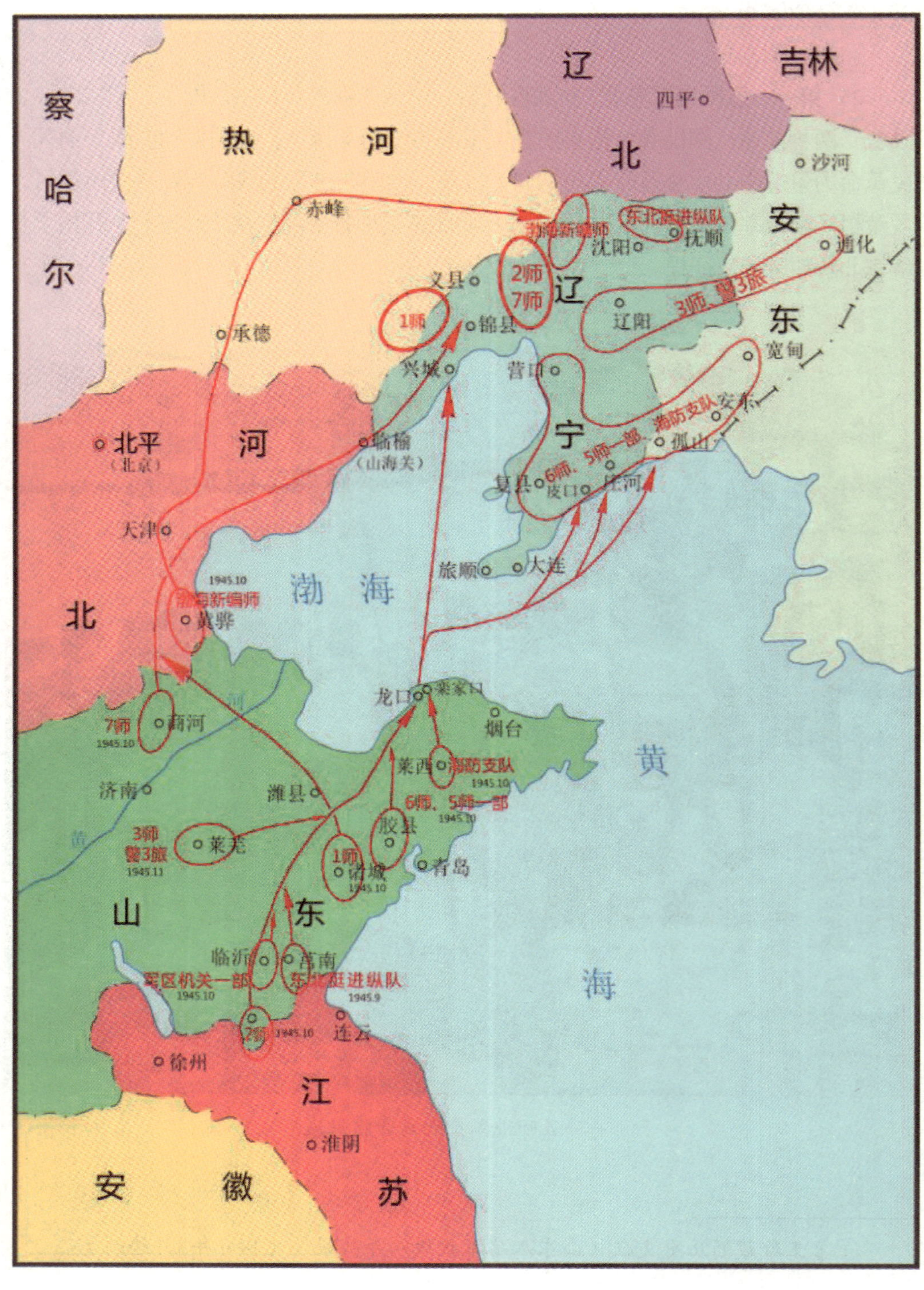

二、史料文章

重坊血战

1941年2月初，八路军一一五师教导二旅在副旅长张仁初率领下，由鲁南挺进滨海郯（城）马（头）地区，接替教导五旅防务，策应苏北对敌斗争。重坊镇位于郯城西南40里处，东靠沂河，为一商贸重镇，是日伪盘踞的重要据点，有伪军王化云保安队的1个中队防守。日伪军残害群众，滥杀无辜，破坏抗日，无恶不作。为群众切齿痛恨。教导二旅决定攻克重坊。2月7日，重坊日伪军出动汽车20余辆、坦克8辆，向胡集、铁佛寺一带进犯。同时，埝头日伪军400余人，乘汽车30余辆，沿沂河东岸向刘港口、李庄进犯，并有飞机配合。教导二旅四团在团长钟本才、政委吴岱率领下，乘机向重坊守敌发起攻击。四团三营迅速突破敌防线，歼敌大部，俘伪军10余人。残敌向江苏邳县方向逃窜，重坊遂被攻克。重坊枪声刚息，马头增援之敌即迅速赶来，向四团反扑。四团在地方武装配合下，依托沂河天然屏障顽强抗击，迫使增援之敌大败而回。次日，日军100余人，伪军300余人，在7辆坦克掩护下，分3路突袭重坊。四团与敌激战至黄昏，敌人复败回马头镇。

在外围胡集一带担任阻击任务的教导二旅一部，扼西、南两面，与从新安镇出来“扫荡”的数百名日伪军遭遇。敌人以坦克和装甲车，在密集的炮火掩护下向八路军进攻。阻击部队在副旅长张仁初指挥下，与敌浴血苦战。指战员用手榴弹炸毁敌人坦克1辆，毙敌百余人。战斗持续5天，敌人终被击溃。这是一次拼骨头的战斗，教导二旅遭到重大伤亡，100多名指战员牺牲，其中，牺牲营级干部2名，连长5名、排长14名。许多经过长征的红军战士牺牲了。一一五师政委罗荣桓从山东分局开会回来，看到牺牲的指战员名单，十分沉痛，对战斗指挥员进行了严厉批评。

（载自《沂蒙革命根据地志（上）》）

罗帅在鲁南二三事（节选）

于化琪

（三）

1941年春，正当鲁南抗日救亡运动日益深入，根据地建设不断发展的时候，穷凶极恶的日本侵略军纠集了鬼子伪军近千人，从临沂、新安镇（今新沂县城）等地出动，向重坊一带疯狂“扫荡”。我政府机关被迫转移，群众也在我部队掩护下向安全地带撤退。驻守在重坊的八路军一一五师教导二旅的指战员目睹这一切，早就忍不住内心的怒火。他们奋勇地展开了对侵略者的回击，著名的重坊战斗打响了。

战斗进行得十分激烈。日寇动用了坦克和装甲车，在密集的炮火掩护下，开始了一次又一次冲锋。在敌人疯狂的炮击下，我军许多指战员倒下了。担任战斗指挥的教二旅副旅长张仁初同志看到这种情景，心里顿时升起了万丈怒火，他高声呼喊着：“同志们！我是共产党员，跟我来！坚决和鬼子血战到底，冲啊！”接着，他骑上花斑豹（缴获顽匪王学礼的马）像疾箭一般冲进弹雨火海之中去了。张旅长“马跳坦克”的奇勇，成为无声的命令，鼓舞着战士们奋力冲杀，打得鬼子人仰马翻，取得了毙敌300余名的胜利，日寇“奔袭合击”的阴谋遭到了失败。群众见此大胜，无不欢呼振奋。我军在临郯一带的声威大大提高。但是，由于违背了游击战的战略原则，我们自己的伤亡也是严重的。

两天以后，到中共山东分局参加会议的罗荣桓同志回来了。他急切地询问了重坊战斗的全过程，仔细翻阅了我军干部战士伤亡登记表，脸上立刻严峻起来。一张张可爱的笑脸，一个个熟悉的身影，清楚地映现在他的面前。就是这些英雄，紧跟毛主席南征北战，跨过了滔滔乌江，爬过了皑皑雪山，东渡黄河，挺进山东……罗政委在长久的沉思之后痛惜地说：“多好的战士啊！”

就在这时，张仁初同志走来了。他流露出一种胜利的兴奋情绪，老远就喊了一声“政委”。可这次罗政委没让他坐，也不给他倒茶，劈面就问：“张仁初，你是来请功的吧？！请赏的吧？！”罗政委不等张仁初同志开口，便又厉声地说下去：“告诉你，我这里没有功给你，没有赏给你，你是个疯子！你还我的干部，你还我的战士！”

一向稳重和蔼的罗政委，今天的脸上却出现了少有的怒容。他神色严肃，情绪激动。透过黑边眼镜，可以看到他眼眶里饱含着泪水。“你违反了毛主席的军事原则，拼掉了我们的红军老干部，你赔我的干部来！”罗政委越说越气，后来，他看看站在面前的张仁初同志，情绪才开始慢慢平静下来。“干革命不能单凭一股傻劲，战斗也不能只靠勇敢。现在我们是开展游击战争，不是打阵地战，只想打得过瘾，动不动就硬拼，革命的本钱就会叫你拼光，我们怎么向党向人民交代啊！”罗政委的话严中有慈，既充满了对烈士的痛惜，又满含着对张仁初同志的爱护，使刚强似铁的张仁初同志难过得低下了头。

事情就这样完了吗？没有。罗政委住这个机会，多次找张仁初同志谈心，反复讲解毛主席论持久战的军事原则，启发诱导张仁初同志认识掌握这一原则的重要性。此外，还专门召开干部会议，总结重坊战斗的经验教训，表彰在战斗中涌现出来的英雄人物。罗政委以重坊战斗的事例反复教育大家，指出：“在日寇不断侵入我国内地，敌我双方已进入相持阶段的时期，我们的原则仍然是广泛地开展游击战争，机动灵活地打击敌人，只有这样，才能达到消灭敌人，保存自己的目的，才能够积蓄力量迎接必将到来的大反攻，夺取抗日战争的最后胜利。”

在罗政委的教育下，鲁南部队和地方干部军事思想有了普遍提高，张仁初同志也认识和检查了自己的错误，诚恳地要求组织上给他应得的处分。从那以后，每逢提起这件事，他总是十分痛悔地说：“唉，罗政委说得对，我真是个疯子。”后来张仁初同志确实是牢记着罗荣桓同志的教诲，在艰苦的抗日战争、解放战争和抗美援朝战争中，机智勇敢地指挥着部队，打了许多漂亮仗，为人民立下了功勋。

以上我的回忆只是如实地记述了罗荣桓同志在鲁南的几个片断，这在他一生为革命而斗争的业绩中不过是很小的一部分，但是，已经可以使我们清楚地看到，他作为一个无产阶级革命家的平凡而伟大之处，他那种实事求是、尊重客观、善于处理矛盾、增强革命队伍团结的坚定的马列主义原则性。他那种在复杂激烈的政治和军事斗争中，洞察全局、指挥若定的高超领导艺术。他那种对待同志严格要求、循循善诱、爱护备至的深厚的阶级感情，都是永远值得我们赞颂和学习的。

（内容系节选）

沂蒙凯歌

黄国忠

英明的决定

1941年10月，日寇侵华军总司令畑俊六坐镇临沂，纠集了五万兵马，拉开大网，向沂蒙山汹涌杀来。我一一五师师部和山东分局，在我们特务营的掩护下，从滨海地区北上，准备与山东纵队的领导机关会合，组成反“扫荡”的统一指挥机构。11月4日，当我们行至留田时，日寇突然从四面八方合击过来。很显然，敌人已发现了我们的行动，妄想以突然袭击，先打掉我领导机关，然后彻底摧毁沂蒙山区抗日根据地。

我营四个连，分别坚守在留田四周的山头和隘口。我跟随二连守在留田东北五里多地的司马。从5日清晨，一直打到中午，仍不见行动的命令。举目望去，大路、小路、山谷、田野，到处是黄溜溜的鬼子兵。他们在飞机掩护下，步步紧缩着包围圈。看着这情景，我的心情越来越沉重。我深深知道，机关和首长的安全关系着整个山东的抗日斗争啊！

下午3点多钟，师部通讯员飞马而来，急促地对我说：“师首长要副营长立刻前去领受任务。”我跨鞍上马，直奔师部。

师部驻在牛家沟。当我赶到时，师部的茅屋里已经挤满了人。我们的营长，正、副教导员已经先到了。屋子里异常安静，只有罗荣桓政委站在作战地图前。手里拿着红蓝铅笔，在讲着什么。我向首长做了报告以后，罗政委特地停止了讲话，走过来同我握了握手。他的神态、动作，就像周围没有任何事情发生一样，看到罗政委那镇定自若的神态，我原来紧张的心情立时平定下来。

罗政委回到地图前，严肃而又平和地继续说道：“现在我们不只是考虑如何突围、保存自己，而应该考虑怎样才能既保存了自己，又能粉碎敌人的‘扫荡’，保住我们的根据地。”说到这里，伸手向南一指，斩钉截铁地说：“我的意见应向南突围。”

“向南突围？”这个出乎意料的决定，简直使我吃惊。我看了看其他人，大家也都露出了惊异的神情。

“是的，向南！向敌人的心脏临沂挺进！”罗政委重复了一句，接着便简要地分析了敌我态势。他指出：东面的沂河、沭河和台潍公路，都被敌人严密地封锁着，并布置了一个口袋阵。我们东去，正中敌人毒计。北面，敌人正疯狂地向南压来，顽军又与山东纵队对峙着，北上定受日、顽夹击。西有津浦铁路，敌人碉堡、据点林立，戒备森严，不易通过。讲到这里，他声音洪亮地说：“敌人正集中兵力向我中心区合围，后方必定空虚，这就给我们闪出了突围的空隙。我们趁机插到他的大本营临沂，就能变被动为主动。我们牵着敌人的鼻子，就能彻底粉碎他的‘扫荡’。”听了罗政委精辟的分析，我心里像打开了窗子，顿时豁亮起来。

大家一致同意罗政委的意见，并请他下达命令。罗政委在地图上先画了三条蓝色弧线，又画了一个红圆圈，然后穿过三条蓝线画了一条向南转西的红线，在圆圈处停了下来。他把我们叫到跟前，先指着三条蓝线说：“这是敌人的三道封锁线。”然后又移向红线说：“这是我们的行军路线，由留田经张庄，穿高里，折转西南。然后，越过临蒙公路，直插诸满以南，在这里停下来。”他的手指最后落到被红圈围着的王沟附近。我仔细一看，王沟离临沂最多不过五十里路。罗政委等我们把每一个要经过的地点都记清之后，又向我们详细交代了经过这些地方应注意的事项。他熟悉沂蒙山就像熟悉自己的故乡一样，连哪里有个隘口，哪里可以通过炮车，都非常清楚。这使我想起敌人“扫荡”之前，他曾指示所有参谋人员和部队连以上干部，必须把沂蒙山的地形摸透。那时我们对这次“旅行”的意义认识还不足，此刻才领会到罗政委早就为反“扫荡”做了准备工作啊！

罗政委向我们交代了任务之后，又给我们做了具体分工：营长和教导员带领一、二连作前卫；副教导员带四连居中卫护机关；我带三连担任后卫，掩护和收容掉队人员。他要求部队一律枪上刺刀，压满子弹，随时准备战斗。最后他又宣布了行动纪律：坚决服从命令，不得自由行动；没有突出合击圈前，不许说话，不许咳嗽，不许发出任何响声。

领受任务完毕，天已黄昏。走出师部时，我仿佛站在一座雄伟的高山之顶，站得高，也看得远了。先前那种不知去向的紧张心情，完全消逝了。教导员也意味深长地说：“这真是个英明的决定。”

无声的战斗

夜幕垂降，雾气弥漫。留田周围的山头上，鬼子燃起的冲天大火，把黑夜变成了白昼。枪声、炮声、马嘶声和鬼子号叫声，不断传来。他们是那样嚣张、狂妄，仿佛敌酋一声令下，就能一举歼灭我们似的。

几千名机关人员和我们特务营，都集合在一块平地上，静静地等候着出发的命令。忽然，罗政委率领作战科的同志和一部分侦察人员从部队面前走过，先头出发了。罗政委安详地迈着步子，还不时向别人打着招呼，好像他不是要带领几千人突破重围，而是去出席一次会议。这情景使我想起了他在梁山战斗中的情形。那是1939年8月，我们把六百多鬼子包围在梁山，罗政委决定全歼敌人。他部署完战斗之后。便来到前沿附近的一棵大树下。鬼子拼命想突出重围，战斗一开始就非常激烈。子弹、炮弹不断地在大树附近飞啸、爆炸。可是我们的罗政委，一面听着参谋人员向他报告战斗的进程，下达着命令；一面就像在乘凉，不停地摇着大芭蕉扇子。一直到战斗即将胜利结束，他才站起来拍了拍身上的土，摇着扇子离开了这棵大树。想到这些，我更感信心倍增。

7点多钟，部队以战斗的姿态出发了。几千人的队伍，一个紧跟一个，静悄悄地从仅一里多路的空隙中向南插去。我们逢山过山，遇水蹚水，不久便接近了台潍公路。我们在公路右侧的小路上向南前进，公路上便是向北急进的鬼子的大队人马。炮车滚滚，马蹄踏踏，他们正做着在留田合击我们的迷梦呢！

我们直奔第一道封锁线张庄。快接近时，只见大小山头上一溜火堆，犹如一条蜿蜒的火龙。火龙的中间，闪出一段黑蒙蒙的缺口，看去只有一里多路。前面传下了罗政委命令：三路纵队，跑步通过。做好战斗准备！”战士们一手提着上了刺刀、压满子弹的步枪，一手提着揭开了盖的手榴弹，迅速、肃静地向两山之间的隘口猛插过去。敌人盲目地射击着，子弹在头顶上尖叫着，我们理也不理，继续飞奔。整整过了半个多小时，敌人仍未发觉，第一道封锁线安全地通过了。

过了张庄，穿过一条小山沟，部队稍微休息了一会，又继续向南走。下半夜到了高里附近，向前看去，大小山头上又是火堆连着火堆。火堆旁，时隐时现地闪动着敌人，是巡逻兵的身影，而且每隔十分钟，便飞起许多绿色信号弹。前面传下“跑步跟上”的命令，部队飞速前进。当我们从两堆大火中间穿过时，只见我们的三名侦察员穿着黄呢大衣，正举着信号枪发射绿色信号弹。原来他们掌握了敌人巡逻兵的规律之后，一声不响地干掉了巡逻兵，穿上敌人的衣服，执行起“巡逻兵”的职责。

三星垂西，部队折转向西，越过临蒙公路。正向罗政委分析的一样，敌人后方空虚，戒备不严，我们又顺利地通过了第三道封锁线。五点多钟，我们便胜利地到达了目的地——王沟附近。就这样，我们没费一枪一弹，无一伤亡，安全地突破了五万敌寇的包围。而敌人却在继续源源不断地向留田方向开去。

第二天，我们的《战士报》上，登载着德国记者希伯同志写的一篇文章。他称赞留田突围的指挥是神奇的。文章的前面，标着醒目的红字标题——“无声的战斗。”

调虎离山

我军突出重围，敌人的合击扑空了。他们一时摸不清我们的去向，因此也没有马上调兵回转。就在敌人犹豫不定的时候，罗政委又英明果断地引导我们跨出了反“扫荡”的第二步。

部队在山坡上集合了。罗政委站在一块石头上，朝阳照耀着他高大健壮的身躯，显得神采奕奕，容光焕发。他开门见山地说：“同志们一定很关心我们下一步的行动，现在就来告诉大家，我们还要回到沂蒙山区去。”接着，他指出：我们虽然突破了敌人的重围，但这仅是我们的初步胜利，沂蒙山区是我们的根据地，沂蒙山区的群众是我们的靠山。要坚持抗日并取得最后胜利，就要有群众。我们所以离开了沂蒙山，是为了把敌人调出沂蒙山，消灭他，保卫沂蒙山。现在敌人还没有离开我们的根据地。我们要开展广泛的游击战，消灭敌人，保卫根据地和广大群众不被摧残，这才是我们的全面胜利。

在罗政委的指挥下，我们又调转头来，向沂蒙山区挺进。7日黄昏，我们到了诸满。8日，罗政委派人把我叫了去，指示说：“敌人在留田扑空，正在摸我们的去向。我们要将计就计，暴露一下自己，把敌人调出我们的根据地。”他见我还没有完全弄清他的意思，又进一步说：“垛庄、青驼寺一带，敌人抢劫了很多牲口、物资，准备外运。敌人必经石岚，你带上两个连在石岚附近打他的埋伏。要打得狠，声势大，动作快，打了就撤。敌人正想寻找我主力决战，他的侧后受到威胁，又摸不清我们有多少兵力，就一定会调兵回来。”一切全明白了，9日清晨，我便带领部队到了石岚附近。

罗政委选择的这个伏击地点可真好。东西两面高山耸立，中间一条沙河，自北而南，纵贯而过。只要占领了两侧的高山，敌人一到，我居高临下，把南北山口一卡，即使他有三头六臂，也插翅难飞，有腿难逃。为了造成浩大的声势，我们把全营的司号员都集中了起来，又把所有的轻重机枪组成了密密的交叉火网，单等敌人“光临”。

细雨纷纷，寒风习习。战士们匍匐在冰凉的岩石上，忍受着寒冷的侵袭，等了将近一天，依然不见敌人的踪影。天色渐渐黯淡下来，我正在考虑是继续等下去，还是撤回，通信员传来了罗政委的指示：坚决等下去！

黄昏，雨停了。正当大家等得心焦的时候，忽然从北面山口传来踏踏的马蹄声。接着，又出现了影影绰绰的人影。敌人果真送死来了。

鬼子根本没有料到我们会出现在这里，因此毫无戒备。他们押着抢掠的牲口、物资，队形零零散散，断断续续，如入无人之境。当他们全部进入我伏击圈时，我令通讯员打了一发信号弹。立时，轻重机枪扫，掷弹筒、手榴弹炸，呐喊声、军号声，如山崩，似海啸，犹如千军万马大会战。敌人遭这突然袭击，又见声势如此浩大，一时不知所措，立刻乱了阵势。刹那间，山沟里人撞马、马踩人，人喊马嘶，鬼哭狼嚎。战士们趁机从两侧山上泰山压顶似的直扑敌群。经约半小时的激战，三百多敌人毙了命，只有几个鬼子狼狈地逃走了。我们遵照罗政委的指示，没有追击，让他们当义务宣传员去。我们简单地打扫了一下战场，立即转移。

第二天，据侦察员报告，敌人果真中了罗政委的“调虎离山”计，青驼寺、垛庄等地的鬼子纷纷外调。战士们打趣说：“这一下可把敌人的鼻子牵住了。”

沂蒙飞兵

敌人主力外调，只留下一些小部队在山区进行分区“扫荡”、抢掠和搞伪化活动，并准备内外配合，继续对我进行合击。罗政委一面命令机关和“抗大”组成许多工作组，分赴各地领导群众开展游击战争，一面率领我们猛插中心地区。他指示：要不怕疲劳，见缝插针，有空就钻，狠狠打击敌人。

我们来到东蒙山，这里遭到敌人严重摧残。敌人的宣抚班和汉奸队天天出动，召开群众大会，组织伪政权。罗政委指示：打掉宣抚班，制止伪化活动，鼓舞群众斗争情绪。

14日上午，侦察员报告：青驼寺的敌人，掩护着一个宣抚班进了龙口。我们两个连立即奔向龙口，把敌人秘密包围起来。一个贼头贼脑的汉奸，站在一张桌子上，恬不知耻地说：“沂蒙山区的八路军已被全部消灭了。这里成了皇军的王道乐土，你们已是皇军的顺民……”这家伙正乱吹胡诌得意忘形，“叭”的一声，一颗子弹穿透了他的脑袋。紧接着，我们猛扑过去，吓得其他敌人抱头鼠窜。跑不及的，当场做了俘虏。

“追呀！”战士们怒吼着，枪打、刀挑，一气把敌人追出几十里路，直到青驼寺的敌人出动了援兵才停止。追击的路上，到处都是敌人跑掉了的鞋子、帽子，扔掉的枪支、包袱和一具具尸体。战士们把枪支拣起，其他东西原封不动。他们说：“留下这些东西让老乡们来参观参观‘大皇军’的赫赫‘成果’吧！”

群众亲眼看到这场追击战，胜利信心提高了，对敌斗争蓬勃开展起来。

龙口追击战的当晚，我们便转移到大谷台。这里地势隐藏，又较富裕，便决定在此休整两天，补充粮秣。两天刚过，接到情报：敌人正在调兵遣将，准备合击大谷台。果然，17日晚上，敌人的几千人马，从四面八方直奔大谷台而来。就在同一天晚上，我们神不知鬼不觉地穿过临蒙公路，一夜之间便来到凤凰山下。次日，鬼子大炮对大谷台周围空荡荡的山头，轰轰隆隆，从早晨一直轰击到天黑。我们也在凤凰山下美美地睡了一天。

19日，我们又一下子飞到了敌人的中心据点垛庄附近。这时候，留守垛庄的鬼子和汉奸，天天出来烧杀抢劫。我们决定趁合击大谷台的鬼子还没有返回垛庄之前，来个“有空就钻，见缝插针”。

当晚北风呼号，大雪纷飞，漫山遍野立时成了银色世界。四连的战士们顶风迎雪，在垛庄附近埋伏起来。天刚亮，垛庄的鬼子果然又耀武扬威地出动了。等他们进入我伏击圈，我一阵猛烈射击，便把他们打了个稀里哗啦，丢下二十多具尸体，狼狈地缩了回去。这一仗虽不大，对鬼子的震惊可不小，他们急忙鸟飞兽散，各奔自己的老窝。

鬼子连续遭我沉重打击，恼羞成怒。24日，旧寨的敌伪军二百多，直扑我驻地北村，当即被我击退。垛庄的鬼子闻讯后，仍不甘心，连夜纠集了七百多人，第二天拂晓再次来犯。我们决定彻底挫挫他们的锐气，激战一天，打退敌人三次疯狂的冲锋。黄昏，我一连迂回到敌人侧后，两面夹击，毙伤敌人近三百名，残敌被迫撤退。

这一仗，把留在我根据地内的鬼子的气焰打了下去。他们固守在据点里，少数人轻易不敢出动。根据这个情况，罗政委率领机关的一部分人员去山东纵队，部署外线部队的反“扫荡”战斗，我们仍留在内线活动。

我们根据罗政委的指示，忽而东，忽而西，时而分散，时而集中。今天配合机关和“抗大”组成的工作组发动群众，明天又带领民兵破公路、炸桥梁、割电线。白天分散打击敌人的宣抚班、抢粮队和伪政权，夜晚又集中起来，长途奔袭敌伪据点。我们就像一群千变万化的孙悟空，穿插在沂蒙山区，飞行在敌人稠密的点线之间，使敌人合击扑空，伪化不成，龟缩在据点里也胆战心惊。与此同时，群众性的游击战争也普遍开展起来。县大队、区中队、民兵联防、游击小组，到处展开了地雷战、麻雀战、破袭战。广大群众也都实行了坚壁清野，连水井都掩埋起来。人们以“三空”（搬空、藏空、躲空），来对付敌人的“三光”，迫使敌人寸步难行。

沂蒙山区到处都在燃烧着斗争的烈火。

凯歌迎新年

在我坚持沂蒙山区内线斗争的同时，我外线部队也广泛展开了活动。我教二旅部队，在滨海牵制了敌人的大量兵力。山东纵队除一部坚持内线斗争外，一旅在鲁南、泰山区、泰西区不断袭击敌伪据点，截击向沂蒙山区调运的敌兵。二旅在滨海，五旅在胶东，也连克十多处敌伪据点，有力地支持了内线的反“扫荡”斗争。

我们特务营，愈战愈强，仗也越打越大。11月底，我们把六百多敌寇围困在绿云山附近，白天打了一天，敌人反复冲击，也没能突出去。夜晚，我营在山东纵队二旅一个营的密切配合下，一个猛袭，敌寇便大部被歼。

敌人在我内外夹击下，在山区已站不住脚，便陆续向外围据点撤退。太平洋战争爆发后，敌人外调更加频繁。我们趁此时机，经常抓住其一路予以痛击。我们又与地方武装和民兵密切配合，围碉堡、拔据点，连续拔掉诸满等据点多处。

这时，山东纵队一旅主力也由外线跳入内线，向敌人发起了声势浩大的攻势。不几天，敌人在沂蒙山区安下的据点，有的被攻克，有的被迫撤掉，沂蒙山区根据地的人民又重见天日了。

12月下旬，我营奉命返回师部。当我们胜利返回滨海区，到达师部驻地时，罗政委亲自组织了欢迎，并到各连进行了慰问。不几天根据地的军民便锣鼓喧天，踩高跷、跑旱船，欢庆反“扫荡”的胜利，迎接新年。

除夕，在驻地附近的柏树林里，我们师直属队和分局机关举行了会餐。分局和师的首长都参加了。罗政委举杯向大家祝贺新年，祝贺反“扫荡”的伟大胜利。他指出，沂蒙山反“扫荡”的胜利，是由于正确执行了毛主席的军事思想，是由于我们上下一致，团结一心。他特地教导我们说：“特务营的同志们在艰苦的斗争中，表现了坚韧不拔的顽强精神，今后要不骄不躁，争取更大的荣誉和胜利。”罗政委的话给了我们极大的鼓舞，树林里洋溢着欢乐的气氛。不知是谁领头唱起了《沂蒙凯歌》：

我们是八路军的健儿，
我们是人民的钢铁武装。
转战沂蒙山，
英雄逞豪强。
粉碎了日寇的铁壁合围，
穿透了敌人撒下的大网。
游击战，显神威，
毛泽东思想光芒万丈。
……

歌声穿过树林，越过平原，飞过山岗，传向四面八方。凯歌声中，我们迎来了1942年，也迎来了新的战斗，新的胜利。

石岚伏击战

留田突围之后，为减轻日伪军对根据地中心区的压力，八路军一一五师政委罗荣桓，巧施调虎离山计，在石岚打了一个漂亮的伏击战，将日伪军“调”出根据地。

1941年11月8日，罗荣桓命令师特务营，埋伏在石岚附近，消灭由垛庄等地来的押运牲口、粮食等物资的日伪军。并要求：“动作要快，要打得狠、声势大，打了就撤。”次日一早，师特务营副营长黄国忠率队到预定设伏地点。伏击区位于石岚到马头崖之间的山沟里，中间一条沙河，顺河北上直至黄草关口，向下只有一个出口到薛庄。两侧高山耸立，树木茂盛，便于隐蔽。特务营两个连分别占领两侧有利地形，待机歼敌。

特务营为贯彻“打得狠、声势大”的意图，把全营轻、重机枪集中使用，组成密集交叉的火力网，又把全营司号员集中起来。特务营的战士在纷纷细雨、凛冽寒风中，匍匐在冰凉的岩石上、草丛中，忍受着寒冷的袭击，从早晨一直等到黄昏。果然，一队日伪军押着“扫荡”中抢来的各类物资，断断续续、零零散散地进入伏击地区。当最后一名日军进入伏击圈时，随着一枚红色信号弹的升起，步枪和轻重机枪一齐喷出火舌，手榴弹在敌群中猛烈爆炸，冲锋号在各个方向同时吹响，伴随着呐喊声，爆炸声，如山崩、似海啸。埋伏了一整天的八路军战士，以泰山压顶之势扑向敌群。毫无思想准备的日伪军突遭袭击，顿时手足无措，人仰马翻，乱作一团。经半小时激烈战斗，300多日伪军当场毙命，押运的物资全部被缴获。

石岚一战，日军好像发现了八路军的主力。次日，进犯到青驼、垛庄等根据地中心的日军，纷纷外撤到根据地外线寻找八路军主力，从而减轻了日伪军对根据地的压力，打破了敌人的合围圈。

（载自《中共费县地方史（第一卷）》）

谷牧同志负伤记

靳星五

1941年冬天，日寇纠集了五万多人马，从四面八方对沂蒙山区进行所谓“铁壁合围”，妄图围歼我山东党政军民首脑机关和主力部队，破坏地、县各级民主政权，破坏山东抗日根据地，达到永远侵占中国的罪恶目的。我山东党政军领导机关在罗荣桓、朱瑞、黎玉等同志领导下，采取了针锋相对的措施：一一五师等主力部队，同敌军主力周旋，地方武装和民兵，有组织有计划地袭击困扰敌人，各地县区乡领导机关，依靠人民群众就地坚持斗争。

11月15日，在沂蒙山区沂南县的柳红峪村一带，发现有二百多名日寇正向我山东分局和一一五师驻地进犯。一一五师代师长陈光同志，决定调动还有一定距离的两个主力团消灭这股敌人，并要山东分局代理秘书长谷牧同志指挥警卫营的两个连队，顶住日寇的进犯，等待主力部队调来。

这天，天刚拂晓，谷牧同志就率部抢占了柳红峪村南面的山头，迅速构筑工事。我们立足未稳，二百多名日寇就蜂拥而来，大炮、机枪和步枪齐鸣，炮弹、子弹如同雨点，谷牧同志沉着指挥，不断组织密集的火力，猛烈地向敌人反击。由于双方力量过分悬殊，敌人虽遭我大量杀伤，但仍像疯狗似的向我阵地围拢过来。谷牧同志身先士卒，坚守阵地。

随着战局的变化，两个主力团另有重要任务不能前来，谷牧同志带领的两个连队陷入了孤军无援的境地。这时，警卫连长建议，立即转移阵地，否则就有被消灭的危险。谷牧同志立即做了部署，考虑到山东分局、一一五师等领导机关都在东北方向，为混淆敌人视线，制造错觉，遂即带领连队向西北方向转移。他们刚刚奔上西山，敌人就窜上了原来我们占领的山头，立即集中火力猛力地向我们扫射。这时，谷牧同志镇定自若，一面指挥战斗，一面组织转移。突然，敌人的一颗子弹飞来，打在峭壁硬石上，反弹过来，打中谷牧同志后背右侧，打断了两根肋骨，擦伤了肺部。他虽然受了这样的重伤，仍毅然挺立，照常指挥战斗。警卫人员发现他身上血迹斑斑，多次要背他下火线，但他始终不肯，依然坚守阵地，掩护同志们转移，后来因流血过多，晕倒在地。幸而朱瑞同志和白备伍同志带医护人员赶来，才把他转移到安全地带抢救。这时他的前后身遍是血污，血液已凝固粘连，衣服也脱不下来，只好用剪刀铰破，包扎治疗。

谷牧同志尽管伤势如此严重，仍坚持随军行动。三天之后，山东分局和一一五师领导机关，决定在沂南县境内肖家坪一带歼灭大股日寇，要谷牧同志随同后方机关向蒙山东五彩口一带转移。18日早晨，机关工作人员在转移途中路过大青山，误入敌人的包围圈，展开激烈战斗。我一一五师等主力部队虽在肖家坪一带打了个大胜仗，歼灭了“铁壁合围”的日寇七八百人，但奉命转移的后方机关却在大青山受到一些损失；省战工会秘书长陈明同志和德国共产党员、新闻记者、著名作家希伯同志光荣牺牲。山东分局组织部长李林同志两腿受重伤，陈若克、辛锐同志负伤被俘，尔后又壮烈牺牲。

大青山战斗打响之后，谷牧同志就说服警卫班把他藏在一个很大的高粱秆垛里，命令警卫人员去参战。敌人为了追击我后方机关，虽没有在这里久停，但也先后三次到这个高粱秆垛周围搜寻，还一面用刺刀乱刺，一面高喊：“已经看见你了，别藏在里头啦，还不赶快出来，再不出来就开枪了。”事后谷牧同志说：“那时身上幸亏没带武器，如果带武器的话，很可能要开枪射击，和敌人同归于尽。”天黑下来以后，敌人撤退了，谷牧同志从高粱秆垛里出来，这时四顾无人，一片寂静。他连走带爬，到处寻找机关和部队，爬行了好大会儿，才听得附近有人低声说话。他顺着声音寻找，发现一个小地洞，里边住着一位老大爷和一位老大娘。谷牧同志和他们打招呼后，说明了自己的身份。老大爷一听，赶紧出了地洞，指了指西北方向说：“那里有一个大庄，区乡人民政府常驻在那里。”说着，老人扶起谷牧同志就走，他们边走边歇，终于摸到了那个村庄。可是村里人全走光了，恰巧有几个伤员还在村子里，他们见到谷牧同志，都大吃一惊，赶快围上来，拉着谷牧的手亲切地说：“听说你已经牺牲了，现在还活着，真是太好啦。”这时谷牧同志渴得要命，顾不得医生的嘱咐，猛喝了一大碗水，当晚他们就在这个村子附近找了一个高粱秸垛隐蔽起来。第二天天刚亮，陈琳瑚奉山东分局之命，带领一队人马，找到了谷收同志，战友重逢，那股亲热劲，真不是用语言所能表达的。谷牧同志回到山东分局后，朱瑞等几位负责同志决定：送他到敌占区疗养，接着就通过敌占区我们党的地下关系，把谷牧同志送到蒙阴县城附近暂时隐蔽治疗。三周之后，伤口刚刚愈合，谷牧同志就赶紧归队，继续驰骋在沂蒙战场，同敌人周旋。

血战苏家崮

张玉华

“1941年12月，山东纵队两个连队又一个排在坚守苏家崮时，与敌人反复冲杀，最后仅剩下三十多人全部抱敌投崖与敌人同归于尽。”翻阅1985年的《红旗》杂志第十七期，读到这一史实，作为参加那次战斗的幸存者，再一次引起了对众多英勇牺牲的先烈的无限怀念和敬仰。

那次作战的部队，是山东纵队第一旅第三团的第一、第四连及第五连的一个排。作战时间是1941年12月8日，战斗是在遭到日伪军六千余人合围后发生的。

1941年11月3日开始，日军集中五万余人，在其中国派遣军总司令官畑俊六大将直接指挥下，对山东沂蒙山区实行“铁壁合围”，进行了空前规模的“扫荡”，妄图摧毁我鲁中根据地，消灭我领导机关和主力部队。当时，我三团正在鲁南的天宝山区坚持斗争，处于敌人的合围圈外。为配合鲁中部队反“扫荡”，并防止遭敌袭击，根据上级指示，三团将部队分成四十个单位进行分散活动。至十一月底鉴于周围敌情无变化，部队分散了一段时间需进行整顿，乃决定将全团集中在宁家圈休整一周。在休整中，团召开干部会，总结了一月来的工作，对部队分散活动情况进行了讲评，组织了全团大会操。由于分散后又集中，指战员中的麻痹思想有所滋长。

12月5日，旅电示三团在外围进行积极活动，打击钳制敌人，配合沂蒙山区的反“扫荡”。这时，我一一五师师部由沂蒙山区转到鲁南，随行的山东分局党校约四百人交由三团负责掩护。三团首长当即研究确定：由罗文华副团长率第三营到泗彦（费县西二十二公里）一带活动；第一营副营长高子堂率第二连到平邑西南之丰阳一带活动；侦察参谋罗联甫率侦察排大部到城后日军据点附近监视敌人。以上各部统于6日出发。团长王吉文、政委张玉华率团主力掩护分局党校，定于7日晚向城后以西地区转移，并准备伏击城后、崇村出犯之敌。但是，7日上午，一一五师一位领导同志来团向全体干部讲话。因此，团决定主力推迟一天行动。恰巧这一改变使我们错过了及时转移时机，陷入了敌人重围。

战后查明，敌人侦察到我一一五师转移到鲁南、宁家圈地区有部队集结的情况后，即集中约六千人的兵力（大部为日军），分别由滕县、邹县、平邑、地方、铜石、费县等据点出犯，利用夜暗隐蔽开进，以宁家圈为合击目标，于八日拂晓占领晒书台、白彦、山阴、薄石板、郑城、崇圣庄等要地，并在常庄、桃花山布置伏兵，防我向西北方向突围。敌旅团长福田少将在晒书台设指挥所，统一指挥各部行动。敌人布下的这一合围圈，南北相距五公里，东西相距八公里，主要通路都有重兵把守。

宁家圈位于费县正西三十五公里、白彦东北四公里。它是一小块山间盆地，六七个小山村错落其间，周围是标高在四五百米左右的山岭，向西北通山阴方向有一敞口，向西南翻山口通白彦，向东翻山口通郑城，均有人行路。我三团团部及一营驻扎盆地中央，二营驻西北山口之两水河及辛庄，分局党校驻扎山岭东侧的铁里营。

7日夜是一个寒冷而昏暗的夜晚。各路敌人轻装疾进，途中遭我侧击，仅以少部掩护，主力仍奔向预定目标。我军虽加强了警戒，却没有想到敌人会突然合围，而且只靠徒步通信，因而未能及时得知敌人行动情况。午夜时，二营报告:“在岗哨上听到正西方向炮响三声，并有步枪声。”接着其他岗哨也报告:“白彦以西有步枪声。”值班参谋及时将这一情况报告团长、政委。王团长问其他方向有什么情况，参谋告以其他方向没什么动静，也没有侦察员回来报告。团长指示：派侦察员到白彦以西及郑城方向侦察，着二营派一个班向山阴方向游动警戒。随后，派出的侦察员回来报告没有发现情况，也未听到枪炮声。由于我们西距日军据点城后、崇村只十几公里，前些日子我曾派小分队多次袭扰敌人，夜里能听到该方向的枪炮声，所以未能引起高度重视，就只通知各部队一律于拂晓前开饭完毕，并严密警戒，以防意外情况发生。

八日拂晓，我二营各连饭后正集合出操跑步，进占山阴东岭的日军突然向凉水河发起袭击。六连立即占领阵地，抗击敌人。接着白彦、崇圣庄、郑城方向也响起枪声。原来我侦察员到白彦、郑城侦察时，敌人尚未到达该地；二营向山阴派出的游动班哨走了南边的一条较大的路，敌人却沿北侧小路东进，又值有雾，故未能提前发现敌人。

战斗打响后，二营报告:“城后出犯之敌有一千余人，六连正在抗击。”这时，团部对周围情况仍不了解，还以为仅是据点的敌人来袭击或报复“扫荡”，即令二营主力在凉水河坚决抗击敌人，并把敌人向东北方向吸引，掩护团主力向白彦西南方向转移。

当团长、政委率担任前卫的第一连进至通往白彦的山口时，发现白彦及其东西各高地已布满敌人。这时，凉水河方向战斗正激烈进行，而东北郑城方向尚无大的动静。判断西面、南面已有多路敌人，向西南方向突围已不可能，随即改变决心，以第四连占领宁家圈南山及西山，阻击白彦之敌；以第一营营长徐振明率第三连，跑步抢占宁家圈东北的重山，掩护团直及分局党校向东北方向突围。

此时，太阳已高高升起，晨雾已消。当我们掉头向东北疾进时，第六连已在优势敌人猛攻下向重山转移，突过凉水河的敌人即以火力压制我运动的部队。敌人的炮弹已在附近爆炸，机枪子弹在部队运动道路左侧打起阵阵飞扬的泥土。白彦东西一线的敌人，则同时向西山、南山发起攻击。

当团主力越过通往郯城的山口进达木头崖东北的地域时，遇到三营派来的通信员，他报告:“泗彦发现敌人数百向西急进中，梁邱也发现敌人西进，进至何地不详。”时间已近上午9时，山阴及白彦之敌猛攻我掩护部队，已占南山及西山，突入宁家圈，并继攻重山。我四连正向宁家圈东山转移。郯城（正东近二公里）、常庄（正北七公里）方向无动静，情况不明。王团长针对当时严重情况，决心由参谋主任孙光率团直及分局党校，由第二营（营长戴文贤、政教王良恩）掩护，向四开山（正北方向）突围；第三连控制重山阻击敌人，尔后任后卫跟进；团长、政委率第一连抢占东南高地苏家崮钳制敌人，并杀开一条血路，向东南方向突围，求得和第三营汇合，寻机打击敌人。由于笨重武器已不便携带，即令特务连将两门迫击炮及数十发炮弹埋藏在河滩沙堆里。张政委说：“这样既能使党校安全转移，又能保障团主力少受损失。”

各部依团长决心立即行动。第一连从北面登上苏家崮，向南展开。王团长、张政委、政治处主任陈晓峰及机关少数人员也随即上了山。由于情况紧急，决心变得快，具体任务未逐级交代清楚，特务连（欠一个排）、第四连及第五连的一个排，见团首长上了苏家崮，也随后跟了上来。

苏家崮是一略呈东北、西南向的长形山崮，标高近五百米。崮的地形特点是临到山顶有数十米高的陡崖峭壁，能上下通行的道路很少，山顶则为较平坦的开阔地。该山崮只有北头及南头有路，东西两侧均为三四十米高的崖壁；山顶平地北低南高，长约一千八百米，北头宽近百米，中部以南宽达二百米左右，南头隆起为一小高地，与西南侧的晒书台高地相连；山顶中部稍凹，有十几间旧房残壁。当我一连沿山顶前进时，日军也从南头登上山顶，我军越过中部废墟，即同敌人遭遇。一连连长是一位红军干部，立即率一排向敌人冲击，一度攻占小高地，但遭敌反冲击，连长牺牲，该连退守废墟，与敌人对峙。团首长登上山顶后，发现苏家崮东北及东侧之郯城、崇圣庄一线已布满敌人，有的正烧火做饭，有的正部署火力、修筑工事。为杀开南突血路，又派参谋鲁军（即本文作者之一的魏学诚）到一连传达命令，让该连坚决奔占小高地，驱逐敌人。一连受令后，即以第二排发起冲击，用刺刀、手榴弹杀退敌人，冲向高地。日军随即以成倍的兵力反击，小高地得而复失。晒书台、崇圣庄、郯城各点之敌，均以火力向我猛烈射击。

在一连登上苏家崮的同时，我向北突围的参谋主任孙光所率之团直及分局党校等单位，沿重山东侧进到杜家庄时，发现由铜石经响水凹、杜家山进占薄石板村的日军一百五十余人，已南去攻重山，恰好闪开一个空隙，即速经杜家山、王家沟，向西北翻过狼窝顶，突出了敌合围圈。坚守重山的第三、第六连予进犯之敌重大杀伤后，也跟随突出了敌人的合围圈。我上述各单位的突围路线，虽东距常庄、桃花山的敌伏兵不过一二公里，西距进占山阴周围之敌不过三公里，但由于行动迅速、突然，未遇拦阻，安全突出，未受损失。

团首长眼见第一连两次冲杀受阻，晒书台的日军继续增援苏家崮南头高地，我所占山顶北半部较狭窄，部队展不开，天时尚早（约10时），难以固守到天黑；我向北突围的部队已安全突出，宁家圈东山及重山已被敌占领，各路敌人正向我迫近，但东西两面之敌尚相距二公里多，尚有空隙可利用，当即决定迅速下山向东北方向突围。突围的顺序是:第五连一个排为前卫，其后是团首长率特务连、四连、一连，并以第四连机枪班占领北山咀，以火力压制郑城西侧小高地之敌，阻其西进。作战参谋龙非向来作战勇敢，机枪射击技术精良，此时他主动充任射手，掩护突围。

这时，我各单位队形较乱，除特务连的干部当面领受任务外，其他都是派通信员口头通知的。郑城西侧高地敌人发现我先头人员下山，即以数挺机枪封锁下山通路，敌炮兵也向山上射击。特务连后续人员，只好转到西侧用绑带系人坠崖，以致不能迅速跟进。团首长下山后，未见第五连那个排跟上来，即将身边几十个人稍加组织，由通信排排长任保庆带一个班掩护，迅速向北突围。

敌人发现我突围行动后，立即分多路东西跟进，并集中火力向我射击，顿时，在我前进路上形成层层火网。我掩护兵力有限，无法压制敌人。政治处主任陈晓峰、组织干事张凯、见习参谋张兴柞、温××及部分战士中弹牺牲。有些战士受伤后无力突围，就地抵抗直至弹尽；也有少数徒手的勤杂人员就地隐蔽。我先头人员突至蒋家庄（苏家崮北三公里）附近时，从重山上下来的敌人刚到该地。我乘敌未及展开，即从敌人之空隙中冲了出来。我后续人员不顾被敌人层层截断，仍边打边突，不少人中弹或中敌刺刀倒下，也有的从敌间隙中突出。当时突出包围的有三十余人；因受敌人层层拦击，实在突不出而隐藏于山沟、乱石中，乘夜暗又突出者近二十人。但是，我第四连及第五连那个排、特务连部分人员，看到下山突围人员受到敌人夹击，伤亡重大，即就地抵抗。第一连见第四连未动，也继续同当面敌人对峙，错过了突围时机。

山下战斗结束，时间已近中午。敌人又集中兵力、火力转向我守在苏家崮上的部队。一面从四周实施猛烈射击，一面在山南头集结优势兵力向一连连续冲击。我一连依托山顶中部十几间旧房残壁，同敌人展开了残酷的拉锯战。他们先用火力和手榴弹打，子弹打光了就同敌人拼刺刀。敌我反复冲杀数次，阵前日军尸体成堆，我一连人员也大部伤亡。由于我山上部队无人统一指挥，除五连一个排增援外，位于山顶北头的四连受敌人压制，未能和一连会合。战至下午3时，我一连和五连那个排还剩下三十余人，有的在同敌人肉搏中倒下，有的抱住敌人滚下山崖，同归于尽。我军这三十多名同志，在这次战斗中全部壮烈牺牲。

随后，敌人即向四连冲击。该连处于狭窄地形，一无工事，二无天然障碍物，且在敌人火力持久压制下已有较大伤亡，难以坚持，即于此时冲下山来，想经木头崖抢占宁家圈东山，再向东北突围。但山下已布满敌人，下山后便陷入了重围。我四连指战员勇猛冲入敌阵，大部分同志在同敌人肉搏中英勇牺牲，少数人利用敌空隙边打边突。通信员高鸿声只有十六七岁，个子比背的三八式步枪高不了多少，他边打边寻隙北突。在他身后的日军端着刺刀边追边喊，他见敌兵临近，突然返身，一边举枪扣着扳机向敌人射击，一边高喊:“叫你再追!”把追赶他的日军撂倒后，继续北突，终于突出重围。像这样突围出来的有七八个人。

在这一场血战中，我军发扬英勇作战精神和优良的战斗作风，毙伤敌官兵四百余人，战后日军在郯城、白彦等处焚尸两天。

我军的壮烈行动，极大地激励了当地群众的抗战热情。战中，有的群众冒险抢救伤员，帮助隐藏零散人员。战后，许多群众又主动寻找、掩埋烈士遗体。当地群众第一次见到打这样激烈的仗，给日本侵略者这样大的杀伤，男女老少交口称赞。

战后不久，三团受命转移到泰（安）泗（水）宁（阳）边界地区活动，担负开辟该地区局面的任务，只能派少数干部到战地处理善后。经几天清查统计，归队及就地休养的伤员有五十五人；在苏家崮山顶、木头崖及蒋家庄南北岭等处找到尸体的烈士一百一十八名。另生死不明者一百二十二人，其中有的是在凉水河、重山等处牺牲后被群众分散掩埋了，有的向其他方向突围加入了兄弟部队，或辗转几个月又找回到原单位来，也有少数受伤力竭被俘的。

烈士们的英勇事迹是突出的。可惜由于战后转战南北，任务繁忙，未能及时收集。尚能记忆起来的有:政治处主任陈晓峰，二十四五岁，精明能干。他上山后看到形势险恶，就对周围同志说:“为了掩护党校和团主力胜利突围，我们要不惜局部代价同敌人血战到底!”在突围中，他边走边招呼其他的同志紧紧跟上团长、政委，重伤倒地后，他还鼓励别人要坚决突围出去。作战参谋龙非，二十四岁，重庆人，本姓翁。抗日战争前夕，他在上海读书，向往共产党，辗转来到山东参加八路军，一贯工作积极，业务熟练，对人热情，作战勇敢，深得指战员爱戴。这次突围，他先督促别人带战士坠崖下山，又自动代替机枪射手，以精确火力压制敌人，担任掩护。后来在战场上找到他的遗体，见其身中数弹，手枪零件散落各处，显然是重伤后打光子弹，自己将枪拆开丢散，不让敌人缴去。特务连政治指导员张静波、副连长杨春雨，都是二十岁刚出头的青年，他们帮助战士跳崖后才下山，沿途督促大家迅速跟进。副连长杨春雨的左臂被打断，让别人把枪弹装好，仍同其他同志一起坚决冲上蒋家庄东南山岭，同数十名日军对阵射击。后来，在那个山岭上找到张、杨及其他同志遗体，身上都是多处中弹。在一连、四连同敌人反复拼杀的现场，所见战士们的遗体，有的残躯断肢，有的弹孔遍体，有的多处被刺刀戳烂，抱敌跳崖者更是血肉模糊。那种景况，真实地反映了战斗的激烈和烈士们的英勇顽强。由于时间已过去数十年，能记起的烈士姓名寥寥无几，他们都是无名英雄。

英雄们的行为是壮烈的，这次战斗对敌人的打击是沉重的，但我三团也遭到严重损失。究其原因，主要是吃了麻痹大意、刚进驻新区缺乏群众基础、情报不灵和对地形不熟的亏，其经验教训是极为沉痛的。

苏家崮上血战之日，恰是日军突袭珍珠港之时。在过去几十年中，每逢这个日子，都使我们深切怀念那些在苏家崮上英勇献身的先烈，现在写出这个材料作为对革命先烈的纪念。

血战苏家崮

孙司林

1941年，是鲁南抗日根据地最艰苦的一年。

这年的12月7日深夜，鲁南八路军老三团团部接二连三地接到各流动哨的报告：

城前据点的鬼子集合了！

滕县的鬼子和伪军连夜乘汽车赶来了！

梁邱、费县和铜石的敌人都出动了！

鬼子、伪军共九千多人，分九路向我狭小的鲁南根据地进行“奔袭合击”。强盗们离根据地越来越近，我三团一连的流动哨班已经和一个鬼子小队接上火了。寂静、寒冷的夜空，枪声一阵紧一阵，根据地边沿的村庄大火冲天……

鲁南军民又面临着一场严峻的斗争。

老三团——这支到鲁南不久的抗日武装力量，肩负着更为艰巨的任务。他们不但要掩护乡亲们疏散，掩护鲁南军区党代会代表们转移，而且要负责保卫几个月前从鲁中迁移鲁南的山东抗日军政大学。面对这种情况，王吉文团长命令一连以最快的速度，抢占苏家崮，不惜一切代价顶住敌人！

苏家崮是个腰子形山崮，山顶约有二百多米长，几十米宽，南北两面是悬崖峭壁，只有东西两端各有一条小路通往崮顶，而这两端又都有一堵两人多高、不知哪个年代留下的石墙。这个根据地边沿的重要屏障如果被敌人控制了，驻在苏家崮附近的山东抗大和党代表们就难以转移出去。

城前的一股敌人已到了苏家崮山脚，正沿着西端小路以南的坡地向崮上运动，情况十分紧急！

我一连接受任务后，飞速前进，抢先一步上了苏家崮西端，占领石墙，顶住了这股正往上冲的敌人。

敌人越来越多，从西面、南面和东北面涌向苏家崮，三百多名鬼子、伪军，已经占领了苏家崮西面的一个山头，这个西山头与苏家崮成马鞍形，中间相隔数百米。占领了西山头的敌人，在八九挺机枪掩护下，又沿着两山之间的低洼地向苏家崮扑来。

在一连打得很吃紧的时候，四连和五连的三排奉命赶到。四连在中间，一连在左，五连三排在右，凭借石墙顽强地阻击着妄图抢夺这个重要制高点的敌人。

三团的另外几个连队，也在数里外的其他山头上同敌人打响了战斗。

天刚蒙蒙亮，一股敌人出现在苏家崮东端山脚下。这时候，团部通信班和侦察班的部分战士，以及几名机关人员，跟着王团长和团政治处主任陈小峰，赶到苏家崮，扼守东端石墙，封锁了墙外小路。

王团长和陈小峰主任上崮后，几次跑到西端阵地，亲自指挥战斗。陈主任对四连的干部们说："你们的任务非常艰巨，但也是光荣的。山东抗大的三百多名学员，军区党代会的代表，来自四面八方，是革命的种子，是抗日的骨干力量。党把保卫他们的任务交给咱们三团，咱们决不辜负党的重托。要号召大家英勇战斗，一定要坚持到上午9点钟，不完成任务，决不后退一步！"

"不完成任务，决不后退一步！"这是苏家崮上八路军指战员的共同誓言。

日本侵略者和他们的走狗，万没有料到会在平邑县这个小小的苏家崮遭到八路军的顽强阻击，付出了死伤一百多人的代价，仍然不能前进一步。他们在第五次进攻失败后，集中了二十几挺轻重机枪于西山头，一齐向苏家崮西端石墙一线扫射。密集的弹雨中，还夹着掷弹筒的弹片。

我军阵地上，四连十几名战士不幸牺牲。曾经在山东抗大学习过的四连指导员，见一名机枪手中弹倒下，急忙奔过去接过机枪，对着正在向上冲来的敌群扫射。

当进攻的敌人又一次败退后，这位指导员双手松开，机枪落在地上，身子歪倒了。朱副连长见他胸前满是鲜血，大喊一声："卫生员！"指导员一手紧拽朱副连长的胳膊，一手撑在地上，吃力地说："记住……陈主任的……话，不到9点钟……决不……不能……后退一步！别忘记，东头……阵地上的……团首长……"他说到这里，就合上了双眼。这个年仅二十三岁的政治指导员，英勇牺牲了！

四连和五连三排的阵地结合处，五连战士陈守木给四连战士小房包扎好后，说："你下去躺着吧。"

面部负伤、双目失明的小房，摸着石墙站起来说："我不去，我怎么能下去呢？"

小房的班长乔志兴赶到，命令说："伤这么重，怎么不下去呢？"

小房两手紧紧扒在石墙上说："班长，掩护的任务还没有完成呀！我虽然看不见，可我的手还能投弹，还能扣扳机。敌人靠近了，只要你们说声打就行了！"

乔志兴拗不过他，只好说："那你就靠墙坐着吧。"

小房这才坐到脚下的石头上。

乔志兴回到自己的位置，见在连部当通信员的弟弟乔化兴经过身边，急切地问："化兴，同志们转移了吗？"

乔化兴摇摇头，回答："我哪里晓得！"

乔志兴说："要是他们撤出去了就好啦。"说着，又一次转脸向西北面眺望。眼下，只有从那个方向才能转移出去啊！他轻声自语："抗大的同志们，党代表们，父老乡亲们，你们快走吧，这里有我们顶着！"

战斗停息了十几分钟后，距石墙五六十米的坡地上，忽然腾起了一团又一团乳白色的烟雾，雾团越散越大，把整个洼地都遮盖住了。

站在朱连长身旁的另一个通信员小高惊奇地问："副连长，啥家伙？"

"烟幕弹！"朱连长见敌人变换了花招，立即交代各排："敌人又要进攻了，准备战斗！"

渐渐消散的烟雾中，露出了鬼子的一顶顶晃动的钢盔。紧接着，这群鬼子又往石墙边上投来了许多烟幕弹，顷刻间，烟雾把我军阵地笼罩了。

朱副连长看见敌人趁着烟雾靠近了，高声命令："打！"一阵枪声和手榴弹声过后，烟雾也散了，石墙外不远处现出几十具鬼子和伪军的尸体。西山头的鬼子气极了，又用机枪"嘎嘎嘎"地向崮上扫射。

枪声起起落落，寒风卷走阵阵硝烟，空中浮动着朵朵阴云。激战持续了四个多钟头，苏家崮上，四连、一连和五连三排的勇士们，打退了顽敌的九次冲锋。上级规定的阻击时间——上午9时已经过去，可以撤退了。

要从苏家崮东西两端的小路上撤下去，是不可能了，因为敌人对这两处封锁很严。唯一的办法只有在崮的东北角跳崖，从敌人稀疏的地方突围出去。

战士们解下腿上的绑带，有的脱下衣服撕成条条，拧结成三根长长的布绳。在部队的掩护下，崮上的团部人员，分别从三个地方攀着布绳下崖后，沿着山沟朝东北方向撤退。可是，没跑多远，背后就响起敌人追击的枪声，团政治处主任陈小峰同志不幸牺牲了。

鬼子发现了我军突围的路线，马上加强兵力封锁。至此，整个苏家崮被敌人围得水泄不通。

崮上的人员不可能继续突围了。四连、一连和五连三排的干部们在一起做了研究，决定坚持到天黑突围。可是，离天黑还有五个小时，子弹也不多了，战斗，将更加艰难！

敌人又进攻了三次，又败退了三次。

正带着通信员乔化兴察看阵地的四连朱副连长，忽然听得头顶上一声呼啸，他急速转身，紧紧搂住乔化兴头部："快卧倒！"话音未落，一颗炮弹在离他俩不远的地方爆炸了，一块弹片打中了朱副连长的背部，棉衣上渗出了鲜血。他忍痛呼喊："敌人打炮了！注意保护机枪！"

“轰！轰！轰！”鬼子见消耗了四百多人的兵力也没能攻下苏家崮，便在第十二次进攻失败之后，从其他方向调集十几门小钢炮，向苏家崮上狂轰。一时间，西端石墙内外，烟火腾腾，弹片纷飞，一米多厚的石墙松动了，崩塌了，光秃秃的岩石崮顶被炸起一个个弹坑。无数炸裂的石块四处飞崩。敌人疯狂猛烈的炮击进行了四十多分钟，我军许多指战员在弹雨飞石中负伤了，牺牲了，仅一连就倒下了五十多人，热血洒遍了苏家崮阵地。然而，在百炼成钢的人民战士面前，凶残的敌人仍然不能越过石墙一步。

打垮了敌人炮击后的冲锋，苏家崮上下出现了暂时的平静。

背部负伤的朱副连长这时只觉得胸中剧烈疼痛，呼吸十分困难，他意识到弹片穿进了肺部。他看到别的干部都牺牲了，听到不少战士报告，子弹、手榴弹打光了，天还没有断黑。在这严重的情况面前，一股高度的革命责任感在支撑着他，他紧咬牙关，在一个战士的搀扶下，倚着石墙，艰难地走到八班长乔志兴身边，声音微弱地说：“八班长，我们这里几个连的干部都牺牲了。看样……子，我也……不行了，你是……共产党……员……要……”话没说完，他颀长的身躯一歪，昏过去了。

乔志兴急忙把他抱住，慢慢放到地上，凝视着他那消瘦、苍白的面孔，连声呼叫：“副连长！副连长！……”

朱副连长睁开眼睛，干裂的嘴唇微微颤动：“你……”

乔志兴理解副连长的意思，说：“副连长，我明白，我一定把这里的担子挑起来！”

朱副连长断断续续地交代：“挑起来……为……抗日，一定……把……活着的……同志带……出……去……”说完，他吃力地用手点了一下腰间的手榴弹，合上双眼，就再也不作声了。

乔志兴眼含泪水，俯身拿过副连长腰间的手榴弹。在关键时刻，这个鲁南贫农的儿子，年轻的共产党员，挑起指挥重担。他挺立在石墙中段，高喊：“共产党员们！战友们！我们掩护了山东抗大和军区党代表转移，也掩护了团机关的撤退，我们的血没有白流，我们的血流得光荣。

“眼下，我们的弹药虽然不多，但是，我们手里还有刺刀，山上还有石头，还有我们八路军战士的骨气，我们一定能顶住敌人。

“同志们！我们的坚持是有意义的，我们牵住和消灭的敌人越多，对我们的根据地就越有利！……”

乔志兴的话，像冲锋的号角，响在战友们的耳边，似炽烈的火焰，烧在同志们的心中！

在乔志兴的号召和组织下，一连、四连和五连三排的七十五名战士，结成了一个新的统一的集体。他们争分夺秒地组织火力，修复工事，收集石块，准备迎击敌人的第十四次冲锋。

双目失明的小房，听到乔志兴说“我们手里还有刺刀，山上还有石头”时，就把自己弹仓里仅有的两发子弹小心地退出来，递给身边的五连战士陈守木，说：“陈守木，你枪法好，代我多消灭几个强盗！”

陈守木双手接过这珍贵的子弹，压进自己的枪膛，回答：“放心，我知道该怎么用它！”

小房忽然想起了什么，手在衣袋里摸着，摸出一个上山还没来得及吃完的高粱窝窝，推推陈守木说：“给你！”

自从上了苏家崮后，大家都没有喝过一滴水，没吃过一口饭。陈守木把小房的手一推：“不，你吃，我不饿！”

小房说：“你吃吧，吃了好打敌人。”硬把窝窝头塞到陈守木手中。

陈守木手拿窝窝头，感动得不知把它往哪里放。

小房问：“怎么还不吃呀？”

陈守木哽咽地说：“我……吃，我吃。”

小房催他：“我听着你吃，快！”

陈守木沉默许久，说：“小房，我等会儿吃，好不好？”

小房不高兴地说：“哎，你这人！等会儿就等会儿吧，反正是你的了。”接着问：“敌人上来没有？”

陈守木朝西山头望望，回答：“还没有。”

小房默默转身，挪动着，两手在地上摸索着，他拣起一块块像铁锤、斧头似的石块，送到陈守木脚边，叫他把这些石头堆上墙头。

敌人第十四次冲锋开始了，乔志兴怒吼一声：“打！”子弹夹着石块，雨点般飞向敌群。陈守木端枪瞄准一个手持指挥刀的鬼子，扣动扳机，射出了一颗仇恨的子弹，那个小头目应声倒地了。接着，陈守木又抓起石块，“嗖嗖”向鬼子头上砸去，敌人又滚了回去。陈守木高兴地回头看小房，不由得大吃一惊，小房倒在地上了。陈守木慌忙跳下石磴，扑到小房身边，摸着他的胸部。这个刚强的战士，已经停止了呼吸。为了抗击日本侵略者，他战斗到最后一息。

陈守木悲痛地整理一下战友的军帽，掸了掸战友身上的烟尘，伫立在战友身旁……

天色终于暗下来，乔志兴开始指挥剩下的三十多个同志到崮东头跳崖突围。

陈守木和小任等一部分战士跳下崖后，一群鬼子和伪军翻过了西端石墙，“哇哇”叫嚷着向东压过来。有的伪军还尖声怪叫：“太君叫抓活的！抓活的！”走在后边的七八个战士被敌人围住了，他们用刺刀和枪托与敌人展开了肉搏。最后，一个个抱住敌人，滚下了山崖。

东端还未跳崖的几个战士，都争着要留下掩护。左腿和胸部都负了伤的乔志兴催促他们：“快！快跳！”

通信员小高来扶乔志兴，说：“班长，我背你！”

上崮的敌人逼近了，东边崮下的敌人点燃了火堆。乔志兴手一推：“快！再不跳，就来不及了。”

这时乔志兴的弟弟乔化兴捅倒了几个鬼子，从后面跑上来说：“小高，快呀！”说话间，他看到坐在地上的乔志兴，忙说：“哥，我背你下去！”

乔志兴严厉地说：“我在这里还能挡一阵子，你们都快走，这是命令！”说罢，从腰间拔出朱副连长给他的那颗手榴弹，迎着敌人爬了几步。

见此情景，弟弟乔化兴对小高说：“咱俩一块跳吧！”

小高背擦崖壁，滑了下去。乔化兴却没有跳崖，又回到哥哥身边，说：“哥，我来掩护你！”

乔志兴说：“化兴，你去吧！如果能见到首长，见到父母亲，就把我的情况告诉他们！”

弟弟泪如泉涌，一时间说不出话来。

几个鬼子端着刺刀，向他哥俩逼近了！

乔志兴把弟弟猛一推，大叫：“快！”

乔化兴被哥哥推着下了悬崖，顷刻间，崮上响起了手榴弹的爆炸声。他心如刀绞，昂着头，在昏黑的夜色中向崮顶凝望，许久，才拖着摔伤的右腿离去……

两个多月后，老三团为突围出来的乔化兴、陈守木、小任、小高等八名战士开了隆重的欢迎会。会上，王团长说：“苏家崮上的指战员用自己的鲜血和生命，掩护了山东抗大学员和军区党代会代表安全转移，保卫了党的干部，为革命立了战功！有这样的英雄们，有英雄们这种英勇顽强、视死如归、忠诚于党和人民的革命精神，我们就一定能够打败日本侵略者！把强盗们赶出中国去！”

怀念战友陈晓峰同志

张玉华 魏学诚

每当听到、看到我国各条战线上取得新的胜利，都感到无限欣慰。在这种时节，作为战争年代的幸存者，我们经常怀念的战友之一是陈晓峰同志。在抗日战争最艰苦的岁月里，我们同在一个单位共同生活、一起战斗，时间虽不及半年，却留下了深刻的印象，他的音容笑貌，常浮现在眼前。

陈晓峰同志系河北省故城县人，1938年春，参加到八路军津浦支队随营学校学习，毕业后分配到津浦支队政治部民运工作队工作。由于工作出色，很快成为民运工作队的负责人。

1939夏，他随军转战到鲁中，同年11月，津浦支队调归山东纵队建制，与山纵第二支队合编，仍称二支队，陈晓峰被任命为支队政治部宣传科长。1940年6月，二支队一部扩编为纵队直属的特务第二团，他任政治处主任。1941年7月，山东纵队特务一团、二团合编为第一旅第三团，他仍任团政治处主任。1941年12月8日，在鲁南苏家崮战斗中英勇牺牲。

陈晓峰同志好学上进，肯钻研，他文学水平较高，在随营学校学习时就如饥似渴地读革命书籍，并能把自己理解的内容讲给同学们听；以后有机会搞到几本革命理论书籍，就妥为保管，利用工作和战斗空隙苦心钻研；当靠近上级领导机关有机会听到几次形势任务报告时，就认真记录，回来后反复琢磨，务求深刻理解；任团政治处主任时，坚持每天早操后读书1小时，常见他坐在村边石头上聚精会神地阅读。他还十分重视向老同志学习实际工作经验，重视汇集有关我军光荣传统方面的资料，以丰富自己的学习内容。

他工作积极，朝气蓬勃，不管分配什么工作，都认真负责，说干就干，从不怕苦，不怕累。在民运工作队工作时，常到驻地附近村庄开展工作。农民白天劳动，晚上才有空闲时间，他常顾不上回部队吃饭，工作到深夜才回到驻地吃几口冷饭就睡下，第二天照常干。他工作细致，一丝不苟，干什么事都力求准确。团政治处按月上报的政治统计，他都认真审查，有一次负责统计的干事未将人员职务分清，他当面交代一定要分清再上报，以便上级准确了解情况。他虽缺乏部队基层工作经验，但肯向有实际经验的同志学习，常深入连队做调查研究，及时了解连队实际情况，帮助解决具体问题。部队初建，干部未配齐，他想方设法给每个单位都配齐政治指导员。干部、战士多数是文盲，迫切要求学文化，他在全团物色有文化的同志，为每个连队配备文化教员，不仅会教识字读书，还会教唱歌，会领导做游戏。每当团、营集合，互相拉唱歌，搞得很活跃。他还善于抓典型，发现八连群众纪律好，就建议团发给“群众纪律模范”奖旗。四连在消灭伪政府战斗中表现突出，就建议发给“勇敢善战模范连”奖旗，并号召全团向他们学习，起到了很好的推动作用。特二团及三团组建时，正逢山东我军四期、五期整训时间，上级提出“全面正规化”“创造模范的青年党军”“向老八路看齐”的口号，对部队的军政训练都有明确要求。陈晓峰同志对全团经常性的思想教育工作抓得很紧，组织政工干部定期向部队讲形势，讲党的方针政策等，讲我党我军的光荣传统和如何克服各种不良倾向。那时上级发的学习材料很少，又没有报纸，有关这方面的资料，主要靠领导干部经常积累，自己先学一步，再将学习收获体会拟成提纲，在集体备课时讲给大家听。在这方面，他做得有明确规定，只要情况允许，要求每天早上读书一小时，以不断提高理论水平。学习内容有《论持久战》《社会科学概论》《联共党史》等。但书籍少，有几本书就组织轮流看，并由团政委定期向干部讲课。陈主任有时也担负部分课程，他事先充分准备，务求讲解时能深入浅出，使新讲内容上干部容易理解。由于他领导的政治处在各方面都取得较好成绩，本团干部及上级机关都认为他已积累了较丰富的政治工作经验，是一位优秀的政工干部。

他生活艰苦朴素，处处以身作则。抗日战争初期，我根据地初建，特别是鲁中、鲁南山区，土地贫瘠，灾荒不断，部队物质供应难得保证，穿衣吃饭常有困难。他和广大指战员一样，迎着困难上，从不叫苦，不畏难。衣服破了自己补，补了补丁继续穿，常见他补了补丁的衣服洗得干干净净，穿着整齐，力求符合正规着装要求。人民群众能供应什么粮食就吃什么粮食，粮食不够就掺一部分瓜秧及野菜吃。1941年秋，部队进驻鲁南天宝山地区时，当地严重缺粮，他反复教育司务长一定要体谅群众的困难，尽量少征粮食。部队不够吃，就同团的领导干部研究，动员大家挖野菜吃，他自己也多次同大家一起去挖野菜。他不计较个人生活，对同志却十分关心。他任团政治处主任后，按规定应配骑马，配给他的马有瘤，管理员建议换匹好些的，他不同意，对管理员说：“好马别处更需要！还是用在别处吧！”就是这样一匹马，他也很少骑用，行军时常让给病号骑，或帮助体弱的同志驮背包。有一次他将马让给病号骑，自己行军中脚打起泡，周围同志知道后都很感动。

他性格开朗活泼，严予律己，宽以待人，善于团结同志。他虽被大家看为知识分子干部，但平易近人，没有架子，并能主动接近周围同志，经常找人谈心。对上级，对老同志，他十分尊重，虚心向他们学习，常教育下级要尊敬老同志。对干部、要求在工作上行动上起模范作用，在学习上下功夫学革命理论，武装头脑，并要求周围同志也以此标准监督他。对战士要求努力做好本职工作的同时要读书识字，不断提高觉悟，对有过错的同志多耐心说服，少批评指责。因此，大家都感到他能体贴人，愿同他接近，有什么不理解的问题，找他给予解释，有什么意见，及时找他提出。许多同志回忆，不管在那个岗位上，他都和周围的同志相处无隔，关系密切。

他勇于实践，到实战中锻炼自己，考验自己。在做群众工作时，他常到农民家中访问，想方设法多找各种人员交谈，宣传抗日救国道理，发动组织抗日群众，组织动员青年农民参军抗日。在机关工作时，就喜欢多下部队，以不断增长实际工作经验。当任团领导职务后，更多次找机会深入连队调查研究，既不断丰富自己基层工作经验，又及时帮助连队解决问题。在有作战行动时，他多次主动要求跟随战斗部队行动。1940年秋，特务二团成立不久，适逢日寇对沂蒙山区大举“扫荡”，他参加全团反“扫荡”动员后，立即组织政治处人员做反“扫荡”准备，分发武器，编成能战斗的分队，自己则带干事跟随战斗连队行动，使自己的勇敢行动鼓舞部队。1941年冬，敌集中重兵“扫荡”我沂蒙山区抗日根据地，我三团在鲁南地区活动，积极牵制敌人。12月8日，敌突然集中六千余人向我三团合击，为掩护山东分局党校和团主力突围，三团同敌人展开激战，他也同时上山。见到形势险恶，就对周围同志说：“为了掩护党校和团主力胜利突围，我们要不惜局部代价同敌人血战到底！”后因敌重兵向我合拢，党校等已突出，团首长决定突围。突围中敌火力两面夹击，有些同志犹豫卧倒，他边跑边招呼其他同志坚决跟上团长、政委。当他重伤倒地后，还鼓励别人要坚决突出去，自己终因失血过多而牺牲在突围途中。

苏家崮战斗是三团组建后进行的最壮烈的一次战斗，未及突出敌重围的一、四连及五连一个排，同敌人进行了拼死搏斗。敌反复向我冲击，我军依托山顶上十几间废墟，同敌展开残酷的拉锯战，阵前日寇尸体成堆（共打死敌400余人），我军亦大部阵亡，最后剩少数人，子弹打光了，用石头砸，有的抱住敌人滚下山崖，同归于尽。苏家崮战斗中光荣牺牲的先烈的英雄事迹，激发了当地人民群众的抗日热情，鼓舞着全团指战员积极争取新的胜利。其中，陈晓峰主任的光辉形象，更是大家学习的榜样。

甲子山之战

陈忠梅

20世纪80年代的第一个秋天，我回到了阔别二十八年的抗日根据地——山东省莒南县甲子山区。秋风吹拂着群山，山坡上到处是喜收花生、苹果的社员，不时传来阵阵欢声笑语。登上甲子山南麓的樟山，举目眺望，当年曾激战过的战场尽收眼帘，奔腾的思潮又把我带到那战火纷飞的年代……

一

甲子山区，地处鲁东南，东临黄海，西接鲁中，位于莒（南）日（照）边界，方圆几十里，大小山头近百个。抗日战争时期，这里是滨海地区之心腹，距山东分局、山东军区驻地仅二三十里，战略地位十分重要。

1942年夏天，蒋介石发动了第三次反共高潮，在山东的国民党军队不断制造摩擦，反共气焰日趋高涨。这时，驻甲子山区的国民党五十七军百十一师师长常恩多，毅然率领部分官兵起义，并转移到我抗日根据地。该师副师长、顽固派头目孙焕彩，却收罗其残部二千余人，勾结土顽李延修、朱信斋继续与我为敌，竟于八月中旬抢占了甲子山区。我军以五天的战斗将其打退并收复了该山区。十月初，孙顽又举兵南犯，我军虽予以一定打击，但因日伪对我根据地进行“扫荡”，我部队转移，甲子山再次被其侵占。

孙顽占据甲子山区后，更加肆无忌惮地推行蒋介石的投降卖国路线，疯狂地反共反人民。他们横征暴敛，鱼肉百姓，四处抢掠，闹得鸡犬不宁；强拉民夫，赶修工事，大肆抓兵，扩充实力，并与日伪暗中勾结，依托甲子山区，步步向我进逼，枪杀我抗日干部，捕抓我抗日家属。一次，顽军袭击我根据地峧山、龙头等二十多个村庄，枪杀我驻龙头抗大民运团江风等四同志，捕我干部、民兵二十多人，并烧毁民房，殴打百姓，奸淫妇女，无恶不作。孙顽的倒行逆施，严重地威胁着我滨海抗日根据地。为了铲除这一障碍，解救甲子山区的人民，巩固和发展抗日根据地，山东分局和山东军区根据党中央、毛主席制定的“有理、有利、有节”和“人不犯我，我不犯人；人若犯我，我必犯人”的原则，决定打击孙顽的反动嚣张气焰，拔掉这个钉子，收复甲子山区。就在这年的12月初，我们教五旅奉命从苏北调回莒南，会同我兄弟部队参加讨顽战役。

12月16日下午，山东分局、军区在驻地坪上召开作战会议。当时我在教五旅任作战科长，接到通知后，梁兴初旅长和我急忙赶到军区。军区的大会议室里坐满了人，教二旅、山纵二旅、起义的百十一师的领导人都到齐了。罗荣桓政委、朱端同志、陈光代师长和陈士榘参谋长端坐在中间，会场异常安静，充满着肃穆的气氛。罗政委操着洪亮的湖南话，首先简要地分析了国内外的形势，他指出：在苏德战场上，苏联红军把敌人牢牢地钉在列宁格勒、斯大林格勒和莫斯科近郊，德军已是强弩之末，苏联红军即将转入全面反攻。在中日战场上，我党领导的抗日军民经过浴血奋战，粉碎了日军的“扫荡”，使敌人遭到了重大损失，同时，由于日军偷袭珍珠港，爆发了太平洋战争，分散了其兵力。因此，山东的抗日形势逐渐好转，抗战最困难最艰苦的时期已经过去了。讲到这里，他铿锵有力地说：“我们要抓住这一有利时机，巩固和发展根据地，壮大武装力量，彻底改变滨海的局面。”听了罗政委的精辟分析，我们感到心胸豁然开朗，对未来的胜利充满了信心。

接着，罗政委走到地图跟前，讲述了甲子山区的地形、敌情和这次战役的重大意义。之后，他手指地图上的甲子山，神情严肃地强调：“同志们要充分认识到这次战役的重要性。孙焕彩这个顽固派，侵占了甲子山区，就像一个楔入滨海根据地的钉子。不消灭这股顽军，整个滨海、山东抗日根据地的巩固和发展就会受到阻碍，这是改变滨海、山东局面的重要一仗，这次分局和军区下了决心，无论如何也要把这个钉子拔掉！”

罗政委的话，像在每个人的心里点燃了一团火，大家的请战心情再也按捺不住，纷纷请他下达作战命令。当时参战部队有教五旅、教二旅六团、山纵二旅、军分区独立团、抗大及起义的百十一师共万余人，计划分兵四路向敌进攻，从甲子山东南往西北方向实施主要突击，采取中心开花战术，首先歼灭石场敌指挥机关，乘其混乱全面歼灭敌人。我们教五旅担任这次战役的主攻任务，从南路向敌师部驻地石场和东部屏障樟山实施攻击。

二

17日晚6点，按照预定的方案，部队向坪上东北方向进发。寒冬的夜晚，北风刺骨，星光黯淡，队伍沿着山间小路高一脚低一脚地行进着。接近敌顽占区，隐约见到一片凄凉景象：田野荒芜，村庄到处是断墙残垣。这一切，更激起了战士们的满腔怒火，不由得加快了步伐，恨不得马上把顽军消灭干净，让甲子山区的人民尽早重见天日。经过三个小时的急行军，部队到达了指定位置，做好了一切战斗准备。

晚10点，一串红色信号弹腾空而起，激烈的枪声撕破了山区的沉寂，盼望已久的战斗打响了。

西路，教二旅六团、山纵五团，在教一旅旅长曾国华指挥下，分两路出击。六团以勇猛的动作攻占了东旋子口，俘敌八十余人，缴步枪六十余支，尔后向址坊和灯笼山发起进攻；五团迅速攻占了三皇山，切断了顽军向西突围之路。北路，山纵六团捷足先登，控制了浮棚山、蒲汪等阵地，击溃了企图南援之敌。迂回纵队——起义的百十一师、军分区独立团等部在万毅指挥下迂回到甲子山东，直取南北垛，再克赵家、刘家彩，残敌纷纷溃逃张家石汪、刘家东山固守。南路，我教五旅十三团向石场发起了攻击后，很快接到报告，团长芦迪、政委覃士冕指挥部队经过连续攻击，团主力已攻占石场村东大碉堡，三营从东南方向攻击朱芦，并击溃由朱芦增援石场之敌。

孙顽突然遭我四面攻击，开始有些晕头转向，尤其我十三团，像一把尖刀直插敌心脏，更使敌人惊恐万状。可是，孙焕彩很快清醒过来，一面命令顽军收缩兵力，控制要点；一面立刻纠集了一千三百多人，亲自指挥，向我十三团进行拼命反扑。霎时，枪弹、炮弹、手榴弹，像疾风冰雹似的泻向我方阵地，战场情况突然恶化。我十三团与敌顽强搏斗，反复冲杀五次，毙伤顽敌三百余人，但因部队伤亡逐渐增大，又遭刘家东山之敌的侧面攻击，我军处于非常不利的地位。经过一夜的激烈争夺，十三团撤出了战斗。

天将亮时，枪声渐渐稀落下来。旅指挥所里，大家一夜未合眼，却毫无睡意。我们又进行了研究，决定按作战计划，由旅特务连和十三团一部向樟山进攻。樟山是石场东部的唯一屏障，居高临下，我军只要占领了樟山，就等于打开了石场的大门。因此，敌人也把樟山看作是关系生死安危的要点，苦心经营，构筑了十分坚固的工事，配之以轻重火器，派有重兵扼守。

天亮之后，部队占领了樟山南侧的攻击出发阵地，旅指挥所也顺孙家土山西侧山沟，前进至樟山东侧六百米的高地上。在这里可以清楚地看到：樟山南北长三百多米，东西宽一百多米，敌人在山的南北两侧，各修了一个巨型地堡，厚度达一两米；地堡之间，又修筑了两道一人多高的石墙，从墙下通出来许多掩体。山上光秃秃的，既无树木遮挡，又无沟壑藏身，易守难攻。山的西北，与刘家东山之间，由交通壕沟相通，驻守在刘家东山和石场之敌随时可以向樟山增援。

8点多钟，我正在协助梁旅长进行冲击前的战斗准备，忽然望见从山沟里走来了一行人。近前一看，原来是罗荣桓政委、朱瑞同志和陈光代师长等首长。梁旅长迎上前去，忙说："政委，这里离敌人太近，太危险……"罗政委打断了梁旅长的话，问道："老梁，部队准备得怎么样了？""报告政委，准备工作接近完毕，请首长放心。"梁旅长应声回答。罗政委点了点头，接过望远镜，仔细地观察了山上的敌情。敌人的冷枪不时带着刺耳的尖啸声从头顶飞过，但政委毫不在意。这时，我也劝说首长到安全的地方去，他笑了笑，用命令的口吻说："等部队准备好了，马上发起强攻！"

时针指向了九时正，配属我旅的两门机关炮向敌人猛烈轰炸，在嘹亮的冲锋号声中，部队发起了勇猛的冲击。只见山上硝烟弥漫，弹片和石块乱飞，枪炮声、喊杀声震耳欲聋。但是，由于敌人依托坚固的工事，并以密集的火力封锁我前进的道路，两次攻击都失利了。

看着部队遭到伤亡，攻击受挫，我心里像油煎一样的难过。征得首长同意，我马上带着通讯员匍匐前进，赶到阵地前沿组织战斗。阵地上硝烟未尽，战士们个个杀红了眼，不少伤员坚持不下火线。特务连刘海清连长，一向作战很沉着，这次也急躁起来，不停地喊着："这些顽固派不去打鬼子，打八路军还真顽固！"在阵地前沿，我重新组织了力量，并进行了简短的动员，当战士们闻听罗政委来到前沿阵地时，战斗情绪更加高涨。刘连长把棉衣一脱，一马当先，带着战士们立刻发起了第三次冲击。敌人发疯了，地堡里喷出条条火舌，枪声、手榴弹声空前大作。英勇的战士们，一批批地冲到敌人围墙下、地堡前，又一批批地倒下去……在这十分紧急的时刻，通讯员传来了罗政委的命令："部队暂时停止攻击。"

太阳耷拉着脑袋，空气令人烦闷，我怀着沉重的心情，回到了指挥所。这时，只见罗政委正在土坎旁默默地凝视着樟山，倾听着各部队的战斗报告："师特务营及山纵五团一部攻击了茅墩，摧毁敌全部碉堡，并歼顽军一部，残敌溃至朱芦。"

"我百十一师主力攻占前后崖、簸箕口、北山头等地，并击溃由公路北南援的朱信斋土顽部队。"

"教二旅六团在攻击址坊和灯笼山的战斗中，遭到重大伤亡，攻击失利……"

梁旅长不安地说："政委，我们这次又没有打好。"

罗政委听后，态度平静地对大家说："我在这里看得很清楚，你们打得很英勇，战士们很顽强。现在你们的任务，就是把敌人紧紧地围困起来，实行工程作业，逼近敌人，还要大力开展政治攻势，并随时准备继续强行攻击。"

三

遵照罗政委的指示，部队停止了强攻，以少数兵力控制要点，严密监视和封锁敌人，主力则进行休整。同时，加强了政治思想工作，进一步向部队讲清这次战役的重要意义和分局、军区首长的决心。

我从旅指挥所来到了特务连。当时，全连干部、战士正在进行战斗总结，你一言我一语地谈论着昨天的战斗。有的说，特务连是个老红军连队，从来都是善于打硬仗的，如果继续强攻，一定能够解决战斗。有的说，敌人火力强，地堡又厚又硬，炮弹打不透，围墙又高又滑，爬不上去，继续强攻，只会多牺牲，多流血。刘海清连长一见到我，便抢先发问："科长，怎么不攻了？我就不相信啃不下这块骨头！"战士也纷纷围过来请战。我先请大家坐下来，然后耐心地向他们说明罗政委指示的正确性："敌人虽然遭我沉重打击，但战斗力仍然很强，继续强攻对我不利。我军所以采取长期围困战术，是因甲子山区附近只有小股土顽，慑于我军声威，他们不敢轻举妄动，我无后顾之忧；同时又有广大根据地人民的支援。而顽军在我包围之中，得不到外援，粮食越吃越少，弹药越打越少，时间一长，定会不战自乱。"听到这里，他们脸上浮出了笑容。

我军四面包围敌人，逐渐紧缩，将敌人压缩到甲子山南麓南北长十里、东西宽不到五里的狭长地带。址坊、石坊、刘家东山、朱芦是敌人主力所在地，东、西、北三面环山，孙焕彩自恃占据了樟山、灯笼山等要点，有坚固的防御工事，企图赖在甲子山区作困兽之斗。

我军在敌据点周围布下了机枪手、狙击手，专打暴露之敌，并以部分兵力，在火力掩护下，夜以继日地进行工程作业，把交通壕、掩体挖到敌人鼻子底下，步步逼近敌人。顽军深感危在旦夕，于23日至25日，三次向我拼命反击，但每次都被我打得焦头烂额，遗尸累累，只得缩回据点。每当夜晚，我军就派出小股兵力奇袭敌人，灯笼山、樟山一带，枪声四起，火光不止。同时，我军还对敌展开强大政治攻势，民兵和群众在周围山头点起熊熊大火，呐喊助威；政工人员组织对敌喊话，规劝顽军士兵：只有投靠八路军，枪口一致对外才是唯一的出路。

顽军在我久困之下，内无粮草，外无援兵，士气颓丧，军心浮动。开始，他们没有吃的，就在村里挨家翻箱倒柜，把老百姓的粮食、蔬菜、油料抢掠一空，连猪狗羊也被吃光。后来，这群饿急了眼的顽军，只要见到能吃的东西，不管是萝卜头还是白菜根，只要捞到就往肚里填，不少顽军士兵出于厌战，迫于饥饿，偷偷地跑到我们这边来。顽固派头目孙焕彩此刻已陷入四面楚歌的境地，为逃脱困境，他只得硬着头皮率领残部突围。

12月30日晚，顽三三三旅约有一千二百人由张家石汪向北突围，他们沿着一条山梁北窜，惶惶如丧家之犬。我军发现后，当即前堵后截，战士们从两侧山头以泰山压顶之势直扑敌群。刹那间，山沟里人撞马，马踩人，鬼哭狼嚎，顽军官兵丢下妻室儿女，抛掉马匹辎重，夺路而逃。我军结合攻击开展攻心战术，许多从原百十一师起义的战士，向顽军指名道姓地喊话，要他们放下武器，弃暗投明。敌人完全丧失了战斗力，陷入一片混乱之中，除少数窜逃外，大部被歼。与此同时，孙焕彩所率师部及三三一旅，在南北山口向东突围时，也遭到我军分头截击，尾追到日莒公路附近，孙焕彩只剩下数百人落荒而逃。

战役过程中，莒南、日照、莒县、临沭等县，组织了数千民兵支前参战，顺利地完成了运输弹药粮草、抢救伤员、押运俘虏等任务；有的民兵，还参加了工程作业和监视封锁敌人。根据地的人民，还在战场附近村庄设立了临时粮站，男女老少齐动手，昼夜碾米磨面，积极支援前线。莒南县薛庆区把一百四十多户个体作坊集中在一起，日夜加工大饼、馍馍，及时送到战士手中。妇救会员和识字班员们，都争先恐后为伤病员送茶喂饭，端屎端尿，照顾得无微不至。广大人民群众的大力支援，极大地鼓舞部队的战斗意志，对夺取这次战役的全胜做出了重大贡献。

经过十四天的激烈战斗，我军击毙伤顽军一千余名，俘三三一旅参谋主任任家麟以下官兵一千一百三十七名，缴获步枪四百八十五支，短枪十八支，轻重机枪二十二挺，迫击炮三门，战马三十四匹及弹药、其他物资一部。战斗结束后，人民群众欢天喜地，推着花生、白菜、粉条，抬着猪、羊，敲锣打鼓，前来慰劳部队。军民一家，欢庆胜利，祝贺新年。

甲子山之战，打开了滨海地区的新局面，使根据地迅速得到巩固和发展，往东与日照、诸城、莒县连成一片，往北与鲁中根据地沟通相连。孙焕彩遭我歼灭性打击后，从此一蹶不振。巍峨的甲子山区，重新成为我光荣的抗日民主根据地。

海陵反“蚕食”之战

海陵县是共产党在郯城、赣榆、海州3县边区设立的新县，因境内有马陵山，故名。海陵南接陇海路，东接赣榆县，是滨海区南部的防线，又是山东通往华中抗日根据地的重要交通线。日军为断根据地南北之间的这一通道，建立从郯城到赣榆的东西封锁线，便极力“蚕食”这块地区。敌人首先以韩湖（赣榆西南）、横沟、罗庄（均在海州西）为中心向外扩展，到1942年11月已安设据点10余处，“蚕食”掉抗日根据地4个区，向北一直到大兴镇、欢墩埠，离一一五师师部驻地蛟龙汪、朱樊仅有一二十里。“蚕食”海陵的主要敌人是以杨步仁为司令的伪新浦别动队。杨步仁原名王凤鸣，曾任一一五师苏鲁豫支队政治部主任兼第四大队政委，同时还是苏鲁豫区（亦称湖西区）军政委员会的负责人。在湖西“肃托”中，他与湖边地委组织部长王须仁狼狈为奸，对根据地负责干部进行大逮捕、大屠杀。仅1个多月时间，即惨杀湖西区党委宣传部长马霄鹏、统战部长王文彬、军事部长张如、社会部长赵万庆等优秀干部300多人。支队副大队长兼第四大队长梁兴初也被其抓捕关押。1942年2月，王凤鸣得知党中央要判他徒刑时，连夜逃跑，投降了连云港的日军。由于他熟悉八路军的战略战术，危害极大。在军事上，他配合日军疯狂“蚕食”抗日根据地；在政治上，他施展阴谋瓦解八路军，曾在一一五师任协理员的罗保成等人就被他拉了过去。当日军“扫荡”滨海区的风声日趋紧急，一一五师师部和主力仍驻滨海。为配合鲁中沂蒙区反“扫荡”，罗荣桓命令一一五师主力教导二旅第四团、第六团各一部和新一一师六六二团、第五十七军独立旅等部队，在地方武装和民兵配合下，发起海陵反“蚕食”之战。1942年11月3日，教导二旅等主力飞速直插陇海铁路，一一拔除了铁路以北郯城和赣榆之间的伪据点。当晚，攻克铁路北面的罗庄据点，俘虏全部伪军。4日，攻克横沟，俘伪军百余人，企图逃跑的伪大队长也被民兵活捉。亭子埠伪军闻风而逃。5日，攻克管圈沟。之后，八路军一面包围据点，一面对敌展开政治攻势。敌人惊恐万状，韩沟、泉沟两据点伪军260余人全部投降；上林伪军40余人反正；丁汪、苘庄湖、大齐庄、小齐庄、东小店、西小店等十几个据点的敌人，有的投降，有的逃窜。6天之内，攻克伪军据点16处，毙伤敌伪200余人，俘敌600余人，缴获长短枪540余支、子弹2万余发、战马6匹、军衣、器械、文件各1部。歼灭杨步仁的伪别动队1000余人，杨步仁仅率残部

200余人逃窜。当了伪别动队大队长的叛徒罗保成（后被八路军处决），伪大队长尹玉琢、李振东均被俘虏，另一大队长萧大瀛被击伤。战后，被杨步仁“蚕食”掉的4个区恢复了3个半。此战，八路军伤亡40余人，创造了运用“翻边战术”反“蚕食”的范例。

（载自《沂蒙革命根据地志（上）》）

郯城大捷

曾国华

1943年1月，在我们一一五师教导二旅召开的作战会议上，“翻边战术”这个新的作战指导思想，引起了大家热烈的讨论。

六团团长贺东生同志习惯地把帽檐向下一拉，急切地说：“好，罗政委这个办法，一定能治住鬼子！让民兵们缠住‘蚕食’根据地的敌人，我们主力部队却直捣敌人的老窝，叫鬼子首尾挨打。”他把军帽又向上一掀，像是自问自答：“翻边？我们和敌人翻个边，敌人从哪里打过来，我们就打到哪里去！”说得大家大笑起来。

去年12月，我军在滨海沭西地区击毙了敌联队长小林，粉碎了他们的“蚕食”以后，驻扎在兖州的敌旅团长石田仍不死心，又亲自到枣庄策划布置，发动了更大规模的“蚕食”。他指挥滨海、鲁南地区的敌伪军，首先打通由临沂经郯城到新安镇的公路，企图切断我滨海与鲁南、华中根据地的联系；又在临青公路上的重要村镇醋大庄和禹屋筑起碉堡，安上了据点，企图打通临沂至青口的公路，分割我滨海根据地，梦想以此来达到全部占领我滨海根据地的目的。为了粉碎敌人的阴谋，我们一一五师教导二旅曾写信给罗荣桓政委，坚决要求拔除醋大庄据点，并愿担负主攻任务。出人意料的是罗政委给了我们一个更加艰巨的任务——深入敌后方攻打郯城。于是，我们立即召开了作战会议，让大家更好地领会上级意图，研究如何圆满完成任务。讨论中，大家深刻体会到罗政委所提的“翻边战术”，正是毛主席“敌进我进”战略思想的具体运用。

郯城，位于临沂至新安镇之间，南距陇海路和北距临沂都不过百余里。鬼子在这里盘踞了三年，构筑了坚固的工事。正西二十五里的马头镇上还驻着一部分鬼子，可以随时增援。

面对着这个形势，我们当即决定：先动员广大群众把郯城北通临沂、南通新安镇的公路彻底破坏，使敌人援兵难以很快到达。马头方向的敌人，则以英雄何万祥任连长的六团二连进行阻击。尽管这样，我们如何赢得时间争取速胜，仍是个极端重要的问题。经过慎重讨论，我们决心以四天时间拿下郯城，并向罗荣桓政委做了保证。

作战方案制定以后，几千民兵配合着少数主力部队，随即对醋大庄展开了夜以继日的围攻，把进行“蚕食”的敌人紧紧地缠在沭河沿岸。成千上万的群众对郯城南北的公路进行了彻底的破坏。1月18日夜，我们教导二旅穿过了敌人的层层封锁线，神不知鬼不觉地直扑郯城。一场体现“翻边战术”的外线进攻战在敌人后方打响了。

19日深夜，我们占领了郯城南关。顺着一条弓形大街，借着房屋的掩护，六团直扑南门。一阵激烈的枪声之后，连续爆破，炸开了第一层城门，谁知里面还有一层门挡住了部队的去路。看看天色已亮，我只得命令六团暂停攻击。

白天，我在深思着。四天，要在四天时间内打下郯城，这不只是我们已经向师首长做了保证的问题，更重要的是，如果超过四天，敌人完全有可能收缩“蚕食”的兵力，回头反扑，陷我们于被动的境地。何况这次战斗，还关系到我们能否成功地运用“翻边战术”粉碎敌人的“蚕食”呢！我立刻赶到六团指挥所去。

四团昨夜在北门佯攻，听说六团主攻失利，打电话到六团来找我，要求从北门给敌人一个厉害。六团哪里肯让，再三表示：今晚一定拿下南门！城北地势低洼，突破点肯定不能选在那里。不过南门的敌人早已加强了戒备，强攻也很不利。六团团长贺东生同志提议由东南城角突破，那里敌人有一个大炮楼，戒备较差，正可以攻其不备。这个建议很有道理，但我们又觉得大炮楼对我们威胁太大，就确定今晚在南门和东南大炮楼中间突破，首先架桥通过外壕，再攀梯强攻！

马头的敌人果然赶来增援。但整个白天却未向我阵地反攻。天色将晚，大队人马又返回了马头，只有一个小队窜进了城里驻守。我琢磨着这些情况，心中暗喜。看来，鬼子还不知道我们“翻边战术”的厉害，把我们这次进攻仍当成一般的袭扰活动哩！

午夜11点，我从旅指挥所到前沿上来。几十个战士簇拥着一副便桥和几架木梯，隐蔽在敌人火力达不到的地带，等待着攻击命令。我挤进战士丛中和他们谈起来。我先问：“你们怎么分得工？”一个正埋头工作的战士抬起头来，我一看，是八连六班长吴兴中。他回我：“一排架桥，三排架梯子，二排爬城！”战士看见我，情绪活跃起来，七嘴八舌地和我说话。我又问他们：“今晚上有没有信心打开郯城？”大家异口同声地喊着：“有！”我指着吴兴中身旁一个矮个、圆脸的战士说：“来！你讲讲，哪里来的这样大的信心？”他回答说：“首长，这还不好说吗？罗政委用‘翻边战术’对付鬼子，现在是咱们来打敌人的老巢，不管鬼子怎么狡猾，我们总能收拾住他。”经他一讲，战士们更加兴高采烈，有人点着头说对，有人更补充几句“翻边战术”的好处，十分热闹。我又向战士们强调说：“主动打敌人是我们有利的条件，可是要争取时间！”六班长吴兴中像代表战士发言，向我说："首长，我们八连今天专门开了大会，保证不过明天突上城头！"那个矮个圆脸战士更响亮地向我保证："首长放心！"这些小伙子的乐观情绪，给了我很深的印象，他们都是些多么善于领会指挥意图的聪明的战士啊！我专问了他的名字，他羞赧地告诉我："我叫张桂林。"

总攻击令逐级下达，掩护冲击的火力怒吼起来，战士们前进到冲锋出发地。贺东生团长也耐不住了，把帽檐向上一掀，向我说："旅长，这正是要紧的时候，只要搭上便桥，就放心多了，我到前面去照看一下，好吗？"我点点头，一句叮嘱他的话还没出口，他就飞也似的朝火光闪动处跑去了。

昂首的木桥在弹雨中被战士们推到壕边，"扑通"一声，木桥的一端紧紧地咬住了对岸。几个战士唯恐桥搭得不牢靠，急忙跳下炸塌的沟沿，用肩膀扛着便桥。一队队的战士扛着木梯从桥上飞跑过去。

城垣上敌人一片慌乱，哨子声，咒骂声，惊恐的号叫，搅在一起。两边的机枪开始向这里侧射，南门上的敌人也向这里窜过来。我立刻派人通知四团，牢牢地抓住敌人不要放手。

转眼间，我们和敌人又打了几个回合，没有得手。这时，已是深夜三点，天亮在即，我正想命令九连上来支援八连，贺团长又组织起一次新的突击。突击组带头的同志正是六班长吴兴中，他高声喊着口号："拿出平型关打鬼子的劲头来！"带头向前冲击。张桂林矮胖胖的身影紧跟着他。一架架梯子紧贴着城墙竖起来了。敌人用长杆子来推梯子，我们另一群战士连忙冲向梯脚，竭尽全力把梯子按住。张桂林顺着梯子爬进垛口。他没有立即攀登，却蓦然把身子向下一缩，飞速地朝着城上摔出几颗手榴弹。一连串的爆炸声中，浓烟飞腾起来，他就在这时飞上了城墙。在战火的映照下，只见他灵活的身体一闪，又向左右投出几颗手榴弹，城上反冲锋的敌人被他打退了。他回头高喊一声："快上呀！同志们！"

战士们一阵风似的卷上了城头，占领阵地的号声响了起来。我立即命令六团顺城墙压缩残敌，最后肃清敌人。

当城里的残敌退向城中心的伪县政府，并依靠两座高大碉堡顽抗的时候，城西突然响起沉重的重机枪声。侦察员匆忙跑来报告："马头来了鬼子援兵，在西门外和六团接火了。"

依情况判断，要想最后消灭守敌，必须打退援兵，决不能让城内外的敌人会合。我和符竹庭政委做了分工，由他组织城里的战斗，我带四团一个营去接应打援的阻击部队。

担任阻击的是六团二连，它是我旅有名的战斗突击队，连长何万祥也是一员能攻善守的猛将，把这种重担交给他们，本来是比较放心的。但是，鬼子正在垂死挣扎，何况二连还是以少打多呢！这就是我急切赶赴城西的原因。

何万祥连把阻击阵地设在城西南不远的一块坟地里，紧紧扼住了公路，地形很好。我赶到的时候，他们刚打退鬼子第一次冲击，公路上到处都是敌尸。何万祥听说我来了，连忙跑来向我报告。季节虽然还是严冬，他却满头大汗，上身只穿了一件衬衣，上面溅满了血迹。我见他手持大盖枪，枪上的刺刀明晃晃的，就问他：“和鬼子肉搏了吗？”他咧着嘴角笑了笑，向我说：“首长，我们连保证不叫鬼子越过阵地一步！”

郯城中心不断升起红色信号，我回头看看天空中飘摇下落的小红伞，知道这是城里的敌人要援助。鬼子又要进攻了。我交代何万祥说：“你们把鬼子顶住，我马上要四团从右翼包抄。”

面前的敌人冲击得真是既凶猛又频繁。我看何万祥连又杀伤了不少敌人，四团部队也已运动到敌人的背后，就发出了出击的命令。

何万祥挺起刺刀，像旋风一样地向敌人扑去，一连捅倒几个鬼子。战士们也紧跟在连长后面，冲杀上去。立时杀声遍野，尘土飞扬，一片兵器撞击的格斗声，分不清哪是敌人哪是自己。鬼子兵被杀得犬窜豕奔地向西逃跑，四团包抄敌人后路的那个营立时堵住了鬼子的退路。鬼了被围在核心，再也逃不脱覆灭的命运。至于援救城里，那更成了永远不能实现的梦想。

这时，在城里指挥作战的符政委，已命令四、六两团的突击部队爆破伪县府的院墙。二百多伪军、伪政权人员高举着双手，口喊投降，乱哄哄地跑了出来。紧接着，工兵们用杆子绑上炸药，炸掉了最后一座鬼子固守的大炮楼，城里抵抗的敌人被全部歼灭了。战士们朝炮楼所在的院落搜索前进，抓俘虏、缴枪支，沉浸在胜利的欢乐里。

我从城外回来，和符政委带着十几个干部也向炮楼走去，想看看鬼子炮楼的构筑和我们炸药的威力。突然从瓦块堆里钻出个鬼子兵来，蓬头垢面，破衣烂衫，朝我们眨巴眨巴眼睛直奔过来。警卫员举枪要打，我早看到鬼子手里没有任何武器，就连忙止住了警卫员。鬼子吓得跪倒在地，膝行到符政委跟前，举着双手哇啦哇啦地乱叫，这副奇怪的模样把我们全惹笑了。符政委拍拍鬼子的肩膀，对他的投降表示欢迎。鬼子快活地站起身来，指指政委胸前的望远镜，竖起大拇指摇晃着。原来这个鬼子看出符政委是指挥员，特意向他表示对我军指挥的敬佩。我对大家笑着说：“鬼子投降也会找窍门儿哩。”符政委若有感慨地说：“看来鬼子现在知道‘翻边战术’的厉害了！”

激战了两天两夜，郯城被我们占领了。我们向罗政委报告了完成任务的情况。

按照上级指示，我们把敌人掠夺来的粮食分发给农民。郯城市街马上活跃起来，大车、小车、牲口充塞了街道。一个日本粮行的经理被战士们抓来，他装出一副可怜虫的样子，向我哀求“我的商人干活，罪过的没有！”我指着城北万斤黄澄澄的粮食生气地说：“掠夺我们中国农民的血汗，这还不是你的罪过？”他摇着头说：“想不到，你们竟会打到后方来。在山东，保险的地方没有的啦！”

在罗政委的指示下，我们又乘胜收复了郯城周围十八处大小据点。醋大庄的敌人受到民兵们歼灭性的打击，“蚕食”临沭地区的鬼子被迫全线撤退了。鬼子妄想通过“蚕食”占领滨海的计划，在初期阶段就被我们的“翻边战术”彻底粉碎了！从此，“翻边战术”在山东敌后有了更广泛的应用。在毛主席军事思想的教导下，经过战争烈火的锻炼，我们山东抗日军民在敌后愈战愈强了！

太皇崮战斗

1943年3月23日，日军再度侵占白彦，并在费滕公路沿线的白彦、南径、官庄、陈家庄、夏家庄、小北山、小营等处修筑碉堡10余个。时日军约30人驻白彦据点，伪区长孙秀珍之武装及伪军颜团一部驻小营。

24日晨，日伪军500余人，突然包围了皇崮区委和区中队驻地芦家沟。区中队哨兵发现敌情后开枪报警，区长孟育民等闻警即把队伍拉到村外与敌作战。区中队见寡不敌众，便边打边撤，抢占了太皇崮山顶。他们依据天险，居高临下，打退了敌人数次冲锋。激战半日后，因弹药耗尽，就用石块投击敌人，最后敌冲上崮顶。孟育民与太皇崮村农救会长李广友被西边的枪弹击中，日军的刺刀穿透了谢恒顺、谢学柱的胸膛，民兵谢洪连打倒一个日军后连中几弹倒下去，山西人陈礼赞抱着敌人滚下悬崖，区中队指导员王万立高喊着“打倒日本帝国主义”拉响最后一枚手榴弹与敌人同归于尽。区农救会长公浩誓死不屈，用棉衣一蒙头栽下了悬崖。

太皇崮巍然耸立，九烈士英名万古流芳，英雄精神万古长青。

（载自《平邑党史博览》）

在山东抗日的岁月（节选）

刘西元

（四）

1941年2月，张仁初团长和我率教二旅六团和第四团一起，由鲁南郯城、马头地区向东挺进，同山东纵队第二旅第六团等部相配合，开辟和扩大北起胶济铁路、南抵陇海铁路、东至黄海边的滨海抗日根据地。三月，攻克江苏省赣榆县（位于陇海路北，从这时起一度划归山东）的海头、兴庄等日伪据点，攻入青口镇内，毙伤日伪军二百余名，俘伪军八百余名。这一胜利，控制了黄海沿岸的一些地区，扩大了滨海抗日根据地，打通了与华中新四军的海上联系。

1942年，由于日军对抗日根据地频繁的“扫荡”“蚕食”和“治安强化运动”，加之严重的自然灾害，使敌后抗战进入极困难时期。在贯彻中共中央、中央军委关于根据地建设和精兵简政的指示时，我们团领导重视保留骨干，精简机关和勤杂人员，使部队更适应敌后游击战争形势的需要；同时带领部队，利用战斗间隙，开展大生产运动，开荒、种粮、养猪、种菜，保证了供应，减轻了人民负担，为渡过难关、积蓄反攻力量，打下了物质基础。

同年秋，日伪军为控制沿海海口，掠夺沿海盐滩财富，向滨海中心区施行“蚕食”政策。十月，我六团在兄弟部队配合下，在沿海地区开展反“蚕食”斗争，发动海头战斗，取得歼灭日伪军三百余名的胜利。十一月，我六团参加了海陵反“蚕食”作战。海陵位于滨海抗日根据地南部，是赣榆、海州、郯城三县之间建立的新县，南临陇海铁路东段，东接赣榆，为山东与苏北连接的要地。当时，日伪军为建立赣榆到郯城的封锁线，切断滨海与苏北抗日根据地的联系，极力向外扩张，到十一月初“蚕食”了海陵县三个半区，设据点十六处。为打击敌人的“蚕食”阴谋，保卫抗日根据地，在教二旅旅长曾国华、政委符竹庭指挥，我六团于11月上旬参加了海陵反“蚕食”作战，和兄弟部队一起，拔除据点十六处，歼伪军八百余名，将被“蚕食”地区大部收复。

1943年1月，日伪军从临沂、郯城等地向滨海区南部“蚕食”。教二旅按照师政委罗荣桓提出的“敌打进我这里来，我打进敌那里去”的“翻边战术”，向鲁南敌人的兵站基地郯城发起进攻。我和贺东生团长率领第六团，和第四团一起，穿过敌人的封锁线，急行军奔袭郯城，攻克郯城及周围据点十余处，毙伤日伪军四百余名，俘伪军六百余名、日军七名，缴枪八百余支，恢复了滨海区南部被“蚕食”的地区。新华社在报道中称攻克郯城，“予敌‘蚕食’以重大打击，实为一九四三年伟大胜利的第一击”。战后，我六团第八连由于在战斗中表现突出，被一一五师司令部、政治部授予“郯城战斗模范连”的光荣称号。

同年3月，根据中共中央关于精兵简政和一元化领导的决定，在山东抗日根据地实行党的一元化领导，山东八路军部队实施整编，成立新的山东军区，由罗荣桓任山东军区司令员兼政治委员、第一一五师政治委员兼代师长，稍后又担任中共山东分局书记（原一一五师代师长陈光、原山东分局书记朱瑞奉命回延安参加党的“七大”）。下辖鲁南、鲁中、滨海、胶东、清河、冀鲁边六个军区（1944年1月，清河军区与冀鲁边军区合并为渤海军区）；主力部队全部地方化，编为十三个团，配置在各军区，其中第四、第六、第十三团配置在滨海军区；原教二旅六团整编为第六团，曾国华任团长，我任政治委员兼政治处主任。

（内容系节选）

国民党第九十二军进犯鲁南

1943年初，国民党统治集团掀起了第三次反共高潮。为控制山东，蒋介石催令国民党第九十二军李仙洲部迅速入鲁，其图谋是：派主力侵占鲁西南，占领湖西根据地，立足后，即进攻鲁南，以鲁南为走廊，继而向全省发展。将鲁南作为出入山东的生命线，补给线，在政治上，统一国民党党政力量，建立党政机构，彻底摧毁解放区各级抗日人民政权和群众组织。对伪组织充分利用，对日军避免正面作战，以保存实力对付共产党。具体部署是：以暂编三十师师长路可贞率二十一师一个团，并指挥曹班亭、孙性斋及当地土顽侵占湖西根据地，掩护其主力过微山湖进攻鲁南解放区。在鲁南利用申宪武、刘桂堂、王洪九等顽军，抢占抱犊崮根据地，再掩护九十二军主力入鲁南，然后向鲁中、滨海进犯，继之向胶济路以北发展，最终控制整个山东。

1月4日，顽九十二军的先头部队一四二师四二六团，进入湖西鱼台一带，2月中旬，越过微山湖与申宪武部会师，3月初东进到滕（县）峄（县）边的莨子口。

针对这种局势，中共山东分局指出："我们基本仍然以强调疏通团结为主，同时应提高警惕，严阵以待，以防突袭。"滕峄边县委根据鲁南区党委宣传部长王少庸的指示，坚决执行分局"欢迎、疏通、团结"的原则，选派民主人士、儿子在国民党军当团长的徐庄区区长陈正寅等人带着礼品去欢迎，结果顽军不但不接受欢迎，反而打骂欢迎的人，统战未果。

顽军入鲁后扬言"驱逐逆流，收复失地"，"八路军不听指挥，先打八路军再打鬼子"，"山东只有土匪八路"等。所到之处，大肆搜捕地方干部、民兵和群众组织的骨干分子。仅在刚刚闯入滕峄边时就活埋5名抗日干部和数名青年，捕去滕四区区长的家属，烧毁其全部房屋，强行收缴民兵枪械30多支。四二六团还武装进攻鲁南军区后方机关，破坏工厂，抢掠物资。顽军到一村抢一村，无一幸免。其内部有"三不拿口号"，即：不能吃的不拿，不能用的不拿，拿不动的不拿。当老百姓吃饭的时候，顽军士兵便蜂拥而至，到各家各户，抢吃抢喝，吃饱了就走，能拿的就拿。许多村的牛、羊、鸡、狗，几乎全部被他们抢走吃掉。顽军随处奸污妇女，坏事做尽，老百姓骂他们是"三鬼子"。

与此同时，在军事上，向鲁南根据地纵深处步步紧逼渗透，其目的就是要控制鲁南山区，侵占费南，开辟进攻鲁中的道路。

击溃顽军一四二师（松林、四开山战斗） 针对国民党顽固派第九十二军反共反人民的罪行，为粉碎其妄图控制鲁南、侵占费南、打开进犯鲁中之路的目的，鲁南军区决定趁其先头部队主力一四二师向费南进犯之际，选准时机，选准地点，给予沉重打击。

1943年4月，刘桂堂部在锅泉遭八路军打击后，又联合九十二军一四二师向费南根据地五家峪一带进犯，遭到八路军的沉重打击。7月13日，刘桂堂部为一四二师带路，向费南根据地内部四开山一带进犯，企图夺路进犯鲁南腹地。一四二师有5000余人，装备精良，加上刘桂堂1个师，共有10000多人，分两路从黑风口沿山峪向北推进，形成了一条长线。鲁南军区司令员张光中、政委王麓水抓住这一战机，决定选择伏击点，出其不意，依托有利地形，集中优势兵力打击顽军师部，捣毁其指挥机关，使其指挥失灵，首尾不能相接。

当天早晨，雨雾茫茫，鲁南军区三团（原山东纵队一旅三团）4个连队，和鲁南军区特务连分别进入了郑城镇北面的松林村以东的山坡阵地，埋伏在沟壑和青纱帐里。司令员张光中和政委王麓水，在军区特务连设伏的阵地上坐镇指挥。在鲁南武装设伏的山坡下，有条南北纵向沿河流的公路，是一四二师必经之路。上午9时许，顽军一四二师的先头部队在郑城出现。一四二师的一字长蛇阵在阴雨泥泞的小路上从八路军伏击圈中艰难地行进。中午时刻，当一四二师师部进入伏击圈时，大雨骤至，伏兵突然发起攻击，毫无防备的一四二师立时乱作一团，死伤数百人，师长刘春霖和副师长皆负重伤，仓皇逃向四开山山区黄天、滴水崖一带，与刘桂堂部汇合。

为了彻底击败顽一四二师，鲁南军区于7月25日组织了四开山反顽战役。军区司令员张光中、政委王麓水，调集三团5个连、五团两个连、军区特务连、尼山独立营两个连共10个连队参加战役。当晚即攻占桃花山694高地及滴水崖以南3个山头。五团两个连及尼山独立营两个连为东路，由王六生、邢天仁指挥，向桃花山左右一线山头攻击。三团5个连队向滴水崖、上黄天、下黄天攻击。军区特务连由张光中、王麓水指挥，同时进攻桃花峪、车庄。一夜激战，鲁南部队将上、下黄天顽军阵地及桃花山占领，与顽军对峙。翌日，驻滴水崖及车庄顽军连续数十次向桃花山阵地猛烈反扑。在尼山独立营两个连英勇顽强的坚守下，不仅杀伤了大量的顽军，而且牢牢地控制了阵地。与此同时，鲁南三团攻占了黄天后，并向滴水崖发起猛攻。下午3时许，顽军见势不利，被迫东撤。八路军当即发起全线追击。当三团追至四开山以东的桃园山时，将顽军掩护撤退的四二五团一部包围。激战1小时，俘顽军副团长以下300余人，缴重机枪2挺，轻机枪4挺，步枪一部分，其余残部东窜。为乘胜扩大战果，八路军于次日继续向东追击顽军。至上午10时许，将一四二师及刘桂堂部300余人包围于大井、小井一线。八路军准备下午发起总攻，顽军慌忙放弃大井、小井，由滋临公路的温水与埠前庄中间渡河东逃，途中又被八路军追歼280余人。顽军窜至费北县南埠崖村时，又遭鲁中军区二团的攻击。所剩残部，由刘桂堂部带路经泉林、李家庄、仲都、山曼山逃至邹东尼山一带。此时正值尼山独立营自四开山战斗后返回仲都一带休息，发现顽军逃至此地，遂组织袭击，又重创残部。一四二师许多士兵是河北籍，不少人趁此机会逃回家。顽军一四二师由进山东时5000余人的队伍，只剩下不足800人，经湖西过津浦路逃回安徽。

反击一四二师战役胜利后，八路军乘胜拔除了梁邱、白彦、埠阴、平邑等日伪据点，将日伪控制的滋临公路拦腰截断，鲁南抗日根据地走向恢复和发展。冬季，鲁南人民有准备、有计划地粉碎了日军的大“扫荡”，取得了局部反攻的胜利，基本上结束了鲁南地区最艰苦、最困难的局面，迎来了大反攻的大好局势。

（载自《中共平邑县历史（第一卷）》）

鲁南军民打垮顽九十二军始末

王庆祥

韶华似水，岁月如梭，不觉已是满头霜雪。每当忆起峥嵘岁月桩桩件件斗争史实，使我的心潮起伏、思绪万千。抱犊崮的山山水水，将永远牵动着我们的怀念，鲁南军民前仆后继英勇献身精神，激励着我拿起笨重的拙笔，写铁骨、记豪情，追记昔日鲁南战斗的片断，虽只能是挂一漏万，但讴歌党的正确领导，颂扬人民战争的功绩，忠实记载鲁南军民战斗史实，缅怀革命先烈用鲜血与生命缔造的伟业，是我有生之年的夙愿，借以启迪后来人，使生者温故知新，亦慰昔日鲁南的老领导赵镈、王麓水、李乐平、张光中、张雨帆等先烈含笑于九泉。

在那血与火的年代里，鲁南军民与敌伪顽匪殊死战斗中，谱写出多少可歌可泣的英勇业绩，而1943年，打垮顽九十二军一四二师入侵，从根本上扭转鲁南战局，至今记忆犹新。九十二军进犯鲁南解放区，首先是从占据我滕峄边开始的，当时穆林任滕峄边县委书记，王化任副书记，曾与许多老同志商量，认为这段史实很有整理出来的必要，我们共同搜集资料。由我负责整理，因年深日久，资料不全，加之水平所限，缺点或错误在所难免，尚望知情的同志给予批评指教。

（一）1943年春鲁南的形势

1942年，鲁南抗日根据地十分艰难，灾荒严重，不得不把一部分人员转向其他地区或敌占区，向外求食，以度春荒。1942年3月份将四地委划归滨海，鲁南根据地仅剩下一、三地委和区党委直接领导下的费南、滕峄边、四县边联和费滕实验县。这时以抱犊崮、天宝山为中心的鲁南山区根据地，从东南至西北，只能连成一条线的狭长地域。

另外的沂河、运河两块根据地，早被敌人“扫荡”分割、“蚕食”成两块狭小独立的游击区。至1943年春，鲁南没有摆脱被动局面。

日寇在太平洋战场连吃败仗，更加预感到必须紧紧依赖于已占领的中国领土作为其战争补给线，以支持其力不从心的战争。这时在津浦路东的日伪军共有二十多万人，其中日军三万四千余人，伪军近十七万人。日军因大批调往东南亚之太平洋战场，人数有所减少，但伪军却增加了四万，主要是国民党军队投敌编成。因我鲁南根据地境内，有纵贯南北的津浦铁路和横卧东西的陇海铁路在徐州交叉，扼华北华中咽喉，从连云港海上登陆乘火车西行直逼中原、西北。此外，还有枣庄、贾汪两个优质煤矿，是敌人掠夺燃料重要物质基地，为了掠夺，还有接连津浦、陇海的临（城）枣（庄）和枣（庄）赵（墩）两条铁路支线。临沂、济宁是日伪的道尹公署所在地，徐州为日伪淮海省省会，徐、兖两地为日寇屯兵之地和特务巢穴。由于我鲁南根据地战略位置十分重要，严重威胁着两大交通动脉，敌人也就越加把鲁南根据地作为他们伪化的障碍，以达到全部侵吞而后快。

日寇推行第五次强化治安运动，对我鲁南地区"扫荡""蚕食""封锁"更加凶狂。仅在1942年一年内，对我进行大的"扫荡"达十五次之多，而小股出扰则无法计算。1943年的4、5、6三个月内，又新增据点十八处。日寇推行所谓军事、政治、经济、文化、特务一体的总体战，对我鲁南则更加残酷。截至1942年底，敌伪在我区设立据点四百四十一处，比1941年增加了一百七十七处。全鲁南平均十二个村庄就有一个据点。而在我边沿区、游击区，则是二里一碉，三里一堡，炮楼林立，抬头可见；真是天天有枪声，村村添新坟，尸骨遍山野，处处听哭声的凄惨景象。尤其是敌人于1942年冬至1943年的2月份，为分割抉块，在我根据地内建起三条封锁线，将我山区根据地分割为五小块。

第一条封锁线是从城前、白彦、关阳寺、梁丘，分割了我费滕实验县与滕峄边，使鲁南区党委和南边的几个县隔离开。敌人花了三个月的时间，竭尽全力建成这条封锁线。其先是反复滚转式"扫荡"，然后占住不走修碉堡安据点，接着笼络人心，诱逼着在外躲藏的群众回家种地，因敌长期占据不走，当地群众要种地吃饭，等群众回村后，日伪军挨家挨户抓夫子为其修公路。公路修通后，紧接在公路一旁挖封锁沟，遇有坚硬山石地段不能挖沟，就高高筑起又高又厚的封锁墙；继而利用反动地主、"会道门"头子、地痞流氓等组织伪政权。我费滕实验县大部伪化，这条封锁线对我危害最大。

第二条封锁线是从台潍公路尚岩、埠阳、九女山至费县城，这就严重分割了我四县边联，使之分割成东西两小块。

第三条封锁线是从城前、唐村到平邑镇，把我滕峄边与邹东、费滕、费南分割开来。

日寇恶毒地实施囚笼政策，妄图将我鲁南抗日根据地彻底摧垮。敌文武兼施。武的一套是反复"扫荡"，灭绝人性的大搞"三光"政策；文的一套，既把恶霸地主、土匪、反动"会道门"头子等坏人网罗起来组织伪政权，实行保甲制，搞反动宣传。针对我搞减租减息增加雇工工资，在农村基层政权树立贫雇农优势，敌人大造谣言。说什么"共产党先甜后苦，第一步双减，第二步共产共妻"等无耻谰言，从而离间我党与人民群众的关系。虽然这一套在贫雇农基本群众中毫无作用，但对一些有劣迹的人，也收到一定的效果。坏家伙成了日伪统治的社会基础，纠合起来效忠日寇，充当敌人的鹰犬。他们喊出一个反动口号："宁给皇军纳粮，不让八路叫大娘。"日伪顽匪互相勾结狼狈为奸，欲置我于死地而后快。

我针对敌人步步为营囚笼"封锁"，积极贯彻执行党中央的指示，实行敌进我进，按照罗荣桓同志把这一斗争方针具体化了的翻边战术，积极作战，并派出大量武工队，深入边沿区和敌占区，开展政治攻势宣传群众，对伪军、政人员实行善恶录记黑红点，枪打出头鸟，打击坏中坏，争取中间分子，叫他们身在曹营心在汉，起到杀一儆百、争取多数的作用。铁道游击队则是这些武工队中最杰出的代表。实行主力地方化、一元化领导，各级党委书记均兼任各该级部队政委，区委书记兼区中队指导员，带领群众民兵同心协力开展反"扫荡"、反"蚕食"、反"封锁"、反抓丁、打破敌设囚笼。正当鲁南军民浴血奋战，与日寇进行你死我活的战斗时刻，蒋介石却掀起第三次反共高潮，派他的嫡系九十二军入鲁。其矛头，先指向我湖西根据地，紧接着派一四二师越过微山湖，进攻我滕峄边。顽军畏敌如虎，却杀气腾腾，向我抗战有功的八路军和根据地人民开了刀。我军受到日顽夹击，形势十分严峻。

（二）九十二军入鲁，是蒋介石蓄谋已久的计划

蒋介石于1943年3月，发表了臭名昭著的《中国之命运》，声言在两年内解决中国问题——消灭中国共产党及其领导的人民军队，以便依靠盟国打败日本后，继续维持其一党专政的独裁统治。之后，他又乘5月15日共产国际解散之机，狂叫"解散中国共产党""取消边区"等，调集了六十五万大军准备九路兵马闪击我延安；同时准备向华北华中我解放区进攻，掀起第三次反共高潮的风云。国民党军队在日军七分政治三分军事软硬兼施下，出现许多降军降将。蒋介石把部队拉向大后方长期采取"观战"，消极抗战积极反共。而九十二军入侵，便是第三次反共高潮的前奏，是其重要组成部分。

蒋介石早就想派嫡系来山东，以取代东北军的于学忠，关键是人选与时机问题。他早就物色了李仙洲。因为李是黄浦生又系山东长清人，他认为可以信得过，曾经电令李仙洲赴重庆面授机宜。据李仙洲回来同幕僚讲：蒋向其说，自抗战以来，八路军发展很快，已成心腹之患，苏北韩德勤、鲁南的于学忠势力削弱，反共不力，形成严重危机，必须增派生力军，挽回颓势；和共产党斗争，必须党政军一元化，入鲁后，统一指挥当地党政机构和游击部队，并充分利用伪军打击共产党，建立自己的政权。

李仙洲对蒋介石的召见，认为是对他的垂青，是独当一面的好机会。经请示军政部批准，调整了廿九军部队建制，将原系滇、桂系的八十二师、九十二师调出，

只留下李的基本部队二十一师，又调拨归商震建制的一四二师给李部。

李仙洲为了笼络山东籍人办了一所成城中学，广泛搜罗山东逃亡学生培养心腹。还办了中央军校驻鲁干部训练班，亦是李兼主任，由和康泽关系甚密的易谦任副主任，以便把军官培养成忠蒋跟李的忠实鹰犬。

李部在安徽的阜阳为基地，广泛派人与汉奸土顽取得联系。凡大股的汉奸均互派代表、交换情报，并得到李部许官封爵，披上“曲线救国”的护身符，与鲁西南的顽专员曹班亭、保安旅长常振山、鲁南的土顽保二师师长兼专员申宪武、亦匪亦顽的惯匪刘桂棠、顽十纵队司令王洪九、保安旅长兼专员梁钟亭（梁麻子），均取得密切联系，并设立电台。

李仙洲还以我军为作战对象，针对我军进行了军事训练，要求官兵学会两套本领，一套是对付我军的夜战近战之白刃格斗、投掷手榴弹，行军中的搜索警戒等，另一套是超越日军封锁沟、障碍物的技能，向我进攻。

1943年春，蒋介石认为时机已到，催令李部迅速入鲁。李部最后制订入鲁计划。其计划是：

①首先派主力侵犯鲁西南，占领我湖西根据地，站稳脚后，立即进攻鲁南，以鲁南为走廊，继续向全省发展，将鲁南视为进出山东的生命线（补给线）。

②政治上，统一党政力量，建立党政机构，彻底推毁解放区各级人民政权和群众组织：对伪组织充分利用，对日军避免正面作战，以保存力量对付共产党。

③具体部署为：以暂编三十师师长路可贞率二十一师一个团并指挥曹班亭、孙性斋及当地土顽侵占我湖西地区，以掩护主力过微山湖进攻鲁南解放区；进入鲁南利用申宪武、刘黑七、王洪九部，相互配合，抢占我抱犊崮根据地，立稳足后，再掩护九十二军主力入鲁南，然后向鲁中、滨海进犯，得手后再向胶济路北发展。

九十二军作战计划，把山东各根据地全部包括进去，其反共反人民的罪恶目的暴露无遗。

1942年冬，李仙洲由九十二军军长兼鲁西挺进总指挥，升为廿八集团军总司令。虽番号扩大了，但基本部队只有二十一师、一四二师、后编入十四师和归其指挥的骑八师。经请示蒋介石、何应钦将湖西土顽编了个三十师，而实有人数与表报数字水分太大，有官无兵，有的团营实际没几个兵。李还计划下步将吴化文、刘桂棠、申宪武、张天佐、赵保元、张里元等扩编成军，做着山东王的美梦。

（三）顽军不接受疏通团结，见面就打，我忍无可忍，被迫自卫还击

山东分局于1943年1月，发出《关于李仙洲部来鲁后的统战工作的指示》。指示指出：5月前，李仙洲部至少有两个团进入湖西地区，并有后续部队。最近接鲁南报告，李部一部（兵力不详），现已进至湖西和夏镇一带地区，有向鲁南继续转

移并实现向沂蒙山区逐步推进之可能，果如此，则山东敌友我斗争形势必将因之发生重要变化。为应付这一局面及变化，并贯彻我坚决斗争，巩固阵地，开展疏通团结，求得形势改变与我有利，分局认为必须在党内和根据地内进行思想上、政治上必要的动员与准备工作，以避免与防止惊恐慌乱，放掉工作时机。

第一，分局分析李部入鲁的目的是：因国际形势的变化，德意开始失败，日本逐渐被迫退缩，一年反攻战败日本已成定局。山东在反攻作战中，不论在军事、政治、经济及国际反法西斯力量上，均空前增加。但国民党在山东的军事政治基础都不强，大部都是些杂牌及地方实力派，且不统一。李部入鲁为的是先机控制前进阵地，抢占鲁南山区，实现战略反攻前的准备与侦察工作，确立国民对敌斗争的稳固地位及对我斗争的绝对优势。其次，山东不但是我党我军及民主运动的极其重要的抗战与反攻的根据地，且亦为巩固华北、支援华中的锁钥。……李部入鲁的另一个目的，便是增强国民党在山东的合法地位与军事力量，以便有效地限制我党我军民主运动力量的发展，甚至压迫我们出山东，造成国民党对山东全部控制的形势。故李部入鲁，是有其对敌我、对山东实力派的两面性。

第二，分局指出我之对策：

①我们基本仍然以强调疏通团结为主，尽量利用国共合作情形好转及李部统战的一面，尽量扩大关于团结抗战的宣传，扩大对友军每一抗战具体表现每一友好事实的报道，以扩大中央军目标，励与推动他与敌积极作战。对其非友好行为多用斗争和善意的批评的态度，注意多用人民团体民意机关以推动第三者力量促进友军进步，改变其对我态度，不到万不得已时不轻易使用武装反击。今后即对其他顽投（敌）的武装反摩擦，一般亦不应强调，多用合法的斗争方式，多从政治上疏通，以免对立，予敌以可乘之机，陷自己于两面作战的境地。

②踏踏实实做实际工作……

③全党全军均应切实研究与正确执行敌后各种政策……

④在李部入鲁所过各区（如鲁南、沂蒙），应以我军正式名义接洽联络，不要冷淡不理，并多动员民意机关、人民团体及开明中间分子进行欢迎慰问，争取举行各种会议报告山东斗争情况，提出团结抗战的申请意见与希望，对过去各地方摩擦事件，提供材料予以批评解释。当地民主政府在可能范围内，将遵照中央政府法令条令，所推行之行政情况，向其主动交换，并在可能的范围内予以给养之接济及一切可能的协助（如协助民夫、供给向导，交换情报等）。

⑤各地党政机关及部队应提高警惕，严阵以待，以防突袭。但在李部及其他地方友军与敌战斗时，则应设法以小部队协同作战。各区部队应以小部队不断在友军可能行进路上扰袭敌人，破坏道路及电线，以引动敌人的注意或出动，以推动友军

与敌人作战。

接到分局指示，又经常接到鲁南区党委、军区司令部的情况通报，另外我敌工、情报部门也陆续搜集到李部入鲁情况，我们在思想上有一定的准备，但对李部一来到我区见面就打，把我军和抗日民主根据地当成主要敌人，却认识准备不足，估计在其立足未稳前，不敢也不会公开地赤裸裸地向我开刀。当然，对蒋军的反动本质并没丧失警惕，我们根据分局1月27日的指示，准备利用李部抗战的一面，以疏通团结为主，对其非友好的行为多用政治斗争，非到万不得已，勿轻易反击。

《大众日报》也发表社论，《欢迎友军入鲁坚持团结抗战反攻敌人》，社论表示对其入鲁欢迎并提出五点希望。第一共同收复失地；第二摧毁伪政权、扩大抗日民主政权；第三驱逐一切阻挠团结、破坏抗战的捣乱分子；第四调整内部关系；第五扩军整军，充实抗战力量，提高抗战部队。

我滕峄边县委根据上级指示精神，准备迎接九十二军的到来。但当时的形势是日伪不断向我“扫荡”“蚕食”，不断向我中心区压缩增设新据点，我们与敌反复争夺，但因敌我力量差距过大，仍没制止住敌人的企图。三条封锁线的建成，使我跳转困难。特别2月9日，日寇集中四千人向我“扫荡”，大敌当前，当务之急是组织反“扫荡”，没料到，反“扫荡”战火未息，硝烟未散，九十二军便闯进我滕峄边，并且大动干戈。

1月4日，其先头部队一四二师四二六团，进入湖西鱼台地区，2月中旬越过微山湖与申宪武部会师，三月初便东进到我滕峄边辛召区的良子口。我们按照上级的指示组织人去欢迎，结果顽军不但不接受欢迎，反而打骂欢迎的人，抓住我地方干部就枪杀，把我根据地人民群众当成敌人，疯狂地抢劫奸淫烧杀无所不为、无恶不作。九十二军到一村抢一村，所到村庄无一幸免。其内部提三不拿的口号，即“不能吃的不拿，不能用的不拿，拿不动的不拿”，其开饭更是一种奇妙的方法，当群众吃饭时，让大兵蜂拥到各家各户，把饭菜吃光，吃饱肚擦擦嘴扬长而去。严刑拷打群众，逼钱要粮，如逮捕高桥一小地主，索款十万元，因无力筹办，惨遭毒刑。群众的耕牛、驴子、猪、羊、鸡、狗都被抢去吃掉，敌人更声言“驱除逆流，收复失地”，“八路军不听指挥，先打八路再打鬼子”，“山东只有土匪八路，匪区没好人”等无耻谎言。四二六团不宣而战，到一村抢一村，住下就搜捕村干、民兵和我群众组织的骨干积极分子，进行杀害。如在八里河将村民张传文活埋，木厂一巩姓老大爷被枪杀，白龙湾孙秃子父子俩被活活打死在沙滩，仅在刚闯入我滕峄边就活埋我抗日干部五人和数名青年，在某村因筹集给养稍缓慢，即将一小孩摔死，以此威赫人民，更捕去我滕四区区长家属，并烧毁其全部房屋，强行收缴民兵枪三十多只；武装进攻我军区后方机关，破坏我工厂。他们的行为全然不是个别现象，而是有计划有布置的统一行动。堂堂中央大军官兵哼起淫浪的小调："张家姐，李家嫂，你会藏我会找，找着咱就……"九十二军所到之处，凡没跑的妇女全被侮辱，出苦工整夜为其推磨烙煎饼，随意毒打，孙家庄李××之妻、曹家沟李××侄女、齐家峪齐××儿媳遭顽军奸污，更有××湾、××峪、××峪、××峪等村的妇女全被强奸了，文王峪某地主儿媳和年轻美貌的妇女遭到轮奸。群众骂他们是"三鬼子"。

顽军胡作非为，我们有计划向东撤出，辛召区中队、民兵和板上区区中队，目睹顽军罪行，看到乡亲受害，忍无可忍，愤怒予以还击。他们说："上级不让我们打第一枪，顽固蛋打咱好几天啦，总不能束手待毙"，"咱手中的枪也不是烧火棍，现在到了当仁不让的时候了"。辛召区委面对顽军桩桩罪证，来县委请示怎么办。县委的同志研究答复道："既然人家不接受欢迎，不接受疏通团结，还杀人放火祸害咱根据地人民，是他们破坏团结抗战，干着亲者痛仇者快的勾当。我们没有别的办法，以其人之道，还治其人之身，坚决按照毛主席指示精神干，人不犯我，我不犯人，人若犯我，我必犯人。我们就按这个原则，回敬顽固派。县委的同志一致认为，先礼后兵，坚决自卫还击，决不退让；刚学过整风文件，要实事求是，按照整风文件精神，指导着打顽军。"就这样，我峄边县委仓促投入了反击九十二军的战斗。

四二六团占据辛召一带，坏事做尽，我县大队集中起来，在辛召周围监视阻击顽军。

3月10日，鲁南区常委、宣传部长王少庸，带着区党委的指示来到滕峄边县委所在地——徐庄以东的胡隆山一带。他仍然要滕峄边继续欢迎疏通团结。县委的同志们说：遵照上级的指示，我们欢迎啦，疏通关系也不止一次派人联络，可人家不接受；由于九十二军罪行累累，惹火了群众，老百姓也不准我们欢迎。我们贴了欢迎标语，九十二军见了就撕，群众见了欢迎九十二军的标语也往下撕。群众说："欢迎个屁，欢迎这些狗杂种祸害俺老百姓。"群众还埋怨道："对这些坏蛋，你们不打，把枪给我们，俺给他们拼。咱不管他这军那军，凡是祸害老百姓的，就不是好军队，就不是好人。"我们向九十二军喊话："中国人不打中国人，枪口一致对外"。他们却回答道："我的子弹不管你是什么人！"向我们喊话人开枪。现在人家动武了，我们只有用武力回敬，别无他法。

王部长坚持说："欢迎疏通团结，是分局的指示，对上级的指示要坚决执行。"并且要滕峄边一定组织人再去欢迎，而且要办事处主任（即县长）孙怡然同志带人亲自去欢迎慰问。县委的同志们说"已经打了好几天了，多次发生流血事件，这时再叫办事处主任去绝对不行，去了肯定回不来，白白送死"。县委和王部长商量，实在要求去欢迎，那只有请民主人士去，由他们出头接洽，而且要派中间人物。于是选定徐庄区区长陈正寅，因为他是党外人士，抗战前当过乡长，而且其儿子在国民党军队里当营长、团长，一旦顽军翻脸不认人，他可以从中周旋。

确定人选，找陈正寅谈话说明原因。他说“从心眼里不愿去，实在要我去，为了团结抗战，万死不辞，前去试试”。王部长亲自挥笔写信，落款用办事处主任孙怡然的名义。陈正寅带上信，把准备的一部分物资（慰劳品）找民工挑着，还找了几个较开明的地主陪同前往。我们真是为了民族大义，一而再再而三地和九十二军去疏通团结。结果陈正寅等到四二六团团部，说明来意，通报到团部，等了许久也没人来接待，上来吃了闭门羹，连个冷板凳也没给坐。过了好久，来了该团政训处主任，将陈正寅臭骂一顿。骂陈正寅老混蛋，儿子当国军，你当“奸匪”，替“奸匪”来当说客，不看你儿子面上，非毙了你不可。陪同的几位绅士，也同样遭到又审又骂。之后他把东西扣下，骂道：“快给我滚蛋。”

陈正寅他们扫兴而归，吓得出了一身冷汗。他向王部长和县委的同志当面汇报前往遭遇。陈正寅说道：“人家是针对咱们干的，咱可不能掉以轻心，可得早有良策，趁早另想办法。”大家更进一步清楚了疏通团结之路被阻死了，问王少庸怎么办？王也觉得此路行不通。正在这当儿，顽军进攻的炮声隆隆，枪声大作，战火烧到大门口，火药味逼着大家思考下一步怎么办。

大家对王部长说：“这里的情况你亲眼看见，请你赶快回区党委汇报，尽早研究今后大局决策，我们横下一条心，用刺刀枪弹回敬顽固派。”王部长面对现实，表示只好如此，动身往后返，县委派县大队一个排，护送他回天宝山区党委、军区驻地。

送走王部长，县委的同志们席地而坐，立刻研究决策：组织力量反击，分头到各区、村布置战备，用人民战争的办法，像对付鬼子“扫荡”一样，空舍清野，把粮食、东西能带的带，不便带的藏，埋到地下，藏进山洞，把水井盖上盖，连锅碗盆瓢做饭用的家什物等，带的带，藏的藏。叫顽军到后，来个人跑光，粮藏净，叫他吃没粮、喝没有水、用没有家伙，处处碰壁。已暴露身份的党员、干部、积极分子，上山离开本村向东撤；没暴露身份的党员，依然留在群众之中，以便团结带领群众与顽军做无声的战斗，给我通风报信。县大队、区中队、基干民兵拉上山，处处设防，步步阻击，埋地雷、打游击，同心协力战顽敌。

滕峄边军民和顽军一四二师的斗争，既有准备，但又准备认识不足；再加上日伪“扫荡”之后，尚未来得及周密安排布置的情况下，遭到顽军突然袭击进攻，先是疏通团结、欢迎不成，又被迫自卫还击。

（四）鲁南党政军民齐上阵，群策群力，用人民战争，战胜顽敌

当时，敌伪顽匪在兵力武器对比上远远超过我们，我处于劣势，经1941、1942

两年消耗、鲁南灾荒，部分人员转入兄弟根据地，经过精兵简政后我三团取消了营，直辖五个大连，不足八百人：五团编成四个大队（相当于四个加强连）；尼山和沂河两个支队各缩编成为四个连的甲种独立营；军区独立团，除调一个连编为军区特务连外，其余编为独立营。全鲁南军区机关部队由原来七十七个伙食单位，经精减后，只剩下三十六个，减少63%。三团坚持在天宝山区，五团坚持在四县边联，尼支坚持在邹东，沂支坚持在沂河区，军区独立团坚持费滕实验县，运河支队远在沛铜邳狭小区域。各县大队大都在二百人左右，每区只有三十至五十人的区中队，我全鲁南区主力队总共不足四千人。而鲁南这时的顽军一万六千以上，日军三千二百余人，伪军两万多人，日伪顽合计四万多人，超过我兵力十倍多。我鲁南解放区由于敌人的“蚕食”，面积只剩下四千平方里，五百个村庄、十二万五千的人口，又是被敌人分割成犬牙交错的七小块。九十二军一四二师五千多人集中压境，形势十分紧张险恶。

我们在军事上处于劣势，在政治上却处于绝对优势，相反顽军十分孤立，陷入人民战争汪洋大海之中，天天枪声不断。3月15日，在东西阳泉进行了一次大的阻击。我集中了滕峄边县大队和辛召、徐庄、阳庄、北庄四个区中队，县区干部凡有武器能参加战斗的，以及警卫员、通讯员均投入战斗。开始时是我们和顽四二六团对峙，不料这天枣庄的日伪军也进山“扫荡”，敌、顽、我各占一个山头，三角对战打了一整天，至天快黄昏前，日军撤回枣庄，四二六团撤回徐庄一带，我撤回四县边联的外峪。

滕峄边县委在外峪安顿下来，进一步研究部署今后斗争。于3月下旬召开了区委书记、区长联席会议做了如下部署：①县委带县大队横下一条心，坚决依托军山区（军山即抱犊崮，唐朝时叫军山）、高山区与顽军长期战斗下去；②辛召、徐庄、青山三个区的区委书记、区长组织精干武工队，插回自己区域去，县不离县，区不离区，团结带领民兵群众与顽军纠缠，采取袭扰、围困，使其首尾受敌，草木皆兵，不得安宁。为了夹击敌顽，组织武工队插入敌占区，由县委副书记王化、办事处主任孙怡然、县委统战部长邱焕文及张裕国、王鼎新等同志领一支精干武工队，插入枣庄周围的敌占区，刘德焜到辛召东部与蓝名述一起打游击。此外，县委还指示一直坚持在敌占区的桑村区委书记韩成钧（韩金恺）同志、善崮一带李子成带领武工队及地下支部，要他们积极配合武工队共同开展敌占区工作，要伪军政人员放老实、留条自己的后路，有力配合山区工作斗争。

这一措施很见成效，区的主要干部插回后大大鼓舞群众斗争情绪，树立斗争胜利信心。县委敌工部长石磊以及张侠（女）同志，在敌人突袭时被顽军围困没跑出来，石磊隐藏在滴水崖山洞内，张侠（女）隐藏在徐庄一带的一个山洞里，他们在群众掩护下安全无恙，县委派人接回。由于黑白昼夜蹲在阴森森的黑洞里不见阳光，一时竟成了昼盲，经土方治疗慢慢恢复视力，石磊很快带人插入敌后。向敌占区派武工队，本来没有邱焕文同志，因他年逾半百留他在后方，老同志不干，非要去不可，并说："同志们好意关心我，我领情，但我是统战部长，枣庄周围我地形、民情、人事很熟悉，到敌占区才能会会统战对象，才能尽我统战部长之责。"大家都熟悉他的性格品德，人老志壮，嘴心一致，既执意要去，只好同意他的要求。

4月上旬，顽军一四二师进攻我四县边联。我五团健儿以四个排的兵力阻击顽军，在上村进行激战。这一仗打得很漂亮，打死顽军四十多人，缴获轻机枪两挺、步枪三十多支、小炮一门。五团首战告捷，像化验抽了一滴血，对这个正牌子中央军的战斗力、战斗特点也摸了摸，故五团士气高涨，增强了反顽斗争的胜利信心。顽军吃了败仗撤回徐庄，初步尝到我主力作战的厉害。

4月10日，鲁南区党委常委、组织部长魏思文来到边联，召集五团政委王六生、边联县委书记吕志先、滕峄边县书记穆林等三单位负责同志会议，传达区党委指示：为了统一行动、统一指挥、统一步调、形成拳头，以有力打击顽军，成立边联中心县委，由王六生任书记，吕、穆任副书记，穆林兼任边西工委书记；并把四县边联西部的里、外峪上村一带，暂划归滕峄边，作为后方依托休息之地。实行党政军民一元化领导。一部分病弱和妇女同志安插到敌占区，利用关系隐蔽起来，这使坚持内线的队伍更精干，解除后顾之忧。

区党委的正确决定，使各区、县更加明确了任务，党政军民要全力以赴打垮九十二军进攻，在激烈的三角斗争中利用矛盾，夺取胜利。

在九十二军进犯之初，鲁南大小土顽纷纷向其靠拢，反共气焰十分嚣张。原来被逼得走投无路的申宪武曾表示向我靠拢，这时认为有了靠山，暴露其骨子里反共反人民的本质，替九十二军鸣锣开道打头阵、献媚于九十二军，该部占我七里河一带；土顽张宪荣残部由汪运广收容起来，侵占我何家洼、马家庄、李家庙一带地区，企图向我邹东蠢动；惯匪刘桂棠历来是有奶吃就叫娘的家伙，1939年曾在重庆得到蒋介石的召见。这时被封为国民党新编三十六师师长，从蒙山窜回鲁南，积极配合一四二师夹击我费南；东北军荣子恒、刘国祯早就和日寇秘密勾搭，也在准备配合一四二师向我夹击；远在沂河区的梁钟亭（梁麻子）、李以锦也赶来滕峄边慰劳一四二师；王洪九在临费边也不甘落后，蠢蠢欲动。这时群魔乱舞，都想在九十二军那里捞救命稻草，跃跃欲试，气焰嚣张猖狂。

鲁南军区张光中司令、区党委张雨帆代书记、行署李乐平主任等领导同志，为保卫鲁南根据地人民利益，团结一致、统一领导全局斗争，坚决奋起自卫，利用日顽矛盾，打击一四二师的锐气。特别分局、山东军区派王麓水同志来鲁南担任领导工作，对鲁南工作是很大的加强。

4月中旬，一四二师进攻边联县吴家沟，我五团一、二大队及滕峄边县大队投入战斗抗击顽军。这时枣庄的日伪军又来此“扫荡”，又一次形成日顽我三方对峙的局面，贾跃祥、王六生同志适时掌握火候，留下小部队引诱日顽，造成日顽火并，互有伤亡，下午各自撤回原地。

我三团及军区独立团（后改为费滕独立营）于3月14日晚向住王家庄一带申宪武部发起攻击，15日，一举攻克该庄，歼其百余人，正扩张战果，顽一四二师分两路来援申顽，我在孙家山顶坚决阻击，予援敌重大杀伤，因顽军增援兵力过多，不宜恋战，遂撤出战斗。顽军逃回滕峄边进行整顿，暂时不敢再犯。

为了打击土杂顽匪，使其不敢猖獗，以孤立九十二军，争取反顽斗争优势。我乘日寇“扫荡”之际，三团两次向刘黑七部发起进攻。第一次于4月3日，向朱田、衍家沟发起攻击，因协同不密切，被刘匪乘隙逃窜，俘匪十八名。第二次是刘匪与敌再次接洽妥协后，于4月20日重返其老巢锅泉（刘系锅泉人），我乘其立足未稳，于24日晨发起攻击锅泉，经一昼夜战斗，毙敌俘敌一百四十六名，我重又占领锅泉，大大减少我后顾之忧，战后三团留下主力一部开辟该地区工作。

4月26日，一四二师师长刘春霖率其师部和四二五团，东进到辛召七里河，并在此安了师部。至此，侵入我鲁南的顽军由一个团增至一个师共五千余人。刘春霖的外号叫刘老黑，刘桂棠外号叫刘黑七，二黑在七里河会晤，他们一见如故，自称是难兄难弟，席间定下共同向我进攻、互相配合的行动计划。

4月底为了进一步贯彻党中央关于一元化领导的决定，彻底实行精兵简政，以适应当前斗争，便于统一指挥，军区明确决定：费滕、尼山独立营、费南县大队及该地区地方武装统一归三团指挥；边联大队、滕峄大队、沂河支队及该区地方部队统一归五团指挥，形成两个拳头（但各部均仍直属鲁南军区建制）。

五月间，日伪两次“扫荡”滕峄边，日寇既对我，也针对一四二师。一次敌来后，一四二师有意躲避，不敢与日军接触，我滕峄边再次受到日伪摧残，群众损失较大，生活十分困难。时逢麦收季节，我为掩护群众麦收，军区令三团于五月底插入滕峄边，这时日寇“扫荡”完滕峄边，又向四县边联“扫荡”。顽一四二师也乘机向我边联出扰抢掠。当时边联形势又紧张起来，我五团和边联大队为保卫麦收，以小部队四处出击，扰乱袭击日顽。我引诱日顽在东马山对战火并，顽军受损失较大，顽军乘机侵犯我边联又一次宣告失败。五团灵活地机动跳圈，日伪拉网战术又是一场空忙。我胜利粉碎日、顽抢掠计划。但临沂伪军六大队却乘机侵占我云涧峪，并占着不走安了据点，对我边联危害极大。

三团为了配合边联的反“扫荡”，也在滕峄边积极活动出击，牵制一四二师不敢倾巢出扰。5月30日，三团一部在米家山顶与顽军激战，此战我三团伤亡较大，除留下一连继续在该地分散坚持外，主力撤回费南休整。部队情绪受到一定影响，但此战有力地掩护了群众麦收，有力支援了边联的斗争。

6月初，一四二师生活日益困难，就地抢粮远远不能维持一师人马吃饭问题。于是，又向我边联出扰抢粮，我五团即在荆山口（今苍山县流井乡）组织反击，顽军多次反复冲锋，我五团健儿顽强抗击，一次次将顽军打退，我阵地岿然不动，顽军休想越雷池一步。鲁南军区张光中、王麓水、张雨帆（此时代理鲁南军区党委书记），亲自指挥五团、军区特务连和附近三个县大队参战，狠狠打击了一四二师的嚣张气焰，重创该顽。黄昏时我乘胜出击，顽军支持不住，即全线溃退，被迫返回原驻地，不敢再向我边联进攻。

正值我山区有力回击一四二师之际，远在沂河区郯城、邳县边境的梁麻子，派出一营兵马，押送大批物资来山区慰劳一四二师，向其大献殷勤，以表效忠老蒋。当其进至簸箕掌一带，被我获悉，军区令三团歼击该敌，绝不让其两股靠拢。三团健儿不顾三山顶战斗疲劳，6月2日远道由朱田、油吾出发奔袭簸箕掌梁顽，我以迅雷不及掩耳之势，猛打猛冲，将梁顽一个营全歼，我无一伤亡，生俘三百余人，缴获大批慰劳一四二师的物资，三团部队情绪十分高涨。

为配合中心区的反顽斗争，我邹东尼山独立营、沂河地区沂河支队均展开攻势。如尼山独立营袭扰泗水城，沂河区歼灭土顽张思俭，起到互相支援、配合作用。

三团曾以两个连奔袭马头山（桑村东北）伪据点，经两小时战斗，我全部占领围寨，伪军退守两个大碉堡，被我炸飞一个，三十多名伪军葬身于碉堡瓦砾，另一碉堡伪军见状不妙，弃堡逃窜，马头山为我解放，扫除掉我滕东交通一大障碍。

7月上旬，鲁南军区指示，为了重新恢复滕峄边并缠住一四二师迟滞于我区不让其北犯，命费滕独立营与滕峄县大队合编，组编成为费滕峄独立营，同时区党委决定将费滕实验县和滕峄边合并，成为费滕峄中心县委。穆林任中心县委书记、王韬任副书记，费滕峄独立营以肖长桃任营长，杨广立同志任独立营政委。费滕峄中心县委又成立了枣庄、西集两个工委。这一组织调整，对保证统一组织斗争很有力。不久又成立了滕东县。

7月4日，山东分局、山东军区根据蒋介石6月上旬命令，要东北军于学忠部离鲁，由李仙洲部接替在沂、鲁山和诸、日、莒山区这一新情况，及鉴于李部来我区所犯罪行，又李、于之间矛盾较深的情况，提出如下对策：借闪出空隙之机，争取发展自己。乘地方势力派去从无定时，加紧对他们和投敌之国民党军的争取；给于学忠离鲁以方便，接占其阵地：对李部入鲁，要利用其和日伪矛盾打击其进攻，利用于、李交接防之矛盾，先机占领控制沂、鲁山区与诸、日、莒山区。

7月15日，中共中央书记处复电山东分局：（1）同意你们对于、李的方针：（2）对友好者坚决团结之，对顽固派而暂时未向我进攻者则设法中立之，对向我进攻者则坚决反击之，这就是你们对付国民党军队的原则。但一切摩擦仗均须将顽方攻我压我情况电告中央，以便通知国民党中央杜绝其借口与诬蔑。

党中央、山东分局的指示，使我们鲁南更加明确反顽斗争方针，也大大鼓舞了鲁南党政军民去打垮九十二军进攻，增强了必胜信心与斗争的自觉性积极性。

7月份，顽一四二师连遭失败还不甘心，挑动云涧峪的伪保安六大队，图谋再向我边联进犯，该伪也认为背靠日寇，又有中央军的委任，十分猖獗。我五团一、二大队为拔除楔入我根据地这颗钉子，遂发起进攻，经两天战斗，伪军不支突围逃窜，我分路截击，共俘伪军一百五十余人，击毙二十余人，缴获土造八八式小炮六门，步枪八十余支，而我无一伤亡。从而拔掉楔入我边西一大祸害。五团打了胜仗，部队情绪高涨，从此边联走向巩固与发展的局面，使五团便于在更大范围内机动作战，战斗力日渐提高，大队有了重机枪。

7月上旬，于学忠部因畏怕敌继续对其“扫荡”，在敌后几年部队受到很大削弱，且中央军与杂牌矛盾颇深，于是乘蒋命令其离鲁，不待向李部交防，即匆匆离开北沂蒙和诸、日、莒山区防地，向安徽阜阳撤退。7月3日，于学忠先率一一一师六六二团，由诸、日、莒先行撤出，7月10日，到达我费南柱子，16日过微山湖南去，一一一师主力，于12日亦抵柱子，企图过津浦路未成，又折回徐庄一带，后改道头庙向台儿庄方向开去；一一三师主力于16日由鲁中南下，21日借道我天宝山东侧达朱田，拟由滕县北过津浦路未成；五十一军军部率两个团，于21日过滋临公路，与一一三师主力会合后，于30日过津浦路西去。东北军撤退，道经我鲁南地区，我为团结抗战，一路给予很大方便。同时山东省主席牟中珩也带着国民党的山东省政府，随东北军撤向阜阳一带。这时一四二师和刘黑七乘机向我费南根据地大举进攻。我费南形势紧张起来。但县委早有准备，县委书记李青、副书记周南，亲自召开了区委书记、区长联席会议，布置反顽斗争。县区干部全体出动，深入各村动员群众空舍清野，战备工作动员深入，成绩显著。顽军所到之处吃喝皆无，县区武装、民兵阻击袭扰，搞得顽军处处挨打。7月18日起，我组织反击顽匪，刘匪中旬占领我大、小井、锅泉一带，继续进到四开山之流峪、桃园一带，大肆烧杀抢掠，20日又向我出扰被我击退；一四二师一个团也于同月下旬向我费南进攻，所到之处抢劫一空，幸我早有准备，群众动员充分，才未遭到更大的损失。且我三团和费南县大队，一路阻击、打击该顽，迫使其不敢久停。

8月13日，一四二师奉命与刘黑七部配合，企图经过我天宝山区向鲁中进犯，占领北沂蒙山区、这一企图被我侦知，王麓水与张光中同志经过研究决定，坚决打乱其北犯计划。但当时五团远在边联，三团另三个连正阻击另一股敌人，军区手头只有三团两个连和军区特务连，三个连总兵力不足五百人，而敌人是一个师，力量对比悬殊，怎么打好这一仗？军区首长与司令部参谋人员分析敌我情况，决定用智取打伏击。敌众我寡，采取不打头不打尾，砸蛇打七寸，专打中间师部指挥机关，这样势必造成其指挥一时失灵、首尾脱节、部队混乱，在其乱中我取胜。

是日，雨雾交织、能见度很低，九时许顽军来了，这时雨更大了，雨点打得人睁不开眼，顽军的炮和轻重机枪都穿上炮衣枪衣，冒雨行进。我三个连的勇士在王麓水等领导同志亲自指挥下，早已在松林预设阵地以逸待劳，用极大的耐心，持重待机。时至中午，一四二师师部进入我伏击圈，按我作战预案就范，我军突然开火，各种火器喷出愤怒火焰，以排山倒海之势，射向群顽。他们根本没想到这里有伏兵，更不知我兵力有多少，遭到我突然攻击，霎时间像热锅上的蚂蚁，乱了营，个个慌乱失措，人人惊魂丧魄，乱成一锅粥。其前卫部队因不知虚实，又接不到师部命令不敢回头来援；而其后卫，因不明前面情况，又无师部命令，也不敢冒险来解围。经过一个多小时激战，一四二师师部被我打瘫痪，师长刘春霖被击伤，弃下数百具尸首和辎重武器，遂率残存人员向四开山方向溃退下去，我追击时，又将其副师长牛乐延击伤，其正、副师长均负了伤，更不敢恋战，狼狈不堪逃往黄田、滴水崖一带，与刘黑七部靠拢。我俘虏其官兵多人，缴获了大批物资弹药，创造了以少胜多的范例。

刘春霖遭痛击后，仍不甘心失败，企图再次向我进攻，并狂言："打不下费南，就不在鲁南。"刘黑七也说："如有费南人，就无刘桂棠。"鲁南军区为了确保费南，有力打击该顽，遵照山东军区指示：将一四二师钳制迟滞于鲁南，不让其北犯。军区遂调三团五个连、五团两个大队，尼独两个连和军区特务连共十个连的兵力，采取先发制人手段，分三路向运动中立足未稳之顽发起攻击。当日尼独攻占桃花山六九四高地；五团连占滴水崖以南三个山头，但未能夺下最后一个山头，致使滴水崖及车庄之顽军天明后，连续十次向桃花山拼命反击。我尼独两个连顽强坚守一次次打退其反扑，确保制高点。由于大量杀伤顽匪，迫使其决心动摇。这时我三团迂回攻占黄山，正向滴水崖发起攻击，顽军见受我夹击，而反扑又屡屡失败，要点尽失，便仓促向北逃窜。我以三团先头部队追击，在地平庄截歼四二五团一部，生俘团长以下官兵三百余人。惯匪刘黑七在我追歼一四二师之际，见大事不妙，也仓促逃至大井，我继续组织全力追歼，将顽匪包围于大井，其不待我攻击即突围逃窜，由滋临公路之温水、埠前中间渡河东逃，企图再犯蒙山。在过路时一四二师又遭日军阻截。其受挫后又于21日越过滋临路窜至费北。26日，山东军区部署对李仙洲第三阶段作战计划，要求鲁中、鲁南集中优势兵力，歼击由鲁南北犯之顽。当一四二师向北进犯时被我鲁中二团迎头痛击，复退回滋临公路南，经平邑以南，取道邹东西窜，沿途遭我地方武装截击。这时一四二师在我鲁南军民沉重打击下损兵折将，士无斗志；日寇又压九十二军以控制伪军，逼土顽投降，曾先后向一四二师"扫荡"十一次之多。王麓水同志，与张光中、张雨帆同志，权衡敌我态势，迅速准确地处理瞬息万变的情况，以清醒的头脑，洞察敌情变化，正确驾驭了三角斗争形势，抓住战机，克敌制胜，取得主动权。加之李仙洲总部主力在湖西，遭我冀鲁豫部队有力反击，实力损失大部，被迫逃回皖北，一四二师残余已和总部失掉联系，刘春霖率残兵败将不足八百人，向津浦路西狼狈逃窜，我三团一部和费滕峄独立营乘胜越过津浦路西进行追击。

刘春霖来鲁南时，气壮如牛，经我军民半年的斗争，由五千人变成不足八百人的队伍，如丧家之犬、溃不成军。刘黑七经天宝山东逃到埠下、柱子一带，再次正式投降日寇，编为伪和平救国军第十军第三师。原在崮口山区东北军一一二师副师长荣子恒，其父是伪满洲国大臣汉奸、早就由其父牵线与日寇勾结，于6月6日，公开投敌编为伪和平建国军第十军，荣逆兼第一师师长，刘国祯为二师师长。故于学忠率部去皖北时，荣子恒便留在鲁南当了汉奸。至此，蒋介石派李仙洲入鲁反共反人民的阴谋，以彻底破产而告终，这部丑剧演完。鲁南土顽看到正规的中央军，大军头东北军都是走的走，逃的逃，便更进一步投降、依赖日寇，以图苟延残喘。

日伪顽匪夹击我的局面被我击破，白彦以南及滕峄边重新恢复发展；费南朱田、油吾地区为我开辟，整个鲁南解放区连成一片，三条封锁线被我敲碎，形势大为好转。我经过四开山战役后，各部队装备大为改善，更加协调一致，军政、军民关系更加密切，各县也进一步懂得了主力军、地方军、民兵三位一体的人民战争的体制，爱护主力、支援主力，独立营县大队升级充实三团、五团，两个主力团逐步扩大成甲种兵团。各县、区武装均相应扩大，为大量歼敌创造了良好的条件。

我们又乘胜拔掉了梁丘、白彦、埠阳、平邑等据点，切断了滋临路，盘踞在滕东的故县、肖家湾之申宪武部，被我歼灭了刘玉华团，毙俘刘玉华以下六百余人，另外击溃其一个团，残余逃往铁路西。我又向盘踞在上、下柿房土顽李以锦部攻击，该顽在我威慑下，不敢交战向我投降，遗憾的是当时未立即解除其武装，后又投降王洪九，继续与人民为敌。紧接我们又解放孔家汪等据点。

赶走九十二军后鲁南形势大好，军民皆大欢喜，唯惯匪刘黑七逃到费南的柱子一带，是在我抱犊崮天宝山两区之间一个钉子，为了扩大战果，军区决心消灭这个恶贯满盈的惯匪，为民除害。军区根据刘匪守备特点，以三团、五团、尼山独立营、费滕峄独立营各一部，共十二个连队组成讨刘战役：以五团攻占柱子东山、向家庄、计北崖等外围据点；以三团主力攻东柱子，一个连在柱子东南打出水，尼山独立营及三团另一个连布置柱子以西，警戒梁邱方向，保证攻击部队安全。费滕峄独立营及军区特务连为预备队。

王麓水同志针对刘匪诡计多端及其惊魂未定，一面布置民兵袭扰麻痹敌人，一面在战术上采取分进合击、各个击破、打敌首脑的牛刀子战术。我三团由寺彦、五团于保和庄、费滕峄独立营和军区指挥所由马庄分头出发，沿途绕道村庄而过，按指定时间、地点一齐打响，动作秘密突然打其措手不及，迅速解决战斗。此次采取挖心战，重点打敌首脑，使敌失去指挥。我于11月15日，一举歼灭刘匪。刘黑七也为我三团四连通讯员何荣贵击毙。军威大振，民心欢腾，我又开辟了温河县。是役后，整个鲁南地区工作中心由紧张的反顽战斗，转入新区政权、武装、群众抗日组织的建设整理工作。我们根据地已经逐渐恢复到1941年初的情况，和东部的滨海、北部的鲁中、南部的华中、西部的湖西地区联系更加密切，敌封锁线已为我打破。从此鲁南走向再发展的新阶段。

（五）我取得胜利的基本原因

1. 中国共产党一贯高举团结抗战、民族解放的旗帜，我军浴血抗战敌后方，发动游击战争，创建敌后抗日根据地，抗击侵华日军兵力60%以上、伪军兵力95%以上。敌后战场成为全国抗战的主要战场，这一铁的事实，全国人民乃至全世界的人民，看得清清楚楚，赢得全国人民拥护、世界人民的赞助支持。蒋介石在抗战时期，命令九十二军入侵山东抗日民主根据地内，进行反共反人民的内战，侵犯我解放区后，杀人放火奸淫烧杀抢掠，理所当然遭到人民的反对。得民者昌，失民者亡，与人民为敌者，必然导致惨败，绝没有好下场。

2. 人民战争的战略战术，是我们克敌制胜的法宝。我抗日民主根据地，实行全面抗战，发动人民群众共同起来挽救民族危亡，实行全民皆兵，军政、军民团结一致亲密无间，同生死，共患难，相依为命。而九十二军长途跋涉，孤军深入，孤军作战，失道寡助，进入解放区后，陷入人民战争的汪洋大海，到处碰壁，像瞎子聋子，招致灭顶之灾。

3. 我党政军民实行一元化领导，内部团结一致，同心同德，力量无穷，而九十二军和各种反动势力，互相勾结，互相利用，又互相倾轧，矛盾重重不可调和，有利我利用矛盾，各个击破。

鲁南军民所取得的这一伟大胜利，是在党中央、中央军委、山东分局、山东军区正确领导下进行的，同时，各兄弟战略区给予有力的配合与支援。鲁南军民打垮顽九十二军的伟大胜利，将永远载入史册。

奔袭刘黑七

陈沂

提起刘黑七，知道的人并不少。他本是一个放羊人出身，以后当土匪闯荡江湖，在一会儿招安当官、一会儿又拖枪投匪的混乱年代里，各派系的军阀都利用他，使他这样一个人竟由土匪而司令，转战几省，那些所谓“官兵”也奈何他不得。日本鬼子来了以后，他一方面做着日本鬼子的皇协军司令，一方面又当着国民党苏鲁战区的官，而且他在两方面都十分得宠。他很能糟害老百姓，到处抢掠老百姓的衣食、妇女，抢掠所得除留足自己用的，就悉数送给日本鬼子和国民党。光有这一样还不能那样得宠，还因他打八路、反共坚决，尤其是以他地头蛇的身份，非常积极地破坏抗日根据地边缘区的工作，捕杀边缘地区的地方干部，而且那种捕杀是十分残酷的：挖眼、剖腹、“点天灯”，没有一样不干，活撕小孩，刘黑七本人更是常干。刘黑七在人们心中比豺狼还坏十分，当地老百姓家的小孩若是淘气哭了，他们的大人就说：“看，刘黑七来了！”小孩立时就吓得不敢再哭了。

刘黑七在反动势力中就是这样一位赫赫人物，蒋介石还在重庆召见过他，并要他好好奉行“曲线救国”的主张。这下刘黑七可了不得啦，对根据地，他说他是中央军；对敌占区，他说他是日本人；他的队伍也以此“一身兼二任”为荣。而老百姓呢，不管是敌占区或根据地，都说他是土匪。老大娘一提他就咒骂：“黑七！刘桂堂，谁没见过你是怎长大的呀！天杀的，早晚不得好死！”

八路军早就想收拾他，无奈这家伙是地头蛇，不好打。人说“狡兔三窟”，他刘黑七，十窟也多。他的老婆也是如此，有一窟即有一个，有时一窟就有一窝，他不知道拆散人家多少对恩爱夫妻啊！我们队伍中有的战士，就是为了要报这个仇才参军入伍的。这小子行踪不定，很难捕捉，有时我们内线工作的同志经过长期跟踪，把他盯住了，可是等到报告部队，他又不知往哪儿去了。

本来鲁南地区国民党派来的二十八集团军已被打垮，总司令李仙洲都几乎被俘，抗日形势应该好起来的。然而，就因为他们留下了这个被老百姓称为“混世魔王”的刘黑七，好像一根钉子插在鲁南和鲁中两个根据地的交通线中间，抗日工作开展得就比较缓慢。

这根钉子必须拔掉，这个祸害必须铲除！人民这样要求，鲁南军区的首长下了这个决心。

真凑巧，就在我到鲁南军区的第二天，恰恰赶上这个战斗。

那是1943年旧历十一月的一天，在一个村子的广场上，军区一部分部队正在听鲁南军区政治委员王麓水同志的讲话。他说：“今天的战斗是一个非常艰难的战斗。我们要跑六十里地去奔袭一个极为狡猾而又罪大恶极的敌人——刘黑七。”战士们一听到“奔袭刘黑七”五个字，就“哗”的一声鼓起掌来，这是好久就盼望的事了，所以他们情不自禁地欢腾起来。麓水同志还讲了其他一些话，讲完，战士们就起立整顿队伍，准备出发。

我和军区的几位同志，还有区党委张副书记，一起随在战士之后，向刘黑七的老窝——上、下柱子（村名）出发。这时太阳还没有落山，不了解战斗情况的老乡以为我们是移防。都纷纷说：“下次再来住吧，我们等着你们。”战士们默默不语，有的只用手打打招呼，表示接受老乡们的好意。

队伍向着梁邱（鲁南山区中心地带）通费县的公路出发，刘黑七的老窝在公路的北边。靠近公路时，天已经黑了，稍远点就看不清东西，部队停下来小休息。在地里的老乡已经歇了工，他们牵着消瘦的牛，慢步低头地走在田间的小路上，偶尔抬起头来看看部队，无精打采地回村去了。他们心里害怕，因为他们隔刘黑七太近了。我们部队也没有同老乡们说什么，怕万一走漏了消息，会打草惊蛇。

过了公路，我们的队伍故意往东去，以造成假象，让老乡误解我们是去梁邱附近破路的。我们特别把骑马的人拉开，分了好几处，以免人们生疑。部队向东约走了七八里，然后才折回，向上、下柱子方向前进。

夜色更沉了，连起伏的丘陵的轮廓几乎分辨不清了，我们的队伍在这里停下来。麓水同志拉着我到一个山梁上，找块小石头坐下，随后参谋长也来了，麓水同志就叫他对表，这时正是7点10分。麓水同志站了起来，对着正右方看，夜色中，可以隐约看到有一个村庄，那就是刘庄，是刘黑七的“三窟”之一。刘黑七常常住这里，但并不是整天都住在这里，而且有时白天住在这里，晚上又到上、下柱子去睡觉。据说，他新从胶东搞来一个小老婆，是他近年来最宠爱的一个小老婆，也放在上、下柱子。所以我们这一次的奔袭，是三个据点同时进行，而又把攻击重点放在上柱，对下柱子和刘庄则采取先包围的办法，看上柱子的战斗结果如何，再来决定攻击。

原来的作战方案是由五团一部阻止梁邱敌人的增援，一部包围刘庄；三团主攻上柱子，并以一个连看守下柱子。战斗的信号是在刘庄的后山燃起一把火，时间是7点15分。

现在已经是7点10分了，麓水同志的眼睛直盯着前面正右方的小山。看看已经快过十五分钟了，还是没有动静，他边看表边对参谋长说：“一定是三团没有按时赶到。”参谋长断然回答：“不会，王吉文是不会的。”王吉文同志是三团的团长、参加过长征的一个干部，是谁见到都会喜欢的一个爽朗的人，也是一个非常遵守时间的人。

“也许——”麓水同志思索着。我忽然发现刘庄后已经有了火，便惊呼起来：“看！火！”麓水同志顺着我手指的方向看过去，兴奋地说：“果然是火。”这时火苗已经有一尺多高了，接着就听见机枪的声音，麓水同志马上命令参谋长：“集合！去下柱子。”

我很奇怪，怎么去下柱子？等到队伍走到下柱子，警卫连散开了，直属队也一组一组地去执行任务。麓水同志招呼我和区党委张副书记：“进去找个地方休息吧！”我越发奇怪了，随着麓水同志进村一看才明白，原来上柱子和下柱子只一条沙河之隔，而且村这边是被密密的树行掩着的，麓水同志的指挥所就设在这里。

“下柱子不是刘黑七的三窟之一吗？”我不禁惊问。麓水同志回答我：“是他的三窟之一，不过，他不在这里驻兵，也没有修碉堡，只是有时来玩玩，那些非战斗人员和家属，现在还有在这里住的，不过都给我们看起来了，有的早已被我们做好工作了。”“原来如此！”我小声地说。我不能去打扰麓水同志的工作，就站在他的一旁，陪他指挥打仗。

枪声越来越密了，迫击炮、掷弹筒的声音也不断传来，而且是三个方向同时响，尤以我们的对面——上柱子响得最急，显然，这一次是摘到刘黑七的老巢了，也可能刘黑七就在里面，要不然敌人为什么抵抗得这样紧？

忽然“咣——”的一声，像天崩地裂一样，把我们桌上的茶壶盖都震到地下。接着，就听见砖头石块纷纷落地的声音，也可以从窗外看到浓烟和红火交织着往天空升去。“爆破开了！”麓水同志话未完，又是“咣——”的一声，接着是连珠炮似的爆破声音，整个上柱子都陷在黄色炸药的爆破声里。不久，战士们的喊杀声也由远而近地传来，战士们冲进围子，活捉刘黑七的日子来到了。

但是很奇怪，队伍进了围子，到处搜查，也没有发现刘黑七。连我们内线工作的同志把搜索部队引到刘黑七最宠爱的小老婆那里，也没有发现他。问她，她只是哭，什么也讲不出来。人们急了，拼命地问，最后她连哭带骂地说：“没良心的东西，他早抛下我出围子了！”

再问，她就又哭。这时我们赶到了，政治部主任还试图从她的口中了解到刘黑七的下落，麓水同志用嘴努了他一下，我们就走出来了，看得出麓水同志很焦急。“难道这一次又让他跑掉了？我不信。”麓水同志自言自语地说着，引着我们向东北方向走去。他判断，假如刘黑七在这个围子，他要跑，一定是从东北方向奔梁邱去。这点他早已估计到了，还在路上埋伏有两个排，而且埋伏得比较分散。他知道放羊出身的刘黑七，是会走小路的，特别会走山上的羊肠小道。如果要让他奔上这种小道，即使有月光，我们的战士也是难以追赶上的。想到这里，麓水同志有些失望了，但他马上又想到：那是二营专门挑选的两个排，而且还指定了副营长亲自带领，他跑不掉！

时间又过了一刻多钟，还是没有消息。“难道他没在这里？我们那个内线是很可靠的呀！他的情报绝不会错的。”麓水同志说完，又停了一会，然后斩钉截铁地说：“不会，绝不会！”这时，我看到一个指挥员对自己的判断的坚定信心。

王吉文团长来了，他老远就发出爽朗的笑声，这笑声拖得那样长：“还是没有逃掉！”大家都很熟悉他的笑声，又听到他的湖北口音发出的六个字——“还是没有逃掉。”大家不约而同地向他迎去。

“二〇二（麓水同志的代号），张副书记，陈部长，搞到了，刘黑七毕竟让我们搞到了。”说着，他又哈哈大笑一阵，但马上就叹了一口气：“可惜没有搞到活的。”话转折得那样的快，以至于我们还没有来得及高兴，就又为他那“可惜没有搞到活的”而感到失望。大家心里都在想：“怎么让这个混世魔王这样舒服地死去了呢！”

其实，冷静下来，也就无所谓了。大家无非就是想看看这个活着的黑小子，他死了，反正是为人民除了一害。这样一来，大家的注意力倒集中到吉文同志身上，想知道一下刘黑七死的过程。

原来，刘黑七在我们施行爆破前的两分钟，穿了一身灰色棉袍，携了两把二十响盒子，带着两个贴身的勤务兵，从东北面的围子上用绳子吊了下去。他的这种动作，在他自己觉得已经是够静悄悄的了，可是，这哪里逃得过我们围攻部队的眼睛呢？战士们一见三个黑影攀绳而下，就朝他们开了几抢，可惜都没打中。月夜中，他们箭一样地跑了。部队哪里肯放？马上有三个人追了上去，边追，边放枪，他们也转过身来还击。大约追了一里多路，他们中的一个被打倒了，剩下的两个见势不好，就分成两路逃跑。月光中隐约可以看见，一个是高个子，一个是矮胖子，矮胖子朝着有山的方向窜过去。追的人中有一个叫何荣贵的通信员，他是二营的，一个十八岁的青年农民，从平常指导员的讲话中，他依稀记得刘黑七是一个矮胖子。三个追赶的人中数他年轻，又是在山里长大的，惯于走山路，于是他就告诉他的同伴：“你们追那个高的，让我去对付那个矮的，说不定他就是刘黑七。”同伴们没有同意他的意见：“既然是刘黑七，咱们一起追。”

商量的结果，何荣贵和一个同伴去追矮胖子，另一个同伴去追那个高个子。虽说这件事是边追边商量，但毕竟耽误了一些时间，前面的黑影几乎跑得看不见了，几个战士这才觉得误了事。于是，何荣贵便放开了他善于走山路的腿，并向黑影开了一枪，警告他不要动，这样做，对付一个新土匪是有用的，而对于一个惯匪、地头蛇，就显得用处不大了。那矮胖子忽而左，忽而右，迷惑追赶的人，有时就故意不在路上走，看他好像要上山，其实并没有上山；好像摔了一跤，实际他是弓腰捡石头。看看翻过一道山梁，何荣贵已经是气喘吁吁了，他的同伴，更远远落在后面。矮胖子发现这种情景，索性蹲了下来，居高临下，向何荣贵来了一个连发，一气打了十七响，这也够险的，何荣贵的帽子都被打飞了。但何荣贵一点没有停，继续往前追，只不过把头低下了一点儿。矮胖子见何荣贵一点儿没有放过他的意思，又一连放了三枪。何荣贵心里在盘算："好家伙，你这把二十响算是完了。"何荣贵趁隙又往前追，他们的距离已经不过二十尺了，那矮胖子又猛把手一抬，何荣贵以为他又要开枪，谁知飞过来的不是子弹，而是一块石头，不偏不歪打在何荣贵的小腿上。何荣贯忍不住痛，身子往前窜了一下，幸而未栽倒在地上，心里暗想："这黑小子，施展起赶羊的本领来了！"

他忍着痛，直起身来，准备举枪射击，还没有举起枪，对面又飞来了一块石头，幸好没有被打中。他吃了一惊，马上想到：还是扔的石头，说明矮胖子枪中已经没有子弹了。这一来，何荣贵的胆子就大起来，决心要捉活的。他转念一想，莫不是他用计，等我靠近才开枪？接着又自我否定了，不！是没有子弹了，要不然他为什么两次扔石头呢？如果那家伙真是刘黑七，我这下子活捉了他，不仅为我们这一方的老乡们除了害，我还可以立一个特等功。想着，他猛地往前一窜，想借着猛劲把那家伙一按，就把他按在地下，捉活的。谁知那个家伙更鬼，似乎猜到了何荣贵的心思，见何荣贵猛窜过来，就往旁边一闪，顺手又扔来一块石头。这块石头是对着何荣贵的面门打来的，幸亏何荣贵躲得快，只擦着鼻子过去了。就此，他放下了活捉矮胖子的念头，迅速举起枪来，刚扣动枪机，又打来一块石头，正中枪筒，子弹斜着飞了出去。矮胖子侧着身就往山边跑，企图顺着山边溜。何荣贵知道，再要犹豫，这矮胖子就有逃掉的可能。于是他镇定下来，找了一个土堆为依托，向矮胖子连发三枪。第一枪不见动静；第二枪只听见土响；第三枪就像有一捆干柴摔倒在地下一样，声音沉重而急促，土也带下了一大片。经验告诉何荣贵，这家伙是被打倒了。何荣贵反倒惋惜起来："没有捉到活的，功是立不到特等了！"

这时，后面追的人也赶上来了。何荣贵除了自己的枪外，还在路上拣了一支二十响盒子，子弹匣已经离开了枪，想必是矮胖子刚才跑慌了掉下来的。两个人分两边包围上去，他们还怕那小子没死，出什么花招，等走近一看，矮胖子千真万确是死了。他们商量着："怎么办？背，是不能干的。"拖回去，哪来的绳子拖呢？正在没计可施的时候，后边来了一伙人，有自己的部队，有民兵，还有担架。原来是埋伏的部队听到枪声来接应的，副营长也在里边。民兵中虽然有听说过刘黑七的，但都没有亲眼见过。

“到底是不是刘黑七呀？”大家互问着，也纳闷着。最后副营长决定，用担架把他抬走，让上柱子的老乡认去。

何荣贵这时才感到自己不仅腿痛，鼻子也疼，他解开绑带一看，腿肿了一大片，鼻子也青肿了，再加上刚才的疲累，如果不坐担架，恐怕也难走回去。民兵们劝他：“你打死的要真是刘黑七，就立了大功，莫说坐担架，坐八人大轿也是应该的。”说着就把他推了上去。

何荣贵又是羞，又是喜，还有点儿气。羞的是这样个年轻人，又没有负伤，怎好坐担架；喜的是打死的人要真是刘黑七该多好呀！还有点儿气是什么呢？就是没有捉到活的。又一想，反正已经打死了，气有什么用呢？于是索性躺下来休息。他毕竟年轻，又疲又困，不一会儿就睡着了。等到醒来，面前已经围了一大群人，有的禁不住把他抬了起来：“何荣贵，你算是好样的，刘黑七到底给你打死了！”

何荣贵如梦方醒，也不知哪儿来的力气，一弯身就从人们的手中挣脱了出来，问：“刘黑七在哪里？”“在那边。”他顺着人们用手指的方向望去，可不是！那边也围了一大群人，何荣贵挤过去，没有人让他，他东跑西跑，也没有看到个啥动静。多亏后面来的人为他解了围：“老乡们，请让一下，打死刘黑七的英雄何荣贵来了！”

这话果然灵验，人群立刻闪开了个口子，等到何荣贵进去，口子马上就又合拢起来。何荣贵这才有工夫来看看这个“混世魔王”，看看这个一身兼二任的惯匪头子、汉奸刘黑七，看看这个曾经闯荡江湖、流窜数省的刘桂堂。原来他真像老百姓传说的那样，一身王八相：矮胖，圆白脸，手脚都像王八爪，短而圆，手指、脚趾间的缝比常人都宽。

何荣贵的心中这时反而自馁了：就是这样一个玩意，费了我这样大的力气，险些还被他两块石头打死。想着，他再也不愿回头看一下，就从人群中挤出去，连老乡们向他道喜、道谢他都没有听见。他想到他应该回去向营长请罪，他没有抓到活的嘛！从营长一直到王麓水同志，都没有认为他有罪，当场就宣布要给他立特等功，并告诉他，一定要派他去参加山东军区即将召开的战斗英雄大会。我清楚地记得当时麓水同志向他说的话：“何荣贵同志，你为鲁南人民除了大害。从此，鲁南人民就要挺起腰杆来了！”麓水同志的话，是针对着当时鲁南人民怕刘黑七的心情说起来的。他也暗喜自己来鲁南任军区政治委员时，山东军区首长所交给的任务，总算是完成了，他为部队同时也为自己给鲁南人民做了一件好事而感到高兴。

围子外，人们聚得越来越多了。他们并不是在那里分刘黑七的财物，他们是在计议怎样处置刘黑七的死尸，来解心头恨。鲁南其他各县的人都要把他弄走，而费县各区，甚至各村又都想把他弄回自己那里去，让受害的人看看；还有人主张就地割了，一个村带一片肉回去；也有人主张点他的天灯，但这主张马上就有人反对，说点天灯，倒便宜了他。最后大家一致决定，抬着死尸一村一村地游。先去费县所属的村，因为费县是他起家之处，又是他杀人最多的地方，军区政治部也同意这样办。

群众欢呼了，欢呼声比刚才炸碉堡的声还要大。军区政治部的宣传队也跟在一起，借此机会，扩大胜利成果，发动群众扩大抗日武装。

这时候群众才腾出手来，分被刘黑七抢去的东西。正分着，一个大娘像着了魔似的奔向我们的战士说："同志，赶快追上去，告诉他们，晚上要把那黑杀的吊在树上，免得野狗吃了，别人报不成仇。"战士笑了，望了一下麓水同志。麓水同志微微点了点头，战士会意，马上就赶了去。

这时骑兵通讯员来报告，费县的敌人出动，被我们打回去了，梁邱的敌人一听说上柱子被攻破，刘黑七被打死，赶忙就把围子门关上了，公路上平静无事。

"想不到这次还算顺利。"麓水同志对着我们说，转身又告诉参谋长："要大家快一点把这里的事情办完，下午三点钟出发。留一个连配合县委在这里开展工作。"

经他这一提醒我才看表，原来昨夜对的表——7点10分，现在已经是第二天的12点10分，整整十七个钟头，时间过得并不算慢。然而又一算，仅仅十七个钟头，我们山东八路军就打死了一个"混世魔王"，也算是快的。

我们都笑了。尽管我们前面还有困难，但这是胜利的笑。我们随着队伍前进，新的战斗又要开始了！

忆葛庄战斗

孙继先

1944年9月，我军在鲁中抗日反“扫荡”中，组织了葛庄战斗。这是一次伏击战，也是一次歼灭战，我军以极少的牺牲，取得了大量歼灭敌人的胜利，这是山东抗日战争史上在运动中歼灭日军的一次比较成功的战例。它对于巩固和发展沂蒙山抗日根据地，迎接抗日战争全面大反攻，具有重要意义。从葛庄战斗至今，虽然相隔三十八年了，但当年我军指战员面对日寇侵略军，同仇敌忾、气壮山河的歼敌战斗场景，仍然历历在目。

叫敌有来无回

1944年8月底，我鲁中军区三分区机关和所属主力一团、十二团，参加了鄌郚战役后，驻在沂水北部马站一带休整。这天拂晓，接鲁中军区司令部急电，要我赶赴司令部接受任务。在这之前，我们曾接到情报：“扫荡”滨海区之敌，正向莒县麇集，将由莒县向沂水进犯，企图再次“扫荡”我鲁中山区。我和副政委李耀文同志估计，这次要接受的任务，十有八九是对付目前这股来犯之敌。我当即带着一个警卫员，骑马向鲁中军区司令部驻地孙祖急驰。

从我部驻地到孙祖，相隔几十里山路。时值夏末秋初，晴空万里，烈日炎炎。我们跃马奔驰在山间小道上，路两旁是无边的青纱帐，田野散发着即将成熟的农作物的芳香，庄稼人在战争环境里勤耕细作，真是一个难得的丰收年。

中午，我们到达目的地，鲁中军区司令员王建安同志当即接谈。他对敌情了如指掌，首先介绍说：这股敌人，有鬼子五十九师团四十三大队，即草野清大队四百五十人，另有伪军一七九团郝全仕部五百余人，还有伪武定道县警三百余人，共一千二百余人。敌人“扫荡”滨海，窜犯鲁中，有两个意图：一是最近沂水被我攻克，拔掉许多据点，敌人恼羞成怒，妄图对我根据地实行报复；二是虚张声势，掩盖他兵力不足、后方吃紧的困境，趁机将鲁中南分散之兵力向北抽集，以保胶济线。表面上看，敌人凶恶狡猾，其实虚弱而又愚蠢。他笑了笑接着说：“目前敌人进犯沿线，山峦迭嶂，青纱帐起，敌孤军深入，破绽毕露，犹如送上门的一块肥肉，正给我们提供歼灭它的机会。”我说：“这叫困兽犹斗！”“对！目前日本侵略军的日子很不好过，但还要做最后挣扎！”王建安司令员接着说：“敌人由莒县北进犯鲁中，沂水是必经之地。窜抵沂水，有三条路供他选择：一是向北的沂青路（沂水至益都），一是向西的沂蒙路（沂水至蒙阴），一是向西北的沂博路（沂水至博山）。敌如果取道沂青或沂蒙路，需长距离通过我根据地腹地，他知道这里靠近我军区主力，必胆怯而避开。沂博路上葛庄、东里等地，是他不久前放弃的据点，据敌情报告，他们已决定舍远求近，沿沂博路向西北窜犯。鲁中军区决定，命令你们三分区所属主力，在沂博路上选择有利地形，打敌一个伏击，力求全歼。”说着，王建安同志嘴角又露出微笑，问我道：“这个仗，你说能打不能打？”我说：“这样的仗不打，我们就没有能打的仗了！打伏击，我在暗处，敌在明处，我攻退自如。打好了，就全部消灭他；打不好，就让他跑掉几个！”王建安同志说：“可不能让他跑掉！这是伏击战，可你要把它打成歼灭战，打歼灭战才算胜仗哩！打伏击而让敌人跑掉，那叫消耗战嘛，打消耗战不算胜仗，我们划不来！总之，这一仗，一定要叫这股敌人有来无回！”

接着，司令员会同参谋人员，跟我一起查看地图，研究地形，决定以葛庄为中心地带，组织这次战斗。在兵力部署上，除我分区所属主力一团十二团外，又将鲁中军区直属二团暂时调配我指挥。同时又分头组派一部兵力，于沂青、沂蒙两条路侧和莒县至沂水间的四十里堡一带隐蔽戒备，以阻击莒县增援之敌，掩护我伏击部队两翼。

从孙祖返回我部，已是午夜了。我们连夜召开分区党委紧急会议。我传达了鲁中军区关于葛庄战斗的军事部署和有关指示，同志们非常振奋，都说这个战机抓得好。经研究决定：军分区政委兼三地委书记霍士廉同志分工组织支前和调集地方武装配合。我和副政委李耀文同志，参谋处长张耀辉同志，组成战斗指挥部。尔后，对部队各级指战员的动员，对战场地形的实地查看核实，对各团的任务区分，以及封锁消息，命令部队夜间向葛庄一带隐蔽运动等等一系列的战前部署，都相继紧张地展开了。

激战镢头岭

葛庄，位于沂水城西北三十余华里处，是沂博路上重要乡镇，是通往东里、南麻等鲁中地区的咽喉地带。为了控制我沂蒙山腹地，日寇1939年在这里修筑据点，常驻一个中队，至1944年2月被迫放弃。

由沂水蜿蜒而来的沂博路，到这里拐了个弯，穿过葛庄。以葛庄为中心，从东到西是三华里的一片狭长洼地，东临跋山，西接乔山和松山，南有沂河，北面是通向卞山的一条宽阔的山峪。这里坐落着小诸葛、大圈、小峪等村庄。我们进入阵地后，除派一个警卫连隐蔽于沂河西侧的河奎村，监视沂河方面的动静外，把主要兵力部署成三面伏击圈：二团埋伏于西面乔山坡一带担任阻击；十二团隐蔽于北面青纱帐准备侧击迂回；一团埋伏于东面跋山一带担任收口堵击。这样，既能迫敌背水作战，又能使我攻击部队充分展开火力。各团都组成三级战斗梯队。我们判断：当敌进入我伏击圈，战斗打响后，发现地形不利，一定拼命突围。南有沂河，北有青纱帐，西有阻击部队，而且离接应据点太远，从这三个方面突围的可能性很小，他们一定调头向来路沂水方向突围，以企求距沂水只有七十华里的莒县据点接应，所以有红军基础、战斗力强的一团在此次战役中将首当其冲。

葛庄东面的跋山，向西伸出一个支角，叫镢头岭。此岭宛如平地凸起的一块完整的巨石，悬崖峭壁，坡陡石滑，沂博路就横贯岭下。路西侧是一片干涸的河沙滩，原是沂河的一支小河汊，叫南阳河。这镢头岭雄踞路东，是控制公路两端的制高点，遗憾的是岭上光秃秃无村无草，而且距公路太近，战斗前无法在这里布置伏兵。因此，我命令埋伏于金银官庄的一团二连，要他们在战斗打响后，迅速抢占镢头岭，控制公路，扎住口袋头，坚决堵住敌人向东南突围之路。我向一团钟本才副团长（团长李福泽外出开会，这次战斗由钟本才指挥）特别强调，能否及时抢占镢头岭，是此次战斗成败的关键。

我们指挥部设在葛庄北面的大峪南岭。通往各团指挥部的电话架通了，从望远镜里，可以俯瞰战场全貌。

9月2日上午8时，侦察人员报告说，敌人已出沂水城。10时，我再次从电话上询问各团隐蔽情况，他们回答隐蔽得很好，问到战士情绪，一团政委王文轩同志说："请司令员放心！早就上好刺刀，拉开手榴弹的弦了！"

上午11时刚过，敌人沿沂博路过来了。前面打着太阳旗的，是一队队鬼子，先头部队已过了南阳河。鬼子队伍中间，夹着骡马拉的两门山炮和骑在马上的几个鬼子指挥官。鬼子后面，是队形凌乱的汉奸，有的斜背着枪，有的歪戴着帽，有的枪上挑着行李，有的肩上背着包袱，那都是"扫荡"中抢来的财物。鬼子先头部队进入葛庄稍停，似想休息片刻。后面的汉奸已大部进入我伏击地段，情况进展顺利。我立即命令参谋人员，向一团阵地上空打了一颗信号弹，因为原定战斗将首先由他们打响。可是第一颗信号弹打过后，一团阵地上沉寂无声。我立即抓起耳机询问，钟副团长回答说，还有少量后续敌人未进入伏击地段，需要稍等一下。我有点儿焦急，十几分钟后，又抓起耳机问："喂，敌人全部进入伏击圈了吗？"

"东南公路上已经看不见敌人了。"对方说。

我在耳机上大声命令道："攻击开始——打！"

指战员们久盼的时刻到了。一阵嘎嘎的机枪声，划破四周的静寂。接着，我埋伏于三面阵地上的火力，密集地向敌人猛烈射击。霎时间，机枪声、步枪声、手榴弹声，搅成一团，震撼着山谷。拥塞在公路上的敌人，被我军这突然袭击打昏了，惊慌失措，东奔西窜，战马惊鸣，鬼哭狼嚎。

但是，草野清毕竟是个老手，惊魂稍定，便猛然醒悟。当他的先头部队遭到我二团一营猛烈阻击后，他断定西进之路是难以逾越了，马上命令炮手，调头向我一团阵地轰击。在炮火掩护下，他一面组织两个中队的鬼子和大部伪军，在公路北侧同我十二团展开激战，一面组织一个中队鬼子，占领葛庄水母娘娘庙，抢修工事，然后又组织鬼子第五中队，向东猛攻，企图抢占镢头岭，待机突围。

当敌第五中队攻到镢头岭下时，我一团一连也正以迅雷疾电之动作，同时逼近岭下，在南阳河滩上同敌相遇，双方立即展开白刃肉搏。抗日战争初期，经过长期武士道训练的侵华日军，枪法准，善拼刺。随着抗日战争进程的推移，敌人战斗力已不复当年，怎是我一团二连勇士们的对手！我战士如猛虎下山，一百多把明晃晃的刺刀，勇猛地扑向敌人，只一个对刺，前面的一排鬼子，就号叫着倒下了。

但敌人并不示弱，格斗仍然十分激烈。一个粗矮的鬼子，端着刺刀，雄赳赳地上来迎击，被我战士一刺刀将他手里"三八式"震掉在地。他摆动着手哇哇叫，想伸手向地上捡枪，我战士趁势来个前进直刺，让他的小肚子开了花。刚患过痢疾的战士雷耀臣同志，朝着面前一个鬼子刺了一刀，因为用力过猛，刺刀折成了弓形，刀把被对手抓住死死不放。雷耀臣同志急忙向身旁喊道："三排副！快着！快着！"三排副排长侯英俊刚刚刺死了第三个鬼子，闻声蓦地将刚缴获的机枪和掷弹筒扔下，飞步扑过来，一枪刺进了这个鬼子的后背。有个小鬼子，大概是个新兵，见我八路军的刺刀如此厉害，吓得直哆嗦，他右手急忙举到帽檐上，不断地行礼，左手忙着放下"三八式"，解下身上子弹盒、刺刀鞘、背包，嘴里还不住地咕噜着："统统的给你的。"他乖乖地当了葛庄战斗中第一个俘虏。经过一阵激烈肉搏，鬼子有五十多人在我战士刺刀下倒下了。敌第五中队长岗田健红了眼，赤膊上阵，被我三个战士围困不放，最后头部中刺而死。余敌被迫退却，南阳河滩上留下一片鬼子的尸体。我一团二连胜利地占领了镢头岭。

草野清不甘心失败，当即组织鬼子第一中队、第四中队二百余人，在猛烈炮火掩护下，向我镢头岭阵地反扑。镢头岭上，硝烟弥漫，弹火横飞。我一团二连指战员们，以有我无敌的战斗精神，迎着敌人炮火，顽强地坚守阵地。当敌人攻到相当距离时，就立即组织反冲锋，展开近战肉搏战，使敌人炮火失去作用。敌连续冲锋与我反冲锋达五次之多，我镢头岭阵地依然屹立。敌锐气顿挫，只得凭借炮火掩护，退至河滩西侧临时工事里，同我镢头岭阵地形成百米距离对峙局面。黄昏时，我指挥部一声令下，全线开始攻击。我各团部队，以轻重机枪和集束手榴弹开路，跃出阵地，冲向敌群，在沿路的一条狭长战线上激烈搏斗。有的地段，敌我展开近距离冲击；有的地段，敌我展开白刃格斗。此时汉奸已大部就歼，鬼子也伤亡惨重，敌尸狼藉遍野，我战士前进时稍一不慎，即会被绊倒。经过一阵激战，敌纷纷败退，抢占镢头岭的企图成为泡影。草野清见抢占镢头岭不成，又组织残部，企图西窜李家营，遭我二团一营迎头痛击。敌复北窜，又遭我十二团两面夹击。在我四面压缩下，残敌只得夺路逃至葛庄水母娘娘庙，负隅顽抗。我当即命令各部，紧缩包围圈，将娘娘庙团团围住。此时暮霭苍茫，天已渐渐黑下来了。

夜攻娘娘庙

葛庄西北角有个小岭，叫桔山岭，是葛庄的制高点。岭上有座庙，叫水母娘娘庙，原来的鬼子葛庄据点，就安在这个庙里。此庙原有大殿、后殿和厢房十多间，每年二月二十九逢会，有一番香火热闹。自打鬼子在庙里安了据点，拆除了后殿，四周筑了石头围墙，香火也就断了。今年2月鬼子撤离后，我民兵破坏了这个据点，仅剩残垣断壁。狡猾的草野清，今天一面组织兵力抢攻镢头岭，妄图突围；一面分兵占领娘娘庙，利用残垣断壁，抢修工事，以备突围不成，固守此庙，等待时机。

残敌被围，许多逃难老乡和支前民工，纷纷要求我们部队尽快拿下娘娘庙，消灭敌人。人们的心情是可以理解的，鬼子盘踞葛庄期间，经常袭击附近乡村，讨粮征柴，奸淫烧杀。娘娘庙后面的岭坡上，就是鬼子开辟的杀人场，无法计算他们在这里究竟杀害了多少中国同胞，仅1942年中秋节夜里，他们就从老猫窝村一次抓来三十一个无辜群众，全部用刺刀刺死在杀人场上。

群众还诉说着一件带有神话色彩的故事：娘娘庙东南角，有一眼泉水。自古以来，一年四季，潺流不息，庙里和尚和村里群众都饮此泉水度日，此庙即因此泉而兴建。自那年鬼子在庙里安下据点，此泉突然干涸了，庙里从此断了水源，鬼子只得用马车到远处拉水吃。有人说这是水母娘娘显灵，惩罚日寇；有人说这是因为鬼子修筑工事，破土凿石，破坏了水路。当时，无人去考查此事科学根据。不过庙里断水，确属事实（后来听说，1949年后，沂水县人民政府在此庙址兴建一处蚕场，泉水复出了）。

今夜是否强攻娘娘庙，消灭残敌，这是我们指挥部要迅即加以抉择的。这时，正是农历七月初，高空一钩弯月，四周夜色沉沉，除了娘娘庙四周阵地上不时响着断断续续的枪声外，整个战场上是一片激战后暂时的沉寂。我们把指挥部移至松山坡上一间草棚里，我和李耀文、张耀辉同志经过一阵紧张的磋商，对当前战况和敌情做出如下几点分析：一是白天战斗进展顺利，被围残敌不足三百人，而我伤亡轻微，士气高昂；二是娘娘庙缺粮断水，残敌不能久守；三是上级通报，莒县敌人举棋不定，目前尚无前来增援解围的征兆；四是残敌还有充分火力，他凭借娘娘庙临时工事，居高临下，易守难攻，我若强攻，必将付出较大伤亡；五是根据鬼子过去一贯的作战规律，在此山穷水尽的势态下，他们惯于孤注一掷，拼命突围。根据上情我们判断：残敌将于明天，最迟于后天向南突围，涉水渡河，也再所不顾。因为他们深知：固守或向其余三个方向突围，生路和希望更是微乎其微。据此，我们指挥部做出如下决定，并立即分头部署：今晚实行车轮战法，改后队为前队，交换阵地；在娘娘庙四周抓紧抢修临时阵地，今夜对敌实行火力攻击，以封锁和杀伤敌人为目的，不强攻，不强占娘娘庙，其目的是迫使敌人突围；从十二团和一团抽调兵力一部，部署在沂河东西两侧，隐蔽待命；通知在南面包围娘娘庙的部队，要他们在敌人向南突围时佯打让路，然后再予迅猛追歼。我在向十二团团长交代任务时，打了个比方说："狼在山洞里，捕杀它要费些手脚的，甚至有可能被它咬伤！现在我们逼残敌下山，逼它过河，陷它于狼狈挨打之境地，我群起而攻之，打死也罢，淹死也罢，都是一个目的，减少我军伤亡，彻底消灭敌人！"

晚9时，我兵力调整就绪。后续部队今天白天在二线或三线，战斗力没得到充分施展，现在要显显身手了。他们进入前沿阵地后，立即对娘娘庙展开一阵猛烈的火力攻击。轻重机枪、集束手榴弹，一串串在敌人临时工事上爆炸，大殿东南角起火了，映红了一片夜空，鬼子在火光里乱窜怪叫。我十二团二营三班副班长刘君同志，用新缴获的一挺歪把机枪，得意地向火光里的鬼子猛扫，几个鬼子应声倒下，另外几个鬼子连滚带爬地躲到石碑后面，向我还击。

抗日战争中，我军习惯夜战，在夜色笼罩下行军打仗，指战员都有一股子亢奋的战斗激情。此刻，他们一个个双目圆睁，透过夜色，死盯着对面工事里的敌人，只要对方有一点风吹草动，就会遭到我一阵火力袭击，压得敌人动弹不得。有几个鬼子大概因为口渴难挨，提着小铁桶，悄悄溜出大殿，四处寻水。刘君喜形于色，屏住呼吸，对准目标，一阵机枪扫射，小铁桶滚到岭下，发出尖利的响声，寻水的鬼子再也爬不起来了。

这一夜，对于被围的鬼子来说，是一个恐怖的夜，一个漫长的夜。到了午夜，月牙儿隐没了，黑夜更加深沉了，庙里敌人一阵骚动，用猛烈的炮火向我阵地袭击。但敌在明处，我在暗处，其炮火无法命中目标。就这样，敌我火力对峙，时紧时慢，整整持续了一夜。

歼敌沂河滩

沂河流到葛庄东南面的跋山脚下，因山势阻隔，河道绕了一个弯，由西北折向正南。河湾西侧有个河奎村，有百多户人家，三面环水，一面依山，此山叫无儿崮。我预伏在河奎村一个警卫连，任务是在敌人向南突围渡河时，予以迎头痛击。

9月3日上午8时，娘娘庙残敌突然集中炮火，向我北面阵地狂轰，接着三十多个鬼子拉开队形，气势汹汹地从北面向岭下冲锋，造成向北突围之势。针对这一情况，我立即告诉各个前沿阵地，这是敌人佯攻向北突围，实际是要向南突围，务必做好追歼准备。果然不出所料，当向北佯攻的小股之敌被我军击退后，至九时许，敌人全部人马，在密集炮火掩护下，从娘娘庙南面冲下来，分数路向沂河方面突围。按照既定部署，我军南面阵地上的部队，向东西两侧且战且退。当敌人全部冲出后，我四面阵地上的各路部队，如龙腾虎跃，以凌厉之攻势，扑向敌人，跟踪追歼。

能否全部歼灭这股来犯之敌，在此最后一举。战斗发展到此时此刻，作为此次战斗的指挥员，尽管长期的战斗生涯使我们保持着头脑清醒和行动沉着，但心情却是异常激动的。随着追歼部队的飞速推进，我们指挥部也移进到靠近沂河北侧的一个秫秸团里。此时敌人的先头部队已开始渡河，我各路追歼部队已抵河岸北侧，一面射击，一面向敌靠近。我隐蔽在沂河东西两侧的十二团和一团之一部，由东至西，沿河岸平行向敌夹击。预伏于河奎村的警卫连，也绕过河南岸，对敌展开迎头痛击。我从四面八方，向渡河之敌展开聚歼。步枪、手榴弹，组成了火力网，暴风雨般地射向敌人，枪弹和手榴弹在水面上横飞爆炸，激起无数浪花，掀起高高水柱。

这时，二团团长陈奇突然跑到指挥部来了，他满脸杀气，神态焦灼，埋怨指挥部没有及早通知他，让他们二团也来参加追歼突围之敌。他说："兄弟部队在河滩上吃肉，你让我们在山上喝汤呀？！"我解释说："你们二团的主要任务是阻击！"他说："阻击！阻击！阻而不击！我们等了敌人几天，可是昨天他攻两攻就缩回去了！"我说："好！你马上把一营带上来，参加战斗！其余部队，还在原地警戒！"其实，二团一营指挥员和他们团长一样急不可耐，早就冲到河滩上来投入战斗了。

可惜当时我们没有电影摄影机，把我军在沂河滩上歼敌战况摄下来，以飨后世。尤其是敌人渡河时被我军打得那种狼狈状态，真是可笑而又可悲！时值夏秋多雨季节，沂河中心水面齐腰深，而且水流湍急，河面宽阔，河两岸连接着几十米开外的一片沙滩。不足三百名鬼子，突围的路上已经丢下几十具尸体。眼前这二百多鬼子，带着炮车、辎重和大批弹药，被围聚在不足一华里的狭长河滩上，面前河水滔滔，四周没遮没挡，我军步步逼近，子弹、手榴弹铺天盖地而来，真是上天无路，入地无门，只有招架之功，没有还击之力了。许多鬼子穿着皮鞋跳进河里，犹如陷进泥沼，笨得像狗熊一般，机灵一些的鬼子，脱掉皮鞋，连滚带爬，涉水乱窜，一阵子弹打来，只听哇哇号叫，水面上立即沉浮一片尸体。接着，片片血污、饭盒、钢盔等漂浮而起，顺流而下。其中一小队鬼子见势不妙，索性在沙滩上卧倒，架起机枪，向我还击。我北岸几个战士中弹倒下，但东侧沿河夹击部队已经逼近，一串手榴弹扔去，敌人的机枪再也不响了。沙滩上，敌人辎重、尸体，狼藉一片。我军一个战士，从躺倒的一匹洋马的马鞍上，解下一个挺软和的包袱，他想这里面准是敌人的机密文件，后来解开一看，竟是一堆又腥又臭的人手指。原来这是敌人从他们伙伴的尸体上一个个割下来，准备带回去火化，留下点骨灰送回国安葬的！

时近中午，敌人大部被歼了，但残敌仍在挣扎。一个鬼子指挥官扔下指挥刀，窜进深水里，光露着头，子弹在他头顶上吱吱叫。他急忙举起胳膊，咿哩哇啦喊叫，也许是呼救吧？然而终于头部中弹，沉到深水里去了。

敌人拉炮的几匹洋马，有的淹死在深水，有的在岸上中弹躺倒。几个鬼子正在岸边拆卸一门大炮，准备向河里扔。这时我冲锋在前的战士已接近敌人，一团一连三排副排长、战斗英雄侯英俊同志，眼尖手快，一纵身，拣起一把鬼子指挥刀，再一个箭步跳过去，一连砍倒三个拆炮的鬼子，缴获了这门日造四一式山炮，这是我军在鲁中战场第一次缴获日寇重武器。这门山炮，从此跟随我军，从抗日战争到解放战争，转战华东战场，在千百次战斗胜利中，发挥了重要作用，可谓身经百战，屡建战功。在战斗中它负过六次伤，换过四次护板，三次车轮，肚皮上留着伤痕，大架上还深深地嵌着一颗枪弹。1949年后，这门满载我军胜利记录的日造四一式山炮，被誉为“功劳炮”，送进了上海博物馆。

至此，从战斗打响到残敌在沂河滩被歼，葛庄战斗历时一天半，胜利结束了。除敌大队长草野清带领残敌十四人，趁突围混战之机，潜逃无儿崮，后为莒县敌人派飞机援救而漏网外，敌伪一千二百余人全部被歼，其中汉奸大部被俘，鬼子被俘二十人。敌各类武器弹药和各种辎重，除战斗中被击毁外，均为我缴获。

9月3日午后，我主力部队按照预定计划，撤离战场。清理战场和处理俘虏等善后工作，交由霍士廉同志，会同地方武装和抗日政权进行处理。

欢腾沂蒙山

葛庄战斗胜利的捷报一经传开，人心大振，沂蒙山区一片欢腾。新华社向全国发出电讯，公布鲁中军区关于葛庄战斗的公报。当时的《大众日报》和各抗日报纸，连续发表消息、社论、通讯、特写。沂水和鲁中、滨海等许多地方，频频召开祝捷大会，敲锣打鼓，鸣放鞭炮，人山人海，盛况空前。人们把葛庄战斗的胜利消息和战斗事迹编成歌，排成戏，载歌载舞，广泛演唱。战后漫长的年代，直到现在，在沂蒙山区，特别是沂水县一带，人们还在传颂着葛庄战斗的英雄业绩和战斗故事，其中“功劳炮”的故事，1949年后曾被编入小学课本，传颂全国。

葛庄战斗的胜利，充分表现了我军顽强无畏，英勇善战，也充分证明以王建安同志为司令员的鲁中军区，洞悉敌情，判断准确，从而下定决心，抓住战机，做了正确的军事部署。另一方面，它和沂蒙山区老根据地人民大力支援主力，密切配合作战分不开。那时候，虽然根据地不断扩大，抗日政权推行减租减息，发展生产，但由于敌伪顽长期践踏、破坏和封锁，沂蒙山人民的生活仍然是很艰难的，但听说主力部队要消灭来犯之敌，老百姓欢天喜地，奔走相告。一两天内，仅北沂蒙几个县就由三千多民工、几百副担架，组成了浩浩荡荡的葛庄战斗支前大军，为我军送弹药、运粮草、抬伤员。因为山路崎岖，大部分运输民工都用扁担挑，白天不便行动，到了夜晚，在通往葛庄的条条山道上，一串串灯笼火把，一队队扁担大军，人流如同赶山会一般，向着葛庄四周汇集。为了保证军队在战斗中及时吃上饭，周围各村群众，连夜赶做熟饭送往前线。战斗进行中，许多老乡冒着敌人炮火，担着一罐罐热气腾腾的小米绿豆粥和一包包煎饼，一直送到前沿阵地的工事里。战士们打开一看，一卷卷煎饼里，都包着炒鸡蛋、芝麻盐，喷香可口。

当时，我们部队没有重武器，靠手榴弹爆破工事，杀伤敌人。支前民工把大批手榴弹源源不断地送往前线。有的民工不顾劝阻，扛着一箱箱手榴弹，直接送到前沿工事里。有的民工看到战斗打得激烈，就在工事里打开盛手榴弹的箱子，一个个揭开手榴弹的盖子，拉出了弦，供战士及时使用。

葛庄村有个老大爷叫赵路祯，全家五口人被鬼子杀害了四口。村里组织民工没让他参加，他夜里偷偷跑上前线，一夜帮助军队背了三趟伤员。

在战斗进行中和战斗结束后，有些溃散的鬼子汉奸，钻进青纱帐，妄图趁机潜逃。我各乡民兵，早就在战场外围站岗放哨，布下天罗地网。沂河岸一带村庄，村村流传着捉俘虏的笑话。有五个鬼子，带着一挺机枪，在高粱地提心吊胆混了一夜，企图化装逃奔博山。天明时，刚走到石埠子村前，就被我民兵团团围住，当场被击毙两个，其余三个扑通跪下当了俘虏。有个鬼子躲进老乡秫秸团里，被秫秸团的主人发现了，马上吆喝了几个人，拿着镰刀镢头，把这个鬼子砍得血头血脸，绑送到了区公所。仅沂北县参战的民工和民兵，两天中就捉住化装潜逃的汉奸一百二十多人。

为了扩大宣传，提高军民抗日斗志，同时教育汉奸，战斗结束不久，鲁中区党委决定，将葛庄战斗中被俘的伪军军官一部，解至鲁中、滨海各受灾地区，令其向受害群众悔过与赔罪。我们分别于9月17日至23日，在滨海区的十字路、坪上、安东卫和鲁中的沂水、朱墩等地，召开千人大会，让受害群众申冤诉苦，令被俘伪军官交代罪恶，坦白被俘经过，表示悔过决心。抗日军民，群情激愤；大小汉奸，胆战心惊。汉奸少校团长陈子玉、孙即文等人在悔过认罪时说："沂蒙山根据地民众力量这样大，特别使我们惊奇。这在中国历史上是少见的。八路军的军民关系，我实在佩服。民为邦本，八路军得民心。""通过葛庄战斗，我真知道八路军的厉害了。机关枪一响，手榴弹就扔到头顶上，这样打法，谁不害怕？！""八路军的宽大政策，我实在感动！以后再也不吃那碗汉奸饭了！"

葛庄战斗的胜利，充分显示了人民子弟兵一不怕苦、二不怕死的革命精神和敢于斗争、敢于胜利的英雄气概，在沂蒙抗战史上，写下了光辉的一页。

蒙城春归（节选）

王文轩

春天来了万物都发青，
咱们根据地家家忙春耕。
有主力和民兵
攻打蒙阴城……
机枪扫，炸弹轰，
我军去冲锋，
激战两夜收复了蒙阴城……

这首歌在抗日战争时期，曾响彻过层峦叠嶂的蒙山，唱遍了迂回奔流的沂水，激励过多少人的心扉，鼓舞了多少人的斗志。时至今天，每当我低声吟起这首歌来，心绪总是激动不已。这激越的歌声，把我带到烽火连天的岁月，使我回忆起激战蒙阴城的日日夜夜。

1945年3月7日，我们鲁中一团按照鲁中军区的作战命令，经过两天两夜急行军后，在离蒙阴城约十公里的一个小村庄驻扎下来。夜，已很深了，可是团部指挥所的烛光依然亮着。我们团的几位领导和地方武装的负责同志正围在一张地图前，讨论着军区首长的作战部署。团长钟本才伏在桌子上，他那一双布满血丝的眼睛，紧紧地盯着地图，手中的铅笔，在标着蒙阴城四关的地图上，不停地点来画去。我的心绪，也随着他那支不断移动的铅笔，翻上覆下，鲁中军区司令员王建安的声音，又在我的心底响了起来："蒙阴城，是敌人在我沂蒙山区的中心据点，城中驻有伪军十二个中队，一千多人，日军一个小队，近百人，筑有坚固的城防工事。为了坚决拔除楔入我泰山和沂蒙山心腹的这颗钉子，鲁中军区决定集中鲁中第一、第四、第九、第十一共4个主力团及地方武装部队，发起蒙城战斗。并决定由你们一团担任主攻，迅速突破敌人的中心火力点西城门楼，为攻城的大部队开辟前进道路。你们的胜败与否，对整个战斗影响很大。因此，希望你们既要做好巧打的周密部署，又要做好强攻的思想准备。"

钟本才同志的讲话，打断了我的沉思，他陈述了整个作战部署后，严肃地说："现在离总攻还有一定的时间，为了避免伤亡，我们可以通知城中的内线，在我军发起攻击的同时，把城西门楼炸开。”他看了看我的脸色又说：“我想，这个任务交给‘二曹’（即曹世范和曹风洲），政委，你看怎样？”

“好。”我爽快地回答了团长的问话，接着说：“要迅速通知‘二曹’赶快进城，争取里应外合，配合部队的总攻。”

天亮了，我伸展着疲惫的身子走近窗前。这年的春天来得格外早，刚交三月，柳枝吐出淡黄色的嫩芽，举目远望，山野上，三五成群的老百姓正在挑肥、拉犁，忙碌地进行着春季生产。房内，钟团长正和蒙阴城来接应我军战士的李老先生亲切交谈。突然，从门外传来一声“报告”，紧接着，曹世范和曹风洲就面带笑意，风尘仆仆地走进了团指挥所。

“二曹”都是我很熟悉的战士，也是团里有名的战斗英雄。在北阴战斗中，曹世范失去左手，从此他就靠仅剩的一只右手，别着短枪，经常在敌人眼皮底下转来转去，完成了许多艰险的侦察任务，被军区政治部萧华主任誉为“单手英雄”。曹凤洲是二连三班班长，从外表看，他显得有些憨厚，可实际上却是个机警而又勇敢的战士。我把二曹介绍给李老先生之后，钟团长就开门见山地交代了战斗任务。他说：“这位李老先生的家就住在蒙阴城里，曹世范，你随他一起闯进城里后，首先要把城里地形看清楚，然后再由李先生领你去找我们的内线工作人员吕连棠，这人是伪军的一个班长，他会帮你隐蔽下来。晚上七点钟你接到炸药后，要在九点钟准时把敌人的城西门楼炸开。”

钟团长的话音一落，我就对曹风洲说：“你的任务就是送炸药，炸药已经伪装好了。你提着上红石岭，那里有位姓吕的大爷接应你。为了不致引起敌人的注意，你和曹世范要分头行动。到城里见面后，再一起去爆破西门城楼。任务十分艰险，一定要胆大心细，机智沉着。如果遇到新的情况，要设法回来报告。”

“首长，放心吧，我们保证完成任务。”“二曹”双脚一并，异口同声地回答着。

夜幕渐渐拉开了，天上没有月光，只有几颗星星不时地眨着眼睛。部队踏着蜿蜒坎坷的山路，向蒙阴急速奔驰。按照预定的时间，各部队到达了指定的作战位置，蒙阴城西关炮楼的灯光闪现在眼前。我一看表，恰巧8点40分，离攻击时间只有二十分钟了，信赖和担忧的复杂心情交织在心底。我盯看城西门楼，心上的弦越绷越紧了。

“轰！”一声天崩地裂般的巨响，城西门楼闪起了一道冲天的火光。随着这声巨响，我团突击部队当即插入西关与北关外围据点，与敌展开了激战，激烈的枪声和手榴弹爆炸声，像刮风似的响了整整一个夜晚。9日拂晓，十一团全歼东关守敌，三营也将北关守敌全部消灭。进攻城西门楼的一营，在扫清了西关之敌后，刚接近城墙，就遭敌人强大火力的阻击，虽几经冲杀，终因敌人火力太猛，难以前进，被炸开的西门，又重被敌人堵住。

情况发生了新的变化，我们也重新调整了部署，除留一支部队围困蒙城和夺取外围据点外，其余部队均撤出了战斗。团指挥所里，几位负责人正在研究新的作战方案。大约十点钟光景，指挥所的门被推开了，“二曹”匆匆走来，我们赶紧迎了上去。

在指挥所里，我们听“二曹”叙述了昨晚战斗经过：晚上九点他们按照原定方案，炸毁了城西门楼，只听到城外枪声大作，却不见突击部队进城。眼见被炸开的缺门又要被敌人堵上，他俩只好随机应变，提着枪迎着敌人冲去，曹世范一梭子匣枪打过去，正在堵墙的日军和从城外退回的汉奸，被突如其来的枪声惊愣了。这时，从东街又跑过来一批向西门运土的伪军，曹世范、曹凤洲趁机混在其中，一边大喊：“八路军进城了”，一边向敌人射击。整整一个夜晚，城里的敌人提心吊胆，真假难分。

听完汇报，我激动地说：“你们任务完成得很好，给骄横一时的敌人，造成很大打击。军区首长指示我们，要趁热打铁，决心在今晚解决战斗。”

晚上六点整，一颗红色信号弹划破长空，总攻开始了。担任主攻的一团一营，冒着枪林弹雨，向着城西门楼猛烈地攻击。

城西门楼，是控制全城的制高点。昨晚被我们炸毁的城门，现已垒上一层石头。环绕西门的那道既宽又深的壕沟，布满了鹿寨和障碍物。一座几丈高的大圆炮楼居高临下，与西南、西北两个炮楼火力交叉，向四周疯狂地扫射。城西上空火光飞迸，流弹四射，敌我双方的机枪射击声、手榴弹爆炸声响成一片。

设在距城西门楼不远处的团指挥所分外繁忙，电话铃声、参谋人员的呼喊声响个不停，战局的发展，特别一营的战斗进程，紧紧地揪着指挥员的心。我不时擦着额头的汗水，摇动着通往一营的电话，不住地询问：“情况怎么样？”

话筒里传来了一营教导员的声音：“担任主攻的三连连长和指导员，正在营指挥所，他们已把文件、钢笔、望远镜等全部交给了组织。三连提出的口号是：有三连在，就不要西门城楼。现在，我们正组织火力，实施爆破。政委，您还有什么指示？”

对于抱定流血牺牲的三连干部，我从内心里敬佩，不知有多少话要说，但一时又说不出口，就只好告诉他们：“要沉着冷静，机智勇敢，抓住战机，消灭敌人，我等待着同志们胜利归来。”

漆黑的夜，伸手不见五指，可是闪电般的炮火和由炮火突起的一股股火柱，把城西门楼的轮廓映照得清晰可辨，透过炮火的亮光，可以隐约地看到，一营三连已运动到距西门只有三十米处的地方了。这时，掩护爆破手的轻重机枪，猛烈地向碉堡射击。爆破手陈宗璧、孙继宏抱着炸药，利箭一般地窜到离西门十多米的一个屋角边，紧接着张宪林、张尚得和孙仲文，也架着梯子奔向西门外的另一个隐蔽地。敌人从碉堡里射出的枪弹像暴雨一样泼在地上，掀起阵阵硝烟、尘土，前进一步都非常困难。

“命令炮兵，开炮！”随着钟团长这焦急的喊声，山炮和迫击炮如同沉雷般地吼叫了。炮弹呼啸着飞向炮楼，腾起一片片火光和黑烟。趁着浓烟烈火，陈宗璧把将近百斤的一个炸药包拖上去，竖在西门洞的石墙上，他燃着了药捻，就迅速向回翻滚。一声惊天巨响，城门楼倒塌下了一堆乱石，炮楼裂开了一人多高的豁口，整个西关几乎被卷进了烟雾和尘土里。在迷人的硝烟和呛人的火药味中，张宪林等人冲向前去，把梯子竖到了城门北侧。一班长张乐成喊了声：“冲啊！”就带领着突击班猛起直冲，子弹在他们身边倾泻，手榴弹爆炸后飞起的钢片，在他们前进的道路上飞舞，但突击班的战士们却不顾一切地扑向前去。

当张乐成等四名战士踏上云梯爬上了墙顶时，敌人的机枪叫得更凶，手榴弹也扔得更猛了，后续的同志被隔在梯子下面上不去。城墙上面，刘云风同志牺牲了，张乐成等三名同志也都两次负伤。负伤的三名同志互相激励着：“死，也要坚决顶住！”

“要不惜一切，冲上去！”三连连长郑希和下达了命令，负责增援的五班攀着梯子刚爬到城墙中央，突然一颗炮弹落在梯子上，五个人都跌落下来。班长赵金华带着机枪再冲上去，又被炮弹打落下来。形势迫在眉睫，时间就是命令，全营的轻重火力像滚了锅的粥泼向敌人，掩护冲击的战士。六班九个人艰难地冲上城墙，全部负了伤，七班七个人冲向城墙后，六人负伤，一人牺牲。敌人从炮楼里射出的火力，在狭窄的城墙上横来竖去，战士随时都有牺牲的危险。副排长雷辉庭挥着流血的胳膊，鼓励大家坚守阵地，城墙上的每个干部战士都以无比坚强的毅力抗击着敌人，胸部负伤的跪着打，腿部负伤的趴着打……

西门城墙上的阵地基本巩固了，一连迅速突进了城里，战斗进行得十分残酷，我军伤亡也比较严重，一个接一个的重伤号被抬下战场。三连连长郑希和躺在担架上，还一直叫嚷着要上火线。战斗继续向前发展，由日军占据的一个两丈多高的四方大炮楼，喷着火舌，阻止了一连前进的道路。一连三排副排长傅少会，接受了进攻大炮楼的任务之后，带领战士迅速冲向前去。突然，一颗炮弹飞来，爆炸手李安仁腿部负伤，鲜血直流。但他毫不畏惧，抱起四十多斤重的炸药，冲近炮楼，只听得一声巨响，炮楼炸开了一个窟窿。这时，几十个日军从炮楼里跑到院内继续顽抗。一连的战士们屏住呼吸，把一颗颗的手榴弹投向院中。战士王增保趁机冲到东屋，把一个拉雷填在墙缝里，又是一声巨响，房屋倒塌了，敌人又蜂拥着跑回炮楼。这时，李安仁又一次抱起炸药，一拐一瘸地向大炮楼奔去。响声震撼大地，在火光和烟雾弥漫之下，炮楼塌了大半边，顽抗的日军被乱石砸在底下，变成了肉泥。

大炮楼一清除，战斗迅速向纵深顺利发展。经过强攻，十一团从东关突进城内，四团也从北关强攻入城，激战的炮火，像雨天的闪电一明一暗，巷战的枪声像大海的浪涛时起时伏。我刚回到团指挥所，就听到一阵清脆的电话铃声，话筒里传来了二营长那高昂的声音："报告首长，从新泰乘汽车驰援蒙阴的日军，被我们围困在距城三公里的墩台，已全部被我们歼灭！"

天，慢慢地明了，枪声也渐渐稀疏了。战场上躺卧着狼藉不堪的敌尸，堆积着缴获的各种物资，被俘的九百多名伪军向城外走去，九名日军和八名德国人，还有伪县长唐云山都垂头丧气地走在最后面。

红日冉冉东升，一道道缤纷多彩的霞光，辉映着解放了的蒙阴城。人民群众怀着无比激动的心情，迎接这灿烂的黎明。他们亮开喉咙歌唱着"春天来了万物都发青"……

（内容系节选）

横扫日伪军的最后一战（节选）

李耀文

中国人民进行的抗日战争，是挽救中华民族危亡的正义战争。山东是抗日战争的重要战场之一。当日本侵略者的铁蹄踏上齐鲁大地时，山东人民发出了“决不做亡国奴”的吼声。在中国共产党山东省委的组织领导下，沂蒙山区，黄河两岸，微山湖边，渤海之滨，胶东半岛，普遍燃起了武装抗日的烽火，建立了十多支游击队。根据中共中央和北方局的指示，这些分散的游击队于1938年12月整编为八路军山东纵队，张经武为指挥、黎玉为政委，下辖若干个支队，积极开展游击战争，创建敌后抗日根据地。

党中央为了加强山东的武装力量，决定八路军第一一五师主力，先由萧华，后由陈光、罗荣桓率领，于1939年春进入山东，同山东纵队一起抗日，使山东抗日斗争的局面为之一新。

抗日战争中，山东军民在党的一元化领导下，正确地贯彻执行党的路线、方针和政策，创造性地运用毛泽东同志所制定的游击战争的战略战术，经过血与火的洗礼，以威武雄壮的人民战争，粉碎了日伪军的“蚕食”、封锁、分割、“扫荡”，战胜了国民党顽固派军队的摩擦、挑衅和反共阴谋，克服了重重困难，改变了日伪顽夹击的局面。我山东军民越战越聪明，越战越勇敢，越战越坚强，创造了丰富多彩、灵活多样的游击战术，神出鬼没地打击敌人，日益壮大了军队，扩大与巩固了根据地。罗荣桓同志称与日伪英勇斗争和反顽作战所取得的辉煌胜利，“是山东军民的一项杰作”。

大反攻的全面准备与序幕

1944年，世界和中国反法西斯战争的形势，令人鼓舞。苏联红军已转入大规模战略反攻，德国侵略军被全部赶出苏联，英美同盟军在西欧开辟了第二战场，希特勒败势已定。在远东，美军的战略反攻使日军节节败退，已逼近日本本土的大门。日军为了牵制盟军在太平洋战场的战略反攻，抽兵实施打通大陆交通线的作战，以便把中国作为日本对盟军长期作战的交通补给线和物资供应基地。这时，驻山东的日军也被大量抽调，仅留二万五千人左右，为侵华战争以来日军兵力在山东最少的时期。但是，由于蒋介石纵容国民党顽军大量投日，搞所谓“曲线救国”，使山东伪军扩展到二十万人（其中百分之六十以上是国民党顽军），成了全国伪军最多的省。这既弥补了日军在山东兵力的不足，又为蒋介石后来抢夺胜利果实做了准备。

在这样的形势下，中共中央山东分局和山东军区（司令员兼政治委员罗荣桓、副政治委员黎玉、政治部主任萧华）根据党中央关于“以我为主、准备反攻”的指示精神，领导全省军民积极进行了大反攻的全面准备。在政治上，深入进行了整风审干、减租减息和发扬民主，加强政权与民兵建设，开展城市工作和拥政爱民、拥军优属活动，掀起参军热潮、扩大八路军、充实反攻力量等一系列工作。在物质上，大力发展生产（包括军工生产），繁荣经济，增加收入，粉碎敌人经济封锁，使部队和广大群众的生活有了改善。当时沂蒙山区人民曾欢唱：“沂蒙山区好风光，到处一片新气象，大生产带来好光景，山水欢笑人歌唱。”

为了赢得战争的胜利，山东分局和军区还加强了对敌军的政治攻势和瓦解敌军、争取伪军反正的工作。为此，1944年分别从地方和部队抽调了三千多名干部，加强了各级党委和部队的敌工部门。渤海、滨海和鲁中军区先后争取了伪“灭共建国军”团长王道、伪莒县保安大队大队长莫正民、伪诸城保安大队长张希贤、伪“鲁东和平建国军”团长韩寿臣等人，率部八千三百余人反正。此外，还有千人以下一百五十余股伪军反正，共七千余人。1944年7月至10月，罗荣桓主持召开了重要军事会议，以边研究问题边指挥作战的方法，认真总结了过去对敌军事斗争的经验，研究了部队训练，连队建设，地方武装建设和司令部、后方勤务，学校及干部等工作，确定了今后军事工作的方针，统一了作战思想。各部队普遍开展了大练兵运动，大大提高了战术技术水平和干部带兵、练兵、用兵的能力。

消灭敌人有生力量，巩固和扩大根据地，创造有利的战场，是大反攻最重要的准备。为此，山东军区于1944年发动了一系列攻势作战，取得了重大的胜利。鲁中军区春季发起的第三次讨伐伪军吴化文的战役，共歼伪军七千余人（占吴伪军兵力的百分之六十以上），攻克重要据点、山寨五十二处，解放村镇一千多个，人口三十多万。从此，我军控制了鲁山山区大部，打通了沂、鲁、泰、蒙各山区之间的联系。在夏季攻势中，鲁南军区发动的讨伐伪军荣子恒的战役，歼灭伪“和平救国军”第二师，击溃其第一师。此次战役于7月30日结束，全部解放崮口山区。滨海军区发动的讨伐伪军李永平的战役，攻克大小据点四十多处，解放土地千余平方公里，人口三十余万，改变了滨北形势，巩固和发展了滨海与胶东战区的联系，渤海军区发起的利津攻坚作战，解放利津城，毙俘日伪军一千人。鲁中军区发起对日伪军联合守备的沂水城攻坚战，经三天激战，全歼日伪军一千一百余人，解放了沂水城，使我鲁中、滨海两区连成一片。随即，在葛庄又痛歼了对我根据地“扫荡”回窜的日军草野清大队，毙日军三百余人，俘日军三十一人；毙伪军一千余人，俘伪军三百六十七人。这是山东抗战史上一次成功的伏击战。当金秋来临，丰收在望时，日伪军为掠夺果实，正蠢蠢欲动。胶东军区经过充分准备，集中五个团、七个营的兵力，采用轮番交错战术，于南海、西海、东海、北海四个分区先后发起秋季攻势，历时月余，歼敌一千余人，攻克与迫退日伪据点一百三十八处，收复荣成、文登两县城，解放国土五千多平方公里，人口近一百五十万，使四个分区根据地连成一片，沟通了与鲁中、渤海解放区的联系。渤海军区的秋季攻势共歼敌五千余人，攻克乐陵、临邑、南皮三座县城，解放了沾化、青城（今高青县）除县城以外的全境，使小块游击区成为大块根据地，改变了被敌严重封锁的局面。在冬季攻势中，滨海军区集中万余兵力发起的莒县战役，威震敌胆。这次战役里应外合，伪军反正者三千五百余人，毙俘日伪军四百余人，解放了莒县全境七百多个村庄、三十万同胞。莒县战役，不论在军事计划与战役指挥上，还是在主力部队、地方武装与民兵统一作战，前线、后方、内线、外线部队密切配合上，特别是在军事攻势与政治攻势的有机结合上，均有出色表现，获得了山东军区的嘉奖。

总之，山东军民为迎接大反攻，出色地完成了全面准备工作，特别是军事上的准备，成绩显著，战果辉煌。1944年一年内，共歼日军四千八百余人，伪军五万四千人，争取伪军反正一万一千余人，收复县城九座，拔除据点一千二百多处，解放人口九百三十万。我军也发展到十五万人以上，巩固扩大了解放区，打通和改善了各战区之间的联系。罗荣桓、黎玉曾从十个方面向党中央和毛泽东主席进行了汇报。毛泽东同志于1944年12月25日回电说：内容很好，你们的路线是正确的。对山东的工作，给予了很高的评价。

1945年，世界反法西斯战争进展迅猛。5月8日，德国法西斯无条件投降。在亚洲，美国加速战略反攻，占领了硫磺岛、冲绳岛，并对日本本土进行猛烈的轰炸，使日本经济陷入瘫痪。受日本侵略的亚洲国家，也相继发起反攻。7月26日，《中美英三国促令日本投降之波茨坦公告》发表，最后战胜日本法西斯已成定局。

同年4月23日，中共第七次全国代表大会在延安召开。这次大会制定了放手发动群众，壮大人民力量，在我党的领导下，打败日本侵略者，解放全国人民，建立一个新民主主义的中国的路线。山东分局和军区领导抗日军民认真学习和贯彻中国共产党第七次全国代表大会精神，明确了奋斗目标，进一步加深了对人民战争、人民军队及其战略战术的理解。在胶东军区歼伪军赵保原一万三千余人，1945年2月1日至3日，鲁中军区第三军分区、鲁南军区第三团及鲁南地方武装发动泗水战役，全歼“和平救国军”暂编第十军，并击毙军长荣子恒，鲁中军区解放蒙阴城等一系列胜利的基础上，山东军区制定了5、6、7三个月作战计划，相继发起了强大的夏季攻势，在山东战场上拉开了抗日战争大反攻的序幕。

但是，日本法西斯不甘心失败，早在3月间就制订了本土决战计划，又在中国组织了陆军航空统帅部，将我国沿海划为广州湾、杭州湾、胶州湾三个海防区，以防盟军登陆。在这总的谋划意图下，日军大量增兵山东，由1944年的二万五千人增至十万人左右，并对我山东敌后根据地发动了“五月扫荡”，企图以此掩护其调整兵力部署，骚扰我之反攻准备，破坏我军发动夏季攻势。从5月1日起，敌人在四十三军团司令官细川忠康指挥下，组织了万人以上日伪军，以鲁中、滨海为重点进行全区性“扫荡”，扬言要摧毁我军区机关。据此，山东军区决定推迟执行5、6、7三个月作战计划，迅速将主力隐蔽集结于主要交通要道两侧，以打击进犯和退走的敌人，并袭击敌人占领的铁路和城市。经与敌二十余天的周旋和奋战，歼日伪军五千余人，日军第五十三旅团少将旅团长吉川资被击伤后毙命。我们在这一段战斗的胜利，逼敌停止了“五月扫荡”，粉碎了敌人企图完全控制山东沿海的计划。

随即，各军区在山东军区统一指挥下，互相配合，按照5、6、7三个月作战计划的部署，相继发起了强大的夏季攻势。

鲁中军区于6月5日发起讨伐伪“鲁东和平建国军”厉文礼部的战役。厉部盘踞在以潍县为中心的胶济路南北两侧地区，共万余人。讨伐战役分三个阶段：第一阶段攻取夏坡；第二阶段兵分三路，以夏坡为中心向两侧展开攻势；第三阶段，在我占领景芝镇后，又于诸城西北一带歼灭伪军张步云部两个团零一个营。战役至27日结束，共歼日伪军七千三百余人，攻克据点六十余处，安丘以南、临朐以东、景芝镇以西约一千七百平方公里的地区为我全部解放。7月17日，鲁中军区又在鲁南军区配合下，发起临（沂）费（县）边战役，连克诸满、上冶及费县东南三处据点，彻底破坏了临费公路，扩大了我鲁中与鲁南区的联系，进一步孤立了费县、临沂之敌。

胶东军区这次攻势作战的主要任务，是控制胶河两岸地区，打通并扩大与鲁中、渤海地区的联系，为渤海军区歼灭伪军张景月部创造条件。当时平度以西、胶河以东九百平方公里的土地，为伪军李德元、阎可卿等部所控制。他们既是皇协军，又兼有国民党军的番号，兵力约二万人，安设据点二十四处。我军于6月22日夜发起讨伐战役，29日结束，歼敌三千四百余人，活捉了阎可卿。接着又于7月19日夜，发起了讨伐伪军王豫民战役。王逆盘踞胶济路以北与胶河、潍河之间，兵力近万人。战役开始，胶东军区部队在渤海军区清东军分区配合下，东西两面夹击，然后穿插纵深，包围其后方机关，并击退增援之敌。经三天战斗，歼敌二千余人，胶河两岸为我控制。

滨海军区主力，于7月15日发起了讨伐伪山东国民自卫军张步云的战役。张部原系国民党收编的土匪武装，共万余人。在1945年春夏还很嚣张，竟敢于3月和5月在诸城东北边沿地区，两次制造屠杀抗日人员共四百余人的惨案，民愤极大。这次讨伐战役分两个阶段：第一阶段我军攻克双庙、秦家河崖、相州等据点，歼张伪军主力一部。第二阶段我军兵分两路东渡潍河，向南北两个方向进攻，共歼敌近四千人，开辟了诸（城）、胶（县）、高（密）约二千五百平方公里的地区。同时，我滨海军区四团等部于7月12日至16日，发起了郯城战役，经四昼夜激战，先克马头，7月23日继占郯城，扩大了我滨海和鲁南地区的联系，直接威胁日伪控制的陇海路。

渤海军区继4月15日发起的讨伐伪军张景月部的战役后，又于7月30日发起了第二次讨张战役。张原系会道门头子，后叛国投敌，1945年春还正式接任伪国民政府任命的“第三方面军第六军上将军长”。张有兵力一万五千余人，盘踞弥河两岸，据点四十多处，是渤海地区最大的一股伪军。张一贯坚持与共产党、八路军为敌，屠杀抗日群众，群众对其恨之入骨，流传着“开张不吉，好景不长，八月中秋，命见阎王”的歌谣。讨张战役开始后，群众自动献出木材、门板构筑工事。胶东军区派主力第十四团配合作战。尽管张伪军工事坚固，经我军封锁围攻，局部反攻和总攻，终于在寿光以北之田柳庄全歼张伪“王牌军”马成龙团。张派副军长孟祝三率三个团增援，当即遭我军围困，歼其一个团，活捉孟祝三。张率残部南逃至胶济路。8月13日战役胜利结束。这次战役，扫除了渤海、胶东两区联系的障碍，更便于我部队机动反攻。在这之前的6月10日至17日，渤海军区还发起了蒲台、滨县战役，共克据点二十多处，歼日伪军三千四百多人，解放了蒲台、滨县两县全境。随后，又沉重打击了在日军大队长江田指挥下的六千名日伪军的反扑，击毙江田以下日军七十余人。敌人被迫撤退。我军乘胜广泛出击，扩大解放区使各军分区连成一片。

鲁南军区夏季攻势的任务是摧毁伪军张里元部，扩大山东与华中两大解放区的联系，同时还要策应鲁中、滨海两区的反“扫荡”。讨张战役于5月17日发起。张部盘踞邳县以北地区。我先向其中心区进攻，两天两夜歼其主力大部。我乘胜扩大攻势，20日邳县守敌逃窜。25日，我军又转战峄县、枣庄以东地区，歼张残部。至此，战役基本结束，共歼敌近三千人，解放邳县及其周围据点八十多处，扩大解放区九百平方公里。

各军区夏季攻势作战连连获胜，鼓舞了我海上游击健儿。由于我军讨伐日伪军战役的胜利，敌陆上交通运输在一些地区几乎完全被我切断，迫使他们将运输线移到海上，所以敌我海上斗争日趋尖锐频繁。敌用海、空军配合，不断对我实行所谓“空中讨伐”，大肆轰炸我沿海地带，敌舰也轰击我沿海港岸，骚扰破坏我根据地，偷袭我出海巡逻部队、民兵以及运输、捕鱼船只。我海防支队和海上民兵互相配合，灵活机动地打击日伪。同时，还加强了对敌政治攻势，讲明形势，指出前途，晓以利害。海上日伪部分人员在我军事压力和政策感召下，向我投诚。仅据胶东沿海半年内不完全统计，我军民在海上作战二十余次，缴获敌船三十二只（其中向我投诚者达三分之二）及大批物资。

1945年的夏季攻势，前后进行了约两个月，大的战役行动十多次，共歼日伪军和顽军三万余人，解放城市九座，扩大解放区一万一千平方公里。各解放区之间的联系大大改善。日军控制的津浦、胶济、陇海铁路干线，暴露在我军火力直接打击之下。这就为全面展开大反攻，创造了非常有利的条件和阵地，使山东军民从序幕中，看到了抗日战争战略反攻的汹涌潮头和指日可待的光辉胜利。

（内容系节选）

古城临沂迎朝晖

陈宏

一

1945年秋，日本帝国主义宣布无条件投降， 胜利的消息像插上翅膀一样传遍全国。深受日寇蹂躏且在八年抗日烽火中经受千锤百炼的沂蒙山区人民，同全国人民一起，共享着这一胜利的喜悦，沉浸在无比的兴奋和欢乐之中。

毛主席、朱总司令命令八路军、新四军接受日寇的投降。我各解放区的武装部队，坚决执行延安总部的命令，向一切敌占交通要道开展积极进攻，迫使日伪军投降。驻沂蒙山区和沂、沭河两岸的我军各部和全国解放区的武装部队一样，纷纷开赴前线，向日伪军展开大反攻。解放军一师和滨海部队越过崎岖的五莲山区，席卷胶济平原，首克胶县，再占诸城；解放军二师在滨南连克赣榆、日照、石臼所等重要城镇。在鲁南地区，我军攻克费县、平邑之后，又发动了滕县战役……连战皆捷，所向披靡。这时，驻在临沂城外的几个部队包括我们鲁中十一团奉命开往临沂集结，准备接管这个城镇。

临沂是鲁南的重镇，北屏蒙山，东傍沂河，交通便利，是陇海路以北的军事重地，亦为我滨海、鲁中、鲁南三大战略区联系的枢纽。人民军队代表人民的意志和愿望，从战败了的日寇手中收复临沂城，完全是保卫抗战胜利成果的正义之举。

然而，长期盘踞临沂、作恶多端的大汉奸王洪九及其属部，无视我军屡次发出通牒和一再警告，学着蒋介石“下山摘桃子”的样儿，乘机扯下伪“沂州道皇协军”的汉奸旗号，打起“老中央”的招牌，胁迫临沂城内的四千伪军拒降顽抗，以继续日寇对人民的血腥统治，伺机配合蒋介石向我山东根据地进攻。他们秘密接管了敌寇逃跑时移交的临沂防务，凭借遍修防御工事的高墙和灌满水的壕沟，以及日寇留下的十几万发子弹、几十万斤粮食，妄图做垂死挣扎。为了给部下打气壮胆，王洪九还引证历史上临沂城防守的一些先例，说：“北伐战争的时候，守了三个月；鬼子来的时候，用飞机大炮还攻打了四十八天。”故而狂妄宣称：“临沂城固若金汤。”

对于临沂城内拒降的顽抗之敌，我们坚定不移地执行毛主席、党中央的指示，不抱幻想，针锋相对，坚决斗争，为了打好解放临沂城的进攻战，山东军区领导机关是下了决心的。罗荣桓政委亲自派员指挥，批准组建了临沂前线指挥部，并对整个战役的进行做了具体、详尽、实事求是的分析。强调指出：这次战役是游击战转入游击性攻坚作战，因而是比较带有正规作战性质的，是向正规化作战转变的开始。打好这次战役，使临沂城重新回到人民手中，不仅能使鲁南大片根据地连在一起，为我军对陇海沿线的作战提供有利条件，而且能够提高我军的政治军事素质和作战能力，为夺取城市积累经验。

临沂前线指挥部遵照毛主席的军事路线和战略战术原则，根据罗荣桓政委的意见和要求，进行了充分周密的准备：第一步，召开紧急会议，研究制订整个战役的作战方案，迅速组织部署攻打临沂城的兵力。这次战役，决定动用三个主力团和一个地方独立团，具体配置是：老四团在城南和东南一线，山东军区特务团在城东和东北一线，我们鲁中十一团在城西和西北一线，临沭独立团在城西南一线。第二步，分别召开会议，进行作战动员，使各级指挥员了解作战意图，组织好爆破组、架梯组和突击队，认真做好战前思想发动工作，在进攻阵地上抓紧修筑工事，挖交通壕，创造出击条件。与此同时，还抽调出得力干部组成城市工作委员会，战前，率三千民兵、民工担任繁重的前线勤务和后方运输，及时供应前线的弹药、物资、给养；解放临沂城后，协助部队接管城镇，做好群众工作，维持社会秩序，为建立民主政权奠定组织基础。

二

当临沂前线指挥部消灭伪军的命令传达到各部队的时候，所有阵地上立即沸腾起来，指战员个个摩拳擦掌，精神振奋，严阵以待。

8月20日晨，我军发起了第一次强攻。这次强攻是从城的四面同时开始的。老四团、特务团在城南、城东一线，发起强大的攻势。一排排战士，一道道人流，在炮火的掩护中奋勇向前冲去。震耳欲聋的喊杀声，同枪炮、手榴弹的轰鸣交织在一起，汇成一股狂涛巨浪，临沂城里里外外都像开了锅一样。但是，城上伪军仰仗高墙深沟，武器精良，弹药充足，仍在居高临下进行顽抗。战斗开始不久就进入白热化的阶段。

在东城的攻击中，特务团突击队的战士，冒着敌人密集的火力，奋勇向前，架梯爬城。战士傅延祥用肩膀紧紧顶住梯子，敌人向他投掷手榴弹，他受了十一处伤，依然像铁人样，屹立在硝烟里顶住梯子……

在城东南角，老四团的突击部队，在炮兵准确的火力掩护下，以迅雷不及掩耳之势冲上前去，仅五分钟即越过外壕，架起云梯，攀上城墙。但是，云梯突然被敌人打断了，后续部队无法上去，跃上城头的五名勇士，同敌人展开了肉搏战，犹如猛虎下山，锐不可当，城上伪军一个个惊得目瞪口呆，抱头鼠窜。我五名勇士乘势占领了城东南角的大碉堡，控制了敌人的两门手炮，顶住了一百多个敌人的数次反冲锋。敌人稍一稳神，集结了更大兵力，连续进行报复性的反扑。在围攻我五名战士的同时，集中火力对付我后续部队。我五名勇士顶天立地，毫无惧色，在弹尽援绝后壮烈牺牲。

被敌人火力封锁在城下开阔地带的我军战士，处在欲进不得、欲退不能的危险境地，伤亡较大，他们一个接一个连翻带滚下了护城壕，避开敌人密集的火力，减轻了伤亡。但由于长时间泡在水里，蹲不下，站不稳，又饿又累，既不能攻，又不能撤，后勤部门只好将窝头扔进水里，战士们捞去暂且充饥。一直等到天黑，他们才从沟里爬上来，返回阵地。

汉奸头目对一般伪军是不信任的。他们把最亲信的爪牙组成“督战队”，派到四城巡查督战，加强对伪军的监视和控制。他们尤其害怕我军在夜间进攻。天一黑就在方圆十几里路的城垛上，密密地点起火把，每夜要烧掉大约一千斤棉花、两千五百斤油和一两万斤木柴。城里居民的木棒、门板和棉被，已被挨家挨户抢走。靠城墙近处的房子，也被成片地揭去了屋顶。他们把城里的电灯线大部掐掉，将电线拉到城墙上，在我军炮火轰击的缺口处安了电网，并把敌寇留下的一辆装甲汽车开到南城门上，作为一个活动的防御堡垒。

根据战役的进展情况，针对伪军惊慌、恐惧的心理状态，我军前线指挥部要求各部队迅速对伪军展开强大的政治攻势，以配合军事进攻。广大指战员不顾战斗的疲劳，向敌人喊话；“伪军弟兄们，不要为大汉奸王洪九卖命了，你们都有妻儿老小，总得给自已留条后路吧！”“城上的伪军听着，你们已陷入绝境，成了瓮中之鳖，日本鬼子都投降了，鲁南地区都解放了，孤单单的一个临沂城能守多久？只有缴械投降才是你们的唯一出路。”在喊话中，还着重宣传了我军优待俘虏的政策，讲明了顽固到底必然落个可悲下场，告诫他们及早回头，重新做人。我军阵地上的喊话声此起彼落，接连不断，在政治攻势中，干部战士还创造了很多很好的宣传方法，如广播消息、奏乐、唱歌、写大字标语、向城上射传单等，都收到了明显的效果。

我军最初喊话时，城上的伪军为了避免特务的怀疑和盘查，不得不放上几枪进行骚扰。时间一长，只要“督战队”的特务不在场，一个个都伸直了脖子，听得津津有味。特别是听到我军节节胜利的消息，亲眼看到我军兵临城下的雄壮气势，联想到自身力单势孤、四面楚歌的处境，深感大势已去，不免胆战心惊，不寒而栗！伪六大队机枪中队的一个伪军，听到我军喊话后，为找出路，大白天跳下城墙，跑到我们这边来，还带来一支“捷克式”和六排子弹。夜间跑过来的就更多。从此，特务们更加紧了对伪军的监视。有一次，我军在东门外喊话时，有三名伪军因向城下回话而遭扣押。其中有一个自称为王石衡的，于黄昏时，朝我军阵地大声喊着：“……反正这个汉奸我是干够了，这回我完了，八路军同志要替我报仇啊！共产党万岁！八路军万岁！”他一面喊着，一面被恶狼似的特务拉走了。

上面说的这些，就是当时广为传播的有名的“十九昼夜舌战”。

三

在开展政治攻势的同时，各部队根据指挥部的意见，广泛开展军事民主，发动官兵共商攻城大计。我们团的一个营长，综合大家意见，提出了赶挖地道，实行大面积爆破，为大部队开辟冲锋道路的设想。根据我军当时装备条件和作战的实际情况，这是能够较快取得战役胜利而又避免重大伤亡的切实可行的办法。这个方案很快获得前线指挥部的批准，具体任务交由我团执行。指挥部命令各部队随时做出攻城姿态，以扰敌、疲敌，吸引敌之注意力，保证我团开挖地道不受或少受干扰。

由于时间紧迫，任务艰巨，我团决定抽调得力而有这方面经验的民兵骨干配合进行。洪瑞区民兵中队接到通知后，非常高兴。他们踏着雨后的泥泞小路，摸黑跑了半夜，赶到临沂城西北角接受任务。第二天就架好桥，筑好工事，开挖地道。虽然敌人的子弹不断掠过头顶，发出“嗤嗤”的叫声，但民兵们一点也不害怕，仍然沉住气，不停地开挖，第一天参加一个班，第二天增加到两个班，三天以后，整个中队全部参加了。他们分成两个大班，日夜不停地轮流作业。坑道里的空气不流通，挖坑道的民兵窒息得有的头晕，有的呕吐，但大家忆起去年王洪九一次杀害七名民兵的罪行时，新仇旧恨一齐涌上心头，纷纷表示，要以支援解放临沂城的实际行动，为死难的同志报仇。孙宾杰愤愤地说：“大家一起加把劲，别让里面存了土，快点挖，好叫狗日的坐飞机。”二分队副队长王乐富除了担任勤务以外，有空就去挖地道。八班青年民兵李秀春，身上有股使不完的劲，每锨土都尽量撂得远一点，干起活来一刻也不停，同志们都夸他像个刚上套的小牛犊。

苦战了整整八个昼夜，一条一百多米长的坑道终于挖成了。工兵连夜向坑道里运送炸药，一包包，一排排，都按规定安放好，只等待着上级爆破的命令。

这时，在我们的前线指挥部里，正连夜召开紧急会议，研究总攻方案。会后，各部队进行了紧张而有秩序的部署，迎接即将到来的总攻。

9月10日清晨，按照规定时间，爆破开始了。在惊天动地一声巨响中，砖飞石舞，尘烟滚滚，城西北角的大碉堡炸飞了，城墙上奇迹般地裂开了一个三十多米宽的大豁口，爆破成功了。几乎和这沉雷似的爆破声同时，城的四面响起了密集的枪声和我军战士的奋勇冲杀声。决定最后胜利的总攻开始了。

四

开始，我军在一个阶段内，变军事进攻为政治攻势，城里守敌曾错误地认为，我军力量单薄，重武器不足，加之初战受挫，已无力进攻。当发觉我军在城西北角进行紧张的土工作业时，才感到局势的严重性，急忙调集人马，加强西北一线及其两翼的防守。

城西北角的大碉堡一炸，敌人立即倾注了很大的兵力死死守住突破口。我军第一次攻击，因遭敌正面顽抗及左右两翼交叉火力的封锁，无有进展。12时，经过调整部署，开始了第二次攻击。战斗打响以后，敌我双方都以猛烈的火力相互射击。我冲到突破口外的一个连，一时无法前进。为防止敌人冲上来，连指挥员命令爆破组前去阻击敌人。几个年轻战士像离弦的箭一样向前冲去，时而迅跑，时而卧倒，还不时地向敌人扔着手榴弹，在团团烟雾中抢占了有利地形，和敌人对峙着。我们在阵地上看到这一连串惊人的动作，都情不自禁地叫起好来。那个冲在最前头、后来被誉为“突破口上的勇士”的人，就是四团二连六班副孔德照。

在突破口上，孔德照开始是和三排副挨在一起扔手榴弹的。城墙上的敌人从西南和东南侧击我们，南边房上的敌人也打我们的正面，三排副被敌人打伤了，倒在孔德照的脚边。孔德照一见气极了，两眼里喷着火，朝着敌人一气扔完了身上带来的手榴弹。站在他身后的陈守才就把自己带的手榴弹拧开盖，拉出弦，递给孔德照。孔德照越打越勇，后边的人吆喝着：“隐蔽好再打！”“隐蔽好再打！”孔德照心想，自己隐蔽起来，也就看不到敌人了，就是拼上一死也不能让敌人冲上来！他在突破口上一直坚持了一个多钟头，炸死了许多敌人。而敌人的手榴弹对这位勇士来说，倒是不大管用了，有好多个“嗤嗤”冒着烟的手榴弹落在他的近处，都被他巧妙地躲过了。有几个落在他面前的手榴弹，也被他手疾眼快地扔了回去，用敌人的手榴弹又回敬了敌人。

经过白天的两次强攻，为夜间突击造成了有利条件。9月11日凌晨一点一刻，总攻从城的三面开始了。东、南两面佯攻，配合西北角主攻。

在城西北角，我英勇的爆破员冒着敌人密集的弹火，把几十斤一包的炸药，一次次地送到突破口两边，使它在城墙断壁上连续爆炸。突破口附近的照明柴被炸熄了，突击部队趁机冲上城墙，向敌逼近。负隅顽抗的敌军凭借着用沙包和铁丝网构成防御阵地进行垂死挣扎。冲上去的一个排，在克服了敌人施放的毒气之后，又遭到三面火力射击。敌人的手榴弹成堆地在突破口爆炸，我军战士在枪林弹雨中也以成串的手榴弹还击敌人。在浓密的手榴弹爆炸声中，突然一声巨大的震响，敌人在防御工事里沉寂了。原来是一个战士把一颗二十多斤重的鹿寨炸弹，塞进了敌人的工事。我军战士乘胜前进，推倒了铁丝网，占领了突破口的阵地。排长蔡瑞玉同志中弹牺牲。

丧魂落魄的伪军，在“督战队”的凶狠逼迫下，轮番向突破口反扑过来。我军战士英勇奋战，巩固着突破口，一排一排的手榴弹像泼水般投向敌人。战斗进行到酷烈阶段，战士们把成筐的手榴弹放在面前。敌人上来，就一串串扔了出去；敌人退去，就提起装满手榴弹的筐子冲上去，占领新的阵地。

敌人的八次反扑都被击溃了，战斗向城墙上的两翼发展。由于敌人在城上构筑了密集的掩体和机枪火力巢，我军每前进一步，都要付出一定的代价。在前进中，我军带着沉重的鹿寨炸弹，奋身冲向每一个机枪掩体，勇敢而敏捷地把炸弹塞进枪眼，消灭敌人。从突破口到西门楼的二百五十米中，我军战士共夺取敌人二十五个大掩体和几十个小掩体，所有敌人的火力点都被我军占领。从突破口到北门楼的城墙上，也在进行着同样酷烈的战斗。

城西北角敌人的抵抗终于被粉碎了，受挫的敌人十分慌乱。我军趁机集中火力和强大的兵力展开攻击，把顽抗的敌人分割成无数碎块，从而一个一个地吃掉。战斗逐渐向城里的各个区域扩展。部分伪军仍负隅顽抗。他们为挽救其垂死的命运，又丧心病狂地施放大量毒气。我军指战员发扬大无畏的革命精神勇往直前，奋不顾身，冒毒与敌人逐巷逐房进行争夺战。敌人在我军炽盛火力的打击下，遭受重大杀伤，狼狈不堪，纷纷缴械投降。

经过二十四天的激战，鲁南重镇临沂宣告收复，城内伪军除少数于破城时逃窜外，大部就歼。这次战役，生俘伪临沂县长韩文龙，伪临沂保安第八大队长许兰笙，伪费县县长韩金声，伪费县保安大队长邵子厚，以及王洪九部参谋陈维章等以下共二千余人，缴获步枪三千余支，轻重机枪十余挺，手炮五十余门，汽车十一辆，以及大量的武器弹药。只可惜让王洪九化装逃跑了。

临沂战役的胜利，是日寇投降后，我军由小到大、由弱到强、由游击战转入游击性攻击作战、击败临沂拒降顽抗之敌而取得的一次重大胜利，是毛主席的积小胜为大胜、以农村包围城市，最后夺取城市的战略战术原则的重大胜利。

五

9月13日，我解放临沂大军举行了声势浩大的入城阅兵式。古城上下，一片欢腾。当一队队英勇健儿迈着雄壮的步伐，高唱嘹亮的战歌，整齐地行进在城中主要街道时，人民群众扶老携幼，排立道旁，看着这支声威赫赫的人民军队，同声称道，盛赞不已。人民从这支军队身上看到了中国的希望，革命的前程。同日，临沂县人民政府宣告成立，这是临沂县历史上第一个人民自己的政权。县人民政府一经成立，即代表人民的意志，对解放临沂城时俘获的罪大恶极的汉奸和伪顽头目韩文龙、韩金声、许兰笙、邵子厚、陈维章，以及为虎作伥、民愤极大的恶霸地主亓华庭父子等，在南教场公审枪决，为国除害，为民平愤。人民群众兴高采烈，拍手称快，异口同声地说："这些坏蛋也有今天！"

为嘉奖临沂前线有功部队，山东解放军总指挥部罗荣桓、黎玉、肖华诸首长于9月14日发来电文称："临沂城争夺战，我军虽付出相当代价，但在我全体将士英勇顽强、流血牺牲、艰苦奋斗之下，终将临沂城解放，群奸聚歼，充分发挥我胜不骄、败不馁，再接再厉，誓歼顽敌的伟大的顽强精神。这里特向你们致以热烈的祝贺与深切的慰问，并向光荣殉国的死者致哀，向伤者致敬，向援助我军解放临沂城的人民致敬。胜利的日子已经来到了，望大家严明纪律，执行政策，协助政府，安抚救济人民，发动群众，把我全体军民用血汗换来的临沂城，建设成一个不可摧毁的堡垒。"前线指挥部、政治部于当日下午分别在临沂中学、天主教堂欢宴参战部队的指挥员和战士代表。会上，宣读了罗、黎、肖首长的嘉奖电，对全体指战员鼓舞很大，他们一致表示坚决执行上级的要求，争取更大的胜利。会后，由山东军区政治部文艺工作团演出了《英雄颂》等文艺节目。

10月5日，临沂参战部队之一的山东军区特务团，受命召开了临沂战役战斗模范、遵纪模范庆功大会。对涌现出的五十四个战斗模范、二十八个遵纪模范和单位进行了表彰。其中有在敌人猛烈炮火下连续进攻制胜的四连，有勇猛顽强、视死如归的六连，有"人在梯子在"的英雄架梯组，有排除艰难险阻出色完成任务的九连爆破组，有纪律严明、关心群众利益的九连八班等。会议开得隆重、热烈，鼓舞人心。

临沂城解放以后，一度成为山东解放区政治、军事、经济、文化的中心。山东参议会、山东省政府、山东军区司令部和新四军司令部等军政领导机关都设在这里。党的组织、政权建设、工农业生产及人民的经济文化生活等各个方面，都有了很大的发展。人民群众在党和政府的领导下，意气风发，斗志昂扬，辛勤劳作，发展生产，支援前线，以战斗姿态迎接了解放战争的疾风暴雨，为彻底粉碎蒋介石发动的反革命内战的阴谋、为夺取全国的解放，创造了光辉的业绩，取得了更大的胜利。

沂蒙八年抗战简结[①]（节选）

八年抗战中，中共临沂党组织在中共中央和山东省委（苏鲁豫皖边区省委、山东分局）的领导下，率领广大军民浴血奋战，为民族的解放事业做出了重要的贡献。一是恢复发展壮大了党组织，建立健全了党的各级领导机构，提高了党的战斗力和凝聚力。在沂蒙山区相继成立了第一区党委；鲁南、鲁中、滨海3个区党委；鲁东南、鲁南两个特委；一区党委二、四、五地委；鲁南三、四地委，鲁中二、三、五地委，滨海二、三地委等，前后建立起29个县（工）委，并普遍建立起党的基层组织，党员由抗战初期的1300余人发展到6万余人。二是发展壮大了人民武装力量。到抗战胜利时，主力部队发展到十几万人（包括山东军区在沂蒙的主力部队），民兵30余万人，自卫团70余万人，形成了三位一体的人民武装力量，不仅为夺取抗战胜利做出了贡献，也为以后的自卫战争打下了基础。三是开创了巩固的革命根据地，为党在斗争中求生存、求发展构筑了坚固的基地。四是建立了各级民主政权组织，为开展艰苦卓绝的抗日斗争创造了条件。五是普遍建立起各级群众组织，建立了广泛的统一战线。六是发展生产，改善了群众生活，培养教育了广大党员、干部和群众等等。

八年中，沂蒙军民钳制日军兵力最多时达6万余人、伪军兵力最多时达10万余人。计作战4万余次，歼灭日伪军25万人，缴获各种枪20余万支、炮500余门及其他大量军事物资。同时，还打败了国民党顽固派的无数次进攻。到抗战全面大反攻结束时，沂蒙军民解放了临沂全境，面积3万余平方公里，人口1000余万；并在兄弟战略区部队配合下，收复了胶济铁路以南、津浦铁路以东、陇海铁路以北全部国土。沂蒙军民也付出了重大牺牲。据不完全统计，八路军主力部队、地方武装、人民武装、地方党政军群机关人员、群众及其他抗日武装伤亡12万余人，损失粮食、房屋、牲畜、农具、衣物等更是不计其数。

沂蒙八年抗战的事实说明，沂蒙抗日战争的胜利，是中国共产党关于抗战路线、方针、政策的胜利，是人民战争路线的胜利，是毛泽东军事思想的胜利。正是在毛泽东军事思想指导下，沂蒙军民愈战愈强，光荣地完成了伟大的民族革命战争的历史使命，书写出了惊天地、泣鬼神的壮丽史篇。

（载自《中共临沂地方史（第一卷）》）

---

①题目为编者加。

主力挺进东北，新四军兼山东军区成立

抗战胜利后，山东军区部队遵照中共中央和中央军委的指示，厉兵秣马，枕戈待旦，随时准备进军东北。1945年8月20日，中央军委致电中共山东分局、冀鲁豫分局："国民党力图争夺东北……中央决定从山东调两个团（万毅支队①在内），冀鲁豫调一个团，冀中调一个团，共四个团，归万毅率领开赴东三省。"②山东解放军总部接此命令后，即以滨海支队为基础，组成东北挺进纵队，万毅任司令员，周赤萍任政治委员，下辖2个支队，滨海支队改编为第1支队，另由鲁中、滨海、胶东3个军区各抽调1个营组建成第2支队，全纵队共3500人。9月2日，万毅、周赤萍率部从莒南出发，24日由蓬莱县栾家口登船起运，挺进东北。

9月19日，中共中央发出《关于向北发展向南防御的战略方针部署的指示》，其中明确要求山东军区调6万兵力迅速向冀东及东北出动。20日，中共中央代主席刘少奇又致电山东分局，指出："发展东北，控制冀东、热河，进而控制东北的任务，除开各地派去的部队和干部外，中央完全依靠你们山东的部队和干部。原则上要依靠山东的全部力量来完成，必须全力执行，越快越好。"③按照上述指示，9月下旬，萧华率山东解放军总部部分人员及部队约1000人，由海路挺进东北。从10月初开始，山东军区大部主力分3批由陆海两路相继开赴东北，计有第1、第2、第3、第5（欠第13团）、第6、第7师，以及渤海新编师、警备第3旅、滨海支队、海防支队、山东军区教导第1团、特务团1个营、山东解放军总部部分人员和4000余名地方干部。连同先期北上的东北挺进纵队，总计6万余人。另外，山东军区还抽调20个基干团约3万人挺进东北。10月24日，罗荣桓率机关一部由烟台渡海北上。此后，这些部队成了东北民主联军的中坚力量。

为保证渡海北上部队顺利抵达东北，由胶东军区组织了海运指挥部，许世友担任总指挥，于9月中旬开始进行海运的准备工作。为了打破美蒋海上封锁，许世友

---

①万毅支队，指由万毅任支队长的滨海军区滨海支队。

②《毛泽东军事文集》第3卷，军事科学出版社、中央文献出版社1993年版，第45页。

③《罗荣桓年谱》，人民出版社2002年版，第444页。

指挥部队消灭或驱逐了烟台附近崆峒岛和蓬莱以北内长山各岛屿上的伪军，占领濒临辽东半岛的外长山各岛，控制了渤海海峡，并在一些岛屿设立兵站，囤积了粮草等物资，形成山东向东北海运的中转站，保证了海运安全和供应。胶东军区还动员征用了汽船30余艘、帆船140余艘，分别在蓬莱县的栾家口和黄县的龙口设立海运港口。同时指派负责人员与少量部队先去东北，与中共东北局联系，布置登陆工作。为了弄清渤海西部海面情况，渤海军区奉命组织海上侦查。渤海军区第3军分区副司令员黄荣海带4个连，以“渤海区海防巡逻大队”的名义，在渤海巡逻。以上措施，有效地保证了山东军区主力部队顺利海运东北。

山东军区主力挺进东北后，留鲁主力和基干武装尚有第4师、第8师、第5师第13团，另有11个警备旅、3个独立旅、军区特务团大部和军分区新编基干团等，共40余个团，计20余万人。1945年10月，警备第5旅与第5师第13团合编为新的第5师。

1945年11月，中共中央任命新四军政治委员饶漱石兼任山东军区政治委员。12月3日，中共中央决定，新四军军部兼山东军区领导机关。同日，中央军委发布命令，新四军兼山东军区受中央军委和中共华东局双重领导。至此，八路军第一一五师暨山东军区胜利完成了其抗日救国的光荣历史使命，所属部队随后投身于伟大的人民解放战争，为推翻蒋家王朝、建立新中国而继续英勇战斗。

（载自《八路军第一一五师暨山东军区战史》）

全国“棋”活了（节选）

早在1942年9月27日，毛泽东主席就致电在山东指导工作的刘少奇，战后山东将成为战略枢纽，如失去山东，新四军就没有退路，整个全局也会陷入被动。三年后，历史充分验证了毛主席的远见卓识。

抗战胜利，举国欢庆。然而，中国共产党面临着新的考验。求民主，保和平，是中国共产党及其广大人民的不懈追求。经过八年抗战，中国共产党建立的根据地是保卫和平，反对独裁统治的基地。而山东抗日根据地是所有根据地中最宝贵的根据地，并建设中国共产党领导的第一个省政府，军民团结，民心相向，加之有其特殊的地理优势和显著的工作成果，成为全国战略棋局中最重要的棋略。为此，抗战胜利以后，中央制定了战略大决策时，迅速地做出了以山东为坐标，“向北发展，向南防御”的伟大决策。罗荣桓同志根据中央的部署，一边指挥部队对拒不投降的日伪军进行大反攻，一边组织部队迅速向东北发展。整个工作时间紧迫，任务艰巨，形势严峻，紧张有序。

在夺占东北的部队中，党中央从各解放区先后调入了11万人的部队，其中，从山东调入的部队就达6.7万人，占66%，成为抢占东北的基本力量。这些部队随后被编入了东北民主联军、东北野战军、中国人民解放军第四野战军的战斗序列。在白山黑水中，克服重重困难，解放了东北全境，参加了著名的辽沈、平津战役，从祖国最北端打到最南端，直至解放海南岛。

留在山东的20多万八路军与北移的新四军组成了华东军区，后改为华东野战军、中国人民解放军第三野战军。在陈毅、粟裕等首长的指挥下，坚持山东作战，参加了著名的淮海、渡江等战役，解放了华东广大地区。

八路军一一五师入鲁时留在鲁西的部队，成为创建冀鲁豫抗日根据地的骨干力量。在解放战争中，被编入了中原军区、晋察鲁豫野战军、中国人民解放军第二野战军的战斗序列，在刘伯承、邓小平的指挥下，解放了我国中原和西南广大地区，直至进军西藏。

渤海军区的八路军一部，后被编入了西北军区、西北野战军、中国人民解放军第一野战军的战斗序列，在彭德怀的指挥下，参与解放了西北广大地区。

“山东的棋下活了，全国的棋也就活了”。“北占东北，南下长江，都主要依靠山东”。这是毛泽东主席的评价。解放战争时期，源自山东抗日根据地的八路军，为解放全中国，建立新中国，做出了卓越贡献。

（载自陈庆合《罗荣桓在决定中国革命成败的地区做好了决定中国成败的事业》）

水乳交融 生死与共

第一一五师挺进山东后，牢记党的宗旨，始终把人民群众的利益放在首位，情系人民群众，关心百姓冷暖，赢得了广大民众的衷心拥护和无限信赖。沂蒙人民坚定不移跟党走，全力、全面、全程支援八路军，形成了“军民同心打东洋”的抗战局面，也铸就了“水乳交融、生死与共”的沂蒙精神。

第一章 军心系民心 春风化甘霖

在艰苦的战争年代，第一一五师严格遵守“三大纪律、八项注意”，视老百姓为亲人，全心全意为人民谋利益，并不惜一切代价来保卫人民群众的生命财产安全，受到老百姓的交口称赞。

一、纪念馆展板内容

1. **毛泽东《关心群众生活，注意工作方法》（节选）** “解决群众的穿衣问题，吃饭问题，住房问题，柴米油盐问题，疾病卫生问题，婚姻问题。总之，一切群众的实际生活问题，都是我们应当注意的问题。假如我们对这些问题注意了，解决了，满足了群众的需要，我们就真正成了群众生活的组织者，群众就会真正围绕在我们的周围，热烈的拥护我们。”

2. **纪律严明，露宿村寨外** 抗战初期，日伪顽匪在鲁南烧杀抢掠，人民群众见部队就惊慌失措。1939年7月的一天傍晚，第一一五师七团来到华家村，面对陌生部队，华家村紧闭寨门不开。七团战士为不惊扰老百姓，就在村外宿营。老百姓生来第一次见到这样的军队，都十分感动，“八路军是穷人的队伍”的消息也不胫而走。

3. **军医给老百姓治病** 1939年秋，第一一五师教导大队在崮口驻扎时，房东陈大娘得了重病，部队的卫生员闻讯后，主动到大娘家住，在床前耐心伺候，打针喂药，擦屎刮尿，直到把老大娘的病治好。老大娘感动得热泪满腮，紧紧抓着卫生员的手说：“闺女，你比亲生的还亲！”

4. **八路军帮助春耕和运粪** 1940年2月八路军攻克白彦据点后，成立了白彦区抗日民主政权。部队休整期间，八路军指战员经常帮助当地农民刨地、运粪、做农活，密切了军政军民关系。

5. **老大娘领到了救济粮** 为发动群众创建根据地，开展抗日斗争，第一一五师帮助地方成立了白彦区农救会、妇救会、青救会、儿童团等群众组织；并打开了大汉奸孙鹤龄的粮仓，把粮食分给贫苦农民。老百姓逢人便说八路军好，还自动帮助部队拆毁了孙鹤龄经营多年的碉堡围墙。

6. **没见过这么好的队伍** 1940年6月，第一一五师机关驻扎在桃峪村。有一天，炊事班用老乡的蒜苗剁馅包饺子。政治部主任萧华听说后，令警卫班、炊事班全体集合训话。讲话中萧华重申了群众纪律，并着重指出："不能与民争食"，并令炊事班长找老乡道歉。蒜苗的主人燕如兰老两口得知此事后非常感动，找到萧华，告知蒜苗是自己丢弃不要的。燕如兰逢人就讲："没见过这么好的队伍。"

7. **天宝山下摘梨忙** 1940年7月，天宝山游击大队长廉德三叛变。他裹挟部分队员及千余名群众上了偏头崮和天宝山，耽误了群众收黄梨。第一一五师一边监视叛军，一边帮助群众收梨。由于不知道树是谁家的，战士们把每棵树上的梨采摘后，堆放在每颗梨树旁，并用荒草盖好。战士们饿着肚子，却不吃一个梨。老百姓见了都十分感动，使廉德三在政治上、军事上处于孤立状态。10月13日，八路军一举攻下了天宝山。

8. **第一一五师指战员捐款救助灾民** 1940年12月6日，日军田中联队与奉天联队3000余人，在刘桂堂部的配合下，兵分6路，进犯"扫荡"天宝山和平邑北部仲村一带，杀害民众200余人，烧毁房屋近万间，致使2万多民众无家可归，啼饥号寒。在敌人疯狂进犯面前，第一一五师浴血奋战，粉碎了敌人"扫荡"。为解救民众，中共山东分局、第一一五师等联合发起捐款救济运动。

9. **八路军修水库**　1941年，第一一五师教导二旅四团帮助莒县大店农民修水库，发展农业生产。

10. **武装保卫麦收**　1942年夏季麦收时节，沂蒙八路军组成武装工作队，一方面警戒敌人，一方面帮助群众抢收，保证了老百姓麦收安全。

11. **尊重群众的风俗习惯** 一一五师进驻沂蒙后，部队每到一村，先把大街和院子打扫干净，再为老百姓把水缸挑满。为尊重当地群众的风俗习惯，战士们在空闲地自己修建厕所。

12. **图为封振武、董琰耕地** 1944年3月，鲁中军区第三军分区司令员封振武、政委董琰在蒙山前仲村一带帮老乡耕地。

封振武

董琰

13. **血染大山**　1944年8月，八路军山东军区六团在滨北地区开展反“扫荡”斗争。8月24日，接到救援莒南大山被围群众的命令，立即赶赴大山，与日军展开激战。团长贺东生坚定地说：“为了解救群众，我们的同志都要准备当炸弹使。”战斗中，战士们英勇杀敌，掩护群众安全转移，有100多名战士血洒大山。

14. **第一一五师干部给农救会、妇救会会员上课**　鲁南党政组织在第一一五师的协助下，广泛发动群众，普遍建立起各级农救会、妇救会、青救会等群团组织，为抗日运动的深入开展奠定了坚实的群众基础。

第一一五师干部给农救会员上课

妇救会姊妹团成员学习文化

二、史料文章

建设铁的模范党军（节选）

建设铁的模范党军，培养形成了部队的优良作风。纪律严明是人民军队区别于一切旧军队的显著标志之一，人民军队要得到老百姓的拥护和支持，就必须以铁的纪律约束自己的行为，自觉地、模范地遵守群众纪律，不拿群众一针一线，真正做到秋毫无犯。山东人民抗日武装从成立之日起就注重抓纪律、抓作风建设。后来，黎玉在回忆山东抗战的历史时讲到，部队的发展靠的是严明的纪律和与人民同甘共苦的作风。在新式整军运动中，徐向前提出部队的“九化”建设，其中一条就是“纪律严肃化”。建设铁的模范党军，罗荣桓提出了“五项条件”，最重要的一条就是要“普遍深入地建立和群众血肉相连的关系，要成为爱护根据地与民主政权的模范”。在作风建设中，党和军队的高级干部身体力行、率先垂范。1940年夏，鲁南区党委书记兼军区政委赵镈带队检查工作。山于天黑路滑，军马不慎滑下田埂，踩坏了瓜田的两个西瓜。赵镈马上从马褡子里摸出两枚铜钱放在西瓜上。第二天，他又专程找到瓜田的主人赔礼道歉。各部队对纪律问题常抓不懈，不仅经常对指战员进行遵纪教育，而且经常进行纪律检查，派出工作人员到部队驻地和活动过的地方，逐村逐户进行纪律回访，广泛征求群众意见，发现问题，及时解决，促进了部队的纪律和作风建设。

为进一步密切军政、军民关系。1943年3月，山东军区司令部、政治部和第一一五师发出《关于拥政爱民的决定》，要求部队必须尊重地方政府，认真研究和坚决执行政府的法令，遵守群众纪律，密切军民关系，始终把人民的利益放在第一位。各部队认真贯彻执行这个《决定》，想人民之所想，急人民之所急，解人民之所难。日伪军对根据地进行“扫荡”，人民群众的生命财产受到威胁时，八路军战士不惜流血牺牲，及时地解救群众；麦收、秋收时节，八路军战士就像打仗一样，保护农民抢收庄稼；发生灾荒时，八路军战士节衣缩食，为灾民捐款捐粮，参与生产救灾；部队驻扎时，八路军战士帮助老乡挑水、扫院子、垫猪圈、干农活，与老百姓同甘共苦。有的部队打下敌伪据点搞到粮食，宁愿自己饿肚子，也得先让给群众吃。1943年春荒时，山东军区专门做出决定，要求战士们在挖野菜时，远离村庄，把近处的野菜留给群众。虽然路远了，但离群众的心近了。1944年除夕，150多名日伪军到临沭县沭河以西朱村“抢年”，滨海军区第四团八连闻讯后赶去截击，经六个小时战斗，打死、打伤日伪军20多人，八连有24位战士牺牲。朱村的男女老少逢人就夸：“多亏了俺八连啊！朱村是俺八连给救下的！”战后不久，群众自动组织起来，到八连慰问。在慰问大会上，他们赠给八连一个光荣称号“钢八连”。在滨海部队战斗英雄大会上，山东军区政治部主任萧华代表军区正式命名八连为“钢八连”。

（载自《根脉》）

沭河两岸军民鱼水情（节选）

吴岱

在艰苦的八年抗日战争中，我曾担任一一五师教导第二旅四团政治委员，先后在山东省滨海地区沭河两岸战斗了五个春秋。每当我回忆起在艰苦的岁月里与人民群众患难与共、生死相依、团结战斗的情景，心情就久久不能平静。可以这样说，那里的每一座山头，每一个村庄，每一条沟沟坎坎，都浸透着军民共同抗战的血汗，凝聚着军民鱼水深情。那些可亲可敬的父老乡亲，那些军爱民、民拥军的热烈而感人的场面，至今难忘。

（一）

四团是一支不但很能打仗，而且有着拥政爱民光荣传统和优良战斗作风的部队。这个团的前身是1937年12月在山西省洪洞县组建的一一五师三四三旅补充团，其中三连和八连是从六八六团调来的红军连队，全团大部分排以上干部是经过长征的红军，曾参加过闻名中外的平型关大战。1938年12月，我们这个团改为一一五师晋西支队第一团。1940年5月，为了加强山东抗日根据地的斗争，在支队长陈士榘率领下，我们团从山西省临县出发向山东挺进。途经晋西南、太岳、太行、冀南、鲁西等五个地区，参加大小战斗四十余次，歼灭日伪军和国民党顽军四千多人，于11月到达鲁南后，改为一一五师教导第二旅四团。接着就组织了武安、小卞桥战斗，七天歼灭日伪军六百余人，并缴获大批武器弹药。1941年1月上旬，挺进山东省郯城、临沂和江苏省邳县地区，在激战重坊、胡集，重创日伪军后，又星夜兼程东进，边走边打，一路上拔除敌人据点数十个，收复了郯城县、江苏省赣榆县和东海县的一百多个村庄，赶走了日伪军，清除了土匪，恢复和建立了革命政权，为巩固和扩大滨海地区抗日根据地，保护人民群众的利益做出了重要贡献。因此，滨海地区沭河两岸的乡亲们，把我们四团亲切地称为“老四团”，把我们看作最可亲近的人、最可信赖的靠山。

长期的革命斗争，使我深深体会到，在艰苦的战争年代里，最大的拥政爱民，就是不惜一切代价用战斗来保卫人民政权和群众利益。1941年秋，日军向山东省临沭县岌山前村进攻。这个村的民兵自卫队三百多人立即奋起抗击。但是由于民兵武器差，我们部队驻区高度分散，联络不畅，没有及时赶到支援，结果乡长张作洪及三十八名民兵骨干在战斗中壮烈牺牲，还有一百零三名群众被敌人抓走。岌山前的民兵是全县闻名的，乡长张作洪更是妇孺皆知的抗日英雄。他们每次配合部队作战，都出色地完成了任务。这次遭受这样大的损失，我们全团指战员心里难过极了。事后，我和团长钟本才立即召开团军政委员会，认真总结了经验教训。并通令全团：今后部队“在驻地附近发现敌情，不要等待命令，应主动组织部队跑步参战”。我们还编写了拥政爱民教材，在全团干部战士中进行了教育。我和团长在大会小会上一再强调，我们是人民的子弟兵，不仅在平时要严格遵守群众纪律，而且要时刻注视敌人的动向，随时准备着用战斗来保卫人民。全团同志更加深刻地认识到，为人民服务，保护人民群众利益，是人民军队的宗旨和光荣职责。

从此，我们四团每个指战员在思想上都有这样一个明确的观念：“枪声就是命令”，“要主动打击敌人，保卫人民”，不管在什么情况下，只要群众遭劫遇难有危险，部队就立即出动前去解救。1942年9月28日，临（沂）郯（城）公路各据点日伪军七百余名，由日军三十二师团的小林联队长亲自指挥，分两路向沭河西岸的岌山一带进犯。我和新任团长贺健闻讯后，立即率领两个营投入战斗。岌山前、曹庄民兵游击小组、县大队、区中队也主动出击，积极配合。战斗中，干部战士不怕牺牲，英勇拼杀，打了不到一天，就将“扫荡”之敌全部击溃，打死日军小林联队长以下三十多人、伪军七十多人，俘虏伪军四十多人，缴获了一批武器装备。战斗结束后，群众兴高采烈地庆祝胜利，称赞这个仗打得好，为牺牲的烈士报了仇，为乡亲们解了恨。

1944年春节前夕，沭河西朱村的群众正忙着操办年事，家家户户贴对联、办年货。村里业余戏班子、妇救会、儿童团也抓紧时间搭戏台排练节目。在那为民族争生存的战斗岁月，人民群众是多么想过一个平平安安的春节啊！为了保卫人民群众过好年，我们的干部战士不分昼夜，顶风雪冒严寒站岗巡逻。一天深夜，驻守在沭河东岸顶子村的八连六班长张昌全和战士裴飞正、焦太子三人，刚刚接过最后一班岗，就在鞭炮声中迎来了大年三十的黎明。突然，机枪声大作，只见曹庄方向浓烟滚滚，听老乡说有一百多名日军向朱村奔来。为了保卫人民过好春节，班长张昌全马上派小焦去连部报告，自己和裴飞正继续观察，准备战斗。连长鄢思甲和指导员谭沛然接到报告后，立即率领七连和九连急速奔向朱村。

此时通往朱村的道路上，背筐提篮、牵驴推车、扶老携幼的逃难群众乱作一团。可是，当我们的部队一出现，群众惊慌的心情马上镇定下来了。许多人提高嗓门大声呼喊：“乡亲们，老四团来了！”“我们有救了！”

八连一赶到朱村，迅速兵分三路直扑敌人。伪军闻风丧胆，一触即溃，剩下的五十多名日军，也仓皇地钻进了村东南边的柏树林，我们部队立刻冲上去，一场激烈的战斗打响了。为了保卫人民，我们的干部战士个个英勇冲杀。连长鄢思甲和一排长秦家龙负了重伤，继续坚持指挥；一班长焦锡模一只胳膊被打断，仍坚持不下火线，直到流尽最后一滴血；战士郝红娃的腿负了重伤，简单包扎了一下，就又拖着一条腿冲了上去；还有许多战士，身上多处负伤，仍坚持战斗。正当战斗最激烈的时候，当地的民兵和乡亲们背着手榴弹，抬着担架上来了。看到民兵和乡亲们冒着生命危险来支援，指战员们顿时勇气倍增，又发起了猛烈的攻击。敌人步步败退，企图夺路逃走。我们紧咬住不放。八连一排副排长安吉然勇猛地冲上去，同一个日军扭打在一起。日军拉断了手中的手榴弹弦，妄图把安吉然吓倒，以便趁机逃命。可安吉然毫不畏惧，死死抓住敌人不放。日军只好将手榴弹抛出，俯首就擒，当了俘虏。经过激烈战斗，柏树林被我们夺了下来，敌人又逃进村西南角的一个小沟沟里，我们部队又迅猛追击过去，在敌我相距三十米的窄小地段，展开了一场激战。直到午后两点多钟，敌人才趁浓黑烟幕，在增援部队的火力掩护下，扔下三十多具尸体，像丧家犬似的逃进大哨据点。在追击下，我八连四班长任德喜还活捉一个日军士兵。

战斗胜利结束了，朱村的乡亲们陆续回到村里，看见家里的年货、家什样样完好无损，个个百感交集，热泪盈眶，纷纷跑出家门，请八连的同志到家里一块儿过年。而八连的同志觉得赶走日军，解救乡亲是自己的责任，不能再给群众添麻烦，坚持要连夜赶回驻地顶子村。八连要走了，乡亲们倾村出动，男女老少眼含热泪一直把连队送到河边。

在返回驻地顶子村的路上，八连的同志既为这次保卫人民、打了胜仗而高兴，又为牺牲的战友难过。但是，为了不影响顶子村群众的过年情绪，全连同志一致同意进村后只讲这次战斗的胜利，不提牺牲的战友。谁料，八连的同志刚刚踏上顶子村边桥头时，就被在那里久候的乡亲们包围了。乡亲们一眼就看出了八连的伤亡情况，心情顿时变了样。民兵王胡昌的母亲在队伍里喊着、叫着，一定要寻找曾住在她家的机枪班长刘希权。一位白发苍苍的老大娘在队列里像找自己的孩子一样，逐个查找住在她家的战士，当她一遍又一遍地查找，没有见到小张和老陈时，知道他俩是在战斗中牺牲了，顿时号啕大哭。在场的人们再也无法压抑内心的悲痛，放声痛哭起来，边哭边呼唤着牺牲同志的名字。是的，在这次战斗中，八连有二十四位战士献出了宝贵的生命。乡亲们怀念他们，他们将永远活在人民心中。

战后不久，朱村的干部带领群众，又专程来到顶子村慰问八连。在慰问大会上，他们赠给八连一面锦旗，旗上绣了三个金光闪闪的大字："钢八连"。从此，

“钢八连”的名字就叫开了。以后在山东军区战斗英模大会上，政治部主任萧华正式宣布八连为“钢八连”。

为了表彰沭河两岸军民英勇斗争的功绩，永远悼念四团和临沭县独立营在战斗中牺牲的干部、战士和民兵、群众，1944年春，经山东省武委会和滨海行署武委会批准，在朱村西边的山岗上，修建了一座烈士纪念塔。

四十多年过去了，如今人们一看到这座纪念塔，就会想起抗日战争期间，沭河两岸那一幕幕军民并肩战斗、骨肉情深的动人场面，就会振奋民族精神，鼓舞大干“四化”的志气。

（二）

八路军是人民的子弟兵，热爱人民不仅表现在对敌作战英勇顽强、不怕牺牲的精神上，而且反映在平时一切从人民利益出发，保卫群众麦收，助民秋收秋种，生产自救减轻人民负担等许许多多拥政爱民的活动之中。

在战祸连年，灾害频频的岁月，人民群众收点粮食是何等的难呀！有了粮食，才能养家糊口和支援前线。所以，粮食是群众的命根子。而敌人也把粮食看作宝，每到收割季节，他们都要出来抢掠。为了打击抢粮的敌人，我们每年都根据地方的需要和周围的敌情，组织全团像打仗一样帮助和保卫群众麦收。

1943年初夏，沭河两岸百里平原上，翻滚着金色的麦浪，人民群众看到这丰收的情景，无不打心眼里高兴。驻在临沭县醋大庄的日伪军也早已垂涎三尺，妄想劫夺人民的劳动果实。日军小队长岩上还精心策划了一个夺麦计划，扬言要“速战速决”。那些日子，老乡们焦急地盼望着保卫麦收的部队到来。我们了解到这个情况，团领导立即决定，全团总动员，用战斗保卫麦收。当时，我们一方面抽调连队随十三团和六团三营，挺进日（照）莒（县）公路以北开辟滨北根据地，一方面组织部队立即投入了保卫麦收的紧张战斗。每个连队都有明确的分工，有的一个连要负责一个区，有的要负责几个区。特务连配合沭河两岸三个区的民兵封锁沭河，并过河包围据点。这消息很快传到周围村庄，乡亲们喜形于色，奔走相告：“快准备麦收吧！咱们的老四团来了！”6月1日，七连到达贺城以后，马上和地方的同志研究如何动员群众，如何组织劳动，如何部署兵力，并决定第二天晚上就开始收割。

6月2日夜晚，七连的一个排和一个区中队，摸进了醋大庄的土围子，把日军岩上小队长的据点三面包围起来，割断了据点与外界联系的电话线，并用机枪封锁了唯一的出口，另外两个排和四个区中队分别在麦地四周担任警戒。当地群众和根据地中心区来的麦收队，在朦胧的月光下，一声不响，紧张地收割，人挑、肩扛车运，很快将麦子收完，并运到了根据地。据点里的日伪军始终没敢走出一步。当我们的部队和群众撤走时，炮楼里的敌人才冷落地放了几枪。同志们风趣地说：“哟，给我们开枪送行来了！”

就这样，我们团和地方武装包围醋大庄七天七夜，掩护群众收麦五千二百亩。岩上小队长在炮楼里，眼看着小麦运到河东根据地，气得直跺脚，他可真是望麦兴叹，可望而不可即！

粮食运到河东以后，乡亲们日夜赶着打场。看着场上堆得像小山似的新麦，乡亲们个个喜笑颜开地说：“没有老四团的保卫和帮助，咱哪能收到这么多好麦子呀！”并一再表示，要把好麦子交公粮，支援八路军多打胜仗。古贺区的干部群众为表示感谢，给我们团送了一面绣着“滨海屏障”的锦旗。

1944年，保卫和助民麦收，更是热火朝天，事先各连都制定了拥政爱民公约，全团还开展了劳动大竞赛。我们团的领导同志也都下地劳动，帮助群众收麦子。各连都超额完成了计划。特务连一面封锁据点，掩护群众，一面割麦六百七十八亩，创造了全团最高纪录。团里还组织了割麦远征队，走了五十三个村庄，帮助三百五十一户军属、二百四十八户村干部与抗日工属，九十六家贫苦群众，共计收割麦子四千五百六十多亩。在劳动中，干部战士自觉发扬八路军的光荣传统，严守纪律，不接受群众的任何报酬。群众过意不去，偷偷把煮熟的鸡蛋和买来的烟卷放到战士的兜里，但大家又都原封不动地送还群众。1945年，由于解放区的扩大，敌占区的缩小，我们保卫麦收的任务已经延伸到临（沂）郯（城）公路线上了。

在秋收秋种中，我们团也千方百计为群众多做好事。1943年夏，为了保证群众秋天种上麦子，我们根据山东军区的指示，派一营二连到淮海区运回二万五千公斤麦种。当该连赶到江苏省沭阳县时，恰好遇上县大队和民兵正在围攻有四百多个伪军固守的据点桑墟。这个据点被包围三个多月了，还没有打下来，当地群众采取大摆臭狗阵的办法，在夏日酷暑季节，杀了一百多条狗扔到据点四周。尽管臭气熏天，但也无济于事。我们团二连到达桑墟后，连长张善祥和指导员武世鸿经过研究认为，要运麦种应先帮助民兵拿下据点。于是，他们利用伪军害怕“老四团”的心理状态，立即组织部队全副武装，雄赳赳气昂昂地绕着据点跑了一圈，并协助地方部队展开了政治攻势。敌人一看“老四团”真的来了，吓麻了爪儿，第二天就缴了枪。据点拿下来了，当地政府很快准备了一百多头毛驴和小推车，把麦种运到了临沭、郯城和海陵等根据地，保证了群众秋种的顺利进行。

毛泽东同志曾教导我们说：“只要我们全体英勇善战的八路军新四军，人人个个不但会打仗，会做群众工作，又会生产，我们就不怕任何困难，就会是孟夫子说过的：‘无敌于天下’。”1941年至1942年期间，由于敌人疯狂“扫荡”，我们抗日根据地处于极端困难的时期。部队生活极其艰苦，许多部队断了粮饷供应，一天两餐，有时一天一餐，有时靠黑豆渣子、地瓜秧充饥。

为了粉碎日军和国民党顽固派军队扼杀抗日力量的罪恶企图，减轻人民负担，坚持抗战，我们积极响应党中央的号召，开展了轰轰烈烈的大生产运动，不仅组织部队开荒种粮种菜，而且还抽出不少干部建作坊，搞贸易，自己动手解决部队的日常生活用品和药物。团里干部当时都是二十多岁，带头开荒，每人平均开荒二亩多地。1943年，全团开荒三百四十多亩。为了提高生产效益，团里还专门成立了一百五十多人的生产队，1942年春秋两季就收获蔬菜二万多公斤，高粱六千五百三十九公斤，收的大白菜够全团吃四个月的，烟叶的收成也不差，抽烟的同志每季可分半斤烟叶。生产队还自建了作坊，把花生、黄豆榨成油，除用来改善部队生活外，还支援地方政府。同时还搞起运输组和贸易组，经常化装成商人，用花生、大豆，到上海、青岛等地为部队换回药品、布匹、肥皂、毛巾等日常用品。有时还可换回少量的炸药。一营为发展抗日根据地的经济，在山子口办了一个骡马大店、盐槽子（食盐公司），经常到敌占区去搞贩运。由于部队积极生产，厉行节约，平均每人一年生产节约可达北海币六百元，使根据地群众每人每年相对减轻了十余元钱的负担。这样做，一举多得，深受地方群众和广大指战员的欢迎和拥护。

在千方百计减轻人民负担的同时，我们还想尽一切办法为群众解忧排难。1941年沭河两岸大旱，庄稼收获无几，第二年又发生了严重的蝗虫灾害，春天青黄不接时，粮价飞涨，小麦十七元一升，高粱八元一升，花生皮都涨到二十五元五十公斤（均为北海币），乡亲们只好以地瓜秧、树皮、野菜充饥。为帮助群众度过灾荒，我们组织一个营的兵力到敌占区做了几个地主老财的工作，让他们献粮食，一次收了小麦一千一百五十多公斤，在部队同样急需粮食的情况下，我们决定一斤不留地把这些小麦全部送给地方政府和人民群众。1942年春节前夕，江苏省东海县的敌人四出抢掠，弄走群众几百头肥猪，并准备把这些猪运往日本。在那战火和灾荒连年的日子里，群众养大一头猪是多么不容易，猪是农民群众的重要经济收入，一头也不能让日军运走。我们研究决定，由我带领二营两个连队，当夜奔袭陇海路北的伪军据点乔团村，歼灭了守敌，将六百多头肥猪赶回根据地，分别送还群众和地方政府，赢得了人民群众一致称赞：八路军老四团，打鬼子真勇敢，为俺们办的好事说不完。

（内容系节选）

血洒大山

徐光礼

1944年春夏以后，随着我军在滨北地区的局部反攻，特别是讨伐李永平战役的胜利，使内地的四十多处敌伪据点均被拔除，滨北根据地得到了空前巩固和发展。敌伪为挽回败局，便集中大量兵力，对滨海根据地进行报复性的“扫荡”和“清剿”，所到之处，烧杀抢掠无恶不作，勤劳善良的人民陷入水深火热之中。

火速救援

在泊儿一带讨伐李永平的战斗近尾声时，我们六团接到滨海军区的电话：滨北根据地的中心大山等地已被日寇包围，速派部分兵力前去救援。我团遵照军区的命令，决定由贺东生团长亲率“战斗突击队”——二连赶赴大山。这支部队，虽经连日血战，人困马乏，但战士们想到重围中的乡亲们和战友，仍然精神抖擞，士气高昂，忘掉了饥饿和疲劳，伤员忍着痛，病号瞒着病，开始了每天一百五十里的强行军。经过四昼夜，终于在8月25日夜间到达莒南县大山南麓的山底村。处在包围圈中的群众，正在“坚壁清野”，四面都响着激烈的枪声和手榴弹的爆炸声，气氛十分紧张。

部队到达山底后，贺东生同志就要我去找驻在当地的野战医院院长，以及二连连长和指导员。等我回来的时候，只见他一手拿铅笔，一手端着蜡烛，聚精会神地看地图，面色苍白，脑门上敷着毛巾。通讯员小陈悄悄地告诉我：“团长刚才昏倒了，我们把他抬到铺上叫他休息，还叫他批评了一顿。”听了这话，我心情很沉重，这些日子团长实在太劳累了，从讨李战斗以来，一直未睡好觉，出发前又得了重感冒，在连续几天的行军中，他始终拄着棍子和战士们一起走路，万一累坏了身体……

没容我继续往下想，前来开紧急会议的同志都到齐了。这时，贺东生同志赶忙拿下头上的凉毛巾，若无其事地坐在桌边，耐心地听野战医院院长的介绍：这次敌人共动用了一千五百人的兵力，分数路向我大山一带“清剿”。我们有一千多名群众和数百名伤员因未来得及转移而陷入日寇的重围之中，看来一时很难撤出去。贺东生同志性格很开朗，脾气也很急躁，他听到这里有些沉不住气了，猛地站起来，高声说道："事情越急，我们当干部的越要沉着，腰杆子越要硬！只要肯动脑筋，办法总会有的，都过来咱们摆个阵势。"大家赶忙站起来，围着贺东生，俯身到一张地图上……

经过一番热烈的议论之后，贺东生对二连连长说："要把这次的任务给战士讲清楚，为了解救一千名群众和数百名伤员，我们的同志都要准备当炸弹使。"

掩护转移

按照拟定的作战方案，各部积极行动。中午，我随着贺东生来到大山西侧的一个无名高地上，这里是址坊、坪上、山底等村的中心点，西、南两面都是悬崖，山下是一条南北大路，在这高地上可以使用火力控制着山下的大路，掩护群众向南转移。贺东生观察好地形之后，随即命令三排在敌侧积极活动，牵制敌人，自己率领二排迅速占领了大山。同时，派人通知地方党组织的负责同志，组织群众加速南撤。此时的情况已经非常严重，东、西、北三个方向，枪声大作，步哨一个接一个的来报：

"东北角发现敌人两个连……"

"正北址坊一带发现敌人两个连……"

"坪上以西发现敌人骑兵……"

"正北方向的敌人已经占领尖岭，距我山底村只有半里地，有切断我南撤道路的危险。"

贺东生听到这里放下望远镜，他沉思片刻，立即命令二连，把一排隐蔽在山脚下，严阵以待，准备和敌人短兵相接。

事实果然不出贺东生同志所料，一排刚到山坡，敌人已到山下，一排的同志居高临下猛虎下山般地冲下山去，与敌人反复搏斗，霎时敌尸遍地，敌人狼狈逃窜。

敌人败走之后，迅速调整了部署，调集一个连队，向山北我二排五班控制着的制高点发动强攻，并以飞机、大炮助战，狂轰滥炸，山头变成了火海，烟雾弥漫了阵地。五班战士抱着与阵地共存亡的决心，勇敢拼杀，终于打退了敌人的连续冲击。与此同时，一排在山脚下杀退的那伙敌军，也卷土重来，蜂拥而上。

贺东生同志看到这情景，提起匣子枪就往山脚下跑去。我怕首长有危险，赶上去拉着他的胳膊，他把我甩开奔向前沿阵地。一排战士看到团长，更加奋勇杀敌，很快又把敌人打下山去。五班长魏延祥望了望团长，转身冲着我说："要是首长出了问题，我就咬你两口。"我看他怒气未消，满脸是灰，右肩负了伤，鲜血染红了半个身子，心情非常激动，二话没说把他按倒，赶紧给他包伤。这时，我听到贺东生同志正用很高的嗓门问一位地方干部："还有多少群众没有转移出来？"这位地方干部也用很高的嗓门回答着："我是代表群众来请老六团撤退的。老乡们说，要让老六团先转移，说你们是打鬼子的硬骨头，受了损失我们心疼！"

贺东生听到这里哈哈大笑，他无限深情地说："同志，请你告诉乡亲们，让他们安心地撤，只要有老六团在这里，敌人就别想占领这条路。"正在包扎伤口的魏延祥听到这话，喊了声"对"便一把推开我，提起枪又冲上去了。这时，贺东生同志喊过来二排长，严肃地说："你告诉战士，不要只顾消灭敌人，忘掉了保存自己。"二排长为难地回答："战士们眼都气红了，只顾拼杀，拉都拉不住。"贺东生听到这话，两眼一瞪说："这是蛮干，你要把战士们的这股蛮劲压住才行。"二排长听到这里反而笑了，我心里明白他是在笑团长，因为团长是远近闻名的最"蛮"不过的虎将，战场上打红了眼，连衣服都不穿。此刻，贺东生也笑了起来，他用手指着制高点说："好！你们要死守阵地，在一个小时内，不准后退一指头！"

一个小时——六十分钟——三千六百秒，在往常只不过是十分短暂的时间，而现在的情况却是：我们要以十八个勇士、十八把刺刀，去抗击一个连的日寇。可以想象，在这分分秒秒里，我们每一个战士要付出多少血汗，做出多大牺牲啊！

战斗越来越残酷，由于一、二排吸引了全部敌军，被日寇合围的群众与伤病员已顺利脱险。可是，我们连队却全部被敌人包围在一个小山顶上。山上早已被炮火轰过，遍地坑洼，树木断折，杂草成灰。二排经过两小时的血战以后，只剩下五名伤员。连里要他们撤下来，而他们却坚持守卫制高点，魏延祥坚定地告诉连部："我还有三颗子弹，两颗杀敌人，一颗给自己。"

贺东生同志站在山顶上，目送着缓缓南撤的群众，不时地看看怀表。这时连长上来了，他右手提着枪，左手吊着绷带，小声地说："指导员牺牲了，两个排只剩下八名同志，任务也已经完成，请首长赶快撤离危险区。"贺东生听到这里，那青铜色的脸沉下来说："同志，我不能走。为了乡亲们转移，二连牺牲了这么多同志，死我一个贺东生算什么！"说到这里，他低下头，眼圈有些湿润。我深知，他是一位硬汉子，常常用沉默来表达内心的悲愤与痛苦，但从不流泪。等连长走后，他忽然抬起头来对我说："我看群众和伤病员要完全脱险，还需要一段时间，你去告诉二排，让活着的同志再坚持半个小时。"同时，他把自己仅有的一个窝头和只剩几口水的水壶，要我带上去交给二排。

我拿着窝头，提着水壶，一口气跑到二排阵地，他们只剩五个人，而且都是伤员，满身血污。他们正在捡石头，有一个左脚已断，胸部也负了重伤的大个子，绷着脸，手里拿着一颗手榴弹，牙咬着弹弦，正等着敌人的反扑。当他喊我的名字时，我才看清他就是魏延祥。他用手抹了把脸上的血，乐观地说："我还活着呢。"我说："首长命令你们还得坚守半小时。"他说："请你转告首长，我们一定能顶住！"我看着他不忍心离去，随即脱下自己仅有的一件上衣，撕成条条，给他包扎，他一转身火辣辣地说："你婆婆妈妈干什么？快回去！保护好首长，替我向全连活着的同志问好！"

我擦着眼泪离开了二排阵地，向贺东生同志汇报了情况。就在这时，北山的制高点上枪声大作，野兽般的敌军号叫着往上涌，五班的战士又和敌人展开了激烈搏斗。轰！轰！轰！三声巨响，原来是五班的战士在胜利地完成任务后，把最后三枚手榴弹投向敌群，然后，跳崖牺牲。贺东生同志看了看表，慢慢地摘下帽子，望着五班的阵地，肃然默立……

杀出重围

过了好长一段时间，贺东生才抬起头来问身旁的战士：我们还有多少人？几支枪？一个头部负伤的战士回答："连长在内，七个人，枪不行了，刺刀弯了，马刀也砍断了。"

问："我们抢救了多少群众？"

答："一千多。"

贺东生同志忍受着悲痛，非常坚定地说："我们每个同志都要懂得这个道理：为了抢救群众，拼命流血是值得的，也是应该的。现在我命令大家：擦掉眼泪，拾起破刀，揭开一颗手榴弹盖，带文件的同志把文件吞到肚子里去！"等战士们按照他的命令做好一切准备之后，他大声说："我们已经救出了群众，现在也要鼓起勇气救自己。同志们，咬咬牙，杀出去！"命令下达了，可是战士们谁也不肯先走，一致提出担任掩护。贺东生同志深为战士们舍己救人的精神所感动，他说："这样办，挨子弹多的先走，挨子弹少的后走，你们身上都挨了三颗子弹，我贺东生只吃了两颗，这掩护任务，就应该由我包下了。"在他的严令下，五个负伤的战士互相搀扶着，提着大马刀，向东边冲去。

这时，我突然想起，他的那匹大红马还留在山底村，赶忙问怎么办，他说：算了，只要它死不了，还是我们八路军的。正说着，敌人的机枪在我们身后叫了起来，贺东生的帽被打下来，裤脚也被打了两个洞眼。我忙问："首长，伤着了吗？"他一摇头说："没有。"我们且走且打，子弹像雨点似的倾泻过来，他笑了笑说："这些日本鬼子蛮讲礼仪，用'鞭炮'来欢送我们。"经过两个多小时的战斗，我们才在大槐树庄和前边的那五个战士会合了。老远，就听着一位战士喊：

“乡亲们别哭了，贺团长回来了！”

贺东生回来的消息迅速传开，我们很快就被老乡们围住了。一位大爷流着眼泪说：“团长，我们得救了，可是战士们……”乡亲们也跟着哭起来。贺东生同志坚定地说：“乡亲们，不要难过，我们八路军是人民的军队，为解救人民而牺牲是光荣的，我们要擦干眼泪，向敌人讨还血债！”

拥政爱民运动

为进一步密切军民、军政关系，1943年3月，山东军区做出《关于拥政爱民的决定》，随即各部队迅速掀起了拥政爱民的热潮。10月1日，毛泽东在《开展根据地的减租、生产和拥政爱民运动》一文中，要求各根据地党委及军政领导机关，“于明年阴历正月普遍地、无例外地举行一次拥政爱民与拥军优抗的广大规模的群众运动”，并要求以后每年正月普遍举行一次，以密切党政军民关系，为对敌斗争和开展生产运动打下基础。根据毛泽东指示，12月8日，中共山东分局、山东军区政治部发出《关于一九四四年拥军与拥政爱民工作的指示》，要求部队积极参加与帮助根据地生产；爱惜民力物力，减轻群众负担；保证党政民战时安全；坚决执行政府法令，尊重地方政权；建立经常的连队民运工作制度，进行社会调查、群众宣传及纪律检查。同时制定颁布了《山东八路军拥政爱民公约》：（1）不轻视政府地方工作人员，像对部队首长、干部一样尊敬。（2）不违背政府法令，像执行部队命令一样忠实。（3）不打骂老百姓，把老乡当自己家里的父母兄弟姐妹一样看待。（4）不打骂村长、庄长、办公人员，鼓励老百姓管理财政。（5）不拿群众东西，不让马啃树皮，把老百姓的利益当作自己的利益。（6）借东西要解释，用了要还，坏了要赔，住房子要商量，顾及对方需要。（7）不妨害老百姓生产，按时帮助耕种、锄地、收割。（8）尊重民情风俗，不怨老百姓落后，多宣传，多鼓励上学，帮助民兵训练。（9）关心贫苦群众，接近了解他们，帮助他们争取生活改善。（10）节省公物，救济灾民难民，努力生产，减轻群众负担。

山东军区各部队认真落实各级指示，深入进行思想动员，围绕“为谁当兵，为谁打仗”“谁养活谁”“抗日民主政权与国民党政权有何区别”“八路军与国民党军队有何区别”等问题，开展讨论，防止和纠正军队老大思想及军阀主义行为，从根本上强化了部队的阶级观念、群众观念、政权观念，激发了拥政爱民的热情。同时还召开拥政爱民模范大会，宣扬拥政爱民先进事迹，邀请地方干部、劳动模范、拥军优抗模范给部队做报告，介绍人民群众和地方干部支援战争、支援军队的情况。在深入进行思想教育的基础上，又开展了空前规模的纪律大检查。各部队派出大批人员到驻地和活动过的主要地区挨村逐户地进行群众纪律回访，广泛征求意见，认真清理旧案，进行赔偿和道歉。据不完全统计，全区共回访检查村庄1000余个，向群众清理赔偿1000余万元。地方干部、群众对人民军队的做法深为感动。

深入的思想动员、大规模的纪律检查、深刻的检讨反省，不断把拥政爱民运动推向新的高潮。据不完全统计，1943年4月至1944年4月，全区部队共召开村民宣传大会2231次，与会群众达19万人；组织街头宣传、座谈会、联欢会2万余次；日常助民劳动难以数计，季节性劳动中帮助群众抢收抢种73919亩。1944年助民春耕中，鲁中军区第3军分区司令员封振武、政治委员董琰带头拉犁耕地。该军区第1团有个连创造了1天耕地80亩的纪录，且多以人力代牛力。各部队还积极开展反资敌、反掠夺斗争，努力减轻群众的负担。鲁中军区部队在1943年夏至1944年夏的一年中，即减少日占区群众粮食负担500多万公斤。胶东军区1944年减轻群众负担850余万元。滨海军区在1944年年关逮捕280个村的伪政权人员497人，减轻4个县边沿区群众财经负担102万元、粮食负担33万公斤。清河区长山县第5、第6区，日军计划征粮45万公斤，实际仅征到5000公斤。鲁中军区一部帮助102个村建立起100多个游击小组，自卫队员达2614人；参加改造县区政权各2个，村政387处。全区为群众医治危重病人2.2万余人次。各部队节衣缩食，捐献粮食9.8万公斤及其他物品，救济泰山区、淄河区等地的难民、灾民。

在部队深入开展拥政爱民运动的同时，地方政府和人民群众也掀起了大规模的拥军、劳军、支前和优属运动。滨海军区歼灭伪军朱信斋部后，当地民主政府和群众1万余人在文疃西河滩举行大规模的劳军大会，高跷队开路，随后是抬猪队、鸡子队、蔬菜队、锣鼓队、妇女识字班、民兵秧歌队相继入场，场面壮观感人。拥政爱民与拥军优属互相促进，使军政军民关系空前密切。

中共山东分局和山东军区坚决贯彻执行中共中央的各项方针政策，加强了对敌斗争的实力，从政治上、思想上、组织上、物质上、军事上为大反攻做好了准备。1944年8月12日，罗荣桓、黎玉就执行十大政策情况向毛泽东回电答复。12月25日，毛泽东复电指出：“关于十个问题的答复，早已收到，内容很好，你们的路线是正确的。”“你们已有丰富的经验，估计一九四五年，山东全党工作会有极大进步。”

保卫蒙山麦收战斗

蒙山是鲁中根据地的南部屏障，为敌我必争之地。日军于1941年冬季大“扫荡”后，在蒙山周围安设了10余处据点，构成了环蒙山封锁线，封锁抗日根据地。夏收时，据点之敌纷纷出动抢粮。鲁中军区于1944年6月11日发起保卫麦收、粉碎日军环蒙山封锁线的战斗。桃墟是蒙阴外围敌伪之主要据点，驻有吴化文伪军独立旅王立庆部1100人。此次战斗，由鲁中军区第二团担任主攻。战斗前，第二团利用在伪军内部的关系，派保卫股长钟志宽带战斗组进入阵地。12日21时30分，战斗打响，第二团进攻桃墟，很快将敌指挥机关消灭。守敌除60余人逃窜外，俘伪旅参谋长万程章及以下官兵500余人，毙伤200余人，缴获机枪2挺、掷弹筒1个、长短枪380余支、土造火炮110余门、其他军用物资一宗。

同时，沂蒙军分区第十一团和军区特务营歼灭了刘官庄之敌，泰南军分区歼灭了住佛据点之敌，使驻守蒙阴城之敌愈为孤立。6月19日，第二团一部在伪军内部八路军地下工作人员的帮助配合下，攻克了十二联城、柏林、武安等，扫清了西蒙山附近的日伪据点。随后，第二团集中全力向蒙山南麓发起进攻。19日晚，第二团从楼子出发，包围了大寺和猪尾巴沟，经过激战，第三营攻下塔佛山。20日晚，全歼大寺据点之敌，伤敌100余人，俘伪军181人，缴获机枪1挺、步枪140支、掷弹筒5个、子弹1300余发。21日晚，猪尾巴沟之敌突围出逃，受到费县县大队和第三营第八连的夹击，被全歼于山坡，共毙伤日伪军200余人，俘80余人，缴获机枪1挺、步枪70支。至此，西蒙山之敌全被扫清，只剩东蒙山之上冶、薛庄、诸满、青驼寺4处日伪据点，日军经营多年的环蒙山封锁线被粉碎。有力地保卫了蒙山地区群众的麦收生产。

（载自《沂蒙革命根据地志（上）》）

第二章 爱党胜亲人 鱼水情谊深

抗战时期，沂蒙人民像爱护自己的眼睛一样爱护八路军。一粒米做军粮，一块布做军装，最后一个儿子送战场，不惜以生命掩护、抢救子弟兵伤病员，全力以赴支持抗日战争，与人民军队结下了鱼水深情。

一、纪念馆展板内容

1. **坚贞不屈的交通员夫妻** 1939年，平邑县地方镇的唐美艳和王保恒夫妇受党组织委派打入日伪地方街据点。王保恒利用在伪乡公所当文书的身份，搜集敌伪情报；唐美艳以家庭妇女的身份掩护丈夫工作。夫妻俩多次将情报传递给八路军。1943年春，王保恒身份暴露，在严刑拷打下坚贞不屈，最终被汉奸枪杀。唐美艳没有被敌人的屠杀吓倒，继续从事情报工作。有一次在传递情报的途中被汉奸抓住，为防止汉奸搜身，她把情报吞进肚子里。后来，她被敌人抓捕，受尽严刑拷打，但她始终严守党的秘密，落下了终生残疾。

王保恒

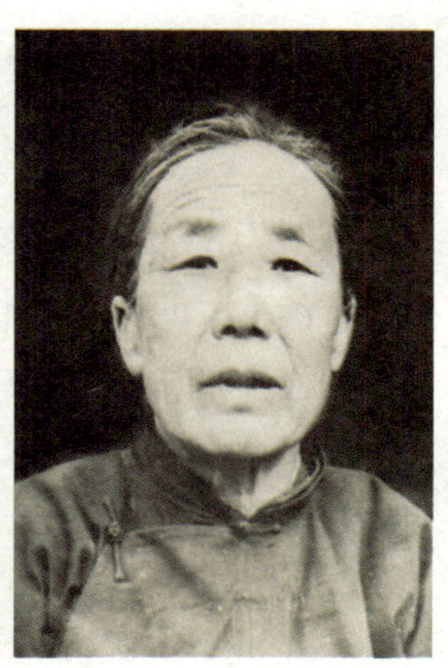

唐美艳

2. **出生入死救伤员** 1941年10月，平邑县汪家坡的管爱振接到掩护4 名八路军伤员的任务。为安全起见，管爱振将伤员掩藏在蒙山一个山洞里。一天中午，日军在汉奸的带领下闯进管爱振的家，威胁利诱，要她交出八路军。管爱振坚决不承认。敌人扒掉她的上衣，用皮鞭抽打至昏。公公忍无可忍，拿扁担向日军砸去，被开枪打死，婆婆被吓晕。管爱振含恨埋葬了公公。几天后，她又接到了丈夫王成启牺牲的噩耗，这接连的打击没有把管爱振击倒，继续照顾4位伤员，直到伤员伤好归队。无儿无女的管爱振，为了照顾烈士的母亲，终生服侍婆婆，未再嫁人。

3. **于大娘舍儿救八路** 1941年12月8日，苏家崮战斗中突围负伤的八路军战士被日军紧追，情况万分危急。平邑县臭蒲滩的于大娘见状，把八路军藏在床底下，叫自己的七儿换上八路军的衣服引开鬼子。七儿刚走出屋，即被闯进院内的日军开枪打死。于大娘二儿也被日军围上打昏，数月后因伤而逝。于大娘因思儿心切，不久忧郁患病而逝。

4. **儿童团破坏日军封锁沟** 1941年冬，日军企图把八路军困死在蒙山里，围绕蒙山挖壕沟、修公路、筑碉堡。儿童团组织起来积极参加到大人们夜间填壕沟、破坏公路的队伍里。

5. **卜老汉为八路送食品被推下山崖摔死** 1941年冬，日军大“扫荡”，把八路军及地方党政军机关围困在蒙山里。山下的老百姓们纷纷借打柴名义向山里的八路军送食品。平邑县八顶庄卜现中老汉佯装打柴送食品时，被猪尾巴沟据点的汉奸查出，以私通八路的罪名当即推下山崖摔死。

6. **给伤病员熬鸡汤** 1941年12月中旬，山东纵队1旅3团把苏家崮战斗中受伤的一批伤员安排在仲里区。“识字班”班长王保莲家就养护了6名，其中重伤员的腹部还露着内脏。王保莲和时任北仲村妇救会长的母亲刘钧英，将埋藏的小米挖出来熬成粥喂伤员，并把下蛋的母鸡杀掉给伤员熬鸡汤。经过一段时间的休养，伤员们陆续康复归队。

王保莲

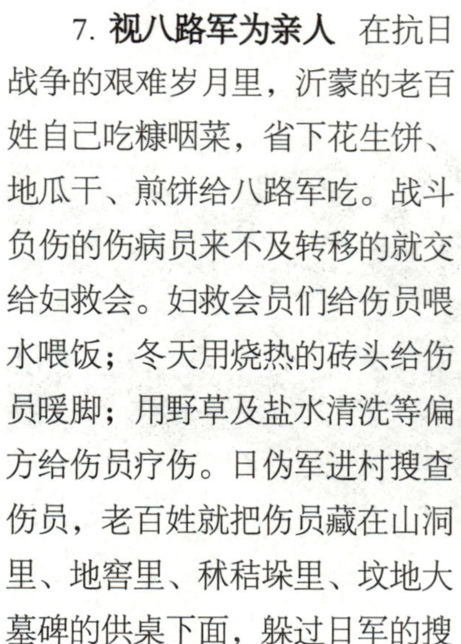

7. **视八路军为亲人** 在抗日战争的艰难岁月里，沂蒙的老百姓自己吃糠咽菜，省下花生饼、地瓜干、煎饼给八路军吃。战斗负伤的伤病员来不及转移的就交给妇救会。妇救会员们给伤员喂水喂饭；冬天用烧热的砖头给伤员暖脚；用野草及盐水清洗等偏方给伤员疗伤。日伪军进村搜查伤员，老百姓就把伤员藏在山洞里、地窖里、秫秸垛里、坟地大墓碑的供桌下面，躲过日军的搜查。有的用钱买通翻译官向日军解释没有伤病员。八路军路过驻村时，妇救会员们白天给部队做饭，晚上趁战士们睡觉，帮战士们洗衣物并连夜烤干，不耽误第二天行军。

妇救会员给伤员喂水喂饭

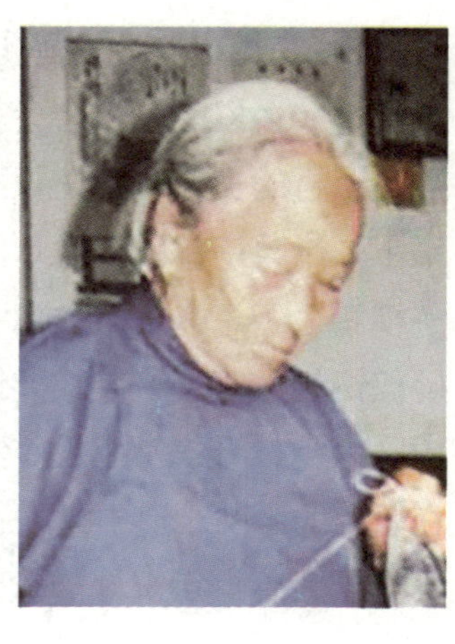

8. **智取日军“马大盖”的张大娘** 1942年正月，盘踞在白彦的日伪军“扫荡”山阴一带。在山阴挨家搜查、抢东西。十多个伪军宰杀抢来的猪羊，准备下锅煮肉。张大娘见他们把枪支都支放在几十米外，就乘其不备，把两支“马大盖”藏在齐膝的粗布大襟袄内带回家，分别藏在两处。日伪发现枪少了在全村搜查，仅搜出来一支枪。后来，张大娘把剩下的这支枪交给区抗日政府。张大娘智取“马大盖”的事迹，被山纵1旅3团编成戏，在抗日根据地巡回演出。

9. **送郎参军上前线** 1939年秋到1940年底，第一一五师创建的鲁南抗日根据地掀起了参军热潮。农救会、青救会、妇救会等抗日群团组织积极响应“动参”的号召。他们响亮地提出了“当兵就当八路军”，“宁为抗日阵亡将士的遗妇，不做逃避参军懦夫的娇妻”，“宁愿儿孙参军为国尽忠，不愿儿孙逃避膝下承孝”，“宁为死难者的孤女，不做活汉奸的掌珠”等口号。出现了“兄带弟、儿别娘，父送子、妻送郎，前呼后应上战场，同心协力打东洋”的感人局面。仅费南县在1940年秋一次参军1000多人。

10. **交通员裴大娘替儿报名参军** 1942年，平邑县老泉崖村50多岁的妇救会会长裴兰贞，负责流峪、午门一带14个村的交通联络情报工作。有一天深夜，情报员传来了一封鲁南军区三角形的信，信封上插着三根火柴和一根鸡毛（意味十万火急）的鸡毛信。裴大娘拿着装有碎煎饼的破篮子，装成要饭的深更半夜上了路。当时的山区人少，野狼常出没，小脚的裴大娘不顾个人安危，在崎岖的山间小道中摸索着前行了15 里，并沉着机智地瞒过了大岭据点汉奸的盘查，及时把鸡毛信送到部队驻

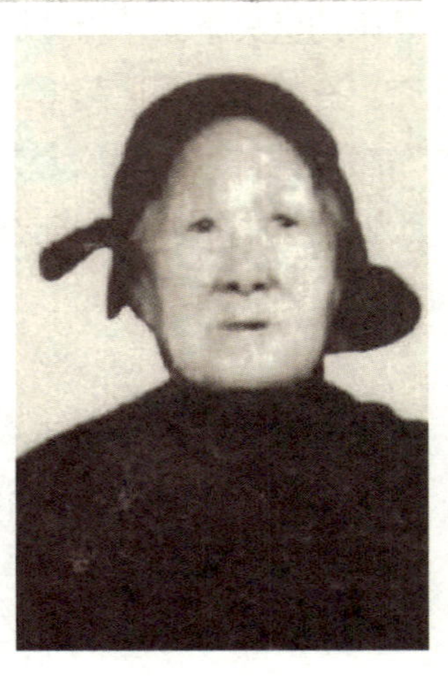

地。1943年4月，费南县三区在南唐村召开“动参”誓师大会，裴大娘第一个走上主席台，给大儿子报了名。大儿子牺牲了，后来，她又把二儿子送到部队。

11. **妇救会员在军区被服厂套棉衣** 1942年秋，鲁南军区被服厂迁到平邑县郑城镇的故县村。被服厂有几台缝纫机，昼夜不停赶制军装、军被等军需品。被服厂工人有限，白彦区贺郎铺、高庄、庄木头一带近30个村庄的年轻妇女几百人，由妇女干部带队，自带干粮，半月一轮换，义务为军区被服厂帮工，保证了部队的衣被需要。

12. **陈大娘送儿上战场** 临沭县夏庄区陈大娘有4个儿子。1944年1月大“动参”时，她送大儿子、二儿子参军，后来两个儿子都牺牲了。她又要把三儿子和四儿子送去当兵。经村干部再三劝说，她才同意留下最小的儿子在身边。1945年，她的三儿子负伤复员回到家乡。陈大娘又把最小的儿子送到了部队。

13. **鲁南五大娘**

①质孩子为部队筹粮的周大娘（方兰亭）：1940年春，兰陵县卞庄村周大娘担任了临（沂）郯（城）费（县）峄（县）边联县妇救会会长。为了不让抗日战士挨饿，将自己3岁的女儿小兰质给人家，换回20斤谷子做饭给八路军战士充饥。部队领导发现后，立即发动战士凑钱将小兰赎回。

②百岁红嫂王大娘（孙玉兰）：1944年春，兰陵县重坊镇的王大娘向八路军提供了重坊镇日伪据点军事设置的重要情报，为沂河支队拔除重坊镇的日伪据点做出了贡献。重坊解放后，她当上妇救会会长。1945年又被推选为12个村的联防妇救会会长。在她的带动组织下，家家为部队烙煎饼、磨米面、救伤员，组织上百名妇女挑着肥猪肉、香油饼，到前线慰问部队；并带领200多名妇女跳到沂河里帮助架桥，保证了我军顺利完成了抢渡沂河的任务。民主政府县长在胜利大会上称她是“铺路的先锋，建桥的英雄”。在以后的历程中，她人老志坚，继续为党为民奉献。2002年，百岁的王大娘光荣地加入了中国共产党。

③刚毅坚强的黄大娘（王云芝）：1939年始，郯城县黄村的黄大娘先后当选为村、乡妇救会会长。她怀抱幼女在村内及附近村庄发动妇女成立了妇救会。在她的带领发动下，黄村有60多人参加了八路军。1941年秋，党派她到敌占区做地下交通及秘密情报工作。在白色恐怖下，她搞调查、送情报，为八路军攻打桥村伪据点、击毙伪军团长陈建文立下了功劳。1945年，在鲁南军区五团等部讨伐顽固派县长梁钟亭和攻克马头伪据点的战斗中，黄大娘组织妇救会员抬担架、护理伤员，把慰问品送到前线，极大地鼓舞了指战员的士气。后来，黄大娘还送两个女儿在郯南参加了革命工作。

④优秀妇女干部傅大娘（袁明）：1938年始，兰陵县涌泉村的傅大娘先后在村、县、地妇救会工作。她走村串户、发动妇女、缝制军衣、赶做军鞋、募捐慰劳军队，并号召妇救会员带头动员自己的亲属参加抗日组织。1942年，她在敌占区担任地下交通员时，把鸡蛋攒起来，留给县区来往联络的干部吃；她还把自己养的一头肥猪慰问了鲁南三军分区。1945年，她被调赵镈县做生产工作，保证伤病员、部队机关人员的给养供给。在一次日伪军“扫荡”中，她冒着枪林弹雨救出3名干部。

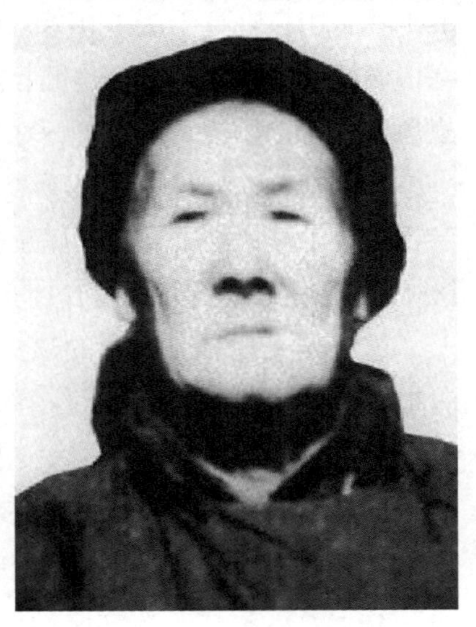

⑤拥军参战的郑大娘（盛清才）：1942年，郯城郯城前村的郑大娘担任村民兵队长。她倾注了全部心血向八路军请教作战经验，组织民兵学军事、搞训练、埋地雷、打伏击，在文峰山和向城一带袭扰日伪顽军。1944 年加入共产党后，更加忘我地工作。她把妇女组成了护理小组，保证了护理伤员的需要；她把女儿养月子用的小米、面粉、红糖和鸡蛋送给伤员。后来，她还把15岁的儿子送到部队。当地军民同赞誉：郑大娘是拥军参战的双模范。

14. **马鸿祥县长抬花轿接新兵**　1945 年 2月，费北县保太区华家村有12名青年报名参军。村里用12 座花轿抬着他们送到费北县政府驻地——埠阴。县长马鸿祥亲自迎接，并抬着第一座花轿一直送到新兵集结的营地。

二、史料文章

唯将至情融沂蒙

扑进沂蒙山的怀抱，亲近那斑斓的草崮、清澈的溪水、幽幽的篱院、醇浓的乡音……寻觅文化的根须、生命的张力、澎湃的激情、轰鸣的山魂……

沿着蜿蜒曲折的道路，穿壑越谷，涉溪攀崖，走进大山的深处。流泉飞瀑在山涧鸣唱，山花野草于崖上吐芳，层层叠叠的树木呈千姿百态：松柏如深思的智者，绿槐像妩媚的新娘，白杨是健壮的战士，垂柳似婀娜的仙女……八百里山水，八百里风情，无论哪一个细节，都让人感到慈祥与温馨；无论哪一道沟壑，都使人领略到淳朴与坚韧；无论哪一座峰峦，都叫人领略到非凡的气度与宽广的胸襟。沂蒙母亲正用数千载风雨书写出的厚重的书，构筑丰富多彩的人文景致，塑造个性超然的区域品格，展露光彩夺目的风韵。

这里是一片多姿多彩的热土，而红色则成为其文化的底色。在烽火年代，这里被誉为华东的“小延安”，澎湃在沂蒙人心中的激情像火山一样爆发出来，传统美德和革命情怀融为一体，用热血与忠诚书写出惊天地、泣鬼神的篇章。在倭寇入侵之时，人们纷纷“送子参军打东洋”，八百里沂蒙是埋葬日本鬼子的好战场；在解放战争的炮火中，乡亲们前仆后继，英勇参战，将支前的小车推到江南，有十万沂蒙优秀儿女血洒战场，众多故事感天动地。山村处处播爱，男人们为子弟兵铺路架桥，抬担架，送军粮，运弹药，构筑坚实的“大后方”；草崮座座凝情，女人们为亲人昼夜缝军衣，做军鞋，救伤员，不遗余力抚养革命后代，耸立起“红嫂群体形象”。陈毅元帅生前曾说过：“我进了棺材，也忘不了沂蒙人民，是他们用小米供养了革命，用推车把革命推过长江。”迟浩田将军多次重访沂蒙山，每次来到这里总是泪花闪闪。胡奇才将军之子胡鲁克说：“我出生在沂蒙山，没有沂蒙母亲的养育呵护，就没有我们的今天！”中华人民共和国成立后，众多在沂蒙山战斗与生活过的将士和他们的家属子女纷纷来到这令他们魂牵梦绕的热土，亲一亲蒙山沂水，抱一抱山村草崮，会一会沂蒙娘亲，唱响从心窝里流出的歌：“人人那个都说哎，沂蒙山好……”

红色文化滋润着这片土地，流淌在人们的血液中，融进人们的精神信仰里，凝铸为区域人文品格。在价值多元、文化多元的今天，红色文化仍以极强的融合力，兼存并蓄，融会贯通，结构变得更加丰满，并转化为强劲的发展动力。倡导先进伦理，演绎社会和谐，塑造崭新的人文风貌：团结协作、合作共赢、秩序规则等文明素质大幅提升，凝心聚力、众志成城、执政为民等人文理念得以推崇。

红色文化释放出发展的活力。不甘落后、敢闯敢拼的沂蒙（临沂）人抢抓机遇，亮起“经济大市”“商贸强市”“宜居城市”和“文化名市”四张名片。他们以极强的创造力，构筑“买全国，卖全国”的商业格局，创建年交易额达450亿元、吸引客商30多万人的“商贸批发城”，成为鲁苏皖豫地区人流、资金流、信息流中心。努力打造山水生态城市，让碧水蓝天环绕八百里沂蒙，为经济与社会发展赢得先机。

走进今天的沂蒙山，弯弯的羊肠小道已难觅踪影，宽宽的柏油路绕峰越谷延伸到云端；潺潺的碧水在千沟万壑间鸣唱，蓊蓊郁郁的绿色覆盖着奇崮险峰；一座座秀丽的村庄镶嵌在群峰之间，在艳阳下闪闪发光的瓦房遮掩在绿树丛中，山外的大车拉着五颜六色的商品涌进山寨石巷，脸上洋溢着笑容的山民穿戴也颇为时髦，走在街上不时飘来都市里正流行的歌谣。

沂蒙山在变，变得五彩缤纷，令人眼花缭乱！深入这片热土，探入山民的心理层面，笔者发现这里的群体性格没有变，依然透出崇尚正道的忠诚劲儿、软不欺硬不怕的豪爽劲儿、吃苦耐劳的坚韧劲儿、扶危济困的厚道劲儿、直爽率真的淳朴劲儿……从心态结构到风俗民情，从行为走向到精神追求，仍然未有飘离这片数千载积淀起的凝重的文化厚土，只是在外来文化的滋润下，文化品格变得更加丰满，行为方式更富理性。

当年的“红嫂”有的已经故去，有的到了耄耋之年，但她们的精神闪耀着光辉，已成为激励一代又一代人的宝贵精神财富，其产生、形成和发展，绝不是偶然的，而是在特定的历史进程中和特定的文化环境中形成的。“红嫂现象”萌生于中国传统文化的内核，尤其是沂蒙早期文化的影响和齐、鲁、楚文化长期熏陶，铸造成淳朴、善良、勤劳、勇敢的高尚美德。沂蒙人历史上长期处于被压迫剥削地位，具有朴素而强烈的革命要求，中国共产党组织较早地在蒙山沂水间播下火种，继而建立人民政权，使蕴藏在广大人民心中的革命激情像火山一样爆发出来，传统美德和革命热情不断升华。

青年摄影家申照亮，情与思融化进这片热土，深情的脚步踏遍了蒙山沂水，他用自己摄影头聚焦沂蒙红嫂，以红嫂的形象载体透视沂蒙人文化品格，去勾画与概括那滚烫的赤诚，厚重的善良、率真的淳朴、刚柔兼济的坚韧……一幅幅照片飞泻出情感的瀑布，一段段文字刻画出轰鸣的灵魂，倾尽了力与情去塑造“红色圣母”的群体形象，极富艺术撞击力量。

在浩若烟海的书籍中，这本《红嫂》摄影集会闪射出夺人的光芒，因为她塑造出的人文品格本就是人类的宝贵财富。

（《光明日报》社鲁南记者站站长邢兆远为《红嫂》撰文）

机智坚强的女交通——记唐美艳同志

在那战火纷飞、硝烟弥漫的年代里，有许多夫妻双双打入敌人内部，冒着生命危险，为我党我军搜集、传递情报，使我军机动灵活地打击敌人，取得重大战绩。平邑县地方镇的唐美艳和她的丈夫王保恒就是一例。

“七七”事变后，抗日的烽火燃遍了沂蒙大地，共产党领导的八路军游击部队与日伪军展开了殊死的搏斗。为了准确掌握敌人的动态，1939年，党组织指示王保恒、唐美艳夫妇，打入日军地方据点。王保恒在伪地方乡公所当了书记员，利用工作关系，为我军提供了许多准确的情报；唐美艳则以家庭妇女的身份，积极掩护丈夫的工作。

1943年春，王保恒不幸被逮捕，我地下党组织采取多方措施营救未成，终被日军残酷杀害。唐美艳把对丈夫的怀念，化作对日本侵略者的刻骨仇恨，决心以实际行动报仇雪恨。不久，她正式成为中共地下党组织的秘密交通员。

1943年夏季的一天，我党地下交通员吴廷珠告诉美艳，敌人将在第二天中午袭击我区政府，必须在今天晚上把情报送出去。美艳待两个孩子熟睡后，便摸出了围墙，走到一菜园处，突然有人喊道：“站住！干什么的？”

“是我！”美艳听声音还熟悉，便应声回答，“哟，是贵生呀。孩子他二大爷修炮楼摔着了，有人捎信来说不行了，叫我去看看，贵生，你放我过去吧！”

“快走吧，要叫他们看见了，我得吃不了兜着。”

过了这道岗，美艳来到公路桥下的第二道关卡，站岗的是本村栓柱的爹，她又用前面那套话蒙混了过去，按时把情报送到了小南岭村。

我区中队得到情报后，便找有利地形设下了埋伏。第二天上午敌人一到伏击区，枪声突起，手榴弹劈头盖脸地打下来，打死了几个鬼子、汉奸，其余的狼狈逃窜。

一次，美艳从鲁南军区带回了给地下党组织的一封指示信，她把信藏在了发髻里，抱着孩子，沿着崎岖的山路往回赶。离村不远的时候，突然从身后传来一声喊叫：

“站住！干什么的？！”

她回头一看，不由得一愣，是几个汉奸正向她走来。她很快恢复了平静，从容地说：

“要饭的。”

“看你的样子也不像是要饭的，准是共产党的探子，跟我们走！”

美艳心想，现在要跑已经来不及了，不如先顺着她们，以后再见机行事。她抱着孩子十分镇静地跟着敌人往前走，脑子里却在紧张地思考着：到了汉奸队，敌人一定要搜查，万一把信查出来自已的生死事小，泄露了党的机密事大，怎么办？把信扔掉吧？不行！前后是敌人。撕了吧？也不行！不管怎么着，决不能让信落在敌人手里。正想着，她瞥见路旁有一道沟坎，便灵机一动，停住步说：“老总，您给俺看下孩子，我到沟里解解手。”敌人还没反应过来，她就放下孩子向沟里走去，边走边做出解腰带的样子。到了沟底，她连忙蹲下，取出信来，放在哪里都不合适。埋起来！不行，万一敌人过来搜查，就要给党造成损失，现在只能……对，把信吃掉！因赶路，她好长时间没喝水了，嗓子干得直冒烟，因此，信在嘴里怎么也咽不下去。没有办法，只好薅了把青草，放在嘴里使劲了嚼，总算汲了点苦汁来，把信硬咽了下去。她那干涸的喉咙虽然被噎出了血，火辣辣地疼，可心里却像一块石头落了地，踏实多了。

敌人把她押到汉奸队部，没搜查出什么可疑的东西，只好把她放了。

1943年秋的一天，夜幕刚刚合拢，情报员吴廷珠告诉美艳，敌从费县城抽调了150多名鬼子，配合地方街的汉奸队要“扫荡”大、小宋家庄，上级指示要她把这一情报当夜送到小南岭。

当时，日伪军在我军民打击下，狗急跳墙，垂死挣扎，一方面对我抗日军民进行疯狂的“扫荡”“清剿”，另一方面加紧破坏我地下组织，整个地方街像一座阴森森的魔窟，便衣密探遍布大街小巷，围墙门口岗哨如林，对过往行人严格搜查，发现可疑的人，就立即逮捕，严刑拷问。与此同时，为了预防我游击队的突袭，在围墙四周挖了“治安沟”，设了“防御林”，稍有动静，便用机枪扫射。这给我地下党组织的活动，造成了巨大障碍，要想把情报送出去，真比登天还要难呀！

可是困难吓不倒美艳，她慢慢摸到了围墙门附近，认真观察了一阵，看到围墙门南边百十步远处有一条小水沟，心想要出村唯一的办法就是从小沟里爬出去。她费了好大劲，才钻出小水沟。出了城门，她又轻轻涉过了另一条水沟，从“防御林”中隐蔽地往前爬去。爬着爬着，衣襟挂在了荆棘上，发出了响声。

敌人一听有动静，马上把枪栓一拉，咋呼着：“干什么的！”

一时枪声大作，响彻夜空。

美艳卧在一个土坑里，严密地注视着敌人的活动。这时，一个伪军模样的人出来问：“怎么回事？”并朝着伪军哨兵所指的方向用手电筒乱照开了。

突然，“呼啦”一声，“防御林”里窜出了一条大黄狗。伪军官一看就火了，大骂哨兵胆小怕事，不该乱放枪，并打了哨兵几个耳光。

美艳趁这个机会，迅速安全地离开了“防御林”。

第二天早晨，大约有四五百个鬼子、汉奸，由汉奸队长陈“四眼子”领路，耀武扬威地往地方南部大、小宋家庄进发。他们走到山下的羊肠小道时，遭到我抗日军民的突然打击，四面响起了惊天动地的枪声和地雷声，当场就有七八个伪军被地雷炸死。敌人还没清醒过来是怎么回事，一枚枚手榴弹又在敌群里开了花。强大的火力似狂风暴雨，压向了敌人。汉奸大队长陈“四眼子”看事不妙，悄悄地溜到一个场院，一头扎进了麦穰垛里，才保住了狗命。其余的敌人只好夹着尾巴逃回了地方街。

1947年，国民党反动派向我山东解放区发起猖狂的进攻。为了更好地消灭敌人，我军主动北撤，只留下少部分同志在鲁南坚持斗争。

当时担任村妇救会长的唐美艳，也随军北撤，但在途中和敌人遭遇后，被冲散了。她带着两个孩子，跑到蒙山脚下的裤腿、袜垫等村。一次，遇到敌人围剿，她带着两个孩子在苇塘里趴了3天3夜，渴了喝塘里的水，饿了吃芦根。当时第二个孩子只有3岁，突然发起高烧来，嘴角吐白沫。她怕耽误了孩子有危险，就把孩子送到小南岭二哥家，不幸于5月11日被还乡团逮捕，敌人把她押到地方街小酒店审问。

还乡团头子陈百太，听说逮住了唐美艳，咬牙切齿地说：“今天非狠狠地治治她不可！”

敌人用细麻绳把美艳的10个手指头拴住，然后把她吊在梁上开始审问：

“唐美艳，村里的党员、干部都跑到哪里去了？”

“不知道！”

陈百太气得一拍桌子，恶狠狠地说：“你都跟谁联络？一共送了几次情报？”

“不知道！”

陈百太指挥一伙匪徒扒下了她的上衣，用皮鞭蘸凉水没头没脸地抽她，一鞭下去一道血痕。不一会，她身上、脸上伤痕累累，红的鲜血顺着伤痕往下淌。

可是任凭敌人怎样拷打，美艳都是咬紧牙关，一声不吭直到昏死过去。凶残的匪徒用凉水把她泼醒，又继续审问。

“你到底说不说，嗯？”

“呸！”一口带血的唾沫吐在陈百太身上。

“好，你还硬！你杀我叔一个人，我今天要活扒你三颗心！”

他命令匪徒把两个小孩抓到跟前，“劈劈啪啪”就是几巴掌，接着又是几脚，把孩子踢倒在地上。美艳以轻蔑的眼光看着陈匪，愤怒地说：“有能耐的不要折腾孩子！”

“给我狠狠地打！看你唐美艳有多硬。”

“噼啪、噼啪”，又是一阵鞭子落在了她身上。一会儿她的左手无名指被勒断了，豆大的汗珠从脸上滚下来，她又昏过去了。

经过连续的审问、毒打，匪徒们什么也没有得到，他们决定在5月13日一早，把唐美艳和两个孩子拉到费县城和那里被捕的革命同志一齐活埋。就在5月12日晚上，解放军突然从四面八方包围了地方街，枪炮声、喊杀声威震敌胆，村里的还乡团刚从睡梦中醒来就成了俘虏，负隅顽抗的当场被我军击毙，只有少数匪徒狼狈逃窜。地方街解放了，唐美艳和孩子得救了。此后，唐美艳更加积极领导村里的妇女工作。

1948年8月，她光荣地出席了费县支前模范及功臣授奖大会，10月又出席了平邑县生产劳动模范大会，受到县委、县政府的表扬和奖励。

1994年10月，唐美艳老人去世，享年88岁。

（周善友、张庆晏、王开年整理）

沂蒙红嫂管爱振

1941年，中国人民抗日战争进入最艰难的时期。这一年，侵华日军纠集5万余人对沂蒙山区实行了残酷的“铁壁合围”大“扫荡”，蒙山四周更是三步一岗、五步一哨，壕沟、木栅纵横交错，碉堡林立。敌屯重兵步步为营，妄图困死、饿死、冻死山里的抗日军民，费北县（今平邑县北部一带）党政军民面对气势汹汹的敌人，与之展开了不屈不挠的斗争，涌现了一批深受后人尊敬的沂蒙红嫂，柏林镇汪家坡村管爱振就是其中的一个。

蒙山主峰脚下，日伪封锁线附近有一位年轻的农妇叫管爱振。她26岁结婚，有一个幸福的家庭。丈夫王成启年轻英俊，在八路军某部任排长，平时很少回家，管爱振便和公公、婆婆生活在一起。半个月前，丈夫所在的部队与日伪军展开激战，许多战士负了伤。为妥善安置伤员，减轻部队负担，尽快撕破日伪布下的一张张铁网，部队只好将伤员分散转移到各个村落养伤，王成启给妻子管爱振送来了4名伤员。管爱振愉快地接受了这一艰巨任务，将伤员藏到了一个离村庄很远的隐蔽的山洞里。每日送水送饭，精心照料。

11月的一天，像往常一样，管爱振先约好公公、婆婆到山地里干活，然后经过公公、婆婆干活的地方转到八路军伤员养伤的山洞送饭。突然，从左侧冲上来十多个日伪军挡住了她的去路。管爱振听不懂敌人叽里呱啦地在说什么，她只是说：“俺是给爹妈送饭的。”一个日军一把夺过提篮，掀开盖饭的花布，狞笑着说：“分明…要…是送给八路伤员的……”他上下打量着管爱振，继续说：“你说出……伤员…下落，就是……良民，说不出……下落，要尝尝……皇军厉害！”管爱振说她不知道哪里有八路军伤员。于是，日伪军将她五花大绑，用皮鞭狠狠地抽打，抽得她鲜血淋漓，管爱振仍然说不知道。在一旁的公公实在看不下去日军的暴行，早已满腔怒火。为了转移敌人的注意力，他抄起一根扁担向日军砸去。这时，两名日军一起开枪，管爱振的公公倒在血泊中。疯狂的日军踏过管爱振公爹的尸体，狰狞地笑着对管爱振说，他们一定有办法让她开口说出伤员的下落。

残忍的日伪军用竹签钉进管爱振的手指，管爱振痛得死去活来。她拼命地挣扎，宁死不说伤员的下落。日伪军无法得到伤员下落的消息，又听到远处有枪声，便气急败坏地离开这里。八路军伤员保住了，可是，管爱振的公公牺牲了。

管爱振一边为公爹守灵，一边挂念着正在参加战斗的亲人，百感交集。想到在王成启送来伤员要走的时候，结婚时间不长的她泪水盈盈。她不知道丈夫这一走将要多长时间才能回来，也不知道走出家门的丈夫需要一点什么，那一刻她深情地望着丈夫，只想告诉他，她一定会将那些伤员照顾好。她盼望自己的队伍尽快打败日军，亲人早日回家。丈夫走了，夜幕沉沉，她翘首望着他的背影消失在夜幕中。

在管爱振将她公爹掩埋后的当月里，从部队传来了王成启在执行任务时牺牲的消息。突如其来的噩耗使管爱振的婆婆一下子哭成了泪人。看到婆婆的样子，管爱振想，只有自己坚强，才能帮助苦难中的婆婆渡过难关。那一刻的婆婆想到要死，就在婆婆头撞向墙的那一瞬间，她抱住了婆婆。她对婆婆说："娘，你不能死，你要活下来，今后你就把我当成你的亲闺女吧！"

当时的母女，抱头痛哭。管爱振的婆婆只有一个儿子，原本她想依靠儿子王成启养老的，现在儿子没有了，她悲愤的情感实在难以抑制。这以后的日子里，婆婆整天恍恍惚惚，精神完全崩溃了。管爱振不敢离开她，她整天给她排遣，让婆婆宽心。只是每到夜深人静，独自一人孤灯孑影时，便会泪水涟涟：她想念丈夫，想念那个昨天还活蹦乱跳、朝气蓬勃的人。然而这一切，早已成了梦幻。自己的公爹惨死在日军手上，丈夫也死在日伪军的枪口下。她不甘心，也希望自己能够参加八路军，去亲手消灭那些可恨的敌人。只是她不能走，她怎能忍心留下自己的婆婆无人照顾？

婆婆当时五十多岁，原本非常精神的一位老人，就那几天头发全白了，人一下子仿佛老了，精神也不正常了。此后的管爱振左思右想，最终下定决心，为牺牲在日伪军手上的丈夫王成启照顾好他的母亲。为照顾好婆婆，哪怕是牺牲自己的未来，也心甘情愿。

此后的日子里，母女相依为命。当时婆婆精神失常生活不能自理，管爱振白天去田里干活，干完活后赶回来替婆婆洗衣、喂饭。家中粮食很少，为了给婆婆增加营养，管爱振把细粮做给婆婆吃，自己天天吃地瓜面和糠做成的窝窝头。有时，清醒过来的婆婆看着孝敬和劳累的媳妇，时时感到内疚。此时的管爱振还年轻，好多邻里乡亲劝她改嫁，她只是说她要陪婆婆，要照顾好婆婆。她对那些媒婆说，如果她嫁人了，谁来照顾她婆婆呢？日子就这样在清苦中熬着，婆婆一直很感愧。

有一天，管爱振去田里干活，在她刚回来推开门的时候，竟发现婆婆已悬梁，于是她赶紧拿过菜刀将婆婆上吊的绳子砍断。在她抱下婆婆后，发现婆婆身子还是热的，脉搏还跳，就连忙给婆婆掐人中和做人工呼吸，终于将婆婆从死神手里夺了回来。

婆婆醒来后，她抱住婆婆哭着问，为什么要这样？是媳妇对您不好还是不孝？

婆婆流着泪说，她不想耽搁媳妇的一生，她希望媳妇有个好的归宿。管爱振扑在婆婆怀里，对婆婆说，如果您再寻短见，媳妇也不活了。她恳求婆婆以后不要再提起让她改嫁的事，因为她早已下了决心，不会离开婆婆的。从此之后，尽管生活十分窘迫，面对婆婆体质差，管爱振总是千方百计地想着法子给婆婆补充营养。为了能让婆婆吃到一点荤，她到河里去摸鱼，每逮到一条活鱼时，高兴得赶紧回家，给婆婆熬上半锅鱼汤。就这样在清贫的生活中，管爱振对婆婆照顾得无微不至。

1949年后，人民政府对管爱振非常关心。作为烈属，国家发给她一定的生活补助。现在，80多岁的管爱振老人感觉到生活很幸福，有时她像个快乐的孩子。她说，虽然她没有后代，但在许多关心、照顾她的年轻人身上，体会到了亲人的温暖。她还说，当地各界人士经常专程来看望她，他们都表示她是为革命做出贡献的老人，她就是沂蒙山区可歌可泣的“红嫂”。各界人士对她的高度评价和热情赞扬，让她觉得很欣慰。

（载自《平邑县党史博览》）

于大娘舍儿救八路

1941年，是鲁南抗日根据地最艰苦的一年。这年的12月8日黎明时分，费南县（今平邑县南部）山区枪声大作，枪炮声一直持续到下午4时。

“山川一炮响，传闻百里外”，费南山区的老百姓听到这密集的枪声、炮声响了一天，既惊恐又怒恨又担心。被枪声震惊的费南县流峪区臭蒲滩的于大娘，深为亲人八路军的安危揪心，这一天是坐卧不安，不时地到村南瞭望，一边走一边嘴里不停地唠叨：“该杀的日本鬼子，跑到中国抢地盘……”

下午4时，枪炮声停止了。于大娘心情更加不安。她对身边的二儿和七儿说：“能和鬼子打一天的仗，说不准就是咱们的老三团。这些孩子打起仗不要命啊！恁俩快到外边打听打听，需要抬担架运伤员，恁兄弟俩得快去帮忙。”说完自己径直走向大门口。

于大娘说的“咱们的老三团”，是当地老百姓对山纵一旅三团的亲切称呼。当时老三团具体负责费南及天宝山区抗日根据地的保卫创建工作，1941年进入费南后，曾接连击退日伪军和刘匪对费南根据地的侵犯。他们英勇无畏的斗争精神和亲民、爱民、敬民的模范行动深深地打动了老百姓的心，因而深受老百姓拥护和爱戴。老三团成了根据地民众信赖与依靠的主心骨。

于大娘言中了，这天的战斗即是日伪军6000余人在“扫荡”费南县宁家圈一带时，与山纵一旅3团发生的激战。老三团为掩护中共山东分局党校400多名学员及团直机关转移，以两个连另一个排的兵力抢占郑城附近的制高点苏家崮，坚持战斗至下午4时，毙伤日伪军400余人，英雄的八路军指战员在固守苏家崮的战斗及突围战中牺牲200余人，只有少数兵力突出重围。

在日伪军的重重包围和密集的枪弹封锁下，利用沟、崖等掩身突围出包围圈的八路军也被冲得七零八散。其中有一位八路军战士突围至常庄时，被埋伏在此地的日军发现，日军紧追不舍。八路军战士已弹尽粮绝，只身突围至臭蒲滩，恰巧与走出大门观望的于大娘相遇。于大娘看到远远的有几个日本兵追赶，就明白了一切。她毫不犹豫地拉着八路战士说：“孩子，快到家藏起来。”进了屋，于大娘叫七儿换上了八路军战士的服装，对七儿说：“往家北跑，引开鬼子。”千钧一发之际，于大娘把八路军战士急急忙忙藏在里间屋的床底下。

于大娘低矮的三间草屋，为冬天防寒，木棂窗户全被堵死。屋门口有半截秫秸编的风门子拦挡寒风，屋内又用秫秸帐子间隔出一间里房，除明间由屋门口风门子上部透进的光亮稍微明亮点外，里间光线昏暗。于大娘把八路军藏在黑漆漆的床底下，又随手把放在床边的尿罐子推到战士的身外边遮挡（睡梦中被枪声惊醒的于大娘忘记了倒尿罐）。这个尿罐子其实是烧制的一尺多高的打水用的大泥罐，因为大泥罐的一个鼻子打破了已无法打水再用，于大娘就用绳子把大泥罐毁坏的鼻孔处穿起来，废料利用当成尿罐用。

于大娘的七儿刚出家门，就被赶来的日军开枪打倒在血泊中。日军围着于大娘的七儿瞧来瞧去，他们可能对躺在地上的“八路”和他们追赶的八路身高的差异产生了怀疑，几个日军叽里呱啦地叽咕一阵，然后闯进了于大娘家中搜查。于大娘二儿见状气愤地阻挡，被几个日军拳打脚踩枪托砸一阵暴打，口吐鲜血倒在地上。

日军在院子搜查了一遍，然后进屋用刺刀乱挑乱刺地翻腾。一个日军进里间屋，用刺刀乱挑了一阵后，大弯腰向低矮的床下查看，由于屋内光线昏暗看不清，日军的脸碰在了大尿罐上，一阵尿骚味扑面而来。日军先是一惊，然后大怒，一脚把大尿罐踢得粉碎，尿液撒了满地，难闻的气味迅速弥漫，使人难以喘息。日军叽里哇啦地大叫着，用手在鼻子前左右使劲摆动着，气急败坏地走了。于大娘一颗悬着的心终于放了下来。

日军走后，于大娘来不及救儿子，而是急切地要把八路军战士藏到较安全的屋后的地瓜窖里去。八路军战士看到眼前的惨景，万分激动地跪地给于大娘磕头说：“大娘，我在这里也帮不上忙，我不能再藏了，部队撤走不远，我得追赶部队去。您为了救我，两个哥哥已负伤了（当时不知于大娘七儿已死）。我无法报答您的救命之恩，只能用多杀鬼子来报答。”

于大娘看到八路军战士执意要走，赶紧说：“孩子，别慌走，从你的口音就知道你不是当地人，容易引起怀疑，千万别走大路。你背上粪筐，拿上粪叉子，装成拾粪的，从庄稼地走……”

于大娘千叮咛万嘱咐送走八路军战士，才急忙救护儿子，可是七儿已经断气了，二儿受了重伤。

兵荒马乱的战争年代，日军残酷的“扫荡”，给根据地造成了巨大损失，有多少负伤的八路军指战员和广大患病的民众因缺医少药而亡。于大娘二儿无法得到有效治疗，不久因伤恶化而去世。于大娘难以摆脱失去两个儿子的意外打击，老年丧子的她病倒了，一病不起，不久忧郁而逝。

于大娘出生在贫寒家庭，在“三座大山”压榨下的黑暗如漆、冷酷如铁的旧中国混过了大半生。1940年共产党、八路军在于大娘的家乡费南县开辟了抗日根据地。于大娘亲身感受到了共产党八路军把老百姓当亲人的温暖和关怀：根据地内的老百姓组织起来，成立各类群众组织，开展减租减息，参与村政管理，历代被人瞧不起的老百姓在政治上、经济上、文化上翻身做主人。于大娘逢人就说：“天变了！天变了！”她在一生亲身经历、体验、感受的对比中得出一个理：“共产党八路军是穷人的大救星。”她把对党对八路的感激之情充注到了抗日救国的行动中，参加了村妇救会并积极参加村内各项活动。她的思想不断积聚并形成了强烈的爱憎分明观念。在救八路的瞬间，她来不及多想，爱憎分明、至善至美的高尚心灵本能使她迅速做出了救护八路的举动。瞬间之举充分表明了她由贤妻良母的家庭责任之爱，升华到了为保家卫国救八路的民族责任之大爱。这些平时朴实、勤劳、善良而深懂感恩的沂蒙妇女，在关键时刻以自己的实际行动诠释了忠诚、奉献的崇高情操，真切地展现了沂蒙红嫂的风范，生动地彰显了沂蒙精神的风骨，铸就其“沂蒙红嫂”的光辉形象，成为沂蒙人民永远无法磨灭的红色历史记忆。

战争已远去，当年的“红嫂”大多也已故去，但她们的英雄事迹和崇高精神将万古流芳！

（李智信整理）

张大娘巧取“马大盖”

抗战时期，老三团专门编了一出戏，巡回演出，宣传张大娘巧取“马大盖”的事迹。戏上说：

山阴村张大娘，
个子高衣服长，
缴了鬼子枪。
政府颁头奖，
人人都赞扬，
都赞扬……

事情还得从头说起——

张大娘1904年1月生，家住平邑县四开山脚下的山阴村。她身高脚大，性格开朗，但是脾气倔强。她认准了的事，豁上命也要干到底。

1942年正月十六黄昏，盘踞在鲁南重镇白彦的鬼子、汉奸“扫荡”山阴村附近的石洞口。人们听到这消息，纷纷藏粮、藏物，外出逃难。张大娘急忙收拾东西，让张大爷领着3个儿子进了山沟，家里只剩下她和一个吃奶的小女儿。逃难的人们刚走，鬼子和汉奸就闯进了山阴村，挨门逐户地乱折腾。一个鬼子和一个汉奸来到了张大娘家，提着灯笼，屋里屋外搜了个遍，什么也没翻到，只见鬼子和汉奸叽咕了几句，把张大娘家做豆腐用的大铁锅抬走了。张大娘上前去夺锅，被汉奸举起枪托狠狠地砸倒在地。

张大娘气得一夜没合眼。第二天一早，她套上那件过年时才舍得穿的齐膝蓝色粗布大襟袄，抱起孩子，找敌人去要锅。

张大娘走出家门，只见大槐树下浓烟滚滚，鬼子和汉奸正在宰杀抢来的猪羊。张大娘走过去，一眼就看见自家那口大锅在里边。她想，此时生拼硬夺是办不到的。于是她抱着孩子，寻思着怎样才能把锅要回来。她发现大槐树下拴着3匹枣红大马，正在吃着高粱叶子，旁边有一个鬼子兵在放哨，喂马的高粱叶堆旁，架着几十支“马大盖”。“枪！多好的枪啊！”张大娘立刻想起在抗日游击小组工作的表侄说的话：“现在形势很好，游击组的队伍天天在扩大，就是武器太差了。”可不是嘛，他们用土枪土炮怎么能比这“马大盖”呢？要是能弄到一支给他们该多好。

可是，旁边有鬼子看守，又离做饭的敌群太近，怎么办呢？张大娘思索着夺枪的办法。有了！张大娘朝着昨夜去她家抬锅而现正在烧火的汉奸走去，半笑不笑地问道："俺家的锅是不是也在这里？"

"这么多锅谁知道哪口是你的。"汉奸回答。

接着她把话题一转："我儿媳妇压箱的100块现大洋昨晚是不是你给拿去了？"

"简直胡赖！"汉奸急了，"我哪里见过什么现大洋？"

"你这个老总真不讲理！"张大娘大声嚷嚷着，指着这个汉奸对放哨的鬼子兵（昨晚与这个汉奸一起抬锅的）说，"儿媳妇进门时，我送她100块压箱的现大洋，昨晚您俩到俺家，我看得准准的，他开开箱，趁太君不注意偷偷地装进衣袋里了。"

这汉奸听了，长脸气成了猪肝色，拿起烧火棍就向张大娘打来。那哨兵一个箭步上去把他拦住，又劈脸打了一耳光道："现大洋的，快快地拿出来！"汉奸急了，刚想争辩，张大娘见"火"点起来了，她又进一步用挑唆口气说：

"太君，他拿去这么多现大洋，一点也不给太君，这是太君的规矩么？"张大娘话音刚落，只见那哨兵满脸凶相，抬脚将这个汉奸踢倒在地，又用枪托照屁股捣了两下，狠狠地骂道："混蛋，现大洋不交出来分分的，死了死了的！"

这时，做饭的伪军都停了手里的活，骂骂唧唧地围了上来，有的埋怨这汉奸不该这样做，有的喊叫着叫他赶快交出来。这汉奸起身又欲争辩，那哨兵的手在他脸上左右开弓打个不停，整个敌群乱作一团。

张大娘见这迷惑阵已摆成，趁乱来到大槐树下，以马匹、高粱叶子作掩护，迅速走到架枪旁，伸手抓了两支"马大盖"，揣到棉袄里，转身对哨兵说："太君，这事您看着办吧，这是我对皇军的一点心意。"说完便慢慢地离去。

她刚走出20米远，突然响起了急促的哨子声。正在村里胡作非为的鬼子、汉奸，听到哨声，急忙跑向大槐树集合。当他们发现少两支"马大盖"时，立时四散寻找。那个鬼子哨兵和烧火的汉奸像两条疯狗一样直奔张大娘而来。张大娘见势不妙，转身向北拐进小胡同。正在这时，从胡同南头东侧的夹道里，闪出个形象和她相似的妇女，夺过她的孩子，一句话没说，就沿胡同向北猛跑，敌人便向那妇女追去。那妇女正要向东拐，敌人追上了她。鬼子以为枪是她拿的，一把抓住她的衣领子，一边骂，一边拳打脚踢，接着撕开衣扣找枪支。那妇女忍住疼痛一声不吭，敌人搜遍全身没见枪的影子，只好放开她。

那妇女是谁？原来她是张大娘近邻吉德婶子。只因鬼子汉奸昨晚抢了她家一头300斤的大肥猪，疼得她一夜没睡觉，天刚放亮就自个儿依在胡同南头的墙边上，观望猪的下落。张大娘的行动，她看得一清二楚。当敌人追赶张大娘时，她就下了决心，情愿自己受连累，也要帮助张大娘安全地把枪转移出去。

敌人被吉德婶引走后，张大娘怀揣枪支，顺西去的一条小夹道，一溜小跑来到自家院后，翻墙进了西屋，把枪取出来。

敌人仍在村里搜查，不容迟缓，张大娘连忙将两支枪藏在地铺下的碎草中。又一转念：不行，万一叫敌人搜出来，这两支枪不就全没了吗？于是她又取出一支藏在做饭的柴草堆里，这才跳出后墙院，顺着村西的崎岖小道，来到村后她姐家。

敌人找不着枪，急得发了疯，一个鬼子军官挥舞着洋刀，把那个哨兵拳打脚踢一顿，厉声训道："枪的找不着，死了死了的。"接着又下了全村戒严令，挨户搜查。那哨兵挨了顿揍，猛然间醒悟到，刚才搜查的那女人，不像是要锅的女人，于是急忙带着几个鬼子和汉奸直奔张大娘家。他们见东西就砸，见物就翻，从院子里到堂屋没有搜着，又窜到西屋，发现地铺刚刚翻动过的样子，便用刺刀挑开铺草，发现了里面藏的"马大盖"，立即眉飞色舞，连忙抓起来一扬："继续搜查那一支！"正在这时，"啪！啪！啪……"突然村后的山上传来了一阵急促、清脆的枪声，敌人以为来了八路军的正规部队，拉起大队人马向白彦方向逃窜了。

原来，这枪声是区游击组的同志打的。逃难的乡亲见游击组来了，鬼子汉奸逃跑了，都陆陆续续地回到自己家中。这时，区长张万军和指导员尹俊来到了张大娘家，进门就说："咱游击组来晚了，乡亲们吃苦了。"张大娘正要开口，张区长发现了"马大盖"。当知道了这"马大盖"的来历时，他紧紧握住张大娘的手说："您为革命立了一大功，我代表区政府向您表示感谢。"张大娘感动得眼里滚动着泪花。她拿起枪，郑重恳切地说："就让它和我大儿子一起跟你去吧，狠狠地消灭日本鬼子和汉奸，给咱老百姓报仇。"张区长打量了一下她的大儿子，高兴地对张大娘说："您真不愧是革命的好妈妈。"

张大娘巧取"马大盖"的事迹传到八路军老三团，王吉文团长专程来慰问张大娘，并赠送了12支大步枪，为山阴村建立了抗日游击小组。为表彰宣传张大娘的英雄事迹，老三团就编出了本文开头那出戏。1949年后，张大娘的事迹和照片被陈列在山东军事博物馆里。

张大娘的家庭是个革命家庭，长子张文彩于1943年入党，1983年被批准为革命烈士；次子张文元在革命战争中身中32弹，后被评为二等甲等残废军人；大儿媳宗凤英是1946年入党的党员……1966年，张大娘病逝。

（王晓东、王伯初整理）

心红志坚的好妈妈——记裴兰贞的动人事迹

裴兰贞，1890年出生在平邑县含哺庄一个贫苦农民的家庭里。父亲早年去世，全家靠讨饭为生。被生活所迫，她12岁就给老泉崖村的裴廷云当了童养媳。艰苦的环境，把她磨炼成刚毅、纯朴、爱憎分明的性格。

1939年，共产党地下工作人员来到老泉崖，秘密地与裴兰贞等几个长工、讨饭的穷人接上了头，经常给他们讲“穷人翻身闹革命，抗战救国”等革命道理。已经50岁的裴兰贞，听着这些道理，句句说到了心眼里，她想：“共产党、毛主席怎么这样了解咱穷人？穷人要想过好日子，就得跟着共产党八路军闹革命，赶走日本鬼子，打倒反动派。我是穷人，就得和党一条心，干革命。”1940年冬，裴兰贞、王春明等8人在村里秘密地组织了“职工会”，他们经常传送情报，向穷人宣传革命道理，开展抗日工作。

一

1941年，费南县二区区中队100多人驻防在老泉崖，为了防止敌人偷袭，裴兰贞等积极发动群众配合区中队，在村周围修筑了坚固的围墙。5月27日拂晓，日本鬼子、汉奸队和土匪刘黑七残部共1000余人，突然包围了老泉崖，先用炮轰，后用机枪扫射，接着就像疯狗一样向村里扑来，妄图歼灭区中队。为了掩护群众转移，区中队英勇反击，接连打退敌人的几次进攻，村四周到处是敌人的尸体。战士们不怕牺牲、顽强战斗的精神，鼓舞着裴兰贞，她和职工会的几个同志组织起群众中的积极分子，密切配合区中队作战。她一方面组织群众转移，一方面给战士运子弹、挑水送饭、抢救伤员。她冒着硝烟，把饭送到战士面前。战士感动地说：“您这么大年纪还来送饭，我们一定要多打死几个鬼子，报答您老人家。”有的战士受伤倒下了，她急忙把他背回家，将伤口包扎好，喂上饭，然后把伤员藏起来。

天到中午，敌人仍没能攻进村，就向村内使用了毒瓦斯，熏得战士喘不过气来，睁不开眼睛。裴兰贞听说水和酒能够解除毒气，就和其他职工会员从家里拿来酒送给战士。敌人狗急跳墙，把抓来的鸡浇上汽油，点着火扔进村里，把老泉崖烧成一片火海。这时大部分群众已安全转移，区中队完成了掩护群众转移的任务之后，分3路突围。

老泉崖战斗之后，裴兰贞光荣地加入了中国共产党；不久，又被选为老泉崖村的妇救会长。

二

裴大娘入党之后，担任了地下情报联络员，具体负责午门、流峪、唐村等14个村庄的联络。当时，在敌人5里一个炮楼，10里一条封锁线，岗哨暗探密布、盘查甚严的情况下，做联络工作是十分危险的。裴大娘有时打扮成要饭的，有时打扮成走亲戚的，有时打扮成卖针线的，活动于十几个村庄之之间。由于她平时胆大心细，摸清了敌人的活动规律，哪个村庄有炮楼，哪个炮楼住多少人，什么时间换岗，她都摸得一清二楚，每次都能出色地完成任务。

1942年的一天夜里，裴大娘刚刚睡着，忽然听到“咚咚！咚！”的敲门声，来人是邻区一位联络员。他说：“这是鲁南军区的信，送给驻在午门的县大队，天明前一定送到。”裴大娘一看，信是三角形的，信封上插着3根火柴和1根鸡毛。她知道，这是一封“十万火急”的鸡毛信，一刻也不能耽误。

从老泉崖到午门要走15里山路，经过大岭上敌人的一个炮楼。她把信缝在裹脚布里，提一个破筐子，放上点碎煎饼，拿上一根小木棍，就出发了。

天漆黑，看不清路，她高一脚低一脚地来到大岭炮楼，刚想过去，就听炮楼上喊：“站住！”接着下来了两个汉奸，端着枪盘问起来。

“你是干什么的？”汉奸问。

“要饭的。”裴大娘说。

“为什么这么晚还出来？”

“ 我出来一天了，好不容易才要了这么点干粮，得快回去给俺80多岁的老娘吃。”

汉奸半信半疑：“我看你是在撒谎骗人！”

“哎呀！您是饱汉不知饿汉饥，俺娘几天都没吃顿饱饭了，晚了就饿死了，我哪敢骗您哪！”裴大娘一边说一边哭。

两个汉奸问不出什么，刚想往回走，突然一个家伙转回身，说：“是不是八路的交通员，搜！”说着，劈手夺过筐子，碎煎饼撒了一地。裴大娘一边扶筐子，一边哭着说：“老总，您行行好吧，俺娘快饿死了，我要了一天才要了这么一点……”两个汉奸搜完了筐子，又要搜她的身上。裴大娘机警地把鞋一脱，哭着说：“翻吧，从上到下都翻个遍，您放心，俺也落个清白。”说着，她把两只鞋举到汉奸的脸上。汉奸赶紧用手捂鼻子，骂道："臭老娘们，快滚！"就这样，裴大娘通过了关卡，终于在拂晓前把这封"鸡毛信"送到了午门，交给了县大队。

后来，鬼子纠集了几千人进行大"扫荡"，由于这封信及时送到，县大队按照军区的指示，安全地撤出了敌人的包围圈。

三

1943年，八路军主力部队进行扩编，地方各级政府积极动员青壮年参军，掀起了轰轰烈烈的参军大动员。

4月间，费南县二区在南唐村召开"动参"誓师大会，裴大娘第一个走上主席台，给她大儿子裴传珍报了名。她说："为了打垮日本鬼子，解放全中国，我送儿参军！凡是有良心的中国人，都要拧起劲来，早一天把日本鬼子赶出中国去！……"在裴大娘的带领下，父亲替儿子报名，妻子替丈夫报名，哥哥与弟弟争先恐后报名参军。

回到家里，裴大娘把这事和丈夫一说，老头子有点想不通，说："光你白天黑夜在外边颠，就够我担惊受怕的了，再叫儿子去当兵，万一有个好歹，你就不心疼？"裴大娘耐着性子给老头子做工作："不把鬼子赶出中国，穷人就别想过上好日子，都不去当兵，谁去打鬼子呢？"终于把丈夫的思想打通了。

参军那天，大儿子骑着高头大马，裴大娘骑着一头毛驴，母子俩都戴着大红花，和乡亲们一道，敲锣打鼓，把儿子送到区上。

大儿子在部队作战勇敢，1945年冬，在与国民党反动派的一次战斗中光荣牺牲。全家人知道这个消息后，悲痛万分。丈夫哭得死去活来，裴大娘的眼泪也像断了线的珠子，不停地往下掉。还有比失去亲生儿女更痛苦的吗？但她尽量克制着自己，一边劝丈夫，一边坚强地对全家人说："都别哭了，打仗没有不死人的，孩子是为解放全中国死的，为咱老百姓死的，死得值得。咱穷人就得有志气，只要咱们还有一口气，也得跟国民党反动派斗到底！"

为了纪念牺牲了的烈士，区里在老泉崖给裴传珍召开了追悼大会。裴大娘在会上说："我大儿牺牲了，我心里很难过。但是，敌人想用杀害革命人民的办法来吓倒我，这办不到！我大儿子牺牲了，我还有二儿子、三儿子，我要叫他们都上前线杀敌人，为人民报仇，为他哥报仇！"

1950年，美帝国主义发动了侵朝战争，裴大娘又毅然把二儿子送到部队，参加了抗美援朝战争。

裴大娘两次送儿参军的事迹，在当地传为佳话，县政府授予她"拥军模范"的光荣称号。1949年后，裴大娘仍保持着当年那股劲，积极参加社会主义建设，曾多次被评为县里的劳动模范。1954年光荣地出席了山东省人民代表大会，1956年，当选为中共平邑县第一届委员会委员。

1976年5月13日，86岁的裴大娘与世长辞。裴大娘虽然离开了我们，但她那高尚的情操，献身的精神，永远鼓舞着我们前进。

（姜思志、文增寿整理）

“革命母亲”方兰亭

方兰亭，1898年生，原籍苍山县月庄村人，1949年后定居费城民主街，曾任温河县妇女救国联合会会长，因丈夫姓周，人称“周大娘”，是抗战时期活跃在鲁南根据地的抗日女英雄。

方兰亭长大后，嫁给邻村东盘石沟的周振苍，他是一位忠厚老实的青年农民。夫妻俩虽然起早摸黑，辛勤劳作，仍然贫困交加。周振苍毅然于1925年独身一人闯关东。1931年，日军侵占东北，他身无分文返回老家。行至河北省，同车有几个自称到山东走亲戚的山西人看他出身贫苦，向他讲了红军打土豪分田地的新鲜事。周振苍回家，把这些见闻讲给妻子方兰亭，她从此明白：天下还有替穷人说话的人。他们非常盼望这一天，或再见那人一面。

这一天还真来了，在火车上遇到的山西人竟然到周振苍家串门，叙谈投机。来人名叫郭云舫，是个教书先生。他们又认识了西官庄的马瑞图，马系本地富户，识字，在社会上有威望也有新思想。3人结成好朋友。从此，方兰亭夫妇开始为马瑞图和在小岭当教员的郭云舫传递文件，成为地下党秘密交通员。

1933年夏的一天，周振苍接到苍山暴动通知，让他收集枪支，联络熟人赶快上山。他带上干粮，领着妻子方兰亭，把女儿托付给家人，匆匆向南山赶去。走到半路，见有些人神色紧张向回逃跑。机警的方兰亭劝丈夫打听一下再走，不多时，一个熟人跑着对他们说：“暴动失败了，现在国民党到处抓人，赶快藏起来！”说完就跑了。方兰亭带着丈夫到姨家躲避，姨家不敢收留，只得又跑回家中。由于他们身份没有暴露，所以躲过敌人的眼睛。在这白色恐怖中，她家仍是共产党秘密交通站，方兰亭常常帮助丈夫完成交通站的工作任务。

抗战爆发后，方兰亭积极投身抗日救亡活动，身份渐明，威望在农民群众中日益提高。1938年春，日军进逼临沂，临郯费峄四县边联成立办事处，方兰亭参加了民运部工作，成为当时促进会的主要负责人，不久就加入了中国共产党。

1939年秋，四县边联县委有一个重要情报需要送给大炉村的八路军一一五师首长罗荣桓，党组织把文件交给县委交通员周振苍，为躲过敌人岗哨盘查，周把情报塞进烟枪杆里，直奔大炉，顺利地完成了任务。回家后未来得及喘息，一队日本鬼子闯进来，把他拉到村前，吊在枣树上毒刑拷打，叫他供出地下党情报内容，他至死不讲。鬼子打累了，又叫汉奸用皮带轮番抽打。当时周振苍穿着一件白粗布褂子，被血水染成红色。看他始终不讲，残忍的日本鬼子就把他的头颅割下来，悬挂在村围墙东门炮楼上，恐吓抗日群众。方兰亭悲愤交加，肝肠寸断！但她没有被敌人吓倒，而是怒火满腔，埋葬了丈夫的尸体，带着幼小的孩子，离别了村庄，毅然走向了职业革命者的道路。她接替丈夫未竟事业，每每把党的情报藏在发髻里，躲过敌人搜查，一次次完成上级交给的任务。此后担任了四县边联动委会会长、县妇救会会长等职。

这年初冬，四县边联县委决定整编石邦杰部武装，经过数次研究，认为还是先派方兰亭去最好。

石邦杰原来是本地贫苦流浪孤儿，有一次在小岭大集上要饭饿了，被富有同情心的方兰亭赶集遇见，立时买了一碗粥喂他。石邦杰喝粥后，泪涌如泉，扑倒在地，连声叫“救命恩人，您就是我娘！日后有出息，一定忘不了您的救命之恩！”日军入侵临沂前后，石邦杰拉起一杆人马。他曾被日兵追捕，只身逃入方兰亭家，又被掩护救了性命，现在带领武装，占据东埝头村，县委决定对他先礼后兵。

方兰亭经过一天准备，第三天就骑着小毛驴单身一人直奔东埝头村。来到石邦杰司令部门前，见三步一岗，五步一哨，防卫严密，方兰亭镇静地说：“告诉我儿石邦杰，就说他娘从小岭来看他来了！”语气中透出威严。哨兵见这老太太非同一般，再要盘问，方兰亭不耐烦地说：“别啰嗦了，快叫我儿出来迎我！”吓得哨兵三步并作两步报告去了。

石邦杰自抗战拉起队伍，虽然逐步看清了八路军是真抗战的穷人队伍，自己又是穷人出身，但投靠谁还没拿定主意。突然听哨兵报告说你娘来看你，猜出是干娘方兰亭。“滴水之恩，当以涌泉相报”的道理他懂得，他立刻整帽拂衣，跑到门前迎接。

方兰亭一见石邦杰，不等他开口，就当着众人痛骂一顿，然后说：“为娘的今日来看你就是来给你指一条正路，这样混一天是一天，难道是长久之计？你做过对不住穷人的事没有？啊，给我说说！”石邦杰见干娘关心自己，万分感动，不禁泪如雨下，立刻跪下对着观看的群众说：“这是我的亲娘，一直也没孝敬，今后一定听娘的话！”

方兰亭见他良心没坏，就说：“娘今日不走了，住几日给你说说话再走！”石邦杰破涕为笑，将“亲娘”迎进营中。经过方兰亭劝说，石邦杰率部300余人正式加入共产党领导的抗日队伍，后任八路军五团某队队长，在一次对日作战中光荣牺牲。

同年12月底，四县边联县在费县新庄乡官流庄召开群众抗战动员大会，遭到国民党费县县长李长胜的武装镇压。李长胜下令保安团对正在开会的抗日群众开枪射击，当场打死6名群众，打伤20多人，抢了自卫团300支枪，制造了震动全国的“官流庄惨案”。各抗日团体纷纷通电全国，要求惩办杀人凶手李长胜，并组织了请愿游行队伍。方兰亭时已50多岁，却不顾当时天寒地冻，代表边联机关到各村慰问死难者家属。她愤怒痛斥国民党顽固派镇压人民的罪行，组织带领受害者家属，冒着寒风，徒步十几里，到国民党一一二师师部找师长霍守义喊冤告状。在浩浩荡荡的请愿队伍面前，她身穿孝衣，怀抱受害孤儿，不顾年迈脚小，带领受害者的父亲、母亲、妻子、儿女，老老少少围住了霍守义的司令部，跪在雪地里呼号。寒风凛冽，哭声震天，国民党士兵企图驱散群众，方兰亭上前指着他们的鼻子痛斥：“你们这些小杂羔！住在俺这里，吃着俺种的粮食，不拿枪打鬼子，对着这些老的少的干什么？你是哪里人？家里有没有爹娘？我们去找霍师长，把他叫出来回答问题！”国民党士兵被她劈头一顿说，个个收回枪，有的还流下了眼泪。

霍守义开始还逃避不见群众，后来见事情闹大，只得答应了抚恤死难者的要求，并撤掉李长胜县长职务。请愿胜利后，方兰亭立功受奖。

1940年，四县边联县遭受灾荒。国民党军队、日本兵和汉奸到处抢劫，人民生活极端困难。八路军不忍加重人民负担，各部队只得吃糠咽菜，因此干部战士个个面黄肌瘦。身为妇女会长、民运科长的方兰亭心急如焚。自丈夫牺牲后，她拉扯着3个女儿生活，最小的女儿叫小兰，已5岁。家里当时住着一一五师后方司令部一个班，亲热得如一家人。当她看到战士们每次打仗回来，没有粮食，只得吃糠咽菜时，心里非常难受。她总觉着不能叫战士们吃糠流血。可是到哪里去弄粮食呢？她想到了自己的亲骨肉。

她私下打听了一个人家，偷偷地把小兰卖给这家当童养媳，换回10斤谷子。夜里她又把谷子磨碎，掺点糠菜烙成煎饼。第二天早晨，饥饿的战士捧着香喷喷的煎饼，边吃边问：“大娘，你从哪里弄来的粮食？”方兰亭强笑着说：“多嘴多舌，大娘出去借的，下来谷子还他就是。”战士们高兴地跳了起来。

这一天，战士们忽然发现活泼可爱的小兰不见了，平时打仗回来，总是这个抱抱，那个抱抱的，叫她小妹妹。可这几天怎么不见了？战士们正在焦急纳闷，部队首长来了。首长得知此事，派人调查，向战士们说明了真情。战士们个个抱头大哭，跪在方兰亭面前，齐声喊“娘”。然后把身上的零用钱凑起来，托人把小兰赎回来，方兰亭阻拦不住，也被战士们的真情感动地掉下眼泪。首长当即召开部队大会，高度赞扬了周大娘的爱军精神，他激动地说：“自古都说爱兵如子，周大娘可算是爱兵胜子。”从此，“爱兵胜子”的事，在部队广泛流传开来。战士们感到她比亲娘还亲，都称她是“革命的母亲”。

日本侵略军投降后，国民党发动内战，为保卫胜利果实，方兰亭积极动员青年参军，荣立一等功。1947年春，国民党重点进攻山东，费县农救会长以上干部奉命北撤渤海区。负责家属队的方兰亭领着3个孩子，还要组织队伍，跑前跑后，一会儿看这个孩子，一会儿又照顾那个病人，队伍慢慢腾腾向北走。一日走到蒙阴瓦店，全队没有粮食吃，小孩饿得哇哇直哭。方兰亭因年老脚小，组织配给一匹马乘骑、一头毛驴驮行李。她果断地下令杀马给全队吃，其后就靠一双小脚赶路。国民党的进攻，逼使鲁南家属队要迅速渡过黄河。时值六七月，河水猛涨，黄河沿岸船只全部集中军用。7月5日，敌情危急，各渡口挤满了队伍，地方干部、逃反群众都很着急。年轻力壮的过了河，老弱病妇落在南岸，家属大队无计可施。全队老少、妇幼200多人，眼巴巴瞅着方兰亭，好像怕她插翅而去。

头午，渡来一条小船，声称奉命接方会长全家过河。方兰亭生气说："回去给你领导说，这里都是我带的鲁南家属，不把她们先渡过去，我不上船。我不能光顾自己，要死我和他们死在一起！"来人无奈，回去复命。

次日早晨，方兰亭听说附近有一渡口，有部队过河。她不顾雨后路滑，带着两个女儿，提着鞋就去打听消息。事有凑巧，该部队是鲁南负责运送物资的，负责人是王墨山。王墨山和方兰亭同为鲁南干部，非常熟悉。他正忙得焦头烂额，一见方兰亭领着两个孩子来了，大吃一惊，焦急地说："我的小娘哎！你怎么还待在这里？我快把你和孩子送过去！"说着命令一个战士向河北摆旗，摇过个船来。这时，家属队的人先后争挤过来，拉着方兰亭，不住地哭喊，生怕自己被丢下。方兰亭激动地说："乡亲们放心！等你们都过去了，我娘仨再上船！"她转过脸，严肃地对王墨山说："这些人都是我从鲁南带来的家属，不把她们先送过去，我是不上船！"

王墨山听了非常感动，当即动员部队说："人民子弟兵是保护人民的，我们宁可做出牺牲，也要保证群众过河！"说完，立即派出阻击部队和警卫人员，帮助100多名群众安全渡过黄河。

从渤海回费县后，方兰亭转入县实业科，曾以动员参军荣立一等功。淮海战役时，收军鞋支前荣立三等功。

中华人民共和国成立后，她积极参加社会主义各项建设事业。1958年退休，1964年病故，安葬在费县烈士陵园。

（王有瑞整理）

人民爱她 敌人恨她——记“百岁红嫂”孙玉兰

沂河是沂蒙山区的血脉，在它流经了大片沂蒙土地，就要南奔入苏的地方——郯城县重坊镇有一位名叫孙玉兰的老人，因婆家姓王，人称“王大娘”。孙玉兰，1903年生人。在战争时期，她是全区有名的“鲁南四大娘”之一。

一

1944年初春的一天，王大娘家突然来了一位身穿青布长袢的中年陌生人，王大娘一家都用惊诧的目光打量着这个不速之客。

来人向王大爷拱一拱手，笑着说：“敝人姓赵，是跑码头的，有一事请教。不瞒你说，我就是看了您家的房子是全镇最破的一家，才来劳驾的。”

除了催租的地主账房，要款的日伪保长，还没有一个穿大袢的到过他家。王大娘一家自然有些受宠若惊，热情地款待这位客人。

客人喝过一碗清水，便向他们打听镇上的日伪据点情况。王大爷支支吾吾，不敢明言。王大娘接过话题，将她所知道的敌据点情况都一五一十地告诉了客人。

来人就是八路军沂河支队的赵文芝连长。他走后不久，沂河支队就打过来，一举拔除了重坊镇的日伪据点。

重坊镇解放的第二天，赵连长又来到王大娘家，这次穿的是八路军军服。王大娘一眼就认出来了。赵连长说：“王大娘，重坊镇要成立抗日民主政府，让您出来当妇救会长，您敢不敢干？”

王大娘那年已经41岁，可她没有犹豫，满口答道：“敢干！”

王大娘当上村妇救会长后，在我工作人员的帮助下，组织发动广大妇女姐妹，积极投入支前工作，碾米磨面，供给养，做军鞋，夜以继日地为抗日奔忙。年底，重坊镇便成了抗日支前模范村。

二

1945年2月，郯城县委送王大娘到邳县红沟圈鲁南高级民校学习。学习回来，就被推选为联防妇联主任，负责12个村的妇女工作。

当年的重坊镇联防区，在王大娘的发动下，支前工作空前高涨，家家烙煎饼，户户磨米面，青壮年上前线，老弱病残护家园。子弟兵打了胜仗，她就跑遍12个村，组织起上百名妇女和上百名儿童团员，打着锣鼓，扭着秧歌，踩着高跷，赶着肥猪，抬着香油饼，挑着蔬菜，到前线慰劳战士。战士们吃着慰劳品，她们就抢着给战士们洗衣缝袜，把人民的爱送到战士们的心坎上，鼓舞了战士的斗志。

三

在开展减租减息运动时，由于重坊镇处在我八路军和敌顽军拉锯地带，经常有敌顽军来骚扰，群众怕倒算，不敢和地主算账。

曹庄有个大地主叫曹玉祥，欺凌乡里，为所欲为。王大娘一家就曾给他当过雇工。曹玉祥家有个丫头叫小春，受尽了他的折磨。可是，当王大娘动员她上台斗争曹玉祥时，她却不敢出面。王大娘就三番五次找她谈心，向她宣传党的政策，启发她的阶级觉悟，终于激起了小春的阶级仇恨，她答应上台控诉曹玉祥的罪恶。可是，到了斗争大会上，小春想起了过去的苦难，哭得说不出话来。王大娘撩起小春的衣袖，挽起小春的裤腿，让乡亲们看被打得一块块紫斑，一条条血痕。

乡亲们听了王大娘的控诉，纷纷上台和曹玉祥算账诉冤，联防区减租减息、反奸除霸斗争很快进入高潮，群众的阶级觉悟大大提高，通敌分子无处藏身。

四

1946年冬，为粉碎国民党军队对解放区的进攻，我军要在重坊镇附近抢渡沂河。郯城县委组织2000多民工上阵，为部队建桥。王大娘主动带领200多名妇女赶到工地参加劳动。数九严寒，下着大雪，冰水砭骨。王大娘一马当先，脱了鞋袜，赤着小脚，第一个下水。脚冻肿了，再被冰凌一扎，鲜血直流。她咬着牙坚持了两天两夜，直到大桥建成。

在庆祝胜利大会上，民主政府县长表扬了王大娘，称她是“铺路的先锋，建桥的英雄”。

五

动员参军是一项耐心而细致的工作。每动员一个青年上前线，不知要付出多少喉舌。

重坊镇有一个民兵叫公方成，19岁了，一心想参军上前线，可他娘说什么也不答应。谁去做工作，他娘不答话，只是哭。王大娘去了，公大娘哭，王大娘也陪着哭。公大娘问："老嫂子，你哭个啥？"她却说："你的孩子也就是我的孩子，您疼孩子，我也疼孩子呀。当过母亲的，养过孩子的，谁不向着孩子。"

公大娘不吃饭，王大娘也不吃饭。公大娘不睡觉，王大娘也不睡觉。她陪伴公大娘，和公大娘谈心交心，终于感动了公大娘，公大娘同意让儿子参军。

公方成走后，王大娘三两天就到公大娘家坐坐。由于王大娘工作做得好，重坊镇一次就参军34人。

有的战士在前线牺牲了，遗体运回家来，王大娘就亲自给烈士守灵，家里无后代的，她就于每年的清明节去坟上添土。

王大娘的行动感动了乡亲们。老人们说，孩子上前线打仗，是为了众乡亲，玉兰掏心窝子对待咱，也太难为她了。

六

1947年春，为了集中优势兵力，重点打击敌人有生力量，我军主动暂时放弃一部分解放区，北撤转移。

刚过了年，县委就召开干部大会做动员。领导说："革命就要吃苦，还要苦上加苦，只有能爬过高山的才是好同志。"

过了正月十五，县、区机关开始北撤，干部战士家属也随部队机关一起走，王大娘全家都跟随机关北上了。

敌人进了村，第一个目标就是王大娘家。家里的东西被还乡团抢劫一空。王大娘出嫁了的大女儿回家探望情况，被敌人抓住，打得死去活来。敌人把她关押起来，想以此为诱饵，骗回王大娘。但王大娘一切服从党安排，心里装的是北撤的家属，怎能因小失大呢？

北撤的路上，干部家属历尽千辛万苦。有一次，敌机轰炸。一颗重磅炸弹就在离王大娘几米远处爆炸，3间土房顿时夷为平地，气浪把她推倒，烟土把她埋住。当她从土里爬起来时，只见到处是瓦石碎木，两个同志不见了，找了半天，才找到一个同志的腿。可是，敌机的轰炸扫射，敌人的围追堵截，都不能使王大娘屈服。她沉着、坚定，多次冒着枪林弹雨救护老人和孩子。

困难终将过去，胜利终于来临。

1949年，郯城第四次被解放以后，王大娘又回到了家乡。当她看到那一队队庆祝胜利的秧歌队和高跷队时，热泪总是止不住地流。

在革命战争年代里，孙玉兰曾多次提出加入党组织，但由于当时斗争的残酷和对她人身安全考虑，组织上暂未批准她的申请。多年来，各级组织对孙玉兰老人的成绩予以充分肯定，历尽沧桑的孙玉兰老人充满对党的热爱。2002年“三八”妇女节前夕，她让儿子代写了入党申请书，自己郑重地按上手印，交到郯城县委组织部。4月6日，孙玉兰老人在自己的家里，站在鲜红的党旗下，进行入党宣誓。在第二天的《临沂日报》上，专门登载了《百岁“红嫂”喜圆梦》的报道。

（陈兆英、李红星整理）

文峰山下一团火——记支前模范盛清才的事迹

翻开苍山妇女革命斗争史，支前模范郑大娘这个英雄的名字，便闪现在我们面前。郑大娘英勇顽强地与敌人做斗争的事迹，曾多次在《鲁南时报》《大众日报》《解放日报》《山东民兵》等报刊上登载，至今仍在人们中间广为传颂。

1900年，郑大娘出生在苍山县一个贫苦农民家庭里。她原名叫盛清才，因婆家姓郑，所以人们都习惯称她郑大娘。

1942年，鲁南抗战进入最艰苦的阶段。郑大娘目睹日本侵略者肆意践踏祖国、蹂躏人民的残暴罪行，以及国民党反动派屈膝投降、助纣为虐的可耻行径，再也按捺不住心头的怒火，以满腔的爱国热情投入了党领导的抗日斗争。

在党的培养和教育下，她从一个普通的农妇成长为苍山县鄫城前村的民兵队长。为带好民兵，她倾注了全部的心血。学军事，她不怕苦和累，搞训练，晴天一身汗，雨天一身泥，带领民兵埋地雷、打伏击，袭击日伪顽军，活跃在文峰山和向城一带。

郑大娘工作得非常出色。1944年，她光荣地加入了中国共产党。从此，她把自己的整个身心都交给了党，献身于伟大的革命事业。她走街串巷，东奔西跑，把抗日救国的道理宣传到各家各户。为支援前线，她组织妇女推磨轧碾通宵达旦。

抗战胜利不久，开始了反蒋保国大参军的运动。郑大娘不辞劳苦，不厌其烦地登门做青年家长的思想工作，动员青年参军。她以身作则，把年仅15岁的儿子郑春修送到部队。

1946年，苍山县佛山口战役打响了，解放军的后方医院就设在鄫城前村。郑大娘毅然挑起了抢救和护理伤员的重担，她带领担架队，冒着敌人的炮火，奋力抢救伤员。绷带不够了，她便撕破自己的衣服给战士包扎伤口。搀扶伤员撤离火线，衣服被汗水湿透了，手脚被树枝划出了一道道血痕，她全然不顾。有一回，80多名伤员住进了医院，其中有18人受了重伤。为了使这些伤员早日痊愈，郑大娘又组织起护理小组，夜以继日地给伤员端汤喂饭、服药、包扎伤口、拆洗绷带和清洗被褥上的血迹。对那些被敌人的炮火夺去双眼，震聋双耳和炸断胳膊、腿的重伤员，更是关怀备至，为他们擦脸、洗手、喂饭、服药、清洗脏衣服。那时我军医院医疗条件差，伤员的伤口疼得厉害，她以人世间最伟大的慈母之爱，轻声细语地安慰他们，直到他们安然入睡。伤员们的身体十分虚弱，需要增加营养，郑大娘就把女儿准备生孩子用的小米、面粉、红糖和鸡蛋全部拿出来送给重伤员。经过郑大娘和姐妹们的精心护理，80余名伤员先后痊愈出院，重返前线。

除了护理伤员外，郑大娘还积极做好村里的支前工作，组织妇女磨面碾米2万余斤，做军鞋780双，缝军袜500双。有一次，做军鞋的布料不够了，她就把自己仅有的一件粗布褂子拆洗后做了鞋底。同时，还为前线将士拆洗被褥3000余床，做棉军衣14000余件。在她的积极努力之下，郚城前村做军鞋、缝补军衣等每次都超额完成任务，有力地支援了前线，受到上级的嘉奖，中共中央华东局授予她“支前模范”的光荣称号。

1985年11月16日，盛清才老人病逝，享年86岁。

（徐敏玲整理）

赤胆忠心 刚毅坚强——记女共产党员王云芝的事迹

王云芝，1893年出生在郯城县港上乡王桥村的一个贫农家庭里。幼年热爱劳动，孝敬父母。出嫁到黄村后，婆家也是贫苦的劳动人民，家庭虽说清贫，丈夫和她辛勤劳动，耕耘着几亩田地，生活也还勉强过得去。王云芝正在中年的时候，丈夫突然患了精神病，她担负着繁重的农业劳动，同时还要照顾患病的丈夫和抚养3个幼小的女儿。含辛茹苦，过着艰难的生活。

1933年7月，临郯地区爆发了震撼鲁南的苍山暴动，王云芝的家乡王桥村、黄村一带，正是这次暴动的发源地，她的弟弟王作敏（王乐泉）在这个时期入了党，并参加了苍山暴动。她看到许多乡亲为反抗地主的压迫剥削，奋起斗争，遭到了国民党的残酷杀害，特别是受到了她弟弟的思想影响和教育，开始懂得了要摆脱贫苦，不受剥削压迫，就得团结组织起来斗争、反抗。40岁的王云芝这时已具有了朴素的阶级觉悟，为她以后的革命工作打下了思想基础。

抗日战争爆发后，1938年春，日本侵略军曾一度侵占郯马地区，烧杀掳掠，用极其残酷的手段杀害我无辜同胞，家乡处处是残垣断壁，田园荒芜，人民处在水深火热之中。王云芝心中积累了深刻的民族仇恨。这年秋季日军撤出郯马后，不久临郯党组织开始在这一带开展工作，宣传发动群众，组织建立抗日群众团体。苍山暴动时和党失掉联系的老共产党员也开始找到党，恢复了关系。黄村是成立党支部（当时叫徐黄支部）和建立临郯青年救国团村团部最早的村庄之一，王云芝从这时起就在党的领导下开始参加了抗日的宣传组织活动，发动妇女支援抗战。1939年郯城县国民党县长阎丽天，在国民党反共政策的策动下，反共反人民，镇压群众组织。马头附近地区处在白色恐怖之中，已经建立起来的临郯青年救国团组织，被迫转入地下秘密活动。

1939年冬，八路军一一五师东进支队为了开辟郯马根据地，反击顽固势力的挑衅和进攻，于这年的旧历十月初八，一举攻克马头，把顽固派阎丽天赶出郯城县境。郯马地区连成大片根据地，这像是一声春雷，人民群众兴高采烈，抗日情绪十分高涨。王云芝满腔热情，深入各家各户，以自身的体会宣传抗日的道理，宣传妇女解放，她言语通俗，又待人谦虚，很受妇女们的尊重，人们都亲切地称她黄大娘。黄村的妇女很快就发动起来了，建立村妇女救国联合会，王云芝被选为会长，这是郯马地区建立最早的村妇救会之一。在她的发动下，黄村有60多人参加了八路军。

1940年春，在鲁南四地委妇委工作的郭英、张侠等，经常来黄村，帮助王云芝提高思想觉悟，学习工作方法。这时王云芝家务负担很重，生活非常困难，但她从来不叫苦，不仅做黄村的妇女工作，而且做附近几个村子的妇女工作，附近几个村子也先后建立了妇救会组织。不久，她又担任了孙埝乡的妇救会长。由于黄大娘工作勤勤恳恳，认真负责，任劳任怨，忠心耿耿，待人又诚恳、真挚、热情、谦虚，在群众中的威信更高了。这年的3月8日，鲁南三地委妇委在重坊召开了临郯邳妇女代表大会，黄大娘当选为代表参加这次会议。会上，妇委负责人孙宇维在总结工作中热情地表扬了黄大娘，同时受表扬的还有临沂的傅大娘。黄大娘、傅大娘这两位妇女干部，是当时临郯地区人人称赞、人人向她们学习的好榜样。

王云芝这时在政治上也逐渐成熟了，她热爱党，热爱妇女工作。1940年春，由郭英介绍，加入了中国共产党。从此她的思想升华到一个新的阶段，选择和开拓了为党的事业而奋斗终生的人生道路。入党后，王云芝被调到鲁南三地委在新村举办的干部学校学习，结业后分配到郯二区妇救会工作，成为脱产的妇女干都。区妇救会和郯城县妇救会在一起办公，王云芝接近了许多领导干部，工作能力和思想觉悟又有了新的提高。

1940年秋，日军对郯马地区进行大规模"扫荡"，郯城、马头又相继沦陷，敌人在沂河两岸大片地区安设据点，中共郯马工委及大部分干部均转移在沂河以西、马头镇以北的狭小地区开展游击战争。黄大娘参加了中共鲁南三地委组织的沂武工作团，在徐圩子、徐圈子一带村庄开展工作。年底，沂武工作团撤销后，黄大娘在郯马工委的领导下，仍在徐圩子一带活动。这时环境更加艰苦了，敌频繁地出来"扫荡"，进行烧杀抢粮，小股土匪和顽军梁麻子部也配合日伪进行骚扰，我军周旋地区小，活动困难，给养也十分困难，经常吃不上饭。1941年1月国民党反动派背信弃义，制造了震惊中外的皖南事变，在全国又一次掀起反共高潮。在这样严峻的形势下，少数干部悲观失望，有的在"扫荡"中失掉联系，就离开了组织，不再主动出来联系；有的妥协逃跑回家，当了"顺民"；也有几个败类，变节投敌，当了可耻的汉奸、特务。黄大娘仍然表现刚毅顽强、坚贞不屈。她带着小女儿玉英，在我占区各村庄积极开展群众工作，宣传我军必胜的道理，教育群众配合军队打击敌人。她充满着胜利的信心，喜笑颜开，唱抗日歌曲，表现了一个共产党人的乐观主义精神。见到黄大娘的人，都受到鼓舞和教育。

1941年秋，日军又对临郯地区进行了一次大规模的"扫荡"。郯城县仅有的几十个我占村庄又全都伪化，伪匪顽勾结在一起，时常配合日军出来"扫荡"。我军在沂河西岸马头以北地区活动已十分困难，这时黄大娘撤到郯县幼鹿山一带工作，她仍然是意志坚定，扎扎实实地做好当地妇女工作。在这期间，黄大娘接受了党交代的任务，曾冒着生命危险，护送两位妇女干部由鲁南三地委（驻在邳县）到临郯费峄四县边联县。她带着小女儿玉英，和两位女干部，扮作娘儿4个走亲戚，路经几十里的敌占区，机智勇敢地应付了伪军汉奸的多次盘查，终于安全到达目的地，完成了党的任务。这时上级党决定，派坚定可靠而又能隐蔽下来的同志回敌占区做地下工作，长期埋伏，打下工作基础，准备在有利时机收复这些地区。王振东、樊家武、徐敏廷、樊家沛等同志先后被派回樊家埝一带开展工作。1942年春，党决定派黄大娘回黄村一带隐蔽开展工作，这对黄大娘是一次更加严峻的考验，她是年龄较大的小脚妇女，隐蔽有一定的有利条件。但敌人到处搜查我党干部，实行残酷的镇压，在这一带隐蔽工作的孙埝乡负责人王恒康、王恒升二同志，均惨遭敌人的杀害。这一带认识黄大娘的人很多，她又是大家熟悉的妇女干部，回敌占区，危险性也很大。黄大娘表现坚强的党性，党交代的任务就是刀山火海也要去闯，流血牺牲也一定要坚决完成。她带女儿玉英，毅然返回敌占区黄村自己家里，开始了更加艰苦困难的地下工作。

黄大娘回到家乡后，首先做好黄村上层人物黄连璧等人的工作，得到他们的掩护，自己先站稳了脚跟，为今后工作创造了条件。这一段时间里，县委驻在马陵山区的泉源头一带，离黄村百余里路。如何能和县委联系上，经常向党汇报工作，取得党的指示，这是一个很难解决的问题。黄大娘考虑再三，觉得只有亲自去县委，才能接上关系。她不顾个人的安危和疲劳，挎着一个篮子装作去走亲戚的样子，黎明时从黄村出发，经过一天的长途跋涉，黄昏时到达了泉源头。一天走完这100多里路的敌占区，对于一个老年的小脚妇女，而且要经过马头、大埠等敌人据点，随时要准备敌伪的盘查。这样大的困难，在一个刚毅的共产党员面前解决了。黄大娘和县委接上关系后，县委确定由宣传部长陈岩生和黄大娘单线联系，代表县委安排工作，就这样，黄大娘每隔一两个月就亲自来县委一趟汇报工作，听取指示。来时常常扮作走亲戚、赶集的妇女，有时还带着亲手为县委领导同志做的布鞋。那时物质条件十分困难，黄大娘自己家里也少吃缺穿，这千针万线缝制的布鞋，不仅表达了同志间的亲密情谊，也表达了一个共产党员对党的热爱和忠贞，感动得县委领导同志热泪盈眶。黄大娘走的时候，常常是在棉袄里、裤裆里带着传单和给同志们看的文件、报纸回来散发，并把听到的抗日战争形势、我军胜利的消息，也带回到敌占区向群众进行宣传。1943年4月，县委确定黄大娘和郯南分区委宣传委员王振东接上关系。黄大娘便在区委的领导下进行工作，但她有时仍然亲自到县委或和王振东扮作姐弟两个共同到县委汇报工作。这时党内交通已建立起来，更多的时候是通过交通员樊遵远或樊自平向县委汇报工作。

黄村、桥村这一带地区，有许多过去参加过抗日工作的人，因各种原因，和组织失掉了联系的同志，现在隐蔽在家中，其中有些同志表现很好，仍希望和组织联系上继续进行抗日工作。黄大娘根据县委的指示，花大力气把这部分同志团结、组织起来，发挥他们的作用。王桥村的王恒欣、王同举、王绍棠三同志，最先和黄大娘进行联系，他们三人组成了一个党的同情小组，由黄大娘直接掌握，直接向县委汇报了他们的情况。这个同情小组，把桥村的伪政权掌握起来，他们三人分别担任了村长、账先生和闾长，应付敌人，团结群众，减轻了群众负担，受到全村群众的赞扬。在我军三次攻打桥村伪据点中，他们冒着生命危险，搞调查，送情报，为我军攻克桥村据点，击毙伪军团长陈建文，起了重要的作用，立下了功劳。这期间黄文烈、王兆钧、田克理三同志也和黄大娘联系上了。1943年伪匪张思俭任命颜景芬为营长驻在颜家湖村西门里，在那里招募新兵，扩充实力，敲诈勒索，对我开展工作是个严重威胁。县委批准由黄文烈等三同志与马头伪军陈洪吉挂钩，成立一支灰色武装，有十几条枪，驻在颜家湖东门里，监视颜景芬部的活动，了解其内部情况，这部分灰色武装由黄大娘直接掌握，直至我们彻底消灭了颜景芬部，这支武装才同时撤出。

1942年前后，郯二区一带各村普遍建立了大刀会和小刀会。敌伪利用这种群众性的封建迷信组织来反对我们，防御和限制我们的活动，争取这个封建组织不为敌伪利用，并有利于抗战，是开展郯二区工作的重要条件。这时郯城县抗日民主政府县长傅伯达正在近河东岸的薛庄一带，开展争取大刀会的工作。根据县委的指示，黄大娘也在桥村一带地区配合行动开展了这一工作。她利用本家、亲戚及周围的抗日积极分子等多种关系，一方面争取下层基本群众，一方面争取其会首，晓以利害，讲明道理。经过艰苦细致的工作，终于争取了桥村的大刀会首领应付敌人而不反对我们，以后逐步发展到各个村庄。到1942年底，这一带各村大刀会基本上已在我们控制下，有的还给我们送情报，配合我们的行动，到1943年各村大刀会已名存实亡，没有什么活动了。

郯城顽固县长梁钟亭（群众称为梁麻子）一贯勾结敌人，反共反人民。1945年，他担任国民党军的旅长兼临沂专员，仍盘踞在郯南的梁海子一带，他敲诈勒索，对群众危害很大，并常常配合敌伪向我根据地进攻。为此，我军决定拔掉这个钉子，上级派八路军老五团于1945年6月初开展讨梁战斗。郯城县的地方武装在傅伯达的率领下，也参加了这次战斗。在这次战斗中，黄大娘积极组织妇救会员支援前线。她自己常住在港上村，组织力量向前方送给养，送担架，接待伤员。她废寝忘食，日夜忙碌，眼圈熬红了，人也消瘦了。经过广大军民七八天的奋战，终于取得了这一战役的彻底胜利，活捉了梁麻子，黄大娘也受到广大群众和领导同志的赞扬。

1945年8月我军攻克马头日伪据点。在这次战斗中，黄大娘配合部队行动，发动周围村庄群众慰劳解放军，大批西瓜等慰问品及时送到作战部队，部队打到哪里，慰问品也就及时送到哪里，极大地鼓舞了指战员的作战情绪。

抗日战争胜利后，黄大娘情绪更加高涨，发动妇女参加反奸诉苦运动。县委为了开展郯城南部3个区的新解放区工作，训练了一批村干部和积极分子，成立了郯南工作队，黄大娘又送两个女儿参加了工作队，在艰苦困难的环境中培养自己的女儿。黄大娘3个女儿除留一人在家外，两个女儿都来郯南参加了革命工作。

1947年国民党向山东解放区发动重点进攻，为了部队作战需要，陈毅同志命令郯城县委迅速在沂河上建造一座大桥，供部队战车通过。这是一项十分光荣、重要的任务，时间又很紧迫，县委成立了建桥领导小组，大力进行这项工作。黄大娘直接参加了这次建桥工作，她发动民工参加建桥并及时输送各种建桥用的物资和慰问品，不顾疲劳，昼夜奔忙，建桥任务胜利完成后，受到陈毅的表扬。

国民党军队占领郯城后，我军主动转移到敌后根据地以便更有力地打击敌人。县委也建立若干小型武装分散活动，大批郯马一带的村干家属及积极分子为了避免敌人的杀害，撤出郯马，转移到比较安全的临沭、莒南等后方地区。县委委员刘光耀亲自领导这一庞大的家属队伍，黄大娘在刘光耀领导下，亲自担当了组织数百名家属生产自救的重任，帮助当地群众劳动，胜利地完成了任务。

1948年秋，黄大娘被聘为特约代表参加郯城县人民代表大会。1950年，黄大娘年老体弱，不能再胜任脱产干部的工作，她又回到黄村，担任了村党支部书记。她一如既往，认真负责，扎扎实实地做好党支部工作。1951年受到错误的处理，1966年病故，享年73岁。中共十一届三中全会以后，1982年县委经过反复调查研究，查明真相，撤销对黄大娘的处分决定，为她恢复了名誉和党籍。

（陈岩生、黄文熙、王振东整理）

袁明传略

袁明就是大家所熟悉、尊敬的傅大娘。她1891年出生在郯城县立朝村一个贫苦农民家里，姊妹5个，排行第四。6岁时她父亲积劳成疾，因无钱医治而去世。身世凄凉的母亲含泪抱着、领着5个头高头低的女儿逃荒要饭来到庄坞河西村，成年累月以行乞为生。7岁那年，她母亲为了养家糊口，托人把她卖给了涌泉一家姓傅的地主当丫鬟，取名秋菊。由于年幼力小难以承担繁重的仆役劳动，所以经常挨打受骂，过着忍气吞声的日子。有一次，她给地主拾床叠被，因为几根头发没有扫干净，被狠毒的地主婆抓住头发按倒在地，边打边骂，用板凳砸破了她的头，后来留下一道明显的伤疤。地主的压迫和剥削，在她幼小的心灵里埋下了阶级仇恨的种子。20岁那年经人介绍，与同在地主家干长工的傅鸿杰结婚。婚后3年未生育，便抱养了其五妹的一个刚满周岁的女孩，但时间不长孩子就因病死去。她28岁时，丈夫又去世了。过了几年，她被地主赶出了门。就在这无家可归、走投无路的时候，穷苦的父老乡亲们怜悯她，挽留她，伸出了温暖的手，帮她搭了一间草屋。她自己又用近30年血汗挣得的一点积蓄买了3亩涝洼地。从此之后，便孤单单地生活着。黑暗社会的统治和悲惨的遭遇，磨炼了她的意志蕴藏着一种强烈的革命信念。她要报仇，要翻身，要走自己的路。

抗日战争爆发后，涌泉村的一些爱国青年、学生纷纷挺身而出，宣传革命道理，成立抗日救亡组织。在抗战形势的影响下，袁明满腔热忱地投入到这场挽救民族危亡的伟大斗争之中。1938年秋，她担任涌泉村妇救会小组组长，积极动员妇女参加抗日，热情安排我党派去开展工作干部的吃住问题。同年9月，她光荣加入中国共产党。1939年1月入伍，在中共临郯县委（驻地涌泉）妇救会工作。1940年12月，临郯妇女抗日救国会在沙埠成立，她被推选为会长。在拥军支前工作中，她不仅以身作则，带头募捐，而且还起早摸黑，走村串户发动妇女缝制军衣，赶做军鞋，募捐慰劳军队，并号召妇救会员动员自己的亲属参加抗日组织。1941年调到鲁南三地委各救会工作，并在鲁南干校受训半年。1942年，日军对我临郯根据地进行频繁的“蚕食”“扫荡”，临、郯、邳大部地区伪化，斗争形势异常激烈而又复杂。为了保存实力，地委机关、部队奉命转移到滨海地区。这时，党派她到敌占区工作，担任地下交通员。她不惧环境恶劣和生活艰苦，经常扮装成要饭的，隐蔽活动在碑住的小围子、大含山、虎山等地，了解敌情，传送情报，组织当地群众开展武装斗争。她在住处喂了几只鸡，下的鸡蛋一个个都攒下，留给县、区来往联络的干部吃；她还把自己喂的一头大肥猪，慰劳了鲁南三军分区在庄坞一带休整的部队和机关人员。1943年下半年至1945年上半年，她先后担任过临沂县委妇救会会长、台枣地委妇委委员。1945年下半年，她被调到赵镈县委做生产工作，负责隐蔽伤病员和供应部队、机关人员给养。同时，她还以村长为掩护，带领当地群众开展生产自救。在一次敌人“扫荡”中，她不顾个人安危，冒着枪林弹雨救出了3名村干部。1947年，她在苍山县委妇联工作。在此期间，党派她到宋庄开展对敌斗争，不幸被敌人探悉。当敌人对宋庄进行搜查时，一位村民急中生智，把她安排到自家锅屋内的一张床上躺下，又给她盖上了一件破大袄，并在床前放了一把药壶。敌人一进院子，这位房东就对敌人说：“老总，俺娘得了伤寒病，传染人。”敌人信以为真，只是在院内乱抓乱翻一阵子就走了。就这样，她才幸免于难。

1949年前后，她历任台枣地委妇联组织部长、滕县地委妇委委员、济宁地委妇委委员等职。1956年7月退休后，继续留在济宁地委妇委工作。在这期间，她始终保持着劳动人民的本色，生活艰苦朴素，克己奉公，把自己积攒的钱多次用于救灾和为机关幼儿园购置玩具，把老年津贴也全部捐献给国家。1963年8月办理了手续回到苍山县城居住。

“文化大革命”一开始，她也受到“红卫兵”的冲击，被诬蔑为“保皇派”，一气之下搬回涌泉住了5年。1972年因高血压和风湿性心脏病复发，经抢救无效，于8月4日去世，终年81岁。

袁明逝世后，中共济宁地委、苍山县委举行了追悼大会。根据她生前遗愿，安葬在文峰山革命公墓。

（王子通、张文强整理）

开展大参军运动

“七七”事变前后，中共党组织在沂蒙山区发动抗日救亡运动，开展全民性的总动员，各种抗日救亡团体纷纷成立，参军运动蓬勃发展。几个月时间，就组建起十几支抗日游击武装，多者数百人，少者几十人。到1938年12月八路军山东纵队成立时，沂蒙抗日根据地的八路军已发展到5个支队、1个总队、两个团，约1.5万人。

1939年日军大“扫荡”后，国民党政权纷纷垮台，而八路军却迅速扩展、壮大，广大农民、学生纷纷报名参军。1939年秋到1940春，各地掀起了一次踊跃参军的高潮。费南县一次有近千人参军。临郯费峄四县边联西坞村苦大仇深的傅建彬兄弟3人一齐参军。于沟村一位年近六旬的“八路迷”，硬把16岁的儿子送到部队。盘石沟青年林万祥，入伍后第一次作战就英勇牺牲了，他哥哥林万松听说后，抬起担架就上了前线。临沂县的任大娘、沂水县的彭大娘（王步荣）带头送子参军。他们的这些事迹，对早期的参军运动起了很大的推动作用。

1941年后，日军大规模“扫荡”和“蚕食”，国民党顽固派也与共产党、八路军搞摩擦，根据地缩小，部队减员，沂蒙山区的抗日战争进入艰苦岁月。这期间，八路军频繁作战，伤亡大量增加，再加上经济困难，部队生活十分艰苦。在此形势下，动员参军、动员归队，成为根据地党政军民的一项艰巨任务。中共临沂党组织，把动员参军工作作为头等大事来抓，各级成立了“动参委员会”“动员家属委员会”，发动群众，运用灵活切实的工作方法，从思想教育入手，动员青壮年入伍。动参中，妇救会、识字班发挥了重要作用。她们提出了“宁为抗日阵亡将士的遗妇，不做逃避参军懦夫的娇妻”“宁愿儿孙参军为国尽忠，不愿儿孙逃兵膝下承孝”“宁为死难者的孤女，不做活汉奸的掌珠”等口号，有效地推动了参军工作。莒南县刘家扁山青年刘纪湘，在区里召开的村干部大会上登台报名参军，刚结婚的妻子思想不通。村妇救会、识字班，以及她的婆母、小姑子一齐做工作，同时帮她解决一些具体困难。在大家的耐心帮助下，她终于同意丈夫参军。山东实验剧团根据这一事例编出大型话剧《过关》，在根据地上演，使人民群众受到了教育。

在一切为了前线、一切为了打败日本侵略者的动参运动中，广大农民打破了“儿子是父母传宗接代的希望，丈夫是妻子的顶天柱”的传统观念，出现了“母亲叫儿打东洋，妻子送郎上战场”的动人情景，涌现出了一大批送子参军的先进代表人物，出现了“一门三英”“一门四英”，甚至“一门七英”的模范家庭。

闻名滨海区的劳动模范、临沭县夏庄的陈大娘，共有4个儿子，在第一次动参中她送走了大儿和二儿，后来两个儿子都在战场上牺牲。在第二次动参中，她又送三儿、四儿去报名，经村干部再三劝说，她才留下最小的儿子。1945年，三儿子负伤回家，她又把四儿送上前线。

王步荣，沂北县道托区朝阳官庄人。她生了13个孩子，5个孩子被旧社会夺去了生命。为生活所迫，她把大儿、二儿送到地主家当长工。1938年八路军来到她的家乡后，她把二儿送到部队，自己也参加了抗日工作，任村妇救会长。1939年她二儿牺牲了，她又先后将大儿彭运山、三儿彭运田、四儿彭运和、三女彭运彩送上前线。之后，她又把刚结婚的三闺女女婿送到部队，成为沂蒙山区抗日根据地的“一门七英”。在她的带动下，朝阳官庄先后有79人参军，成为有名的“参军模范村”。1945年8月，道托区委授予该村一块“保国争光”光荣匾，沂北县委还授予该村一面“荣冠全区”的锦旗。

沂蒙山区抗日根据地的“识字班”，在积极动员丈夫、未婚夫参军、生产、支前、救护伤员等方面都发挥了特殊的推动作用。

1943年底，沂蒙山区抗日根据地度过了最困难的时期，开始恢复、发展，八路军积极准备发动局部反攻。就在这时，中共中央发出指示，规定每年2月（农历正月）为拥军月。鲁中、鲁南、滨海区党委召开各种会议，从党内到党外，进行参军动员，3个区出现了大规模的参军热潮。其中赵镈县（四县边联县）车辋村妇救会，组成了由会长郭桂兰、妇救会组长张自荣为首的动员小组，连续7天召开会议，登门动员，全村一次参军49人，加上以前参军的共有120人，组成1个连。成为远近闻名的“车辋连”。

滨海区的参军运动规模宏大，从1943年底到1944年8月，全区共有6343名青壮年参加八路军，新战士中，贫农、雇农出身的占84%。莒南县有1488人参军，占全县25万人口的5.9%，为原扩军计划的425%，其中共产党员占20%，全县涌现出22个参军模范村。1944年2月上旬，在临沭县店头村召开的滨南两万人拥军大会上，当场就有392名青年报名参军，组建了滨南军分区白涛营。在参军热潮中，临沭县有1099人参军，完成扩军任务的366%。沭水县县长王子虹冒着大雪，亲自抬花轿，迎接入伍青年，轰动了沿途村庄。鲁中沂蒙区和鲁南区有19175人参军。拥军月中，出现了许多典型人物。滨海区莒南县青年妇女梁怀玉与带头报名参军青年联姻的事迹，至今还在沂蒙山区流传。

1945年拥军月，根据地再次掀起参军热潮。经过一年来的局部大反攻，八路军攻城略地，势如破竹，捷报频传，群众的抗战热情也大大高涨，参军参战已成为广大群众的自觉行动。远远超过了过去党员、村干部带头，各级党政军民深入动员和地方武装升级等形式，大批翻身农民争先恐后报名参军，形成了抗战以来从未有过的踊跃参军局面。根据地内村村锣鼓响，街街秧歌舞，欢送亲人入伍的场面几乎到处可见。“八路军来独立营，谁去参军谁光荣，骑着马来披着红，光荣光荣真光荣”的秧歌声，经久不息地回荡在沂蒙大地上。

1945年1月，鲁中沂蒙区有8111人参军。鲁南区11个县统计，参军人数达11064人。其中费南县4000名青年要求参军，超过预计数目的3倍以上，经过说服解释选拔了1000名青年入伍。赵镈县（今苍山县）有1335人参军，其中有1000人补充到鲁南军区第五团。这次参军高潮中，鲁南军区第三、第五两团共接收新战士3000名，各扩编为3000多人的大团，营连四四制，每连人数达到170多人。1945年5月，尼山地区再次掀起参军热潮，费县、邹县参军3000多人。由于贫下中农子弟大量拥入部队，部队素质大大增强，战斗力有了显著提高。

参军热潮持续高涨，抗日民主政府为了照顾后方建设和人民的负担，通知一些县停止报名，但大批强烈要求参军的青年，仍然络绎不绝。许多经严格体检下来的青年，偷偷跑到县政府及武装部门“软磨硬缠”，有的自动跟随部队训练作战，结果部队只好留下。被动员回家的青年说：“当八路比考秀才还难，今年没验上，明年再来干！”

1945年8月，沂蒙战场开始抗战大反攻，八路军由分散性的游击战向集中的运动战转变，为组建大兵团，根据地再次掀起参军运动。鲁中沂蒙区所属沂中、沂南、沂东、沂临边4县首先出现参军高潮，到9月份，有8000名青年参军。沂东县一次参军就组成一个1500人的子弟兵团，其中还有3名区委书记。沂中县半月之内就有3804名青年参军。到10月，滨海区有4000人参军，同时还组建起各县民兵子弟兵团。

根据地大批青年参军，使八路军主力部队、地方武装迅速壮大，为夺取抗日战争和解放战争的胜利奠定了基础。

（载自《中共临沂地方史（第一卷）》）

千针万线寄深情（节选）

宋养春

从建厂起，我们被服厂的全体人员，废寝忘食地给战士们赶制军服，但我们自己却从没穿过用缝纫机做的衣裳。大家一致表示不打败日本鬼子，就不穿用机子缝的衣裳！有时候，同志们的衣服破旧得不像样了，可是，当发给他们布时，谁也不要，都说先让前方战上穿，咱晚一点不要紧。

同志们干起活来，那股劲头真像打冲锋一样，你追我赶，互不相让。裁剪工刘宝明等一次下十层料了，剪子一张一合，噌噌噌地响。不一会，前片、后片、领子、袋盖……在他们身边就是一大堆。缝工们蹬着机轮飞转，就像机枪打连发，呼呼地叫，面前一件件的缝料，时而翩翩翻转，时而似流水跌宕。他们躬身俯首，全神贯注，眼涩了不叫苦，腰疼了不喊累，腿酸了不停脚。到了吃饭的时间，大家经常喊："加把劲，再干他两件，吃饭更香甜！"好多同志饭还没咽完，就跑回厂里干了起来。到了收工时，更没按时回去过，不是搞个小比赛，就是来个最后冲锋，在敌人"扫荡"的间隙或青纱帐期，环境暂时安定些，更是同志们大显身手的时机。人与人，班与班、排与排，你挑战，他应战，有呼有答，人欢机唱。在劳动竞赛的热潮中，还时时传来悠扬的歌声：

纱帐起，好时光，
后方工人缝衣忙。
缝衣忙为哪桩？
为的前线打胜仗。
打败日本鬼，
大家喜洋洋！

歌声融着剪刀声、机轮声，汇成了一部生产的交响乐，响遍了整个工地。白天，一部部机子整齐地排列者，每部机子三个人，有的对料，有的窝边，有的蹬机，密切配合，协同作战；夜晚，每盏油灯下，围着三部机子，像簇簇盛开的花朵，争芳斗妍，彻夜会战。火样的热情，冲天的干劲，使得生产记录天天突破，英雄人物不断涌现。刚听到郭永太一尺做单衣四十件的消息，又传来吴清义一天做裹腿三百八十副的纪录。赵连近发高烧，满嘴燎泡，他的机轮没停止过转动。张洪仁右脚负伤，一只脚蹬机，顶班生产。吕传海累得晕倒在机子上，刚扶下他来，你前一走，他又冲了上去，说："我死在机子上，也要完成任务！……"

那时，每年做棉衣时，四外八乡的大娘、大嫂和姑娘们，就成群结队地来帮我们铺棉花、套衣片、锁扣眼、钉扣子。她们和工人一样，没白没黑地紧忙，互相比赛。铺棉花时，连腰也不愿直一下，怕误了活。锁扣眼时，小手指被线勒出了血口子，针线也不停。套袄袖子，每人每天由开始三十多个，增加到五六十个。我们劝她们歇息着干，她们总是说："前方急等着棉衣，怎能歇歇！"有时，那个当过童养媳的李爱华，把大鞭子一甩，干脆领着大家唱起歌，叫你插不上嘴。天冷了，朱大娘还没穿上棉裤，我们劝她回家套好再来，她说："咱得让前方战士先穿上，这点冷怕什么？俺十二年没穿过棉裤，现在能捞着给同志们做棉衣，俺比自己穿着心里还暖和。"有个刘大娘，家里三次来人叫她回去给儿子办喜事，她说："日子还不到，忙什么？给战士做棉衣要紧！"劝都劝不走。在她们中间，最突出的是一直跑在前头的花大娘。

我们都熟悉花大娘。她虽不到五十岁，苦难的日子给她脸上留下了道道的皱纹。自从八路军到了她的家乡，才扔掉了要饭棍。我们做棉衣时，她把三个孩子放在家里，每次都来，一干就是三年。她性情爽朗，爱说爱唱，干活又勤快，针线活也好。她不光自己干得好，而且带动大家干得很出色。她常说："姊妹们，前方战士为咱拼命流血，咱可得实心实意地把棉花铺匀，把线脚缝密点，要对得起亲人呀！"每次，她都被评为支前模范，成为我们学习的榜样。

在艰苦的战争岁月，我们就是依靠人民群众的支援，克服重重困难，做出了一批又一批的军装，送到了前线。每当看到我们的战士穿着新军装，戴着新帽子，扎着新裹腿，穿着新鞋袜，向敌人发起勇猛冲锋，迎来一个又一个胜利的时候，我们内心是何等的欣慰！因为那一次次胜利的欢歌笑语，浸津着被服厂日夜不停的机轮声。

（载自《忆鲁南被服厂》）

沭河两岸军民鱼水情（节选）

吴岱

（三）

人民群众是养育我们的母亲，是我们从胜利走向胜利的力量源泉。我们团在滨海地区临沭、郯城和海陵一带，坚持抗日斗争长达五年之久，与当地人民政府和人民群众结下了浓厚的情谊。我们处处尊重地方党政领导，凡有重大活动，都主动向地方请示报告或一起研究决定；每当地方政府和人民遇到困难，我们都积极支援。同样，地方党政机关和人民群众对我们部队的困难，也全力帮助解决。他们支援部队打仗，不怕牺牲一切；他们照顾伤员，无微不至；他们参军参战，十分踊跃；他们把为子弟兵尽点心意，看成是最大的光荣。

1943年8月的一天，天气热得像蒸笼，河边柳树上的知了拼命地叫着，驻在沭河西后沿村的五连，为摸清马站和华埠的敌情，连长于峰德带着战士刘治国和许光先化装侦察。当他们钻出高粱地，走到一个村头刚刚踏上公路时，便碰上十多个伪军从对面走了过来，相距不到一百米。敌人见他们只有三个人，便拼命地向他们追来，怎么办？硬拼，肯定要吃亏。为了保存自己，完成侦察任务，连长于峰德当即和小许敏捷地退入无边无际的青纱帐。走在前面的刘治国来不及退进青纱帐，便趁机翻墙跳进了一家老乡的院子里。当时，这家只有一位五十多岁的老大娘和她女儿。老大娘一看八路军跳进了院子，知道是敌人追得紧，二话没说，便让刘治国躲进屋里，此时街上传来了敌人的叫骂声，并开始挨门逐户地搜人。大娘家里只有三间房子，躲无处躲，藏无处藏，娘俩非常着急，敌人已到院外了，为了不连累老乡，刘治国争着要冲出去与敌人拼杀，大娘怎么也不肯。为了掩护八路军，她急中生智，马上让刘治国躺在炕上，拉过一条被子给他盖好，并让女儿迅速打扮成媳妇模样，在刘治国身边，装成照顾病人的样子。原来这家姓赵，姑娘叫赵秀珍，十九岁，她们懂得共产党领导的八路军是穷人的大救星，没有共产党和八路军，就没有民族的解放和人民的安宁。今天，亲人遇难，无论如何也得营救啊！她拿定主意，豁出命也要掩护这位八路军。不一会，保长领着三个伪军进了赵家院子。赵大娘马上迎出来抢先搭话："老总有什么事？""有个八路军跑进了你家吗？"伪军骂骂咧咧地进了屋子，一眼望见炕上躺着的刘治国，便问："这是什么人？"赵大娘不慌不忙地回答："老总，这是我闺女和女婿，是来看我的。"姑娘接着说："我男人病了，刚吃了药，正在发汗。"伪军掀开被子一看，"病人"闭着眼睛，头上湿淋淋的。又用贼溜溜的眼睛，盯着炕沿下刘治国那双沾满了泥的湿鞋，姑娘怕敌人看出破绽，马上接着说："俺们早晨才从婆家来，过河时不小心把鞋弄湿了。"赵大娘知道保长是替八路军办事的，于是暗暗地给他使了个眼色，保长点点头，忙笑着说："老总，炕上的病人确实是她家的女婿，我认识，我可以用性命来担保。"敌人信以为真，走开了。天抹黑，赵大娘到村外望了望，见敌人走远了，才把刘治国送出村子。

地方政府对部队的关怀是无微不至的。我们每到一个村，村干部都忙上忙下为部队帮忙；民兵自动和战士一起站岗放哨，儿童团也争先恐后地跑来受领任务，有些开明人士，自愿担当我们的联络员，一有情况马上报告，乡亲们说他们是"老四团的候补兵"。1943年，我们团二连护送去延安的三十名干部路过临沂城南敌占区，晚上行军，白天休息。有一天，他们大白天在离敌傅家庄据点不到两公里的一个小村子里休息。正好这天伪军一个小队进村来催粮。为了保护二连和去延安的干部的安全，村自卫团秘密地在村外放哨。村干部安排伪军吃了一顿饭，巧妙地把伪军打发走了。当二连和去延安的干部睡足了觉，吃饱了饭，走出几十里路以后，这个村的保长才跑到敌人据点报告："一大批八路军过来了，有几百人呢！"把敌人闹得坐卧不安。

沭河两岸的人民群众，对我们四团的干部战士可以说是爱兵如子。干部战士从战场上负伤下来，家家户户都争着照顾伤员。

1943年初，我团攻打郯城。战斗一结束，受伤的战士都被黑豆涧村的群众接去了。战士裴飞正和另一名伤员住在李大爷家。李大爷和儿子、儿媳、孙子一家人挤在四处透风的厢房，而把正房热炕让给了裴飞正他俩住，并把唯一的一床新花被拿给他们盖。裴飞正他们实在过意不去，执意不肯。李大爷竟难过得流下泪，他说："好不容易轮到俺家照顾一次伤员，你们却这样客气，叫我们多么难受呀！"看到这情景，他们只好同意了。吃饭的时候，李大爷一家吃的是苞米稀饭，却给他俩每人煮了两个荷包蛋。

一天，日军出来"扫荡"，村里群众顾不上照料家里的东西，首先把伤员转移到村外事先挖好的洞子里藏起来。裴飞正躲在洞子里，前思后想觉得这样住在老乡家里，群众的负担太重了，他决定去找部队参加战斗。于是，他爬出洞子，拖着一条负伤的腿，走了几十里路，赶回团部驻地陈巡会村。部队领导见他伤还很重，耐心说服，又把他送回黑豆涧村。裴飞正哪里知道，当他从黑豆涧村出走后，可把李大爷一家急坏了，他们怕出什么事，天天吃不下饭，睡不着觉，翻山越岭把村子周围找了好几遍。全村人都为丢了一个伤员心神不安。当大家看到他又安全回来时，个个惊喜万分。

由于八路军在人民群众心目中享有崇高的威望，青年们把参加八路军看作是全村和全家的光荣。当时，临沭县流传着这样两句话："参军要参八路军，当兵要到老四团"。1944年农历正月十五，临沭县在店头镇召开了几万人参加的参军大会，全县各区、乡、村，都有组织地欢送来参军的青年。有的骑着马，有的乘着车，个个戴着大红花。有的是妻送郎、父送子，有的是妹送哥，或是兄弟双双把军参。这一天，店头镇到处红旗招展，锣鼓喧天。妇女识字班、秧歌队边扭边唱：

送郎送到大门外，
满街张灯又结彩；
战马叫，军号响，
司令员来到咱村上。
送郎送到十里亭，
一队队英雄，勇敢去出征。
妹盼郎哥立功传喜报，
为人民，保国家，万古留英名。

就在这一年，中共临沭县委决定，把农历正月十五定为"参军节"。每到这一天，全县都有成百上千的青年参加八路军。1944年"参军节"，全县有一千零九十九人参了军。1945年又有二千六百人参军。在踊跃参军过程中，涌现出一批模范区、村和模范家庭。大兴区和顶子村被县评为参军模范区和村，顶子村的村长王瑞昌和支部书记王有宽，带领全村二十七名青年一起参了军。夏庄区的陈大娘有四个儿子，第一次，她送大儿子和二儿子参了军，后来两个儿子都在战场上牺牲了。第二次，她又送三儿和四儿报名，她说："俺们今天能过上好日子，全是共产党和八路军给的，没有共产党和八路军就没有俺全家，所以俺要送儿子都去当兵。"经过村干部再三劝说，她才同意留下最小的儿子在身边。1945年，她的三儿子负伤回到家乡，陈大娘又把最小的儿子送到了部队。为了打败侵略者，赢得抗日战争的胜利，这位普通而伟大的母亲做出了多么大的牺牲！试想，如果没有成千上万热爱子弟兵的母亲，没有成千上万的青年踊跃参军，英勇杀敌，就没有人民军队的发展壮大，也就不可能有抗日战争的胜利。我记得当时流传着这样一首歌谣：

红旗展，歌满山，
滨海来了老四团。
打鬼子，捉汉奸，

军民并肩齐抗战，

鱼水难分心相连。

这首歌真实地反映了沭河两岸军爱民、民拥军、军民团结如一人的生动情景。

1985年，在纪念抗日战争和世界反法西斯战争胜利四十周年的时候，借工作之便，我又回到了“老四团”。这支部队，现在已发展成摩托化部队了。尽管干部战士换了一茬又一茬，部队驻地挪了一地又一地，但是，拥政爱民的光荣传统却一代一代传下来了。特别是开展军民共建行动以来，“老四团”又做出了新的贡献。荣誉室里挂着地方政府赠给他们的“军队支援地方重点建设的楷模”“拥政爱民鱼水情，军民共建立新功”等锦旗和奖状。作为在部队工作过几十年的一名老战士，看到“老四团”这些新的荣誉，我由衷地感到高兴和欣慰。

祝愿这支部队在新的历史时期，继续谱写拥政爱民的新篇。

（内容系节选）

难忘蒙山众乡亲（节选）

荣斌

1941年1月2日，日寇华北派遣军总司令畑俊六亲自指挥四个师团、三个独立混合旅团五万多人，对我山东抗日根据地的战略中心——沂蒙山区进行残酷的“扫荡”，妄图一举摧毁我沂蒙根据地。为保存有生力量，鲁中军区主力分散突围，跳出包围圈，到外线打击敌人。当时，我鲁中军区教一旅附属三分所的负责人，带领七十三名伤病员，奉命分散在费北（现在的平邑县）黑山、大青山、五彩山一带，与敌周旋，在群众掩护下，我们坚持了三个多月，伤病员和医护人员无一伤亡。这里的人民群众给我们留下了永世难忘的印象。

11月初，我们带着伤员来到黑山、大青山、五彩山一带。这里山高谷深，怪石林立，从南向北有五条大山谷，分布着六七个小山村，大者不足二十户，小者仅一二户，平均每户人家都要掩护两名以上的伤病员。开始我们还担心，群众能否自愿承担这么重的担子？谁知当伤病员到达各村之后，没等分配，各家都争先恐后，领的领，抬的抬，背的背，伤员们就成了各家各户热炕头上的客人。有的老乡稍迟到一步，没能领到伤员，就与村里干部吵嚷起来，像是剥夺了他抗日救国的神圣职责似的。

黑山口的鬼子已撤走好多天了，上午八点以后人们就爬出洞，在村里村外走动走动，或是躺在草堆里晒晒太阳，捉捉身上的虱子，我们也可在白天为伤员换药治病了。有一天，大概在九点钟左右，山下东南方向，响起阵阵枪声。伤员闻枪声后多数又转入地下，奇怪的是山上的信号树没有倒下，也没有传来哨声。我和通讯员小徐爬上村西高地，向东南方向窥望，忽然从山上下来一个人，他跑几步又走几步，像是很吃力的样子，我们迎上去一看，原来是一分所卫生员张敬林。他头发很长，眉毛上染着白霜，面孔又瘦又黄，颧骨也突出来了。我看着他那疲惫的样子，奇怪地问道：“啊，小张，都说你失踪一个多月了，你是从哪里来的？”他稍为喘息之后，就依在我的身旁讲起他失踪的经过：“我分工带领七个伤病员在李庄。一天，鬼子来清乡，我和两个轻伤员随着老乡向西跑，刚到崔家峪的西山梁，就遇上了一群鬼子，拼命向我们开枪，几个人倒下了，我的右臂受了伤，流血不止。回头一看，后面的鬼子也追上来了，我只得躲到死人堆里装死，也不知怎么失去了知觉，当我醒来时候，已躺在崔大爷的地洞里。

“崔大爷四十多岁年纪，夫妇俩只有一个女儿。今年还不到十五岁，但已挽了发髻。开始我叫她大嫂，以后改叫大姐，再以后就叫妹妹。大爷世代行医，鬼子清乡害苦了他家，房子烧成了灰，三口人白天夜里都藏在洞里，只有在夜深人静时，偷偷爬上来提桶水，制点饭，总算躲过了几次清乡搜查。当我问起我是怎么到了这里来的，大爷告诉我：‘那天鬼子走后，我在洞里听见邻居家哭天号地，我就爬出来，到邻家一问，才知道鬼子在西岭杀了不少人，俺村里就有好几个，我跑到西岭去帮忙，发现你躺在那里，口里还有气，就把你背回家来了。’‘啊，我领的伤员呢？’我想到这里，就想立即去找，但怎么也站不起来，大爷大娘去打听伤员的下落，叫我好好养伤。我在洞里住了大概有四天，觉着就像过了一个月，大爷把我的伤口上的积血和泥土洗掉，又贴上些洗过的艾芭，找了块旧布包扎好。第五天夜里，我好不容易说服了大爷，爬出洞来去找找伤员和其他同志。可还没走出院子就摔倒了，口有点张不开，脖颈发硬，腿也不听使唤。大爷又把我背回洞里，到了天亮我就开始抽风，我心里很清楚这是得了破伤风，肯定活不成了，就把家庭的地址和父母姓名告诉了大爷，请他老人家能在我死后捎个信去。可是大爷大娘却慌而不乱，他们一面安慰我，一面忙着为我找药、配药、煎药，但我的口一点也张不开，只好一滴滴地灌进去。我一连抽了很多天的风，最重的时候全身抽成了一只弓子型。大娘和小妹妹看到我那痛苦劲，难过得直流眼泪，大爷一天不知给我试多少次脉，改过多少次方，也不知夜间上山采过多少次药。一家人冒着风险，为我日夜忙碌，终于从阎王爷那里把我的生命夺回来了。他一家人当时真是高兴极啦，大爷大娘各拉着我的一只手，久久地流着眼泪，一再重复着一句话：‘可把你救过来了，可把你救过来了！’”

我听到这里，一下子就把小张拉了起来，三个人紧紧地抱在一起，热泪浸湿了衣襟。啊！真是奇迹，沂蒙山上的奇迹！外科学上明文写着，伤后七日发现破伤风，为急重型，多难以治愈。小张在第五日发病，竟然用草药治愈了，这是崔大爷一家用自己的心血，用根据地人民的心血，把他从死亡线上拯救出来的，他们不愧为我们子弟兵的父母啊！

四十多年过去了，蒙山乡亲那种勇于献身革命的高贵品质和崇高的民族情感，依然深深地留在我的记忆中。我经常想，没有这些根据地的乡亲们，就没有人民军队的今天，就没有革命的今天。

（内容系节选）

附录：诗文选录

流亡、流亡

张少虹

卢沟晓月硝烟弥，投笔结队奔临沂。
久厌叶公唱空调，暂忍骚客哼小诗。
忽见鸿雁来延水，急备青蚨圣地驰。
同伴遭禁重寻友，唤起工农举义旗。

绝命诗

张舜卿

连宵噩梦待死身，辗转黄草倍思亲。
恩仇未报身先死，昙花一现怪作人。
愿洒碧血化作雨，育我中华后代春。
自古人生谁无死，自有黄花伴我魂。

沂蒙反“扫荡”

肖华

日寇疯狂犯鲁中，风烟滚滚来势汹。
“三光政策”伸血手，铁壁合围黄粱梦。
“清剿”“篦梳”又“剔抉”，诡计多端全落空。
军民布下天罗网，满山遍野皆英雄。
麻雀地雷游击战，伏击奔袭奏奇功。
敌伪交通全切断，“野牛”陷在火阵中。
“堂堂皇军”纸老虎，“赫赫战果”尸纵横。
雄伟壮丽沂蒙山，响彻颂歌《东方红》。

铁道游击队

肖华

神出鬼没铁道旁，袭敌破路毁沟墙。
深入兽穴斩虎豹，飞越日车夺械粮。
汪洋大海游击战，怒火熊熊敌后方。
条条铁轨成绞索，寇灰满载运东洋。

鹧鸪天·一分校再次东迁山东

李培南

喜看风雪太行山，斗天斗地斗敌顽。
但为迎接新形势，分校奉命再东迁。
去何处，黄海边，军事要地沂蒙山。
不怕风狂暴雨骤，定教春色满人间。

蒙山后宿营

李培南

耳闻蒙山廿年前，怎料今夕宿山边。
只说山高超万丈，遽见岭峻非等闲。
山势陡峭人勇毅，地形险阻敌攻难。
沂蒙山区根据地，定将尽扫日伪顽。

蒙山突围（四首）

李培南

（一）

今夜突敌围，须作大迂回。
虽经敌区转，乘虚无险危。

（二）

山前据点密，暴露难拒敌。
岂可贪路短，致遗无穷戚。

（三）

全军急起程，开始百里行。
人马都疾走，拂晓抵龙廷。

（四）

指挥智勇全，情明心自宽。
行止尽由我，从容度险关。

沂蒙反“扫荡”

李培南

日寇“铁壁”来势凶，妄图驱我入牢笼。
转移山区易周旋，脱离滨海返鲁中。
敌到前沿我后退，敌进中心我外层。
机动灵活反“扫荡”，诡计合围总落空。

到鲁南去

冯毅之

七月离湖西，东行赴鲁南。
晚渡微山湖，晓宿刘家坎。
明月当空挂，晨星闪光寒。
再过津浦路，又遇英雄汉。
夜奔抱犊崮，日涉沂水滩。
艰苦一周行，安抵蛟龙湾。

十字路突围记（三首）

石一宸

（一）

军中战事难得闲，胜利归来忙过年。
军民联袂同欢乐，准备高跷跑旱船。

（二）

彻夜长谈茶一杯，不料鬼子重兵围。
精兵抗击显神勇，掩护军民突重围。

（三）

几上几下几来回，敌人死伤近两百。
仓皇裹尸莒州退，携手军民胜利归。

后方医院养伤记（四首）

石一宸

（一）

缺医少药人焦急，手术没有麻醉剂。
三日两头有情况，你搀我扶频转移。

（二）

锅里无米腹中饥，班长急得抓头皮。
地里捡来红薯块，一人一碗且充饥。

（三）

人多嘴杂笑话多，说到妙处仰复合。
各讲各的龙门阵，战斗故事几筐箩。

（四）

听得炮声隆隆响，伤未痊愈奔前方。
医生劝阻留不住，革命战士强中强。

雨夜借宿

牛玉华

晚越高山雨路滑，炊烟缭绕有人家。
进门扭衣水淋淋，房东笑迎递马踏。
狂风卷草檐已斜，柴湿囱堵火难发。
手捧薯粥劝进饭，心痛似绞泪如麻。

希望

于冠西

白云流过白杨，河水弯过村庄，
哥哥的战马拴在柳树上。
哥哥当兵五年整，今日打仗过家乡。
日夜苦斗，磨炼得他，
文武双全，身强体壮，
紫红的面孔，粗粗的臂膀，
肩头上还威风地背着一支枪。
哥哥不能久留，
为的是打败敌人求解放。
哥哥上马走了，他说:
鸡在叫了，天快亮了，
黑夜不长，快去迎接太阳。
哥哥的战马，
跨过小河，穿过白杨，
马蹄扬起尘土，
刺刀闪着黎明的曙光……

马牧池的元宵

于冠西

黄昏，圆月爬上树梢，
锣鼓喧天好热闹，
秧歌伴腰鼓，旱船随高跷。
战马长嘶，黑驴高喊，
黄牛白羊“咩咩”叫。
大刀地雷红缨枪，三八大盖加土炮，
游击小组逞英豪。
识字班大姐，飞针走线做军鞋，
农救会大爷，担架队里不服老。
主力战士雄赳赳，鬼子汉奸抱头号。
彩旗招展，花灯高照。
“今年打败希特勒，明年打败日本鬼!”
男女老少欢呼，口号地动山摇。
一片丰衣足食胜利在望景象，
根据地里风光好。

日寇投降后我军攻破临沂城

于敬山

日寇降时暑尚浓，金风初起破沂城。
全歼伪匪治安队，活捉汉奸许兰笙。
蒙山庆祝舒豪气，沂水欢呼作壮行。
八载艰苦铁枷重，一朝解放草履轻。
军民欢庆胜利日，侧望峨眉摘桃翁。

减租有感

李子超

（一）

一门豪贵百家穷，恶霸赃官肆意行。
两任清官楼八座，三朝元老第连城。
灯红酒绿多娇舞，子散妻离饿殍横。
漫道汉唐称盛世，千年历史血书成。

（二）

一声霹雳震长空，融解悬崖百丈冰。
抗日暴风揭地起，翻身烈火照天红。
千家万户讲新理，短巷长街斥旧风。
阿泰脚踏大地上，降龙伏虎力无穷。

互助组

李子超

天晴雨过热风吹，漫眼田禾绿又肥。
互助变工生产好，人歌陌上沐朝晖。

反“扫荡”

李芬

坚壁清野反“扫荡”，擦枪磨刀备战忙。
老弱转移山里去，民兵进入青纱帐。
鬼子盲目胡乱闯，马无草料人无粮。
扑空急得团团转，突然脚下地雷响。
枪声四处不见人，大炮只好朝天放。
死尸丢下一大堆，抱头鼠窜哭天皇。

后 记

值“八路军一一五师在沂蒙纪念馆”开馆周年之际，与其配套的《雄师东进战沂蒙——八路军第一一五师沂蒙抗战史料集粹》一书，奉献给读者，希冀适应新时代红色文化教育之需要。

本书把纪念馆的内容与其相关史料结合收编成集，突破了纪念馆展板内容受面积限制而无法展开记述的限制，不仅“一书在手，纪念馆全有”，而且，更加全面、详实地反映了八路军一一五师在沂蒙抗日的功绩和作用。极大丰富了纪念馆的内容，有利于纪念馆教化功能的提升。

本书的编辑出版，得到了市委组织部及县委、县政府等领导同志的大力支持。县委书记王君师为本书作序，县长包华为本书的编辑出版给予关照，县委常委、组织部长王康艳及组织部副部长、老干局长孙敬峰亲自组织协调、督导。特别是迟浩田上将、张文台上将和张军虎院长，不仅对本书的编辑出版给予关心和指导，还亲自为本书题了词。

本书的征编，是从《忆沂蒙》《三师在沂蒙》《沂蒙将军颂》《沂蒙烽火颂》《八路军第一一五师暨山东军区战史》《沂蒙革命根据地志》《中共临沂地方史(第一卷)》《根脉》《山东抗日根据地图表志》《山东抗战将士记忆》《沂蒙抗日战争史》《中共平邑县历史(第一卷)》《平邑县党史博览》《蒙阳烽火》《平邑县党史资料》《中共临沭县地方史(第一卷)》《临沭抗战史料》《中共费县地方史(第一卷)》《沂蒙红嫂颂》《沂蒙英烈颂》《沂蒙英烈》《苏鲁支队》《鲁南革命史》《纪念罗荣桓同志诞辰110周年座谈文集》《中共临沂人物第一卷》《临沂军事志》《罗荣桓军事文选》《蒙阳英烈》《沂蒙晚报》《红嫂》等众多书刊中撷取有关的文章、图片编辑而成。因资料来源广泛，书目浩繁，不便逐一注明出处，在此，对有关编著者谨致诚挚的谢意。本书编辑过程中，市委组织部副部长、沂蒙干部教育基地管理办公室主任邵长来，沂蒙红色教育研究会会长王举生，沂蒙红色教育研究会秘书长刘兆东同志给予全面支持和技术指导，王庆文等同志在文稿征集中给予了支持。在此，对所有关心支持本书编辑出版工作的有关单位和个人一并表示衷心感谢！

在本书的编辑过程中，编者力求客观、真实、完整地编辑出全面反映纪念馆布陈内容的史料，并为此做了很大努力。但由于时间仓促、资料不足、编辑人员少及水平所限，疏漏与错讹之处在所难免，敬祈专家、读者不吝赐正。

编者

2018年5月